Les Actes du Premier Colloque International sur l'Initiative la Ceinture et la Route en Afrique Francophone

Observatoire Chine Afrique Francophone

SOUS LE TRÈS HAUT PATRONAGE DE S.E. M. PAUL BIYA, PRÉSIDENT DE LA RÉPUBLIQUE DU CAMEROUN

ET

EN COLLABORATION AVEC L'AMBASSADE DE CHINE AU CAMEROUN

LE PREMIER COLLOQUE INTERNATIONAL SUR *L'INITIATIVE LA CEINTURE ET LA ROUTE EN AFRIQUE FRANCOPHONE*

(CIICRAF 2022)

DU 25 AU 27 MAI 2022, AU PALAIS DES CONGRES DE YAOUNDE AU CAMEROUN

L'Observatoire Chine-Afrique Francophone (O.C.A.F.) Présente

Les Actes du Premier Colloque International sur l'Initiative la Ceinture et la Route en Afrique Francophone

L'Initiative la Ceinture et la Route pour une Communauté de destin Chine-Afrique francophone dans la nouvelle ère
Du 25 au 27 Mai 2022 à Yaoundé

Editeur : Jimmy Yab
Press *of* Southampton University
Southampton
United Kingdom
Observatoire Chine Afrique-Francophone (O.C.A.F.)
https://observatoirechineafriquefrancophone.org/

Copyright © 2022
Editor: Jimmy Yab
Press of S.U.
Southampton
United Kingdom
ISBN: 9798841090496

© The Editor(s) (if applicable) and The Author(s) 2022 This work is subject to copyright. All rights are solely and exclusively licensed by the Publisher, whether the whole or part of the material is concerned, specifcally the rights of translation, reprinting, reuse of illustrations, recitation, broadcasting, reproduction on microflms or in any other physical way, and transmission or information storage and retrieval, electronic adaptation, computer software, or by similar or dissimilar methodology now known or hereafter developed. The use of general descriptive names, registered names, trademarks, service marks, etc. in this publication does not imply, even in the absence of a specifc statement, that such names are exempt from the relevant protective laws and regulations and therefore free for general use. The publisher, the authors and the editors are safe to assume that the advice and information in this book are believed to be true and accurate at the date of publication. Neither the publisher nor the authors or the editors give a warranty, expressed or implied, with respect to the material contained herein or for any errors or omissions that may have been made. The publisher remains neutral with regard to jurisdictional claims in published maps and institutional affliations. United Kingdom

Actes du Premier Colloque International sur l'Initiative la Ceinture et la Route en Afrique Francophone

COMITE SCIENTIFIQUE

Coordonnateurs

Pr. OWONA NGUINI Mathias Éric, Vice-recteur chargé de la recherche, de la coopération et des relations avec le monde des entreprises à l'Université de Yaoundé I

Pr NKOLO FOE, Président de l'Institut W.E.B

Pr Vincent NTUDA ÉBODÉ, Directeur du Centre de Recherche et Études Politiques et Stratégiques, Université de Yaoundé II

Pr Hilaire de Prince POKAM, Professeur de Relations internationales, Université de Dschang

Pr. Louis Dominique BIAKOLO KOMO, Maitre de Conférences, Université de Maroua

Pr MELINGUI AYISSI Norbert Aimé, Maitre de Conférences, Université de Douala

Pr Yves Paul MANDJEM, Professeur de Science Politique

Pr Auguste NGUELIEUTOU, Professeur de Science politique, Université de Douala

M. Vincent NKONG-NJOCK, Inspecteur général nucléaire, Commissariat à l'énergie atomique (CEA), France

Pr Gabriel EBA EBE, Professeur Titulaire d'Économie, Institut des Relations Internationales de Cameroun (IRIC)

Pr Benjamin FOMBA KAMGA, Agrégé des Facultés de Sciences Économiques, Université de Yaoundé II

Pr Alphonse TONYE, Chef de Département des sciences du langage, Université de Yaoundé I

Pr Roger MONDOUE, Chef de Département à la Faculté des lettres et des sciences humaines, Université de Douala

Pr Armand LEKA, Chef de Département de Sociologie à l'Université de Yaoundé I

Pr Abdouraman HALIROU, Université de Ngaoundéré

Pr Stéphane NGWANZA, Professeur de Science Politique, Directeur adjoint Chargé des études de l'Institut des Relations Internationales du Cameroun (IRIC)

Prof. Lucien Ayissi, Doyen honoraire de la Faculté des arts, lettres et sciences humaines de Yaoundé1

Pr BOUNOUNG FOUDA, Professeur Titulaire d'Économie, Coordonnateur scientifique de la Revue Camerounaise d'Etudes Internationales et des Presses de l'Institut des Relations Internationales su Cameroun

Pr Emmanuel WONYU, Maître de conférences à l'Institut des Relations Internationales du Cameroun (IRIC), Ancien Secrétaire Général du Conseil Economique et Social du Cameroun et Ancien SG du ministère des Sports

M. Hubert Otele Essomba, Expert en Haute Finance (Institut Haute Finance France, Université Paris I Panthéon Sorbonne, Université Paris II Assas), Master II Management financier, MBA Finance, DBA Finance)

Contributeurs et intervenants

Dr BIDIAS, Institut des Relations Internationales du Cameroun (IRIC)
Dr Sylvain NDONG ATOK, IRIC
Dr Alain ELONG, IRIC
Dr Rodrigue TASSE, Chargé de Cours, Université de Yaoundé II
Olivier TOMBI À SANAM, Université de Yaoundé II
Dr Charles OWONA, IRIC
Dr Fabrice ONANA NTSA, Université de Yaoundé I
Dr Léon-Marie NKOLO NDJODO, Université de Maroua
Delmas TSAFACK
Dr Youssouf Laplage MOUMBAGNA, Université de Bertoua
M. XU HUAJIANG, General Manager of Central Africa Division of CHEC
Dr Bernard NGUEKENG, Chercheur associé au CEREG
Dr EKOTO Julien, Enseignant de Droit public, Université de Douala,
NGUENKWE Ronie Bertrand and GANKOU Jean-Marie, The University of Yaoundé II
Dr Sylvestre NGOUO NDADJO, PhD en Philosophie, Université de Douala
Dr Claude Aline ZOBO, IRIC
Dr NDIKEU NJOYA Nabil Aman, Enseignant au Département d'Économie internationale, IRIC
Dr MOUDJARE Helgath Bybert, Université IBN Tofail du Maroc
Dr Sotherie MENGUE OLEME, Chargée de Cours, Université de Douala

Dr MAIRAINA, Université de Maroua

Dr François-Xavier ELONG FILS

Dr Pascal ELLA ELLA, IRIC

Dr NDAM ILIASSOU, Chargé de cours, Université de Yaoundé I

Dr Jolin TAFELEFACK, Université de Dschang

Dr BELLA MESSINA, Université de Douala

Dr Brice TECHIMO TAFEMPA, Université de Dschang

Dr Alain Thomas ETAMANE MAHOP, Université de Douala

Dr Lionel DJIBIE KAPTCHOUANG et Ulrich Kloran AKUEKAM

Dr Brice Arnaud FOLLY, Université de Dschang

Dr Manfred KOUTY, PhD en Économie, Co-tiulaire de la Chaire OMC

Dr Max Sinclair Mbida Onambele, I.R.I.C.

M. ZHANG,

Dr Martial KADJI NGASSAM, Stratégie d'entreprise, Université de Douala

Dr Emmanuel MEVO MEVO, Juriste, Chercheur au CEDIC,

Dr Romuald Francis MVO'O, Université de Yaoundé I

Philippe Vianney EKODO, Université de Yaoundé II

Dr Mariette EDIMO MBOO, IRIC

Dr Souleymanou AMADOU, Université de Douala

Dr Aunel Malaury AFAGA, Billy Arthur NGANDJI, Université de Yaoundé I

Dr Georges Etoa Oyono, Université de Ngaoundéré

Dr Jean Pierre MEKINDE, Université de Bertoua

Dr Julien Fils EKOTO EKOTO, IRIC

Dr Patrick Romuald JIE JIE, Université de Bertoua

Leila NGOUONJI MANDOU, Université de Yaoundé 2

Dr HASSANA, Université de Ngaoundéré

Dr Thérèse MVOTO épse MBOSSOKLÈ, Université de Ngaoundéré

Dr SUH I FRU Norbert, Senior Lecturer-Researcher, University of Buea

Dr Thomas d'Aquin MBIDA ELONO, Enseignant de droit international à l'Université de Yaoundé II

Dr Thierry Martin FOUTEM, Historien des relations internationales, Université de Dschang

Dr Betrand ATEBA, Associate Professor, Department of Political Science, University of Douala

Dr Armand ELONO, IRIC

Dr Jean Daniel NEBEU, Enseignant à l'Université de Yaoundé I

Adrien Franck MOUGOUÉ, Université de Douala.

Dr Alex Renaud ONDOA, Université de Yaoundé II

Col Léopold Emile NLATE EBALE, Chef du groupement enseignement général à l'école supérieure de guerre de Yaoundé
Dr Marie Julien DANGA, Université de Yaoundé I
Dr Guivis ZEUFACK NKEMGHA, Université de Bamenda
Dr Stéphane Aloys MBONO, (IRIC)
Auxence Augustin KOA, Doctorant, Université de Dschang

Secrétariat technique

Roméo ONDOUA SEME
Yannick FANKEM
Michel AWONO
Leila MANDOUA
Angèle YIMKO
Moustapha Aziz NJOYA
Mani VOUNGA MASSAGA

Rapporteur général
Dr Armand ELONO, IRIC
Coordonateur général
Dr. Jimmy YAB, IRIC

TABLE DES MATIÈRES

COMITE SCIENTIFIQUE   xi

TABLE DES MATIÈRES   xv

REMERCIEMENTS   ii

A PROPOS DE L'EDITEUR   ii

INTRODUCTION DES ACTES DU COLLOQUE, Président de l'Observatoire Chine-Afrique Francophone, *Dr. Jimmy Yab*   2

PREMIÈRE JOURNÉE, *Mercredi 25 Mai 2022*   10

SESSION D'OUVERTURE   11

1. Mot introductif du Colloque par le Président de l'Observatoire Chine - Afrique Francophone : Qu'est-ce que l'Initiative la Ceinture et la Route en Afrique Francophone ? *Dr. Jimmy Yab*   12
2. Allocution du Premier Conseiller de l'Ambassade de Chine au Cameroun, *M. Wang Dong*   18
3. Le rôle pilote du Cameroun dans la création du FOCAC : en hommage à l'Ambassadeur Eleih Elle Etian, Doyen du groupe des ambassadeurs africains et doyen du Corps diplomatique en République Populaire de Chine (1988-2008), *Mbatoumou Constance Odile*   22
4. Leçon inaugurale : La longue histoire de l'amitié et de la solidarité entre l'Afrique et la Chine. Les défis contemporains, *Pr Nkolo Foé*   26
5. Discours d'ouverture, Représentant du Ministre des Relations

Extérieures, *Stéphane Noah* 56

SESSION INTRODUCTIVE : Comprendre les enjeux politiques de l'Initiative la Ceinture et la Route dans une Afrique francophone en perpétuel mouvement 60

6. Les nouvelles routes de la soie dans la construction du leadership international de la Chine, **Pr Pokam Hilaire de Prince** 62

7. Mondialisation et marginalisation de l'Afrique : la BRI comme alternative et opportunité pour l'Afrique francophone, **Pr. Louis-Dominique Biakolo Komo** 88

8. Diversification des partenaires commerciaux comme strategie de conquête et de positionnement au niveau mondial : le cas de la Chine en Afrique, **Dr. Alain S. Elong** 108

9. FOCAC ou Union Européenne : quelle alternative ? **Pr. Nkolo Foé** 124

10. Le rêve chinois : analyse realiste d'un projet de puissance au xxie siecle, **Dr Sylvain Ndong Atok** 138

11. La construction d'une communaute d'avenir partage Chine-Afrique : de la promotion du développement vert a la defense de la paix et la liberté, **Dr Pascal Armel Ella Ella** 156

12. La Chine et l'Afrique : de l'alliance anti-impérialiste aux logiques prédatrices et hégémoniques ? Analyse de la pertinence des thèses sur la transformation des relations sino-africaines depuis 1955, au miroir de la Belt and Road Initiative, **Dr Réné Bidias** 176

13. China and India's cultural diplomacy towards Cameroon. A comparative analysis, **Dr Delmas Tsafack** 194

DEUXIEME JOURNEE : JEUDI 26 MAI 2022 212

PREMIERE SESSION : PLAN DE DAKAR SUR LA COOPERATION ECONOMIQUE ET L'INITIATIVE LA CEINTURE ET LA ROUTE 213

14. CHEC - Participant, Implementer and Promoter of African

Development and 'Belt and Road' Construction, **M. Xu Huajiang**   214

15.   L'équilibre dans la coopération économique entre la Chine et les Etats d'Afrique francophone, ***Dr Julien Ekoto***   220

16.   La coopération commerciale sino-africaine : du plan d'action de Beijing au plan d'action de Dakar: Enjeux et opportunités pour la ZLECAF, ***Dr. Claude Aline Zobo***   234

17.   Les échanges commerciaux avec la Chine favorisent-ils l'industrialisation des pays de l'Afrique francophone ? ***Dr. Bernard Nguekeng***   246

18.   Perception et retombées du projet de la "Ceinture et la Route" en Afrique, ***Dr. Sotherie Mengue Oleme***   266

19.   Les nouvelles routes de la soie et la croissance économique en Afrique subsaharienne : analyse du canal des infrastructures de transport, ***Dr. Ndikeu Njoya Nabil Aman***   280

20.   La ceinture sino-camerounaise au regard du développement local : une lecture selon les critères de la sécurité humaine, ***Dr. François-Xavier Elong Fils***   304

DEUXIEME SESSION : PLAN DE DAKAR POUR LE DEVELOPPEMENT VERT ET L'INITIATIVE LA CEINTURE ET LA ROUTE   322

21.   Le financement de l'economie et des infrastructures en afrique : modele et apport de la chine, **M. Hubert Otele Essomba**   324

22.   L'avenir du système monétaire international à l'aune de la puissance économique chinoise, ***Pr. Boniface Bounoung Fouda***   336

23.   Les entreprises privées chinoises face au défi d'exploitation et d'aménagement des forêts à l'Est-Cameroun : le cas de « Vicwood Thanry Group » dans la localité de Lokomo, ***Dr. Alain Thomas Etamane Mahop***   348

24.   Le dilemme de la conformite de l'exploitation miniere de la chine au cameroun : esquisse de solutions, ***Dr. Brice Arnaud Folly***   362

TROISIEME SESSION : PLAN DE DAKAR POUR L'ECONOMIE TECHNO NUMERIQUE, LE DEVELOPPEMENT INFRASTRUCTUREL

ET L'INITIATIVE LA CEINTURE ET LA ROUTE   **380**

25. Huawei: Building a better connected Cameroon to promote digital economy, **M. Zhang Jingshan**   382

26. La Chine, la route, l'afrique et la technologie. Une geopolitique critique des devenirs technologiques camerounais et africain entre agilite et fragilite, **Pr. Mathias Eric Owona Nguini & Auxence Augustin Koa**   386

27. La coopération Chine-Afrique: transfert de technologies et le développement des routes digitales, **Dr. Manfred Kouty**   402

28. Analyse de la coopération économique Chine-Afrique Francophone dans le développement du numérique : Une évidence du Cameroun vers un avenir promoteur, **Pr. Fomba Kamga Benjamin & Charly Mengue**   412

29. Financial sector development and structural transformation in the brics, **Pr. Jean Marie Gankou et Dr. Ronie Bertrand Nguenkwe**   436

TROISIÈME JOURNÉE DU COLLOQUE : VENDREDI 27 MAI 2022   **450**

QUATRIEME SESSION : PLAN DE DAKAR POUR LE DEVELOPPEMENT SOCIO-CULTUREL ET L'INITIATIVE LA CEINTURE ET LA ROUTE   **451**

30. Cooperation decentralisée et échange humain, **Dr. Mariette Edimo Mboo** 452

31. Assistances et Aide Publique au Développement (APD) de la Chine en direction du Cameroun : logiques et dynamique d'une coopération entre les « Suds » (1972-2011), **Dr. Souleymanou Amadou**   466

32. Entreprises chinoises, communautes riveraines et autorités traditionnelles : problématique du développement durable au prisme de l'initiative la ceinture et la route, **Dr. Aunel Malaury Afaga**   496

33. Les relations sino-africaines sous le prisme de la cooperation sanitaire : état des lieux et défis operationnels en Afrique centrale (1975-2021), **Dr. Georges Etoa Oyono & Dr. Jean Pierre Mekinde**   510

34. « La promotion de la culture sportive chinoise au Cameroun : une

appropriation par le bas dans la ville de Ngaoundéré entre 1990 et 2022 », *Dr Therèse Mvoto epse Mbossoklé* 528

35. L'enracinement culturel traditionnel chinois comme facteur de développement : quelles leçons pour l'Afrique francophone ? *Dr. Patrick Romuald Jie Jie* 544

36. La coopération culturelle et scientifique Sino-Afrique Francophone à travers l'Institut Confucius à l'aune de l'Initiative la Ceinture et la Route en Afrique Francophone, *Julien Fils Ekoto Ekoto* 558

CINQUIEME SESSION : SECURITE DE L'ÉTAT ET ETAT DE SECURISATION DANS LE PLAN D'ACTION DE DAKAR ET L'INITIATIVE LA CEINTURE ET LA ROUTE 568

37. « L'initiative la ceinture la route » et gouvernance : une opportunité d'appui à la décentralisation et à la démocratie pour le développement en Afrique francophone subsaharienne, *Dr Thierry Martin Foutem* 570

38. Global governance and the role of China: what prospect for sino-african partnership? *Pr. Bertrand Ateba* 584

39. Xi Jinping, OBOR et l'Afrique. Études sur le Cameroun et la RDC, *Dr. Léon-Marie Nkolo Ndjodo* 598

40. Les transformations geopolitiques en afrique francophone a l'epreuve des nouvelles routes de la soie, *Dr. Rodrigue Tasse* 624

41. Term limits in Francophone Africa between the European Union (EU) and China: Opportunities and Challenges of Trilateral Cooperation in Politics and Governance, *Dr. Suh I Fru Norbert* 640

42. La coopération sino-africaine des "nouvelles routes de la soie" : une méta-analyse des ruptures et continuités des enjeux militaro-sécuritaires de la nouvelle puissance globale chinoise en Afrique sub-saharienne francophone, *Dr Alex Renaud Ondoa* 654

43. La contribution de la Chine à la préservation de la sécurité et à la lutte contre le terrorisme en Afrique francophone. Implications stratégiques et opérationnelles, *Col. Léopold Nlate Ebale* 674

44. Que peut la coopération Sino-Africaine à travers « l'initiative la

Ceinture et la Route » dans la lutte contre le terrorisme en Afrique au regard du déficit de la gouvernance sécuritaire mondiale ? *Dr Guivis Zeufack Nkemgha* 690

SESSION DE CLOTURE 706

45. Rapport général du Premier Colloque International sur l'Initiative la Ceinture et la Route en Afrique francophone 708
46. Discours de clôture du President de l'Observatoire Chine Afrique Francophone, *Dr. Jimmy Yab* 760
47. Discours de clôture M. le Représentant du Ministre des Relations Exterieures du Cameroun, *Stéphane Noah* 764

ANNEXES 768

1. Programme officiel du colloque 769
2. Liste des Participants au Colloque 785

REMERCIEMENTS

Le Colloque International sur l'Initiative la Ceinture et la Route en Afrique Francophone qui s'est tenu au Palais des Congrès de Yaoundé du 25 au 27 Mai 2022 est le résultat d'une collaboration entre **l'Observatoire Chine-Afrique Francophone et l'Ambassade de Chine au Cameroun**. Il était placé sous le Très Haut Patronage du Président de la République du Cameroun **S.E.M. Paul BIYA** à qui nous adressons nos sincères remerciements. Nous témoignons également notre profonde gratitude à Mr. l'Ambassadeur de Chine au Cameroun, **S.E.M. Wang YINGWU**. Nous disons enfin merci au ministre des Relations Extérieures, **S.E.M. Lejeune MBELLA MBELLA** et au ministre d'État, ministre de l'Enseignement Supérieur et Chancelier des ordres académiques, **Pr. Jacques FAME NDONGO** dont les ministères nous ont soutenu dans la mise en œuvre du colloque.

A PROPOS DE L'EDITEUR

Jimmy Yab est Président de l'**Observatoire Chine-Afrique Francophone** dont le siège se trouve à Yaoundé au Cameroun. Il est «Visiting Professor» à «University of Southampton» en Angleterre où il a obtenu son PhD en Sciences Politiques. Il effectue régulièrement des voyages d'études en Chine, pays dans lequel il est conférencier dans plusieurs institutions académiques parmi lesquelles la prestigieuse «Peking University» où il a été Professeur résident ; ou alors à «China Foreign Affairs University of Beijing». Il est membre de «China-Africa Institute of Beijing» avec lequel il collabore pour la rédaction de divers ouvrages dont le tout dernier est « *Xi Jinping in the eyes of Africans* ». **Jimmy Yab** enseigne à l'Institut des Relations Internationales du Cameroun (I.R.I.C.) de l'Université de Yaoundé II, comme tout aussi à l'Ecole Nationale Supérieure de Police du Cameroun ou, à l'Ecole Internationale de Guerre de Yaoundé au Cameroun en tant que conférencier. Il est auteur de plusieurs ouvrages parmi lesquels : *L'Idéal Cosmopolitique du Président Xi Jinping : Conceptualisation d'une communauté de Destin pour l'Humanité (2019)*; *L'histoire de l'Avènement de la Dynastie du Parti Communiste Chinois Tome 1& 2 : Analyse Politique des Dynasties Chinoises de l'Antiquité à l'Époque Contemporaine (221 av.J.C.-1949 et suivant, (2020)* ; *Succès des Politiques de Développement en Asie de l'Est (2021)* ; Il est aussi auteur de nombreux articles dont : *Le Parti Communiste Chinois : 100 ans de marche vers une communauté de destin pour l'humanité* ; *Le Parti Communiste Chinois dans la gouvernance de la Chine : un défi pour la gouvernance néo-libérale et des leçons à tirer pour la gouvernance en Afrique subsaharienne* ; *Le centenaire du Parti Communiste Chinois, l'Afrique et Nelson Mandela.Etc…*

En 2021 il a publié un ouvrage séminal à Palgrave macMillan sur le racisme intitulé : « *Kant and the Politics of Racism : Towards Kant's racialised form of cosmopolitan right* ».

Cependant sa principale préoccupation reste le développement de l'Afrique qu'il perçoit à travers l'Initiative la Ceinture et la Route dans sa dernière parution (2022) intitulée : *Xi Jinping et l'Initiative la Ceinture et la Route en Afrique : Analyse géostrategique du plus grand projet géoéconomique du 21e siècle.*

INTRODUCTION DES ACTES DU COLLOQUE, Président de l'Observatoire Chine-Afrique Francophone, *Dr. Jimmy Yab*

La Chine a une très longue histoire avec l'Afrique. Les archives historiques en Chine, confirmées par des traces archéologiques en Afrique de l'Est, montrent que l'amiral Zheng a visité l'Afrique à deux reprises lors de ses voyages de découverte sous la dynastie Ming (1368 à 1644). Selon certaines sources, les liens commerciaux entre l'Afrique et la Chine remonteraient même plus loin, jusqu'à la dynastie Song (960 à 1279). La Chine considère l'Afrique comme la plus grande région du monde encore à développer. Elle est déterminée à jouer un rôle majeur dans ce développement et à entretenir des relations étroites avec les nations africaines au fur et à mesure de leur croissance.

En tant que pays avec une population de plus de 1,4 milliard d'habitants, la Chine interagit avec chacun des 54 pays africains, qui cumulent une population d'environ 1.3 milliard d'habitants. La Chine suit une stratégie coordonnée à l'échelle du continent pour forger ses relations africaines, ancrée dans le cadre du Forum sur la coopération sino-africaine, qui a été créé en 2000. Bien avant cela, lors de la Conférence afro-asiatique de Bandung le 29 avril 19551, les pays participants ont adopté les cinq principes de la coexistence pacifique de la Chine, qui restent la pierre angulaire de la politique étrangère chinoise à ce jour.

Un certain nombre de conférences similaires ont eu lieu au cours des années suivantes et, en 1960, la Chine a créé l'Association d'amitié des peuples sino-africains. La Chine a toujours été prompte à nouer des relations diplomatiques avec les pays africains alors qu'ils accédaient à l'indépendance de leurs anciennes puissances coloniales.

De décembre 1963 à février 1964, le premier ministre chinois Zhou Enlai a visité dix pays africains et, au cours de cette tournée, il a proposé les huit principes régissant l'assistance économique et technologique de la Chine aux pays étrangers. Ceux-ci font également partie d'un petit nombre de documents politiques formatifs qui orientent la politique étrangère de la Chine, non seulement en Afrique mais en général. Entre autres choses, les huit principes énoncent l'exigence selon laquelle, lors de la fourniture d'une aide étrangère à un pays, la souveraineté du gouvernement qui reçoit cette aide doit être respectée. Cela signifie que les conditions souvent appliquées à l'aide des gouvernements occidentaux ne peuvent pas être attachées à l'aide de la Chine. Les États africains nouvellement indépendants ont fourni 11 des 23 co-sponsors de la résolution des Nations Unies reconnaissant la République Populaire de Chine (RPC) comme le seul représentant légal de la Chine aux Nations Unies, et 26 votes africains ont contribué à l'adoption de cette motion en 1971, ouvrant la voie pour que la RPC prenne le siège permanent de la Chine au Conseil de sécurité de l'ONU.

L'engagement étroit de la Chine avec l'Afrique s'est poursuivi au cours de la décennie suivante et s'est accéléré vers la fin des années 1990 et dans les années 2000. En 2008, l'Export-Import Bank de Chine finançait plus de 300 projets dans 36 pays d'Afrique. La valeur du commerce bilatéral est passée de 6,5 milliards de dollars en 1999 à 73,3 milliards de dollars américains en 2007. Selon l'Institut de recherche Chine-Afrique de l'Université Johns Hopkins, en 2008, il dépassait 100 milliards de dollars américains et il a culminé à plus de 200 millions de dollars américains en 2014, avant de reculer en 2015 et 2016 en réponse à des conditions économiques mondiales plus difficiles. En 2009, la Chine a dépassé les États-Unis en tant que principal partenaire commercial de l'Afrique. Le plus grand exportateur africain vers la Chine depuis l'Afrique en 2015 était l'Afrique du Sud, suivie de l'Angola et du Soudan. La même année, l'Afrique du Sud était le plus grand marché africain pour les produits chinois, suivi du Nigeria puis de l'Égypte.

L'essor pacifique de la Chine, parfois appelé « développement pacifique », n'est pas une notion nouvelle dans la diplomatie chinoise du soft power, mais elle est devenue la politique officielle en Chine sous la direction du président Hu Jintao (2003-2013). Le terme a été adopté en réponse à la « théorie de la menace chinoise ». La Chine voulait rassurer les autres pays, en particulier les partenaires régionaux, que son ascension ne constituerait pas une menace pour la paix et la sécurité mondiales, et qu'elle favoriserait un environnement international pacifique et des relations amicales avec les autres nations. L'idée a été articulée dans 300 mesures de réforme adopté lors de la dix-huitième Conférence du Parti communiste chinois en novembre 2012.[1] La notion de « diplomatie périphérique», ou « diplomatie de voisinage », a donné un nouveau ton à la stratégie diplomatique régionale de la Chine,[2] principe d'interaction vertueuse, et a eu un impact significatif sur la dynamique régionale asiatique.

Lorsque l'actuel président chinois Xi Jinping s'est rendu en Asie centrale et du Sud-Est en septembre et octobre 2013, il a annoncé l'Initiative la Ceinture et la Route en vue de garantir le développement économique en intégrant un certain nombre de pays d'Asie, d'Afrique et d'Europe à travers deux composantes principales. : la « ceinture économique de la route de la soie terrestre » et la « route de la soie maritime du XXIe siècle ». Cette initiative stratégique a depuis attiré l'attention de tous dans les relations internationales.

La stratégie de l'Initiative la Ceinture et la Route suit le tracé de l'ancienne Route de la Soie, prolongée jusqu'en Asie du Sud et du Sud-Est. L'intention est d'améliorer les infrastructures, dans le but d'accroître les échanges commerciaux et culturels dans la région, pour parvenir à une plus grande cohésion économique et culturelle. Les pays inclus sont membres de la Banque Asiatique d'Investissement dans les Infrastructures (AIIB), dirigée par la Chine. La stratégie globale vise à investir dans les infrastructures de l'Asie du Sud-Est et de l'Afrique et à favoriser une collaboration plus étroite avec celles-ci, en utilisant des organismes contigus d'eau, comme la mer de Chine méridionale, l'océan Pacifique Sud et l'océan Indien au sens large bordant la région de l'Afrique de l'Est. Cette région d'Afrique (en particulier le Kenya) fait partie de la Route de la Soie Maritime du XXIe siècle, grâce à l'amélioration des ports et la construction de voies ferroviaires modernes à écartement standard entre Nairobi et Mombasa.

Comme indiqué dans la vision et le plan d'action publiés par le gouvernement chinois, l'objectif de la construction conjointe de la « ceinture économique de la route de la soie terrestre » et la « route de la soie maritime du XXIe siècle est de

---

[1] BBC, 2012. China's Hu Jintao in corruption warning at leadership summit. [online] 08 November. Available at: http://www.bbc.com/news/world-asia-china20233101

[2] Swaine M.D., 2014. Chinese views and commentary on periphery diplomacy. China Leadership Monitor, 44, pp.1–43

reconnecter plus étroitement les pays asiatiques, européens et africains et de promouvoir une coopération mutuellement bénéfique. Ceci est accentué par le fait que la Chine a souligné dès le départ que l'Initiative sera développée dans le cadre des « cinq principes de coexistence pacifique » : - Respect mutuel de l'intégrité territoriale et de la souveraineté de l'autre ; - Non-agression ; - Non-ingérence dans les affaires internes de l'autre ; - Égalité et bénéfice mutuel ; et - Coexistence pacifique. Dans le contexte de la montée récente du protectionnisme, ces principes représentent l'approche de la Chine en matière d'engagement et de développement internationaux.

Conformément à l'engagement de la Chine dans les relations internationales, l'Initiative n'a pas besoin d'être confinée dans les empreintes de l'ancienne Route de la Soie. À ce titre, l'Afrique est l'une des régions considérées comme l'un des principaux pôles de croissance mondiale, et la Chine a accru son interaction avec l'Afrique par divers moyens, notamment le Forum sur la coopération sino-africaine (FOCAC). Alors que les stratégies de l'Initiative la Ceinture et la Route et du FOCAC se déploient, il est impératif que le continent africain soit pleinement intégré à la grande vision chinoise de l'Initiative afin de cimenter davantage ses liens historiques avec la Chine. Pour y parvenir, il sera essentiel de déterminer comment l'Initiative et le FOCAC peuvent compléter l'Agenda 2063 de l'Afrique : la réindustrialisation de l'économie continentale, l'amélioration de la connectivité et des infrastructures, la diversification des économies, le transfert de technologie et le développement des compétences. L'accent mis par la Chine sur le développement des infrastructures est conforme à l'Agenda 2063 de l'Afrique ainsi qu'aux aspirations du continent.

En conséquence, le FOCAC et l'Initiative la Ceinture et la Route ont reçu une approbation positive de la part des dirigeants africains. La contribution de la Chine au développement des infrastructures en Afrique a été renforcée par la signature d'un protocole d'accord entre la Chine et l'Union africaine le 27 janvier 2015. Ceci est soutenu par le fait que les programmes d'intégration régionale en Afrique mettent également l'accent sur l'expansion et l'intégration du commerce, et comprennent la création de zones de libre-échange, d'unions douanières, d'unions monétaires et de marchés communs, ainsi que des projets de développement des infrastructures dans les transports, les technologies de l'information et des communications et l'énergie. La synergie entre ces projets et les intentions du FOCAC et de l'Initiative, concernant le développement des infrastructures, présente un argument convaincant pour que l'Afrique les considère comme des opportunités pour une relation bénéfique entre la Chine et l'Afrique.

Le rôle de l'Afrique dans l'Initiative devrait être étayé dans les domaines critiques suivants : - Industrialisation ; - Développement des infrastructures ; - Développement des zones économiques spéciales (ZES) et des parcs industriels ; - Développement du secteur de l'énergie ; - Développement de l'économie océanique ; - Financement du développement ; - Ressources humaines et compétences développement. L'Initiative la Ceinture et la Route est importante sur le plan économique, compte tenu des ressources financières de la Chine.

Trois institutions financières ont été créées pour soutenir son développement, même si cela s'est heurté à une certaine résistance de la part de la Banque mondiale, du Fonds Monétaire International, et la Banque Africaine de Développement. Lancé en février 2014, le Silk Road Infrastructure Fund de 40 milliards de dollars, dirigé par la Chine, investit dans des projets d'infrastructure de l'Initiative. Le fonds est capitalisé principalement par les réserves de change de la Chine et est destiné à être géré comme le fonds souverain de la Chine. La Banque Asiatique d'Investissement dans les Infrastructures, dirigée par la Chine, fondée en octobre 2014, aspire à être une banque de développement mondiale avec 21 pays membres asiatiques et un capital de 100 milliards de dollars. La BRICS New Development Bank, créée en juillet 2014, devrait également apporter un soutien majeur aux projets de développement de l'Initiative. Cette banque a été dotée d'un capital initial de 50 milliards de dollars américains, avec l'intention d'augmenter le capital à 100 milliards de dollars américains.

L'intégration financière est importante pour la mise en œuvre de l'Initiative la Ceinture et la Route. D'où la volonté chinoise d'apporter un soutien total à la Banque Asiatique d'Investissement dans les Infrastructures et à la BRICS New Development Bank, et d'opérationnaliser pleinement le Fonds de l'Initiative la Ceinture et la Route.

Les discussions entre les États africains et les partenaires régionaux sur la manière dont l'Afrique en tant que continent peut participer pleinement à la stratégie de l'Initiative sont maintenant ouvertes. Cela a commencé avec le Premier Colloque International sur l'Initiative la Ceinture et la Route en Afrique francophone qui s'est deroulée à Yaoundé, au Cameroun du 25 au 27 Mai 2022, le premier en son genre. Le colloque a discuté des synergies à établir pour que l'Afrique francophone s'inscrive pleinement dans l'Initiative.

Reconnaissant la nécessité d'analyser les perspectives de l'Initiative la Ceinture et la Route et du FOCAC du point de vue de l'Afrique francophone, ce volume est une collection d'articles qui ont été présentés lors de ce colloque. Vous y trouverez à la fin le Rapport Général du colloque. L'objectif principal de ce volume est d'aider à formuler une réponse à l'échelle sous-régionale, à la stratégie de l'Initiative la Ceinture et la Route. Et c'est d'ailleurs pourquoi, pour que la BRI devienne une alternative crédible pour le développment en Afrique francophone, les recommandations suivantes ont été formulées :

1. Les gouvernements africains doivent définir une stratégie chinoise claire. La mesure la plus importante que les gouvernements africains pourraient prendre consiste simplement à définir ce qu'ils attendent de la relation Afrique-Chine et à élaborer quelques étapes simples pour y parvenir. Chaque pays doit réfléchir à ce qu'une bonne stratégie chinoise signifie dans son contexte unique.

2. Les gouvernements africains doivent construire une bureaucratie à la hauteur de la Chine. La plupart des gouvernements africains que nous avons rencontrés manquent cruellement de personnel pour tout ce qui concerne la Chine.

3. Le gouvernement chinois peut étendre le financement public aux entreprises privées chinoises. Les entreprises privées représentent 90 % de toutes les entreprises chinoises en Afrique. À ce jour, cependant, l'énorme montant de financement que le gouvernement chinois a promis pour le développement économique en Afrique à travers le FOCAC et l'initiative est encore inaccessible aux entreprises chinoises du secteur privé.

4. Le gouvernement chinois peut étendre les directives commerciales responsables aux entreprises privées chinoises. Si le gouvernement chinois étend la disponibilité du financement aux entreprises privées, il peut également s'attendre à ce que ces entreprises respectent des normes plus élevées en matière d'entreprise responsable.

5. Les entreprises chinoises peuvent explorer de nouvelles stratégies d'entrée sur le marché. À ce jour, la grande majorité des investissements chinois en Afrique sont des investissements entièrement nouveaux, et seuls 12 % de ces investissements sont constitués en coentreprises.

7. Stimuler le commerce et la production grâce à un accord agricole de gouvernement à gouvernement. L'Afrique possède 60 % des terres arables restantes dans le monde et un climat propice à la culture de produits très demandés sur le marché chinois. Pourtant, seuls 4 % de ses exportations vers la Chine sont des produits agricoles.

8. La tenue au Cameroun dans un avenir très proche d'une grande conférence des Chefs d'Etats et de gouvernements africains sur l'Initiative, la Ceinture et la Route en Afrique francophone.

Bibliographie

Burns, T. S., 2003. Rome and the barbarians, 100 B.C.–A.D. 400. Baltimore: Johns Hopkins University Press.

Shillington, K., 1995. History of Africa, revised second edition. New York: St. Martin's Press, p.32.

Odgaard, L., 2013. Peaceful coexistence strategy and China's diplomatic power. The Chinese Journal of International Politics, 6(3), pp.233–272.

BBC, 2012. China's Hu Jintao in corruption warning at leadership summit. [online] 08 November. Available at: http://www.bbc.com/news/world-asia-china20233101

Swaine M.D., 2014. Chinese views and commentary on periphery diplomacy. China Leadership Monitor, 44, pp.1–43.

Xinhua, 2016. Xi's trip to boost Belt & Road initiative. China Daily Asia [online] 15 June. Available at http://www.chinadailyasia.com/nation/2016-06/15/content_15449187.html

Elisseeff, V., 2000. Approaches old and new to the Silk Roads, in Elisseeff, V. (ed.), The Silk Road: Highways of Culture and Commerce. New York: Berghahn Books, pp.1–26.

1African Economic Outlook (2015) Trade policies and regional integration in Africa. AfDB, OECD, UNDP 2016, pp.73–88.

Fotheringham & Fang, n.d. OBOR – One Belt One Road initiative. Available at: http://www.fotheringhamfang.com/bnr.html

Actes du Premier Colloque International sur l'Initiative la Ceinture et la Route en Afrique Francophone

PREMIÈRE JOURNÉE,

Mercredi 25 Mai 2022

SESSION D'OUVERTURE

1. Mot introductif du Colloque par le Président de l'Observatoire Chine - Afrique Francophone : Qu'est-ce que l'Initiative la Ceinture et la Route en Afrique Francophone ? *Dr. Jimmy Yab*

Ce rendez-vous scientifique de Yaoundé du 25 au 27 mai 2022 intitulé : «Premier Colloque International sur l'Initiative la Ceinture et la Route en Afrique Francophone», porte sur les implications et la portée de « l'Initiative la Ceinture et la Route » en tant que future voie de développement pour l'Afrique en général et de l'Afrique francophone en particulier. En septembre 2013, le président chinois Xi Jinping a proposé une Ceinture économique de la Route de la Soie et en octobre de la même année, une Route Maritime de la Soie du XXIe siècle, les deux sont appelées « l'Initiative la Ceinture et la Route ». Ce projet a été accueilli favorablement par les pays concernés. Il intègre le symbolisme historique de l'ancienne Route de la Soie ouverte vers -139 Av. J.C. avec les nouvelles exigences socio-économiques d'aujourd'hui. L'initiative est un programme du président Xi Jinping dont le but est de maintenir un système économique mondial ouvert et de parvenir à un développement diversifié, indépendant, équilibré et durable, ainsi qu'une proposition visant à faire progresser la coopération régionale, à renforcer les communications entre les civilisations et à sauvegarder la paix et la stabilité mondiales.

Qu'est-ce que l'Initiative la Ceinture et la Route ?

Pour le dire simplement, l'Initiative la Ceinture et la Route est la forme abrégée de la Ceinture économique de la Route de la soie et de la Route maritime de la soie du XXIe siècle, proposée par le président chinois Xi Jinping dans différents discours. Lors de sa visite au Kazakhstan en septembre 2013, le président chinois Xi Jinping a prononcé un discours à l'Université Nazarbaïev selon lequel la route de la soie, qui traverse l'Asie et l'Europe, pourrait devenir une nouvelle route où les pays, quelles que soient leurs ethnies, leurs croyances et leurs cultures, peuvent jouir d'une paix et d'une prospérité partagées. Ce dont le président a parlé, c'est de l'héritage de l'ancienne route de la soie. C'était la première fois que Xi Jinping décrivait l'Initiative la Ceinture et la Route. Plus tard, à plusieurs reprises, le président Xi a donné de plus amples explications sur la nature de l'Initiative.

Par exemple le 3 octobre 2013, Xi Jinping a effectué une visite d'État en Indonésie. Dans son discours prononcé au Parlement, Xi Jinping a souligné que l'Asie du Sud-Est a toujours été une plaque tournante importante pour la route maritime de la soie. Il a également exprimé la volonté de la Chine de travailler avec les pays de l'ASEAN (Association of Southeast Asian Nations) dans la construction de la route de la soie maritime du XXIe siècle. Début 2014, Xi a prononcé un autre discours au Collège d'Europe à Bruges, en Belgique, réaffirmant l'importance de construire les ponts de la paix, de la croissance, de la réforme et de la civilisation. Il a ajouté que nous devons tirer parti de la Ceinture économique de la Route de la soie pour une coopération plus étroite entre la Chine et l'Europe, visant à construire un énorme marché entre les continents. En outre, les deux parties doivent tirer pleinement parti des personnes, des entreprises, des capitaux et des technologies afin que la Chine et l'Europe deviennent des « moteurs jumeaux » pour la croissance économique mondiale. Le 15 mai 2014, lors de la célébration du 60e anniversaire de l'Association du peuple chinois pour l'amitié avec l'étranger, Xi Jinping a appelé les personnes de tous horizons à aider à construire de manière plus ouverte et plus inclusive la Ceinture économique de la Route de la soie et la Route maritime de la soie du XXIe siècle.

Le 21 mai 2014, lors du quatrième sommet sur l'interaction et les mesures de confiance en Asie (CICA), Xi Jinping a en outre expliqué le « ferme engagement de la Chine à construire une amitié et un partenariat avec ses voisins pour favoriser un voisinage amical, sûr et prospère ». En vertu du principe d'amitié, de sincérité, d'avantages mutuels et inclusifs, la Chine travaille activement pour apporter à ses voisins encore plus de bénéfices de son propre développement et pour promouvoir conjointement la construction de « la Ceinture et la Route ». En juin 2014, lors de la cérémonie d'ouverture de la 6e réunion ministérielle du Forum de coopération sino-arabe, le président Xi a évoqué l'histoire des échanges entre les peuples de la Chine et des pays arabes en référence à l'ancienne route de la soie et à la route des épices. Il a souligné l'esprit de la Route de la soie de coopération pacifique, inclusive, d'apprentissage mutuel et de coopération gagnant-gagnant, qui peut être considéré comme le moteur du développement. En outre, il a souligné que la Chine et le monde arabe sont des « partenaires naturels » pour la construction de « la Ceinture et la Route » guidée par le principe de large consultation, de co-construction et de bénéfices partagés.

Et plus récemment encore lors du FOCAC de DAKAR en Novembre 2021, Xi Jinping a déclaré lors de son discours en vidéo conférence que : « la Chine fournira 10 milliards de dollars américains de financement pour le commerce pour soutenir les exportations africaines et construira en Chine une zone pionnière pour une coopération commerciale et économique approfondie entre la Chine et l'Afrique et un parc industriel Chine-Afrique pour la coopération la Ceinture et la Route ».

Avec les interprétations continuelles du président Xi Jinping, le sens de l'initiative « la Ceinture et la Route » est devenu de plus en plus clair. À mon avis, la formation finale de l'Initiative peut être attribuée à la vaste connaissance du président Xi Jinping sur le développement économique des nations européennes, asiatiques et africaines et à sa vision pénétrante de l'intégration économique mondiale. Jamais auparavant l'économie mondiale n'avait été si étroitement liée et jamais auparavant l'allocation des ressources n'a couvert autant de régions. La promotion d'une coopération économique régionale globale doit être combinée avec la Ceinture économique de la Route de la soie, la Route de la soie maritime du XXIe siècle et la coopération transnationale. De tels partenariats insufflent une nouvelle vitalité au développement non seulement de la Chine mais aussi à celui des régions partout où l'Initiative la Ceinture et la route passe. En tant que stratégie sans précédent, et aussi la première jamais proposée par un pays en développement, l'Initiative vise à stimuler la reprise économique mondiale.

Ainsi en utilisant les symboles historiques de l'ancienne route de la soie et en brandissant haut la bannière de la paix et du développement, l'initiative « la Ceinture et la Route » vise à développer le partenariat de coopération économique avec les pays et les régions le long des routes, qui construiront conjointement la communauté des intérêts partagés caractérisés par la confiance politique mutuelle, l'intégration économique et l'inclusivité culturelle.

Le contenu principal de l'initiative « la Ceinture et la Route » est une coopération sur cinq domaines : la coordination des politiques, la connectivité des infrastructures, le commerce sans entrave, l'intégration financière et des liens plus étroits entre les peuples. Elle en se concentre sur huit secteurs : la fourniture des infrastructures, l'économie et la coopération commerciale, la coopération en matière d'investissement industriel, la coopération en matière de ressources énergétiques, la coopération financière, les échanges culturels et interpersonnels, la coopération écologique et environnementale et la coopération maritime. Elle vise la construction de six corridors économiques et de deux directions clés.

Selon le plan d'action de l'Initiative intitulé *Vision and Actions on Jointly Building Silk Road Economic Belt and 21st Century Maritime Silk Road*, les six corridors économiques comprennent le nouveau pont terrestre eurasien, le corridor économique Chine-Mongolie- Russie, le corridor économique Chine-Asie centrale-Asie occidentale, le Corridor économique de la Chine - péninsule d'Indochine, le Corridor économique Chine-Pakistan et le Corridor économique Bangladesh-Chine-Inde-Myanmar. Les deux directions principales impliquent d'aller de la côte chinoise à l'Europe en passant par la mer de Chine méridionale et l'océan Indien d'un côté, et de la côte chinoise à travers la mer de Chine méridionale au Pacifique Sud de l'autre. La Ceinture et la Route est un projet systématique, qui doit être coconstruit par la concertation pour répondre aux intérêts de tous, et des efforts doivent être faits pour insérer les stratégies de développement des pays le long de la Ceinture et la Route. C'est pourquoi l'approche en cinq domaines est importante.

L'approche en cinq domaines

L'approche en cinq domaines est au cœur de la Ceinture et la Route sont : la coordination des politiques, la connectivité des infrastructures, le commerce sans entrave, l'intégration financière et des liens plus étroits entre les peuples. Les cinq composantes de l'approche forment un tout intégré et sont indissociables.

L'amélioration de la coordination des politiques est une garantie importante pour la mise en œuvre de la Ceinture et la Route. La différence entre la construction de la Ceinture et la Route et la construction nationale réside dans le fait que chaque pays peut avoir des politiques et des normes différentes en matière de technologie ou de qualité. La Ceinture et la Route promeut la coopération intergouvernementale, construit un mécanisme intergouvernemental d'échange et de communication sur les politiques macroéconomiques à plusieurs niveaux, élargit les intérêts communs, renforce la confiance politique mutuelle et parvient à un nouveau consensus de coopération. Les pays situés le long de la Ceinture et la Route peuvent développer leurs stratégies et politiques de développement économique, élaborer des plans et des mesures de coopération régionale pour résoudre les problèmes liés à cette coopération.

La connectivité des infrastructures est un domaine prioritaire pour la mise en œuvre de la Ceinture et la Route. Les installations désignées ici infrastructures, comprennent non seulement la construction d'infrastructures de transport, mais aussi celles d'oléoducs et de gazoducs, de réseaux électriques et de réseaux de câbles optiques transfrontaliers. Parmi celles-ci, la construction d'infrastructures de transport est la priorité absolue. Comme le dit un proverbe chinois, la première étape pour être riche est de construire des routes. Les pays situés le long de la Ceinture et la Route sont généralement en retard en matière d'infrastructures de transport. Il leur est très difficile de commercer et de voyager car ils sont coupés du monde par les montagnes, les déserts et les rivières. Par conséquent, ce n'est qu'en construisant des routes que les intérêts communs peuvent être partagés. Sur la base du respect de la souveraineté de l'autre, les pays situés le long de la Ceinture et la Route doivent s'aligner sur les plans de construction d'infrastructures afin de faire avancer ensemble la construction des passages interurbains internationaux et construire progressivement un réseau solide d'infrastructures interdépendantes dans toutes les sous-régions entre l'Asie, l'Europe et l'Afrique.

Le commerce sans entrave est une tâche majeure dans la construction de la Ceinture et la Route. Ces dernières années, le commerce entre la Chine et les pays situés le long des routes a connu de grands progrès. Cependant, diverses barrières commerciales ont empêché l'approfondissement de l'élargissement de la coopération et des échanges. Ainsi, tous les pays devraient prendre des dispositions appropriées pour faciliter le commerce, renforcer la coopération douanière telle que l'échange d'informations, la reconnaissance mutuelle des réglementations et l'assistance mutuelle en matière d'application de la loi. Il faut aussi discuter avec les pays et les régions le long de la Ceinture et la Route sur l'ouverture des zones de libre-échange afin d'accélérer la vitesse circulaire et la qualité de l'économie régionale.

L'intégration financière est aussi un des fondements importants de la mise en œuvre de la Ceinture et la Route. Étant donné que l'Initiative coûte des centaines de milliards de dollars, aucun pays ne peut se permettre de fournir des fonds à lui seul. Le problème ne peut être résolu que par une coopération du marché financier.

Les liens interpersonnels constituent un point d'ancrage pour la Ceinture et la Route. A l'évidence, le large soutien public est indispensable à la réussite de ce projet transfrontalier. Par conséquent, il est important de poursuivre l'esprit de coopération amicale de la Route de la Soie en promouvant de vastes échanges culturels et universitaires, des échanges de personnel et de coopération, une coopération médiatique, des échanges de jeunes et de femmes et des services bénévoles, afin de renforcer la communication et la compréhension mutuelles, et de construire ensemble la Ceinture et la Route.

Parmi les cinq composantes de l'approche, la coordination des politiques et les liens interpersonnels se concentrent respectivement sur les dialogues de haut niveau et les échanges de base. Ils sont tous deux la condition préalable à la coopération dans les trois domaines spécifiques : connectivité des installations, commerce sans entrave et connectivité financière. Sans la pratique efficace de la coordination des politiques et des liens interpersonnels, les trois autres types de coopération ne peuvent pas être mis en œuvre sans heurts. La relation entre ces cinq composants est le général et le spécifique, et complémentaire les uns des autres, formant un tout intégral. Wan Chengcai, chercheur au Centre d'études sur les questions mondiales de l'agence de presse Xinhua, a déclaré que la promotion globale et à plusieurs niveaux de la coopération dans les cinq domaines contribua à favoriser une communauté d'intérêts partagés, d'avenir et responsabilité caractérisés par la confiance politique mutuelle, l'intégration économique et l'inclusivité culturelle. En ce sens, l'Asie, l'Europe et l'Afrique sont sur le point d'émerger comme une zone économique naissante, géante et active.

Comment l'Afrique francophone s'intègre-t-elle dans ce gigantesque projet ? De quoi s'agit-il réellement ? quels sont les pays concernés ? Mythe ou réalité? Quel peut être l'impact de ce projet dans les différentes sous-régions en Afrique ? Peut-on le considérer comme une voie alternative de développement pour l'Afrique ? Telles sont les questions auxquelles ce colloque tentera de répondre.

Dr. Jimmy Yab
President de l'Observatoire Chine-Afrique Francophone (O.C.A.F.)

2. Allocution du Premier Conseiller de l'Ambassade de Chine au Cameroun, *M. Wang Dong*

Mesdames et Messieurs,
Chers amis,

Je suis très heureux d'être invité par l'Observatoire Chine-Afrique à prendre part au Colloque International sur «La Ceinture et la Route en Afrique francophone». Tout d'abord, je tiens à exprimer mes remerciements aux organisateurs de ce colloque, notamment au Professeur Jimmy YAB ; je tiens aussi à adresser mes salutations sincères à tous les intervenants et à tous ceux qui accordent une importance particulière aux relations sino-africaines. Merci d'avoir fait le déplacement au Palais des Congrès en ce jour. En 1972, le Palais des Congrès était un projet majeur d'assistance que la Chine a apporté au Cameroun. Il est témoin initial de l'amitié Chine-Cameroun et de l'amitié Chine-Afrique. 50 ans après, nous sommes de nouveau dans ce même lieu, avec la ferme volonté de mettre en commun nos savoirs pour l'approfondissement de l'amitié Chine-Afrique et d'ouvrir une nouvelle page de cette amitié.

Let me start with the main theme of this seminar, the Belt and Road Initiative. The Belt and Road goes across three continents: Asia, Europe and Africa. On one end, it is the dynamic East Asian economic sphere, on the other end, it is the developed European economic sphere, while in between are the African countries with great potentials. The Belt and Road Initiative aims to strengthen the global connectivity; to enhance the level of trade and investment cooperation; and to promote the international cooperation in production capacities and equipment manufacturing. Since the Belt and Road Initiative was launched in 2013, under the personal leadership, deployment and promotion by President XI Jinping, China has signed Belt and Road cooperation agreements with 149 countries and 32 international organizations, including Cameroon. Nowadays, China is determined to form an effective connection and a strong synergy between the Belt and Road Initiative and the 2030 United Nations' Agenda for

Sustainable Development, with the emphasis on domains such as fight against Covid-19, poverty reduction, development cooperation and climate change. All of these measures are to achieve a better future for win-win cooperation by working with all the parties.

Dear friends,

The world is rapidly undergoing profound changes unseen in a century. Until now, humanity has yet to emerge from the shadow of the pandemic, while the Ukraine crisis and regional hot spot issues keep flaring up. What has happened to the world? How can we respond? What kind of development concept does the world need? How can countries in the world achieve common security? To address these contemporary issues, President XI Jinping has proposed 2 solutions, respectively last year and this year, namely, the Global Development Initiative and Global Security Initiative. These 2 initiatives have the characteristics of inclusiveness, openness and non-exclusivity. Human history has proven times and again that without peace, development will be like water without source; without security, prosperity will be like trees without roots. As the Global Development Initiative and Global Security Initiative take together account of peace and development, they are the new demonstration of the idea of the Community of Shared Future for Mankind.

More precisely, the Global Development Initiative focuses on 6 commitments, namely, the commitment to development as a priority; the commitment to a people-centered approach; the commitment to benefits for all; the commitment to innovation-driven development; the commitment to harmony between man and nature; and finally, the commitment to result-oriented actions. As for the Global Security Initiative, there are also 6 commitments, namely, the commitment to the vision of common, comprehensive, cooperative and sustainable security; the commitment to respect the sovereignty and territorial integrity of all countries; the commitment to abide by the purposes and principles of the UN Charter; the commitment to take the legitimate security concerns of all countries seriously; the commitment to peacefully resolve differences and disputes between countries through dialogue and consultation, to support all efforts conducive to the peaceful settlement of crises; and finally, the commitment to maintain security in both traditional and non-traditional domains. Undoubtedly, these commitments were fully embodied in the China-Africa cooperation in the past. In the future, they will continue to be applied so as to promote the implementation of the Belt and Road Initiative in Africa with a higher quality.

Dear friends,

Why do China and Africa have such a close relationship? Why do they have such a deep bond of friendship? I am convinced that the answer lies in what President XI Jinping called the spirit of China-Africa friendship and cooperation, that is, sincere friendship and equality; win-win for mutual benefit and common development; fairness and justice; progress with the time as well as openness and inclusiveness. China adheres firmly to the principles of sincerity, real results, amity and good faith in its pursuit of the greater good and shared interests during its cooperation with Africa so as to build an even stronger China-Africa community of shared future. In recent years, China and Africa have jointly completed a large number of key cooperation projects of the Forum on China-Africa Cooperation. Their trade volume and China's investment in Africa have steadily increased. All French-speaking countries in Africa have joined the Belt and Road Initiative.

China firmly supports African countries in realizing lasting peace and prosperity. Despite changes in the international landscape, they have always been good friends, good partners and good brothers. No force can stop the good momentum of China-Africa cooperation. In fact, in May 2021, at the United Nations Security Council, China and Africa jointly launched the Partnership for Africa's Development Initiative. In November, during the 8th Ministerial Conference of the Forum on China-Africa Cooperation, President XI Jinping announced that China will work closely with African countries in the next three years to jointly implement "Nine Program", namely, medical and health program; poverty reduction and agriculture; trade promotion; investment promotion; digital innovation; green development; capacity building; people-to-people and cultural exchanges; and finally, peace and security. These measures are highly in line with the 2063 African Union's Agenda. They provide new guidelines and opportunities for the development of China-Africa friendly cooperation.

China-Cameroon cooperation is an important part of China-Africa cooperation. Since the establishment of diplomatic relations in 1971, the two countries have always adhered to the principles of sincere friendship, equal treatment, win-win cooperation and common development. China has always firmly supported Cameroon to choose independently its own development path that suits its own national conditions. The two countries have strong mutual political trust, mutual understanding and mutual support. They have safeguarded together the common interests and international order. The cooperation between China and Cameroon has yielded fruitful results, just to name a few, the Yaoundé

Multipurpose Sports Complex, the Memve'ele Hydroelectric Power Station, the Kribi Deep-Water Port, the Sanaga Drinking Water Treatment Plant and the National Fiber Backbone are the best witnesses. More and more Cameroonian products appear in China. People-to-people and think tank exchanges become more frequently. Face with the pandemic, China and Cameroon have been in solidarity to fight against Covid-19. Not only is China the first country to provide Cameroon with anti-Covid vaccines, but also it is the country that has provided by far the largest number of vaccines. With regard to the difficulties in China-Cameroon cooperation, China has always been coordinating with Cameroon by the principle of equality and mutual benefits. I firmly believe that the joint construction of the Belt and Road between China and Cameroon will surely bring more benefits to Cameroonians. It will make greater contributions to Cameroon's national modernization.

Chers amis,

Le XXème Congrès du Parti Communiste Chinois se tiendra dans la deuxième moitié de cette année. Dans le futur, la Chine est déterminée de s'ouvrir plus largement. Elle vise à créer une nouvelle dynamique de développement, où le circuit domestique joue le rôle de pilier principal, et les circuits domestique et international se renforcent mutuellement. Toutes ces mesures apporteront plus d'opportunités en Afrique. Ainsi, nous invitons le Cameroun et les pays d'Afrique francophone à profiter du développement chinois afin de bâtir ensemble une communauté de destin pour l'humanité.

Vous êtes tous des experts qui attachent une importance majeure à la coopération sino-africaine. Vous êtes des conseillers du gouvernement, des élites d'entreprises. J'espère que vous pourrez vous exprimer librement lors de ce colloque, y faire part de vos idées. J'espère que vous pourrez échanger des points de vue sur les facteurs politiques, économiques, technologiques, sécuritaires et culturels liés à l'Initiative "la Ceinture et la Route" et à la coopération sino-africaine. J'espère que vous pourrez faire des suggestions pour résoudre les problèmes, relever les défis et promouvoir une coopération mutuellement bénéfique afin de mieux faciliter le développement Chine-Afrique et de mieux profiter aux peuples des deux parties.

Enfin, je souhaite à ce colloque une pleine réussite !

Je vous remercie !

WANG DONG
Premier Conseiller de l'Ambassade de Chine au Cameroun

3. Le rôle pilote du Cameroun dans la création du FOCAC : en hommage à l'Ambassadeur Eleih Elle Etian, Doyen du groupe des ambassadeurs africains et doyen du Corps diplomatique en République Populaire de Chine (1988-2008), *Mbatoumou Constance Odile*

Les débuts du Forum de coopération sino-Africain (FOCAC) : le témoignage de l'Ambassadeur Eleih-Ellé Etian.
En guise d'hommage
Par
L'Institut W.E.B. Dubois représenté par
Lucien Ayissi, Charles Romain Mbelé et O. Constance Mbatoumou

Le livre intitulé : *Vingt ans d'expérience en Chine. Un Africain raconte* est d'un très grand intérêt pour comprendre comment les Africains perçoivent les débuts du FOCAC. Au moment de la création de cette entité, son auteur, Eleih-Ellé Etian, était Ambassadeur de la République du Cameroun auprès de la République populaire de Chine et Doyen du Groupe des Ambassadeurs africains à Beijing. Le livre nous fournit des informations utiles, et de première main, sur l'ambiance qui régnait alors dans les milieux diplomatiques africains au cours de cette époque charnière. Il suffit de se pencher sur l'allocution du 30 juin 1999, prononcée à l'occasion de la réception de M. Tang Jiaxuan, Ministre chinois des affaires étrangères, pour prendre la mesure des attentes de l'Afrique.

Le contexte international de cette époque était marqué par l'intervention de l'OTAN en ex-Yougoslavie. Cette agression de l'Occident contre un ancien pays, pilier du Mouvement des Non-alignés et création de l'illustre maréchal Tito, explique la tonalité particulière du discours. L'orateur y fustige l'hégémonisme des grandes puissances, le concept de « Droit d'ingérence », la menace que les pays du Nord font peser sur la paix et la sécurité internationales. Face à ces périls, la Chine et l'Afrique devaient renforcer leur solidarité au plan politique et diplomatique, et consolider leur coopération économique, commerciale et technique, avec comme but ultime la relance de la coopération Sud-Sud. Le discours soulignait ensuite l'angoisse des pays africains face au nouveau Millénaire, la mondialisation étant l'évènement le plus marquant de l'époque, en tant que synonyme de précarité, d'affaiblissement des Etats, de désindustrialisation, etc.

La mise en place d'une structure formelle de concertation devait donc permettre aux peuples de Chine et d'Afrique d'affirmer « leur solidarité agissante », dans le combat contre la pauvreté, tout en leur fournissant les moyens d'affirmer « leur place comme partenaires majeurs dans le façonnement du monde de demain en gestation ».

La Chine, le plus grand pays en développement, et l'Afrique, le plus grand continent en de développement, devaient proclamer leur volonté commune de bâtir, avec tous les autres peuples de bonne volonté, « un monde de paix, de solidarité et de co-développement ». Le discours rappelle les griefs du Sud contre le Nord, en référence à l'esclavage, à la colonisation et à l'oppression, et souligne le contraste avec la Chine. Il disqualifie sans ménagement « ceux-là qui, à la différence de la Chine, n'ont pas la conscience propre à l'égard du passé et de certains problèmes actuels de l'Afrique », mais qui se permettent de « nous donner des leçons de démocratie, de droits de l'homme, de bonne gouvernance ». Éléih-Éllé Étian dénonce le cynisme de l'instrumentalisation de ces « valeurs universelles auxquelles la Chine et l'Afrique souscrivent sans pression ni mauvaise conscience, mais au nom desquelles certains donneurs de leçons se croient autorisés à bafouer la souveraineté et la dignité des Etats à qui ils refusent même le droit à la différence ». Le plaidoyer en faveur d'un « monde multipolaire et démocratique » est saisissant. Ce nouveau monde en formation doit être régi par les cinq principes de la coexistence pacifique et tenir compte tant du poids numérique réel que des intérêts des pays en développement au sein des grandes instances internationales : ONU, Institutions de Bretton Woods, OMC, CNUCED, etc…

Grâce à la nouvelle entité sino-africaine en gestation, l'Afrique devait aider la Chine à conforter sa position de « grand frère des pays du Tiers-Monde », sur la scène internationale. À l'issue du premier FOCAC, la Chine avait effectivement confirmé ce statut « face à l'Occident dont l'Afrique apparaît parfois comme l'arrière-cour, pour ne pas dire, la chasse-gardée ».

C'est la question sensible des zones d'influence occidentale en Afrique qui est ici soulevée. Au fil des ans, le FOCAC apparaît de plus en plus comme un outil efficace au service du démantèlement de celles-ci. Et, depuis le lancement des Routes de la soie, le processus de démantèlement des sphères d'influence occidentales s'est accéléré, avec le soutien actif de la Chine à l'unification du continent africain, notamment dans le cadre de la mise en œuvre du vaste programme des infrastructures ferroviaires, routières, portuaires, aéroportuaires, etc.

A l'époque de la mise en place du FOCAC, deux questions essentielles agitaient la communauté africaine : Taïwan, dont la « diplomatie du dollar» séduisait encore un nombre significatif de pays africains -, et les spéculations quant à la survie ou non de la Chine en tant qu'Etat, référence étant faite au sort funeste de l'URSS, de la Yougoslavie, ou encore de l'Ethiopie.

Si ce dernier point soulevait peu d'inquiétudes, la question de Taïwan était une préoccupation fondamentale. L'Ambassadeur camerounais nous apprend que pendant les préparatifs du premier FOCAC, un large consensus s'était fait du côté africain, sur la nécessité de réaffirmer les droits historiques inaliénables de la Chine sur l'île rebelle. Ceci impliquait l'attachement de l'Afrique « au principe d'une seule Chine, une et indivisible » , et le traitement de la question de Taïwan comme une affaire intérieure que les Chinois eux-mêmes doivent régler sans ingérences extérieures . L'auteur précise : « Notre seule présence à Beijing était un message fort en direction de Taïwan et de ses amis à travers le monde ». Et, depuis le premier FOCAC, presque l'ensemble des pays qui entretenaient encore des relations diplomatiques avec l'île rebelle ont renoué avec Beijing.

Ces détails permettent de voir comment se construit progressivement la communauté de destin Chine-Afrique et de mesurer l'intensité de la passion qui anime les hommes, la fermeté de la volonté d'aller de l'avant et la puissance de l'engagement qui les pousse à surmonter les obstacles qui se dressent sur leur chemin.

Au cours des dernières décennies, la Chine et l'Afrique n'ont cessé de consolider leurs liens, tout en poursuivant des buts communs. Leur poids s'est accru sur la scène internationale où les deux parties se prêtent mutuellement assistance et s'efforcent de parler d'une même voix, notamment dans des moments cruciaux, avec comme exemple récent, la déclaration aux Nations unies de l'Ambassadeur de Chine Zhang Jun, présentée le 5 octobre 2020 au nom de 26 pays, dont 9 africains. La « Déclaration des 26 » critiquait les États-Unis et ses alliés occidentaux pour leurs infractions répétées aux droits de l'homme et appelait à une levée complète et immédiate de toutes les sanctions unilatérales, tout en exprimant leur vive préoccupation face aux discriminations raciales systématiques.

Dans la construction du destin commun Chine-Afrique, le « Consensus de Pékin » a joué un rôle déterminant. Les pays africains n'ont pas tardé à voir la différence, sinon l'opposition avec le Consensus de Washington, l'ordre de priorité n'étant pas le même. Car, tandis que le Consensus de Washington pose la réforme comme un préalable au développement, le Consensus de Pékin lui, met l'accent sur la stabilité et le développement. Pour les Africains, il s'agissait là d'un renversement total de perspective, d'autant plus que, selon l'éthique du Consensus de Pékin, l'aide au développement n'était susceptible d'être assujettie à aucune conditionnalité politique humiliante. Eléih-Ellé Etian se réjouit des relations d'amitié et de coopération entre la Chine et l'Afrique et déclare qu'avec « beaucoup de modestie, dans une enveloppe transparente d'amitié sincère, toutes choses qui honorent celui qui donne sans humilier celui qui reçoit, ces relations ne sont pas polluées par des opérateurs goulus et inhumains, des intellectuels jaspineux et jargonneurs, des paternalistes attardés, des donneurs de leçons myopes et amnésiques ». Au contraire, les relations sino-africaines sont basées sur la réciprocité, l'égalité, le respect mutuel, le respect des identités nationales.

4. Leçon inaugurale : La longue histoire de l'amitié et de la solidarité entre l'Afrique et la Chine. Les défis contemporains, *Pr Nkolo Foé*

La longue histoire de l'amitie et de la fraternite entre l'afrique et la chine
Au commencement, étaient Alexandrie et Thinæ

La construction de la communauté de destin Chine-Afrique s'appuie sur des liens historiques solides, lesquels qui plongent leurs racines dans un passé lointain. Pour commencer, je me contenterai d'abord de rappeler, sans toutefois m'y attarder, l'hypothèse encore en débats avancée par l'archéologue et géochimiste chinois Sun Weidong concernant l'origine africaine de la technologie de l'âge du bronze en Chine.

En effet, dans une conférence donnée à l'Université de science et technologie de Hefei en 2016, le chercheur chinois affirme que la technologie de l'Age du Bronze en Chine n'était pas entrée par le Nord-Ouest du pays, en suivant la route de la soie préhistorique, mais au contraire par la voie maritime. Sun Weidong rattache cette technologie aux Hykos, ces Asiatiques occidentaux qui avaient régné sur l'Egypte entre 1730 environ et 1560 avant J.-C., avant d'être expulsés, comme le reconnaissent nombre de textes de l'Egypte antique. Sun Weidong souligne qu'en arrivant en Chine, les Hyksos avaient amené avec eux les éléments essentiels de la civilisation africaine : la métallurgie, les chars, la littérature, les plantes et les animaux domestiqués, etc. Ce sont ces vestiges que les archéologues ont découvert dans l'ancienne cité de Yin qui fut la capitale de la deuxième dynastie chinoise, les Shang entre 1600 et 1046 av.- J.C.

La controverse créée en Chine même par cette hypothèse étant loin d'être close, il est préférable de refermer cette porte, pour insister sur des faits avérés, bien établis et bien documentés, s'agissant des premiers contacts entre l'Afrique et la Chine.

Du point de vue de l'Afrique, l'époque alexandrine constitue un bon repère chronologique. Par rapport à l'histoire chinoise, cette période correspond approximativement au règne des Hans (206 av. J.-C - 220 apr. J.-C) et au lancement de la Route de la soie. Il s'agit de cette route commerciale qui reliait l'Asie à l'Europe et à l'Afrique, tout en constituant un pont entre les grands foyers de civilisation du monde antique : le bassin du Huanghe et du Chanjiang, de l'Indus et du Gange, du Tigre et de l'Euphrate, sans oublier la vallée du Nil qui plonge ses racines au cœur même de l'Afrique.

En raison de son essor économique, Alexandrie était devenue une importante plaque tournante du commerce international. Cité marchande située à la pointe Ouest du Delta, la ville était non seulement la « tête de ligne d'un long circuit pour les marchandises importées », mais « également un point de départ terrestre pour le commerce avec un Orient lointain ». Comme le souligne l'historien Jacques Pirenne, « Alexandrie est le plus grand marché des produits des Indes et d'Arabie, et les cités phéniciennes sont les avant-ports des expéditions de la Chine qui arrivent par la Bactriane ». Dans les faits, Alexandrie surclassait les cités marchandes rivales en tant que tête de pont du commerce vers l'Orient et l'Extrême-Orient et « point d'aboutissement et de départ des routes caravanières qui la reli[aient], depuis des siècles, à l'Asie centrale et à l'Inde, depuis un siècle au moins à la Chine».

Dans l'antiquité, ce dernier pays était connu sous le nom de Sérique, entendue comme « pays de la soie », bien qu'en rigueur de termes, ce nom ne s'appliquât véritablement qu'à l'actuelle province de Shaanxi. La cité appelée Sera metropolis correspond, quant à elle, à la ville actuelle de Xi'an, point de départ historique de la route de la soie et capitale de l'Empire pendant près de 1000 ans.

Apparue selon toute vraisemblance vers 2570 av. J.-C. - l'un de ses plus vieux fragments découverts datant de cette époque -, la soie devint rapidement un produit de luxe très prisé par les classes supérieures en Chine comme à l'étranger. Sa circulation en Asie centrale comme en Afrique du Nord précédait de loin l'ouverture des routes de la soie, intervenue seulement au IIe siècle av. J.-C., sous la dynastie Han. Cette antériorité est attestée par la découverte près de Thèbes en Egypte d'une momie avec de la soie. De sexe féminin, ladite momie égyptienne date de 1070 av. J.-C.

La position géographique d'Alexandrie était idéale. Tournée vers les grands axes de commerce international d'Asie, elle regardait aussi vers l'Afrique noire, connue pour être le véritable berceau de la civilisation égyptienne. Entre la Nubie et l'Egypte par exemple, les liens étaient continus depuis l'époque des pharaons. A l'époque alexandrine, les échanges commerciaux et diplomatiques avec des pays comme l'Ethiopie, le Soudan, Zanzibar, la Somalie et l'Erythrée s'étaient même intensifiés, grâce aux progrès de la navigation et à l'essor économique de l'Empire. Le petit traité intitulé : Le Périple de la Mer Erythrée, fournit de précieuses informations sur ces échanges.

Si son auteur reste inconnu, le contenu du Périple de la Mer Erythrée indique qu'il s'agit probablement d'un marin marchand originaire d'Egypte. C'est en langue grecque qu'il décrit l'itinéraire qui relie les côtes égyptiennes à la Chine, en passant par l'Inde. Les principales étapes du trajet sont minutieusement notées et les noms des lieux emblématiques précisés. Sont ainsi signalés : Bérénice, un ancien port égyptien sur la Mer Rouge fondé vers 260 av. J.-C. ; Méroe, célèbre cité de Nubie, capitale du royaume de Koush, lequel fait partie du Soudan actuel ; Axoum, ville du Nord de l'Ethiopie, dans le Tigré ; Avalitès, à l'est de Djibouti ; les côtes somaliennes, etc.

S'agissant de la Chine qui était l'une des principales destinations du trajet, le traité mentionne l'existence « dans l'intérieur des terres [d']une très grande ville, nommée Thinæ » , d'où « viennent la laine, le fil et la mousseline de Chine » . Sont ainsi visées, nous l'avons déjà vu, la cité de Xi'an et la province de Shaanxi.

L'histoire elle-même allait se charger de consolider ces liens antiques entre l'Afrique et le « Pays de la soie ». Nous savons par exemple que, grâce aux progrès de la navigation, la marine marchande chinoise avait réussi à investir les principaux réseaux commerciaux qui traversaient l'Asie du Sud-Est et l'Océan indien, depuis les dynasties Tang (618-907) et Song (960-1272) jusqu'aux dynasties Yuan (1271-1368) et Ming (1368-1644).

Nous parlons des progrès de la navigation. Il s'agit notamment de l'introduction des innovations techniques majeures telles que la boussole - une ancienne invention de la Chine -; la jonque à coque rectangulaire et à gouvernail axial, disposant de grandes voiles, etc. Ces innovations avaient rendu possible la navigation en haute mer, fascinant ainsi un savant comme Al Idrissi, géographe marocain du XIIe siècle qui saluait l'habileté des navires chinois capables de voguer à travers l'Océan indien et la mer Erythrée et transportant vers l'Afrique (Somalie, Tanzanie, Ethiopie, Egypte, Maroc) et l'Arabie, des marchandises aussi diverses que la soie, la porcelaine, le velours, le fer, les épées, etc., et retournant en Chine chargés de perles, de l'ivoire, des cornes de rhinocéros, des espèces animales exotiques comme la girafe.

Le XIVe siècle fut notamment marqué par le voyage en Chine d'Ibn Battûta

(1304-1368). Ce marocain avait séjourné notamment à Pékin et à Guangzhou dès 1345. Il fournit dans ses chroniques de voyage de précieuses informations sur la Chine, tout comme il l'avait fait au terme de ses voyages d'exploration en Egypte, en Syrie, en Irak, en Iran, au Mali, sur les côtes orientales de l'Afrique, en Inde, à Ceylan, en Malaisie.

Dans ses chroniques, l'explorateur rapporte quelques aspects frappants de la « modernité anticipée » chinoise. Les aspects qui retiennent le plus l'attention du voyageur concernent notamment l'usage des billets de banque, le recours au portrait d'identité pour la surveillance des étrangers désireux de séjourner en Chine, et enfin le recours à une administration rationnelle des douanes pour réguler l'entrée et la circulation des marchandises étrangères dans le pays.

Le siècle de Zheng He : le contraste avec l'esprit des «grandes découvertes» européennes

Présenter le XVe siècle comme le « siècle de Zheng He » suppose deux choses fondamentales : d'abord rappeler le statut de la Chine comme grande puissance navale de l'époque, et ensuite, souligner le caractère pacifique de cette puissance. D'où, du point de vue africain, le contraste saisissant avec l'esprit des « Grandes découvertes occidentales ».

Zheng He (1371-1433) avait vécu à l'époque des Ming. Dans l'histoire de la navigation, il occupe une place à part. En effet, l'amiral chinois aborde les côtes de l'Inde dès 1406 et y précède, de presqu'un siècle, Vasco de Gama et Alfonso de Albuquerque. Le Chinois y accoste en 1497, tandis que le marin portugais n'y arrive qu'en 1503. De la même façon, le navigateur chinois précède les Européens sur les côtes africaines. Entre 1405 et 1433, Zheng He effectue sept grands voyages d'exploration dans l'Océan indien et sur les côtes africaines, les destinations étant le Mozambique, la Somalie, l'Egypte, le Kenya. Dès 1414, le sultanat de Malindi était déjà lié à la Chine par un traité d'amitié.

Le naufrage de navires chinois au large des côtes kenyanes explique la présence dans ce pays d'une petite communauté d'ascendance chinoise. Lali Mwamaka Sharif, héroïne d'un livre du professeur Li Xinfeng, en est le symbole vivant.

La Chine qui avait abordé l'Afrique au XVe siècle était déjà une grande puissance navale. Dotés de vaisseaux géants en grand nombre, l'Empire du Milieu disposait alors d'un potentiel d'expansion et de projection quasi illimité. A titre d'exemple, lors du premier voyage, la flotte de l'amiral chinois comprenait 255 vaisseaux. En 1407, celle-ci fut portée à 317 navires avec un équipage de 27000 marins.

Se référant à l'amiral chinois du XVe siècle, Xi Jinping affirme que si leurs exploits sont entrés dans l'histoire comme des légendes éternelles, c'est parce que les pionniers chinois de l'exploration navale n'étaient pas « des conquérants à dos de chevaux de bataille, avec des lances et épées ou à bord de navires équipés de canons meurtriers, mais par des émissaires de bonne volonté en caravanes de chameaux et à bord de bateaux chargés de trésors et porteurs d'amitié ».

Ce propos souligne en creux, le contraste avec les « Grandes découvertes » européennes. La conquête coloniale et l'esclavage étaient inscrits dans ce processus, comme l'avait bien vu Marx. Dans le Capital en effet, Karl Marx avait relié l'accumulation primitive et l'essor du capitalisme transatlantique à « la découverte des contrées aurifères et argentifères de l'Amérique, la réduction des indigènes en esclavage, leur enfouissement dans les mines ou leur extermination, les commencements de conquête et de pillage aux Indes orientales, la transformation de l'Afrique en une sorte de garenne commerciale pour la chasse aux peaux noires ». A l'époque de Marx, ce processus se poursuivait, notamment avec les « expéditions de pirates, comme les fameuses guerres d'opium contre la Chine ».

C'est donc par la voie de la conquête et de l'esclavage, qu'à l'époque moderne, l'Afrique et la Chine furent intégrées dans les grands circuits du commerce mondial.

En Afrique, l'entreprise de conquête, d'asservissement et d'extermination des nations indigènes était d'autant plus aisée que les conquérants étaient, pour l'essentiel, d'affreux criminels, des bravaches analphabètes, des aventuriers sans morale, des soudards licenciés des campagnes d'Italie ou encore des porte-flingues, anciens hommes de main de la tristement célèbre Santa Hermandad.

Il existe un lien étroit entre la colonisation de nouveaux territoires, l'esclavage, le génocide et le capitalisme. Rien donc d'étonnant à ce que le plus grand Etat capitaliste de l'histoire mondiale soit marqué de façon indélébile par ses origines criminelles : il s'agit d'un Etat fondé sur le génocide et l'esclavage. Rien d'étonnant non plus à ce que l'empire romain serve de modèle à l'Amérique. A Rome, en effet, le capitalisme avait la particularité de se nourrir de la guerre par les esclaves, le butin et les fournitures de toutes sortes. C'est au nom de ce régime, et pour le compte de quelques centaines de riches familles, que Rome s'était jetée à la curée du monde. Peu après la paix d'Apamée, le parti des hommes d'argent incita le sénat à adopter une politique impérialiste dont le ressort était la guerre de conquête, le pillage des nations et l'exploitation des peuples. Sous Rome, la violence et la guerre comptaient au nombre des entreprises lucratives, d'essence capitaliste.

Depuis sa fondation, le mimétisme des Etats-Unis à l'égard de Rome est sans borne. Des sujets d'identification à l'empire sont variés. Ils concernent par exemple l'architecture, dont le Capitole, siège du pouvoir législatif, est le symbole le plus expressif. Ils concernent également l'élargissement du territoire. Or, avec la conquête de l'Ouest, ce mimétisme prit un tournant radical. En effet, la soumission des peuples autochtones rappelait la manière dont Rome avait imposé sa domination sur l'ensemble de la Méditerranée. Or, « là où Jules César conquit la Gaule, allant jusqu'à massacrer un million de ses habitants, les États-Uniens exterminèrent les Cherokees, les Iroquois, les Sioux et autres peuples indigènes ».

Selon Aimé Césaire, « l'entreprise coloniale est au monde moderne, ce que l'impérialisme romain fut au monde antique : préparateur du Désastre et fourrier de la Catastrophe […]. Des Indiens massacrés, le monde musulman vidé de lui-même, le monde chinois, pendant un bon siècle souillé et dénaturé ; le monde nègre disqualifié… ». Et le penseur africain de nous prévenir : « L'heure est arrivée du grand Barbare. Du Barbare moderne. L'heure américaine. Violence, démesure, gaspillage, mercantilisme, bluff, grégarisme, la bêtise, la vulgarité, le désordre […] L'américaine, la seule domination dont on ne réchappe pas tout à fait indemne ».

Les voyages d'exploration de Zheng He dans l'Océan indien comme dans la Mer rouge, infirment la fausse équation « découvertes de nouvelles terres = colonisation ». Car, les explorateurs chinois n'abordèrent le continent africain ni en conquérants ni en envahisseurs et encore moins en prosélytes. Sans doute, la forme tributaire spécifique de l'Etat chinois explique-t-elle cette conduite qui paraît irréelle aux yeux de nombre de nos contemporains, lesquels voient dans les « Grandes découvertes » un phénomène naturel.

Que nous révèlent la forme tributaire de l'état et le régime des rites ?

En Chine, le système tributaire renvoyait à « une organisation des relations interétatiques selon une hiérarchie consentie entre puissances participantes ». Pour les pays étrangers, payer le tribut au fils du Ciel était un acte volontaire et souverain, en tant qu'expression du désir de partager avec l'Empire du Milieu les bienfaits de sa civilisation. Pour être plus précis, les cadeaux diplomatiques étaient la contrepartie de la générosité impériale. A titre d'illustration, prenons le message adressé par l'empereur chinois Qianlong au roi anglais George III. Dans l'entendement impérial, du fait d'un énorme malentendu, le souverain anglais était désireux de bénéficier des bienfaits de la civilisation chinoise ! Ce qui n'était pas le cas, hélas !

De ce message en effet, se dégage un aspect essentiel de l'esprit chinois : autosuffisant, l'Empire du Milieu ne doit rien aux étrangers, n'attache aucune valeur à leurs productions et n'a pas besoin de leurs industries. Du reste, à l'époque de Zheng He, des fonctionnaires hostiles aux explorations ne manquaient pas de rappeler que la supériorité intellectuelle, morale et technique ne laissait qu'une seule option à l'Empire du Milieu : la fermeture et l'isolement par rapport au reste du monde.

Le message de l'empereur chinois révèle toute l'ambiguïté qui entourait la question du tribut. Son acquittement dépendait en fait de la bonne volonté du souverain qui avait le choix entre l'agréer et le rejeter, l'acceptation du don témoignant de la générosité et de la bienveillance impériale à l'égard de l'étranger. En réalité, le tribut équivalait à un hommage que les Etats étrangers rendaient à l'empire. Par-là, chacun reconnaissait la grandeur et la supériorité de la Chine, entendu que ladite supériorité ne reposait ni sur la puissance matérielle ni sur la force brute, mais au contraire sur le prestige moral, au regard de la qualité de la civilisation, entendue comme institutions politiques, industrie, code moral, littérature, principes philosophiques, etc.

Les entraves que constituaient les préceptes moraux de Confucius interdisaient à la Chine de coloniser les autres peuples, d'affaiblir leurs Etats ou de s'ingérer dans leurs affaires. La sagesse de Confucius recommandait par contre la bienveillance à leur égard : « Quant aux gens des contrées éloignées, on doit leur faire des adieux quand ils partent, et leur souhaiter la bienvenue quand ils arrivent ; récompensez ceux qui sont talentueux et soyez tolérant et compatissant envers ceux qui sont moins compétents. De la sorte, on peut s'attirer la sympathie du monde entier. Si certains lignages aristocratiques sont interrompus, aidez à leur restauration ; s'il y a un État en danger d'être éteint, contribuez à le faire renaître ; apportez de la justice au pays qui est corrompu et renforcez celui qui est faible ». C'est sur la base de cette morale que Zheng He « avait toujours refusé de coloniser les terres découvertes et de réduire en esclavage leur population ».

Il est un principe constant dans l'histoire plusieurs fois millénaire de ce peuple : « la Chine n'impose rien aux peuples qui choisissent de demeurer en dehors du système ». Comme le soulignent François Lafargue et Li Zhou-Lafargue, la magnificence, le faste de la flotte de Zheng He, la composition de son équipage fait de marins, de cartographes, de soldats, de fonctionnaires – environ six cents – avaient en fait pour but de révéler la puissance de l'empereur chinois et sa capacité à honorer ses engagements à l'égard de ses alliés. Or, l'obsession du prestige moral explique la subtilité des rites qui entouraient les cadeaux diplomatiques.

Les rites sont un moyen que les peuples civilisés de l'antiquité se donnèrent pour conjurer la violence et neutraliser la force brute, faisant ainsi passer les sociétés de l'état de nature à la culture, avec le raffinement que ce dernier suppose. D'où la place centrale des concepts de Li en Chine et de Maât en Egypte.

Identiques quant à leur définition et à leur finalité, Li et Maât connotent en effet l'idée de raison, de vertu. En même temps, ils constituent le principe de l'ordre cosmique, universel et de l'ordre social. Selon le « Livres des Rites », « Li est fondé sur le Ciel et prend forme sur la terre » et s'applique à tout : au culte des esprits, aux rites et cérémonies des funérailles, aux rites de passage, à la justice, aux visites diplomatiques, etc. Grâce à Li, « tout devient juste dans la famille, l'Etat et le monde » (chap. 7).

La spiritualité et le raffinement moral du régime des rites contrastent singulièrement avec la grossièreté des mœurs propres aux guerriers et aux aventuriers européens qui s'essayaient au commerce sur les côtes africaines.

Se saisissant de la question des dons dans une approche comparative, Bing Zhao et Fabien Simon notent qu'au cours des échanges de dons entre les aventuriers européens et les rois de la côte ouest-africaine, les cadeaux offerts donnaient souvent lieu à des malentendus et à des interprétions contradictoires. Par exemple, les drapeaux européens offerts comme dons étaient accumulés et exposés ostentatoirement par les rois du Bénin et du Dahomey en tant que témoignages visibles de leur puissance et de leur prestige international. Par ces symboles, les négociants entendaient au contraire exprimer la volonté d'affirmer leur souveraineté sur des zones d'exclusivité commerciale concédées. De ces exemples, les deux auteurs concluent que « l'ambiguïté de la lecture du présent, entre cadeau et tribut, joue donc aussi sur les côtes africaines », exactement comme en Chine. En fait, l'ambiguïté s'expliquait par la différence de cadres de référence moraux. Alors que les uns étaient soucieux d'élargir le cercle de leurs amitiés internationales pour augmenter leur prestige, les autres ne rêvaient que d'accaparement et de profits.

Aux Chinois, les intrigues des négociants et la violence des conquérants avaient appris que les étrangers armés qui écrasent les peuples et soumettent les indigènes appartiennent invariablement à des peuples inférieurs, du point de vue de la culture et de la moralité. Depuis les invasions mongoles et les conquêtes européennes, ils avaient retenu la grande leçon de l'histoire, à savoir que les envahisseurs ne s'imposent aux nations ni par leur intelligence ni par leur vertu : seuls les armes et le crime leur confèrent la supériorité dont ils se glorifient.

Avec les invasions mongoles, et pour la première fois dans l'histoire millénaire de la Chine, la totalité du territoire national avait été conquis et gouverné par des étrangers, les Yuan en l'occurrence (1234-1368). Vint ensuite le XIXe siècle avec la Guerre de l'opium. Les conséquences de l'inique traité de Nankin se font sentir jusqu'à aujourd'hui, notamment avec Hong-Kong.

Solidarité et amitié forgées dans la lutte anticoloniale

1955 fut l'année de la Conférence afro-asiatique de Bandung. Dans la fièvre de cet évènement historique pour les pays du Sud, le poète et essayiste noir, Aimé Césaire, avait écrit un livre magistral intitulé : Discours sur le colonialisme. Ce livre résume les buts de la colonisation et le sort des colonisés. Césaire trace des parallèles entre l'entreprise coloniale du monde moderne et l'impérialisme romain, et décrit la colonisation en des termes sévères : « Préparateur de Désastre et fourrier de la Catastrophe : […] Les Indiens massacrés, le monde musulman vidé de lui-même, le monde chinois, pendant un bon siècle souillé et dénaturé ; le monde nègre disqualifié ; d'immenses voix à jamais éteintes ; des foyers dispersés au vent ; […] L'humanité réduite au monologue ». Césaire précise que « le grand drame historique de l'Afrique » – comme plus tard, celui de l'Asie -, fut d'avoir rencontré l'Europe au moment où ce dernier continent tombait « entre les mains des financiers et des capitaines d'industrie les plus dénués de scrupules ». Césaire conclut : « L'Europe est comptable devant la communauté humaine du plus haut tas de cadavres de l'histoire ».

94 ans avant Aimé Césaire, un autre poète, français celui-là, avait fait le même constat, en décrivant le sac du Palais d'été, en des termes sévères. Victor Hugo – puisqu'il s'agit de lui -, présente la conquête coloniale en Chine en termes de brigandage ! « Un jour », raconte-t-il, « deux bandits sont entrés dans le Palais d'été. L'un a pillé, l'autre a incendié. La victoire peut être une voleuse, à ce qu'il paraît. Une dévastation en grand du Palais d'été s'est faite de compte à demi entre les deux vainqueurs. On voit mêlé à tout cela le nom d'Elgin, qui a la propriété fatale de rappeler le Parthénon. Ce qu'on avait fait au Parthénon, on l'a fait au Palais d'été, plus complètement et mieux, de manière à ne rien laisser. Tous les trésors de toutes nos cathédrales réunies n'égaleraient pas ce splendide et formidable musée de l'orient. Il n'y avait pas seulement là des chefs-d'œuvre d'art, il y avait un entassement d'orfèvreries. Grand exploit, bonne aubaine. L'un des deux vainqueurs a empli ses poches, ce que voyant, l'autre a empli ses coffres ; et

l'on est revenu en Europe, bras dessus, bras dessous, en riant. Telle est l'histoire des deux bandits ». Le poète précise l'identité des criminels : « L'un des deux bandits s'appellera la France, l'autre s'appellera l'Angleterre ». On l'ignorait – ou l'on feint de ne pas le savoir : « Les gouvernements sont quelquefois des bandits » ! Or, l'empire français qui avait empoché la moitié du butin, « étale aujourd'hui avec une sorte de naïveté de propriétaire, le splendide bric-à-brac du Palais d'été »!

Selon David Pujos, « le sac du Palais d'été est vécu comme une humiliation par de nombreux Chinois ». En fait, ce grotesque crime avait conclu dans le vandalisme, la tragédie de la Guerre de l'opium, tout en constituant l'apogée de l'impérialisme occidental en Chine.

La guerre coloniale signifiait qu'on pouvait prendre par la violence, ce que l'on ne pouvait obtenir par la négociation. Dans le livre intitulé : Relations de l'ambassade du lord Macartney, Æneas Anderson raconte le désastre diplomatique des émissaires anglais en Chine. Ce désastre peut ainsi se résumer. D'abord l'empereur de Chine avait rejeté le traité avec les Anglais, de peur de violer les usages, les lois et la constitution du pays. Ensuite, il revenait à l'Angleterre de se comporter de façon à ne pas mériter de perdre les avantages que la Chine consentirait « à lui accorder de préférence à celui des autres peuples qui trafiquaient en Chine ».

Moins d'un demi-siècle plus tard, c'était la guerre. Or, la Guerre de l'opium était avant tout une histoire de canaille, avec des acteurs majeurs comme la Compagnie des Indes orientales ou encore Hong Kong and Shanghai Banking Corporation... Les premiers narco-Etats de l'histoire moderne remontent à cette époque. Rappelons que la couronne britannique tirait l'essentiel de sa prospérité de ce trafic. La Chine le savait, comme le montre le célèbre avertissement à la Reine Victoria : « Les lois interdisant la consommation de l'opium sont maintenant si sévères en Chine que si vous continuez à le fabriquer, vous découvrirez que personne ne l'achètera et qu'aucune fortune ne se fera par l'opium » !

Dans cette affaire, il y avait l'Angleterre, mais il y aussi les Etats-Unis de James Buchanan et la France de Napoléon III. S'agissant du crime colonial, la « Bande des trois » sévit jusqu'à nos jours, dans presque toutes les parties du monde anciennement colonisées, y compris en Afrique et en Mer de Chine et à Taïwan.

La communauté noire face aux traités inégaux

La Guerre de l'opium a inauguré l'époque des Traités inégaux. Jusqu'aux

Vingt-et-une Demandes du Japon (1915), ces traités impliquaient entre autres mesures, l'ouverture des ports, la libre circulation des stupéfiants, la colonisation de Hong Kong. L'esclavage constitue l'un des aspects les moins connus de ces Traités. La vérité est pourtant que, durant cette époque, les trafiquants anglais vendaient les Coolies chinois sur les marchés américains, australiens, sud-africains, etc., question de remplacer les nègres dans les mines et les plantations, suite aux lois sur l'abolition de l'esclavage en Europe et en Amérique. La traite chinoise avait duré jusqu'en 1917. Le racisme antichinois en fut l'une de ses conséquences logiques. Or donc, le Péril jaune fut un racisme systémique, comme le prouvait la conduite des dirigeants allemands. Ainsi, dans sa guerre contre les Boxeurs, Guillaume II avait exigé qu'en Chine, l'armée allemande bénéficie de la même réputation que jadis, les Huns, « pour que jamais plus un Chinois n'ose regarder un Allemand de travers ».

L'époque du Ku Klux Klan aux Etats-Unis correspond à celle des Guerres de l'opium et des Traités inégaux en Chine, avec toutes leurs conséquences en termes d'esclavage et de racisme. Des parallèles peuvent également être établis entre la tentative de partage de la Chine (Break up of China) et la Conférence de Berlin (1884), laquelle avait abouti au partage de l'Afrique. Ces parallèles peuvent être étendus à la lutte anticoloniale. C'est à cette époque que l'on observa les premières tentatives de jonction entre la lutte pour l'émancipation des Noirs et la résistance anticoloniale en Chine.

L'on s'est récemment interrogé sur la promptitude de l'appui chinois au mouvement Black Lives Matter, suite au meurtre raciste de George Floyd par la police américaine. Certains critiques ont avancé l'hypothèse absurde de l'opportunisme du Parti communiste chinois. Mais celle-ci a été rapidement écartée, comme le montre Chang Che, dans un article publié dans le Washington Post en septembre 2020.

Dans cet article, Chang Che souligne l'ancienneté des affinités entre la Chine et l'Afrique, notamment à travers la diaspora noire d'Amérique aux Etats-Unis. Notons que dans l'histoire des relations entre la Chine et l'Afrique, la Guerre des Boxers avait constitué un tournant historique majeur.

Alors que la Chine était menacée d'effondrement et de dislocation totale, suite aux assauts impérialistes, des parallèles avaient été rapidement établis entre le sort des Chinois et celui des Noirs en Afrique et en Amérique. Les deux peuples partageaient en effet un destin commun, étant tous victimes de l'oppression raciale, de l'esclavage économique, de l'exploitation capitaliste, de la domination étrangère et de l'impérialisme.

Le racisme anti-noir est bien connu ; celui dirigé contre le peuple chinois s'était exprimé sous sa forme la plus fourbe, à travers le concept de « Péril jaune ». Il s'agit ici d'un cas typique d'accusation en miroir, laquelle consiste à peindre la victime en bourreau ou en monstre, en lui imputant au passage le crime que le véritable bourreau s'apprête à commettre, ou même, qu'il a déjà commis. Dans le cas de la Chine, le criminel n'était plus le conquérant étranger, mais l'indigène qui se battait pour défendre sa liberté et sa dignité. Telle était donc la réponse occidentale à la résistance anticoloniale en Chine. La radicalisation des mouvements anticoloniaux avait toutes les raisons d'inquiéter, les Boxers par exemple, demandant de bouter les envahisseurs hors de Chine.

Quelques décennies plus tôt, les esclaves africains avaient déjà fait face aux accusations en miroir semblables, aussitôt l'émancipation proclamée aux Etats-Unis. Créés en 1865, le Ku Klux Klan avait été la réponse à l'« Emancipation Proclamation », des suprématistes blancs. Rappelons que c'est l'« Emancipation Proclamation » qui avait mis un terme à l'esclavage, et inauguré la « Reconstruction Era ».

Or, la communauté noire n'avait pas manqué de tracer des parallèles entre les actes du Ku Klux Klan et le « Péril jaune ». Ces références historiques fondaient donc les anciens esclaves africains à légitimer la résistance chinoise à la domination coloniale. Les Nègres enrôlés dans l'armée américaine, pour aller réprimer la révolte des Boxers et les autres mouvements nationalistes en Chine, étaient par conséquent sommés de se désolidariser de cette guerre d'agression. Les leaders noirs enseignaient que la conquête coloniale de la Chine n'était pas la guerre des Africains : « This is not our war ! », proclamait par exemple Henry M. Turner.

Si l'évêque de l'African Methodist Episcopal Church pouvait s'autoriser une telle déclaration, c'est parce qu'il estimait que, jadis esclaves, et désormais opprimés raciaux et citoyens de seconde zone, les Noirs ne pouvaient pas se rendre complices des crimes commis contre un autre peuple de couleur opprimé. D'où, les propos comminatoires du leader noir qui déclarait : « L'homme noir qui met une arme sur son épaule pour aller combattre la Chine devrait couler au fond de l'océan avant d'y arriver ».

E. Daniel Gates nous apprend qu'à la même époque, d'éminents membres de la communauté noire de Chicago s'étaient eux aussi opposés à l'envoi en Chine et aux Philippines des troupes composés d'Afro-descendants, contrariant ainsi les desseins du ministère de la Guerre. Pour les esclaves noirs libérés, le paradoxe était le suivant : leurs ancêtres avaient combattu l'esclavage, résisté à l'oppression coloniale et vaincu le tyran anglais ; pourquoi donc l'Amérique du XXe siècle cherchait-elle à imiter la Couronne britannique des années 1770, alors même que Chinois et Philippins étaient engagés dans la lutte pour leur liberté et leur indépendance ? Les Nègres ne devaient pas oublier les heures sombres de l'esclavage dans lequel ils avaient été maintenus pendant deux siècles et demi. Par conséquent, ils étaient invités à manifester leur solidarité à l'égard des Chinois et des Philippins martyrisés.

Africains et chinois, main dans la main au sein de la ligue contre l'impérialisme et l'oppression coloniale

Avec la Troisième Internationale et la fondation du Parti communiste chinois en 1921, une étape supplémentaire fut franchie sur chemin de la solidarité entre les peuples de Chine et d'Afrique. La IIIe Internationale en particulier, avait fourni aux nations colonisées un cadre formel de concertation. La Ligue contre l'impérialisme et l'oppression coloniale était ce cadre.

Considérant la détérioration de la situation en Syrie et en Chine, le Komintern avec décidé de créer la Ligue dont l'objectif était de servir d'interface entre les organes de l'Internationale et les mouvements nationalistes des différentes colonies. En effet, la Syrie sous domination coloniale française faisait face à une féroce répression des forces d'occupation ; presqu'au même moment en Chine, le colonialisme anglais s'employait à étouffer dans la violence la grève du textile à Shanghai. C'est alors que la Troisième Internationale réagit par une campagne internationale de mobilisation dont les mots d'ordre étaient : Hands off China et Against the Cruelties in Syria.

Le congrès fondateur de la Ligue contre l'impérialisme et l'oppression coloniale s'était tenu à Bruxelles en février 1927. Parmi les points inscrits à l'ordre du jour, il y avait : « la lutte d'émancipation de la Chine, les interventions américaines dans les pays d'Amérique latine et enfin, les revendications de la communauté noire portées par d'illustres personnalités qui s'étaient déjà distinguées dans la lutte pour l'émancipation des Africains, en Afrique même et dans les diasporas. 173 délégués, représentant 134 organisations, associations et partis politiques de 37 pays, avaient participé au congrès. Comme le déclara Chedly Khairallah, délégué au Congrès : « Pour la première fois dans l'histoire, des représentants d'un milliard de colonisés se sont rencontrés avec les représentants de toutes les organisations d'avant-garde d'Europe et d'Amérique».

Madame Soong Ching Ling, veuve de Sun Yat Sen, avait participé aux travaux, aux côtés d'illustres personnalités africaines comme le Sénégalais Lamine Senghor (membre du Parti communiste français et Président du Comité de

Défense de la Race Nègre) , l'Algérien Messali Hadj (L'Etoile nord-africaine), les Sud-Africains Josuah T. Gumede (African National Congress), Daniel Colraine (South African Trade Union Congress), James Arnold (Jimmy) La Guma Zoulou (Parti communiste d'Afrique du Sud).

La marche des volontaires et l'empreinte indélébile de paul robeson

C'est dans le malheur que l'on reconnaît ses vrais amis. Sous l'occupation japonaise, la Chine pouvait encore compter sur les siens, et Paul Robeson était de ceux-là. L'écho de la « voix de basse profonde du Grand Noir » résonne encore dans nos oreilles, plus de quatre-vingts ans après le cri de ralliement poussé par lui au Lewisohn Stadium de New York en 1940.

L'audience mondiale de la Marche des Volontaires doit beaucoup à cet homme qui était chanteur, musicien, acteur, avocat et homme politique.

Paul Robeson était le fils d'un autre homme noir d'exception, à savoir, William Drew Robeson. Adolescent esclave, ce dernier avait fui sa condition servile en Caroline du Nord, avant de commencer ses études à l'Université Lincoln, d'où il était sorti diplômé. William D. Robeson avait exercé le métier de pasteur de l'Eglise presbytérienne à Princeton, Westfield et Somerville, avant de mourir en 1918 à l'âge de 74 ans. La mère de Paul Robeson, Maria Louisa Bustill, était d'ascendance quaker et de tendance abolitionniste.

Après ses études secondaires dans le Massachusetts, Paul Robeson poursuivit ses études supérieures, d'abord en lettres à l'Université Rutgers, puis en droit à l'Université de Columbia, avant d'embrasser les études africaines à la School of Oriental and African Studies de Londres. Victime du racisme, Paul Robeson avait précocement interrompu sa carrière d'avocat, pour se consacrer entièrement à l'art, au sport et à la politique. Sa rencontre avec Liu Liangmo au début des années 1940 fut déterminante.

C'est ce musicien chinois engagé qui avait promu les chants patriotiques aux Etats-Unis, en soutien à la résistance nationale contre l'occupant japonais. Dans le répertoire de Liu Liangmo, il y avait la Marche des Volontaires, composée quelques années plus tôt, en 1934, par Tian Han et mise en musique par Nie Er.

La Marche des Volontaires renvoie aux armées de volontaires mobilisées pour chasser de Chine les envahisseurs japonais, alors présents en Mandchourie. Au milieu des années 1930, le chant de résistance était déjà très populaire dans les villages – ceux du Hunan par exemple - et dans les milieux de la gauche chinoise, malgré la pression des Nationalistes de Tchang Kaï-chek.

Selon la légende, Qǐlái (Debout !) était le morceau préféré de la Huitième Armée de Route, bras armé du Parti communiste chinois au sein de l'Armée nationale révolutionnaire en lutte contre les envahisseurs japonais. Pendant la Seconde Grande Guerre, la Marche des Volontaires avait servi à l'éducation musicale des enfants aux Etats-Unis, bien avant les puériles bouderies propres aux années de Guerre froide.

Très tôt, Paul Robeson avait saisi la portée universelle de Qǐlái : le morceau était en effet le chant de ralliement de tous les opprimés de la terre. Ce chant affirmait que les esclaves refusaient désormais de courber l'échine, les peuples ayant décidé de briser les chaînes de l'esclavage et de la tyrannie : « Debout ! Les gens qui ne veulent plus être des esclaves » ; ils avaient décidé d'écrire leur propre destin : « C'est avec notre chair que nous allons bâtir notre nouvelle Grande Muraille ». Qǐlái enseignait que quand les nations font face au péril, tous leurs enfants unis se mettent en mouvement pour braver les tirs ennemis.

Chaque mot de cet hymne à la liberté était adapté aux circonstances. Mais dans la bouche de l'artiste noir, ces paroles prenaient une résonnance toute particulière, et revêtaient soudain, le même poids que les paroles de l'Internationale d'Eugène Pottier, connue pour être la fine fleur de tous les chants révolutionnaires. C'est Pottier qui, à la fin du XIXe siècle, demandait déjà aux damnés de la terre, aux forçats de la faim, à la foule esclave, de s'unir et de se mettre en mouvement. Car, cette « Raison qui tonne en son cratère », mixte du nombre et du savoir, était annonciatrice de grands bouleversements et des temps nouveaux : ceux de la liberté.

Ce n'est pas par hasard que la Marche des Volontaires, qui est inscrite dans la Constitution de la République Populaire de Chine (article 141), et l'Internationale, sont parmi les chants révolutionnaires, les plus populaires du monde.

Paul Robeson ne se contentait pas de chanter l'hymne à la liberté ; il savait aussi payer de sa personne, notamment lorsque, aux côtés de China Aid Council et de United China Relief, il s'engagea, avec ses amis chinois, dans la collecte des fonds au profit de la résistance anticoloniale en Chine. Mais Robeson faisait également partie de ces hommes déterminés à lutter contre les préjugés sur la Chine, à cette époque où l'imaginaire des occidentaux était peuplé d'images bizarres d'une contrée lointaine : pays de la soie, du thé et de la porcelaine ; une contrée étrange, habitée par des hommes pittoresques, aux mœurs grossières, source permanente du « Péril jaune » ; des hommes voués à imposer aux nations civilisées leur idéologie despotique et ambitionnant de supplanter l'Amérique dans l'hégémonie mondiale .

De la Chine, le chanteur noir avait une autre vision, à savoir celle d'un peuple d'antique sagesse, raffiné dans les mœurs, modéré dans l'action et cultivant le goût des fleurs, de l'art et de la musique. Le message que Robeson voulait transmettre au monde était simple et intelligible pour toute l'humanité aspirant à la paix et à la liberté : les Chinois n'ont rien de répugnant, et l'idéologie communiste n'a rien de monstrueux, cette dernière n'exprimant rien d'autre que le désir d'émancipation et de liberté. Son expérience historique propre avait permis à la communauté noire de saisir précocement les enjeux de la lutte en Chine ; elle avait vite compris que c'est le destin même des opprimés et des peuples colonisés qui s'y jouait. La Chine communiste avait ouvert la voie, et les autres nations du Tiers-monde devaient suivre. La tenue en 1955 de la Conférence afro-asiatique de Bandung - sorte de prolongement de la Ligue contre l'impérialisme et l'oppression coloniale-, montrait que ce rêve était réaliste.

Le lustre qui avait suivi immédiatement la grande Révolution d'octobre 1949 fut loin d'être une sinécure pour le Parti communiste chinois. Dans l'atmosphère pleine de méfiance et d'agressivité de la Guerre froide, l'objectif primordial de la Chine était de consolider les institutions de l'Etat populaire et de sécuriser son environnement extérieur immédiat. Dès lors, la priorité était au resserrement des liens avec l'Union soviétique, comme en témoignent par exemple le voyage de Mao à Moscou (16 décembre 1949), le Traité d'amitié et d'assistance mutuelle, l'Accord sur Dairen et Port Arthur, l'Accord économique Chine-Union soviétique, l'Accord sur l'indépendance de la Mongolie (14 février 1950). D'autres priorités existaient : la Guerre de Corée (1953), la question du Tibet (1950-1951), le lancement du Plan quinquennal de reconstruction et d'industrialisation (1953), etc.

Bandung et la constitution d'un bloc politique afro-asiatique

Avec la Conférence de Bandung (18-24 avril 1955) et le VIIIe Congrès du Parti communiste chinois (15-27 septembre 1956), la doctrine et la politique du Tiers-monde de la République populaire de Chine commença véritablement à s'affirmer.

A vrai dire, cette doctrine existait déjà depuis la fondation du Parti communiste chinois en 1921. Legs de la Troisième Internationale, elle en avait conservé les principes fondamentaux, notamment ceux relatifs à la solidarité avec les pays encore sous domination coloniale et victimes de l'impérialisme. D'ailleurs, dans son discours d'ouverture le 18 avril 1955, Zhou En-Lai, représentant de la Chine à la Conférence afro-asiatique, avait abordé Bandung, la tête pleine de références à la Ligue contre l'impérialisme et l'oppression coloniale, comme du reste le Président indonésien Sukarno lui-même, hôte du sommet. A. Doak Barnett affirme que l'événement le plus important de cette rencontre de Bandung fut certainement l'émergence de la Chine communiste comme puissance internationale avec laquelle il fallait désormais compter. Par ses propositions fortes, mais réalistes, Zhou En-Lai avait réussi à rallier à lui la majorité des délégués et à éclipser les grands ténors du Tiers monde de l'époque : Nehru, Nasser, etc. Les propositions de la Chine concernaient notamment : la volonté de promouvoir l'intérêt mutuel et de vivre ensemble dans la paix ; le respect de la souveraineté et de l'intégrité territoriale de chacun ; l'abstention de menacer ou de commettre des actes d'agression les uns contre les autres ; l'abstention de s'ingérer ou d'intervenir dans les affaires intérieures des uns et des autres ; la reconnaissance de l'égalité de toutes les nations, grandes et petites ; le respect du droit des peuples de tous les pays à choisir librement leur mode de vie, ainsi que leur système politique et économique ; l'indépendance des pays d'Afrique et d'Asie, etc. . Dans ses résolutions, la Conférence déclarait appuyer totalement le principe du droit des peuples et des nations à disposer d'eux-mêmes, condition préalable à la jouissance totale de tous les droits fondamentaux de l'homme, conformément à la Charte des Nations unies.

Au sortir de Bandung, le leadership de la Chine dans le Tiers-monde était incontestable. Ce sont les principes énoncés à la Conférence afro-asiatique qui seront repris, un an plus tard, au VIIIe Congrès du Parti communiste chinois, comme le montrent notamment le discours d'ouverture de Mao Tsé-Toung et le Rapport politique du Comité central du Parti communiste chinois, présenté par Liu Shao-chi.

Dans son rapport, Mao déclara que pour parvenir à une paix durable dans le monde, il importait de développer davantage l'amitié et la coopération avec les pays frères dans le camp du socialisme et renforcer la solidarité avec tous les pays épris de paix. Il importait également d'établir des relations diplomatiques normales sur la base du respect mutuel de l'intégrité territoriale et de la souveraineté, ainsi que de l'égalité et des avantages mutuels, avec tous les pays désireux de vivre en paix avec la Chine. Celle-ci devait, à son tour, apporter son soutien actif aux mouvements de libération nationale dans les pays d'Asie, d'Afrique et d'Amérique latine, ainsi qu'aux mouvements militant pour la paix et les luttes justes dans tous les pays du monde.

Profitant de l'actualité, Mao apporta le soutien inconditionnel de la Chine à l'Egypte, pendant que ce pays africain était confronté à une agression des puissances impérialistes, suite à la nationalisation du Canal de Suez, le 16 juillet 1956.

Le Rapport politique du Comité central avait repris les principes énoncés par Mao Tsé Toung dans son discours d'ouverture, tout en se félicitant des progrès accomplis par le Tiers monde dans sa résistance au colonialisme. Les pays d'Afrique et d'Asie étaient devenus de puissantes forces opposées au colonialisme et à la guerre, et favorable à la coexistence pacifique. Entre-temps, avait souligné Liu Shao Chi, la lutte contre le colonialisme et l'impérialisme commencent à s'étendre dans les pays d'Amérique latine, malgré les obstacles posés pour freiner la marée montante des indépendances nationales. Or, cette marée était irrésistible dans la mesure où elle était vouée à balayer l'ensemble de l'Asie, de l'Afrique et de l'Amérique latine. La domination coloniale était condamnée.

La Conférence afro-asiatique de Bandung avait accordé une place centrale aux questions de culture et de civilisation. Les dirigeants présents en Indonésie étaient tous convaincus que le développement de la coopération culturelle constituait un puissant outil d'entente entre les Nations. A juste titre, ils avaient rappelé un fait historique majeur, à savoir que l'Afrique et l'Asie avaient été dans le passé, des berceaux de civilisations florissantes ; en même temps, ils avaient souligné la contribution exceptionnelle de ces civilisations au progrès de l'humanité. Ce fut l'occasion de saluer les « fondements spirituels universels » de ces prodigieuses civilisations. La fraternité afro-asiatique devait renaître à partir de cet héritage commun.

W.E.B. du Bois et l'appel de Pékin aux peuples d'Afrique et de Chine

Au cours des années qui avaient suivi la Conférence de Bandung, la mission des sciences sociales en Afrique fut de donner un contenu épistémique et culturel effectif à la fraternité afro-asiatique. Samir Amin définissait le monde afro-asiatique comme l'univers non occidental et non chrétien par excellence. L'auteur reconnaissait l'extrême diversité de cet univers afro-asiatique, compte tenu de ses nombreux enracinements confucéen, taoïste, bouddhiste, hindouiste, islamique et animiste. Néanmoins, Amin soutenait que la diversité de l'espace afro-asiatique n'excluait guère son unité relative, celle-ci étant déterminée par un mode de production identique : le mode de production asiatique ou encore africain, comme l'avait bien établi Cheikh Anta Diop.

Ces références ont donné une assise solide à la fraternité afro-asiatique, prolongement naturel du panafricanisme dans la lutte contre le colonialisme et le néocolonialisme, selon le vœu de Kwame Nkrumah qui écrivait que « l'unité est le premier impératif de la lutte contre le néocolonialisme ». Il posait la nécessité d'un gouvernement unifié « dans ce continent divisé qu'est l'Afrique », « le renforcement de l'organisation de solidarité afro-asiatique et de l'esprit de Bandung » en étant le complément nécessaire. Au cours des dernières décennies, Samir Amin a exigé la reconstruction sous la forme de Bandung 2.

C'est avec des mots puissants que W.E.B. Du Bois avait posé le problème de la solidarité sino-africaine. En 1959 en effet, le père du panafricanisme avait prononcé, à l'Université de Pékin, un important discours à l'adresse de l'Afrique et de la Chine. Les propos du panafricaniste avaient été prononcés pour la postérité. Il s'agissait d'un véritable testament, ou encore, d'une profession de foi, qui indiquait le chemin que devait prendre le partenariat sino-africain, à partir de la seconde moitié du XXe siècle. Jusqu'à ce jour, aucun autre discours, de quelque leader africain que ce soit, n'est parvenu à égaler l'Appel de Pékin « aux peuples de Chine et d'Afrique, et à travers eux au monde ». Voici la phrase qui résume l'ensemble du discours de Pékin : « Après de longs siècles, la Chine s'est levée et a fait un bond en avant. Afrique, lève-toi et tiens-toi droite, parle et pense ! Agis ! Détourne-toi de l'Occident et de ton esclavage et de ton humiliation depuis 500 ans ».

Il s'agit là effectivement du cœur même du propos de W.E.B. Du Bois. L'orateur invite l'Afrique à suivre les pas de la Chine sur le chemin de la quête de liberté, après tant de siècles de servitude et d'humiliation. Aux Africains, W.E.B. Du Bois citait en exemple un grand peuple de couleur, qui avait refusé la résignation, malgré le mépris, les insultes et le rejet. Du Bois enseignait que l'oppression et l'exploitation de l'homme par l'homme n'étaient pas une fatalité. Car, expliquait-il, voici un peuple, la nation la plus peuplée de cette terre antique, qui a rompu ses chaînes, non pas en se vantant et en se pavanant, non pas en mentant sur son histoire et ses conquêtes, mais par la patience et la longue souffrance, par une lutte tenace, visant à sanctifier les hommes et à les rendre libres. W.E.B. Du Bois précise les objectifs de la lutte menée par le peuple chinois. Il s'agit d'une lutte pour la justice et l'égalité. Car, l'homme qu'il faut libérer, n'est pas simplement le mandarin, mais il implique aussi le mandarin ; il n'est pas simplement le riche, mais la lutte se déroule sans exclure les riches ; il n'est pas simplement le savant, mais cette lutte est guidée par le savoir, pour qu'à la fin, personne ne soit ni pauvre, ni malade, ni ignorant ; pour que le travailleur le plus humble ainsi que le fils de l'empereur soit nourri, instruit et guéri. De cette lutte, « émergera sur la terre un seul peuple unifié, libre, bien portant et instruit ».

Du Bois met l'Afrique en garde contre les sirènes occidentales : celles de l'Angleterre qui cherchent à séduire ; celles de la France qui flatte. Il n'oublie l'Amérique, la plus bruyante de toutes, qui s'agite en promettant la liberté au monde, au cas où on autorisait des investissements américains ! L'Afrique, dit Du Bois, a intérêt à se méfier de cette Amérique qui laissait croire qu'elle avait libéré les petits-enfants de l'Afrique ; que les Africains-Américains étaient des citoyens à part entière, traités comme des égaux. Or, affirmait Du Bois, tout cela n'était que pur mensonge.

Dans ses rapports au monde, poursuivait Du Bois, l'Afrique ne devait pas se tromper d'objectif ; elle n'avait pas besoin d'aumône : seules lui importaient l'amitié et la sympathie. Or, dans ce registre, il n'y avait pas mieux que la Chine pour les lui offrir. Soulignant les liens anciens, profonds de fraternité, Du Bois déclare : « La Chine est la chair de ta chair et le sang de ton sang ! ».

Il s'agissait là d'une déclaration forte, qui rappelait la communauté de destin entre l'Afrique et la Chine. Pour consolider ces liens d'amitié et de fraternité, Du Bois invitait les Chinois à visiter l'Afrique et à y envoyer leurs scientifiques, leurs artistes et leurs écrivains. Réciproquement, l'Afrique devait envoyer en Chine ses étudiants et ses chercheurs. Selon le penseur, la compréhension ne vient que de la connaissance directe. Or, du fait de l'esclavage et de la colonisation, les Africains ont une idée de ce que sont l'Amérique, la France et la Grande-Bretagne, mais à leur plus grand regret. Du Bois était convaincu qu'il était temps, pour eux de découvrir de nouveaux horizons, avec la Russie et la Chine. De ce point de vue, un aspect particulier lui tenait particulièrement à cœur, à savoir la maîtrise des langues russes et chinoises par la jeunesse africaine.

Auprès de la Chine en particulier, les Africains avaient beaucoup à apprendre, notamment sur le plan social : « Venez en Chine, Afrique, et regardez autour de vous. Invitez l'Afrique à venir, Chine, et voyez ce que vous pouvez enseigner en pointant simplement du doigt. Là-bas, la vieille femme travaille dans la rue. Mais elle est heureuse. Elle n'a pas peur. Ses enfants sont à l'école et dans une bonne école. Si elle est malade, il y a un hôpital où elle est soignée gratuitement. Elle a des vacances payées chaque année. Elle peut mourir et être enterrée sans taxer sa famille pour enrichir un croque-mort ». Auprès de la Chine, l'Afrique apprendra aussi qu'il « est pire que stupide de laisser l'éducation d'un peuple être sous le contrôle de ceux qui ne cherchent pas le progrès du peuple, mais leur utilisation comme moyen de se rendre riche et puissant ». Auprès de la Chine, l'Afrique apprendra aussi qu'il dangereux de laisser l'éducation de la jeunesse entre des mains étrangères, en particulier, celles des anciennes puissances coloniales. Ainsi,

« l'Université de Londres a tort de contrôler l'Université du Ghana. L'église catholique a tort de diriger l'éducation des Congolais noirs. Les églises protestantes soutenues, par les fortunes britannique et américaine, avaient tort de contrôler l'enseignement supérieur en Chine ». Dans la même perspective, « la Chine n'a pas besoin de missionnaires américains ou britanniques pour enseigner sa religion et lui faire peur avec des histoires d'enfer ». Selon W.E.B. Du Bois, il existe de nombreux autres domaines de la vie chinoise qui peuvent inspirer l'Afrique. C'est par exemple le cas de la libération de l'esclavage salarié. Aux côtés de la Chine, l'Afrique apprendra par exemple que « la grande masse de l'humanité se libère de cet esclavage, tandis que le capital privé en Grande-Bretagne, en France, et maintenant en Amérique, essaie toujours de maintenir la civilisation et le confort pour quelques-uns sur le labeur, la maladie et l'ignorance de la grande masse des hommes ». Dans la même perspective, la Chine avait fait des progrès significatifs dans le domaine de l'indépendance technologique et industrielle. Aussi peut-elle « supporter les insultes des États-Unis et garder la tête haute, [car] elle peut fabriquer ses propres machines, lorsque l'Amérique refuse de vendre ses produits manufacturés ». De ce constat, W.E.B. Du Bois, prodigue aux Africains l'enseignement suivant, de grande portée historique : « Ne laissez pas l'Occident investir quand vous pouvez l'éviter. N'achetez pas de capital en Grande-Bretagne, en France et aux États-Unis si vous pouvez l'obtenir à des conditions raisonnables auprès de l'Union soviétique et de la Chine ».

La construction de la communauté de destin chine-afrique et le défi de la méditerranée

Avec pour socle l'héritage de Bandung, la Communauté de destin Chine-Afrique cherche sa propre sa voie, au milieu de nombreux écueils. Le plus grand de ceux-ci concerne les attaches sévères qui, depuis six siècles, lient le sort du continent noir à celui de l'Europe. Verticaux et à sens unique, ces liens sont aussi variés, étant économiques, politiques, culturels, linguistiques et même affectifs. Or, c'est comme continent assujetti que l'Afrique avait participé à la construction de la modernité occidentale. Son apport à l'accumulation primitive du capital fut décisif, notamment en termes de ressources naturelles et de main-d'œuvre servile. Plus tard, dès le XIXe siècle, des empires coloniaux s'étaient constitués, et les sphères d'influence actuelles en sont les survivances. C'est le cas de l'« Etat franco-africain ». Sous cette appellation ironique, se cache un avatar de l'Etat colonial. Il s'agit d'un régime particulier de coopération, émanation de la Communauté française. Les accords économiques, monétaires, culturels et militaires constituant le modèle de l'« Etat franco-africain » fournissent à l'ancienne puissance coloniale la garantie de conserver son rang parmi les grandes nations, malgré la fin de l'empire colonial. La mise en œuvre de ces accords de partenariat consiste en ingérences politiques, contrôle de la politique monétaire, interventions militaires directes, influence culturelle. L'Agence française de développement offre un exemple-type de coopération Europe-Afrique, en tant que « banque politique », « bras armé financier », « outil politico-financier de la France en Afrique », mais aussi organe de diffusion de « l'idéologie française en matière de politique de développement ».

Les partenariats des BRICS ont corrompu l'« Etat eurafricain ». Par exemple, le noyau philosophique le FOCAC et les Routes de la soie ont ébranlé l'Europe, l'obligeant ainsi à une révision déchirante des termes de son partenariat avec l'Afrique. Le paragraphe 5 de la « Déclaration de Dakar de la 8e Conférence ministérielle du Forum sur la Coopération sino-africaine » résume ce noyau philosophique. Ainsi, les deux partenaires maintiendront et promouvront « les principes de non-nuisance et d'harmonie, de sincérité, d'égalité, de respect mutuel, de bénéfices mutuels, d'amitié et de bonne foi et le principe de la recherche du plus grand bien et des intérêts partagés ». Parallèlement, la Chine s'engage à s'abstenir « de s'ingérer dans la recherche par les pays africains d'une voie de développement adaptée à leurs conditions nationales, de s'immiscer dans leurs affaires intérieures, d'imposer sa volonté à l'Afrique, d'assortir son aide à l'Afrique de conditions politiques et de rechercher des intérêts politiques dans sa coopération avec l'Afrique en matière d'investissement et de financement ».

Face aux résistances de plus en plus fortes, l'Europe est contrainte de s'adapter. Aussi, admet-elle désormais qu'« il est normal que l'Afrique regarde tous ses partenaires en voulant les regarder de manière égale », chacun ayant cette préoccupation légitime, lorsqu'il s'agit de traiter avec le reste du monde.

Bien que mineure, la concession est néanmoins significative. En creux, elle révèle le malaise et l'ambiguïté de l'Europe, chaque fois qu'elle est interpelée sur l'égalité et la réciprocité avec le Sud. Le concept de Mare Nostrum traduit cette ambiguïté.

Parlant de l'Eurafrique avec des accents hugoliens, Emmanuel Macron a déclaré : « Nous sommes les enfants de la mer Méditerranée. Mare Nostrum, c'est le foyer de notre civilisation », « le « cordon ombilical entre l'Afrique et l'Europe», là où se croisent les « destins des deux rives de la Méditerranée».

Ici, s'exprime l'inconscient colonial lui-même. Car, Mare Nostrum était le nom d'orgueil que les Romains avaient donné à la mer Méditerranée, après la conquête et la soumission des territoires adjacents. La Méditerranée était le cœur battant de l'Empire. Mussolini avait ressuscité ce nom à l'époque moderne, dans sa volonté de restaurer la grandeur de Rome et d'établir une thalassocratie capable de soutenir ses desseins impériaux.

Pour les Européens actuels, Mare Nostrum est une amulette censée exorciser, à la fois, le « déclin de l'Occident » et, symétriquement, l'avènement du monde post-occidental tant redouté. Dans ce contexte, l'Afrique est sommée de poursuivre sa contribution (forcée) à la promotion de la modernité occidentale. C'est le sens du « partenariat renouvelé » tant vanté. L'Europe est de plus en plus convaincue que « c'est en Afrique que se joue une partie du bouleversement du monde, une partie de l'avenir de ce continent [et] de notre avenir ». L'autre conviction est que « l'Europe du XXIème siècle ne peut pas se construire sans cette alliance et ce partenariat renouvelé avec son voisinage direct qu'est le continent africain ». Dès lors, « l'Europe du XXIème siècle sera une Europe qui se pensera avec le continent africain ». C'est donc dans le cadre d'une « nouvelle alliance », vouée à sceller définitivement « le destin commun avec le continent africain », que la Méditerranée acquiert une importance si grande.

Il suffit de relire le « Discours sur l'Afrique » de Victor Hugo pour prendre conscience de l'ambiguïté du « destin commun » censé lier les deux rives de ce « lac de civilisation », partagé entre « d'un côté toute la civilisation et de l'autre toute la barbarie ». L'Europe qui était invitée à coopérer pour s'attaquer à ce monde qui faisait obstacle à la marche universelle », comprenait notamment la France et l'Angleterre, « deux peuples colonisateurs, qui sont deux grands peuples libres », qui tiennent l'Afrique, l'un par l'ouest et par le nord, l'autre par l'est et par le midi. Il y avait également l'Italie qui avait accepté « sa part de ce travail colossal », sans oublier l'Amérique qui avait « joint ses efforts aux nôtres ».

Sont énoncés dans ces propos, l'ensemble des principes qui, au XIXe siècle, avaient justifié la « mission civilisatrice », et, depuis le XXe siècle, le « droit d'ingérence ». La prétention de ces principes est de soutenir « la grande marche tranquille vers l'harmonie, la fraternité et la paix » universelles. Et l'histoire retiendra qu'« au dix-neuvième siècle, le blanc a fait du noir un homme ; au vingtième siècle, l'Europe fera de l'Afrique un monde ». La tâche à venir s'annonce colossale, la mission de l'Europe étant de « refaire une Afrique nouvelle », question de « rendre la vieille Afrique maniable à la civilisation ». L'Europe est donc invitée à prendre possession de ce continent sans maître : « Allez, Peuples ! emparez-vous de cette terre. Prenez-la. A qui ? à personne. Prenez cette terre à Dieu. Dieu donne la terre aux hommes, Dieu offre l'Afrique à l'Europe. Prenez-la. Où les rois apporteraient la guerre, apportez la concorde.

Prenez-la, non pour le canon, mais pour la charrue ; non pour le sabre, mais pour le commerce ; non pour la bataille, mais pour l'industrie ; non pour la conquête, mais pour la fraternité ».

Mais, par-delà la fraternité universelle proclamée, Hugo conclut son plaidoyer par un terrible aveu : la colonisation permettra à l'Europe de résoudre ses propres questions sociales : « Versez votre trop-plein dans cette Afrique, et du même coup résolvez vos questions sociales, changez vos prolétaires en propriétaires. Allez, faites ! faites des routes, faites des ports, faites des villes ; croissez, cultivez, colonisez, multipliez ; et que, sur cette terre, de plus en plus dégagée des prêtres et des princes, l'Esprit divin s'affirme par la paix et l'Esprit humain par la liberté!».

Chine-Afrique : ensemble vers un monde post-occidental

Liberté ! Liberté ! Dans un discours sur l'OMC, le président américain George W. Bush avait déclaré que le commerce sert les intérêts les plus profonds de l'Amérique. Parallèlement, ajouta-t-il, « il fait avancer les espoirs du peuple chinois pour une société plus libre ». Il poursuivit : les plus grands produits d'exportation de l'Amérique, ce ne sont ni les produits alimentaires, ni les films, encore moins les avions ; c'est avant tout la liberté que l'Amérique exporte aux quatre coins du monde. Même « le peuple chinois est prêt à l'accueillir », conclut-il.

Des propos de cette nature ravivent la vieille opposition entre « thalassocraties occidentales » et « despotismes orientaux ». Hegel magnifiait le rôle de la mer dans la formation de l'identité spirituelle de l'Occident, la mer ayant apporté « cette tendance très particulière d'ouverture au monde ». Grâce à elle, « la vie des Etats européens a acquis le principe de la liberté de la personne singulière », en contraste avec les Chinois qui s'ignorent encore « en tant que subjectivité libre ». En Chine, précise Hegel, la morale est « affaire d'Etat », aux mains des bureaucrates et des magistrats. Le philosophe allemand accuse la Chine et les nations non-occidentales de se fermer à la navigation et aux grands courants d'échange mondiaux ; il souligne leur inaptitude à développer le type de ressorts spirituels qui avaient permis à l'Occident de découvrir l'idée de liberté. Dans la même veine, Herder avait fustigé l'« Empire immobile » qu'est la Chine de se tenir loin des grands courants d'échange mondiaux. Il critiquait surtout l'orgueil insensé de cette nation hautaine à l'égard des commerçants qui quittent leurs pays.

Ouvrir les nations non-occidentales au Marché et à la Liberté a toujours été la grande obsession des thalassocraties occidentales qui caressent sans cesse le rêve de voir s'établir en Chine un Etat bourgeois authentique, avec une société contrôlée par les riches, les banquiers, les industriels et les trafiquants de toutes sortes. Cette obsession a pris un tournant radical avec le nouvel ordre d'après-guerre, synonyme de l'« ordre libéral » ou encore de l'« ordre global ».

L'Occident avait espéré que la politique d'Ouverture des années 1980 déboucherait sur la dissolution intégrale de la Chine dans la globalisation, avec toutes les conséquences nécessaires, notamment en termes de démocratie libérale. Prise comme une panacée, cette prescription américaine pour la Chine est en fait un prétexte pour affaiblir le pays, les partisans les plus zélés de la privatisation étant les mêmes que ceux du multipartisme selon le modèle occidental, et dont l'application impliquerait la remise en cause immédiate du rôle dirigeant du PCC. Le rêve des démocraties libérales est de voir émerger en Chine et dans les autres sociétés du Sud, des Etats bourgeois capitalistes dociles, assujettis au capitalisme anglo-saxon.

En Chine, la Démocratie nouvelle et le Front uni national ont servi de rempart pour la sauvegarde de la souveraineté nationale, la préservation de l'unité du pays, la promotion du consensus et de l'harmonie. Par contre, les autres Etats du Sud qui étaient privés d'un socle idéologique comparable, ont succombé à la vague (néo)libérale. Et lorsque la « logique infernale du marché » s'est abattue sur l'Afrique par exemple, la quête légitime de liberté et de démocratie a été interprétée en termes de désir de marché.

La question maintenant est de savoir si cette prétentieuse utopie a quelque chance d'aboutir. Le philosophe Luuk van Middelaar répond en rappelant que « l'âge d'or universaliste et interventionniste » qui a suivi les attaques du World Trade Center s'est soldé par un double échec pour l'Amérique. Premièrement, le chaos en Afghanistan, en Irak et au Moyen Orient ; deuxièmement, la montée plus tôt que prévue de la Chine au rang des puissances mondiales, donnant ainsi un peu plus de poids au monde multipolaire qui semble correspondre à la « désoccidentalisation du monde», ou encore à la « fin de l'Occident ».

L'émergence de la Chine coïncidant avec l'avènement du « monde post-occidental », la rivalité idéologique entre le Nord et le Sud, le Centre et la Périphérie s'est avivée davantage. Mais, face aux agressions répétées subies, les ex-colonies n'ont eu d'autre choix que de s'assembler pour, collectivement, s'affranchir du Système. Pour reprendre une interrogation de Patrick Lawrence : pourquoi voudrait-on que les opprimés demeurent dans le Système, « alors que tant de pays de ce Non-Occident sont étrangers à notre démocratie de libre-marché – malgré tout ce que nous leur avons appris des vertus de ce système et tout ce que nous montrons comme exemple de ses bienfaits ? ». Le monde ne se porterait-il pas mieux s'il parvenait « à se débarrasser de l'« ordre », de la « stabilité », et de tout ce qui est fondé sur le marché, que l'Occident s'obstine à protéger et à répandre à travers la planète ? ».

La certitude, est que le monde assiste à un gigantesque basculement qui présente tous les symptômes d'un véritable « choc des civilisations », mais de nature différente, comparée à celui imaginé par Samuel Huntington qui implique une forme d'apartheid global. Dans notre contexte, ce choc renvoie simplement à la quête de parité avec l'Occident. Le monde non-occidental veut mettre fin aux désordres et aux tragédies qu'entraîne l'« ordre libéral » enclin à la défense des intérêts égoïstes de l'Occident. En clair, il s'agit de reconstruire le système international sur la base de la reconnaissance des droits de chaque peuple à choisir son système politique, économique et culturel. D'où, l'urgence d'une « nouvelle trajectoire pour l'humanité » (Xi Jinping).

De cette volonté commune d'un monde plus juste et plus harmonieux, est née l'idée d'un « monde post-occidental », « post-hégémonique ». De quoi s'agit-il ?

Sergueï Lavrov, ministre russe des affaires étrangères, conteste les critiques qui accusent le Sud de vouloir détruire l'ordre mondial en vigueur. Car, la crise de ce modèle était déjà programmée, le concept de mondialisation politique et économique étant « bâti par une élite d'Etats pour dominer les autres ». D'où, l'urgence d'un choix démocratique et juste qu'on pourrait appeler « post-West ». Quoi qu'il en soit, selon ce penseur, « nous vivons déjà dans le monde post-occidental », bien que sa formation soit loin d'être terminée. Lavrov souligne le caractère historique du moment présent. Car, après environ cinq siècles de domination de l'« Occident collectif », d'autres centres de pouvoir économiques, financiers et politiques ont émergé : Chine, Inde, Brésil, etc.

Cet optimisme contraste avec le catastrophisme des milieux libéraux, où le monde post-occidental est synonyme de « Consensus de Pékin ». Ce dernier est présenté comme « la plus grande menace idéologique que l'Occident ait connue depuis la fin de la Guerre froide », en raison des « menaces multiformes et la compétition systémique de puissances autoritaires ». La CIA elle-même souligne « une désoccidentalisation du monde, dont le centre n'est plus la vieille Europe mais d'avantage le grand Moyen-Orient et l'Asie Centrale ».

La rivalité entre le Consensus de Pékin et le Consensus de Washington s'est avivée avec la crise de la COVID-19, et a pris un tournant radical qui a fait apparaître « un monde plus concurrentiel, où les grandes puissances affirment leur rôle pour voir émerger un monde post-occidental ». Particulièrement visées, la Chine et la Russie sont regardées comme deux « puissances eurasiatiques [qui] se sont affirmées, dans les médias et sur le terrain, comme des alternatives sanitaires à l'Occident ». Le but de ces deux « puissances autoritaires » serait de recourir au levier de la pandémie pour consacrer la « désoccidentalisation » du monde. Dans la perspective occidentale, « désoccidentaliser » le monde reviendrait à précipiter l'ensemble de l'humanité dans l'abîme de l'« ère post-occidentale » et « post-démocratique », sous la férule d'un sinistre « duopole totalitaire ». Selon Ioulia Berezovskaïa, les « nouvelles dictatures post-industrielles [chercheraient] à propager leurs pratiques répressives dans le monde occidental ». Parallèlement, elles prétendent encore avoir « la capacité de sauvegarder leurs intérêts fondamentaux et leur souveraineté ». Ce qui, pour Bertrand, correspondrait, ni plus ni moins, à un « appel à la guerre des peuples », venant surtout de régimes totalitaires qui ont en outre la témérité de se proclamer « défenseurs d'une démocratie authentique ».

Sergueï Lavrov a noté que le monde post-occidental est « une nouvelle réalité objective » et nécessaire, qui ne dépend d'aucun gouvernement d'un pays particulier, car, chaque jour davantage, les principes polycentriques de l'ordre mondial se renforcent. Lavrov trouve légitime « l'aspiration des peuples à préserver la souveraineté et des modèles de développement compatibles avec leurs identités nationales, culturelles et religieuses ». Le dirigeant russe fustige enfin « le désir de plusieurs Etats occidentaux de conserver leur statut d'auto-proclamés leaders mondiaux et de ralentir le processus objectif irréversible d'établissement de la multipolarité ». Mais, « il est vain d'espérer que les nouveaux acteurs, forts économiquement et financièrement, puissent être contenus », malgré « les tentatives entreprises aujourd'hui pour ralentir ce processus avec de nouvelles taxes et sanctions », sans oublier le retour de la « mentalité de la guerre froide »

Dans l'esprit de la communauté de destin pour l'humanité, Xi Jinping s'y oppose. Parallèlement, il rejette l'idée de « jeux à somme nulle », au nom de l'égalité fondamentale de tous les pays, grands ou petits, puissants ou faibles, riches ou pauvres. Enfin, la Chine s'oppose « à ce qu'une volonté soit imposée à autrui, à l'ingérence dans les affaires intérieures d'autres pays, et à la maltraitance des plus faibles par les plus forts ». A ce titre, les Chinois ne convoitent pas les droits et intérêts des autres pays, ni ne jalousent leurs succès. En revanche, la Chine n'entend pas abandonner ses droits et intérêts légitimes.

Xi Jinping n'a cessé de multiplier les mises en garde contre le « piège de Thucydide », diagnostiqué dans la Guerre du Péloponnèse, et auquel fait écho le « Mémorandum de Crowe ». Dans la sphère occidentale, ces analogies ont pour but d'ériger en loi historique l'idée selon laquelle lorsqu'une puissance montante rivalise avec une puissance établie – comme Athènes défiant Sparte ou encore comme l'Allemagne entrant en rivalité avec la Grande-Bretagne -, la guerre, le bain de sang demeure l'issue la plus certaine. Or, ni l'extrémisme islamique violent, ni la Russie renaissante en soi, ne semblent représenter le défi géostratégique le plus important d'aujourd'hui, mais l'impact de la Chine émergente sur la Pax americana. Or, depuis presqu'un siècle, cette dernière n'a profité qu'à cette minorité de pays qui accusent maintenant la Chine de s'associer aux émergents pour déconstruire l'ordre post-Seconde Grande Guerre, le but étant de « remplacer le système de Bretton Woods » qui avait cimenté l'ordre d'après-guerre. Selon Irnerio Seminatore, « l'hégémonie chinoise paraît inacceptable à l'Amérique impériale, comme l'allemande à la Grande Bretagne du XIXème siècle et, par l'intermédiaire de l'OTAN en Europe et des Anzus en Extrême-Orient, elle doit apparaître comme telle, à une grande partie de ces pays».

Le leader singapourien Lee Kuan Yew, disait : la Chine veut être la Chine et être acceptée comme telle, et non comme membre honoraire de l'Occident. C'est à ce titre que la Chine exige la parité avec le Nord, non seulement pour elle-même, mais pour aussi l'ensemble des pays en développement, les chinois se considérant eux-mêmes comme un peuple non-occidental. Aussi, leur but le plus honorable est-elle de revendiquer, pour eux-mêmes et pour les autres opprimés, « la plénitude de l'existence humaine » qui était jusque-là le privilège exclusif des occidentaux.

L'Afrique est déjà partie prenante de la globalisation et de la multipolarisation du monde, grâce notamment à l'Initiative Ceinture et Route, considérée comme étant « le plus grand projet infrastructurel de l'histoire de l'humanité» . Avec le soutien actif de la Chine, le continent noir participe désormais à une modernité inédite, en contraste avec celle qui fut, pendant longtemps, une exclusivité occidentale.

Dans l'esprit de la communauté de destin, Chine et Afrique se sont donné les moyens matériels et financiers pour construire cette modernité inédite. Un grand nombre d'initiatives et d'institutions de financement ont été créées, notamment dans le cadre du FOCAC et de l'Initiative Ceinture et Route. Comme exemples, citons : la Banque asiatique d'investissement pour les infrastructures, la Banque de développement de Chine, la Banque chinoise d'import-export, le Fonds d'aide pour la coopération Sud-Sud, le Fonds de développement sino-africain, le Fonds de route de la soie, etc.

Fidèle à l'esprit du multilatéralisme, ces initiatives ne visent pas à détruire les institutions multilatérales existantes. A titre d'exemple, la Chine s'est engagée à coopérer avec la Banque asiatique d'investissement dans les infrastructures, la nouvelle banque de développement des BRICS, la Banque mondiale et d'autres institutions de développement multilatérales, afin de soutenir les programmes liés aux Routes de la soie.

Dépourvues de conditionnalités politiques, ces différentes initiatives n'ont pas la prétention d'exporter quoique ce soit, ni modèle, ni liberté, ni démocratie. Simplement, le peuple chinois tire grand avantage et fierté dans le succès et la prospérité des autres nations. Selon Patrick Lawrence, les critiques que les démocraties capitalistes adressent aux Routes de la soie ne sont intelligibles que si on les perçoit comme un miroir inversé, reflétant les propres prétentions de l'Occident à imposer au monde, son cadre de référence philosophique, moral et religieux, ses langues et ses choix culturels, son modèle économique et social, son régime politique, etc., par la menace, le chantage, la corruption. Or, un consensus semble actuellement s'établir sur la nécessité de promouvoir l'idée d'une diversité des civilisations politiques, adaptées aux différentes traditions nationales. Le défi ici est de montrer qu'il existe des approches alternatives qui font appel à « d'autres idées de la démocratie, de la place de l'Etat et de l'individu dans la société, de la valeur des biens publics, des limites du marché », c'est-à-dire du « développement comme liberté ».

Bibliographie

Amin S. (2003) : Le virus libéral, Le Temps des cerises, Pantin.

Beuret M. et Michel S. (2008) : La Chine a-t-elle un plan en Afrique ? Afrique contemporaine, 4, n°228, pp.49-68.

Cabestan J.-P., Domingues Dos Santos E., Huang Z.A., Le Billion Ph., Vircoulon Th. (2021) : Les Influences chinoises en Afrique. 1. Les outils politiques et diplomatiques du « "Grand pays en développement" », Etudes de l'IFRI, IFRI, pp.1-31.

Dai K., Dai G. Dai M. (2018) : Initiative « une ceinture et une route » : implications économiques pour l'Union européenne, Bulletin de l'Observatoire des Politiques Economiques en Europe, vol.39, pp.25-38.

Delcourt L. (2011) : La Chine en Afrique : enjeux et perspectives, Alternatives Sud, vol.18, pp.7-31.

Frazer N. (2005) : Qu'est-ce que la justice sociale ? Reconnaissance et redistribution, trad. E. Farrarese, Editions La Découverte, Paris.

Friedman Th. [1999] 2000 : La Puce et l'olivier. Comprendre la mondialisation, trad. M. Berry, Nouveaux Horizons, Paris.

Girouard E. (2008) : La Chine en Afrique : Néocolonialisme ou nouvel axe de coopération Sud/Sud ? Un survol des enjeux, Forum Afrique-Canada, CCIC-CCCI, pp.1-17.

Joxe A. (2004). L'empire du chaos : Les Républiques face à la domination américaine de l'après-guerre froide, Editions La Découverte/Poche, Paris.

Ngono L. (2017) : La coopération chinoise et le développement en Afrique subsaharienne : opportunités ou impacts ? Mémoire de maîtrise en Sciences politiques, Université du Québec à Montréal.

Stiglitz J.E. (2002) : La Grande désillusion, trad. P. Chelma, Librairie Arthème Fayard, Paris.

Stiglitz J.E. (2006) : Un autre monde. Contre le fanatisme du marché, trad. P. Chelma, Librairie Arthème Fayard, Paris.

Stiglitz J.E. (2010) : Le Triomphe de la cupidité, trad. P. Chelma, Les Liens qui Libèrent, Paris.

Stiglitz J.E. (2012) : Le Prix de l'inégalité, trad. F. et P. Chelma, Les Liens qui Libèrent, Paris.

5. Discours d'ouverture, Représentant du Ministre des Relations Extérieures, *Stéphane Noah*

Monsieur le Premier Conseiller de l'Ambassade de Chine au Cameroun ;

Monsieur le Président de l'Observatoire Chine-Afrique Francophone, Dr. Jimmy Yab ;

Monsieur le Vice-Recteur de l'Université de Yaoundé I ;

Monsieur le Président de la China Harbour Engineering Company ;

Son Excellence Monsieur ELEIH-ELLE ETIAN, ancien Ambassadeur du Cameroun en Chine ;

Mesdames, Messieurs les enseignants d'université, en vos rangs grades et titres respectifs ;

Chers participants à ce Colloque ;

Distingués invités ;

Mesdames et Messieurs ;

C'est avec un grand honneur et un réel plaisir que je prends la parole, à l'occasion de cette cérémonie d'ouverture du tout premier Colloque International sur l'initiative la Ceinture et la Route en Afrique Francophone, en ma qualité de représentant personnel de Son Excellence Monsieur le Ministre des Relations Extérieures.

A ce titre, je souhaite tout d'abord adresser au nom du Ministre des Relations Extérieures, de vives félicitations aux organisateurs pour toutes les dispositions prises en vu d'assurer le bon déroulement des travaux.

En faisant le choix du Palais des Congrès comme lieu de la tenue de ce Colloque, vous honorez l'histoire de la longue et exaltante amitié qui existe entre la République Populaire de Chine et la République du Cameroun, qui ont fêté le Cinquantenaire de l'établissement de leurs Relations diplomatiques l'année dernière. Le Gouvernement camerounais se félicite ainsi de cette initiative qui témoigne de l'intérêt que nos différents Etats accordent à la coopération avec la République Populaire de Chine et spécifiquement à l'initiative la Ceinture et la Route.

Mesdames et Messieurs,

La Chine et les pays africains sont de bons partenaires, et de bons amis. La Chine a de tout temps soutenu résolument les Gouvernement africains dans leurs efforts d'apporter à leur peuple le développement et la prospérité de manière à asseoir l'indépendance de l'Afrique sur une base plus solide et plus stable. Un viel adage chinois dit : je cite, « les paroles d'un homme de bien sont sincères et appuyées par des actions ». Sur la base de ce code de conduite, la Chine et l'Afrique ont su tisser un partenariat Gagnant-Gagnant affirmé de manière concrète et pragmatique, avant, mais plus encore après l'établissement du Forum sur la Coopération sino-africaine en 2000 (FOCAC).

Mesdames et Messieurs,

C'est l'occasion de saluer la profonde amitié entre le Cameroun et la Chine dont les relations se sont hissées aujourd'hui à un niveau stratégique. A titre d'illustration, l'activité politique et diplomatique entre les deux pays est significative aussi bien en termes d'échanges de visites que de convergence de vue et de soutiens réciproques sur les questions déterminantes de politique intérieure et extérieure sous la Très Haute impulsion de Leurs Excellences PAUL BIYA et XI JINPING. C'est dans cette optique que notre pays le Cameroun a adhéré en 2018 à cette initiative lors du Sommet du FOCAC à Beijing.

Mesdames et Messieurs,

Ce Colloque sur l'initiative chinoise « la Ceinture et la Route en Afrique Francophone » place ainsi au cœur des préoccupations l'objectif de ce projet qui est la constitution d'une communauté de destin pour l'humanité, définie comme un nouveau système mondial d'interdépendances économique, politique et sécuritaire au centre duquel se trouve la Chine.

Nous souhaitons que ces préoccupations soient examinées à la lumière du chemin parcouru mais également des évolutions récentes, afin de mieux préparer le futur suivant une approche prospective. Qu'il en soit ainsi de vos échanges et analyses pendant les trois jours que dureront ces travaux. Que cette démarche décrite plus haut vous permette d'atteindre les objectifs définis dont pourraient faire usage non seulement les scientifiques, mais aussi les décideurs à tous les niveaux.

A cet égard, au-delà des débats idéologiques et politiques, les pays africains francophones en général et le Cameroun en particulier attendent des propositions concrètes pour tirer avantage de cette initiative.

Le parterre scientifique ici réuni nous conforte donc dans la conviction que ce Colloque international permettra de mieux cerner ce plan stratégique de projection de la puissance de la Chine sur la scène internationale pour une meilleure capitalisation par l'Afrique Francophone des opportunités qui y sont offertes.

C'est sur cette conviction et cet espoir que je voudrais clore mon propos en déclarant officiellement ouvert, au nom du Ministre des Relations Extérieures, le premier Colloque international de Yaoundé sur l'initiative la Ceinture et la Route en Afrique Francophone.

Je vous remercie de votre bienveillante attention.

SESSION INTRODUCTIVE : Comprendre les enjeux politiques de l'Initiative la Ceinture et la Route dans une Afrique francophone en perpétuel mouvement

6. Les nouvelles routes de la soie dans la construction du leadership international de la Chine, *Pr Pokam Hilaire de Prince*

Introduction

Le XXIe siècle est marqué par le retour en force des grandes puissances non européennes (Defraigne, 2012). Parmi ces puissances, la Chine, considérée par certains auteurs comme « puissance déconcertante »[3], qui se pose en une « République populaire conquérante »(Cabestan 2015 : XIII), surtout depuis le nouveau millénaire[4]. Car, « la montée en puissance de la Chine, prophétisée depuis si longtemps et trop souvent fantasmée, est devenue réalité à la faveur des transformations économiques profondes, de mutations sociales accélérées et d'une présence sur la scène internationale qui n'a fait que se conforter au cours des trois décennies »(Mottet et al. 2015 : 1). Son émergence économique depuis une vingtaine d'années, l'a indiscutablement inscrite parmi les acteurs incontournables de la scène mondiale(Robert 2010 : 1).

Dans cette perspective, alors qu'elle redoutait dans les années 1950 le

---

[3] Il s'agit par exemple de HOLTZINGER Jean-Marie (dir), La Chine, puissance déconcertante, « Revue Défense Nationale », Eté 2011.

[4] « Le « nouveau millénaire » des relations internationales voit le jour avec la fin de la guerre froide. Il vient ébranler graduellement les fondements du système westphalien de sécurité qui remet en cause la prédominance et les desseins de la sécurité étatique au profit de la sécurité non militaire et non étatique », DAVID Charles-Philippe, La guerre et la paix. Approches et enjeux de la sécurité et de la stratégie, Paris, PFNSP, 2013, p. 9.

multilatéralisme[5], la Chine s'engage depuis les années 1970[6] comme l'Union Européenne et la France, à la promotion de celui-ci qui, dans un monde interdépendant, « n'est pas une option, mais une nécessité »(Boniface 2019 : 117). Car, « soucieuse de redevenir une puissance dominante, elle est donc en pleine redéfinition de son rôle dans le monde et de ses objectifs de politique étrangère »(Struye de Swielande 2011 : 52). Ainsi, « son entrée à l'ONU, et plus encore la fin de la guerre froide, ont accéléré la transformation, faisant passer le nombre de ses participations au sein des organisations internationales d'une à près de 60 en 2009 »(Batel 2011 : 44). Cette participation a fait l'objet d'une évolution significative et démontre la maturité de ce pays selon Z. Xie(Xie 2011 : 85). Sa présence actuelle est perceptible dans presque toutes les organisations internationales majeures et couvre tous les domaines. Le multilatéralisme occupe dorénavant, une place prépondérante dans la stratégie chinoise d'affirmation de puissance.

Pour conforter cette posture de nouveau leader mondial, la Chine a lancé depuis 2013, la politique des « Nouvelles Routes de la Soie » qui évoque beaucoup de choses dans l'imaginaire collectif chinois[7]. Autrement appelé en chinois « *Yi dai yi lu* », traduit en américain par « *One Belt One Road* » et plus récemment encore (2017) par « *Belt Road Initiative* » (BRI), il s'agit d'un projet planétaire qui vise à relier, par des voies routières, ferroviaires, numériques, maritimes, de gazoducs, d'oléoducs, de ports, etc. l'Asie, l'Europe, la Méditerranée et l'Afrique, tout en s'étendant à l'Océanie et à l'Amérique Latine.

Priorité personnelle du président Xi Jinping qui a placé le concept au cœur de la politique intérieure et extérieure du pays(Ekman 2018 : 13), cette initiative s'inscrit dans un cadre stratégique et global ainsi que dans le double objectif du Parti Communiste Chinois (PCC) du rajeunissement national (*zhonghua minzu*

---

[5] "The liangge zhenying and fandui di xiu fan theories of the 1950s and the 1960s rejected nominal multilateralism. Multilateral organizations were seen as instruments of imperialism and there was no reason for China to take part in them", HONGYING Wang, "Multilateralism in Chinese Foreign Policy : The Limits of Socialization", "Asian Survey", Vol. 40, No. 3 (May - Jun., 2000), p.478.

[6] "The sangeshijie theory of the 1970s allowed for selective and symbolic involvement in international organizations, particularly the U.N., where third-world countries made up the majority and were increasingly assertive in pursuit of their interests", ibid., p. 478.

[7] Dans l'imaginaire collectif, le terme « Route de la soie » éveille des images de caravanes de dromadaires chargées de marchandises rares et précieuses, voyageant à travers les déserts, d'un empire opulent à l'autre. Pour la Chine, il évoque une époque glorieuse durant laquelle la civilisation chinoise était florissante et l'Empire dominant au centre du monde connu – comme zhongguo.

weida fuxing, 中华民族伟大复兴) et de la réhabilitation du pays en tant que grande puissance (*shi jie qiang go*, 世界强国). Le projet de la BRI a été inscrit dans les constitutions de l'État-parti au pouvoir comme priorité stratégique, visant à faire de la Chine, une grande puissance d'ici le milieu du XXIe siècle, lors du XIXème Congrès du PCC tenu du 18 au 24 octobre 2017.

La BRI est aujourd'hui l'une des composantes du développement économique et commercial de la première économie mondiale et révélatrice d'une stratégie plus globale du pays, celle de se positionner en nouveau leader mondial à travers la maîtrise des routes commerciales, sous l'étendard de la coopération[8].

Nous espérons démontrer dans le cadre de cette étude comment cette nouvelle initiative qui n'est pas acceptée par les autorités chinoises comme un outil de la géopolitique[9], mais redoutée par les pays occidentaux comme un vecteur permettant à la Chine d'étendre son influence mondiale, est avant tout un projet politiquement motivé par ce pays pour gagner une position prédominante à l'échelle régionale et mondiale. Ceci en contribuant à la construction de son leadership tant régional que mondial et par là même, son identité de rôle[10] en tant que puissance responsable et hégémonique[11]. Car, « en se servant de son

---

[8] Vingt ans après Deng Xiaoping, Xi Jinping s'exprime en octobre 2017, lors du XIXème congrès du PCC, en ces termes : « Nous allons continuer à nous battre pour réaliser le rêve d'une grande renaissance de la nation chinoise ». Comme le souligne Jean-Pierre Cabestan, « finie la posture consistant à faire profil bas à l'international qu'avait instituée Deng Xiaoping. Aux commandes de la deuxième puissance mondiale, Xi Jinping affirme haut et fort son souhait de rendre sa grandeur passée à l'empire du Milieu en exaltant le « rêve chinois », cité par (Martin 2018).

[9] En mars 2015, lors d'une conférence de presse, le ministre chinois des Affaires étrangères souligne que : « le projet BRI n'est pas un outil de la géopolitique et ne doit pas être perçu avec la mentalité dépassée de la guerre froide. Le projet BRI ne peut en aucune manière être assimilé au plan Marshall américain ayant débouché sur une division du continent européen. Inversement, projet ouvert et sans conditions, BRI vise à aider au développement des pays voisins de la Chine, quelle que soit la nature de leurs relations avec celle-ci. Le projet BRI ne cible pas les Etats-Unis et n'aspire, en aucun cas, à affaiblir la puissance américaine. Il ne constitue nullement une réponse à la stratégie de rééquilibrage des Etats-Unis en Asie Pacifique. Le projet BRI est un projet purement économique », cité par (Martin 2018).

[10] « L'identité de rôle concerne les propriétés qui caractérisent les relations d'un Etat avec les autres Etats, qui le perçoivent comme une puissance hégémonique ou comme un Etat satellite, comme un Etat partisan du statu quo ou comme une puissance insatisfaite »,(Battistella 2015 : 331).

[11] « Lors de la conférence des Ambassadeurs (août 2018), le Président Emmanuel Macron a explicitement mentionné le projet chinois, le qualifiant de « vision de la mondialisation à caractère hégémonique », EKMAN 2018 : 46).

histoire et de sa géographie, la Chine entend, avec les nouvelles routes de la soie, réaliser ses ambitions contemporaines tant au sein de son espace géographique qu'est l'Eurasie, qu'au sein de la mondialisation dans laquelle elle tient à s'insérer avec force, afin de faire face aux divers défis que posent un monde globalisé, où la puissance politique et économique peut être assurée par la géographie ». Et comme l'affirme si bien Emmanuel Lincot, « est à l'œuvre à travers les nouvelles routes de la soie un projet de société : rendre à la Chine son rang de grande puissance internationale. En cela, les nouvelles routes de la soie constituent un projet d'affirmation de puissance »[12] même si la Chine tend à masquer ses ambitions hégémoniques[13].

La construction du leadership régional

En se servant de la forte présence régionale que lui accorde la BRI, la Chine tend vers l'utilisation de cette présence, et de l'influence qui en découle, pour redéfinir, en sa faveur, les rapports de puissance sur le plan international en étendant sa puissance en Eurasie, en neutralisant les autres puissances dans la région et en se construisant en puissance majeure régionale. La puissance chinoise se trouve dès lors projetée dans l'espace international grâce aux routes de la soie qui portent l'ambition globale que la Chine recherche afin de transformer les rapports de puissance internationaux en sa faveur[14]. Il s'agit de traduire la puissance économique chinoise en influence politique auprès de ses voisins, afin que ceux-ci ne contestent pas la légitimité des « intérêts vitaux » chinois(Roland 2015). Ceci d'autant plus que l'Asie centrale présente pour elle des atouts en matière de débouchés commerciaux, mais aussi de sécurité, face au terrorisme international, et de stratégie pour réduire l'influence de l'Occident dans le monde. Elle dispose quant à elle, de nombreux atouts économiques, diplomatiques, militaires et culturels, pour imposer son leadership, voire son

---

[12] « Les enjeux stratégiques des routes de la soie ». Entretien avec Emmanuel Lincot par Alexandre Cornet, Asia Focus 71, Programme Asie/Mai 2018.

[13] CABESTAN Jean-Pierre, « La Chine puissance hégémonique en Asie », site internet : La Chine : puissance hégémonique en Asie | Vie publique.fr https://www.vie-publique.fr › parole-dexpert › 268423-..., consulté le 22/11/2021.

[14] KIVANDOU Victoire, « La Chine et les Nouvelles Routes de la Soie : Instruments au service de la projection de la puissance chinoise », site internet : La Chine et les Nouvelles Routes de la Soie - Geolinks*http://www.geolinks.fr* › la-chine-et-les-nouvelles-route..., consulté le 09/11/2021.

hégémonie, en Asie, et en particulier en Asie orientale. Car, « ni le Japon, devenu en 2010 troisième puissance économique mondiale derrière la Chine, ni l'Inde, dont le produit intérieur brut (PIB) ne représente qu'un tiers du PIB chinois, et encore moins la Russie, puissance régionale et seulement en partie asiatique, ne peuvent prétendre à exercer ce rôle »[15]. Pour y parvenir, la Chine conduit une stratégie de long terme qui doit lui assurer une influence certaine en Eurasie tout en lui permettant de contrer ses principaux rivaux régionaux et de se défaire de la politique d'endiguement américaine. La BRI participe superbement de cette stratégie(Cornet 2018).

L'extension de la puissance chinoise en Eurasie

L'Eurasie est un espace convoité par la Chine. Ceci d'autant plus que l'importance accordée à l'Asie centrale fait également écho à la théorie d'Halford J. Mackinder formulée voici plus d'un siècle, selon laquelle le continent eurasiatique constitue la « région pivot de la politique mondiale », ainsi qu'à des discussions plus récentes relatives à l'Eurasie comme « échiquier ». Dans un article plus récent, Liu Yazhou fait référence à l'Asie centrale comme « le plus riche morceau de gâteau offert par le Ciel à la Chine d'aujourd'hui », et fait valoir que son importance stratégique réside en particulier dans sa richesse en ressources naturelles[16].

C'est sans doute la raison pour laquelle la Chine utilise la BRI pour étendre son influence du côté occidental de l'Asie. Le point de départ de ce projet géographique est le désenclavement du Grand Ouest chinois, le Xinjiang, en ouvrant des routes ferroviaires. En élargissant ainsi sa façade terrestre occidentale, elle entend faire de la terre un moyen de communication tout aussi efficace que sa façade maritime déjà bien utilisée[17]. Après avoir donné la priorité au développement de sa façade littorale, la Chine fait son retour dans son hinterland continental. Dans le cadre des nouvelles routes de la soie, l'essor des réseaux de transport et l'ouverture des frontières font du Xinjiang une nouvelle fenêtre à l'origine d'un processus de régionalisation transnationale en Asie centrale. Il devient la tête de pont d'une région transnationale centrasiatique(Cariou 2018 : 19). Car, la région occidentale chinoise du Xinjiang, longtemps considérée comme un « hinterland amorphe », joue désormais un rôle de pivot stratégique. L'essor des réseaux de transports, l'ouverture des frontières et de zones économiques spéciales, font du Xinjiang une pièce maîtresse dans le processus de

---

[15] CABESTAN (J-P), op. cit.
[16] Cité par (ROLAND 2015).
[17] KIVANDOU (V), op. cit.

régionalisation transnationale en Asie centrale. Alors que la stratégie d'expansion chinoise en mer de Chine rencontre de vives oppositions des pays riverains et des États-Unis, le Xinjiang constitue une « tête de pont » permettant un « développement pacifique » de l'influence chinoise en Eurasie(Cariou 2018 : 19).

Une telle ouverture lui permettra de projeter sa puissance avec davantage d'écho en étant sur tous les fronts. Le Xinjiang devient ici une porte permettant à la Chine de se mouvoir du côté occidental. Selon le projet de la BRI, « la Chine valorisera les atouts géographiques particuliers du Xinjiang et son rôle important en tant que fenêtre ouverte sur l'Ouest, pour approfondir les échanges et la coopération avec les pays de l'Asie centrale, de l'Asie du Sud et de l'Asie de l'Ouest »(Gu 2019 : 143). L'un des meilleurs exemples de valorisation de cette région est d'ailleurs la multiplication des lignes de chemins de fer entre la Chine intérieure et l'Europe, qui permettent d'offrir des images concrètes de la mise en œuvre de la BRI. Au regard de ce nouvel élan, les nouvelles routes de la soie permettent à la Chine de se rapprocher de l'Occident en utilisant sa partie « interne » afin de se lier à l'Asie du Sud, au Moyen-Orient ainsi qu'à l'Europe. Cette stratégie chinoise consiste ici à « soumettre une région entière sans user de la puissance physique »[18]. La BRI établit ainsi la Chine en position de force dans la région et les pays qui se trouvent sur le tracé doivent se situer dans un rapport asymétrique. La perception que se font les gouvernements des pays associés à la BRI du nouveau rôle de la Chine dans la région est donc essentielle à leur réception du projet(Genevaz 2018 : 468).

La neutralisation d'autres puissances en Eurasie

Les nouvelles routes de la soie tendent à marginaliser la présence américaine en Eurasie ainsi qu'à contourner la concurrence d'autres puissances sous-régionales comme la Russie, l'Inde et le Japon.

1 – Le dessein de marginalisation des Etats-Unis

Les nouvelles routes de la soie s'inscrivent dans un contexte globalisé guidé par la vision des Etats-Unis. Alors que le contexte géographique de ce projet se dessine comme eurasien, ce à quoi il faut ajouter les voies africaines, les Etats-Unis se trouvent mis à l'écart de la dynamique.

C'est donc bien l'idéal d'une Asie affranchie de la présence américaine qui est

---

[18] COQUEBLIN Léo, « Les enjeux géoéconomiques des nouvelles routes de la soie », site internet : Les enjeux géoéconomiques des nouvelles routes de la soie https://www.ege.fr › Infoguerre, consulté le 11/11/2021.

défendu par les dirigeants chinois(Roland 2015). Le numéro un chinois Xi Jinping ne s'est-il pas écrié : « l'Asie aux Asiatiques !?

Pour Salah Hannachi, ancien diplomate tunisien, « la Chine met en œuvre, par la géoéconomie, ce que les Etats-Unis font par la géopolitique, l'exercice de la puissance et un déploiement militaire globalisé »(Martin 2018). Dans cette perspective, les ambitions de la Chine et sa nouvelle route de la soie représentent, entre autres, un instrument d'opposition à l'implantation américaine, toujours plus présente dans la région. Les autorités chinoises appellent par ailleurs régulièrement à l'abandon de la « mentalité de guerre froide » – expression utilisée pour désigner le système d'alliances américaines dans la région Asie-Pacifique à travers le Trans-Pacific Partnership, traité multilatéral de libre échange signé en 2015 et visant l'intégration des économies des régions d'Asie-Pacifique et américaine tout en cherchant précisément à isoler la Chine et son influence dans l'Asie du Sud-Est.

Les Etats-Unis ont également tenté de contrecarrer les nouvelles routes de la soie chinoises avec le *BUILD Act* qui renforce la Société américaine des investissements privés à l'étranger (l'agence de développement américaine) en portant son portefeuille de financement à 60 milliards de dollars. Bien que cette somme ne souffre pas la comparaison avec les trillions chinois, elle permet toutefois aux Etats-Unis de proposer une alternative au projet BRI, notamment en menant des projets similaires en Amérique Latine, où la Chine est déjà le plus gros prêteur, ainsi que sur des marchés en Afrique et le long de nouvelles routes de la soie. Les nombreuses attaques verbales et financières menées par la Maison Blanche contre le projet BRI, et la volonté affichée par l'administration américaine d'offrir une alternative à des « investissements étatiques provenant de gouvernements autoritaires », suggèrent que les Etats-Unis s'efforcent de mettre progressivement en place un équilibre des forces en Asie. Une preuve tangible de cet équilibre des puissances asiatiques est le « U.S.-Uzbekistan Annual Business Forum » qui réunit chaque année la majorité des pays d'Asie centrale et les dirigeants des Fortune 500 (Boeing, Honeywell, Exxon Mobil, GE…), et où ont été signés plusieurs accords d'investissements majeurs en provenance des Etats-Unis, à hauteur de milliards de dollars, en plein sur le tracé des nouvelles routes de la soie[19]. De plus, le président américain Joe Biden et ses homologues du G7,

---

[19] NORMAND François, « Les États-Unis peuvent-ils concurrencer les nouvelles routes de le soie ? », site internet : Les États-Unis peuvent-ils concurrencer les nouvelles routes …https://www.lesaffaires.com › Blogues, consulté le 22/11/2021.

ont annoncé récemment cette initiative, le Build Back Better World (B3W ou Reconstruire le monde en mieux, en français), lors du sommet du groupe qui s'est tenu au Royaume-Uni, à la mi-juin 2021.

Le projet de la BRI apparaît donc comme une contre-stratégie, destinée à contourner la puissance américaine en Asie et au-delà. Dès 2012, Wang Jisi, Directeur du département d'Etudes Internationales de l'Université de Pékin et conseiller influent, proposait dans un article important, de rechercher une nouvelle sphère d'influence vers l'Ouest en évitant toute confrontation directe avec les Etats-Unis dans le Pacifique. La BRI est une réponse à cette proposition et constitue désormais un bloc à vocation quasi universelle qui « isole » au moins symboliquement les Etats-Unis et leurs alliés appelés à accepter un « espace stratégique plus large » pour la puissance chinoise émergente(Niquet 2018).

En pratique, la Chine cherche à pousser les Etats-Unis hors de l'Asie orientale en défiant leur influence politique et économique et en limitant leur présence militaire et institutionnelle dans la région. Cette manœuvre, en renforçant l'emprise économique de la Chine sur son voisinage, la positionnant en pays incontournable de leur développement économique, poursuit l'objectif final de réduire l'influence américaine dans la région, d'abord économiquement puis stratégiquement.

La rivalité est notable jusque dans les mots, ainsi OBOR peut être perçu comme une récupération du terme de *'silk road'* déjà employé par la diplomatie américaine et proposé par Hillary Clinton dès 2011 pour l'Afghanistan d'après-guerre, et par lequel les Etats-Unis entendaient encourager les investissements privés dans les infrastructures (transports et énergie essentiellement) dans l'ensemble de la région(Ekman 2018) : 139).

L'ambition de contournement des puissances régionales

La BRI permet à la Chine de contrer les autres puissances régionales asiatiques (Inde, Japon, Russie), qui contrecarrent le projet par diverses initiatives.

En effet, si les nouvelles routes de la soie sont un rêve chinois, elles constituent au contraire un « cauchemar indien » selon S. Granger(Granger 2018). L'Inde qui peut être à plus long terme considérée comme un véritable « challenger » par la Chine, se pose en contestataire principal au projet chinois. Se sentant – non sans raison – menacés d'encerclement à la fois commercial, géostratégique et militaire, les Indiens sont extrêmement suspicieux et craintifs vis-à-vis de l'initiative Belt and Road chinoise, qu'ils tentent de contrecarrer de diverses manières. Pour Nirupama Rao, ex-ambassadeur de l'Inde en Chine et aux États-Unis, l'initiative des routes de la soie est même l'expression d'un *hard power* chinois croissant à la fois dans les mers asiatiques et en Asie continentale. C'est la raison pour laquelle l'Inde a refusé d'envoyer une délégation officielle au premier forum B&R de mai 2017, en dépit des pressions chinoises. Elle a réaffirmé son opposition en juin 2018, lors du sommet de l'Organisation de Coopération de Shanghaï de Qingdao, en refusant de soutenir B&R dans la déclaration finale. De leur point de vue, cette initiative permet à la Chine, sous couvert d'aide à la connectivité, de renforcer son influence en Asie du Sud et dans l'océan indien et d'y établir un réseau de pays dépendants(Ekman 2018 : 88).

Pour contrecarrer les routes de la soie terrestres chinoises, l'Inde riposte avec d'autres partenaires comme l'Iran et la Russie, qui projettent une route intermodale avec le projet North-South Transport Corridor reliant Mumbai à St-Petersbourg, via Téhéran et Bakou(Granger 2018). Pour se désengager de la rivalité avec la Chine, le gouvernement indien propose, conjointement avec le Japon, les États-Unis et l'Australie, une vision alternative à la bri : l'espace indo-pacifique qui apparaît comme le seul projet régional alternatif dans les domaines économique et militaire(Genevaz 2018).

Face à l'initiative chinoise des nouvelles routes de la soie, le Japon de son côté, propose ses propres projets avec la stratégie Indo-Pacifique et le Partenariat pour des Infrastructures de Qualité (PQI). Depuis le lancement de l'initiative chinoise, on observe un rapprochement entre le Japon et l'Inde, qui tous deux craignent un encerclement et une exclusion de la Chine dans le futur. La stratégie Indo-Pacifique est soutenue par les Etats-Unis et, est également considérée comme un contrepoids à l'initiative BRI ainsi qu'aux nombreux investissements chinois. En établissant le programme PQI et en renforçant sa compétitivité à l'exportation pour les produits d'infrastructures par rapport à la Chine, le Japon entend démontrer sa détermination et sa capacité à concurrencer la Chine pour la domination régionale dans le financement et la construction d'infrastructures ferroviaires[20].

La Russie quant à elle, tente de faire pression sur les gouvernements d'Asie Centrale pour ralentir cette expansion chinoise. Ainsi, aux nouvelles routes de la soie, elle a répondu par le lancement en 2014, de l'Union Economique Eurasiatique (UEE), un projet de coopération économique régionale qui exclut

---

[20] BABIN Julie, « Les nouvelles routes de la soie chinoises : perspectives japonaises », site internet :

la Chine et réaffirme à travers cette structure, tant économique que politique, l'influence de Moscou sur la région.

Si la première réaction des autorités russes à la présentation de la BRI a été le scepticisme, c'est qu'elles ont immédiatement perçu la dimension de concurrence qu'elles impliquaient pour la Russie en Asie centrale, concurrence que cette dernière n'est pas de taille à soutenir sur tous les fronts à long terme. Cette première phase passée, les responsables et observateurs russes ont changé de pied, optant pour une attitude de coopération au plus haut niveau. L'un des résultats les plus significatifs de ce changement est l'obtention rapide par Vladimir Poutine d'une association formelle de l'Union Économique Eurasiatique (uee) aux nouvelles routes de la soie. En novembre 2015, le dirigeant russe a aussi proposé un projet macro-régional appelé « Partenariat de la Grande Eurasie », qui relierait l'uee, l'Asean et l'osc, et inclurait un accord non préférentiel sur le commerce des biens et services entre la Russie et la Chine qui comprend l'uee et reste ouvert à des tierces parties[21].

La construction de la Chine en puissance régionale majeure

Les nouvelles routes de la soie représentent un projet géopolitique de grande envergure. Car, en voulant projeter sa puissance sur le continent eurasiatique, la Chine entraîne ses partenaires eurasiens dans le mouvement du progrès qu'elle souhaite entreprendre. Une telle ambition permet à Pékin de légitimer sa position en tant qu'acteur central dans le discours eurasiatique, et en même temps, d'imposer son modèle national et étatique sur le territoire. Les nouvelles routes de la soie entendent faire de l'espace eurasiatique un lieu d'échanges au service du développement des Etats concernés. Cet espace géographique, baptisé « heart-land » par Mackinder en 1904 et « Rimland » par Nicholas Spykman en 1942, prendra un nouvel élan dynamisé par les politiques chinoises et qui ont vocation à être suivies par des Etats partenaires et non impulseurs ; la Chine est ainsi le seul Etat au monde à avancer et financer un projet de réorganisation de la géographie de la grande Eurasie[22].

Par le choix des infrastructures, Pékin offre des possibilités de désenclavement à la Chine du Centre et de l'Ouest, et à l'Asie Centrale. Les nouvelles routes de la soie apparaissent comme un projet national aux bénéfices régionaux. La Chine

---

[21] VERCUEIL Julien, « Les dilemmes de la Russie face aux nouvelles routes de la soie », site internet : Les dilemmes de la Russie face aux nouvelles rout... - Érudit https://www.erudit.org › journals › 1900-v1-n1-ei04602, consulté le 11/12/2021.

[22] KIVANDOU (V), op. cit.

ne sera pas la seule à profiter de ces échanges pourtant accentués par son influence. Une telle position fait de ce pays l'acteur majeur du continent eurasiatique. Car, il entend utiliser des moyens modernes pour développer la région et par là même, son avenir. Grâce à son *soft power*, la Chine impose un nouvel ordre géopolitique sur les territoires eurasiatiques, conçus comme des espaces de développement. Elle contribue ainsi à transformer l'Asie centrale de périphérie continentale en région transnationale insérée dans la mondialisation. Une telle politique donnerait du poids à la Chine dans les enjeux eurasiatiques, cela au regard de ce dispositif aux bénéfices multiples, assurant sa place de puissance centrale eurasiatique. Les nouvelles routes de la soie témoignant du modèle d'expansion chinois, symbolisent une transformation des modèles « traditionnels » : les Etats d'Eurasie, grâce à la Chine, voient leurs options se diversifier par un acteur plus proche géographiquement mais également historiquement. De quoi attirer davantage de partisans[23]. Ici, c'est le concept ancien de *Tianxia*, qui désigne l'ensemble du monde « sous le ciel » qui est mobilisé, dans une volonté de retour en Asie à un ordre « harmonieux » et sino centré, fondé sur une hiérarchie d'Etats vassaux, acceptant de remettre un tribut à l'Empereur de Chine(Niquet 2018).

En fin de compte, au-delà des visées économiques, l'objectif central poursuivi par Pékin semble bien d'ordre politique et géopolitique dans sa région : à l'image de la Chine antique, Pékin aspire à renforcer son influence sur son voisinage, les « marches de l'empire », première étape lui permettant, dans un second temps, d'assurer et de progressivement sécuriser sa montée en puissance à l'échelle planétaire, notamment au sein des espaces eurasiatique, méditerranéen et africain. Ainsi, derrière la projection de puissance économique, principalement matérialisée par la construction de vastes infrastructures, se dissimulent des ambitions géopolitiques. Un proverbe chinois affirme d'ailleurs que « si tu veux t'enrichir, construis une route »(Martin 2018). Et cet enrichissement n'est plus seulement économique, il est également symbolique. Le projet « Une région, une route » manifeste donc l'intention de la Chine de devenir le « cœur » du continent asiatique. Cette intention s'accorde avec ses autres priorités stratégiques en Asie – le partenariat avec l'Association des nations de l'Asie du Sud-Est (ASEAN) et le renforcement de l'Organisation de coopération de Shanghai où la Chine coopère avec la Russie. Ensemble, ces sphères forment les trois cercles d'influence chinoise en Asie. Ils contribuent à l'accroissement de la puissance de la Chine et montrent envers elle une attitude crédible, quoique peut-

---

[23] Ibid.

être pas toujours accueillante dans la région s'étendant de l'océan Pacifique à l'océan Atlantique[24]. Ceci est propédeutique à la construction de son leadership mondial d'autant plus que selon Mackinder, « celui qui contrôle le cœur de l'île mondiale détient la clé de la puissance universelle »[25].

La construction du leadership mondial

Le projet BRI met en exergue l'émergence de l'Empire du Milieu comme potentiel leader mondial, surtout face au déclassement progressif des Etats-Unis sur la scène internationale, dans un contexte de concurrence ardue entre les deux grandes puissances actuelles. Cette évolution correspond au concept de « position centrale » (central stage 舞台中心) utilisé par Xi Jinping depuis son arrivée au pouvoir. Lors du XIXème Congrès du PCC en 2017, le président chinois avait déclaré que : « la Chine est désormais devenue une grande puissance dans le monde. Il est temps pour nous d'occuper une place centrale (走上世界舞台中心) sur la scène mondiale ».

Les Etats-Unis ont d'ailleurs désigné la Chine comme un « concurrent stratégique » avec la nouvelle « Stratégie de Sécurité nationale » publiée en décembre 2017 dans laquelle ils la désignent comme telle et notant que : « les investissements chinois dans les infrastructures et ses stratégies commerciales renforcent ses aspirations géopolitiques et les outils économiques employés par la Chine servent à étendre son influence dans le monde, particulièrement en Asie du Sud, en Amérique latine, en Afrique et en Europe »(Ekman 2018, 66).

Pour la première fois de l'histoire du système westphalien, adopté au 17e siècle en Europe pour instaurer un système de relations internationales fondé sur l'équilibre des puissances, un pays non-occidental est à l'initiative d'une refondation de la structure de l'ordre international. Le « rêve chinois » énoncé par Xi Jinping consiste à faire de son pays la puissance dominante du monde à l'horizon 2049, au moment du centenaire de l'arrivée au pouvoir de Mao. La BRI qui vise à attirer dans l'orbite chinoise les économies d'Asie, d'Afrique et d'Europe, représente le principal moyen d'exaucer ce rêve. A l'instar du plan Marshall, le projet OBOR poursuit des objectifs non seulement économiques,

---

[24] NANTURLVA Paul, « Les enjeux du projet chinois « Une ceinture une route » pour l'Afrique », site internet : Les enjeux du projet chinois « Une ceinture une route - Africa …https://africacenter.org › Home › Spotlights, consulté le 11/11/2021.

[25] Cité par (Encel 2009 : 48).

mais aussi géostratégiques et culturels[26].

Alors que les nouvelles routes de la soie marginalisent la présence américaine en Eurasie, un tel projet permettra surtout à la Chine de projeter sa puissance au-delà de cette région et constitue un pas de plus vers le statut de puissance globale qu'elle entend devenir[27]. Car, elles permettent à ce pays de se construire en outre un leadership mondial qui n'est pas apprécié par les autres puissances. Ainsi, en janvier 2018, le Président Emmanuel Macron a souligné lors de sa visite en Chine, que « ces routes ne peuvent pas être les routes d'une nouvelle hégémonie qui voudrait mettre en vassalité les pays qu'elles traversent »[28]. Cette hégémonie est construite autour du renforcement de la connectivité entre plusieurs acteurs, la construction de la diaspora en ressource de puissance ainsi que l'accroissement de la puissance économique, maritime et militaire de la Chine.

Le renforcement de la connectivité entre acteurs et la construction de la diaspora en ressource de puissance

La BRI renforce la connectivité entre divers acteurs et construit la diaspora chinoise en ressource pour le pays d'origine.

Le renforcement de la connectivité entre acteurs internationaux et transnationaux

La construction conjointe de la BRI a pour objectif de favoriser l'interconnexion entre les continents asiatique, européen et africain ainsi que les mers et océans adjacents, d'établir et de consolider le partenariat d'interconnexion des pays riverains. Ainsi, à travers le déploiement d'investissements et d'infrastructures sur terres et aux bords des routes maritimes, la Chine relie la Russie, l'Asie centrale, le Moyen-Orient, l'Europe de l'Est et Occidentale, l'Afrique de l'Est, de l'Ouest et le Maghreb. L'objectif de ces politiques est de renforcer la connectivité entre les acteurs du « Rimland », étape importante dans la stratégie du jeu de go qui permet d'encercler une zone pour la faire rentrer dans la zone d'influence chinoise. La stratégie chinoise visant à établir un grand réseau de liaisons en Eurasie se trouve, également intégrée dans ce projet à portée globale et caractéristique de la volonté finale de mutation des rapports de puissance sur le plan international souhaitée par la Chine.

Les nouvelles routes de la soie entendent dès lors, porter la vision

---

[26] ZACHARIE Arnaud, "La nouvelle route de la soie : le plan Marshall chinois », site internet : La nouvelle Route de la Soie : le plan Marshall chinoishttps://www.cncd.be › La-nouvelle-Route-de-la-Soie-le, consulté le 23/11/2021.
[27] KIVANDOU (V), op. cit.
[28] Cité par KIVANDOU (V), op. cit.

géographique et politique de la Chine et cela même au-delà des frontières continentales, devenant un pan de la géopolitique des Etats concernés par le projet, à savoir quasiment l'intégralité du continent Eurasiatique. Cette lecture apparaît bien globaliste et entend changer les rapports de puissance internationaux en faveur de la Chine. En dehors des Etats, les infrastructures du projet de la BRI renforcent également les connectivités entre les acteurs transnationaux : migrants et ressortissants chinois, entreprises chinoises et multinationales de divers pays engagés dans les différents projets de construction infrastructurelle. La BRI est « une coopération visant à renforcer les liens entre les populations *(people to people bond)*(Laserre & Mottet 2015). Tout ceci dans la perspective de la compréhension mutuelle des peuples prévue par le projet. Il s'agit de l'assise sociale de la construction du projet.

Pour asseoir l'approfondissement de la coopération bilatérale ou multilatérale sur une base populaire solide, il faut transmettre et faire rayonner l'esprit d'amitié et de coopération incarné par la BRI, développer plus d'échanges culturels, académiques, humains, médiatiques, des jeunes, des femmes et en matière de volontariat. Le projet de la BRI se propose d'accroître l'ampleur des échanges d'étudiants et d'engager la coopération scolaire. La Chine propose chaque année aux pays riverains 10000 bourses gouvernementales. Il est également indispensable de renforcer la coopération touristique et de développer l'industrie touristique. Il faut faire jouer pleinement le rôle de trait d'union des échanges des partis politiques et des parlements et resserrer les liens d'amitié entre les organes législatifs, entre les principaux partis politiques et entre les organisations politiques des pays riverains. Le projet propose également le renforcement des échanges et de coopération des organisations non gouvernementales des pays riverains(Gu 2019).

Il apparaît dès lors qu'il existe une stratégie globale initiée par la Chine pour combiner les actions des Etats engagés dans la BRI avec les acteurs privés tant chinois que relevant des pays riverains. C'est ce que Delphine Placidi appelle « la diplomatie multiple générée par la démultiplication et la différenciation des acteurs »(Placidi 2007 : 103). Ce qui est de nature à amplifier la connectivité entre ces divers acteurs. D'abord au niveau de l'Eurasie, ensuite de l'ensemble de la société internationale. Ainsi, la grande stratégie chinoise est établie en accord avec les propos de MacKinder : « qui contrôle le cœur du monde commande à l'île monde, qui contrôle l'île du monde commande au monde »[29].

---

[29] Cité par KIVANDOU (V), op. cit.

La construction de la diaspora en ressource de puissance

La politique de la Chine consistant à faire appel à de la main-d'œuvre chinoise dans le cadre de ses projets d'infrastructure, s'est traduite par la présence sur plusieurs continents, de ressortissants chinois. En Afrique par exemple, plus de 200 000 ressortissants chinois travaillent dans le cadre de contrats associés au projet « Une ceinture, une route »[30].

Ainsi, à travers les nouvelles routes de la soie, la Chine promeut activement une interaction transnationale auprès de sa diaspora et même en sa faveur en se posant en agent de sa construction. Tout d'abord, elle favorise son accroissement en Afrique et ailleurs, à travers l'exportation de main d'œuvre.

Acteur économiquement et politiquement le plus fort dans la structure triangulaire Etat d'origine, diaspora et Etat hôte, la Chine se pose ainsi en joueur clé dans la construction des liens ethniques transnationaux, comme le suggère A.W Myra(Waterbury 2010 : 133). Cette position privilégiée lui permet de construire sa diaspora en ressource dans les pays d'accueil.

La dispersion peut donc se transformer en une ressource comme l'illustre cette diaspora. Plusieurs processus étroitement imbriqués permettent cette transformation que décrit avec beaucoup de pertinence E. Ma Mung : « ils prennent leur origine dans le rapport spécial que la diaspora entretient au territoire et dans l'effort qui est fait au sein de la diaspora pour penser l'unité d'un corps dispersé »(Ma Mung 1999 : 90). C'est ainsi que « les Etats accroissent leur engagement avec des populations externes spécifiques parce qu'il sert un but politique et stratégique spécifique. La diaspora représente une sorte de ressources culturelle, matérielle et politique unique »(Waterbury 2010 : 133). Cette affirmation cadre bien avec la Chine qui valorise les mouvements migratoires actuels de sa population puisqu'ils contribuent à la dynamique de sa production, de sa compétition, des échanges économiques et de la construction de la BRI. Ses migrants s'investissent massivement dans des logiques de mobilisation de ressources en parallèle des sphères officielles et publiques : ils drainent des ressources économiques, symboliques et stratégiques à travers de multiples relations d'échange qu'ils préservent et développent entre eux et leur société d'origine.

Si la diaspora chinoise dans les pays où passe le projet des routes de la soie, se comporte comme acteur du développement, elle agit également comme un agent de la politique de développement pour son pays. Car, sur le plan économique, elle est à la recherche de la fortune comme l'enseigne ce proverbe chinois :

---

[30] NANTULVA (P), op. cit.

« quand l'arbre se déplace, il meurt. Quand l'homme se déplace, il peut trouver la fortune ».

Toujours sur le plan économique, les entreprises chinoises qui interviennent dans les travaux de construction d'infrastructures dans le cadre de la BRI, apportent un gain financier inestimable à la Chine. En plus de sa dimension populaire et entrepreneuriale, la nouvelle offensive chinoise à travers sa diaspora dans les pays membres de la BRI, présente une dimension politique stratégique[31]. Cette diaspora permet à leur pays d'origine d'ancrer sa présence dans ces pays. Ce qui participe de la stratégie de construction de la conquête du monde par le bas comme l'écrit si bien A. Kernen à propos de l'Afrique : « bien davantage que par le haut, c'est par le bas que se construit cette présence. La diversification des modalités de l'irruption des entreprises chinoises sur le continent invalide le facteur monocausal énergétique et minier. Il n'y a pas une seule « stratégie chinoise » en Afrique, mais une variété de stratégies et de réseaux dont il faut rendre compte »(Kernen 2007 : 176). De plus, les Chinois se sentent à l'étroit chez eux et trouver un espace pour sa population, est une volonté affichée d'ancrer sa présence via la présence démographique.

La diaspora chinoise est également une ressource symbolique pour la Chine. Elle joue un rôle important dans la densification des réseaux de solidarités culturelles. La population à l'extérieur est « stratégiquement importante à cause de sa fonction culturo-linguistique, particulièrement leur rôle dans la construction de l'Etat, la construction de l'identité nationale et la reproduction culturelle » Waterbury 2010 : 139). Les migrations constituent donc un atout pour la Chine, leur présence en Afrique et sur les autres continents engagés dans les nouvelles routes de la soie, lui assure sa stature de grande puissance. Et comme en Europe ou aux Etats-Unis, la Chine peut s'appuyer sur des communautés chinoises très présentes en Afrique francophone et en Afrique orientale[32]. Cette présence offre donc la visibilité de la puissance chinoise que les autorités continentales aimeraient voir relayée à l'étranger(Sanjuan 2001 : 2).

L'accroissement de la puissance économique, maritime et militaire

La BRI renforce la puissance économique, maritime et militaire de la Chine.

---

[31] GAYE Adama, « La nouvelle donne chinoise en Afrique », www.gabrielperi.fr/IMG/article_PDF/La nouvelle-donne-chinoise-en.pdf, consulté le 19/11/2021.
[32] LAFARGUE François, « La Chine, une puissance africaine », Perspectives chinoises, juillet-août 2005,

Le renforcement de la puissance économique

La BRI permet à la Chine de remettre en cause le système monétaire actuel et les institutions issues de Bretton Woods. La croissance de l'utilisation du renminbi au niveau du commerce, des investissements et autres activités financières, représente également un but à atteindre pour la Chine via la BRI. L'inclusion de cette devise dans le panier de devises de réserve mondiales du FMI en 2015 symbolisant à cet égard une première étape prometteuse. Aussi, la création de la Banque Asiatique d'Investissement dans les Infrastructures (BAII), ainsi que la signature d'accords financiers avec des Etats exportateurs de pétrole (Russie, Venezuela, Iran, Qatar) permettant désormais d'acheter du pétrole en monnaie chinoise (yuan) sans passer par une convertibilité en dollar, sont autant de signes de volonté d'émancipation d'un ordre mondial dominé par les Etats-Unis(Martin 2018).

A travers les nouvelles routes de la soie, la Chine cherche donc à renforcer l'internationalisation de sa devise, le renminbi, dans le but d'être reconnue à terme comme monnaie de réserve internationale – condition *sine qua non* pour faire de l'Empire du Milieu une véritable puissance économique mondiale. Car, l'internationalisation du yuan traduit la montée en puissance de la Chine et son désir de remettre en cause l'ordre fondé sur l'actuel système monétaire international et de s'affranchir de l'emprise du dollar. Selon Martin Kessler, « les monnaies asiatiques s'alignent plus sur le yuan que sur le dollar ».

La création de la BAII à l'initiative de la Chine, dans le cadre du projet des « nouvelles routes de la soie », est également un moyen de concurrencer les institutions issues de Bretton Woods que sont la Banque Mondiale et le FMI ainsi que la Banque Asiatique de Développement (BAD), dominés par les Etats-Unis ou le Japon. Elle entend ainsi mettre fin au sentiment sinon de marginalisation au moins d'insuffisante reconnaissance de la Chine au sein de ces institutions internationales. Les États-Unis ressentent d'ailleurs une certaine menace. Ils n'encouragent pas l'établissement de l'AIIB et tentent de dissuader d'autres économies d'y investir. Cette volonté s'est d'ailleurs exprimée dans la nouvelle stratégie américaine vers l'Asie pour « une région Indo-Pacifique libre et ouverte», présentant la Chine comme une puissance révisionniste à contrer. Ils craignent notamment que le projet redéfinisse l'ordre international post-Seconde Guerre mondiale et affirme la puissance chinoise, en plus d'imposer un nouveau système financier associé à l'essor de l'AIIB.

L'affermissement de la puissance maritime et militaire

Depuis 2012, le PCC a fixé comme objectif officiel au pays, de devenir une « grande puissance maritime » (*jianshe haiyang qiangguo*). Ce tournant maritime repose sur un investissement considérable dans la construction d'une marine militaire de premier plan capable de projeter la puissance de la Chine au-delà de l'Asie, afin de soutenir l'expansion globale du pays, aujourd'hui contrainte par la pression stratégique sous laquelle se maintient le réseau d'alliances des États-Unis en Asie, et en particulier avec le Japon. À partir d'un ancrage hautement stratégique dans les mers de l'Asie orientale, la Chine de la globalisation procède au XXIe siècle à un véritable pivot maritime vers les grands océans pour donner un second souffle à son expansion économique(Duchatel 2019 : 50).

A Djibouti, en Namibie, au Pakistan, au Sri Lanka et en Grèce, les investissements de la Chine dans les ports dans le cadre de la BRI, ont été suivis de déploiements réguliers d'unités de la marine de l'Armée populaire de libération (APL) et d'accords militaires renforcés. Ainsi, les investissements financiers ont produit des résultats de nature géostratégique. Ce qui renforce également la puissance maritime chinoise. Car, le 13ème Plan quinquennal chinois adopté en 2016 qui fournit des orientations de mise en œuvre à long terme par palier tous les cinq ans, appelle à la « construction de plaques tournantes maritimes » afin de préserver les « droits et intérêts maritimes » de la Chine dans le cadre de son projet visant à établir « le socle d'un statut de grande puissance maritime » d'ici 2020. Elle a arrêté la date du centenaire de la création de la République populaire de Chine qui sera célébré en 2049 comme période charnière où elle deviendra la « principale puissance maritime » (海洋强国) mondiale.

Ainsi, à travers les projets relevant de la composante maritime de BRI, il s'agit de renforcer, dans la continuité de la stratégie du collier de perles, son influence au sein de l'océan indien et en Afrique de l'Est afin de remonter vers le Canal de Suez. Ensuite, en s'appuyant sur la base militaire de Djibouti, une influence croissante en Egypte et en Syrie, la prise de contrôle spectaculaire de ports méditerranéens clefs, à l'instar du port du Pirée en Grèce, Pékin aspire, outre la dimension économique, à « jeter les bases de futures niches ou hub de puissance susceptibles de prolonger le collier de perles en Méditerranée ». Enfin, la voie de chemin de fer électrique qui relie Addis-Abeba à Djibouti, où la Chine a établi sa première base navale internationale et détient des parts dans un port maritime en eau profonde stratégique, est un autre projet de premier plan. Depuis Djibouti, la Route maritime de la soie relie des groupes de ports chinois déjà construits ou programmés au Soudan, en Mauritanie, au Sénégal, au Ghana, au Nigeria, en

Gambie, en Guinée, à Sao Tomé-et-Principe, au Cameroun, en Angola et en Namibie. À cet égard, l'importance de l'Afrique aux yeux de la Chine découle directement de sa position dans une zone maritime où Pékin souhaite étendre sa présence et renforcer ses capacités militaires. En effet, il y a dix ans, la présence de la Chine dans les eaux adjacentes de l'Afrique était inexistante. Aujourd'hui, on estime que la marine de l'APL dispose de cinq navires de guerre et de plusieurs sous-marins en rotation permanente dans l'océan Indien. Il est prévu que cette présence s'intensifie au cours des prochaines décennies au fur et à mesure que l'Inde renforcera sa propre présence dans cette partie du monde. Élève assidue d'Alfred Thayer Mahan, le célèbre stratège américain de la fin du XIXᵉ siècle, la Chine sait que sa puissance mondiale et avant tout asiatique repose sur sa puissance navale[33].

En définitive, le projet BRI s'inscrit dans une vision géopolitique d'envergure et de long terme. Comme le souligne Thierry Garcin, « le pays n'a cessé depuis environ quatre décennies d'élargir sa présence, son influence, voire sa puissance selon des cercles « déconcentriques ». L'économie bleue et la construction de la puissance navale chinoise sont liées autour de la notion de défense des intérêts chinois à l'étranger (intérêts des ressortissants comme des investissements), qui est intégrée dans la doctrine de politique étrangère chinoise[34]. Car, exportatrice de biens manufacturés et importatrice d'énergie, l'économie chinoise dépend maintenant à 90% de la mer pour ses échanges contre 9,8% à la fin des années 1970(Sheldon-Duplaix 2017 : 245). De plus, « en tant que puissance économique, elle se sait vulnérable et manifeste l'ambition d'une plus grande maîtrise des espaces maritimes, côtiers et océaniques(Peron-Doise 2017 : 285).

Au-delà des enjeux territoriaux et autres, la puissance maritime pour la Chine apparaît comme un marqueur du statut de grande puissance. La PLAN (People's Liberation Army Navy) a désormais une stratégie sur deux océans, vers le Pacifique, où la Chine est de plus en plus active, et l'Océan indien où une base logistique de l'APL – la première hors du territoire chinois - a été inaugurée à Djibouti en 2017. La Chine, en tant que grande puissance a désormais l'ambition de se doter des moyens de patrouiller régulièrement loin de ses côtes, de contrôler ses voies de communication maritimes(Niquet 2018). Car, le Président chinois

---

[33] CABESTAN (J-P), op. cit;
[34] « Comment la Chine s'affirme-t-elle comme une puissance maritime et spatiale majeure ? » site internet : CHAPITRE 3 - La Chine : à la conquête de l'espace, des mers …https://geopolitique.nathan.fr › assets › preview, consulté le 30/11/2021.

affirme que « la Chine doit acquérir le hardware naval pour être capable de gérer stratégiquement les mers, la puissance maritime est vitale pour le développement continu de la puissance économique et diplomatique de la Chine et pour sa conquête du statut de grande puissance en vue de sa transformation en une marine d'eaux bleues »[35].

Pour conclure donc, nous pouvons affirmer à la suite de notre étude, que le projet de la BRI qui représente le *soft power* chinois à grande échelle, est devenu un axe majeur de la politique étrangère chinoise dans un monde fragmenté, où « la tendance est à l'érosion du leadership américain et « la bagarre multipolaire » est engagée selon les propres termes d'Hubert Védrine. Les actions menées par la Chine dans le cadre de ce projet construisent son identité de rôle en tant que puissance responsable et hégémonique.

Ce projet se révèle tout d'abord comme un pilier de la puissance chinoise. Car, la Chine s'appuie sur lui pour construire son leadership régional et mondial, démontrant ainsi qu'elle est en quête d'un nouvel ordre mondial[36]. Ce faisant, cette initiative devient un outil au service d'une volonté de restructurer la gouvernance mondiale, d'autant plus qu'il est né d'un rejet du système hérité de Bretton Woods et des difficultés à le changer de l'intérieur(Ekman, 2018). Avant même que n'éclate la pandémie du Covid-19, la Commission Européenne soulignait que la Chine constitue aussi, et peut-être avant tout, un « rival systémique promouvant des formes alternatives de gouvernance »[37].

Cette volonté affirmée de relativiser l'empreinte géopolitique et géoéconomique américaines et plus globalement la domination occidentale, reconfigure les équilibres mondiaux et laisse entrevoir que « le monde est désormais politiquement multipolaire. En tout état de cause, les nouvelles routes de la soie témoignent une nouvelle mentalité chinoise à l'égard du monde »[38]. C'est ce que Emmanuel Lincot a qualifié de « néobipolarisation du

---

[35] Cité par (Martin 2018), op. cit.

[36] Avec audace, l'agence Chine Nouvelle soulignait en octobre 2013 : « alors que les hommes politiques américains échouent à trouver un accord viable pour refaire fonctionner normalement les institutions politiques dont ils sont si fiers, c'est peut-être le bon moment pour une planète abasourdie de commencer à envisager la construction d'un monde désaméricanisé (…) Les jours inquiétants où les destinées d'autres pays se trouvent dans les mains d'une nation hypocrite doivent prendre fin et un nouvel ordre mondial doit être mis en place où toutes les nations verront leurs intérêts respectés et protégés sur un pied d'égalité », TAJE ((M), ibid.

[37] NIQUET (V), op. cit.

[38] ESTEBAN Lopez, « Les nouvelles routes de la soie : comment la Chine façonne-t-elle la mondialisation de demain ? »

Monde ». Et selon lui, la BRI est une stratégie globale qui s'inscrit pleinement dans le rêve impérialiste chinois(Martin 2018). C'est une stratégie qui vise « à rattraper, à surpasser et finalement à éclipser la superpuissance régnante, les États-Unis d'Amérique. En un mot, c'est une stratégie d'hégémonie » (Martin 2018). Car, la Chine associe ses intentions contemporaines, montrant ainsi sa volonté de s'imposer comme nouvelle maîtresse du heartland de H.J. Mackinder(Astarita 2016) d'ici 2050. En tout cas, le monde est en pleine évolution et une nouvelle carte géopolitique se dessine. Et la Chine emploie volontiers l'économie comme une arme qui doit lui permettre d'asseoir définitivement sa place comme une grande puissance. Le discours du président Xi Jinping ne laisse d'ailleurs aucun doute : la Chine entre dans une « nouvelle ère » et vise le premier rang mondial pour le centenaire de la victoire communiste, en 2049 ». On comprend bien pourquoi cette initiative chinoise provoque également des inquiétudes chez certains des dirigeants européens mais aussi asiatiques et russes, qui redoutent un expansionnisme chinois[39]. De plus, la Chine se pose à travers ce grand projet, en grand acteur de la mondialisation. Elle est aujourd'hui le seul État au monde à envisager une offre de mondialisation d'une telle ampleur.

En somme, le projet BRI est « le dernier signe de la mondialisation aux caractéristiques chinoises qu'a décidé de bâtir l'Empire du Milieu ». La multiplication des chantiers d'infrastructure doit accroître la présence de la Chine dans les différentes régions du globe, et augmente la dépendance des différents pays à l'égard de sa technologie et de ses capitaux. Pour J-P. Cabestan, « l'objectif de la route de la Soie est de faire de l'économie chinoise le centre du monde et d'isoler les Américains. Plutôt de conquérir la planète, la future première économie mondiale compte la faire venir à elle ». Grâce au déploiement de la BRI, la Chine est parvenue à développer des partenariats économiques importants avec des pays alliés des Etats-Unis. Ces partenariats économiques consolident progressivement le rapprochement politique, et dans certains cas militaires, de certains de ces pays avec la Chine (pays d'Asie du Sud-Est notamment) qui se trouvent de plus en plus pris en tenaille entre leur allié

---

[39] « En même temps, ce projet chinois est contesté. Tout d'abord, parce que les États-Unis sont loin d'avoir quitté l'Asie et ne la quitteront sans doute jamais véritablement. Au contraire, leur système d'alliances, notamment avec le Japon, la Corée du Sud et l'Australie, s'est renforcé. Ensuite, de nombreux États voisins de la Chine s'inquiètent de cette tentation hégémonique. Ils se rapprochent donc des États-Unis (Inde, Indonésie, Singapour) ou développent de nouvelles solidarités interrégionales (Inde, Vietnam, Japon) », CABESTAN (J-P), op. cit.

traditionnel américain et leur nouveau partenaire chinois(Ekman 2018, 29). Aussi, en se basant sur des investissements massifs dans des infrastructures locales, en jouant la carte du long terme et de liens « gagnant-gagnant », la Chine cherche à se positionner comme un partenaire privilégié et viable pour de nombreux pays, capitalisant, dans le même temps, sur le repli américain. Pékin veut ainsi présenter son projet comme un important vecteur de développement pour les pays qui y prendront part tout en espérant que celui-ci permette la large diffusion du modèle chinois et la création de liens culturels et politiques forts[40]. Elle souhaite désormais se positionner comme référence pour le monde(Ekman 2018, 29). Car, « au cours de l'histoire, les pays qui en ont eu les moyens – c'est-à-dire arrivés au statut de puissance – ont cherché à diffuser leur vision du monde et leurs façons de faire » (Ekman 2018, 30). Dans ce contexte, Xi Jinping promeut une approche relationnelle de la notion de puissance. Car, il a appelé sa diplomatie à développer un « cercle d'amis » en Asie et dans le monde. Il s'agit de placer le pays au centre des interactions avec un réseau de pays partenaires le plus large possible(Ekman 2018, 31). Ce qui est effectivement en train de se réaliser à travers la BRI.

Bibliographie

Astarita C. (2006) : « Géopolitique de la nouvelle route de la soie », Géoéconomie 2, n°79, pp. 57-91.

Babin J. Les nouvelles routes de la soie chinoises : perspectives japonaises, site internet : Les nouvelles routes de la soie chinoises - Conseil québécois ...https://cqegheiulaval.com › la-belt-and-road-initiative-e..., consulté le 28/11/2021.

Batel L (2011) : « La Chine dans les relations internationales : le choix pragmatique d'une approche indirecte », dans HOLTZINGER Jean-Marie (dir), La Chine, puissance déconcertante, « Revue Défense Nationale », Eté, pp. 38-48.

Battistella D. (2015) : Théories des relations internationales, Paris, PFNSP.

Boniface P. (2019) : Requiem pour le monde occidental, Paris, Eyrolles.

Cabestan J. : « La Chine puissance en Asie », site internet : La Chine :

---

[40] ROUSSEAU Simon, « Les nouvelles routes de la soie : quels enjeux stratégiques ? », site internet :
Les nouvelles routes de la soie : quels enjeux stratégiqueshttps://fmes-france.org › les-nouvelles-routes-de-la-soie-q.. , consulté le 08/12/2021.

puissance hégémonique en Asie | Vie publique.frhttps://www.vie-publique.fr › parole-dexpert › 268423-..., consulté le 22/11/2021.

Camonfour J. A., Lopez A., Gayraud A., Gaudry V. : « La Belt and Road Initiative : enjeux et défis pour la Chine » site internet : https://cqegheiulaval.com › la-belt-and-road-initiative-e..., consulté le 24/11/2021.

Cariou A. (2018) : « Les corridors centrasiatiques des nouvelles routes de la soie : un nouveau destin continental pour la Chine » dans L'Espace géographique », 1 Tome 47, pp. 19- 34.

Coqueblin L., « Les enjeux géoéconomiques des nouvelles routes de la soie », site internet : Les enjeux géoéconomiques des nouvelles routes de la soie https://www.ege.fr › Infoguerre, consulté le 11/11/2021.

Cornet A. (2008) : Les enjeux stratégiques des routes de la soie. Entretiens avec Emmanuel Lincot, Asia Focus 71, programme Asie, mai.

David C-P. 2013 : La guerre et la paix. Approches et enjeux de la sécurité et de la stratégie, Paris, PFNSP.

Defraigne J-C. 2012 : « Les effets de l'émergence de la Chine comme puissance globale sur la politique extérieure de l'Europe et les grands équilibres mondiaux », dans Santander S.(dir), Puissances émergentes : un défi pour l'Europe ? Paris, Ellipses, pp. 227-255.

Duchatel M.2019 : Géopolitique de la Chine, Paris, Que sais-je ?

Ekman A. 2018 : La France face aux nouvelles routes de la soie chinoise, Etudes de l'IFRI, octobre.

Ekman A. : La Chine dans le monde, Paris, CNRS EDITIONS.

Encel F. 2009 : Comprendre la géopolitique, Paris, Seuil.

Garapon A. : « Les « nouvelles routes de la soie » : la voie chinoise de la mondialisation ? », LES « NOUVELLES ROUTES DE LA SOIEhttps://ihej.org › 2016/11 › La_route_de_la_soie, consulté le 24/11/2021.

Gaye A. : « La nouvelle donne chinoise en Afrique », www.gabrielperi.fr/IMG/article_PDF/La_nouvelle-donne-chinoise-en.pdf, consulté le 19/11/2021.

Genevaz J. : Introduction : Réponses aux nouvelles routes de la soie chinoises. Études internationales, 49(3), 2018, 459–472.

Granger S. 2018 : « Les nouvelles routes de la soie : rêve chinois, cauchemar indien », Diplomatie, n°90, janv-fev.

GU M.F 2019 : La diplomatie commerciale de la Chine, Paris, L'Harmattan.

Holtzinger J-M 2011 : La Chine, puissance déconcertante, « Revue Défense Nationale », Eté, pp. 25-37.

Hongying W. 2000 : "Multilateralism in Chinese Foreign Policy : The Limits of Socialization", "Asian Survey", Vol. 40, No. 3 (May - Jun.), pp. 475-491.

Kernen A. (2007) : "Les stratégies chinoises en Afrique : du pétrole aux bassines en plastique », Politique Africaine, n°105, mars.

Kivandou V. : « La Chine et les Nouvelles Routes de la Soie : Instruments au service de la projection de la puissance chinoise », site internet : La Chine et les Nouvelles Routes de la Soie - Geolinkshttp://www.geolinks.fr › la-chine-et-les-nouvelles-route..., consulté le 09/11/2021.

Lafargue F. : « La Chine, une puissance africaine », Perspectives chinoises, juillet-août 2005, site internet : %20une%puissance%20africaine%20-%20Perspectives%20chinoises.pdf, consulté le 24/11/2021.

Ma Mung E. 1999 : « La dispersion comme ressource », dans Cultures & Conflits, 33-34, pp. 1-12.

Martin V. 2018 :, « Entre émerveillement et appréhension : (Dès) Union européenne face aux Nouvelles Routes de la Soie, Sciences de l'Homme et Société.

Mortamet M. : « L'affirmation de la puissance chinoise #2 : Les nouvelles routes de la soie », site internet : Chine : Les nouvelles routes de la soie | Les Sherpas, https://sherpas.com › blog › puissance-chinoise-nouvell..., consulté le 20/11/2021.

Mottet E., Courmont B.. Lasserre F. 2015 : La Chine et le monde. Quelles nouvelles relations, quels nouveaux paradigmes ? Québec, Presses Universitaires du Québec, 2015.

Nanturlva P. : « Les enjeux du projet chinois « Une ceinture une route » pour l'Afrique », site internet : Les enjeux du projet chinois « Une ceinture une route - Africa ...https://africacenter.org › Home › Spotlights, consulté le 11/11/2021.

Niquet V. 2018 : « Les « routes de la soie » : décryptage d'une stratégie chinoise globale de retour à la puissance », Revue Défense Nationale, n°811, juin, pp. 62-69.

Niquet V. : « Un défi pour le multilatéralisme : l'instrumentalisation de l'Afrique par la Chine et ses conséquences sur les décisions de l'OMS », site internet : https://www.frstrategie.org › publications › notes › un-..., consulté le 07/07/2022.

Normand F. « Les États-Unis peuvent-ils concurrencer les nouvelles routes de le soie ? », site internet : Les États-Unis peuvent-ils concurrencer les nouvelles routes ...https://www.lesaffaires.com › Blogues, consulté le 22/11/2021.

Peron-Doise M. 2017 : « Des mers proches aux mers lointaines, de la mer jaune au golfe d'Aden, la Chine en route vers la puissance maritime », dans JOURNOUD Pierre (dir), L'énigme chinoise. Stratégie, puissance et influence de la Chine depuis le guerre froide, Paris, L'Harmattan, pp. 285-296.

Placidi D. 2007 : « La transformation des pratiques diplomatiques nationales », dans BADIE Bertrand et DEVIN Guillaume (dir), Le multilatéralisme. Nouvelles formes de l'action internationale, Paris, La découverte, pp. 95-112.

Robrt M. 2010 : Puissance Chine. La stratégie d'affirmation internationale chinoise, Fiche de l'IRSEM, mars 2010.

Rolland N. 2015 : "La nouvelle route de la soie. Les ambitions chinoises en Eurasie », dans Politique étrangère 3 Automne, pp. 135-146.

Rousseau S. : « Les nouvelles routes de la soie : quels enjeux stratégiques ? », site internet : Les nouvelles routes de la soie : quels enjeux stratégiqueshttps://fmes-france.org › les-nouvelles-routes-de-la-soie-q.. , consulté le 08/12/2021.

Sanjuan T. 2001: « Le monde chinois en redéfinition. D'un empire autocentré à une identité culturelle multipolarisée », dans Pascal Lorot (dir), Géoéconomie du monde chinois, Paris, Géoéconomie, n°18, pp. 21-35.

Sheldon D. 2017 : « Quel sens donner au développement de la puissance navale chinoise ? », dans JOURNOUD Pierre (dir), L'énigme chinoise. Stratégie, puissance et influence de la Chine depuis le guerre froide, Paris, L'Harmattan, pp. 245-267.

Struye De Swielande T. 2011 : « La Chine et sa stratégie du Go », dans HOLTZINGER Jean-Marie (dir), La Chine, puissance déconcertante, « Revue Défense Nationale », Eté 2011, pp. 49-56.

Taje M., Les nouvelles routes de la soie : quelles synergies ? Tunis, Konrad Adenauer Stifung, site internet : kas_52881-1522-2-30.pdf - Konrad-Adenauer-Stiftung https://www.kas.de › doc › kas_52881-1522-2-30, consulté le 24/11/2021.

Tenenbaum S. : Belt and road initiative : quels enjeux pour la Chine et ses partenaires ? site internet : Belt and Road Initiative : quels enjeux pour la Chine et ses ...http://www.bsi-economics.org › 977-belt-road-initiative..., consulté le 21/11/2021.

Waterbury M.A. 2010 : « Bridging the divide : towards a comparative framework for understanding kin state and migrant-sending state diaspora politics », dans BAUBÖCK Rainer and FAIST Thomas (eds), Diaspora and transnationalism : concepts, theories and methods, Amsterdam University Press, pp. 131-148.

Xie Z. 2011 :"The Rise of China and Its Growing Role in International Organizations", in "ICCS Journal of Modern Chinese Studies", Vol.4 (1) 2011, pp. 85-96.

Zacharie A. : "La nouvelle route de la soie : le plan Marshall chinois », site internet : La nouvelle Route de la Soie : le plan Marshall chinoishttps://www.cncd.be › La-nouvelle-Route-de-la-Soie-le, consulté le 23/11/2021.

7. Mondialisation et marginalisation de l'Afrique : la BRI comme alternative et opportunité pour l'Afrique francophone, *Pr. Louis-Dominique Biakolo Komo*

Introduction

L'Afrique en général, et l'Afrique francophone en particulier, ploie sous le poids de la misère, de la pauvreté et du sous-développement plus de cinquante ans[41] après les « indépendances ». Le poids de la colonisation et le maintien de forts liens de dépendance avec les ex-métropoles, à travers des accords de coopération biaisés, contribuent à l'entretien des stratégies d'hibernation, de désubstantialisation renforcée et de folklorisation des indépendances africaines, avec pour conséquences ultimes le développement du sous-développement, la croissance de la pauvreté et la « désafricanisation » de l'Afrique synonyme d'aliénation suprême. On a fait miroiter à l'Afrique plusieurs mirages développementaux, sous forme de prêt-à-porter : transfert des technologies, coopération, assistance technique, aide au développement, programmes d'ajustement structurel, réduction des effectifs de la fonction publique, endettement auprès des institutions de Bretton Woods et imposition du Consensus de Washington (1992) qui implique l'adoption des politiques néolibérales, avec pour conséquences le désengagement de l'Etat des secteurs sociaux et sa réduction aux fonctions policières (Amin 2003). Face à l'impasse de toutes ces initiatives hétéronomes et hétéroclites menées de façon caporaliste, et en l'absence d'une volonté réelle de la part des Occidentaux de promouvoir le

---

[41] Cette durée est sans doute insignifiante à l'échelle du développement d'un Etat.

développement de l'Afrique, le Président chinois Xi Jinping a proposé, en 2013, un ambitieux programme de développement aux dimensions planétaires, l'« Initiative la Ceinture et la Route » -BRI[42]. Il s'agit d'un gigantesque projet de construction des infrastructures terrestres, et maritimes le long de l'ancienne route de la soie. Cette Initiative intègre la construction d'infrastructures portuaires, routières, aéroportuaires, la création des zones économiques spéciales (ZES), des voies ferrées, des usines, des commerces, etc. Elle ambitionne de relier la Chine à l'Europe via la mer baltique, l'Asie centrale et la Russie ; puis, relier la Chine à l'Asie centrale et l'Asie occidentale à travers le golfe persique et la Méditerranée ; et enfin, relier la Chine à l'Océan indien en passant par l'Asie du Sud-est et l'Asie du sud. La route de la soie maritime quant à elle relie les ports côtiers de la Chine à la mer de Chine méridionale et à l'océan pacifique et d'autre part, se jette dans l'océan indien pour aller jusqu'en Afrique et en Europe.

Bien plus, la Chine entend promouvoir un modèle de coopération inédit et exemplaire, contrastant largement avec le modèle occidental, et qui repose sur les « cinq non » : non-interférence dans la voie de développement qu'un Etat trouve convenable, non-imposition de sa propre volonté aux autres, non aux conditionnalités politiques à l'aide au développement, non à l'interférence dans les affaires intérieures à un Etat africain, non à la recherche d'intérêts politiques dans le cadre des investissements et financements des projets en Afrique. En outre, la Chine privilégie le multilatéralisme et le bilatéralisme dans sa coopération avec l'Afrique. Elle postule le respect du principe d'égalité et la recherche des intérêts partagés dans le cadre d'une coopération « gagnant-gagnant ». D'où l'idée de co-développement qui se situe aux antipodes de la coopération occidentale génératrice de pauvreté et d'appauvrissement pour l'Afrique.

Comme on peut s'en apercevoir, ces principes tranchent radicalement avec les relations impérialistes et de vassalité qui constituent la trame de fond de la coopération entre l'Occident et l'Afrique. C'est dans le cadre général de ces principes qu'il convient de situer la coopération entre la Chine et l'Afrique francophone. Cette partie de l'Afrique se distingue par son unité linguistique relative, ses potentialités économiques notamment l'abondance des ressources naturelles, sa démographie importante et galopante, la possession par certains des Etats francophones d'une façade maritime, les opportunités en rapport avec l'agriculture, etc. Certains pays de l'Afrique francophone abritent le deuxième massif forestier du monde -bassin du Congo. L'adhésion massive des Etats

---

[42] Belt and Road Initiative.

africains en général, et de l'Afrique francophone en particulier à l'« Initiative Ceinture et Route » traduit son caractère séducteur. Ce projet a permis la réalisation de plusieurs infrastructures d'envergure dans les pays francophones. C'est pourquoi les pays africains se trouvent en coquetterie avec cette Initiative.

Pourtant, la coopération sino-africaine est loin d'être un long fleuve tranquille. Il est reproché à la Chine de ruser avec les principes de sa coopération, ce qui se traduit par une fracture entre les déclarations de bonnes intentions et la pratique. Ainsi, la Chine ne respecterait pas les clauses contractuelles et les droits sociaux des travailleurs africains. Elle s'adonnerait en outre au pillage des ressources naturelles africaines, à la confiscation des terres agricoles, réduisant ainsi des milliers de paysans à la précarité. Bref, certains n'hésitent pas à parler d'un Consensus de Pékin et d'une farce altruiste de la coopération chinoise qui ne se distinguerait pas fondamentalement de la coopération entre l'Afrique et l'Occident.

Notre objectif consiste à procéder à une autopsie de la mondialisation dans l'optique de mettre en exergue la marginalisation de l'Afrique (1). Cette analyse nous permettra de présenter les principes de la coopération chinoise et la situation politico-économique des Etats africains francophones (2). Nous pourrons alors apprécier la coopération chinoise en Afrique francophone en en ressortant les atouts et les hypothèques (3). Enfin, il s'agira d'explorer les pistes devant mener à une optimisation des opportunités offertes par l'« Initiative Ceinture et Route » par les Etats africains francophones et leur partenaire chinois à travers l'atténuation ou la levée de ces hypothèques (4).

Mondialisation, asphyxie des économies et inhibition des possibilités de développement de l'Afrique

L'on prend souvent pour symbole la chute du mur de Berlin pour marquer la fin du clivage idéologique entre l'Est et l'Ouest. La mondialisation marque le triomphe de l'idéologie néolibérale. Elle apparaît comme l'intégration économique des pays du monde entier grâce à l'ouverture des marchés et une intensification des flux de biens, de capitaux et de main-d'œuvre. La mondialisation consacre le triomphe de la tendance des Robbins et Hayek, c'est-à-dire la tendance conservatrice et extrémiste du libéralisme[43] au détriment de celle de Keynes. Elle est l'imposition de la version extrémiste du libéralisme à laquelle sont farouchement attachés les Etats-Unis et les institutions

---

[43] Tendance implémentée par le Président américain Donald Reagan et le Premier Ministre britannique Margaret Thatcher.

internationales dont ils assurent le contrôle (FMI, Banque Mondiale, OMC).

Procédant au bilan de la mondialisation et de la gouvernance économique mondiale contemporaine, l'économiste américain Joseph Stiglitz, dont les travaux ont inspiré les analyses qui vont suivre observe que, de la création du GATT en 1948 jusqu'à celle de l'OMC en 1995, la politique commerciale des pays développés est restée constante. Elle a consisté à imposer aux pays sous-développés une règlementation qui leur est défavorable. Cette règlementation injuste apparaît à plusieurs niveaux : droits de douane exorbitants, escalade tarifaire sur les produits industriels, obstacles non tarifaires, lois antidumping arbitrairement appliquées, subventions agricoles, imposition aux pays sous-développés des politiques de développement impertinentes, dont ne se sont pas servis les pays développés eux-mêmes, asymétrie des relations et sanctions économiques, chantage à l'aide au développement, fonctionnement antidémocratique des institutions de la gouvernance mondiale, droit de protection de la propriété intellectuelle, pillage des savoirs traditionnels du Sud, etc.

A titre d'illustration, « les pays développés perpétuent à ce jour des politiques protectionnistes qui constituent une distorsion au commerce et nuisent aux producteurs des pays en développement » (Stiglitz 2007 :98). Stiglitz pense qu'on peut retenir cinq griefs contre la mondialisation : les règles du jeu qui la régissent sont injustes en ce sens qu'elles ne profitent qu'aux pays industriels avancés ; la mondialisation porte sur le primat du matérialisme au détriment d'autres valeurs ; la mondialisation prive les pays de leur souveraineté, elle ruine la démocratie ; elle semble être synonyme d'américanisation[44] (2006 :44).

Aussi curieux que cela puisse paraître, les droits de douane imposés aux produits en provenance des pays sous-développés sont parfois quatre fois supérieurs à ceux que les pays développés s'appliquent à eux-mêmes. Ces droits de douane varient entre 24 et 65% lorsqu'ils s'appliquent aux produits transformés. Ce qui démontre à suffisance que les pays développés veulent empêcher l'industrialisation des pays du Sud autant qu'ils refusent de réformer l'agriculture, principal atout des pays en développement.

L'autre injustice du commerce international est liée à l'accord sur les Aspects du Droit de la Propriété Intellectuelle en rapport avec le Commerce (ADPIC). Cet accord, de par le système de brevetage, limite l'accès aux savoirs et aux technologies et constitue un handicap pour la recherche et l'innovation. Alors que les défenseurs du Droit de la Propriété Intellectuelle font valoir que la

---

[44] Voir Thomas Friedman, *La Puce et l'olivier*, Paris, Nouveaux Horizons, 2001, p.24.

protection de la propriété intellectuelle, à travers le système de brevetage, stimule la recherche et l'innovation, le résultat semble tout à fait à l'opposé de leurs déclarations. L'accord sur les ADPIC est peut-être, selon Stiglitz, le plus absurde et le plus controversé des accords sur le commerce. Car, les inventions qu'on brevette se nourrissent des savoirs antérieurs qui, eux, ne sont pas brevetés. Une fois breveté, le savoir ne peut plus être utilisé par d'autres pour d'autres inventions. Le brevetage des inventions ralentit donc la circulation et l'exploitation du savoir indispensables à l'innovation. Il aboutit au monopole qui s'oppose au libéralisme. Il consacre aussi le pillage des savoirs traditionnels des pays du Sud que les firmes pharmaceutiques du Nord brevettent frauduleusement. En plus, les ADPIC prouvent que les firmes pharmaceutiques du Nord préfèrent les profits à la vie. Aussi s'opposent-elles à la fabrication des médicaments génériques antisida par les firmes du Sud (Stiglitz 2006 : 188-201). Enfin, ceux qui innovent en inventant de nouvelles technologies utilisent les résultats de la recherche fondamentale qui, elle, n'est pas brevetée. Ces droits enrichissent donc les innovateurs sans se soucier de ceux qui sont à la base de leurs innovations.

La mondialisation impose aussi aux pays du Sud des coûts d'ajustement économique élevés qu'ils sont les seuls à supporter. Les pays développés ne se préoccupent pas de l'intérêt général, mais cherchent à tirer leur épingle du jeu. On peut aussi critiquer le système mondial des réserves. Ce système profite surtout au pays dont la monnaie est utilisée comme réserve (US dollar). Ce pays s'en sert pour financer son économie (Stiglitz 2006 :416). Ce qui fait globalement de la société américaine une société de consommation fondée sur l'emprunt (Stiglitz 2010 :155-156).

En outre, la dette, plus connue sous l'euphémisme de l'aide au développement, change avec les fluctuations du taux de change et ce sont les pays du Sud qui doivent en payer le prix. Ils doivent aussi payer le prix des mauvaises politiques que leur imposent le FMI et la Banque Mondiale qui, en cas de crise, ne sont jamais responsables de rien (Frazer 2005 :86-88). Stiglitz stigmatise l'attitude impérialiste, dogmatique et condescendante des dirigeants du FMI qui se croient omniscients, et qui imposent partout, indépendamment du contexte et de la situation, les mêmes recettes qu'ils tiennent pour la panacée, et qui se ramènent au Consensus de Washington, c'est-à-dire le triptyque austérité, libéralisation, privations (Stiglitz 2002 :44-45).

Or, pour Stiglitz, le FMI utilise des modèles et théories économiques dépassés. Plus d'une fois, il s'est trompé de diagnostic et a même souvent aggravé les crises et sanctionné des pays qui avaient des politiques économiques pertinentes comme l'atteste le cas de l'Ethiopie (Stiglitz 2002 :66-72). En plus, l'ajustement aux exigences de l'économie mondiale et aux normes qui la gouvernent amplifie le chômage, la précarité et la pauvreté. Or, les pays en voie de développement n'ont pas des systèmes de sécurité sociale viables.

Les pays riches interdisent aux pays en développement de subventionner leur agriculture et leurs industries. Pour eux, l'Etat ne doit pas intervenir dans l'économie. Or, les pays développés, à commencer par les Etats-Unis, soutiennent leurs agriculteurs et leurs entreprises. La preuve, les subventions massives accordées aux coton-culteurs et l'appui au développement industriel sous le couvert du budget de la défense. Pour Stiglitz, l'intervention massive de l'Etat américain lors de la crise des subprimes de 2008 représente le plus grand transfert de richesse de l'histoire en faveur du secteur privé. Ce transfert étale au grand jour la grande hypocrisie des pays occidentaux puisque paradoxalement, il se déroule dans une société globalement hostile au socialisme (Stiglitz 2010 :63-64). Dans le cas d'espèce, l'Etat américain s'est mué en assureur tacite des banques privées (Stiglitz 2010 :199). Certains ont même ironisé sur ce transfert massif des richesses au secteur privé en le qualifiant de « socialisme à l'américaine » (Stiglitz 2010 :272). Autre injustice, la mondialisation a promu les flux de marchandises et limité les flux d'hommes. Pis encore, les pays développés absorbent et captivent les ressources humaines des pays en développement -brain drain. Mais ils ferment leurs portes aux travailleurs non qualifiés des pays en développement dont ils ont pourtant besoin.

Ceci amène à s'interroger sur la sincérité des politiques d'aide au développement. Stiglitz remarque d'abord que cette aide est six fois inférieure au montant des subventions agricoles. En outre, elle est assortie de conditionnalités qui en réduisent l'efficacité. Ces conditionnalités sont le plus souvent politiques et ne s'avèrent pas toujours, de ce fait, économiquement efficaces. Elles visent à imposer aux pays en développement des politiques économiques qui ruinent leur souveraineté. Par conséquent, cette aide n'est pas différente d'une farce : « on prétend aider les pays en développement alors qu'on les force à ouvrir leurs marchés aux produits des pays industriels avancés, qui eux-mêmes continuent à protéger leurs propres marchés » (Stiglitz 2002 :25).

S'appesantissant sur le fonctionnement des institutions qui incarnent la gouvernance mondiale, Stiglitz relève que ce fonctionnement n'est pas transparent et démocratique. L'injustice dont sont victimes les pays en développement, par exemple, commence par la fixation de l'ordre du jour des discussions à l'OMC. Ce sont les pays riches qui fixent l'ordre du jour. Par conséquent, les décisions et orientations des institutions internationales « reflètent cette situation » (Stiglitz 2002 :50). Les Etats du Nord stigmatisent la corruption dans les Etats du Sud. Et pourtant, « [l]es comptes bancaires secrets facilitent la corruption, en offrant un refuge sûr aux capitaux volés à un pays » (Stiglitz 2007 :221-222). La conséquence de toutes ces politiques est l'aggravation des inégalités, l'instabilité et les crises sociales se traduisant par la montée de la violence et des extrémismes.

Stiglitz peut alors conclure que la mondialisation, telle qu'elle a fonctionné jusqu'ici, n'aura été qu'un bal des hypocrites. Les pays développés « ont poussé les pays pauvres à démanteler leurs barrières douanières, mais ils ont conservé les leurs, empêchant ainsi les pays en développement d'exporter leurs produits agricoles » (Stiglitz 2002 :34). Elle n'aura été qu'une jungle sublime ou policée où, sous le couvert des règles iniques, les pays riches imposent leur volonté aux faibles. La mondialisation menée sous la bannière du Consensus de Washington marque le triomphe de la morale d'intérêt. Ce qui justifie les atermoiements des Etats-Unis sur la règlementation mondiale en faveur de la protection de l'environnement. C'est dans ce contexte qu'intervient l'« Initiative Ceinture et Route » proposée par la Chine comme nouveau paradigme de coopération internationale. Mais avant de procéder à une évaluation de cette initiative en Afrique francophone, il convient d'abord de cerner les principes de la coopération chinoise et de présenter une analyse de la situation politico-économique des Etats africains francophones.

Les principes de la coopération chinoise et la situation politico-économique de l'Afrique francophone

Pour mieux appréhender l'« Initiative Ceinture et Route », il convient de la replacer dans le cadre global de la coopération chinoise avec l'Afrique. A la grande jungle que nous venons de décrire, la mondialisation, que certains considèrent à juste titre comme fondée sur le « naturalisme » (Friedman 2001 :183) ou le darwinisme (Joxe 2004 :22), la Chine entend substituer un modèle de coopération exemplaire fondé sur un certain nombre de principes et de valeurs. Ces principes, énoncés dès le début de la coopération Chine-Afrique dans les années 60, sont restés assez constants. C'est ainsi qu'en 1964, à Accra au Ghana, le Président chinois Zhou Enlai a proposé un modèle de coopération fondé sur huit principes : l'égalité entre les partenaires, les bénéfices mutuels, le respect de la souveraineté des Etats, l'utilisation des dons ou des prêts sans intérêts et l'allègement des charges, le renforcement du bénéficiaire, l'égalité de traitement entre les exports chinois et locaux (Delcourt 2011 :11). Les « cinq non » ne font que reprendre, synthétiser et réaffirmer ces principes, mutatis mutandis. Il s'agit de la non-interférence dans l'exploration de la voie de développement que ses partenaires trouvent convenable, la non-imposition de sa volonté aux autres partenaires, la non-imposition des conditionnalités à l'aide au développement, la non-interférence dans les affaires intérieures de ses partenaires et le non à la recherche des intérêts politiques dans le cadre des investissements et du financement des projets en Afrique.

La Chine introduit donc des normes éthiques dans les principes de sa coopération avec l'Afrique. Au cours d'un séjour en Tanzanie en 2013, le Président Xi Jinping a décliné les valeurs qui gouvernent cette coopération. Il s'agit du « Zhen » ou la Sincérité, du « Shi » ou les Résultats concrets, du « Qin » ou l'Amitié, et du « Cheng » c'est-à-dire, la Bonne foi. Toutes ces valeurs sont finalisées sur la recherche du bénéfice mutuel. La Chine professe en outre l'égalité dans les relations avec ses partenaires. Elle est pour une coopération génératrice de prospérité partagée entre les partenaires et contre celle qui appauvrit l'une des parties. La Chine n'impose pas sa voie de développement à ses partenaires parce qu'elle est consciente de la diversité des trajectoires historiques et des contextes socioculturels. Il n'y a donc, à proprement parler, aucun Consensus de Pékin qui serait le pendant du Consensus de Washington, contrairement aux prétentions des détracteurs de la Chine. Toutefois, la Chine se dit disposée à partager ses expériences de développement avec les partenaires qui le souhaitent, mais sans rien leur imposer.

La Chine se dit également disposée à établir avec l'Afrique une coopération « gagnant-gagnant » à travers un développement partagé. Elle propose aux pays africains une coopération technico-scientifique pour leur permettre de s'industrialiser et de développer le secteur agricole. En plus, la Chine promeut une coopération culturelle avec les pays africains, consciente qu'elle est que la coopération entre les Etats doit être renforcée par le rapprochement entre les peuples qui implique les échanges culturels. C'est la mission des Instituts Confucius en Afrique, qui participent du « soft power » chinois. Enfin, la Chine privilégie le multilatéralisme dans sa coopération avec l'Afrique et le reste du monde. Elle soutient les organisations sous-régionales sans toutefois renoncer aux relations bilatérales qui tiennent compte des spécificités de chaque pays. Elle appuie aussi les initiatives de paix et encourage le règlement pacifique des conflits entre les Etats au moyen des négociations, de la discussion et de la concertation. Elle se dit prête à adapter les principes de sa coopération aux exigences, programmes et agendas de ses partenaires.

En somme, nous avons affaire à un modèle de coopération inédit dans l'histoire des relations entre l'Afrique et le monde qui ont le plus souvent été marquées par la volonté de domination, d'exploitation et d'appauvrissement de l'Afrique au profit de l'Occident. Pour la première fois, l'Afrique a affaire à un partenaire qui fait profession de foi d'égalité, de respect mutuel, de développement partagé, de refus d'appauvrir son partenaire et de renoncement à la volonté de domination par l'imposition des politiques de développement. Toutes choses qui tranchent avec la gouvernance mondiale imposée par l'Occident et les institutions de Bretton Woods exposée plus haut.

Les principes de la coopération chinoise ont de ce fait une portée éthique inédite. En effet, l'Occident dans ses relations avec le reste du monde, et singulièrement l'Afrique, est resté très fidèle à la philosophie idéologique de Hegel telle qu'elle apparaît dans ses Leçons sur la philosophie de l'histoire, philosophie qui vise à fonder l'hégémonisme occidental. Pour Hegel, il ne peut y avoir à la fois qu'un seul peuple historique. L'émergence d'un peuple historique marque le déclin et la soumission des autres peuples à celui-ci. Il s'ensuit que l'Occident, en tant que peuple historique ou groupe de peuples historiques, n'a pas seulement le droit de régenter le monde. Il doit aussi empêcher l'émergence d'autres peuples historiques qui mettraient un terme à son hégémonie. Il en découle que les relations entre les Etats ne peuvent qu'être conflictuelles, car le développement des uns ne peut s'obtenir qu'au prix de l'exploitation des autres. Toute nation qui aspire au développement devient ipso facto l'ennemi de l'Occident en tant qu'elle menacerait son hégémonie. L'Occident n'a cessé de ce fait de se créer et s'inventer des ennemis de par le monde dont le seul crime est d'aspirer au développement et à la puissance. La longue histoire martiale de l'Occident, qui est loin d'être achevée, l'illustre à merveille. C'est conformément à la théorie de l'hégémonie de Hegel que l'Occident ne se lasse pas de faire la guerre. Pour lui, il ne peut y avoir de co-développement, de prospérité partagée entre les peuples, encore moins d'égalité. On peut dire que l'isophobie hante l'Occident. C'est contre cette vision du monde que s'érige la Chine, qui en a été elle-même victime, et pour qui l'égalité, la prospérité partagée et le co-développement sont plutôt source de paix et de progrès social et mondial. C'est conformément à ces principes que la Chine a proposé l'« Initiative Ceinture et Route » au monde en général et, dans le cas d'espèce, à l'Afrique francophone. Mais qu'est-ce que l'Afrique francophone ? Qu'est-ce qui la caractérise naturellement, socialement, politiquement et culturellement ? Répondre à ces questions constitue un préalable à l'intellection des bénéfices que l'Afrique francophone peut tirer de l'« Initiative Ceinture et Route ».

Le mot « Afrique francophone » est déjà en lui-même révélateur de la situation politique de cette partie de l'Afrique que nous sommes obligés d'identifier en nous référant à la France. Ce mot à lui seul connote déjà l'hétéronomie. Disons que l'Afrique francophone est constituée d'un ensemble d'Etats dont certains appartiennent globalement à l'Afrique de l'Ouest et d'autres à l'Afrique centrale. On a du mal à y intégrer les Etats de l'Afrique du nord qui ont subi le colonialisme français, mais dont la vivacité du nationalisme fait qu'ils ne se réclament pas eux-mêmes ni ne s'identifient au monde francophone[45]. On se contentera donc d'inclure dans ce groupe les pays de l'Afrique de l'Ouest et de l'Afrique centrale qui ont été colonisés par la France. Il s'agit du Cameroun, de la République centrafricaine, du Gabon, des deux Congo, du Tchad, du Mali, de la Guinée Conakry, du Togo, du Bénin, du Sénégal, de la Côte d'ivoire, du Burkina Faso et du Niger.

Du point de vue politique, les situations sont multiples et variées. Certains Etats présentent une certaine stabilité, mais la plupart le sont moins. Actuellement, la Guinée Conakry, le Mali, le Burkina Faso et le Tchad sont dirigés par des régimes militaires après quelques décennies de démocratie plus ou moins folklorisée. L'influence de l'ancienne (?) puissance coloniale, la France, reste très prégnante et semble justifier, au moins en partie, à la fois la stabilité politique de certains Etats et l'instabilité des autres. Les pays de l'Afrique francophone connaissent aussi l'insécurité. C'est le cas du Cameroun avec au nord, la présence de la nébuleuse Boko Haram et à l'ouest, dans les zones anglophones, la présence de groupes armés séparatistes financés et protégés par les pays occidentaux et revendiquant la sécession. Au Tchad, l'instabilité est chronique et l'intermède ouvert par l'arrivée au pouvoir d'Idriss Deby Itno, dont le règne s'est achevé récemment dans la tragédie et la confusion, n'augure guère des lendemains qui chantent. Boko Haram y est aussi présent, ainsi qu'au Niger. Au Congo Démocratique, l'insécurité est chronique. Elle y est entretenue par des groupes armés qui se livrent au pillage à ciel ouvert des énormes ressources naturelles dont dispose ce pays pour alimenter les firmes occidentales qui, en retour, les entretiennent ; transformant ainsi ce don naturel en malédiction. En République centrafricaine, règnent également l'instabilité politique et l'insécurité entretenue par plusieurs groupes armés se livrant aussi au trafic des minerais. En Afrique de l'Ouest, règne également l'insécurité entretenue par des

---

[45] Nous pensons ici à l'Algérie, au Maroc et à la Tunisie qui ont subi des influences françaises, mais se réclament surtout du monde arabe.

groupes djihadistes qui ont tiré profit de la déstabilisation de la Lybie et s'y sont ravitaillés en armes et munitions, déstabilisant ainsi toute cette région. Actuellement, ces groupes djihadistes mènent des attaques au Mali, au Burkina Faso, au Niger et dans une moindre mesure en Côte d'Ivoire.

Du point de vue économique, la plupart des pays de l'Afrique francophone disposent d'énormes ressources naturelles à l'exception du Sénégal, du Togo, du Benin et du Burkina Faso, bien que ce dernier dispose des ressources aurifères. Il s'agit essentiellement du pétrole, du bois, des minerais et des terres arables. Beaucoup de ces pays ont aussi une façade maritime. L'Afrique francophone représente environ un tiers de la population africaine. Les pays de l'Afrique francophone appartiennent à deux grandes organisations économiques sous-régionales : la CEDEAO pour l'Afrique de l'Ouest et la CEMAC pour l'Afrique centrale. Ces deux organisations œuvrent pour l'intégration économique des sous-régions concernées. Mais il existe plusieurs contrastes entre les deux entités sous-régionales : la CEDEAO comprend des pays anglophones comme le Ghana et le Nigéria alors que la CEMAC compte un pays hispanophone, la Guinée Equatoriale. En outre, l'intégration économique des pays de l'Afrique de l'Ouest est plus avancée que celle de l'Afrique centrale où existent encore de nombreuses entraves à la libre circulation des hommes et des biens. Les échanges économiques au sein de la CEMAC sont très faibles. Les deux sous-régions appartiennent à la zone CFA, une monnaie coloniale battue en France, à Chamalières. Mais le CFA de l'Afrique de l'Ouest et le CFA de l'Afrique centrale ne sont pas interchangeables, sauf à travers l'euro ou le dollar. On comprend donc que la monnaie est un frein aux échanges économiques entre les deux frères de la zone CFA, et que les pays francophones utilisant le franc CFA sont privés de la souveraineté monétaire qui est un levier important de l'économie. Ce contrôle que la France exerce sur le franc CFA lui permet souvent d'instrumentaliser cette monnaie à des fins politiques[46]. L'Afrique francophone bénéficie aussi de l'atout linguistique, le français est la langue des échanges. Mais nous ne devons pas perdre de vue qu'il existe de nombreuses autres langues dont se servent les populations dans leur commerce quotidien. En dépit de l'immensité des ressources présentes en Afrique francophone, aucun pays appartenant à ce groupe ne fait partie des pays émergents ou à tout le moins, les pays dont les économies

---

[46] Les cas les plus récents sont ceux de la Côte d'ivoire, lors de la crise politique de 2010-2011, crise au cours de laquelle la France a bloqué les avoirs de l'Etat ivoirien au sein de la BCEAO (Banque Centrale des Etats de l'Afrique de l'Ouest), pour contraindre le Président Laurent Gbagbo à quitter le pouvoir ; et du Mali, où la même stratégie est actuellement utilisée pour se débarrasser du régime militaire au pouvoir qui dénonce le jeu trouble de la France dans la crise sécuritaire qui affecte son pays.

sont dynamiques. Tous sont pauvres à des degrés divers. C'est donc le lieu d'apprécier l'apport de la coopération chinoise à l'Afrique francophone à travers l'« Initiative Ceinture et Route ».

Le « Belt and Road Initiative » face à l'épreuve de la réalité en Afrique francophone

L'« Initiative Ceinture et Route » repose sur la construction d'un ensemble d'infrastructures sur l'ancienne Route de la soie. Il s'agit d'infrastructures portuaires, aéroportuaires, de Zones Economiques Spéciales, de routes et voies ferrées, d'usines, etc., le tout dans le but non seulement de fluidifier le commerce entre la Chine et le reste du monde, mais aussi entre les autres continents. L'Initiative vise à lever les barrières à la circulation des marchandises en fluidifiant le commerce mondial, le tout conformément aux principes de la coopération chinoise édictés plus haut.

L'« Initiative la Ceinture et la Route » vise à promouvoir la stabilité et le développement en Afrique, au Moyen-Orient et en Asie en bâtissant un réseau d'infrastructures et de commerce reliant l'Asie à l'Europe et l'Afrique. Elle est donc susceptible de profiter à tous, aux pays qui y adhèrent comme à ceux qui n'y adhèrent pas, « et même, de par ses effets indirects… aux pays hostiles à cette dernière [la Chine] pour des raisons idéologiques ou géopolitiques. » (Ke Dai et al. 2018 :28). Tous ces pays pourraient profiter de la construction des infrastructures prévues par l'Initiative pour écouler plus facilement leurs produits. Pour Ke Dai et al., cette Initiative donne lieu à la création et à l'instauration d'un cadre juridique favorisant les investissements directs et les échanges commerciaux, et une stimulation des échanges culturels et scientifiques dans tous les pays qui y participent (2018). Les investissements prévus dans le cadre de ce projet sont colossaux -de 1400 à 6000 milliards USD. Les organes de financement sont : la Banque asiatique d'investissements dans les infrastructures, le Fonds de la Route de de la soie, la Nouvelle banque de développement des BRICS et le consortium bancaire Chine-ASEAN.

En outre, l'Initiative vise l'élimination des obstacles au passage des marchandises d'un pays à l'autre, la réduction du coût des transports et des délais de livraison, l'accroissement du commerce, l'accélération de l'industrialisation des économies le long de la Ceinture et de la Route, et donc de la croissance. Elle facilite de fait l'accès au marché chinois et s'inscrit résolument dans la tendance de la Chine à la multipolarisation et son attachement à une mondialisation économique plus juste et au respect de la diversité culturelle. Dès lors, il est légitime de procéder à une évaluation de l'appropriation du BRI par l'Afrique francophone afin de cerner les obstacles et hypothèques de part et d'autre.

Le BRI en Afrique francophone n'a pas été une simple vue de l'esprit. Il faut d'abord remarquer qu'en novembre 2021, quarante-six des cinquante-quatre Etats que compte l'Afrique avaient déjà adhéré à cette Initiative, dont la quasi-totalité des pays francophones. C'est la preuve de l'efficacité et du caractère révolutionnaire de ce projet. La plupart des analystes s'accordent à reconnaître qu'aucun autre Etat au monde n'a réalisé en si peu de temps autant d'investissements. Même s'il est admis que l'impact du BRI varie selon les régions, l'on reconnaît que près de la moitié de l'aide chinoise dans le cadre de ce projet a été octroyée à l'Afrique centrale et à l'Afrique australe et beaucoup de pays francophones en ont bénéficié. Le Cameroun à lui seul a bénéficié de la construction du port en eau profonde de Kribi, du barrage hydro-électrique de Memve'ele, de l'autoroute Yaoundé-Douala en cours de construction et de bien d'autres infrastructures encore. Tous les pays francophones, pour éviter une énumération fastidieuse, ont bénéficié à des degrés divers d'infrastructures dans le cadre du BRI.

Et lorsqu'on sait que le premier obstacle au décollage économique de l'Afrique francophone et de l'Afrique en général est lié au manque d'infrastructures de communication, on ne peut qu'apprécier le BRI et reconnaître son effet sur la croissance africaine. Actuellement, la diplomatie anti-covid de la Chine reste très active. Plusieurs pays francophones ont déjà bénéficié des milliers de doses de vaccin et la Chine promet de faire plus. L'importance du BRI en Afrique francophone, comme dans le reste de l'Afrique, est donc incontestable. Mais les détracteurs de ce projet existent et il convient d'apprécier à leur juste mesure leurs récriminations.

Il est reproché à la Chine de poursuivre, à travers sa coopération, et ce, en dépit de sa bonne foi et de ses belles déclarations, les mêmes objectifs de domination que le Consensus de Washington. Ces récriminations sont récurrentes et viennent aussi bien des intellectuels occidentaux qu'africains et de la société civile. Pour Beuret et Michel (2008), les investissements massifs de la Chine en Afrique cachent un autre agenda.

De façon plus spécifique, il est reproché à la Chine de ne pas respecter les clauses contractuelles. Ce qui fait que les travailleurs africains des entreprises chinoises engagées dans la réalisation des projets d'investissement sont victimes de plusieurs abus : salaires qui frisent l'esclavage et non-respect des droits sociaux et des conventions internationales sur les droits des travailleurs. En outre, la

Chine se livrerait au pillage des ressources naturelles de l'Afrique. Elle ne respecterait pas les exigences de protection de l'environnement. En plus, son commerce avec l'Afrique épouse le modèle de la coopération occidentale, c'est-à-dire la vente des matières premières contre les produits manufacturés. La balance commerciale des pays africains est de ce fait déficitaire vis-à-vis de la Chine. La Chine utilise les ouvriers chinois et non la main-d'œuvre locale. Ce qui accroît le chômage en Afrique. La Chine accapare de vastes étendues de terres agricoles, réduisant ainsi les paysans africains à la précarité et à la pauvreté (Cabestan et al. 2021 :7 ; Ngono 2017 ; Girouard 2008 ; Delcourt 2011 :23-25). Il est aussi reproché à la Chine de n'avoir aucun égard pour le respect de la démocratie et des droits de l'homme en traitant avec des pays sanctionnés par la communauté internationale. Elle serait également hostile à la présence étrangère sur son sol et par conséquent, fermée à l'immigration. Ses financements massifs des investissements en Afrique feraient courir à ce continent un risque de (re)surendettement. Que faut-il penser de ces récriminations ?

Il faut d'abord reconnaître la volonté de l'Occident de promouvoir une propagande antichinoise pour la simple raison que la Chine lui dispute désormais l'hégémonie sur le continent africain et dans le monde. Nul ne peut nier l'impact positif de la coopération chinoise sur l'Afrique et sa différence fondamentale avec la coopération classique Occident-Afrique. En plus, c'est faire un contresens que de s'offusquer de voir la Chine réaliser des profits en Afrique. Comme si la Chine avait mis en avant des raisons humanitaires. La Chine est clairement opposée au paternalisme qui reflète une relation de domination. Elle est pour la coopération entre des entités qui se considèrent comme égales et échangent pour obtenir chacune des bénéfices. La chine manque de ressources et a besoin, en vue de la réalisation de ses projets, des ressources africaines. Mais elle dit se garder de les arracher ou de chercher à s'en accaparer en laissant derrière elle la pauvreté. Elle veut une relation qui profite aux deux parties et non une relation de dupes. L'« Initiative Ceinture et Route » n'est pas désintéressée. Elle permettrait à la Chine de réaliser le vœu d'être la première puissance économique mondiale à l'horizon 2049, d'une part, et de contourner la stratégie de son encerclement initiée par ses rivaux de l'Axe indopacifique.[47] En outre, cette Initiative permet à la Chine de régler les problèmes de ralentissement de la croissance, de risque d'un taux d'endettement élevé, d'hypertrophie du secteur immobilier, de la surcapacité de la production industrielle à travers l'exportation des ressources

---

[47] Il s'agit des USA, du Japon, de l'Inde, de l'Australie auxquels s'est mêlée récemment la France.

excédentaires. Elle renforce aussi diplomatiquement la position de la Chine dans les organisations internationales comme l'ONU et l'OMC. Enfin, elle concourt, à travers le « soft power » -Instituts Confucius- à une acceptation idéologique de la culture et de la politique chinoise entre autres. Que la Chine profite de son Initiative, quoi de plus normal ? Ce qui est intéressant, c'est qu'elle propose une coopération « gagnant-gagnant ». Autrement dit, elle se garde principiellement de faire de l'exploitation de ses partenaires la condition de sa prospérité, et prône volontiers une coopération finalisée sur le co-développement et le partage des bénéfices.

Quant aux arguments éthiques, ceux qui les utilisent n'ont aucune légitimité, ni historique ni éthique pour le faire. La Chine ne traine pas un passé esclavagiste, colonial ou impérialiste. Ceux qui parlent des droits de l'homme et de la démocratie sont aussi ceux-là mêmes qui les ont toujours violés et continuent allègrement de le faire de par le monde, sans aucun scrupule moral. La Chine a d'ailleurs sa conception de la démocratie. Pour la Chine, la démocratie n'est pas seulement le pouvoir du peuple, mais aussi le pouvoir pour le peuple. S'agissant des échanges commerciaux qui épousent le modèle classique, il ne saurait en être autrement malgré la bonne volonté de la Chine. Les échanges entre un pays sous-développé, qui manque d'industries, et un pays industrialisé reflèteront toujours l'inégalité de départ. Il faudra du temps pour que la balance tende vers un équilibre. Bien plus, un examen de la coopération entre la Chine et l'Afrique démontre aussi que les dysfonctionnements constatés reflètent l'inégalité originelle et non pas nécessairement une volonté d'exploitation.

L'incompétence des gouvernements africains dans la négociation des contrats transparaît souvent dans la coopération Chine-Afrique. De même, ces gouvernements se montrent-ils aussi souvent incapables de faire respecter les clauses contractuelles et de protéger les droits des travailleurs alors qu'il y va de leur devoir de le faire au sein de leur Etat. S'agissant de la fermeture de la Chine à l'immigration, la position chinoise semble convaincante. L'immigration est essentiellement due à la pauvreté. Les personnes immigrent parce qu'elles sont à la recherche de meilleures conditions de vie et d'épanouissement. Il en découle que, lutter contre l'immigration, c'est, négativement parlant, s'abstenir de mener des politiques qui appauvrissent les pays d'où sont originaires les immigrés. Au contraire, il s'agit d'œuvrer pour le co-développement afin que nul ou très peu se trouvent dans l'obligation d'aller chercher fortune ailleurs. Entretenir des politiques de paupérisation et d'exploitation économique de l'Afrique, c'est susciter l'immigration. Pour autant, la coopération sino-africaine n'est pas exempte de tout reproche, et certains des griefs retenus par les détracteurs de la

Chine ne manquent pas de fondement. Ce qui crée le risque d'un sentiment antichinois aux antipodes des bonnes intentions des gouvernants. Comment surmonter ce risque ?

Perspectives d'une exploitation maximale par les pays africains francophones des opportunités offertes par le BRI

L'enjeu consiste, pour la Chine, à minimiser les dysfonctionnements relevés à travers les pratiques illégales et négatives imputables aux entreprises chinoises engagées dans la réalisation en Afrique des infrastructures prévues par l'« Initiative Ceinture et Route », pour éviter de se faire discréditer. Pour les pays africains francophones, il est question de proposer à la Chine des projets viables, bien négociés et minutieusement contrôlés pour accroître l'impact du BRI sur leurs économies.

Il convient d'apprécier la disposition de la Chine à accompagner les Etats africains francophones, y compris dans le domaine de la coopération technico-scientifique. La Chine accorde déjà aux étudiants africains des bourses de formation dans des domaines pointus comme le génie, la gestion, etc. Il appartient aux pays africains, pour modifier la structure de leurs économies et, par conséquent, de leurs échanges avec la Chine et le reste du monde, de proposer à la Chine des projets d'industrialisation qu'elle s'est déjà montrée disposée à appuyer. Pour cela, l'Afrique francophone gagnerait à investir dans le domaine de la formation en management, gestion, négociation des projets et accords de coopération et stratégie de développement pour tirer profit de façon maximale des opportunités du BRI. Lucie Ngono constate par exemple que « [l]es autorités camerounaises manquent de stratégie dans la gestion du partenariat avec la Chine » (Ngono 2017 :74). Le gouvernement du Cameroun négocie des contrats d'investissement avec la Chine sans associer le secteur privé ni les experts camerounais ayant une bonne connaissance de la Chine et de sa culture. Autant dire que l'Afrique elle-même peine à exploiter les opportunités offertes par le BRI malgré la bonne volonté de la Chine.

La Chine se propose d'aller au-delà du rapprochement entre les Etats en favorisant les échanges culturels entre les peuples chinois et africains. D'où la création des Instituts Confucius de par le continent. De même, certains Etats africains francophones ont intégré l'enseignement du chinois dans le cursus des établissements secondaires et supérieurs. La Chine est-elle prête à aller aussi loin ? Les Instituts Confucius promeuvent-ils aussi les cultures africaines ? Si tel est le cas, il n'en demeure pas moins que leur action reste assez limitée au regard de la taille de la Chine. Un effort est donc envisageable dans le domaine des échanges culturels dans le sens de l'apprentissage des cultures africaines en Chine. La Chine devra également faire un effort au niveau de la communication l'Occident monopolise les médias en Afrique francophone, ce qui lui permet de mener une propagande antichinoise. Dans le même ordre d'idées, l'Occident finance des ONG en Afrique pour l'aider à mener cette propagande hostile à la Chine. La Chine devra s'investir dans la recherche d'une stratégie de contre-propagande.

D'autres obstacles sont à surmonter, qui ne dépendent pas de la Chine, comme le droit des pays africains francophones à la souveraineté monétaire et l'intensification des échanges économiques à travers la liberté de circulation à l'intérieur des différentes sous-régions. Mais certaines questions resteront sans réponses. Il y a par exemple la question de l'insécurité qui reste lancinante en Afrique francophone. Que doit-faire la Chine face à l'entêtement des pays occidentaux à entretenir et maintenir l'Afrique francophone dans un climat d'insécurité et ceci, parfois pour réduire justement l'influence de la Chine ?

Le moins que nous puissions reconnaître, c'est que la Chine a posé les bases d'une coopération fructueuse et progressiste avec les pays africains en général, et les pays francophones en particulier. Elle se montre disposée à évaluer, discuter et améliorer en tant que de besoin les termes du BRI. Aussi a-t-elle créé en 2018 la China International Development Cooperation Agency (CIDCA) pour mieux coordonner la coopération internationale en liaison avec l'agenda 2063 de l'Union Africaine et 2030 de l'ONU pour le développement durable. Par conséquent, il n'y a aucunement lieu d'être fataliste. Les dysfonctionnements relevés dans la mise en place du BRI peuvent toujours être corrigés et la Chine, contrairement à l'Occident, n'a pas la prétention à l'omniscience et à la perfection.

Conclusion

Que peut l'Afrique francophone face à l'« Initiative Ceinture et Route » ? L'Afrique francophone nous est apparue comme un ensemble qui n'en est pas un, tant les situations politiques et économiques sont diverses et variées, selon qu'on se réfère à la CEDEAO ou à la CEMAC. Ce qui fonde l'unité de l'Afrique francophone, c'est un destin commun et d'ailleurs funeste, qui transparaît encore dans le nom qu'on donne à cette entité : la colonisation française. C'est donc un facteur externe et aliénant qui détermine cette entité. Raison pour laquelle la mondialisation menée sous l'impérium américano-occidental n'a fait qu'amplifier cet état d'aliénation en accélération la paupérisation de l'Afrique francophone à travers des politiques économiques iniques masquant mal la duplicité de leurs auteurs et leur volonté de faire de la domination de cette partie du monde, riche en ressources naturelles, la condition de leur prospérité. C'est pourquoi l'« Initiative Ceinture et Route », en raison de son envergure, de la taille des infrastructures à réaliser et de la qualité même de la coopération proposée apparaît réellement et nettement révolutionnaire, quoi qu'en disent les pourfendeurs de la Chine. Cette Initiative ne peut qu'aiguiser l'appétit des Etats africains comme en témoigne leur adhésion massive à elle. Compte tenu de la rupture que présente ce projet par rapport au paradigme de la coopération occidentale qui épouse parfaitement les relations de vassalité qui unissent cette entité à l'Afrique, beaucoup d'esprits tentent de discréditer ce projet en diabolisant la Chine, alors que ses effets et son impact sur les économies de l'Afrique francophone sont indéniables. C'est pourquoi il convient pour ces pays de chercher à en tirer un bénéfice maximal à travers une bonne négociation et un contrôle rigoureux des différents contrats et projets d'investissement. Mais le plus important, c'est la disposition de la Chine à discuter, à évaluer et réajuster les termes de l'Initiative en fonction des difficultés relevées. Chacune des parties devra donc faire des efforts, la Chine, pour prouver sa bonne foi, l'Afrique pour maximiser à son avantage les opportunités à elle offertes par ce projet.

Bibliographie

Amin S. (2003) : Le virus libéral, Le Temps des cerises, Pantin.

Beuret M. et Michel S. (2008) : La Chine a-t-elle un plan en Afrique ? Afrique contemporaine, 4, n°228, pp.49-68.

Cabestan J.-P., Domingues Dos Santos E., Huang Z.A., Le Billion Ph., Vircoulon Th. (2021) : Les Influences chinoises en Afrique. 1. Les outils politiques et diplomatiques du « "Grand pays en développement" », Etudes de l'IFRI, IFRI, pp.1-31.

Dai K., Dai G. Dai M. (2018) : Initiative « une ceinture et une route » : implications économiques pour l'Union européenne, Bulletin de l'Observatoire des Politiques Economiques en Europe, vol.39, pp.25-38.

Delcourt L. (2011) : La Chine en Afrique : enjeux et perspectives, Alternatives Sud, vol.18, pp.7-31.

Frazer N. (2005) : Qu'est-ce que la justice sociale ? Reconnaissance et redistribution, trad. E. Farrarese, Editions La Découverte, Paris.

Friedman Th. [1999] 2000 : La Puce et l'olivier. Comprendre la mondialisation, trad. M. Berry, Nouveaux Horizons, Paris.

Girouard E. (2008) : La Chine en Afrique : Néocolonialisme ou nouvel axe de coopération Sud/Sud ? Un survol des enjeux, Forum Afrique-Canada, CCIC-CCCI, pp.1-17.

Joxe A. (2004). L'empire du chaos : Les Républiques face à la domination américaine de l'après-guerre froide, Editions La Découverte/Poche, Paris.

Ngono L. (2017) : La coopération chinoise et le développement en Afrique subsaharienne : opportunités ou impacts ? Mémoire de maîtrise en Sciences politiques, Université du Québec à Monréal.

Stiglitz J.E. (2002) : La Grande désillusion, trad. P. Chelma, Librairie Arthème Fayard, Paris.

Stiglitz J.E. (2006) : Un autre monde. Contre le fanatisme du marché, trad. P. Chelma, Librairie Arthème Fayard, Paris.

Stiglitz J.E. (2010) : Le Triomphe de la cupidité, trad. P. Chelma, Les Liens qui Libèrent, Paris.

Stiglitz J.E. (2012) : Le Prix de l'inégalité, trad. F. et P. Chelma, Les Liens qui Libèrent, Paris.

Stiglitz J.E. et Charlton A. [2005] (2007) : Pour un commerce mondial plus juste, trad. P. Chelma, Librairie Arthème Fayard, Paris.

8. Diversification des partenaires commerciaux comme strategie de conquête et de positionnement au niveau mondial : le cas de la Chine en Afrique, *Dr. Alain S. Elong*

Introduction

Le commerce entre la Chine et l'Afrique a pris de l'importance au tournant du XXIème siècle (Gegout, 2013), même si la fin de la guerre de 1945 a permis l'avènement d'un nouvel ordre économique mondial, notamment avec un projet de création de trois institutions majeures. Le Fond Monétaire International (FMI) en charge des questions financières, la Banque Internationale de Développement devenue plus tard la Banque Mondiale (BM) responsable des problématiques liées au développement et l'Organisation Internationale du Commerce (OIC) qui avait pour mission de s'occuper du volet commercial de la coopération économique internationale. Cette dernière fut créée deux années plus tard après la signature de la « Charte de la Havane »[48], du fait de l'intensification des échanges entre les Etats membres, et la nécessité de voir une institution faîtière de régulation du

---

[48] **La Charte de la Havane** est le texte adopté en vue de la création de l'Organisation Internationale du Commerce lors de la Conférence des Nations Unies sur le Commerce et l'emploi du 24 mars 1948. La charte devait permettre d' »atteindre des objectifs fixés par la Charte des Nations Unies particulièrement le relèvement des niveaux de vie, le plein emploi et les conditions de progrès et de développement dans l'ordre économique et social » (art 1er).

commerce mondial. Ainsi, en 1947 le GATT[49] vit le jour avec pour objectif principal d'empêcher le retour au protectionnisme, responsable de l'aggravation de la crise des années 30, en réduisant les entraves aux échanges. Cette réduction des obstacles au commerce est tributaire d'un libéralisme économique sous tendu par une philosophie néo-libérale portée par les Etats Unies. D'où l'avènement du multilatéralisme, consacré par la création en 1994 de l'Organisation Mondiale du Commerce (OMC) en lieu et place du GATT qui aura fonctionné durant cinquante ans sous la forme d'un recueil de textes. Depuis 1994, l'OMC a permis que les échanges soient plus libres même si devenus plus complexes. Du fait de cette libéralisation, la Chine est devenue un acteur économique de premier plan en Afrique, intéressé par les matières premières et d'hydrocarbures et soucieux de nouer avec l'Afrique un fructueux partenariat politique, lui assurant ainsi une plus forte influence au sein de la communauté internationale (Lafargue, 2009).

D'où l'objectif de cette réflexion qui tente de démontrer que la diversification des partenaires commerciaux peut être une stratégie pouvant être utilisée par des Etats, soit pour se protéger contre certaines conséquences dues à l'interdépendance des économies, soit pour conquérir de nouvelles parts de marché. Il a été question, par le truchement d'une armature théorique qui repose sur le néo libéralisme axé sur quelques principes du multilatéralisme, de présenter les fondements juridiques de la pénétration et du positionnement de la Chine en Afrique. Cette chine qui, à travers une politique commerciale longuement critiquée a pu intéresser de nouveaux partenaires, ceci aux côtés de beaucoup d'autres partenaires traditionnels qui faut- il le rappeler n'en démordent pas. L'Afrique étant considérée comme le continent du futur et donc, un espace géostratégique à conquérir pour se positionner dans le commerce mondiale.

En effet, la première partie de cette analyse propose une clarification conceptuelle qui permet par ailleurs de mieux cerner l'histoire de la Chine au sein du commerce mondial. Notamment de son accession à l'abolition de l'Accord multifibres qui a contribué à son expansion grâce à la croissance exponentielle des exportations issues de son industrie textile. Ensuite, l'article présente le cadre normatif tel que proposé par l'OMC et qui justifie la stratégie

---

[49] Le General Agreement on Tarif and Trade **(GATT)** est un accord signé le 30 octobre 1947 par 23 pays, pour harmoniser les politiques douanières des parties signataires et qui est entré en vigueur en janvier 1948.

de diversification des partenaires commerciaux adoptée par la Chine. Enfin, les résultats de la « révolution chinoise » présentés dans le cadre de cette réflexion font état du positionnement réel de ce pays dans le commerce mondial, comme principal partenaire des pays africains.

De la clarification conceptuelle : rappel historique de la Chine dans l'économie mondiale.

La connaissance de l'histoire de la croissance fulgurante de la Chine impose une analyse de sa philosophie économique. Cette dernière est fondée sur un principe sacrosaint du vendre à moindre coût, ou du moins à un coût largement inférieur à celui de production ou encore inférieur à celui pratiqué sur le marché local.

Philosophie économique chinoise : le Dumping

La philosophie économique chinoise est caractérisée par la pratique du Dumping qui peut être économique ou social.

Dumping économique

Le Dumping[50] désigne la pratique consistant, pour une entreprise ou pour un Etat, à vendre un produit déterminé moins cher à l'étranger que sur le marché intérieur. Les principales motivations de cette pratique sont soit de conquérir un marché nouveau, soit d'éliminer un concurrent sur ledit marché. Ces enjeux économiques lui attribuent le caractère ou du moins le vocable de « Dumping économique ». Il peut également être fait référence à d'autres pratiques assimilables à des techniques de dumping telles que l'attribution de primes à l'exportation sous forme de subvention, le remboursement aux exportateurs de tout ou partie des charges fiscales ou sociales. Et la Chine en ce qui la concerne en a fait plein usage. Rendant ainsi les « produits chinois » bons marché. Ainsi, face au pouvoir d'achat très faible des différents partenaires africains, le made in china a pu conquérir les parts de marché des différents partenaires traditionnels, ou purement et simplement évincer les entreprises étrangères qui y opéraient en toute quiétude.

---

[50] Le Dumping est une mesure considérée comme déloyale par l'OMC et condamnée par le droit international public, notamment par la charte de la Havane

Toutefois, il est important de rappeler que cette situation a été facilitée par la possibilité d'avoir une main d'œuvre très bon marché, conséquence d'un dumping social généralisé.

Dumping social

Le dumping social peut se traduire par le fait de chercher à profiter des différences de rémunérations et de réglementation du travail entre pays ; la modification du jeu concurrentiel du commerce international par l'ouverture au commerce d'économies émergentes, dont certains appliquent des contraintes institutionnelles moins contraignantes en matière de travail des enfants, de législation relative à la protection sociale etc… ; et enfin, la remise en cause de certains avantages sociaux et salariaux acquis, en vue d'obtenir ou de conserver des emplois. Tel que décrit, la Chine apparaît comme le terrain de prédilection de ce dumping social. Une situation qui entraine des phénomènes tels que le travail des enfants. Cinq millions de domestiques mineurs sont décomptés à cet effet par le BIT (Champagnat, 2022). Mais en réalité l'analyse des statistiques de l'Asie exclue généralement les données de la Chine. Ceci, du fait de l'hostilité des autorités chinoises à s'y pencher.

La Grande muraille

Traditionnellement, l'idée de « Grande muraille » en Chine renvoie à cette œuvre visible à partir de la lune. Elle s'étend sur presque 9.000 km, d'Est à Ouest et fut construite il y a environ 2.000 ans[51]. Dans le cadre de cette recherche, elle renverra aux différents barrières et obstacles que la Chine a dû braver pour se hisser au rang des puissances commerciales mondiales. Nous évoquerons ici, l'Accord Multifibres et l'Arrangement Multifibres.

Accord Multifibres

Les Accords Multifibres sont un ensemble d'accords appliqués entre 1974 et 2005 et permettant aux pays industrialisés importateurs de textile (tissu ou vêtements) de pratiquer des limitations d'importations de certains types de

---

[51] China Roads > Grande Muraille de Chine, https://www.china-roads.fr/voyage/grande-muraille-chine/ consulté le 20 mai 2022.

textiles en provenance des pays du sud, signataires52. Leur abrogation a eu pour principale conséquence une forte baisse des prix des produits importés. La Chine en a beaucoup souffert, parce que grande puissance exportatrice de produits textiles.

En effet, après le Mexique, l'Inde ou même la Turquie, la Chine s'est érigée en principal fournisseur des pays membres de l'OMC, inondant par la même occasion le marché international. Grâce au dumping social pratiqué, avec pour corollaire un coût de main d'œuvre bon marché, le pays a pu en très peu de temps conquérir d'importantes parts de marché.

Arrangements multifibres

Il est important de rappeler qu'en 1961, l'Accord à court terme visant les textiles de coton est conclu en dérogation aux règles du GATT. Cet accord permettait la négociation de restrictions contingentaires frappant les exportations des pays producteurs de coton comme la Chine. Seulement, en 1962 cet accord « à court terme » fut remplacé par l'Accord « à long terme », qui sera appliqué jusqu'en 1974, c'est-à-dire jusqu'à l'entrée en vigueur de l'Arrangement multifibres53 (AMF). Cet Accord vise à promouvoir l'expansion et la libération progressive du commerce des produits textiles, tout en évitant une désorganisation des différents marchés et secteurs de production. Il sera prorogé à plusieurs reprises, notamment en 1978, en 1982, en 1991 et en 1992. Son abrogation totale coïncidera avec la création de l'OMC en 1994.

De la Chine à l'OMC

La Chine n'a obtenu son adhésion à l'OMC que le 11 Décembre 2001 devenant ainsi le 143ème membre de l'OMC. Ceci, après une première demande d'accession adressée au GATT le 10 Juillet 1986. Depuis son adhésion, son dynamisme au sein de l'organisation n'est plus à démontrer. La Chine est en effet

---

[52]Alternatives Economique, mai 2022, https://www.alternatives-economiques.fr/dictionnaire/definition/96593#:~:text=Ensemble%20d'accords%20internationaux%20appliqu%C3%A9s,des%20pays%20du%20Sud%20signataires. Consulté le 24 mai 2022.

[53] Communique de Presse du 5 février 1998, le Jubilé du Système Commercial Multilatéral, PRESS/88, https://www.wto.org/french/news_f/pres98_f/pr088_f.htm, consulté le 24 mai 2022

membre de divers groupes de négociation qui sont en réalité des groupes d'amitié. Il s'agit notamment du :
- Groupe des Membres Asiatiques en développement de l'OMC annoncé dans le document WT/GC/COM/6 du 27 mars 2012 ;
- Forum de coopération Asie-Pacific (APEC)
- Groupe des membres relevant de l'Article XII, qui est composé des membres qui ont accédé à l'OMC après 1995. Son objectif est de réduire l'écart entre les engagements des membres originels et les engagements de niveau plus élevé contractés par les membres au groupe dans le cadre de leur accession à l'organisation afin de garantir des conditions égales pour tous et un système commercial multilatéral plus équitable.
- G-20 qui est une coalition de pays en développement qui cherchent à obtenir des réformes ambitieuses dans le domaine agricole dans les pays développés, avec une certaine flexibilité pour les pays en développement.
- G-33 ou groupe des « Amis des produits spéciaux » dans le secteur agricole est une Coalition de pays en développement souhaitant qu'une certaine flexibilité soit ménagée aux pays en développement pour leur permettre d'ouvrir leurs marchés de façon limitée dans le secteur agricole.
- Auteurs du "W52" qui est une proposition concernant des 'modalités' dans les négociations sur les indications géographiques (le registre multilatéral pour les vins et spiritueux et l'extension du niveau de protection plus élevé à des produits autres que les vins et spiritueux) ainsi que la "divulgation" (les déposants de demandes de brevet devant divulguer l'origine des ressources génétiques et des savoirs traditionnels utilisés dans les inventions). La liste inclut les groupes ci-après: UE, Groupe ACP et Groupe africain. *La République dominicaine est membre du Groupe ACP et l'Afrique du Sud du Groupe africain, mais ils font partie des auteurs du document TN/IP/W/10/Rev.2 sur les indications géographiques.

L'appartenance de la Chine à tous ces groupes traduit de son dynamisme au sein de l'organisme et la prédispose à des alliances stratégiques pouvant lui permettre le cas échéant, de tisser des relations bilatérales et même multilatérales avec d'autres Etats membres de l'OMC. Ces alliances sont le fondement de la preuve de l'acceptation de l'« autre modèle » proposé par l'Etat chinois.

Du cadre normatif international propice à la diversification des partenaires commerciaux.

L'analyse du cadre normatif favorisant les conditions d'une diversification des partenaires commerciaux renvoie à l'examen de quelques clauses de la Charte constitutive de l'OMC à savoir : la Clause NPF, l'Article XXIV du GATT et la Clause de la non-discrimination.

La clause de la Nation la Plus Favorisée (NPF)

L'un des principes fondamental de l'Organisation Mondiale du Commerce et qui symbolise la libération des échanges entre les Etats membres est celui de la Clause de la Nation la Plus Favorisée[54] (NPF). En effet, cette clause est la pierre angulaire du système multilatéral parce que permettant aux différents Etats membres d'avoir accès aux différents marchés jadis protégés par des restrictions tarifaires et non tarifaires.

En effet, aux termes des Accords de l'OMC, les pays ne peuvent pas, en principe, établir des discriminations entre leurs partenaires commerciaux. Il est stipulé que s'il est accordé à un partenaire commercial une faveur spéciale (en abaissant par exemple un droit de douane perçu sur un de ses produits), ladite faveur doit être accordée à tous les autres pays membres de l'OMC.

Cette disposition a visiblement favorisé la pénétration de la Chine dans les différents marchés. Pour n'évoquer que le cas de l'Afrique, des Caraïbes et du Pacifique qui bénéficiaient d'un régime spécial négocié avec l'ensemble des pays de l'Union Européenne dans le cadre de l'Accord de coopération UE-ACP[55]. Un régime préférentiel qui autorisait les deux zones à établir des relations bilatérales. Conformément aux principes de l'OMC, il était possible d'avoir des préférences tarifaires sur les marchandises exportées vers ou importées d'une région. Ainsi, fondée de la légitimité d'une telle disposition, la Chine pouvait en toute conformité avec les principes et dispositions de l'OMC, prétendre auvue des mêmes dispositions, bénéficier des mêmes privilèges et avantages.

---

[54] Article 1er de l'Accord général sur les tarifs douaniers et le commerce (GATT). Il est aussi une clause prioritaire de l'Accord général sur le commerce des services (AGCS) (Article 2).
[55] Les **accords** de partenariat économique (APE) sont des **accords** commerciaux visant à développer le libre-échange entre l'Union européenne et les pays dits **ACP** (Afrique, Caraïbes, Pacifique).

Il est tout de même important de rappeler que la multiplication de ces accords préférentiels entre les Etats membres a permis la construction de Communautés Economiques Régionales (CER), aidé juridiquement en cela par l'article XXIV du GATT de 1947.

L'Article XXIV du GATT de 1947

L'article XXIV du GATT de 1947 constitue une exception non seulement à la clause NPF, mais également au principe de la non-discrimination. En effet, selon cet article, les pays membres peuvent s'entendre et former des communautés économiques régionales (CER) au sein desquelles des préférences tarifaires sont accordées aux membres. Généralement, il est imposé un tarif extérieur commun (TEC) aux autres membres qui n'y font pas partie.

Cette disposition faudrait-il le rappeler, est à l'origine de pratiques discriminatoires à l'endroit des pays externes à la communauté. Aussi, serait-il important de rappeler qu'il ne devrait pas être assimilé à la clause du Traitement national.

Le Traitement National

Selon ce principe, il est accordé à d'autres le même traitement que celui qui est appliqué à ses propres nationaux. En effet, les produits importés et ceux de fabrication locale doivent être traités avec les mêmes égards, du moins lorsque que le produit importé a franchi la frontière et a été admis sur le marché. Il doit en être de même pour les services, les marques de commerce, les droits d'auteur et les brevets étrangers et nationaux.[56]

De part cet accord, la Chine ou du moins le « made in China » a reçu la garanti d'être admis et accepté dans tous les pays membres de l'OMC, destinations des produits chinois. Ainsi, des Amériques du Nord à celles du Sud, de l'Afrique au moyen Orient, les produits chinois engrangent des parts de marché. Reflet d'une politique commerciale conquérante et offensive.

Cette protection, garantie par l'OMC permettait ainsi aux produits chinois, plus compétitifs parce que vendus à des prix inférieurs au prix de vente du marché chinois ou encore au réel coût de production[57], de se répandre et d'être

---

[56] La clause du Traitement national est contenue dans trois Accords de l'OMC, notamment l'Article 3 du GATT, l'Article 17 de l'AGCS et l'Article 3 de l'ADPIC.
[57] Cette pratique commerciale est appelée Dumping.

progressivement adoptés par les populations des pays membres.

Les résultats de la diversification des partenaires commerciaux Chinois en Afrique.

En 2007, la Chine a acheté 12,5% du pétrole exporté par les pays africains contre 31,7% pour les Etats Unis et 31,5% pour l'Union Européenne. Aussi, depuis 2000 les importations américaines et pétrole en provenance d'Afrique ont augmenté de 70% et celles de la Chine de 220%. Même s'il faut rappeler qu'en volume, les achats de Pékin restent encore plus de 2.5 fois inférieurs à ceux des Etats-Unis (Agence Internationale pour l'Energie, 2007). Cette révolution chinoise en Afrique a pour conséquence un positionnement stratégique de ce pays au rang des puissances mondiales. Et comme telle, elle a su diversifier ses partenaires, conquérant par la même occasion des parts de marché à travers le monde. D'où l'immensité de sa chaîne de distribution, faisant d'elle le principal partenaire commercial de presque tous les pays au monde.

La Chine en Afrique dans le secteur agricole : les différents centres de démonstration agricoles mis en place par la Chine

Quelques années avant l'abolition de l'accord multifibres en 2008, priorité a été donné à l'agriculture. En effet, quatre axes majeurs concernant ce secteur ont été défini par le Forum sur la coopération Chine Afrique et le secteur agricole.il s'agit notamment : de la construction de vingt centres de vulgarisation agricole ; d'une coopération technique avec l'envoi d'agronomes et de techniciens supérieurs ; d'un appui à la réalisation du Programme de développement de l'agriculture de l'Afrique (CAADP/NEPAD) et enfin, d'une coopération trilatérale avec la FAO[58]

Vue Synoptique des pays partenaires de la Chine

---

[58] Le contenu intégral des plans d'action est disponible sur le site internet du FOCAC, http://www.focac.org/eng/

	Pays	Institution/ entreprises
1-	Mozambique	Hubei/Lianfeng Overseas Agricultural Development Co. Shangdong/Academy of Agricultural Science Chongqing/Agricultural Tech Co.
2-	Soudan	Guangxi/Bagui Agricultural Tech Co.
3-	Tanzanie	Shaanxi/Nongken Agricultural Co
4-	Ethiopie	Shaanxi/Nongken Agricultural Co.
5-	Cameroun	Shaanxi/Nongken Agricultural Co.
6-	Togo	Jiangxi/Huachang Infrastructure Construction Co
7-	Zambie	Jilin/Agricultural University
8-	Liberia	Academy of Tropical Agricultural Tech.
9-	Benin	China National Agricultural Development Corporation
10-	Afrique du Sud	China National Agricultural Development Corporation
11-	Ouganda	Sichuan/Huaqiao Fenghuang Group (Fisheries)
12-	Rwanda	Fujian/Agriculture and Forestry University
13-	Congo (Brazzaville)	Academy of Tropical Agricultural Tech.
14-	Zimbabwe	Research Institute of China Agricultural Mechanization

Sources : FOCAC

L'agriculture est un domaine stratégique pour la Chine, un espace de représentation de son ascension. Elle se présente comme une grande nation agricole, dont les progrès économiques fulgurants doivent beaucoup au monde rural. Elle légitime parfois sa présence en Afrique par un discours sur e transfert

de modèle et sur les bénéfices que pourrait tirer l'Afrique d'une coopération dans ce domaine (Gabas et al. 2013, p.152). Ces différents centres construits par la Chine à travers le continent sont la preuve d'une réelle volonté de diversification des partenaires dans ce dommaine. Ils pourraient effectivement jouer un important rôle dans l'implémentation du modèle chinois. D'où les résultats qui lui sont reconnus. En effet, depuis les années 1960, près de 44 pays africains ont hébergé plus de 90 projets d'aide au développement agricole, soit un cinquième des projets d'aide « clé en main » tous secteurs confondus mis en œuvre par la Chine
(FOCAC, 2006).

La Chine en Afrique dans le secteur minier

Selon les données Chelem du CEPII, la part des grands pays émergents dans les exportations africaines de minerais a augmenté de 9% à 44% entre 2000 et 2011. En effet, cett progression s'explique pour l'essentiel par la demande chinoise (de 7% à 39%), celle de l'Inde augmentant de 2% à 5% et celle du Bresil et la Russie restant marginale. Alors que lesimportations de métaux africains ont décuplé en valeur, les importations européennes ont doublé (et légèrement diminué en volume), aussi la part de l'Europe a-t-elle été ramenée de 47% à 27% dans les débouchés de l'Afrique (Chaponnière, 2013), faisant ainsi de la Chine le premier débouché des minerais. Cette position a été rendue possible grâce à une diversification non seulement des partenaires mais également des minerais exploités, comme le renseigne la tableau des investissements chinois dans les mines en Afrique ci-dessous.

Investissements chinois dans les mines en Afrique entre 2005 et 2013

Métal	Entreprise	pays	Millions de dollars	Date
Aluminum	Bosai Minerals	Guinée	1 200	2010
Cuivre	China Nonferrous	Zambie	310	2006
Cuivre	Export-Import Bank	RDC	3 000	2006
Cuivre	China Railway Engineering	RDC	1 190	2008
Cuivre	MCC et Sinohydro	RDC	1 700	2009
Cuivre	China Nonferrous	Zambie	300	2009
Cuivre	Jinchuan	Afrique du Sud	1 360	2011
Cuivre	Minmetals	RDC	1 280	2011
Fer	SinoSteel	Afrique du Sud	230	2006
Fer	SinoSteel	Zimbabwe	100	2007
Fer	China National Nuclear	Niger	190	2008
Fer	Wuhan Iron and Steel et China Development Bank	Liberia	110	2008
Fer	China Railway Materials	Sierra Leone	260	2010
Fer	Chinalco	Guinée	1 350	2010
Fer	Shandong Iron	Sierra Leone	1 490	2011
Or	CITIC, China Development Bank, Long March Capital	Afrique du Sud	470	2011
Fer	Sinosteel	Zimbabwe	300	2011
	Jinchuan Group and China Development Bank	Afrique du Sud	230	2010
			15 070	

Sources : à partir des données de la fondation Heritage.

La conquête de l'«espace monde » par la Chine

En effet, en bien peu de temps (moins d'un demi-siècle), la Chine a su conquérir le monde. Les parts de marché des entreprises chinoises en sont une parfaite illustration. Référence pouvant être faite de quelques géants comme Amazon, Ali baba, Huaweï.

Résultats d'un quadrilla stratégique
Photographie du Commerce Mondial avec l'Afrique en 2010, après l'abolition de l'accord multifibres

Afrique (Afrique sub-saharienne entre parenthèses)	2010
Exportations vers la France	20 (9)
Importations de la France	34 (15)
Exportations vers l'Allemagne	13 (10)
Importations de l'Allemagne	21 (14)
Exportations vers le Royaume-Uni	11 (8)
Importations du Royaume-Uni	12 (10)
Exportations vers l'Italie	20 (6)
Importations de l'Italie	17 (6)
Exportations vers l'UE	113 (67)
Importations de l'UE	140 (80)
Exportations vers les États-Unis	75 (60)
Importations des États-Unis	23 (18)
Exportations vers la Chine	52 (43)
Importations de la Chine	56 (45)
Exportations vers l'Inde	22 (19)
Importations de l'Inde	15 (12)
Exportations vers le Japon	10 (8)
Importations du Japon	11 (9)
Exportations vers la Russie	2 (1)
Importations de la Russie	3 (0.5)
Exportations vers le monde	388 (289)
Importations du monde	420 (303)

Source : Tableau adapté du Fonds monétaire international, 2011 (en milliards de dollars).

L'examen du tableau précédent montre que les activités économiques de la Chine sont considérées comme positives (Brantigan, 2009). Ce dernier démontre également que la présence économique de la Chine crée des opportunités pour une diversification des produits exportés à partir de l'Afrique, une industrialisation et une transformation structurelle des économies des Etats africains (Dambisa, 2012). Toute chose qui positionnerait la Chine comme partenaire privilégiés.

Conclusion

Les analyses faites dans ce travail font état de l'existence de réels espoirs d'un vrai partenariat «gagnant-gagnant» entre la Chine et ses partenaires commerciaux en général et africains en particulier. Cette Chine aux « appétits commerciaux » débordants semble pourtant ne pas vouloir s'arrêter au regard non seulement du nombre d'accords passés avec lesdits pays, mais également au regard du dynamisme des entreprises chinoises sur le sol africain. Il faut par ailleurs noter que la Chine, véritable usine du monde, a vu au profit du phénomène de délocalisation59, des entreprises étrangères notamment européennes, s'installer sur son territoire. Faisant d'elle une véritable plaque tournante de la production industrielle mondiale.

Pratiquement dernières nées des puissances capitalistes, parce que pionnière d'un système communiste farouche, la Chine, au regard de l'accroissement exponentiel du rythme de ses échanges avec ses différents partenaires, semble bien vendre son modèle économique qui apparaît désormais comme une référence pouvant servir de référence. D'un système économique communiste à un système capitaliste néolibéral, la Chine n'aura pas fait d'efforts particuliers en dehors de ceux consentis pour comprendre le fonctionnement de l'économie mondiale. Le dumping social pratiqué aura permis aux entreprises chinoises de produire à des coûts de main d'œuvre très bas, garantissant de fait d'importantes marges bénéficiaires.

A cet effort, pourrait s'adjoindre la stratégie « diplomatico-commerciale » conçue et mise en œuvre par les autorités nippones. Celle-ci aura permis à la Chine à côté de la politique de Don et de Prêts à très faible taux, de conquérir les cœurs et de se faire accepter, la coopération étant un jeu d'intérêts. En guise d'illustration, la stratégie de construction de diverses infrastructures structurantes des économies des pays en développement qui a permis de hisser la Chine au rang des pays développés soucieux du développement des pays qui n'en étaient qu'en voie. Ainsi donc, en très peu de temps, la Chine a acquis le statut de bailleur de fond aux côtés des partenaires traditionnels comme les Etats Unies, l'Union Européenne, le Japon etc…

Par ailleurs, en diversifiant les partenaires économiques en Afrique, les pays émergents en général et la Chine en particulier créée de nouveaux espaces de liberté pour les Etats africains et leur donnent un ballon d'oxygène financier. La balance des capitaux s'en ressent. La détérioration des termes de l'échange est stoppée (Gabas, & al. 2013)

In fine, même si le secret du succès du modèle chinois en Afrique reste énigmatique, il y a lieu de reconnaître les efforts et les sacrifices consentis par ce pays en vue non seulement de conquérir les espaces non ou peu explorés par les partenaires traditionnels, mais également dans l'optique d'évincer purement et simplement les partenaires y opérant, saluant au passage l'ingéniosité chinoise qui aura été d'établir des zones économiques spéciales dans six Etats africains, même si ces dernières ne bénéficient réellement qu'aux entreprises chinoises (Cowaloosur, 2012).

Bibliographie

Agence Internationale pour l'Energie. (2007). world Energy outlook, China and India Insight.

Brantigan, D. e. (2009). The Dragon's Gift: The Real Story of China in Africa. New York: Oxford University Press.

Champagnat, J.-c. (2022, juillet 12). www.droit enfants.fr. Récupéré sur travail des enfants.

Chaponnière, J.-R. (2013). Chine-Afrique: enjeux de l'ajustement chinois pour les pays miniers. Afrique contemporaine, 89-105.

Cowaloosur, H. (2012). Chineese Special Economic Zone in Africa: New Hubs or Concessions. Bordeaux.

Dambisa, M. (2012, Juin 27). Bejing, a Boon for Africa. Financial Times.

FOCAC. (2006, septembre 21). Agricultural cooperation. Récupéré sur site du sommet du FOCAC: http://english.focacsummit.org/2006-09/21/content_905.htm

François, L. (2009). la Chine en Afrique: une présence limitée et une puissance contrariée. Perspectives chinoises.

Gabas. (2013). Coopération sud-sud et nouveaux acteursde l'aide au développement agricole de l'Afrique de 'Ouest et australe. à savoir.

Gegout, C. (2013). le retrait de l'Europe et la montée en puissance de la Chine en Afrique: une évaluation des approches réalistes, libérales et constructivistes. (l'Harmattan, Éd.) pp. 44-75.

Lafargue, F. (2009). La Chine en Afrique: une présence limitée et une puissance contrariée. Perspectives chinoises.

Comprendre l'OMC : Eléments essentiels « les principes qui inspirent le systèmecommercial »https://www.wto.org/french/thewto_f/whatis_f/tif_f/fact2_f.htm consulté le 24 mai 2022

9. FOCAC ou Union Européenne : quelle alternative ? *Pr. Nkolo Foé*

La controverse au sujet des droits de l'homme

Au cours des dernières années, le FOCAC a fait l'objet de vives critiques, issues notamment des milieux traditionnellement hostiles au partenariat avec la Chine et favorables à la coopération avec l'Union européenne. Tel est notamment le cas du chercheur et homme politique gabonais, Séraphin Moundounga, auteur d'un important livre intitulé : Union européenne, Afrique-Chine. Jeu et enjeux pour la paix.

Ce livre a pour toile de fond, le conflit des valeurs qu'incarneraient deux projets concurrents de partenariat avec l'Afrique : celui de l'Union européenne et celui du FOCAC, et par extension, les Routes de la soie. Examinons de près les vues de l'auteur.

Dans le partenariat UE-Afrique, il existe des clauses politiques « subordonnant la coopération économique et commerciale et l'aide européenne au développement au respect et à la protection des droits de l'homme et autres valeurs démocratiques, pour la démocratisation de la gouvernance des ACP en général et de l'Afrique en particulier ». S'agissant par exemple de l'Afrique subsaharienne, la clause politique remonte à la Convention de Lomé IV, dont les points importants sont les suivants : « la promotion des droits de l'homme, la démocratie, le renforcement de la position des femmes, la protection de l'environnement, la coopération décentralisée, la diversification des économies ACP, la promotion du secteur privé et la coopération régionale croissante ». La Convention de Lomé IV bis renforce les dispositifs de la première Convention, du fait qu'elle envisage des innovations économiques et politiques des pays ACP, notamment en termes de processus de démocratisation et d'ajustement culturel. Les principaux amendements qui visent le respect des droits de l'homme, des principes démocratiques et des systèmes légaux, constituent les éléments essentiels de la Convention. Il est également prévu des sanctions en cas de non-respect de ces dispositions, par exemple, la suppression des allocations aux États ACP. L'Accord de Cotonou prévoit les mêmes dispositifs.

Séraphin Moundounga rappelle les controverses qui entourent ces accords, lesquels sont souvent accusés de néocolonialisme attentatoire à la souveraineté des Etats. Mais l'auteur justifie la prétention de l'Union européenne qui, « pour répondre à des impératifs sécuritaires en Europe et de ses intérêts et ressortissants en Afrique ainsi qu'obligée par son Droit interne, est tenue d'appliquer la théorie de la paix démocratique, telle qu'elle procède d'Emmanuel Kant et élucidée par les professeurs américains, Michael Doyle et Bruce Russet, en externalisant la démocratie et autres valeurs démocratiques en Afrique, certes pour le développement et la paix durable dans ce continent, mais aussi pour enrayer les conséquences des déficits démocratiques africains parmi lesquels les migrations massives perçues comme invasives et le terrorisme qui se vascularise en s'attaquant à des ressortissants et intérêts étrangers en Afrique dont ceux Européens ».

L'auteur souligne le contraste avec le partenariat sino-africain. Car, écrit-il, « pendant que l'UE, pour sa sécurité et sa stabilité interne ainsi que pour la paix en Afrique et le développement inclusif de ce continent ou prospérité pour tous, œuvre à promouvoir les Droits de l'homme, tels qu'ils résultent du Droit international, et contribuant à la démocratisation de la gouvernance africaine, la Chine a proposé et obtenu de l'Afrique, quelques mois après l'Accord de Cotonou ACP-UE en 2000, la signature d'un partenariat stigmatisant et condamnant tout autre partenariat économique conditionnant l'aide au développement à la promotion des droits de l'homme ».

Moundounga reconnaît, certes, le caractère attractif du FOCAC et de ses importants « Plans d'action triennaux dont les financements sont d'un niveau jusque-là inégalé et couvrant tous les domaines dont notamment des infrastructures, l'industrialisation et la formation des compétences nécessaires à une production de qualité et à opérer le transfert de technologies », mais l'auteur rejette formellement le caractère alternatif du FOCAC. Car, au regard des Droits de l'Homme, l'approche de ce dernier « est de nature à compromettre, sinon à retarder l'amélioration de la gouvernance africaine et hypothéquer ainsi des objectifs de paix durable en Afrique tout en ne permettant pas un développement qui soit inclusif ou prospérité pour tous dans tous les Etats africains ». Séraphin Moundounga va même plus loin. Pour lui, « le caractère alternatif du Forum de coopération sino-africaine est instrumentalisé pour en faire un refuge pour régimes politiques autocratiques cherchant à échapper aux engagements pris avec l'UE et/ou aux sanctions internationales prises en faveur des Droits de l'Homme, de l'Etat de droit et/ou des principes démocratiques ». Selon le chercheur gabonais, « cette instrumentalisation du caractère alternatif du Forum de coopération sino-africaine, pour retarder la démocratisation de l'Afrique, n'affecte pas la seule action extérieure de l'Union européenne, mais aussi la mise en œuvre des objectifs de l'Union africaine, depuis que cette dernière s'est appropriée les valeurs démocratiques, en se dotant d'une Architecture de gouvernance démocratique ambitieuse, comprenant, principalement, 4 Chartes sur les Droits de l'Homme ; la Démocratie et les élections ; la décentralisation et l'administration publique ». L'auteur rappelle qu'en « agissant comme puissance normative, faisant œuvre d'approche constructiviste, l'Union européenne a fortement inspiré et assisté l'Union africaine qui a bâti et est en train de mettre en œuvre une ambitieuse Charte africaine de gouvernance pacifique, aux fins d'une paix durable et de la prospérité pour tous ».

Moundounga regrette que « lorsqu'en 2000, la conditionnalité politique de Cotonou voit le jour, pour renforcer la subordination du commerce et de l'aide au développement UE, au respect des Droits de l'Homme, des principes démocratiques et de l'Etat de droit, l'Afrique et la Chine se réunissent à Beijing, en Chine, la même année, pour lancer un partenariat stratégique, commercial et de coopération au développement, condamnant la politisation des Droits de l'Homme dans un partenariat économique tout en positionnant, en alternative, le forum de coopération sino-africaine (FCSA) ».

Certes, dans le cadre des coopérations au développement, des puissances comme les USA et le Japon sanctionnent la violation des Droits de l'Homme et des valeurs démocratiques, mais pour d'autres partenaires de l'Afrique, cette infraction ne constitue pas un motif rédhibitoire. Mais, seul le FOCAC a la prétention de proposer une alternative aux partenariats qui font des Droits de l'homme une conditionnalité. Moundounga stigmatise ainsi les Etats africains qui, sous prétexte de souveraineté, instrumentalisent la forte attractivité et le caractère alternatif du FOCAC, « pour retarder ou compromettre le processus d'unification africaine par les valeurs démocratiques ». Le FOCAC est ainsi accusé d'œuvrer contre le principe de l'unification de l'Afrique par les valeurs démocratiques, tout en promouvant, sans réciprocité, le principe de l'unicité de la Chine, soulignée dans la Déclaration de Beijing – Construire une communauté de destin Chine-Afrique encore plus solide ». L'auteur insiste sur le parallèle entre le principe d'unicité de la Chine promue par le FOCAC et la promotion des Droits de l'homme, des principes démocratiques et de l'Etat de droit, prévus dans les Accords de partenariat économique Afrique-Union européenne. Il reproche au FOCAC de rechigner à ériger en principe contraignant les valeurs démocratiques proposées par l'UE et endossées par l'Union africaine. Le Plan d'action du FOCAC est sévèrement mis en cause dans son refus d'assortir la coopération de condition politique. En son point 3-9-2, le Plan d'action stipule en effet que « Dans la coopération avec l'Afrique en matière d'investissement et de financement, la partie chinoise tient à ne jamais assortir la coopération de condition politique ». Il est précisé au point 4-1-2 que « La partie africaine salue les aides sans condition politique accordées depuis de longues années par la Chine aux pays africains ».

L'unification du continent africain par les valeurs à partager et les règles communes est essentielle aux yeux de l'auteur gabonais. Moundounga ignore sans doute le fait que pour le FOCAC et l'Union africaine, la priorité réside dans la construction d'une base matérielle solide, avec comme référence une coopération internationale rénovée, telle que traduite dans les Routes de la soie.

L'Afrique s'est servie du FOCAC et de l'Initiative Ceinture et Route comme leviers tant pour rattraper son retard en matière d'infrastructures, que pour relancer sa dynamique d'industrialisation, ralentie ou arrêtée pendant les années d'Ajustement structurel (1980-2000). Or, l'unification du continent est inscrite dans ce processus. Le FOCAC et l'Union africaine sont même allés plus loin, en adhérant à la vision cosmopolite d'un cybermonde qui la connectivité au niveau planétaire.

Le plan d'action de Dakar (2022-2024) a réitéré les engagements du FOCAC concernant l'unité africaine. Selon le point (2.3.1), « les deux parties sont conscientes du rôle important que joue l'UA dans la préservation de la paix et de la stabilité en Afrique et la promotion de l'intégration africaine ». Le document précise que « la partie chinoise salue les nouveaux progrès réalisés par l'Afrique dans la construction d'une Afrique unie et forte et prend note des acquis majeurs obtenus dans la réforme institutionnelle de l'UA ». Le point (2.3.3) insiste sur l'intérêt marqué pour les « organisations sous-régionales africaines », l'adhésion de la Chine aux objectifs de la Zone de libre-échange continentale africaine, un soutien étant promis à la construction de cette instance et son Secrétariat (2.3.4) ; le soutien de la Chine à deux importants programmes de l'Union africaine : le Programme de Développement des Infrastructures en Afrique (PIDA) de l'Union africaine et la Banque africaine de développement, dont l'objectif est d'établir une vision et une stratégie cadre pour le développement des infrastructures à l'échelle régionale et continentale dans les domaines de l'Energie, du Transport, de l'Eau et des Télécommunications et le Presidential Infrastructure Championing Initiative (PICI) qui vise à accélérer le développement des infrastructures régionales grâce à la défense politique des projets. Cette initiative s'assigne plusieurs rôles : apporter de la visibilité, débloquer les goulots d'étranglement, coordonner la mobilisation des ressources et assurer la mise en œuvre du projet, conformément à l'Agenda 2063 (3.2.1).

L'interconnectivité est donc au cœur de tous ces programmes. C'est à ce titre que « la Chine et l'Afrique encourageront activement les entreprises chinoises à mener, par différents moyens notamment le partenariat public-privé et la coopération tripartite et multipartite, des projets d'interconnexion en Afrique, y compris ceux liés au Integrated High Speed Train Network, au marché unique africain du transport aérien (SAATM) et au Pan-African E-network and Cyber Security (3.2.3). Dans la même perspective, « la partie chinoise encourage et soutient les entreprises chinoises qui en ont les moyens pour investir dans des ports, aéroports et compagnies aériennes africaines [...]. Les deux parties soutiennent leurs entreprises aériennes et maritimes dans la mise en place de nouvelles lignes entre la Chine et l'Afrique (3.2.5).

L'élite néolibérale relègue au second plan la question pourtant essentielle de la construction de la base matérielle de l'intégration africaine, sa vision du monde ayant pour cadre de référence une forme d'idéalisme qui affirme le primat des valeurs démocratiques sur toute autre considération. C'est ainsi que l'ajustement culturel, les principes démocratiques et les droits de l'homme sont absolutisés et érigés en dogmes.

Rien ne doit relativiser ces dogmes, pas même les principes sacrés de la coexistence pacifique et de la non-ingérence hérités pourtant de Bandung. Selon le chercheur gabonais, la Chine invoque la coexistence pacifique et la non-ingérence pour rabaisser les Droits de l'Homme au rand au rang d'élément accessoire et « dont la violation n'ouvre droit à aucune sanction de la part d'autres membres de ce Forum, faute de valeur contraignante ». Il accuse le FOCAC de promouvoir la conception restrictive chinoise des Droits de l'Homme, à travers des colloques, des conférences, des séminaires. Aussi, s'en prend-il à Nakpa Polo, femme politique togolaise, qui, au terme d'un colloque en Chine, se réjouissait des similitudes entre la conception des droits de l'homme en Afrique et en Chine, l'essentiel étant de garantir « « l'ensemble des droits collectifs qui assurent le bien-être de l'individu » : droit à la santé, à l'alimentation, au logement, à l'éducation . Selon l'auteur, rien ne justifie que « la thèse de la non-ingérence se développe dans le partenariat du FCSA au détriment des Droits de l'homme ». Car, « il ne peut être invoqué le principe de non-ingérence lorsque, par un accord bilatéral, il est volontairement convenu que chaque partenaire puisse avoir un droit de regard réciproque sur les affaires d'un autre, pour la survie et l'efficacité du partenariat et pour les intérêts réciproques des peuples des parties à l'Accord » . C'est la question du droit d'ingérence et de l'impérialisme libéral qui est ici clairement posée.

Droits de l'homme et impérialisme libéral

La problématique des « droits de l'homme » fournit aux démocraties capitalistes des moyens supplémentaires pour accroître la pression sur leurs anciennes possessions coloniales, et ainsi, continuer à s'ingérer dans leurs affaires intérieures, le but étant de limiter leur souveraineté. Les nouvelles pratiques du colonialisme et de l'impérialisme ont revêtu un habillage moral et juridique, grâce à l'invention de concepts tels que le « devoir d'ingérence » et le « droit d'ingérence ».

Ces concepts impliquent « la reconnaissance du droit qu'ont une ou plusieurs nations de violer la souveraineté nationale d'un autre État, dans le cadre d'un mandat accordé par une autorité supranationale ». En d'autres termes, le « droit d'ingérence » signifie la possibilité pour des acteurs extérieurs d'intervenir dans un État donné, même sans le consentement de ce dernier, en cas de violation massive des droits de l'homme. Le lien est ainsi directement établi entre l'assistance humanitaire et l'usage de la force, en tant qu'obligation morale.

Le début des années 1990 marque un tournant décisif, puisqu'il correspond à la formalisation du « droit d'ingérence », sous la houlette de personnalités comme Bernard Kouchner et Mario Bettati. Les dernières décennies ont vu la signification impérialiste du droit d'ingérence se préciser, avec l'adoption d'une terminologie plus décomplexée : intervention humanitaire, impérialisme humanitaire, impérialisme libéral, etc. Parallèlement, on a vu s'accroître le rôle des ONG telles que Human Right Watch, Amnesty International, la Fédération internationale des droits de l'homme, dans le cadre d'un « marché de la vertu civique ». Ce marché florissant reflète, dans son mode de fonctionnement et ses objectifs, les desseins d'une institution libérale telle que le Foreign Policy Establishment. Occupant une place centrale dans le dispositif institutionnel et idéologique américain, cette dernière s'appuie sur la revue Foreign Affairs pour promouvoir ses vues. Ses principaux contributeurs historiques sont des personnalités publiques de premier plan tels que Francis Fukuyama, Samuel P. Huntington, Hillary Clinton, Donald H. Rumsfeld, Ashton Carter, Colin L. Powell, Zbigniew Brzezinski, Joseph Nye, etc. Foreign Affairs est généralement connue comme la bible du mondialisme et de l'impérialisme libéral.

C'est dans ce contexte que s'est imposé le thème de l'Empire de la liberté. Très ancien, ce thème est étroitement associé à la personnalité de Thomas Jefferson (1743-1826), qui fut le 3e président des Etats-Unis. Ce thème est important, dans la mesure où, incarnant la vertu au plus haut point, l'Amérique seule est dotée de la mission sacrée de mettre les bienfaits de la liberté et de la civilisation à la disposition de tous les peuples de la terre. Au 28e président américain Woodrow Wilson, est associée toute une doctrine, le wilsonisme. Ce dernier renvoie à l'idée d'« interventionnisme démocratique », ou encore, de « guerre démocratique ».

A travers ces concepts, c'est la logique libérale elle-même qui cherche à s'affirmer, au nom de l'« internationalisme libéral », synonyme d'« impérialisme libéral », lequel poursuit les buts du libéralisme international et du pan-libéralisme. Les démocraties libérales prétendent que les institutions libérales ont pleinement le droit d'intervenir dans les Etats étrangers, l'idée étant d'atteindre les objectifs de base du libéralisme. Une telle intervention peut impliquer l'aide humanitaire et/ou l'intervention militaire. C'est cela le sens de l'interventionnisme libéral, tel que formulé au 19e siècle par Lord Palmerston, dont le nom est associé à la Guerre de l'opium et aux Traités inégaux du 19e siècle. Secrétaire aux Affaires étrangères anglais de 1830-1841, Lord Palmerston avait montré toute sa détermination dans l'ouverture forcée des ports chinois, non seulement pour promouvoir la quincaillerie et les cotonnades de Birmingham et de Lancashire, mais aussi et surtout inonder le territoire chinois de a drogue produite en Inde.

De nos jours, la théorie de l'internationalisme libéral recommande la mise en œuvre des structures globales au sein du système international, de manière à promouvoir un ordre mondial libéral intégral. C'est ainsi que l'économie libérale doit s'accompagner des institutions et des valeurs politiques libérales appropriées, en termes de démocratie, d'Etat de droit et de droits de l'homme.

La doctrine de l'internationalisme libéral a dévasté des Etats d'Afrique et du Moyen Orient tels que l'Irak, la Libye, la Syrie. Les promoteurs de cette doctrine ont pour noms : Tony Blair, ancien premier britannique ; Barack Obama et Hilary Clinton, respectivement, ancien président et ancienne vice-présidente des Etats-Unis.

L'internationalisme libéral est coupable d'avoir procédé à une hiérarchisation des Etats, des sociétés et des cultures, à partir d'un critère unique : leur niveau de conformité ou de non-conformité au standard démocratique énoncé en termes de respect des droits de l'homme, de protection des droits des minorités, de limitation des mandats électifs, d'alternance démocratique, etc. L'échelle arrêtée par les démocraties libérales va des « Etats voyous » (dictatures, régimes autoritaires) d'Afrique, d'Amérique latine et d'Asie) aux « Démocraties ».

En ratifiant cette hiérarchie contestable, R. Cooper a proposé une typologie d'inspiration néo-kantienne où il identifie trois grandes régions du monde totalement distinctes. Il s'agit d'abord des régions prémodernes qui regrouperaient, pour l'essentiel, les anciennes colonies en état de décomposition avancée, et connues sous le nom infâmant d'« Etats voyous » ou encore d' « Etats faillis ». Cette partie du monde vivrait dans un état de nature hobbesien, la guerre anarchique de tous par tous y régnant de façon endémique. Viennent ensuite les secondes régions du monde, avec des pays dont la principale caractéristique semble être l'hubris, la démesure dans la poursuite obstinée de l'accumulation de puissance. Sont visés ici, quelques grands Etats émergents du Sud tels que la Chine, l'Inde et le Pakistan. Les troisièmes régions du monde enfin engloberaient les démocraties capitalistes avancées de l'Europe, promptes à renoncer à l'usage de la force entre elles, tout en poursuivant la construction des réseaux d'interdépendance, l'exemple étant l'Union européenne.

Cette hiérarchie part de la reconnaissance souvent explicite de la validité universelle des droits de l'individu, abstraction faites de la différence des nations, des cultures, des civilisations. C'est ainsi que la version des droits de l'homme promue par la Déclaration universelle des droits de l'homme, s'érige en « certificat de conformité », qui ne mérite aucun questionnement. La supériorité de ces droits doit être reconnue par tous, quitte à entrer en conflit avec tant avec les différentes traditions culturelles nationales qu'avec le sacro-saint principe de souveraineté des Etats reconnu par la Charte des Nations Unies.

En outre, il doit être reconnu aux seules démocraties libérales, l'autorité morale et le droit de protéger les individus et les peuples menacés par les régimes autoritaires, où que ce soit dans le monde. Ont également droit à la protection des Etats démocratiques, les minorités linguistiques, religieuses, culturelles ou sexuelles vivant sous la menace permanente des tyrans et des Etats voyous. Les individus et les communautés vivant dans les Etats faillis doivent eux aussi être préservés de l'insécurité et du chaos, notamment en cas de guerre civile. Dans tous ces cas, l'internationalisme libéral prévoit le recours à la force.

Cooper affirme que l'impérialisme libéral est devenu un impératif moral et une nécessité historique là où, comme dans les régions du tiers-monde, « le chaos est la norme et la guerre une manière d'être ». Il y aura donc une application différenciée de la règle, selon qu'il s'agit des ex-colonies et ou des démocraties libérales. Ces dernières sont invitées à appliquer la loi entre elles, dans le cadre d'un système de sécurité ouvert et coopératif. En revanche, « lorsqu'il s'agit d'Etats situés en dehors du continent postmoderne européen, nous devons revenir aux méthodes plus dures d'une ère précédente : la force, l'attaque préventive, la ruse, bref, tout ce qui est requis pour s'occuper de ceux qui vivent encore dans la guerre de tous contre tous du 19e siècle ». L'auteur précise que « même si les mots empire et impérialisme sont devenus des termes d'opprobre dans le monde postmoderne, les opportunités, sinon la nécessité de la colonisation sont aussi grandes qu'elles l'étaient au XIXe siècle ». Aussi, conclut-il, « il nous faut aujourd'hui une nouvelle forme d'impérialisme, acceptable du point de vue des droits humains et des valeurs cosmopolitiques ».

Comme nous l'avons vu plus haut avec Séraphin Moundounga, les élites africaines compradores, qui ont parfaitement assimilé le catéchisme libéral des droits de l'homme, n'ont cessé d'inviter l'Union européenne et l'OTAN à discipliner et à éduquer aux droits de l'homme et à la démocratie, les Etats africains réfractaires à ces valeurs cardiales.

En 2020, l'historien camerounais Achille Mbembé a publié un article intitulé : « Les Etats voyous d'Afrique centrale sont les derniers avatars de la Françafrique». Cet article apparaît comme un simple avatar de la doctrine de l'Internationalisme libéral. L'auteur y invite la France et ses partenaires de l'Union européenne et de l'OTAN à intervenir militairement dans les pays d'Afrique centrale, question d'écarter des régimes jugés non-démocratiques. Achille Mbembé présente ces pays comme des « Etats voyous », ou encore des « régimes tyranniques », prompts à manier la « matraque » et les « balles réelles » pour mater ceux qui leur résistent. Dans un style caricatural et hyperbolique – question de mieux noircir le tableau et de justifier moralement une intervention militaire -, l'auteur qualifie ces Etats africains de « créatures monstrueuses », ou encore de « véritables cartels », gouvernés par des satrapes « pouvoiristes », des « tyrans séniles et jouisseurs », chez qui le « déchaînement le plus brutal des instincts inférieurs » est la règle.

Ainsi, se résumerait l'Etat postcolonial, prototype même de l'Etat voyou, tel que décrit par Cooper. Comme tels, ces organisations politiques monstrueuses attirent nécessairement un devoir/droit d'ingérence et une intervention militaire à but humanitaire. Les démocraties libérales, qui incarnent la vertu et la civilisation, sont ici sommées de sauver les peuples en danger d'extermination, de mettre fin au chaos, d'installer la démocratie bafouée et de faire respecter les droits de l'homme.

Achille Mbembé est un adepte de l'impérialisme libéral. A la demande du gouvernement français, il est l'auteur du Rapport sur « les nouvelles relations Afrique-France ». Ce rapport qui a servi de document de travail au Sommet Afrique-France de Montpellier du 8 octobre 2021, s'inquiète de « la montée en puissance des pays asiatiques dans la production mondiale et, en particulier, au projet de puissance que représente la Chine », présentée comme « une puissance autoritaire ». L'auteur rejoint ainsi l'Alliance Atlantique, dans sa condamnation des « puissances autoritaires », en rivalité avec les démocraties libérales. Comme l'OTAN, Mbembé s'inquiète de voir « le périmètre d'action de la Chine [s'étendre] de la mer de Chine méridionale jusqu'en Afrique ». Selon l'auteur, ce périmètre s'appuie de colossales surcapacités commerciales et industrielles qui permettent à cette « puissance froide, vorace et insatiable » de recourir au « surendettement pour s'assurer du contrôle des ressources africaines dont elle a besoin pour son ascension ».

Dans ce contexte international marqué « par la recrudescence de la concurrence géopolitique », Mbembé souligne l'urgence d'un « axe afro-européen ». Les commentaires suivant la publication du Rapport de Montpellier ont fait émerger l'idée d'un rééquilibrage de la relation historique avec l'Europe, continent qui n'aurait d'autre choix que de favoriser l'émergence de l'Afrique au sein d'un grand ensemble eurafricain, « en compétition avec le bloc asiatique dont le modèle social, politique et culturel serait « en décalage avec notre trajectoire ». Ainsi est écartée l'hypothèse d'un partenariat stratégique avec la Chine, cette dernière manquant d'attractivité, notamment au regard des valeurs démocratiques. Au point des idées et des valeurs, la Chine ne serait qu'une puissance stérile, n'ayant « développé aucun concept universel susceptible d'accompagner son expansion globale ». « Sur le monde », précise l'auteur, « elle n'a produit aucun discours alternatif susceptible d'enflammer l'imagination planétaire et de relancer les rêves humains de liberté et de plénitude ». « Puissance purement matérialiste », le modèle de croissance économique chinois reposerait essentiellement « sur la destruction, sur une échelle jamais vue auparavant, des ressources de la planète ». Aussi, « dans ce rapport entre l'Afrique et la Chine, on ne voit en effet rien si ce n'est la poursuite d'une économie d'extraction ». A cette « puissance sans idée », stérile et grossière, l'auteur oppose l'attractivité naturelle de l'Amérique, symbolisée par la « plénitude de New-York » qui serait « plus qu'une ville – une Idée au rendez-vous de l'esprit, de la matière et des mondes » ; « une Idée, comme signe et comme utopie » hautement séduisante.

Bibliographie

Barisitz, S. and Radzyner A. (2018), "The New Silk Road: Implications for Europe", SUERF Policy Note, Issue No 25, January.

Bond, I. (2017), "The EU, the Eurasian Economic Union and One Belt, One Road: Can they work together?", Policy brief, 16 March 2017, Center for European Reform.

Cheng, G. (2017), « Le sens théorique et l'innovation de « une Ceinture, une Route » », Économie du Nord, Centre de recherche sur le développement du

Conseil d'État [J] 2017(10)

Cheng, L.K. (2016), "Three questions on China's "Belt and Road Initiative", China Economic Review 40, 309–313.

Commission européenne (2018), "Connecting Europe and Asia – Building blocks for an EU Strategy", Brussels, 19.9.2018 JOIN(2018) 31 final.

Cosentino, B., Dunmore D., Ellis S., Preti A., Ranghetti D. & Routaboul C. (2018), « Étude réalisée pour la commission TRAN : La nouvelle route de la soie - débouchés et défis pour le transport européen », Direction générale des politiques internes.

Dai, M. (2016), « La voie suivie par l'économie chinoise pour monter en puissance », Bulletin de l'Observatoire des politiques économiques en Europe 35, 15-23.

Duchâtel, M. (2018), « Les nouvelles routes de la soie, enjeux maritimes? ». Colloque : Les nouvelles routes de la soie, la stratégie de la Chine, Fondation Res Publica, 4 juin.

Duchâtel, M., & Sheldon-Duplaix A. (2018), "Blue China: Navigating the Maritime Silk Road to Europe", Policy Brief, European Council on Foreign Relations, 23rd April.

Ekman, A. (dir.), Nicolas F., Pajon C., Seaman J., Saint-Mézard I., Noisseau du Rocher S., & Kastouéva-Jean Tatiana (2018), « La France face aux nouvelles routes de la soie chinoise », Études de l'Ifri, octobre.

Huang, Y. (2016), "Understanding China's Belt & Road Initiative: Motivation, framework and assessment", China Economic Review 40, 314–321.

Jia, K. (2017), « Comment peut-on gagner tous avec « une Ceinture et une Route » ? », Economie n° 17, 9-9

Levitin, O., Jordan-Tank M., Milatovic J. & Sanfey P. (2016), "China and South-Eastern Europe: Infrastructure, trade and investment links". European Bank for Reconstruction and Development (EBRD).

Liu, L.G. (2016), "Europe and China in the Global Economy in the Next 50 Years: A Partnership for Global Peace and Stability", Intereconomics 51(1), 37-42.

Liu, S., & Yang L. (2018), « Risque et importance de la construction stratégique « une ceinture, une route » », Économie collective de la Chine, n° 32 (novembre), 47- 48.

Martin, Claude (2018), « Quelle stratégie chinoise derrière les nouvelles routes de la soie ? », Colloque : Les nouvelles routes de la soie, la stratégie de la Chine, Fondation Res Publica, 4 juin 2018, Paris. Zhai, F. (2018), "China's belt and road initiative: A preliminary quantitative assessment", Journal of Asian Economics 55, 84-92.

10. Le rêve chinois : analyse realiste d'un projet de puissance au XXIe siecle, *Dr Sylvain Ndong Atok*

Introduction

Aujourd'hui, de toutes les puissances à forte projection dans le monde, c'est la Chine qui dispose des plus ambitieux programmes ou projets de puissance sur la scène internationale (Erikson, 2019 : 74). Depuis l'arrivée au pouvoir du Parti Communiste Chinois (PCC) en 1949 à l'issue de la guerre civile, l'ambition géopolitique de la Chine a toujours été de retrouver sa grandeur dans le concert des nations. Cette ambition a connu un regain d'intérêt avec l'arrivée au pouvoir en 2012 de Xi Jinping. A cet effet, on a assisté à une formulation explicite de ce projet de puissance connu sous la notion de rêve chinois (Brown, 2018). Par le biais de cette notion qu'il a ressuscité pour une histoire glorieuse de son pays dans le monde, Xi Jinping a pour objectif de faire de la Chine une fois de plus une grande puissance, respectée tant à l'intérieur qu'à l'extérieur. Autrement dit, il s'agit du projet de la renaissance, du renouveau et de la grandeur de la Chine sur la scène internationale. Pour Xi Jinping, il était important de forger un nouvel imaginaire narratif, de recentrer le rôle du parti communiste chinois comme garant du bien être de ses populations, comme faiseur de paix, de prospérité et de justice, bref de remplir sa mission historique qui consiste à essuyer les larmes des humiliations longtemps subies par ce pays de la part des puissances occidentales et japonaise et, par conséquent, de se poser comme un rempart dans la bataille que la Chine est appelée à remporter au cours de ce siècle (Brown, 2018).

A cet effet, qu'appelle-t-on rêve chinois et en quoi consiste-t-il ? Quelles sont ses moyens ou ses instruments de réalisation voire d'opérationnalisation sur la scène internationale ainsi que ses finalités géopolitiques ? Ce projet de puissance peut-il se réaliser eu égard à la résistance à l'hégémonie à laquelle la Chine est confrontée sur la scène internationale non seulement en Asie, sa région d'appartenance géopolitique, mais aussi, dans les autres parties du monde où elle affronte la rivalité des autres prétendants au trône du monde ? Quels sont les principaux défis auxquels son ambition géopolitique est confrontée et comment doit-elle réagir pour réussir à faire face à la méfiance voire à la défiance auxquelles elle fait face de la part des autres puissances sur la scène internationale ? L'ambition de cette réflexion est de comprendre et d'analyser le projet de puissance de la Chine sur la scène internationale tel qu'il a été reformulé sous la notion de rêve chinois par Xi Jinping. Pour cela, le postulat central de cette réflexion consiste à montrer que la Chine, en dépit de sa rhétorique officielle qui tend à camoufler ses intentions, a un projet de puissance. Celui-ci se manifeste à travers le projet des nouvelles routes de la soie dont les visées sont centrées aussi bien sur la modernisation de la marine chinoise que sur la sécurisation des routes maritimes dont elle dépend pour ses importations et pour son enrichissement. Toutefois, elle rencontre des difficultés dans l'opérationnalisation de son ambition géopolitique autant en Asie orientale et méridionale où elle fait face à de nombreuses contestations des frontières maritimes, que dans d'autres parties du monde où les puissances à forte projection comme les États-Unis et l'Inde tentent de contrecarrer ses ambitions de puissance.

Cette problématique s'inscrit dans les explications fournies par le réalisme offensif de John Mearsheimer. A cet égard, l'objectif des États-Unis de refaire le monde à leur propre image à travers l'institutionnalisation de l'ordre libéral à la fin de la Guerre froide s'est révélé être une « *grande désillusion* » (Mearsheimer, 2018). L'échec de cet ordre libéral peut s'expliquer par une pluralité de raisons notamment les écueils liés à l'imposition de la démocratie, les inégalités socio-économiques induites par la mondialisation, l'émergence de la Chine et le retour de la Russie sur la scène internationale. L'émergence de ces deux puissances permet de passer d'un système unipolaire à un système multipolaire et de dramatiser, par la même occasion, les rivalités de puissance et la quête des intérêts nationaux sur la scène internationale (Mearsheimer, 2019). L'actualité internationale récente centrée sur la guerre en Ukraine et son corollaire à savoir la bipolarisation du monde, confirme le postulat de la résurgence du réalisme dans l'interprétation et l'analyse des relations internationales. Ainsi, il s'agira, à travers une analyse binaire, de présenter d'une part, les routes de la soie comme instrument de matérialisation ou de réalisation du rêve chinois (I) et, d'autre part, d'examiner les principaux défis auxquels cette ambition de puissance fait face (II).

Les routes de la soie comme instrument de matérialisation du rêve chinois sur la scene internationale

Le projet des routes de la soie a été proposé aux dirigeants de l'ASEAN en 2013 par Xi Jinping lors de sa visite dans cinq pays membres de cette institution d'intégration régionale. Il vise à développer des relations multiformes entre la Chine et les États de l'Asie du Sud-est notamment dans le domaine maritime (Sukjoon, 2015 : 53-54). Les routes de la soie comprennent deux dimensions : une route de la soie économique allant de la Chine à l'Europe en passant par l'Asie et une route maritime de la soie du XXIe siècle qui va du Sud-est de l'Asie au Moyen-Orient et à l'Afrique en passant par l'océan Indien (Erickson, 2019 :84). C'est davantage sur cette route maritime que nous allons nous appesantir dans cette étude. Pour concrétiser cette ambition de construction des nouvelles routes de la soie, un fonds de 40 milliards de dollars a été activé en février 2015 pour fournir des capacités d'investissement et de financement aux économies et aux acteurs privés tout au long de cette route. Il s'agit de développer des zones de libre-échange qui seront constituées en réseau pour stimuler la collectivité régionale préconisée par la Chine et ses voisins. Le 9 novembre 2014, le président chinois précise que l'objectif visé est de « *briser le goulot d'étranglement de la connectivité en Asie* » (Eudeline, 2016 :180). Dans la première partie de cette analyse, il sera question à la fois de comprendre la notion de rêve chinois comme un projet de puissance de la Chine sur la scène internationale (A) et de traiter de la quête d'une véritable puissance maritime par la Chine dans le cadre de la réalisation de la route maritime de la soie (B).

Le rêve chinois comme projet de puissance sur la scène internationale

La notion de rêve chinois occupe une place centrale dans la compréhension et l'analyse de la politique de la Chine depuis 2012 tant sur le plan interne qu'externe. Comme tous les concepts, il fait l'objet d'un investissement intellectuel qui vise à comprendre autant son sens propre que les connotations et les non dits qui en découlent. L'un des auteurs qui s'est longuement penché sur cette notion est sans contexte Kerry Brown. Pour cet auteur, le rêve chinois est le projet de régénération, du renouveau de la grandeur de la Chine dans le concert des nations. Ce concept se fonde sur le communisme à la chinoise qui met davantage l'accent, non pas sur la lutte des classes entre prolétaires et bourgeois comme ce fut le cas en URSS, mais sur la paysannerie ou sur les ruraux. Il n'est pas un projet créé ou forgé par Xi Jinping mais par le parti communiste dès son arrivée au pouvoir en Chine en 1949. Xi est juste celui qui tente, en se fondant sur les acquis de ses prédécesseurs, de mieux l'appliquer à la situation actuelle de la Chine (Brown, 2018).

En d'autres termes, le rêve chinois désigne, en utilisant les mots de Xi Jinping, « *une grande renaissance de la nation chinoise qui puisse se tenir debout solidement et puissamment parmi toutes les nations du monde en faisant une grande contribution à l'humanité* » (Brown, 2018 : 29). La Chine se pense globalement et envisage le monde sous son égide. C'est la mission prométhéenne de la Chine, une réplique de la destinée manifeste américaine. C'est elle qui est au centre du monde et par conséquent en constitue le guide approprié. C'est un hymne que Xi Jinping entonne en direction de son peuple pour la libération et le refus des humiliations passées. Vue sous ce prisme, le rêve chinois se fonde sur l'histoire, non pas pour s'y complaire, mais pour trouver des ressources pour faire face à l'adversité. Ce rêve a pour objectif de s'assurer que la Chine, avec son histoire faite de souffrance, de victimisation et d'humiliations coloniales entre les mains des étrangers, ne retournera jamais à sa faiblesse ou sa vulnérabilité d'antan (Brown, 2018 : 36).

Sans constituer uniquement une notion pour l'histoire fut-elle proche, le rêve chinois s'enchâsse également dans les préoccupations et les aspirations profondes du peuple chinois. Pour ce peuple, la notion semble simple mais aussi puissante : améliorer leurs conditions de vie et bénéficier des mêmes opportunités que celles des peuples des pays développés (Brown, 2018 : 48). C'est donc un projet qui se situe au croisement du passé, du présent et du futur. Il n'est pas uniquement un enjeu de politique internationale mais également un enjeu de politique interne qui touche au bien être et à l'amélioration des conditions de vie des Chinois. Il fait également partie de la stratégie déclaratoire (l'une des quatre composantes de la stratégie militaire à côté de la stratégie des moyens, de la stratégie opérationnelle et de la stratégie organique qui peut s'observer à travers non seulement les discours des officiels d'un pays, mais aussi et surtout dans les livres blancs de la défense, la diplomatie de défense ou encore dans les exercices militaires multinationaux) des dirigeants chinois en direction des autres acteurs sur la scène internationale. La notion de rêve chinois est peut-être l'une des plus grandes propagandes idéologiques réactualisées par Xi Jinping depuis qu'il est arrivé au pouvoir. En 2012, il appelait le peuple chinois à réaliser le rêve chinois comme une grande renaissance du pays. Ce rêve de la revitalisation de la nation est une continuation des discours sur le retour de la Chine à la grandeur. Le projet des routes de la soie apparaît donc comme la réalisation sur la scène internationale du rêve chinois (Kwum-Sun Lau, 2020 : 167).

Quelle que soit la définition de la puissance qu'on décide d'adopter, qu'elle soit classique relevant du monde de la géopolitique ancienne ou nouvelle ou qu'on la rattache aux puissances mondialisées, il semble qu'elle s'applique convenablement à l'initiative la ceinture et la route comme projet de puissance. Le concept de puissance mondialisée a été forgé récemment par Bertrand Badie dans son entreprise de déconstruction de la puissance et de la géopolitique même s'il n'y semble pas être parvenu puisque les rapports de force et la puissance constituent toujours l'essence des relations internationales contemporaines. La guerre qui se déroule actuellement en Ukraine est illustrative à cet égard. Pour lui, une puissance mondialisée est un concept idéal-typique, qualifiant un État capable de s'insérer dans la mondialisation de manière optimale c'est-à-dire en en retirant le maximum d'avantages individuels tout en créant un ordre global collectivement profitable. Au regard de cette définition, la puissance, ne s'entend plus comme un cumul des ressources, ni l'imposition d'une relation humaine à son avantage, mais comme la capacité de l'acteur qui peut maîtriser l'événement, quel qu'il soit et atteindre efficacement l'objectif fixé (Badie, 2021). Que la puissance soit appréhendée du point de vue matériel (*hard power*) comme cumul des ressources, voire à partir des éléments perceptuels (*soft power*), ou du point de vue des relations humaines, elle semble constituer l'objectif ultime poursuivi par la Chine sur la scène internationale. Le rêve chinois admet des projets qui s'inscrivent dans la binarité géopolitique (Thual, 1996 : 20). D'une part, il s'agit de réaliser des ambitions géopolitiques sur la scène internationale notamment la modernisation de la marine ou la quête d'une puissance maritime véritable qui passe forcément par la mise en œuvre de la route maritime de la soie au XXIe siècle. D'autre part, la Chine compte lutter contre les menaces qui pèsent sur l'orientation globale de sa politique sur la scène internationale. À ce niveau, il s'agit à la fois des conflits maritimes interétatiques dans son voisinage, des rivalités interétatiques avec l'Inde ou avec les États-Unis et la sécurisation des routes maritimes. Dans un cas comme dans l'autre, l'initiative de la ceinture et la route semble constituer une réponse idoine aux yeux de Pékin dans la réalisation d'un des objectifs du rêve chinois.

La quête d'une véritable puissance maritime dans le contexte de l'initiative de la ceinture et la route

La Chine a un rapport complexe avec la mer. Elle est parmi les premiers États à avoir domestiqué les mers et les océans à travers les voyages de l'amiral Zheng He. Mais très vite, la Chine se recroquevilla sur elle-même au point d'être surprise par les colons européens et japonais à la fin du XIXe siècle. Cette rencontre difficile pour elle, humiliante même, lui permit de prêter une attention particulière aux mers et aux océans d'autant plus qu'elle entretient, avec son voisinage, d'importants différends maritimes (Ndong, 2022 : 135). Aujourd'hui, la Chine veut renouer avec son glorieux passé maritime surtout que, se servant de l'histoire de l'humanité, elle a appris que toutes les grandes puissances qui ont dominé le monde ont toujours eu la maitrise de la mer. C'est la raison pour laquelle ses dirigeants, à travers leurs discours et leurs actes politiques et économiques, veulent faire de la Chine une « *véritable puissance maritime* » selon les mots de Si Jinping (Sukjoon, 2015).

En effet, lors du 18e congrès du parti communiste chinois qui s'est tenu en mars 2013, une place capitale a été accordée par Xi Jinping au fait de bâtir une véritable puissance maritime chinoise. Pour matérialiser cette ambition, il lui faut, de manière pacifique, sans volonté de déstructurer les règles qui régissent le système international actuel, accéder au statut de puissance globale en conformité avec la pensée de Deng Xiaoping selon laquelle il faut cacher ses talents en attendant son heure. Cette analyse semble être confortée par les analyses récentes des stratégistes chinois qui notent que les plus gros progrès dans la modernisation de la marine ont été réalisés pendant l'ère de Si Jinping. De même, la quête de la puissance maritime fait partie intégrante du « rêve chinois » qui consiste à rendre la Chine puissante et prospère sur la scène internationale. Les divers projets de la Chine depuis quelques années notamment la route maritime de la soie visent à parachever sa puissance maritime et à accéder au rang de grande puissance mondiale (Sing Yue Chan, 2022 ; Zhiguo Kong, 2017).

Cela passe par la modernisation de son armée car, comme l'a observé pertinemment Joseph Henrotin, la puissance militaire chinoise est au service de la réalisation du rêve chinois (Henrotin, 2019). De ce fait, la marine chinoise a fait des progrès considérables tant du point de vue quantitatif que du point de vue qualitatif. Du point de vue qualitatif, la PLAN (*People 144ibération Army Navy*) est passée d'une force côtière à une autre ayant une capacité hauturière en expansion. Cette capacité va au-delà de la guerre antisurface dans laquelle la marine était traditionnellement forte pour incorporer la guerre anti-aérienne robuste et des capacités améliorées en matière de guerre anti-sous-marine. Les capacités en matière de guerre antisurface continuent de s'améliorer avec l'entrée en service de missiles plus puissants et pouvant être lancés depuis les plateformes aériennes, de surface sous-marines ou côtières. Les capacités de guerre-anti-aérienne sont sans doute l'un des changements les plus remarquables notamment avec les systèmes de défense ponctuelle à courte durée. La PLAN a fait dans ce domaine des avancées significatives qui ont été considérablement aiguillonnées par l'acquisition de systèmes russes (Koh, 2019 : 82). En outre, il convient de souligner les capacités croissantes des sous-marins chinois : les nouvelles constructions seraient plus silencieuses et plus meurtrières. La PLAN a également acquis une capacité d'attaque terrestre crédible, notamment si ses sous-marins et ses principaux combattants de surface sont dotés de missiles YJ-18 par exemple. Pour couronner le tout, le progrès qualitatif le plus remarquable réalisé par la PLAN au cours de ces quinze dernières années a été l'acquisition d'une capacité de porte-avions (Koh, 2019 : 82).

Outre la modernisation de la marine chinoise, l'approvisionnement en énergie constitue une priorité essentielle de la sécurité nationale pour la Chine dans le cadre de la nouvelle route de la soie maritime du XXIe siècle. La sécurité énergétique est considérée comme trop importante pour être réglée par les seules forces du marché, la prospérité de la Chine étant de plus en plus exposée au risque de pénurie induit par les lois de l'approvisionnement international, à l'instabilité chronique qui règne dans les régions exportatrices de pétrole et aux aléas de la géopolitique énergétique mondiale. L'approvisionnement en énergie est donc au centre des préoccupations des dirigeants chinois, qui s'attachent à trouver les sources d'énergie au-delà de leurs frontières. Dans ce sens, la sécurité énergétique de la Chine constitue le premier ingrédient dans le maintien de la croissance et de la prospérité économique de la Chine. Ses importations viennent majoritairement de l'Asie du Sud, du Moyen-Orient et de l'Afrique subsaharienne (Cole : 2016 : 7). Dans cette région, la Chine importe le pétrole de l'Angola, du Soudan, de la République du Congo, de la Guinée Équatoriale et du Nigeria. En 2020, la Chine importait environ 25% de sa consommation en pétrole (Olayiwola, 2020 : 61).

De ce fait, du point de vue de la stratégie navale, cette dépendance de la Chine à la mer confirme les postulats de Julian Corbett selon lesquels la mer n'est qu'une voie de communication et de flux. Dès lors, pour cet auteur, l'objet de la stratégie navale est le contrôle des communications maritimes vitales pour l'économie (Corbett, 1993 : 89). Cette thèse de Julian Corbett tranche avec les arguments d'Alfred Thayer Mahan pour qui la maîtrise de la mer a uniquement ou essentiellement des visées stratégiques. Bien que ces deux conceptions se retrouvent dans la stratégie chinoise, il est important de noter que c'est davantage pour les raisons économiques que la Chine envisage de contrôler les voies de communications maritimes. De fait, la Chine dépend principalement de cinq de ces lignes de communications pour environ 90% de son commerce extérieur. Plus fondamentalement, 60% des navires qui transitent par le détroit de Malacca sont des navires chinois (Erickson and Strange, 2017 : 74). La Chine a théorisé cette dépendance à ce détroit sous le nom de « *dilemme de Malacca* ». Ce problème est d'autant plus sérieux pour ce pays quand on considère le comportement des autres acteurs étatiques notamment ceux qui assurent la sécurisation de ce détroit. A cet égard et par mesure de rétorsion, en cas d'attaque de Taïwan, ou d'une limitation de la liberté de navigation, les États-Unis pourraient fermer le détroit à la Chine (Eudeline, 2016 : 176).

Au regard de cette dépendance maritime, Pékin construit une marine moderne dont la mission consiste, pour l'essentiel, à assurer la sécurité des routes maritimes dont dépend la nation pour ses importations énergétiques. Or, actuellement, ce sont les États-Unis qui contrôlent l'essentiel de ces routes (Cole, 2016 : 7). La route maritime de la soie du XXIe siècle vient donc à point nommé non seulement pour augmenter l'intensité des relations diplomatiques, stratégiques et économiques entre la Chine et les pays qui se situent de part et d'autre de cette route, mais aussi, pour contrôler les voies de communications maritimes, capitales pour sa course à la puissance sur la scène internationale. À titre illustratif, la présence de plus en plus remarquée en Afrique et son investissement dans la construction des bases navales notamment à Djibouti, au Mozambique, en Angola et en Namibie, répondent clairement à cet objectif de contrôle des voies de communications maritimes mondiales en vue de la participation à la compétition géostratégique qui se structure autour des mers et des océans (Ndong, 2022 : 134).

En réalité, la première partie de cette réflexion a montré que les routes de la soie constituent des projets qui visent à réaliser le rêve chinois en tant que projet de puissance de la Chine sur la scène internationale. La deuxième partie, pour ce qui la concerne, s'appesantira sur les contraintes géopolitiques liées à la réalisation du projet de puissance de la Chine sur la scène internationale.

Les contraintes géopolitiques liées à la réalisation du projet de puissance de la chine sur la scène internationale

Dans la binarité géopolitique chère à François Thual (1996 : 20), les contraintes géopolitiques constituent le versant qui rend compte des menaces auxquelles fait face un acteur sur la scène internationale dans la réalisation de ses ambitions géopolitiques. En raison du caractère compétitif voire anarchique des relations internationales, il existe des oppositions entre les ambitions géopolitiques de chacun des acteurs souverains qui composent le système international. Pour le cas particulier de la Chine, elle fait face aussi bien aux conflits maritimes interétatiques en Asie méridionale et orientale (A) qu'aux rivalités interétatiques avec les grandes puissances de la scène internationale comme l'Inde, la Russie et les États-Unis (B).

Les conflits maritimes interétatiques en Asie méridionale et orientale

L'Asie méridionale et orientale, en raison des enjeux liés à la découverte des hydrocarbures et à la projection des États en mer, est confrontée à de nombreux conflits au sujet de la délimitation des espaces maritimes. L'ensemble des pays de cette région compte s'adapter à la montée en puissance de la Chine et profiter de son potentiel économique considérable sans pour autant remettre en cause leurs intérêts sécuritaires. Ainsi, non seulement aucun d'entre eux ne semble s'opposer frontalement à Pékin, mais aucun ne semble s'aligner simplement sur Pékin (Bondaz, 2019 : 21). De même, Pékin est devenu trop gourmande en exigeant des concessions sans contrepartie à ses partenaires plus faibles qu'elle et menace les Philippines et le Vietnam pour obtenir le contrôle des îles stratégiques en mer de Chine méridionale (Obama, 2020 : 627). En effet, il existe de nombreux différends maritimes dans ces deux régions autant entre la Chine et le Japon qu'entre la Chine et les autres pays de l'Asie méridionale. La rivalité avivée entre la Chine et le Japon se fonde sur l'histoire notamment l'annexion de la Chine par le Japon de connivence avec les puissances occidentales au XIXe siècle. Les différends sur la délimitation des espaces maritimes entre la Chine et le Japon se sont apaisés par l'accroissement des échanges commerciaux entre les deux pays, confortés par le traité de paix et d'amitié signé en 1978. Toutefois, la découverte des hydrocarbures au large des îles Senkaku (Diaoyu) a fait rebondir un litige opposant Tokyo et Pékin à propos de leurs droits respectifs sur ces atolls (Badie, 2021 : 210).

On sait que cette tension est corrélée avec le renforcement sensible de la marine chinoise dans la mer de Chine et avec le développement d'un contentieux de même nature l'opposant aux autres voisins (Philippines, Vietnam, Malaisie, Brunei, sans oublier le cas particulier de Taiwan). Les disputes portent sur une zone maritime que Pékin entend délimiter en retournant à la fameuse « ligne à neuf traits », tracée par la Chine avant même la mondialisation et l'instauration du régime communiste, en parfaite conformité avec les préceptes les plus classiques de la sécurité nationale (Badie, 2021 : 210). Dans cette perspective, Pékin entend imposer la perception de ses droits maritimes à tous ses voisins. C'est la raison pour laquelle elle n'accepte aucune décision des tribunaux internationaux qui serait contraire à la représentation qu'elle se fait de son intérêt national sur ces questions.

Les rivalités interétatiques entre la Chine, les États-Unis, l'Inde et la Russie

Les États-Unis et la Chine sont les deux plus grandes puissances sur la scène internationale actuellement. En dépit de leur coopération dans de nombreux domaines, ils sont engagés dans des rivalités farouches autant sur le plan économique que sur le plan stratégique (Goldstein, 2015). Ainsi, de nombreux auteurs estiment que la guerre entre les États-Unis et la Chine pour l'accession au leadership mondial est probable (Rosecrance and Miller, 2015 ; Allison, 2017). L'un des plus grands défenseurs de cette thèse est le politiste américain John

Mearsheimer. Pour lui, le conflit semble inévitable dans la mesure où la Chine est en train de rattraper son retard à l'égard des États-Unis du point de vue de la puissance globale (Cole, 2016 : 2-3). En tout état de cause, qu'on soit belliciste ou non, il semble évident que les deux États sont rentrés dans une grande compétition dont l'issue semble incertaine pour l'instant.

De ce fait, les deux grandes puissances utilisent chacun des politiques et des stratégies pour prendre le dessus sur son rival. Les États-Unis, pour ce qui les concernent, continuent d'approfondir leurs relations avec leurs alliés d'Asie-Pacifique comme le Japon, la Corée du Sud, l'Australie et la Nouvelle Zélande. Pour ce faire, ils échafaudent des projets de coopération dans le domaine économique et stratégique. C'est dans ce sens qu'on peut analyser leur stratégie de pivot vers l'Asie mise en place officiellement en 2012 par l'administration Obama (Show, 2014 ; Pant and Joshi, 2016). Contrairement aux dénégations du président Barack Obama, le concepteur de cette stratégie, qui tend à faire croire que celle-ci visait uniquement à réaffirmer les liens économiques avec leurs partenaires dans la région, l'objectif du pivot vers l'Asie était et reste de contenir la Chine et de ralentir sa croissance (Obama, 2020 : 628). Les rivalités stratégiques et économiques entre la Chine et les États-Unis se sont renforcées ces dernières années avec le mandat de Donald Trump, les épisodes de la gestion nationaliste et souveraine de la pandémie du COVID 19 et le soutien indéfectible que la Chine accorde à la Russie dans la guerre en Ukraine.

C'est aussi dans cette perspective qu'on peut analyser l'intérêt de Washington pour la zone indopacifique qui rentre également dans la stratégie du pivot vers l'Asie en tant que place centrale de déploiement de la géostratégie maritime des États-Unis. Du point de vue des priorités stratégiques, les Américains se penchent davantage sur la zone indopacifique pour contrer la montée en puissance militaire de la Chine. En 2017, la *National Security Stratégy* de l'administration Trump officialise une nouvelle approche tendant à faire des océans Pacifique et Indien une même zone stratégique, l'Indopacifique. Dans la foulée, le département de la Défense annonce rebaptiser le *Pacific Command* l'*Indo-Pacific Command* afin de mieux souligner les conséquences opérationnelles de cette stratégie. Toutefois, cette rénovation de la politique américaine reflète moins la centralité de l'océan Indien que son extension aux problématiques asiatiques et plus particulièrement à celles ayant trait à l'expansion maritime chinoise (Samaan, 2019 : 37-38). L'émergence à Washington de l'idée d'une zone indopacifique souligne donc de cette manière le fait que ce n'est encore que les rapports de force asiatiques que l'océan Indien peut être compris.

En outre, on peut analyser les deux derniers programmes économiques mondiaux lancés par les États-Unis comme une réponse à l'initiative chinoise de la ceinture et de la route. Pour Washington, les routes de la soie constituent un piège pour la dette pour les pays pauvres puisqu'elles les enferment dans la dette et dans la dépendance financière avec pour objectif ultime l'extension de l'influence mondiale de la Chine. Dans cette présentation, on comprend que c'est le modèle de partenariat proposé aux pays africains par la Chine qui est visé, en raison du rôle central accordé à l'État et non au secteur privé. Pour soutenir la rivalité avec la Chine, la banque de développement des États-Unis pousse en avant le secteur privé. Ainsi donc, soutenue par un plafond d'investissement de 60 milliards de dollars, l'objectif de l'agence est de faire progresser un modèle dirigé par le secteur privé en fournissant des financements, des assurances ou d'autres outils financiers là où à ceux provenant de sources commerciales sont indisponibles ou insuffisants (Nkolo, 2022 : 10). C'est dans cette logique que les États-Unis ont mis en place deux programmes notamment *Build Back Better World* et le partenariat pour l'infrastructure et l'investissement mondiaux. Le programme *Build Back Better World* a été lancé par le président américain Joe Biden à l'occasion du sommet du G7 en 2021. Il s'agissait, à travers cette initiative, de répondre à l'influence croissante de la Chine sur la scène internationale et de rivaliser avec les routes de la soie défendues par ce pays. Les pays occidentaux veulent aussi, par ce biais, prouver la supériorité des valeurs libérales. Le partenariat pour l'infrastructure et l'investissement mondiaux, pour ce qui le concerne, a été lancé en juin 2022 à la faveur du sommet du G7 qui s'est tenu en Allemagne avec l'intension de mettre sur pied un programme d'infrastructures de 600 milliards de dollars (Nkolo, 2022 : 10).

Pour faire face à ce défi posé par les États-Unis et leurs alliés en Asie, la Chine adopte deux postures géopolitiques dont l'ambition est de briser le bloc et de faire face à la stratégie du *néo-containment* à laquelle elle fait face. La première posture géopolitique de la Chine consiste à mettre sur pied des programmes de coopération économique avec les alliés de Washington dans la région. De ce fait, la Chine a signé avec quinze (15) pays d'Asie et du Pacifique, le 15 novembre 2020, le partenariat économique global. Il s'agit, outre de la Chine, du Japon, de la Corée du Sud, de l'Australie, de la Nouvelle Zélande et les dix pays de l'Association des pays de l'Asie du Sud-est à savoir l'Indonésie, la Thaïlande, de Singapour, de la Malaisie, des Philippines, du Vietnam, de la Birmanie, du Cambodge, de Laos et de Brunei (Tallel, 2020). L'accord couvre environ le tiers de la population mondiale, près de 30% du PIB de la planète et environ 40% des échanges commerciaux qui s'y effectuent (Badie, 2021 : 211). Du point de vue des acteurs étatiques parties à cet accord, hormis les pays de l'ASEAN dont les relations diplomatiques avec la Chine semblent excellentes, on constate qu'il s'agit des alliés des États-Unis en Asie Pacifique. Dans une posture réaliste, il y est question, non pas d'une tension entre souverainisme et intégration régionale comme semble le suggérer Bertrand Badie (2021 : 211), mais d'une instrumentalisation de la coopération régionale au profit de la satisfaction des intérêts nationaux, donc du souverainisme. De ce fait, il s'agit d'un projet géopolitique de la Chine avec pour objectif de desserrer l'étau que Washington semble construire autour d'elle, comme ce fut le cas pendant la Guerre froide avec l'URSS, pour l'empêcher d'accéder au leadership mondial. Cet investissement économique et diplomatique semble avoir pour objectif d'approfondir voire de réaliser projets économiques de la route de la soie qui vise à accroître l'interdépendance économique de la Chine avec ses voisins et son influence politique, mais aussi une stratégie de propagande externe afin d'atténuer les perceptions internationales d'une menace chinoise (Bondaz, 2019 : 21).

La deuxième posture géopolitique de la Chine est la mise en œuvre stratégie du déni d'accès connu sous l'acronyme de A2/D. L'acronyme A2/AD désigne une approche stratégique qui a pour but de s'opposer à un adversaire dont le potentiel militaire est supérieur au sien. L'option privilégiée dans le cadre de cette stratégie est d'empêcher l'ennemi de s'approcher d'une aire géographique contestée ou d'y contraindre fortement sa liberté de manœuvre. Il est ainsi incapable de venir au contact et de faire valoir toute sa puissance militaire. Par « *anti-access* », on désigne les actions de l'ennemi qui inhibent les mouvements militaires vers un théâtre d'opérations. Elles reposent généralement sur les capacités de longue portée. « *Area denial* » désigne les activités qui tentent de nier la liberté d'action militaire au sein d'opérations sous le contrôle de l'ennemi. Elles s'appuient plutôt sur les capacités à courte portée (Noel, 2017 : 9). Il s'agit pour la marine chinoise de s'opposer ou de compliquer la tâche aux porte-avions américains en Asie ou dans le Pacifique. L'objectif ultime de Pékin, à travers l'usage de cette stratégie de déni d'accès, est de contraindre les États-Unis de se retirer de l'océan Indien et Pacifique afin de réaliser l'invasion de Taïwan et, à terme, de reconstituer son unité nationale.

La Chine et la Russie, en tant que pays voisins, ont un contentieux sur des milliers de kilomètres de leurs frontières communes. L'expansion russe en Asie depuis le XVIIe siècle s'est faite au détriment de la Chine, qui s'est vue enlever, au XIXe siècle, par les traités inégaux, plus de 1,5 million de km2 en Asie intérieure et sur la côte maritime notamment sur sa province maritime où les Russes ont fondé Vladivostok (Couteau-Bégarie, 1987 : 186). C'est dire que les relations entre les deux pays ne sont pas toujours au beau fixe. Il existe une méfiance réciproque entre Pékin et Moscou au sujet du contrôle du *Heartland* de Halford Mackinder. Chacune de ces puissances espère prendre l'ascension sur l'autre et s'imposer comme le leader de cette plaque tournante de la géopolitique contemporaine dans un contexte de remise en cause de l'hégémonie américaine (Brzezinski, 1997). Cela est d'autant plus plausible qu'à côté de ces contentieux historiques, la Chine se remémore toujours le schisme qui est intervenu dans ses relations avec l'URSS dans les années 1960 et du refus de son partenaire d'antan de l'accompagner dans l'obtention de son arme nucléaire. Toutefois, il convient de noter que les relations entre Moscou et Pékin semblent aujourd'hui cordiales pour au moins deux raisons. La première raison concerne leur interdépendance économique. La Chine et la Russie sont des partenaires commerciaux importants sur la scène internationale. La Chine a acquis des équipements militaires de dernière génération auprès de la Russie et les entreprises chinoises sont très présentes en Russie.

Cet argument pourrait donner l'illusion de la pertinence du libéralisme en tant que théorie des relations internationales avec l'enracinement du paradigme du doux commerce ou de la paix par le commerce. Cependant, deuxièmement, c'est davantage la haine commune que ces deux acteurs entretiennent à l'encontre de l'Occident qui semble être l'argument décisif de leur rapprochement diplomatique et stratégique. La Russie de Poutine semble nostalgique de la période de la Guerre froide et espère prendre sa revanche sur Washington afin de bousculer les cartes de la géopolitique mondiale. Comme la Russie, la Chine souhaite réaliser, par le biais du rêve chinois, sa renaissance et l'ascension à l'hégémonie planétaire en prenant le dessus sur les États-Unis pour restructurer le système international à son image. C'est cet argument qui explique davantage la convergence de vue entre la Chine et la Russie au sujet de la guerre en Ukraine. C'est dire que l'argument réaliste explique mieux le déploiement de la Chine et de la Russie sur la scène internationale actuelle.

En dépit de l'appartenance commune de la Chine et de l'Inde à de nombreux fora de coopération comme le BRICS (Brésil, Russie, Inde, Afrique du Sud) ou le BASIC (Brésil, Afrique du Sud, Inde, Chine), des pays émergents dont l'ambition géopolitique semble de contester l'ordre international ancien issu de la Seconde Guerre mondiale (Badie, 2021), les deux pays entretiennent, sur le plan stratégique, des contentieux importants tant sur l'espace terrestre qu'en mer. L'initiative la ceinture et la route apparaît comme un cauchemar pour l'Inde. Ainsi, l'Inde a toujours été méfiante à l'égard de la Chine à propos de son soutien au Pakistan sur le Cachemire. L'Inde entretient aussi des relations difficiles avec le Bangladesh, le Sri Lanka et le Népal, ses voisins et alliés traditionnels de Pékin. Ces alliances sont très importantes pour la Chine dans la structuration de son initiative relative à la ceinture et à la route. À ces tensions plus ou moins voilées, s'ajoutent des accrochages successifs à leur frontière commune (Badie, 2021, 212). Sur le plan maritime, les rivalités entre l'Inde et la Chine sont considérables au regard des postures géopolitiques que ces deux pays adoptent notamment dans l'océan Indien et l'océan Atlantique. L'Inde a toujours considéré l'océan Indien comme sa sphère d'influence traditionnelle. Or, cette perception de l'océan Indien s'oppose aux représentations géopolitiques chinoises qui mettent en avant le contrôle de cette géosphère maritime non seulement pour ses approvisionnements en pétrole, mais aussi et surtout pour contrôler les nœuds géostratégiques que sont le détroit d'Ormuz, le Canal de Suez, la mer Rouge et le détroit de Malacca. Il semble clair que c'est pour réaliser ces objectifs que Pékin a forgé le projet de nouvelle route de la soie du XXIe siècle. Dans l'océan Atlantique, l'installation par Pékin d'une base aérienne pour les activités spatiales en Uruguay semble être vécue avec beaucoup de circonspection à New Delhi (Ndong, 2022 : 132).

Au total, la deuxième partie de cette réflexion a abordé la problématique des contraintes géopolitiques liées à la réalisation du projet de puissance de la Chine sur la scène internationale. Il y est apparu que ce sont les conflits maritimes interétatiques en mer de Chine orientale et méridionale de même que les rivalités interétatiques qui opposent la Chine aux autres grandes puissances comme l'Inde et les États-Unis qui obèrent la réalisation de ce projet de puissance. Il s'agit fondamentalement des arguments réalistes dont l'opprobre subi aujourd'hui contraste avec sa pertinence dans l'analyse et l'interprétation des relations internationales.

Conclusion

En somme, l'objectif de cet article était de dévoiler le projet de puissance de la Chine que la rhétorique officielle, à travers le référentiel de la coopération gagnant-gagnant, essaie de camoufler dans l'optique d'endormir ses concurrents et d'accéder, sans le moindre obstacle, au leadership du monde. A travers la notion du rêve chinois, qui semble devenir le rêve du monde à mesure que la Chine se globalise, c'est l'avenir du monde qui se joue. La Chine semble devenir une puissance agressive et offensive au fur et à mesure que ses intérêts croissent surtout sur les plans économique et stratégique. Le rêve chinois passe par la réalisation de ses principaux projets parmi lesquels la ceinture et la route. Ces derniers doivent révéler le fait que la Chine semble devenir également une grande puissance maritime et dispute, à travers le contrôle des lignes de communication maritimes pour la sécurité de ses approvisionnements, la maîtrise de la mer aux États-Unis, le *thalassocrator* ou la thalassocratie actuelle sur la scène internationale. Cela a amené de nombreux changements dans la posture de la Chine en politique étrangère. L'un des changements majeurs est sans contexte la réévaluation du principe de Deng Xiaoping selon lequel il faut cacher sa force en attendant son heure. Ici, la Chine ne cache plus sa force puisqu'elle pense que son heure est arrivée.

Le deuxième changement majeur qu'on a observé dans le déploiement de son action internationale concerne sa non-implication dans les affaires intérieures des États (Hodzi, 2019). Ce principe participait de l'autoprotection de la Chine vis-à-vis du monde extérieur et notamment des États-Unis qui encourageait Taïwan dans son irrédentisme. Aujourd'hui, ce principe semble révolu et la Chine est intervenue dans les affaires internes de plusieurs États en Afrique comme le Zimbabwe. Toutefois, les autres États tant d'Asie que les États-Unis, avec qui plusieurs auteurs à l'instar de John Mearsheimer, annoncent l'imminence d'une guerre, essaient de s'organiser pour briser l'ascension de la Chine à la suprématie mondiale. De ce point de vue, la problématique centrale des relations internationales de ces prochaines années sera sans doute la transition de puissance sur la scène internationale. Sera-t-elle pacifique ou conflictuelle ? Seul l'avenir le dira et le réalisme en tant théorie des relations internationales, qu'on le veuille ou non, aura encore de la pertinence dans l'analyse et l'appréhension de cette transition de puissance à laquelle on semble inéluctablement s'acheminer.

Bibliographie

Abegunrin O. and Manyeruke C. (2020), China's Power in Africa : A New Global Order, London, Palgrave Macmillan. (Ouvrage)

Allison G. (2017), Vers la guerre : l'Amérique et la Chine dans le piège de Thucydide ? Paris, Odile Jacob. (Ouvrage)

Badie B. (2021), Les puissances mondialisées : repenser la sécurité internationale, Paris, Odile Jacob. (ouvrage)

Berlie J. A. (ed), (2020) China's Globalization and the Belt and Road Initiative, London, Palgrave Macmillan. (ouvrage)

Bondaz A, (2019), La Chine dans son contexte sécuritaire, dans *Défense et sécurité internationales*, Hors Série N° 68. (article)

Brown K. (2018), China's Dream : the Culture of Chinese Communism and the secrets sources of its Power, Cambridge, Polity Press. (ouvrage)

Brown K (2018), The World According to Xi : Everything You Need to Know about the New China, London and New York. (ouvrage).

Brzezinski Z., (1997) Le grand échiquier : l'Amérique et le reste du monde, Paris, Bayard. (ouvrage)

Chow P. C.Y (2014) (ed), The US-Strategic Pivot to Asia and Cross-Strait Relations : Economics and Security Dynamics, London, Palgrave Macmillan. (ouvrage)

Cole B. D. (2016), China Quest for Great Power : Ships, Oil and Foriegn Policy, Annapolis, Naval Institute Press. (ouvrage)

Corbett J. (1993), Principes de stratégie maritime, Economica et FEDN. (ouvrage)

Couteau-Bégarie H. (1987), Géostratégie du pacifique, Paris, IFRI. (ouvrage)

Erickson A. S. (2019), « China » in Balzacq T., Dombrowski P. and Reich S. (ed), Comparative Grand Strategy : A Framework and Cases, Oxford University Press. (article)

Eudeline H. (2015), La nouvelle puissance maritime de la Chine et ses conséquences, dans *Stratégique*, N°109. (article)

Goldstein L. (2015), Meeting China Halfway : How to Difuse the Emerging US-China Rivalry, Washington, Georgetown University Press. (ouvrage)

Henrotin J., (2019), De la puissance militaire comme réalisation du rêve chinois, dans *Défense et sécurité internationales*, Hors Série N° 68, Octobre-Novembre, pp. 9-12. (article)

Hodzi O. (2019), The End of China's Non-Intervention Policy in Africa, London, Palgrave Macmillan. (ouvrage)

Koh S. L. C., (2019), Quels progrès pour la marine chinoise ? dans *Défense et sécurité internationales*, hors série N° 68, pp. 80-84. (article)

Kwum-Sun Lau R., (2020), Africa-China Relations in the Context of Belt and Road Initiative : Realising Africa-Chinese Dreams for Common Development ? in Berlie J. A (ed), China Globalization and Belt Road Initiative, London, Macmillan. (article)

Mearsheimer J. (2018), The Great Delusion : Liberal Dreams and International Realities, New Haven, Yale University Press. (ouvrage)

Mearsheimer J. (2019), Bound to Fail : The Rise and Fall of the Liberal International Order, in *International Security*, Vol 43, Issue 4, pp. 5-50. (article)

Ndong A. S. (2022), Géostratégie maritime en Afrique centrale, Paris, Publibook. (ouvrage)

Nkolo Foe (2022), « Le financement du développement dans les pays pauvres : les objectifs géostratégiques du G7 », *Mutations*, n° 5612 du mercredi 29 juin. (article)

11. La construction d'une communaute d'avenir partage Chine-Afrique : de la promotion du développement vert a la defense de la paix et la liberté, *Dr Pascal Armel Ella Ella*

Introduction

La nouvelle configuration des relations entre la Chine et l'Afrique a connu de nouvelles perspectives depuis les deux dernières décennies. Face à l'ampleur des contraintes diplomatiques, il s'est forgé une donne commune travaillée autour de la communauté d'avenir partagé, que le Président XI JINPING posait dans un discours le 29 Novembre 2021 en présence du Chef d'Etat sénégalais MACKY SALL. Ce logiciel de la Conférence ministérielle du forum sur la coopération sino-africaine, est articulé autour des missions conjointes des deux entités à mettre en place un chapitre de solidarité face aux bouleversements[60] de la scène internationale[61]. Il se trouve que, le bénéfice mutuel sino-africain favorise l'amitié et la coopération consacrées depuis le sommet de Beijing de 2018. La communauté d'avenir partagé, est le socle de cette ingénierie géopolitique[62]. Il s'agit en fait de promouvoir et transmettre de génération en génération l'esprit

---

[60] Badie B. & Smouts M-C. (1992) : Le retournement du monde, Sociologie de la scène internationale, Presses de la fondation nationale des Sciences Politiques, Dalloz, Paris.
[61] Badie B.(2016) : « La scène internationale » Revue Futuribles, n°411, Février 2016.
[62] Dussouy G.,(2010): « Conceptualiser et (re) Problématiser la géopolitique sans faire de théorie », L'Espace Politique, 12, 2010-3.

d'amitié et de coopération Chine-Afrique[63] suivant la construction d'un nouveau type de relations internationales. La communauté d'avenir partagé Chine-Afrique dans la nouvelle ère, rentre dans la perspective multilatérale de changement de la donne impérialiste et colonialiste. Les différents acteurs concernés abordent une voie de la coopération internationale, articulée autour de la recherche du plus grand bien et des intérêts partagés. La Chine et l'Afrique entendent former un système suffisamment unifié[64] pour participer à la fixation des conditions de développement. Cette mobilité collective est une lutte contre l'hyper-occidentalisation[65] du monde, façonnée comme modèle de référence. Le temps sino-africain[66] s'impose comme le moment de défense des opprimés en guidant des rapports de coexistence pacifiques, pour faire un front contre tous les hommes blancs[67]. La responsabilité cumulée afro-asiatique met l'emphase sur les capacités communes des différentes composantes à allumer la lampe de la croissance bénéfique à tous. Plus qu'une coopération, ce cordon ombilical est un point de liaison stratégique, alimenté par les parties du monde dont l'ambition est de sortir du verrou pan-atlantique de l'économie-monde capitaliste[68].

La communauté d'avenir partagé que la Chine fonde avec l'Afrique est une philosophie communautaire[69] à partir de laquelle, chaque composante politique cherche à compenser à l'échelle collective, ce qu'il ne peut pas avoir à l'échelle individuelle. Les besoins et les potentialités des chinois et des africains forment un système de complémentarité pour illustrer la valeur intrinsèque de coopération. Cela implique que l'Asie et l'Afrique s'engagent dans un mode de vie où ils accordent une importance à l'existence d'une solidarité. Ces relations sont abordées dans une logique mondialisée au nom de l'amitié entre les peuples

---

[63] Lire le discours de Xi Jinping du 29 Novembre 2021, lors de la cérémonie d'ouverture de la 8ᵉ conférence ministérielle du FCSA.
[64] Touraine A. (1963): « Sociologie du développement ? », Sociologie du Travail, 5-2, 1963, P.P. 156 174.
[65] Bardet F. (2017): « Mondialisation, modernisation, occidentalisation : le choc des Civilisationsl, un concept centenaire ? », Caliban, 58, 2017, P.P. 81-96.
[66] Augéran X. (2016): « Temps et non-temps de la Chine en Afrique », Géoéconomie, 4, n°81, 2016, P.P. 177-195.
[67] Zaki L. (1979): « Les grandes Puissances et l'Afrique », Cahiers CHEAM, n°7, 1979.
[68] Wallerstein I. (1995) : « La violence et l'économie-Monde Capitaliste », Revue Lignes 64, 2, n°25, 1995, P.P. 48-56.
[69] Obadia L & Lwilling A. L. (2016): Minorité et communauté en religion, Presses Universitaires de Strasbourg.

anti-colonialistes. L'intrusion de la Chine en Afrique permet d'entretenir un contrat socio-culturel dont la sémantique de la participation est au centre des grands enjeux africains[70] de l'heure. Une partie de l'opinion intellectuelle estime que l'impact réel de l'expansion chinoise sur le développement africain reste encore incertain[71]. Mais l'expertise que propose la Chine prouve qu'il n'est plus facile de freiner son avancée en Afrique. Dans la poursuite de sa politique, la Chine tient à s'imposer comme le leader des pays du Sud, tout en respectant les Etats et leurs régimes politiques. Il s'agit du fonctionnement d'un système[72] de coexistence moins contraignant face aux montées vertigineuses de la Russie et des Etats-Unis, la Chine a peur de l'isolationnisme, raison pour laquelle, elle insiste sur la coopération avec l'Afrique. Les deux pôles de convergence sont conscients des enjeux stratégiques d'une fusion profitable à leurs nations respectives. La communauté d'avenir partagé est une éthique. Sa signification tient à une nouvelle socialisation[73] dans les relations internationales, ayant pour référentiel, une coopération profitable à tous et moins étouffante. Certains ont qualifié ce partenariat de « gagnant-gagnant »[74], avec des résultats vérifiables par des chiffres et des repères opérationnels dans un temps dominé par le siècle de l'engagement. Depuis le plan d'action de Pékin pour l'Afrique (2013-2015)[75] le partenariat sino-africain offre une plateforme diplomatique, illustrée par la nature changeante des projets internationaux de la Chine.

En dépit des critiques formulées contre l'expansion chinoise, l'Afrique trouve dans cette collaboration, un espace de réalisation de projets communs. Le potentiel technologique de la Chine est une opportunité de développement pour l'Afrique à l'aube de la compétition globale. L'interrogation de base est la

---

[70] Jiang Chung-L. (2003) : « Pékin et Taipeh : les enjeux africains », Géopolitique africaine, n°10, Printemps 2003, P.P.239-254.

[71] Gabas J-J. & Chaponnière J-R. (2012): Le temps de la Chine en Afrique : enjeux et réalités au Sud du Sahara, Karthala, (Hommes et sociétés), Paris.

[72] Niquet V. & Touati S. (2011) : « La Chine en Afrique : intérêts et pratiques. Essai d'analyse du mode de fonctionnement d'un système », Les Etudes de l'Ifri, 2011.

[73] Castra M. (2013): « Socialisation », in Paugam Serge (dir), les 100 mots de la sociologie, Paris, Presses Universitaires de France, Coll. « Que sais-je ? », 2013, P.P. 97-98.

[74] Choukroune L. (2013): « Robert I Rotbeng (éd.), China into Africa: Trade and influence/Deborah Brautigam, The dragon's gift: the real story of China in Africa/David H. Shinn and Joshua Eisenman, China and Africa: Acentury of engagement", Perspectives chinoises, 2013/2, 2013, P.P. 87-89.

[75] Ibid

suivante : en quoi la construction d'une communauté d'avenir partagé Chine-Afrique est-elle constitutive de développement vert et de défense de la paix et la liberté ? Les relations entre la Chine et l'Afrique illustrent des bouleversements de puissance au niveau mondial[76] ; une tentative de faire valoir le consensus de Beijing[77] comme une occasion de mettre en œuvre des politiques de développement plus efficaces. La poursuite de la tradition de solidarité entre la Chine et l'Afrique met en avant la consolidation dans la progression[78] des relations qu'on peut analyser sous l'angle de la mise en place d'un dispositif combiné pour un développement durable (I) et l'instauration d'un cadre commun de consolidation de la paix et la liberté (II).

La mise en place d'un dispositif combiné pour un développement durable.

L'un des volets de la communauté d'avenir partagé Chine-Afrique, concerne la mise en place d'un dispositif commun pour traiter des problématiques de développement durable. Le Président XI JINPING inscrivait dans son discours, le programme d'un développement vert articulé autour de l'initiative de développement durable à l'horizon 2030 (A) et l'accélération des énergies renouvelables (B).

L'initiative de développement durable à l'horizon 2030

La Chine et le continent de Samory Touré entendent défendre ensemble des initiatives de développement durable à l'horizon 2030. Ces objectifs pour l'humanité et la planète demeurent dans l'ensemble insuffisants. Mais, le logiciel

---

[76] Gabas J. & Chaponnière J. R. (dir) (2012): Le temps de la Chine en Afrique. Enjeux et réalités au Sud du Sahara, Gemdev-Karthala, Paris.
[77] Lire à ce sujet Zhiming C. (2010): « La voie chinoise de développement », Etudes Internationales, Vol. 41, n°4, décembre 2010, P.P. 455-483.
[78] Mamoudou G. & Mbibia O. (2010): « La politique africaine de la Chine montante à l'ère de la nouvelle ruée vers l'Afrique », Etudes Internationales, 41(4), 2010, P.P. 521-546.

de la gouvernance mondiale[79] intègre la protection de l'environnement[80], que les deux espaces géographiques envisagent de conserver. Les écosystèmes mondiaux sont menacés du fait de la déforestation, de la pollution atmosphérique du fait des émissions de gaz nuisibles. La Chine et le continent africain entendent combiner leurs efforts dans le but d'intégrer le référentiel fixé à l'horizon 2030. Il s'agit d'un programme à long terme, dont le principal enjeu réside dans la capacité à corriger les imperfections des projets sur l'environnement. La Chine entend africaniser la gouvernance environnementale par des actions stratégiques susceptibles de s'adapter aux exigences géographiques et socio-démographiques du Continent. La Chine a compris l'urgence d'une adaptation de sa politique étrangère aux spécificités des continents où elle construit son champ de coopération.

Forte de son expansion économique, elle offre des opportunités logistiques et financières à l'Afrique de conservation de toutes les composantes de son écosystème. « La spécificité de la Chine tient tout d'abord au fait que tous les voyants sont au rouge, indiquant souvent des niveaux de pollution supérieurs à ceux envisagés par les appareils de mesure »[81]. Ce n'est qu'un truisme de former une collaboration avec les Etats africains, pour fournir un état des lieux précis et actualisé des défis environnementaux[82]. La genèse de l'éco-conception en Chine[83] a émergé depuis le mouvement de l'environnementalisme industriel[84]. Elle est devenue un projet central et urgent pour le gouvernement de Pékin, persuadé de sa responsabilité en tant que puissante composante industrielle.

La question du développement durable devient une préoccupation majeure pour toutes les parties du monde. Elle offre l'opportunité d'envisager une action publique internationale sur des points sensibles comme la pollution, la

---

[79] Beaurin C. (2003): « Gouvernance environnementale locale et comportements économiques », Développement durable et territoires, Dossier 2, 2003.

[80] Poncet S. (2018): « Jean-François Huchet, la crise environnementale en Chine. Evolutions et limites des politiques publiques. » Perspectives Chinoises, 2018/1-2, 2018, P.P. 118-119.

[81] Ibid

[82] Huang Dai Y. et al. (2012) « La genèse de l'éco-conception en Chine dans le secteur des TIC, une exportation européenne », vertical, Vol. 12, n°2, Septembre 2012.

[83] Hoffman & Andrew. J. (1997) : From Heresy to dogma, San Francisco, The new Lexington Press.

[84] Lucotte M. (2009): « La Chine et l'environnement : pièce en quatre actes (tragédie ou comédie ?) », Vertigo-la revue électronique de l'environnement, Regards/Terrain, Février 2009.

déforestation, l'insalubrité et la désertification. Face à ces périls écologiques, l'humanité est appelée à bâtir des fronts stratégiques et productifs pour protéger l'environnement. L'Afrique est de plus en plus menacée du fait de la déforestation et des contraintes liées à l'insalubrité urbaine[85]. L'ampleur du phénomène a provoqué une vague d'interventions dont la plus pertinente est apportée par la Chine. Il suffit de vivre dans les grandes agglomérations africaines, pour confirmer de l'intensité du réchauffement climatique et des émissions de dioxyde de carbone. Depuis 2002, la convention sur la diversité biologique a permis aux Etats d'Afrique de renforcer les dispositifs pour freiner l'érosion de la biodiversité[86]. C'est en raison de ces idées que les leçons apprises de la Chine dans le domaine de la biodiversité s'imposent.

En termes de dialogue, le processus de communication sino-africain est un outil fédérateur. Il permet de configurer les efforts d'une puissance industrielle et d'un continent dont le potentiel environnemental est menacé. Ce n'est qu'un truisme à partir du moment où l'Afrique dispose encore d'énormes réserves forestières rentables à l'humanité. Les forêts du bassin du Congo[87], constituent l'un des centres névralgiques de conservation des écosystèmes. Malgré quelques faiblesses taux, la déforestation dans le bassin du Congo a accéléré au cours des dernières années[88]. L'engagement en faveur de la protection des ressources forestières[89], a permis d'accélérer des nouvelles formes de responsabilité sociales environnementales[90]. Plus qu'une gestion intégrée des ressources naturelles, les programmes internationaux des Etats d'Afrique et de la Chine, consistent à introduire de nouvelles composantes écologiques comme la reforestation, suivant les exigences proclamées suite à la conférence internationale de Rio en 1992.

---

[85] Voundi E. et al. (2018): « Restructuration urbaine et recomposition paysagère dans la ville de Yaoundé », Vertigo, 18(3), 2018.

[86] Kasisi R. (2021): « Les perspectives de la biodiversité en Afrique subsaharienne : repenser collectivement le modèle de gestion », Vertigo, Vol. 12, n°2, Septembre 2021.

[87] Bakehe P. (2018): « Productivité agricole et déforestation dans le bassin du Congo », Economie rurale, 366, 2018, P.P.5-19.

[88] Reyniers C.: « Agroforesterie et déforestation en République démocratique du Congo. Miracle du mirage environnemental ? », Mondes en développement, vol. 3, n°187, P.P. 113-132.

[89] Bakehe P. (2020): « L'effet de la démocratie sur la dégradation de l'environnement : le cas de la déforestation dans le bassin du Congo », Développement durable et Territoires, Vol. 11, n°3, Décembre 2020.

[90] Ibid

En effet, « la Chine est passée au premier rang dans les émissions de dioxyde de soufre »[91], malgré l'instauration d'une Chine plus verte, les dirigeants portent des renforts à l'Afrique dans le but de planifier un éco-développement rentable à la planète. L'initiative pour le développement mondial fait de la coopération rationnelle son repère d'action. Le changement climatique et le développement vert sont des domaines prioritaires pour la Chine et l'Afrique. Ce partenariat inclusif et ou vert forme une synergie d'efforts afin d'influencer un nouvel élan du système de protection de l'environnement[92]. L'émergence d'un débat sur la responsabilité sociale des entreprises, tient à la tendance actuelle d'envisager un développement durable à la fois en termes environnementaux et en termes sociaux[93]. Cette exigence est indispensable pour moderniser l'économie[94] en instaurant des lignes directrices en matière de conservation énergétique par exemple.

L'accélération des énergies renouvelables

La problématique actuelle des énergies renouvelables[95] figure dans les préoccupations de la coopération énergétique chinoise. Le nouvel itinéraire diplomatique de la Chine réside dans la vulgarisation de son innovation technologique pour des besoins d'adaptation du développement à l'équilibre économique. La Chine a annoncé depuis 2011 un plan de construction d'une société durable, respectueuse de l'environnement à partir des énergies non-fossiles ou peu carbonées. Il ressort de cette logique que l'Afrique dispose d'un potentiel énergétique utilisé de manière embryonnaire[96]. Les résidus agricoles, la houille Sud-africaine[97] par exemple sont des facteurs à prendre en compte pour

---

[91] Meidan M. (2007) « La Chine pratique le « Colonialisme écologique » à ses propres dépens. », Perspectives chinoises, 2007/1, 2007.
[92] Guiheux G. (2006): « L' « entreprise citoyenne » en Chine », Transcontinentales, 3, 2006, P.P. 15-29.
[93] Olga V. & Yann R., (2014): « La Chine en transition énergétique : Un virage vers les énergies renouvelables ? », Vertigo, Vol. 14, n°3, Décembre 2014.
[94] Gautier H. (2012): « Les énergies renouvelables », Terminal, 111, 2012, P.P. 123-124.
[95] Magrin G. (2007): « L'Afrique Sub-Saharienne face aux famines énergétiques », EchoGéo, 3, 2007.
[96] Ibid
[97] Ochozias Gbaguidi A. K. (2017): « L'intégration par l'énergie : quels progrès 50 ans après le traité d'Abuja ? », Revue Interventions économiques, Hors-série, Transformations, 2017.

une alimentation énergétique. Comme pour les agro-énergies, le continent africain n'est doté de ressources suffisantes pour la production d'électricité[98]. En dehors des gisements de charbon d'Afrique australe[99], le continent est propice à l'énergie solaire et à l'extraction de l'uranium[100] au Niger. Ce niveau de ressources est favorable à la Chine, qui entend faire chuter la dépendance au pétrole. Bien que la technologie nucléaire ne soit pas bien maîtrisée en Afrique, des lueurs s'annoncent à Pékin dont l'ambition est de devenir un géant de l'industrie des énergies renouvelables. Désormais, la production d'énergie solaire est de plus en plus compétitive, face à l'électricité issue des combustibles fossiles comme le gaz naturel. La dimension internationale dans l'industrie solaire chinoise passe par la forte présence de ses industriels sur le marché mondial[101]. C'est à ce titre que l'Afrique adapte des cadres règlementaires à la spécificité des projets solaires, à des usages domestiques ou communautaires[102]. C'est par cette raison que la communauté de destin partagé, permet de conclure de nouveaux accords sur le développement durable, en insistant sur les énergies renouvelables. Ce référentiel a d'ailleurs une dimension éthique, car le but partagé réside dans la capacité à produire la richesse, tout en respectant les intérêts des générations à venir. La base d'un tel raisonnement réside dans un refus de compromettre les ambitions économiques de l'humanité. La robustesse d'une coopération à l'aube de l'intensification des enjeux s'impose par la qualité des problématiques développées.

De plus en plus la Chine est orientée vers un champ de relations travaillé autour de l'industrie verte et les enjeux subséquents pour un monde à la recherche d'un équilibre socio-économique. En dehors de la promotion du développement durable, la communauté d'avenir partagé Chine-Afrique porte aussi sur la paix et la liberté.

---

[98] Ibid

[99] Meierding E. (2011): « La sécurité énergétique en Afrique subsaharienne », Rev. Internationale de Politique de développement, 2, 2011, P.P. 55-73

[100] Schwoob M. H. (2012): « Les énergies renouvelables en Chine : l'enjeu de la coopération internationale », Centre asia : eu, note d'actualité, Septembre 2012.

[101] Bantaleb N. (2004): « L'électrification rurale décentralisée dans le Sud », Vertigo, Vol. 5, n°1, mai 2004.

[102] Mésini B. (2003): « Entre diversité, solidarité et souveraineté des peuples, quelle(s) autre(s) mondialisation(s) ? » Mots. Les langages du Politique, 71, 2003.

L'instauration d'un cadre commun de consolidation de la paix et la liberté.

L'engagement sino-africain s'inscrit davantage dans la perspective d'une fondation de la paix et des usages de la liberté face à un monde en crise permanente. Pour vaincre les difficultés du 21ᵉ siècle, les rapports entre Etats doivent explorer les enjeux sécuritaires afin de façonner des actions de maintien de la paix au service de la souveraineté des peuples[103]. Cette révolution de la coopération internationale[104] s'explique par la poursuite d'une politique en matière de sécurité et de promotion de la paix (A) et l'accroissement des instruments de la non-intervention dans les affaires intérieures de l'Etat (B).

La poursuite d'une politique de sécurité et de promotion de la paix.

La Chine et l'Afrique conjuguent les efforts pour instaurer la paix et la sécurité dans un contexte où les menaces terroristes[105] et les autres formes de conflits inondent les relations interétatiques[106]. Les évènements du 11 Septembre 2001 ont marqué un tournant quant à la montée du terrorisme dans les enjeux mondiaux[107]. Face à ces défis, la diplomatie sino-africaine s'engage à mettre en acte « des aides militaires à l'Union Africaine… dans le but de lutter contre le terrorisme et le contrôle d'armes légères et de petit calibre »[108]. En effet, l'Afrique est devenue la base arrière de divers groupes djihadistes nuisibles. Il devient pressant de présenter des stratégies conjointes dans la lutte contre ces entrepreneurs du crime à travers des missions d'interposition que la Chine entend appuyer. Isolée par l'Occident, la Chine cherche un soutien avec tous les pays africains nonobstant leur idéologie. Cette présence croissante sur le

---

[103] Perroulaz G., & Carbonnier G. (2010): « Evolutions et enjeux de la coopération internationale au développement », International Development Policy Review, 1, 2010, P.P. 149-169.
[104] Choquet C. (2001): « Le terrorisme est-il une menace de défense ? », Cultures et Conflits, 44, 2001, P.P. 19-64.
[105] Ethier D. (2010): Introduction aux relations internationales, Presses de l'Université de Montréal, 4ᵉ éd., Paramètres, 2010.
[106] Cilliers J. (2004): « l'Afrique et le terrorisme », in Afrique contemporaine, La revue de l'Afrique et du développement, n°209, 1, 2004, P.P. 81-100.
[107] Discours de Xi Jinping (29 novembre 2021).
[108] Roulley S. & Long J. (2018): « Terrorisme, Violences Politiques et maintien de l'ordre »Journal des anthropologues, 154-155, 2018, P.P. 137-160.

continent africain s'attache à la volonté de renforcer la coopération militaire[109]. La Chine a signé des accords de fourniture de matériel militaire avec la Namibie, l'Angola, l'Erythrée, le Zimbabwe[110] et le Soudan. Il est également intéressant de constater que les contributions des forces militaires chinoises de maintien de la paix se concentrent en majorité en Afrique. La tendance a été confirmée en 2008, lorsque la Chine déployait 9 000 casques bleus et se trouvait parmi les plus grands contributeurs[111]. Depuis 2004, la Chine participe à des exercices militaires communs[112] pour une couverture de sécurité préventive afin de consolider des programmes d'assistance conjoints. Contrairement aux américains et français, la Chine n'a actuellement pas de bases militaires en Afrique[113], mais elle forme davantage des officiers africains à des exercices opérationnels pour des besoins occasionnels en temps de crise. Avec les nouvelles formes de pacification[114], la Chine poursuit des objectifs de sécurité humaine[115] non seulement pour identifier des considérations stratégiques et militaires, mais davantage socio-économiques. En effet, la Chine connaît une longue tradition de conflits depuis trois ou six siècles[116]. Cette culture de l'antagonisme a permis de forger une identité de la sécurité issue de la réforme de la pensée qui avait cours dans le Goulag[117] et les milieux académiques. Depuis des lustres, la Chine s'est présentée comme une puissance pacifiste. Elle a pris des engagements destinés à prévenir et à maîtriser les dangers existentiels. Dans un processus d'optimisation, elle s'est engagée dans des actions en faveur de la paix. La Commission de la sécurité nationale donne par exemple à Xi Jinping le contrôle indirect sur la sécurité

---

[109] Tanguy Struye de Swielande (2011): La Chine et les grandes Puissances en Afrique, Presses Universitaires de Louvain, P.P. 25-73
[110] Ibid
[111] Ibidem
[112] Brookes P. (2005): « China's influence in the Western hemisphere », in Heritage Lectures, n°873, 19 Avril 2005.
[113] Tanguy Struye de Swielande, Op.cit.
[114] Frécon E. (2021): « Conflits halieutiques en mer de Chine du Sud : impacts sur la gouvernance maritime », Vertigo, Hors-série 33, mars 2021.
[115] Ibid
[116] Bianco L. (2001): « Conflits villageois dans la Chine du XXe siècle », Etudes rurales, 157-158, 2001, P.P.45-64.
[117] Andrieu, J. (1995): « Les gardes rouges : des rebelles sous influence », Cultures et conflit, 18, été 1995.

nationale et extérieure[118], en partant des propositions de maintien de la stabilité sociale[119]. La Chine post maoïste travaille de plus en plus dans les opérations de stabilité et des résolutions des conflits[120]. Dans un esprit de bonne gouvernance[121] la Chine tisse des accords avec les Etats africains pour défendre les droits de l'Homme. Cela suppose que, les deux composantes interagissent pour que le monde n'entre pas dans un cycle conflictuel comme les premières et deuxième guerres mondiales. La particularité de ce type de relation est que, les objectifs partagés participent à la réalisation des politiques publiques internationales de paix et de sécurité, dans un environnement où dominent les logiques terroristes. Le monde, à l'âge global, ne connaitra véritablement la paix que lorsque, les différentes parties du monde s'ouvriront la sacralisation des relations humaines, et c'est ce qui est fait dans la relation sino-africaine. C'est dans cette fascination que se trouve le ressort de l'engagement des chinois et des africains. La promotion d'une politique du Tiers monde traduit la communauté de destin partagé Chine-Afrique. Elle est renforcée par un symbole de solidarité stratégique nourri par les principes de coexistence. Le soutien de la Chine en matière sécuritaire, donne l'occasion d'accroître des instruments de la non-intervention dans les affaires intérieures de l'Etat.

L'accroissement des instruments de la non-intervention dans les affaires intérieures de l'Etat.

Contrairement au discours véhiculé, la Chine est un chantre de la liberté et des droits de l'Homme qu'elle entend proclamer avec les Etats africains. Sa politique de non-intervention dans les affaires endogènes des Etats avec lesquels elle coopère est l'occasion de poser la problématique du « soft power ». Pour Joseph Nye, « la puissance au XXIe siècle reposera sur un mélange de ressources

---

[118] Dimitar D. Gueorguiev, (2018): « Dans l'ombre du dictateur : l'élite Politique Chinoise à l'ère de Xi Jinping », Perspectives Chinoises, 2018/1-2, 2018.
[119] Florence E. (2017): « Demandes sociales, gouvernance et médiation intellectuelle en Chine post maoïste », Tracés. Revue de Sciences humaines, # 17, 2017.
[120] Benney J.: « Weiner at the grassroots: China's stability maintenance apparatus as a means of conflict resolution », Journal of Contemporary China, Vol. 25, n°99, P.P. 389-405.
[121] Wang Qinghua & Guo Gang, Yu keping and Chinese intellectual discourse of good governance", The China Quaterly, n°224, P.P. 985-1005.

dures et douces »[122]. Cette logique fait de la diplomatie publique chinoise, un espace où la composante culturelle devient un élément important de la compétitivité internationale. Pour renforcer sa solidarité et sa coopération avec les pays africains, elle développe des échanges sur le plan culturel, sans accorder un intérêt particulier aux affaires politiques internes des Etats. En raison de son histoire récente marquée par le siècle d'humiliation, la Chine est méfiante envers toute forme d'ingérence ou d'interférence dans les affaires d'un Etat. Pour garantir les droits culturels de base et les intérêts des gens[123], elle prend conscience de tenir compte des réalités pour accroître son prestige moral. Bien que la Chine ait été dans un dilemme aigu dans l'intervention auprès du régime soudanais en 2007[124], elle essaie de plus en plus de séparer la politique des affaires. La donne officielle est celle de la « non-ingérence »[125] en Afrique[126]. Dans ce climat de « dépolitisation[127] » l'Etat de Chine invoque les préoccupations de développement pour faire de la stabilité sociale son référentiel d'action. Même si, une dépolitisation n'est pas totalement possible, la Chine s'efforce de façonner ses intérêts dans les couloirs économiques, et les structures du modèle de l'économie de marché. Cette conception façonne l'image de la Chine comme un Etat à la politique moins belliqueuse, parce qu'elle investit sa représentation au plan culturel. C'est le but de la prolifération des instituts Confucius, pour conclure des accords culturels et octroyer de nombreuses bourses aux étudiants africains.

La Chine est en outre persuadée que sa collaboration avec l'Afrique dont les fondements ont été établis à la Conférence de Bandung, constitue la fondation d'une coopération forte. En confirmant son statut de non-aligné sur le continent africain, elle n'est pas soumise au passé troublant des empires occidentaux. Le

---

[122] Nye J.(2002 : 12) : The paradox of American power: why the world's only superpower can't go it alone, Oxford University Press.
[123] Cité dans Wang Y., « Public diplomacy and the rise of Chinese soft power », In the Annals of the American Academy of Political and Social Science, March, 2008, P. 258.
[124] Lire dans Michel S., Beuret M., La Chinafrique. Pékin à la conquête du continent noir, Paris, Grasset, 2008, P. 279.
[125] David N. (2016) : « Jean Pierre Cabestan, la Politique internationale de la Chine. Entre intégration et volonté de Puissance », Lectures, Les comptes rendus, Février 2016.
[126] Cité dans Jiang. W., « China's emerging Pataer in Africa », Rothberg. R. I. (ed.), China into Africa: Trade, Aid and influence, Brooking institution Press, Washington DC, 2008, P.55.
[127] Hui Wang (2009) : « Politique de dépolitisation» et « caractère public » des médias de masse », Extrême-Orient, Extrême Occident, 31, 2009, P.P. 115-177.

vocabulaire stratégique chinois insiste sur la caractéristique de pays en développement pour bénéficier de l'estime à l'égard du Continent. Son statut de membre permanent du Conseil de Sécurité des Nations Unies lui permet de soutenir certains pays africains et poursuivre de ce fait les missions d'un avenir communément partagé. Sous couvert d'objectifs moraux à des rites chinois et africains entendent participer à une « noopolitik »[128], dans la façon d'exprimer les idées, les normes d'une diplomatie douce. A travers la consécration du principe de la non-intervention dans les affaires intérieures des Etats[129], la Chine entend poser la continuité de la liberté des peuples. Cette vocation participe à assainir sa posture géopolitique, contrairement aux stéréotypes qui lui étaient attribués par des détracteurs. Dans une formule d'intégration[130] la Chine aborde son ascension[131] en comptant sur le soutien de l'Afrique. Les évolutions structurelles du régime Chinois tant sur le plan domestique qu'international[132], ont provoqué d'énormes lancements de réformes et d'ouverture. C'est ainsi que « la Chine réalisera pour l'Afrique dix projets dans les domaines de la paix et de la sécurité, continuera de mettre en œuvre les aides militaires à l'Union Africaine »[133]. Cet accompagnement en vue de restaurer la stabilité se poursuit dans les domaines de la liberté des peuples que plusieurs grandes puissances ont souvent bafoués. Cette idée est davantage accentuée par le fait que, la Chine n'a pas été une puissance impérialiste, elle entend poursuivre, accompagner les ex-colonisés et promouvoir les idéaux de justice et de liberté. L'avenir de l'humanité repose dans le type de relation que la Chine entreprend, sans opposer de heurts à d'autres Etats. L'Afrique se joint à cette ingénierie collective pour assurer son développement

Face à une pollution atmosphérique atroce, la Chine et l'Afrique craignent

---

[128] Idriss J. (2015) : la noopilitique : le pouvoir de la connaissance, Fondation sur l'innovation politique, novembre 2015.
[129] Herlement-Zoritchak N. (2009) : « droit d'ingérence » et droit humanitaire : les faux amis », Humanitaire, 23, décembre 2009.
[130] Cabestan Jean-P. (2015) La politique internationale de la Chine. Entre intégration et volonté de puissance, Les Presses de Sciences Po.
[131] Pino-Guérassimoff C. (2011) : La Chine dans le monde : panorama d'une ascension. Relations internationales de 1949 à nos jours, Ellipses Marketing.
[132] Paul André (2014): La Chine aujourd'hui. Dynamiques domestiques et internationales, Presses Universitaires du Septentrion.
[133] Discours de Xi Jinping du 29 novembre 2021 à la cérémonie d'ouverture de la 8e Conférence ministérielle du Forum sur la coopération sino-africaine.

tous la dégradation de l'environnement. Le virage vers les énergies renouvelables sonne comme la solution idoine pour assurer à l'humanité un service international de développement durable. En Chines, les hydrocarbures sont moins utilisés que le charbon[134] même si le gouvernement de Pékin a su diversifier ses sources d'hydrocarbures[135] pour des raisons stratégiques. Mais, « depuis les années 2000, le gouvernement chinois a multiplié des actions en faveur de l'environnement et du développement durable et a adopté plusieurs nouvelles directives et règles en matière de conservation et d'efficacité énergétique… »[136]. La crise écologique et énergétique actuelle a permis de réajuster les structures industrielles, de distribution et de consommation d'énergie. Plusieurs sources complémentaires à l'instar des ressources éoliennes, constituent une avancée en matière de couverture énergétique non fossile. L'empreinte écologique de la Chine[137] est un outil stratégique, qi permet de soutenir les investissements dans les ressources africaines, dans la mesure où l'Afrique dispose d'un énorme gisement de ressources naturelles pour les marchés européens et américains[138]. En effet, « le rapide renforcement des liens économiques avec la Chine a contribué à la forte croissance économique africaine[139]. La Chine, pays en développement peut offrir expertise adaptés aux besoins des sociétés africaines. On ne peut plus le nier, la Chine est à la pointe des énergies renouvelables, indispensables à la production énergétique rurale en Afrique[140]. La Chine du XXIe siècle impressionne son émergence sur la scène politique et économique peut entraîner une transition écologique à l'échelle planétaire[141]. La civilisation écologique développe depuis 1999, lors de la conférence scientifique de Xiang-shan à Pékin insistait sur les menaces que

---

[134] Olga V. A. et Yann R., « La Chine en transition énergétique. », Op.cit.
[135] Ibid
[136] Ibidem
[137] Bosshand P. (2011) : « Empreinte écologique de la Chine en Afrique », Alternatives Sud, 85, Vol. 18, 2011.
[138] Ibid
[139] Goldstein A. et al. (2006) : « The rise of China and India: What's in it for Africa? », OCDE, mai 2006.
[140] Spangenbeng J. (2014) : China in the anthropocene : Culprit, victim or last best hope for a global ecological civilisation ?, Bio Risk : Biodiversity and Ecosystem Risk assessment, (9), 2014.
[141] Elodie R. (2019) : « La Civilisation écologique » contrôlée par le numérique en Chine », Multitudes, 3, n°76, 2019, P.P. 86-93.

représentaient les dérèglements de l'écosystème global pour la survie de l'humanité[142]. La promotion de cette éco-innovation fait du partenariat sino-africain, une occupation de gestion systématique et technologique du progrès énergétique. A ce propos, il est intéressant de noter que les capacités africaines pourront soutenir la relance globale des énergies non-polluantes.

Conclusion

En définitive, la Chine ainsi que les Etats africains ont connu les dégâts de la colonisation. Cette machine inhumaine qui a entamé leur passé, apparait comme une ressource favorable à leur rapprochement[143]. Ce partenariat n'est pas un dénouement hégémonique, mais un front politique solide aussi bien au moyen des mécanismes bilatéraux que multilatéraux. La Chine est ainsi liée à l'Afrique par une communauté de destin susceptible de servir de soubassement à la consolidation de la solidarité et l'unité en pays anciennement colonisés. La 8ème conférence ministérielle du forum sur la coopération sino-africaine de novembre 2021 a annoncé de nouveaux engagements dans l'impulsion d'une nouvelle dynamique à l'essor du partenariat sino-africain. Sans arrière-pensées politiques, l'empire du milieu renforce le consensus de Beijing[144], depuis le Forum de coopération Chine-Afrique établi en 2000. En tant que nouvel acteur de la politique africaine, la Chine formule un dispositif diplomatique régulier, organisé autour du développement durable, des enjeux sécuritaires et de la non-ingérence dans les affaires intérieures des Etats. Les rapports entre la Chine et l'Afrique se déclinent sous forme de ce que les néolibéraux nomment interdépendance complexe[145], où s'imbriquent des logiques de compétition et de domination nuancées. Outre les présuppositions d'une partie de l'opinion publique, le discours chinois insiste sur l'ambition de réduire la marginalité de

---

[142] Ibid
[143] Ngamondi Karie Y. (2020) : « Les ressorts stratégiques du partenariat sino-africain : illusions et réalités », Vigie Afriques, volume 3, n°3, Octobre 2020.
[144] Cooper J. & Ramo (2004) The Beijing consensus: Notes on the new physics of Chinese power, The foreign policy center, London, 2004.
[145] Milner H. (2009): Power, interdependence, and non-state actors in world politics: Research Frontiers in Helen Milner & Andrew Moravcsik (eds) (2009), Princeton University Press.

l'Afrique afin d'établir une relation mutuellement bénéfique[146] de type Sud-Sud. L'obsession de se démarquer de l'Occident envers l'Afrique a toujours particularisé la Chine à travers un système d'interactions où l'élément d'évaluation est la constance de la présence chinoise[147] dans divers secteurs impliqués. L'avenir de l'Afrique se fera avec la Chine. C'est le socle d'un partenariat doux, élaboré entre deux unités ayant connu les mêmes trajectoires historiques. Dans la poursuite de son développement, l'Afrique a tissé un vaste champ de relations avec des puissances panatlantiques dont les résultats sont très mitigés. Nonobstant la vague de critique faites contre l'empire du milieu, il est indispensable de s'attacher à la Chine. Engelbert Mveng[148] dans sa lettre à Kong Fu Tseu disait : « Tu m'as ouvert toutes grandes les portes du levant. Avec les soleils éclatés comme des fruits mûrs. Tu m'as ouvert ta Chine. Ta Chine, immense, et je, suis le Bouddha de granit, sur son socle millénaire. Je suis la pagode. Et je suis la conque de bambou sur les fleuves bleus, tes fleuves jaunes. Sur l'amour, je suis ta voile de lotus ombrageant. Ton sommeil ombrageant ton réveil. Je suis ton amour ». Dans une dimension universelle poétique, Mveng envisageait déjà un tissu de relation entre l'Asie et l'Afrique. Sa préférence pour la Chine, tient au fait que, le chinois et l'africain se mêlent dans une similarité culturelle. On est tenté de dire que l'avenir de l'Afrique s'écrit avec l'Asie. Et si l'Afrique et l'Asie renforcent leurs alliances, c'est en raison du fait que, « il n'y a pas si longtemps, nombre de pays asiatiques se trouvaient dans des circonstances similaires à celles de la plupart de l'Afrique contemporaine »[149]. Et à juste titre, la « croissance PEACE »[150] s'offre comme une réponse aux limites du système économique financière international, tout autant que celui de la France. La poursuite de la tradition de solidarité pour construire un avenir partagé entre la Chine et l'Afrique signifie que les rapports et les échanges soient ciblés vers des règles applicables à tous. Néanmoins, ces relations suscitent aussi des controverses

---

[146] Banyongen S. (2014): « La dialectique du positionnement et des opinions des acteurs locaux dans le paradigme de réceptivité de la coopération chinoise en Afrique », Monde chinois 2014/2, n°38-39, P.P. 66-79.
[147] Ibid
[148] Mveng E. (1972) : Balafon, Edition Clé International.
[149] Greg M. (2020): Olusengun Obasanjo et al. modèle asiatique, Konrad Adenaueur Stiftung, Brenthrust Foundation, mars 2020.
[150] Emanuely L. (2014) : « Pour une croissance partagée entre l'Afrique, la Chine et l'Europe », Géoéconomie (choiseu) 82, 5, n°72, 2014, P.P. 121-138.

importantes et traduisent des asymétries d'une coopération économique et financière à géométrie variable. Il s'agit d'un géant qui nourrit des ambitions relationnelles avec une entité dont les bases de développement embryonnaires sont nuancées par la dépendance à l'Occident et le relais de la mal-gouvernance[151]. L'Afrique est à la croisée des chemins. Elle est désormais confrontée aux préoccupations de développement dont le centre de réflexion est la formation d'un nouveau partenariat. Même si la Chine offre d'énormes opportunités, il est urgent en raison des séquelles du colonialisme[152], de procéder à la refondation de l'Etat africain[153] à partir de la lutte pour l'échange culturel équitable. Même si le concept de destin partagé produit des effets à travers une solidarité agissante, la nature et la définition du partenariat sino-africain ne devraient pas constituer une fin. Il est urgent de faire avancer les prédispositions de développement d'une Afrique coincée dans les mailles du sous-développement de la dépendance monétaire[154] surtout en zones francs CFA, de la pauvreté et des crises politiques. Ces situations imposent à l'Afrique, la nécessité d'impulser une génération de leaders capables de poser la refondation de l'Etat postcolonial en panne, capables en même temps de mieux défendre les intérêts des populations en restant attentifs aux enjeux d'un monde en perpétuelles mutations.

Bibliographie

Agulhon C. (2007) : « L'école post-coloniale. Des séquelles indissolubles », Cahiers de la recherche sur l'éducation et les savoirs, 6, 2007, P.P.343-347.

André P. (dir.) (2014) La Chine aujourd'hui. Dynamiques domestiques et internationales, Presses Universitaires du Septentrion, 2014.

Andrieu J. (1995) : « Les gardes rouges : des rebelles sous influence », Cultures et conflit, 18, été 1995.

Augéran X. (2016) : « Temps et non-temps de la Chine en Afrique »,

---

[151] Bangui T. : La mal-gouvernance en Afrique Centrale, Malédiction des ressources naturelles ou déficit de leadership ? Etudes africains, Série Economie, L'Harmattan.
[152] Agulhon C. (2007) : « L'école post-coloniale. Des séquelles indissolubles », Cahiers de la recherche sur l'éducation et les savoirs, 6, 2007, P.P.343-347.
[153] John O. (2010) : « Une nouvelle génération de leaders en Afrique : quels enjeux ? », Revue Internationale de Politique de développement, 1, 2010, P.P. 119-138.
[154] Schuler K. (2003) : « Les institutions monétaires et le sous-développement : histoire et recommandations pour l'Afrique », Labyrinthe, 16, 2003, P.P. 59-82.

Géoéconomie, 4, n°81, 2016, P.P. 177-195.

Badie B & Smouts M-C. (1992) : Le retournement du monde, Sociologie de la scène internationale, Presses de la fondation nationale des Sciences Politiques, Dalloz, Paris.

Badie B. (2016) : « La scène internationale » Revue Futuribles, n°411, Février 2016.

Bakehe P. (2018) : « Productivité agricole et déforestation dans le bassin du Congo », Economie rurale, 366, 2018, P.P.5-19.

Bakehe P. (2020) : « L'effet de la démocratie sur la dégradation de l'environnement : le cas de la déforestation dans le bassin du Congo », Développement durable et Territoires, Vol. 11, n°3, Décembre 2020.

Bangui T. : La mal-gouvernance en Afrique Centrale, Malédiction des ressources naturelles ou déficit de leadership ? Etudes africains, Série Economie, L'Harmattan.

Bantaleb N. (2004) : « L'électrification rurale décentralisée dans le Sud », Vertigo, Vol. 5, n°1, mai 2004.

Banyongen S. (2014) : « La dialectique du positionnement et des opinions des acteurs locaux dans le paradigme de réceptivité de la coopération chinoise en Afrique », Monde chinois 2014/2, n°38-39, P.P. 66-79.

Bardet F. (2017) : « Mondialisation, modernisation, occidentalisation : le choc des Civilisationsl, un concept centenaire ? », Caliban, 58, 2017, P.P. 81-96.

Beaurin C. (2003) : « Gouvernance environnementale locale et comportements économiques », Développement durable et territoires, Dossier 2, 2003.

Benney J. : « Weiner at the grassroots: China's stability maintenance apparatus as a means of conflict resolution », Journal of Contemporary China, Vol. 25, n°99, P.P. 389-405.

Bianco L. (2001) : « Conflits villageois dans la Chine du XXe siècle », Etudes rurales, 157-158, 2001, P.P.45-64.

Bosshand P. (2011) : « Empreinte écologique de la Chine en Afrique », Alternatives Sud, 85, Vol. 18, 2011.

Brookes P. (2005) : « China's influence in the Western hemisphere », in Heritage Lectures, n°873, 19 Avril 2005.

Cabestan J-P. (2015) : La politique internationale de la Chine. Entre intégration et volonté de puissance, Les Presses de Sciences Po.

Castra M. (2013) : « Socialisation », in Paugam Serge (dir), les 100 mots de la sociologie, Paris, Presses Universitaires de France, Coll. « Que sais-je ? », 2013, P.P. 97-98.

Choquet C. (2001) : « Le terrorisme est-il une menace de défense ? », Cultures et Conflits, 44, 2001, P.P. 19-64.

Choukroune L. & Robert I Rotbeng (éd.) (2013) : China into Africa: Trade and influence/Deborah Brautigam, The dragon's gift: the real story of China in Africa/David H. Shinn and Joshua Eisenman, China and Africa: Acentury of engagement", Perspectives chinoises, 2013/2, 2013, P.P. 87-89.

Cilliers J. (2004) : « l'Afrique et le terrorisme », in Afrique contemporaine, La revue de l'Afrique et du développement, n°209, 1, 2004, P.P. 81-100.

Cooper J. & Ramo, (2004): The Beijing consensus: Notes on the new physics of Chinese power, The foreign policy center, London.

Dai Yue Huang et al. (2012) : « La genèse de l'éco-conception en Chine dans le secteur des TIC, une exportation européenne », vertical, Vol. 12, n°2, Septembre 2012.

David N. (2016) : « Jean Pierre Cabestan, la Politique internationale de la Chine. Entre intégration et volonté de Puissance », Lectures, Les comptes rendus, Février 2016.

Dimitar D. & Gueorguiev, (2018) : « Dans l'ombre du dictateur : l'élite Politique Chinoise à l'ère de Xi Jinping », Perspectives Chinoises, 2018/1-2, 2018.

Discours de Xi Jinping (29 novembre 2021)

Discours de Xi Jinping du 29 novembre 2021 à la cérémonie d'ouverture de la 8e Conférence ministérielle du Forum sur la coopération sino-africaine.

Dussouy G. (2010) : « Conceptualiser et (re) Problématiser la géopolitique sans faire de théorie », L'Espace Politique, 12, 2010-3.

Emanuely L. (2014) : « Pour une croissance partagée entre l'Afrique, la Chine et l'Europe », Géoéconomie (choiseu) 82, 5, n°72, 2014, P.P. 121-138.

Ethier D. (2010) : Introduction aux relations internationales, Presses de l'Université de Montréal, 4e éd., Paramètres.

Florence E. (2017) : « Demandes sociales, gouvernance et médiation intellectuelle en Chine post maoïste », Tracés. Revue de Sciences humaines, # 17, 2017.

Frécon E. (2021) : « Conflits halieutiques en mer de Chine du Sud : impacts sur la gouvernance maritime », Vertigo, Hors-série 33, mars 2021.

Gabas J. & Chaponnière J-R. (dir) (2012) : Le temps de la Chine en Afrique. Enjeux et réalités au Sud du Sahara, Gemdev-Karthala, Paris.

Gabas J-J. & Chaponnière J-R. (2012) : Le temps de la Chine en Afrique : enjeux et réalités au Sud du Sahara, Karthala, (Hommes et sociétés), Paris.

Gautier H. (2012) « Les énergies renouvelables », Terminal, 111, 2012, P.P. 123-124.

12. La Chine et l'Afrique : de l'alliance anti-impérialiste aux logiques prédatrices et hégémoniques ? Analyse de la pertinence des thèses sur la transformation des relations sino-africaines depuis 1955, au miroir de la Belt and Road Initiative, *Dr Réné Bidias*

Introduction

Cette réflexion découle d'un constat : si la littérature sur les relations sino-africaines foisonne depuis le début des années 2000, les chercheurs qui se sont penchés sur cette question peuvent être regroupé en deux courants opposés : le premier courant est constitué des auteurs qui vantent et promeuvent les relations sino-africaines, en mettant en exergue leurs avantages réciproques, selon le principe chinois du gagnant-gagnant. (Ateba Eyene 2012 ; Onana 2018; Jolly 2011 ; Brautigam 2015). L'historien camerounais Fabrice Onana Ntsa apparaît comme la tête de file de ce courant. Pour lui, la politique africaine de la Chine est restée invariable depuis 1955 (Onana 2018).

Le deuxième courant, quant-à-lui, comprend les auteurs qui critiquent les relations sino-africaines. Pour eux, bien qu'elle se fasse passer pour la sœur et l'amie du continent africain, la Chine n'est rien d'autre qu'une puissance impériale déguisée, dont le dessein inavoué est d'étendre son hégémonie en Afrique et de piller ses ressources naturelles. (Charillon 2022 ; Michel et al 2008 ; Bal & Valentin 2008 ; Laurent 2011 ; Niquet 2006 ; Servant 2005). Celui que l'on peut considérer comme la tête de gondole de ces « sino-afro-pessimistes occidentaux » est sans conteste le journaliste et écrivain Julien Wagner. Selon lui, la Chine pille purement et simplement le continent africain (Wagner 2014). Cette controverse fonde l'intérêt de la présente réflexion, avec en toile de fond, la *Belt and Road Initiative* (BRI), lancée par le président Xi Jinping, en 2013.

En effet, diversement perçue par les puissances occidentales et les pays en voie de développement (Lasserre et al 2019), la BRI donne l'opportunité de questionner la pertinence de ces courants de pensées, en inscrivant les relations Chine-Afrique dans la longue durée. S'inscrit-elle dans la continuité de l'alliance anti-impérialiste sino-africaine, ou alors s'agit-il d'un instrument de l'hégémonie chinoise en Afrique ? En d'autres termes, à l'instar des pays occidentaux dont l'acquisition de la puissance économique avait été à la base de l'élaboration des doctrines impérialistes au lendemain des progrès scientifiques et techniques qu'ils avaient réalisé, la montée en puissance de la Chine induit-elle fatalement des réflexes et des comportements hégémoniques sur la scène internationale ?

En guise de réponses provisoires à ces questionnements, l'auteur de cette étude postule que les relations sino-africaines ont certes beaucoup évolué et se sont diversifiées depuis 1955, mais la dimension anti-impérialiste qui les sous-tend demeure jusqu'ici un invariant. Elle s'exprime dans le discours chinois de politique étrangère en termes d'opposition contre l'hégémonisme des grandes puissances. Par conséquent, l'initiative la ceinture et la route ne s'inscrit pas dans une logique d'hégémonie de la Chine en Afrique. Néanmoins, les relations sino-africaines pourraient évoluer dans deux sens : soit la Chine s'allie à l'Afrique pour une cogestion des affaires mondiales, soit elle transforme l'Afrique en sa périphérie économique.

Pour procéder à la vérification de ces hypothèses, l'on s'appuie sur la théorie de l'interdépendance complexe de Robert Keohane, sur fond des méthodes historique, géopolitique, géoéconomique et géostratégique. La théorie de l'interdépendance complexe permet de montrer l'interdépendance entre la Chine et l'Afrique, en dépit de l'asymétrie de puissance entre elles. La méthode historique aide à revisiter le processus historique de construction de l'amitié et de la solidarité sino-africaine. Les méthodes géopolitique, géoéconomique et géostratégique permettent de saisir les enjeux multiples qui sous-tendent les relations sino-africaines. L'étude est subdivisée en trois parties : d'abord les fondements et la matérialisation de l'alliance anti-impérialiste sino-africaine (I), ensuite le renouveau des relations sino-africaines depuis les années 2000, au miroir de l'initiative la ceinture et la route (II), enfin les futurs possibles des relations Chine-Afrique.

Fondements et matérialisation de l'alliance stratégique anti-impérialiste entre la Chine et l'Afrique depuis de 1955 à 1978

L'alliance stratégique anti-impérialiste sino-africaine fait référence au rapprochement entre la Chine et l'Afrique, sur la base de leur lutte commune et solidaire contre l'impérialisme occidental au lendemain de la Deuxième Guerre mondiale. L'année 1955 représente la tenue de la conférence afro-asiatique de Bandung, tandis que 1978 correspond au début de la politique de libéralisation et d'ouverture de l'économie chinoise, sous la houlette de Den Xiaoping. Durant cette fourchette chronologique, la Chine et l'Afrique s'étaient alliées contre l'impérialisme. Leur alliance reposait sur de nombreux fondements (A), et s'était matérialisée de diverses manières (B).

Les fondements de l'alliance stratégique anti-impérialiste sino-africaine de 1955 à 1978

Les fondements de l'alliance stratégique anti-impérialiste sino-africaine renvoient aux ressorts du tropisme de l'un vis-à-vis de l'autre. Ceux-ci sont à la fois historiques, idéologiques et géostratégiques.

L'homologie des trajectoires historiques entre la Chine et l'Afrique

Si les contacts entre la Chine et l'Afrique remontent à la période alexandrine, et au règne de la dynastie des Han qui avait procédé au lancement de la route de la soie, l'épisode de la colonisation européenne constitue un moment fondamental de la structuration du rapprochement sino-africain. De manière générale, l'Asie et l'Afrique avaient été les principaux théâtres de la projection impériale d'une poignée de puissances européennes dès la deuxième moitié du

XIXᵉ siècle[155]. Au « *scramble for Africa* », c'est-à-dire, la ruée des puissances impériales européennes vers l'Afrique en vue de sa balkanisation et de sa colonisation, avait correspondu le « *break up of China* », c'est-à-dire, le dépècement de la Chine, l'occupation de ses provinces et villes par les puissances étrangères (Macao par le Portugal, la Mandchourie par la Russie, Hon Kong par l'Angleterre, Taiwan par le Japon, le Yunan par la France, pour ne citer que ceux-là).

Le *modus operandi* de l'occupation de la Chine et de l'Afrique par les puissances étrangères (France, Angleterre, Portugal) était le même : implantation sur les côtes, pénétration dans l'*hinterland* au moyen de la politique de la canonnière afin de mater les révoltes des populations locales plus ou moins organisées, signature des traités inégaux. Les deux espaces avaient également connu, certes, à des degrés différents, des pratiques d'exploitation similaires : pillage des ressources naturelles, activités commerciales, évangélisation. En dépit d'une réaction contrastée face à l'agression des puissances impérialistes, cette expérience coloniale commune a été une véritable « force profonde » du rapprochement entre la Chine et l'Afrique au lendemain de la Deuxième Guerre mondiale. Elle a aussi scellé la convergence idéologique entre-elles.

La convergence idéologique entre la Chine et l'Afrique

L'anticolonialisme constitue la matrice idéologique qui avait structuré la convergence de vues et le rapprochement entre la Chine et l'Afrique. La première, non seulement du fait de son expérience historique, mais aussi, par tradition idéologique et philosophico-anthropologique. Sur le plan idéologique, influencé par le marxisme-léninisme, le Parti communiste chinois, arrivé au pouvoir en 1949 sous la direction de Mao Tsé Toung, considérait que « l'impérialisme était la dernière étape du capitalisme » (Lénine 1925). Le colonialisme étant l'opérationnalisation de l'impérialisme, la Chine communiste ne pouvait que le réprouver. La dimension philosophico-anthropologique, quant-à-elle, renvoie aux préceptes du confucianisme, qui prohibe l'occupation des territoires étrangers et prescrit plutôt l'harmonie des peuples et des cultures (Joyaux 1991 :166). L'anticolonialisme avait même conduit Pékin à ranger l'Union soviétique dans le camp des puissances impériales, après leur rupture intervenue

---

[155] France, Grande-Bretagne, Espagne, Belgique, Portugal, Allemagne.

à la fin des années 1960. Vue de Pékin, trois mondes animaient désormais la politique mondiale. Le premier monde était constitué des deux superpuissances hégémoniques qui représentaient une menace pour les autres, notamment l'impérialisme américain et le social impérialisme soviétique. Le deuxième monde était constitué des pays développés tels que le Japon, le Canada et les pays d'Europe occidentale. Ceux-ci étaient liés aux puissances hégémoniques. Le troisième monde était celui des pays pauvres et en voie de développement, parmi lesquelles, la Chine. C'est à lui qu'elle comptait s'allier pour combattre les impérialismes.

Quant à la seconde, notamment l'Afrique, son anticolonialisme est une attitude qui jalonne toute son histoire coloniale. Aussi s'est-il manifesté sous des formes différentes : résistances à la pénétration européenne en dépit de la défaite de la quasi-totalité des résistants ; mais continuité des résistances sous diverses formes sous la colonisation ; émergence du nationalisme au lendemain de la Deuxième Guerre mondiale. Ce dernier avait été favorisé par plusieurs facteurs endogènes et exogènes. Sur le plan endogène, le réveil social et politique de l'élite politique, intellectuelle et syndicale africaine en avait constitué le ferment. Sur le plan exogène, la Deuxième Guerre mondiale, conjuguée avec le positionnement des Nations unies en faveur du droit des peuples à disposer d'eux-mêmes et des deux « Super-grands » (États-Unis-URSS) contre la colonisation, avaient servi de catalyseurs.

Ceci étant, il convient de préciser que la convergence idéologique entre la Chine et l'Afrique s'était déjà manifestée vers les années 1930, lors de la tenue de la Troisième internationale, qui avait connu la participation de certains nationalistes africains tels que Messali Hadj, et la création de la ligue contre le colonialisme et le néocolonialisme. Mais, l'on ne saurait se limiter à cette dimension idéologique pour appréhender l'alliance anti-impérialiste sino-africaine. Il convient donc d'élargir la focale sur la dimension stratégique.

Les fondements géostratégiques

Après leur arrivée au pouvoir en 1949, au terme d'une longue guerre civile avec les forces nationalistes, les communistes chinois faisaient face à deux défis principaux : la reconstruction intérieure (Maddison 2007) et le repositionnement de la RPC sur la scène internationale. Ces défis ont été adressés avec ténacité et obstination par les dirigeants successifs du Parti communiste chinois. Une entreprise de reconstruction intérieure, aussi volontaire qu'exemplaire, a permis à la Chine de retrouver son rang de grande puissance économique mondiale. Parallèlement, les dirigeants communistes ont déployés, avec succès, leur stratégie non seulement de sortie de l'isolement dont leur pays faisait l'objet sur la scène internationale, suite à l'hostilité des États-Unis, sa rupture avec l'Union soviétique et son bras de fer avec l'Ile rebelle de Taïwan, mais aussi, de riposte indirecte et non-violente à l'impérialisme occidental.

Ainsi, outre la recherche de nouveaux alliés et soutiens sur la scène internationale (Liao 2013), le rapprochement avec l'Afrique participait aussi de la stratégie de la riposte de la Chine à l'impérialisme. En fait, l'Afrique offrait à la Chine la profondeur stratégique idéale pour contourner le centre de l'impérialisme occidental, et l'attaquer à partir sa périphérie coloniale, conformément aux préceptes de Sun Tzu. Conscients de la puissance de l'impérialisme, les dirigeants communistes avaient très bien compris qu'ils n'avaient aucune chance de succès en l'attaquant au centre. Mais qu'ils pouvaient l'affaiblir en le privant de sa périphérie coloniale. D'où son soutien multiforme à la libération de l'Afrique.

La matérialisation de l'alliance stratégique anti-impérialiste sino-africaine de 1955 à 1978

Parler de la matérialisation de l'alliance stratégique anti-impérialiste sino-africaine de 1955 à 1978, revient à montrer la factualité de celle-ci, notamment : la tenue des conférences afro-asiatiques, le soutien de la Chine aux mouvements africains de libération nationale, les voyages des officiels chinois en Afrique et des dirigeants africains en Chine, et le début de l'assistance économique de la Chine à l'Afrique.

Les conférences afro-asiatiques

La plus connue et la plus célèbre des conférences afro-asiatiques est sans doute la conférence de Bandoeng, qui s'était tenue du 18 au 24 avril 1955, en Indonésie. En guise de préparation à celle-ci, deux rencontres avaient préalablement eu lieu, réunissant l'Inde, le Ceylan, le Pakistan, la Birmanie et l'Indonésie. Du 28 avril au 02 mai 1954, ces pays s'étaient d'abord réunis à colombo (CEYLAN), avec pour objectif d'accélérer le processus de paix en Indochine. Au sortir de cette rencontre, ils avaient pris position contre la politique des blocs, la colonisation et les essais nucléaires. En décembre 1954, les cinq de Colombo s'étaient à nouveau retrouvés à Bongor près de la capitale indonésienne. Le but de cette deuxième rencontre était de procéder aux derniers réglages afin d'arrêter la liste définitive des pays qui devaient participer à la conférence en préparation (Jouve 1976). Celle-ci s'ouvrit le 18 avril 1955, avec comme participants, 29 pays (23 d'Asie, 6 d'Afrique, notamment l'Egypte, Libye, Éthiopie, Ghana, Libéria, soudan) et près d'une trentaine de mouvements de libération nationale : FLN d'Algérie, Neo-Destour de Tunisie, Istiqlal du Maroc.

Invitée de la dernière minute (Aicardi 2004), la Chine, représentée par son premier ministre Zhou Enlai, n'en avait pas moins profité de la tribune de Bandung, pour fustiger ouvertement l'impérialisme, encourager la lutte des peuples égyptien, marocain, tunisien et algérien contre le colonialisme français, condamner la discrimination raciale en Afrique du Sud et présenter les principes chinois de la coexistence pacifique (Mbaye 2007). Si cette rencontre afro-asiatique tient sa célébrité du fait de la signature de l'acte de naissance du Tiers-monde comme entité géopolitique qui marquait son entrée tonitruante dans la polyphonie internationale post-Deuxième Guerre mondiale, son succès et son retentissement médiatique n'en avaient pas moins inspiré une nouvelle idéologie dénommée tiersmondisme.

Plus qu'une idéologie portée par les 3A (Afrique, Asie, Amérique latine), le tiers-mondisme s'est davantage donné à voir comme un sentiment et une sensibilité d'appartenance à une communauté des pays ayant en partage la colonisation, la domination économique et l'exclusion du système de la gouvernance mondiale, mais aussi et surtout, l'aspiration commune à se libérer de ces maux et injustices internationales. Du point de vue du positionnement international des pays du tiers monde, le tiersmondisme c'était aussi la rupture, la contestation et la revendication : rupture avec l'alignement idéologique qui prévalait dans le contexte de guerre froide ; contestation de l'ordre économique international qui n'était pas favorable à leur développement ; revendication de la libération des peuples afro-asiatiques du joug de l'impérialisme et du colonialisme, l'instauration d'un droit au développement, de la mise en œuvre d'un nouvel ordre économique international (NOEI) et la démocratisation de la gouvernance internationale (Jouve 1976).

La conférence de Bandung avait été un prélude à d'autres grand-messe de solidarité afro-asiatiques: la conférence de Tashkent (Ouzbékistan) d'octobre 1958 ; la conférence de Conakry d'avril 1960 ; la conférence de Moshi (Tanzanie) de février 1963 ; la conférence de Winneba (Ghana) de mai 1965 et la conférence de La Havane (Cuba) de janvier 1966. Ces assises bicontinentales et tricontinentales (La Havane), qui s'inscrivaient dans le cadre du multilatéralisme tiersmondiste, servaient de plateforme de rapprochement, de dialogue et d'échanges politico-diplomatiques entre la Chine et l'Afrique. Ceci étant, conformément aux engagements de Bandung, la Chine avait apporté son soutien à de nombreux mouvements africains de libération nationale.

Le soutien multiforme de la Chine aux mouvements africains de libération nationale

En Afrique du Nord, le soutien de la Chine aux mouvements indépendantistes africains était manifeste en Égypte et en Algérie. Partenaire de longue date de la Chine, l'Égypte avait bénéficié de son soutien politique lors de la crise née de la nationalisation de la compagnie du canal de suez par Nasser en 1956. Le soutien de la Chine à cette action égyptienne découlait du fait qu'elle établissait un parallèle entre les privilèges exorbitants détenus par la Compagnie du canal de Suez et les « traités inégaux » (Aicardi 2004 :2). En dépit d'une brouille temporaire avec le régime nassérien, la Chine s'est toujours tenu aux cotés de l'Egypte dans son entreprise de détricotage de l'influence britannique. En ce qui concerne l'Algérie, le mouvement de libération algérien avait bénéficié du soutien de la Chine dans la guerre qui l'avait opposé au corps d'expéditionnaire français de 1954 à 1962. Ledit soutien avait pris trois principales formes : la surenchère verbale, l'accueil des nationalistes algériens en Chine, et une aide militaire substantielle (Onana, 2018).

En Afrique subsaharienne, la Chine avait également soutenu diplomatiquement, financièrement et matériellement (armes, uniformes, nourriture, fournitures scolaires et médicales, camp d'entrainement) les mouvements de libération nationale dans plusieurs pays. En Angola, le Mouvement populaire de libération de l'Angola (MPLA) le Front national de libération de l'Angola (FNLA) de Holden Roberto, l'Union nationale pour l'indépendance totale (UNITA) de l'Angola de Jonas Savimbi, en étaient récipiendaires (Davidson 1970). Au Mozambique, le Front de libération du Mozambique (Frelimo) avait bénéficié du soutien de la Chine. *Idem* pour la

Zimbabwe african national union (ZANU) de Robert Mugabe, au Zimbabwe. Au Cameroun, l'Union des populations du Cameroun (UPC) avait également bénéficié du soutien de la Chine (Deltombe et al 2011). Elle considérait tous ces mouvements indépendantistes comme des escadrons armés de sa lutte contre les impérialismes occidental et soviétique. Après les indépendances, la Chine avait conduit une offensive politico-diplomatique sur le continent africain, et vice versa.

La convergence politico-diplomatique entre la Chine et l'Afrique au lendemain des indépendances

En dehors de la reconnaissance de *jure* de chaque État africain devenu indépendant, la Chine s'était investie dans une vaste offensive politico-diplomatique en Afrique. Celle-ci s'était en grande partie matérialisée par les voyages de ses officiels sur le continent. Le plus mémorable de cette époque est, sans conteste, la tournée de son premier ministre, Zhou Enlai, accompagné du ministre des Affaires étrangères Chen Yi, du 14 décembre 1963, au 04 février 1964. Une dizaine de pays africains avaient été visités à cette occasion[156] (Richer 2013). Réciproquement, de nombreux dirigeants africains avaient également effectué des visites officielles en Chine, et jusqu'en 1978, plus d'une vingtaine de pays africains avaient établis des relations diplomatiques avec Pékin. Cette dynamique politico-diplomatique avait aussi permis à la Chine de commencer à assister économiquement les États africains nouvellement indépendants.

Le début de l'assistance socioéconomique de la Chine à l'Afrique

Outre sa contribution à l'émancipation politique du continent africain, la Chine commençait également à œuvrer pour le développement socioéconomique du continent. En effet, vue de Pékin, libérer l'Afrique du joug colonial n'était pas suffisant pour affaiblir l'impérialisme à partir de sa périphérie. Il fallait, en plus, contribuer à son redressement socioéconomique, afin de la rendre moins vulnérable et moins dépendante des anciennes puissances coloniales occidentales, reconverties en partenaires au développement à la faveur des indépendances. Pour ce faire, son assistance économique à l'Afrique s'était matérialisée non seulement par des investissements dans les infrastructures de

---

[156] Maroc, Algérie, Tunisie, Egypte, Guinée, Ghana, Soudan, Éthiopie, Somalie, Mali.

transport tels que le chemin de fer reliant la Tanzanie à la Zambie (Tanzam), et hydraulique, à l'instar du canal de Medjerda-Cap Bon, baptisé canal de l'amitié tuniso-chinoise, ou encore le réservoir d'eau de Téra au Niger, mais aussi, à travers une assistance financière (prêts à taux concessionnels) (Onana 2020) et technique dans des secteurs tels que l'agriculture (Chaponnière et al 2011), l'industrie, la santé, l'éducation (formation universitaire). De manière générale, cette première phase de l'assistance économique de la Chine à l'Afrique avait générer des bâtisses et des infrastructures socioéconomiques dans un continent en début de construction. Elle était sous-tendue par des enjeux idéologiques et politico-diplomatiques. *Quid* de l'évolution des relations sino-africaines depuis les années 2000 ?

Le renouveau des relations sino-africaines depuis le début des années 2000 au miroir de l'initiative la ceinture et la route : logique prédatrice et hégémonique ou permanence de l'alliance anti-impérialiste ?

Après un reflux de ses relations avec les PVD en général, et l'Afrique en particulier à partir de 1979 (Cabestan 2015), les relations sino-africaines connaissent un renouveau depuis le début des années 2000. En fait, cette date marque le début du redéploiement tout azimut de la Chine en Afrique, et l'institutionnalisation du Forum sur la coopération Chine-Afrique (FOCAC)[157]. Serge Michel et Michel Beuret qualifie cette nouvelle phase des relations sino-africaines de « Chinafrique » dans un livre éponyme publié en 2008 (Miquel & Beuret 2008). Même si elle ne concerne pas uniquement l'Afrique, la BRI ne s'inscrit pas moins dans cette dynamique d'intensification des relations sino-africaines. Il convient donc de la scruter à l'aune des discours pessimistes sur la coopération sino-africaine.

Eléments de pertinence de la thèse de la prédation et de l'hégémonie de la Chine en Afrique

Pour saisir la pertinence de la thèse de la prédation et de l'hégémonie de la Chine en Afrique, il convient de présenter ses promoteurs, ainsi que les faits

---

[157]Le *Forum Of China-Africa Cooperation* (FOCAC) est l'institution qui consacre le multilatéralisme dans la Politique Africaine de la Chine. C'est une plate-forme de consultations et de dialogues collectifs entre la Chine et les pays africains instituée en l'an 2000. Statutairement, le FOCAC se tient tous les trois ans.

empiriques qui tendent à la corroborer.

Une thèse certes fondée sur des faits empiriques

Le redéploiement de la Chine en Afrique depuis les années est perçu en Occident comme l'expression de son impérialisme. Dans leurs écrits et prises de parole publique, les intellectuels et Hommes politiques occidentaux ne ratent pas l'occasion d'invectiver la République Populaire de Chine (RPC) dans sa relation avec l'Afrique, en lui reconnaissant, clairement ou subtilement, toute forme d'hégémonisme (Onana 2020). De nombreux chercheurs en sont convaincus et en ont fait mention dans leurs écrits. Parmi ceux-ci, figurent en bonne place Laurent Eric, Jean Christophe Servant et Valérie Niquet. Le premier soutien que les besoins énergétiques de l'économie chinoise sont à la base de l'impérialisme chinois. Sa boulimie en matières premières et en débouchées nourrissent son offensive à travers les quatre coins du continent noir, profitant ainsi à la fois de la perte de l'influence occidentale, notamment de la France en Afrique de l'Ouest, de la crise que traversent les institutions chargées de l'aide au développement, et du caractère corrompu des régimes africains (Eric 2006).

Dans la même veine, Jean Christophe Servant affirme que la stratégie impérialiste de la Chine en Afrique est agressive et adossée sur une activité commerciale intense (Servant 2005). Dotée de la population la plus nombreuse de la planète à nourrir, et ayant pu mettre en place une machine industrielle qui tourne à plein régime, la Chine convoite les matières premières africaines. Sa stratégie serait donc basée sur la prédation. Et l'on sait qu'un prédateur se nourrit des proies capturées dans sa lutte pour la survie, il se développe en nuisant à un autre. Et dans sa relation avec la RPC, l'Afrique semble se trouver entre les griffes d'un rapace appelé à la détruire d'ici peu (Onana 2020). Ce point de vue sur la prédation de la Chine en Afrique est davantage développé par Valérie Niquet.

Dans un article intitulé, "La stratégie africaine de la Chine", elle décrit un système de prédation qui suscite de plus en plus d'interrogations en Afrique, et pose la question de l'intégration réelle de la Chine à la communauté bien-pensante des puissances mondiales. Ce système qu'elle qualifie de prédateur s'inscrit également dans le cadre plus large d'une stratégie de contournement ou d'affaiblissement des puissances occidentales ou assimilées, principalement des États-Unis. Elle ajoute que, comme une prestidigitatrice, la Chine s'est habilement servie du principe de non-ingérence, du soutien ouvert à des régimes particulièrement discutables et de quelques prébendes, pour endormir l'Afrique et faire main basse sur ses richesses. Au-delà de nombreux trafics dans les domaines du bois, de la pêche, de l'ivoire ou des diamants et des autres richesses que cette thèse du « Chinafricanisme » occidental fustige, elle rend compte d'un malaise plus profond et, en guise de péroraison, rappelle que cette stratégie chinoise la met en porte-à-faux avec l'ensemble de la Communauté internationale "responsable". Elle entre en contradiction avec le discours officiel de Pékin sur l'émergence pacifique et le rôle de grande puissance intégrée que la Chine prétend occuper.

S'il est indéniable que cette lecture critique de la projection chinoise en Afrique et des relations sino-africaines est manifestement tendancieuse, il n'en demeure pas moins vrai que la cartographie de ses partenaires africains, ainsi que certaines pratiques peu orthodoxes de ses multinationales sur le continent africain ont tendance à la corroborer. En effet, le fait que les principaux partenaires de la Chine en Afrique sont des pays richement dotés en ressources naturelles corrobore dans une large mesure la thèse de la convoitise des matières premières africaines par la Chine. En guise d'exemple, six pays africains, dont quatre producteurs de pétrole et de gaz, ont particulièrement développé leurs relations avec la Chine : le Nigeria, l'Angola, le Soudan, l'Afrique du Sud, l'Égypte et l'Algérie. Absorbant 31% de l'investissement chinois dans les industries extractives, l'Afrique est le deuxième fournisseur de pétrole à la Chine (23%), derrière le Moyen-Orient (52%) (Cabestan 2015 :128). D'autres pays africains, riches en matières premières goulûment consommées par l'industrie chinoise (bois, cuivre, cobalt, Coltrane, bauxite, fer, nickel, etc.), figurent également parmi les partenaires privilégiés de Pékin (Tanzanie, RDC, République du Congo, Cameroun, Mali, RCA, pour ne citer qu'eux).

De même, certaines pratiques peu orthodoxes des multinationales chinoises, régulièrement dénoncées par les médias, la société civile et des hommes politiques des pays africains dans lesquels elles opèrent, tendent à valider la thèse du pillage et de la prédation. Le 28 avril 2022, le magazine panafricain *Jeune Afrique*, avait publié une enquête monumentale qui mettait en lumière l'ampleur du pillage du bois par des multinationales chinoises en Afrique centrale et occidentale. Selon cette enquête, première industrie de fabrication des meubles (25 milliards de dollar de ventes), la Chine était le 1er consommateur de bois tropical en 2020, avec 70% des importations. Mais selon la Banque africaine de développement (BAD), 83% des importations chinoises de bois en provenance de l'Afrique présentent un risque élevé d'illégalité (J.A. 2022). Au Cameroun, un contrat signé entre le gouvernement et Sinostheel, une multinationale chinoise à capitaux publics, en vue de l'exploitation du gisement de fer de Lobé-Kribi, a défraié la chronique journaliste, politique et intellectuelle. L'opinion publique dénonçait sa durée (50 ans) et son caractère léonin, qui ne démarquent pas fondamentalement la Chine des anciennes puissances coloniales en matière de signature de contrats d'exploitation des matières premières africaines. *Last, but not least*, au rang des pratiques des entreprises chinoises régulièrement dénoncées dans les pays où elles opèrent, il y a aussi : le manque, voire l'absence de tout transfert de technologie ou de savoir-faire, l'utilisation à grande échelle de la main-d'œuvre chinoise, l'opacité de leur *modus operandi* et l'indifférence à l'égard de leur responsabilité sociale. Au miroir de ce tableau sombre, comment convient-il d'appréhender la *Belt and Road initiative* ?

Mais qui comporte des limites au miroir de la Belt and Road initiative

Annoncé dans deux discours du président Xi Jinping au Kazakhstan (septembre 2013) et en Indonésie (octobre 2013), le projet BRI comporte deux composantes majeurs : une terrestre, la *Silk Road Economic Belt* (SREB), et la *Maritime Silk Road* (MSR). C'est un assemblage complexe et très ambitieux, comprenant plusieurs dimensions : un important volet terrestre, ferroviaire et routier (*Silk Road Economic Road*) ; un volet maritime avec la promotion de deux axes, Chine-Malacca-Suez et, depuis 2017, la Route maritime du Nord (*21st Century Maritime Silk Road*) ; une coopération économique renforcée, axée sur un commerce plus libre et une intégration douanière et financière, et une coordination des politiques économiques ; une coopération énergétique avec le renforcement de l'interconnexion énergétique, passant notamment par la construction d'infrastructures de transport (oléoducs et gazoducs, lignes à haute et très haute tension) et de production (barrages, réacteurs nucléaires) ; une coopération visant à renforcer les liens entre les populations (*people to people bond*), passant par de meilleures infrastructures de télécommunications (câbles sous-marin, fibre optique, 5G) ; l'harmonisation des programmes d'enseignement ; la promotion du tourisme ; la coopération dans le secteur de la santé (rénovation et construction d'hôpitaux, formation du personnel hospitalier) ; et culturelle avec la construction de musées consacrés à l'histoire de la Route de soie dans les pays traversés par l'initiative Belt and Road (Mottet 2018).

Au vu de son ampleur et de ses enjeux, la Belt and Road initiative est diversement perçue par les Puissances occidentales et les pays en voie de développement. Pour les premiers, il s'agit d'un projet hégémonique qui vise à remettre en cause les hiérarchies héritées de l'après Seconde Guerre mondiale. Les secondes, quant-à-elles, voient en elle, un projet certes porteur d'espoir, mais aussi d'incertitudes (Lasserre et al 2019). Se démarquant quelque peu de la première perception et se rapprochant de la deuxième, l'auteur de cette réflexion soutien, pour sa part, que de par les opportunités multiples qu'elle offre à l'Afrique, la *Belt and Road initiative* s'inscrit indéniablement dans la continuité de l'alliance anti-impérialiste sino-africaine. Ces opportunités sont à la fois géosystémiques, géostratégiques, géoéconomiques et géoculturels.

Sur le plan géosystémique, il ne fait aucun doute que la BRI vise à terme, à esquisser un nouvel ordre mondial, configuré autour de la multipolarité. En fait, avec cette initiative d'envergure mondiale, la Chine entend reprendre l'initiative historique et se repositionner sur l'échiquier international comme une alternative politique, économique et culturelle crédible face aux puissances occidentales. L'engagement de la Chine en faveur d'un monde multipolaire date du début des années 1990. Dans le rapport du XIVe sommet du PCC d'octobre 1992, Jiang Zemin déclarait que « la multipolarité était devenue une tendance mondiale ». Dans ce contexte, l' « opposition à l'hégémonisme », redondant à caque congrès du PCC depuis 1982, prenait un autre sens. Désormais, la stratégie de Pékin visait avant tout à affaiblir et à démanteler le monde unipolaire, dominé par « l'hyperpuissance » américaine, pour le transformer en un monde multipolaire (Cabestan 2015 : 35). Depuis lors, la multipolarité est un thème majeur du discours de politique étrangère de la Chine. Pour l'Afrique, l'avènement d'un monde multipolaire constitue une perspective heureuse, sur les plans géostratégique et géoéconomique.

Sur le plan géostratégique, la BRI va contribuer à la libération de l'Afrique de la logique des pré-carrés, qui est de plus en plus mal digérée par l'opinion africaine. Elle contribuera également à libération de l'Afrique de son face à face très contraignant avec, non seulement ses anciennes puissances coloniales autoproclamées partenaires au développement, mais aussi, avec les institutions de Breton Woods (FMI et Banque mondiale). Les dirigeants africains disposeront donc de davantage de possibilités de manœuvre stratégique pour au moins, rééquilibrer les relations avec leurs partenaires traditionnels. La BRI est donc porteuse d'un potentiel d'émancipation politico-diplomatique.

Sur le plan géoéconomique, cette initiative donne à l'Afrique l'opportunité de diversifier ses possibilités d'accès aux ressources financières et aux facilités de développement, sur les plans infrastructurel, économique, scientifique, éducatif et sanitaire. En matière de diversification des sources externes de financement, l'Afrique est supposée bénéficier des financements d'une multitude d'acteurs, à la fois publics et privés, dont la *China Development Bank* (900 milliards), le Fonds des routes de la soie (40 milliards), la Banque asiatique d'investissement pour les infrastructures (50 milliards), la Nouvelle banque de développement des BRICS (10 milliards), mais aussi des fonds libellés en or (Shandong Gold Group, Shaanxi Gold Group, etc.). Par exemple, de nombreux financements chinois ont d'ores et déjà été investis dans des infrastructures portuaires de nombreux pays africains : le port de Mombasa (Kenya) ; la construction du nouveau terminal de Walvis Bay (Namibie) ; de Djibouti, avec une prise de participation à hauteur de 23,5% du capital du port par *China Merchants Port Holding* (Courmont et al 2020). Ces promesses de la BRI pour l'Afrique n'empêchent pas de scruter les futurs des relations sino-africaines.

Les futurs possibles des relations sino-africaines

De notre point de vue, deux hypothèses se présentent concernant l'évolution future des relations sino-africaines : l'alliance Chine-Afrique pour une cogestion des affaires mondiales (A), ou alors, la péripérisation de l'Afrique par la Chine (B).

L'hypothèse d'une alliance Chine-Afrique en vue d'une cogestion des affaires mondiales

Cette hypothèse se fonde sur l'observation selon laquelle, depuis la fin de la Deuxième Guerre mondiale, aucune puissance n'a pu gérer toute seule les affaires mondiales, ou encore imposer sa domination aux autres. La parenthèse de l'unilatéralisme américain, très vite refermée d'ailleurs, n'a pas éludé le fait que la gestion des affaires mondiales était dominée par le couple Europe occidentale-États-Unis. L'avènement des puissances émergentes sur la scène internationale, animée par la volonté commune de prendre une part active dans les processus mondiaux de décision, conformément à leurs prouesses économiques, remet progressivement en question le duopole Europe occidentale-États Unis. L'initiative Belt and Road traduit ainsi l'ambition chinoise de bousculer les équilibres géopolitiques établis depuis la fin de la 2GM en faveur de l'Occident. Mais, étant donné les logiques de concurrence, de compétition voire d'affrontement qui structurent ses relations aussi bien avec l'Europe occidentale et les États-Unis, qu'avec certains de ses voisins (Inde, Japon, pour ne citer qu'eux), l'Afrique constitue son allié le plus indiqué, dans cette entreprise d'édification d'un monde post-occidental. Cela suppose qu'en même temps qu'elle est déterminée à jour un rôle majeur dans son processus de développement, que la Chine soutienne activement et factuellement la requête de l'Afrique en vue de l'obtention d'un siège de membre permanent au conseil de sécurité des Nations unies.

L'hypothèse de la péripérisation de l'Afrique par la Chine

A défaut de hisser l'alliance au niveau de la gestion des affaires mondiales, la Chine pourra, tout simplement, transformer l'Afrique en une périphérie pour ses multinationales. Le discours néo-tiermondiste qu'elle tient aux États africains depuis le début des années 2000 ne viserait donc qu'à assurer à ses multinationales, les débouchées et les matières premières indispensables à sa croissance économique. Déjà, dans sa projection africaine, la Chine privilégie non seulement les partenaires susceptibles de lui assurer un approvisionnement régulier en matières première, et au meilleur prix, mais aussi, les États à forte démographie et donc, disposant d'un vaste marché intérieur, potentiel ou réel (Nigeria, Angola, Soudan, Afrique du Sud, Égypte, Algérie, Éthiopie, RDC).

Même certains aspects du fonctionnement de la BRI permettent d'envisager l'hypothèse de la périphérisation de l'Afrique par la Chine, en tant qu'espace d'investissement des capitaux et des entreprises chinoises. Par exemple, ce sont les pays bénéficiaires des projets dans le cadre de la BRI qui contribuent à leur financement, en empruntant les capitaux nécessaires auprès de banques chinoises. Donc, la Chine prête, et les États bénéficiaires s'endettent. Il existe bien sûr des contre exemples, lorsque des entreprises chinoises contribuent au capital d'un projet, mais dans la plupart des cas, il s'agit de prêts commerciaux à des taux assez élevés dans le domaine de la finance internationale, entre 2 % et 3%

(Courmont et al 2020). Par ailleurs, ce sont les entreprises chinoises qui réalisent et réaliseront les projets de la BRI.

Conclusion

Il ressort des développements ci-dessus qu'aucun des courants de pensées qui s'affrontent sur les relations sino-africaines n'est exempt de critiques. Si la thèse apologétiste traduit une vision romantique de la Chine, Celle de la prédation et de l'hégémonie est conjoncturelle, et ne tient pas compte des ruptures et des continuités dans le processus historique de construction d'une communauté de destin sino-africaine. Rien dans le passé des relations sino-africaines ne permet aux Africains de soupçonner la Chine de nourrir des velléités hégémonistes et expansionniste sur leur continent. Les imperfections des relations sino-africaines liées aux pratiques et comportements des multinationales chinoises ne suffisent pas à valider totalement la thèse du pillage, au regard des multiples investissements de la Chine sur le continent. Les relations sino-africaines ont certes beaucoup évolué depuis 1955, mais la dimension anti-impérialiste qui les sous-tend demeure jusqu'ici une constante. L'ampleur des enjeux géoéconomiques et géopolitiques ne saurait occulter cette dimension anti-impérialiste, d'autant plus que la Chine elle-même se considère comme n'étant pas encore totalement décolonisée, au regard de la question taiwanaise. Quoi qu'on en dise, vue d'Afrique, de par les opportunités qu'elle offre à l'Afrique et son impact supposé dans la géopolitique mondiale, la BRI s'inscrit dans la continuité de la posture anti-impérialiste de la Chine. Elle sert, certes, les intérêts nationaux de l'Empire du milieu, mais, elle recèle un fort potentiel émancipateur pour l'Afrique. Cela étant dit, il faudrait que les Africains développent une prospective vigilante, à l'effet d'anticiper sur les futurs possibles de leurs relations avec la Chine. Pour ce faire, ils doivent se donner les moyens intellectuels, politiques et diplomatiques, pour bien connaître et comprendre ce pays, et pouvoir bien négocier avec lui.

Bibliographie

-Aicardi de S.-P. (2004) : « La Chine et l'Afrique, entre engagement et intérêt »,

Géopolitique africaine. (Article)

-Ateba Eyené Ch. (2012) : *Emergence du Cameroun en 2035, l'apport de la Chine*, Yaoundé, Edition Saint Paul. (Ouvrage)

-Bal M., Valentin L. (2008) : La stratégie africaine de puissance de la Chine en Afrique, Mémoire de Master en Management et Marketting, ESSEC. (Mémoire)

-Brautigam D. (2015) : *Will Africa feed China ?*, Oxford University Press. (Ouvrage)

-Cabestan J.-P. (2015) : *La politique internationale de la Chine. Entre intégration et volonté de puissance*, 2ème édition mise à jour et enrichie, Paris, Presses de Sciences po. (Ouvrage)

-Chaponnière et al (2011) : « Les investissements agricoles de la Chine ». (Article)

--Charillon F. (2022) : Guerres d'influence. Les Etats à la conquête des esprits, Paris, Odile Jacob. (Ouvrage)

-Cissé MB. (2017) : L'affirmation d'une stratégie de puissance : la politique africaine de la Chine, Mémoire de Master de recherche en relations internationales, Paris, Collège Interarmées de défense (CID), 14ème Promotion. (Mémoire)

-Delcourt L. (2011) : « La Chine en Afrique : enjeux et perspectives », *Alternatives sud*, Vol.18. (Article)

-Jolly J. (2011) : *Les Chinois à la conquête de l'Afrique*, Paris, Pygmalion. (Ouvrage)

-Joyaux F. (1991) : *Géopolitique de l'Extrême-Orient*, Tome1, Bruxelles, Complexe. (Ouvrage)

-Lafarge F. (2006) : « La Chine, une puissance africaine », *Perspectives chinoises*. (Article)

-Eric L. (2008) : « La Chine à l'assaut de l'Afrique ». (Article)

-Lasserre, F. et al (2019) : « Les nouvelles routes de la soie, Géopolitique d'un grand projet chinois » collection Asies contemporaines, disponible sur le site des Presses de l'Université de Québec. (Article)

13. China and India's cultural diplomacy towards Cameroon. A comparative analysis, *Dr Delmas Tsafack*

Introduction

Over the last decade, many scholars and analysts have tried to assess China and India's emergence as major actors in the global arena by looking at their economic and demographic growth (Blarel 2012, 28). Their cultural expansion in the world was overlooked by these scholars. Both states are not only perceived as emerging powers thanks to their trade or political abilities, but also thanks to their ability to share their culture with the world through food, music, technology, and cinema. Alongside China, India offers one of the most dynamic alternatives to Western cultural values. Popularly dubbed 'Bollywood', India's film industry is probably the largest and farthest-reaching medium for Indian culture. Bollywood become the world's largest film industry, surpassing Hollywood with an annual output of over 1000 movies (Blarel 2012, 29). Its movies and soap operas have reached a growing global audience through the Internet and Satellite TV. This makes people in the world increasingly familiar with Indian society and culture. This way of conducting international relations let us know that India and China have so far developed their cultural diplomacy throughout the world, especially in Africa.

Cultural diplomacy is one facet of international relations, one of the 'soft' aspects of living together on the planet, rather than the 'hard' stuff of laws and treaties, multilateral organizations, and military capability (Kirsten et al. 2007,

15). It may be best described as a course of actions, which are based on and utilize the exchange of ideas, values, traditions, and other aspects of culture or identity, whether to strengthen relationships, enhance socio-cultural cooperation, and promote national interests and beyond (Saran 2016). Through cultural diplomacy, governments of various countries can increase their respect and understanding amongst other countries of the world[158]. Cultural diplomacy programs can create forums for interaction between people of different countries, thus laying the ground for the forging of friendships and strong connections between people of different nationalities[159]. According to Walter Laqueur, "Cultural diplomacy, in the widest sense, has increased in importance, whereas traditional diplomacy and military power . . . are of limited use (Kirsten et al. 2007, 16)". It can be practiced either by public, private or civil society actors. The state plays a key role but not an exclusive role because culture relates to people, their deep-seated attitudes, and ways of living. "Cultural diplomacy pursued by the state is most effective when it plays an enabling role, providing opportunities, platforms, and resources for people themselves to get into the business of engaging, debating, and sharing their cultural lives with counterparts in other countries (Saran 2016)".

Since the colonial period, the cultural diplomacy of the Chinese and Indian governments towards African countries, including Cameroon, was to "make friends first, then to reinforce understanding, and finally to establish official relations naturally (PRC 1990, 406)". Some cultural initiatives taken in the 1950s by China and India are still implemented in Africa. China and India's cultural diplomacy gained significance as the world moved from the Cold War to the uncertainties of the present multi-polar world. This has had a profound impact on how they construct and project their national identity. New forms of cultural diplomacy in both countries have emerged to complement their new foreign policy goals of economic exchange with Africa (Haifan 2006). China and India currently allot millions of dollars every year for cultural diplomacy initiatives with African Countries. This amount is usually used for people-to-people exchange or cultural facilities (Haifan 2010, 54). For the Chinese, it is soft power with a strong traditional cultural background (Yu 2007). The first goal of the

---

[158] "Cultural Diplomacy", Online on http://www.iasscore.in/latest-news-10.html, accessed on February 2017.
[159] Ibid.

culture-building movement of China and India in Cameroon is to present their positive images. The second official goal of cultural diplomacy is to anchor China and India's "peaceful rise" and the idea of a "harmonious world" in the minds of the external world. The third political goal is related to the economic interest in developing China and India's cultural industry, in addition to the promotion of their culture.

At the Bandung conference of 1955, Zhou Enlai pointed out that African and Asian countries needed to develop economic and cultural cooperation with each other to overcome the historical legacies of imperialism and colonialism (Enfan 1997). This call was written in the Final Communiqué of the Conference. Both India and China are extending their strategic reach in Cameroon by using economic incentives and cultural tools. The cultural exchange initiatives taken by China and India prepared the way for the establishment of formal relations between these countries and newly independent African countries including Cameroon (Kaijin 2006, 70). Since then, how have China and India implemented their cultural foreign policies in Cameroon? What are the similarities and differences between their respective cultural foreign policy in Cameroon? Although interest in China and India's cooperation with Africa has grown in recent years, little research exists on the cultural cooperation of these emerging powers towards Cameroon and the particular focus on a comparative analysis of the cooperation. This paper seeks to stimulate research on the aims and objectives of Chinese and Indian cultural diplomacy in Africa in general and Cameroon in particular and compare how these states implement their foreign policy in Cameroon. The paper, divided into two sections, will address these questions. The first section analyses the spread of China and India's soft power in Cameroon and the second section shows how Indian cultural diplomacy in Cameroon is in the shadow of China's.

Two states expanding their soft power in Cameroon

China and India through their cultural diplomacy toward Cameroon are expanding their soft power. They have developed key programs to promote their image in Cameroon and are using education to maintain their influence in this country.

China and India developing key programs for the promotion of their Cultural diplomacy in Cameroon

Since the end of the 1990s, the cultural marketplace has become a new but overarching element in China and Indian globalizing policies. China and India have explored and implemented new channels of cultural cooperation with Cameroon. Both countries have put in place Human resource training, the organization of symposiums and forums, cultural visiting programs, and the spread of their traditional medicine. We can also quote private cultural initiatives as soap operas. India possesses well-established institutions for public diplomacy in the areas of cultural and academic exchanges (Hall 2012). The Indian Council for Cultural Relations (ICCR) founded soon after Independence, in 1950 has about 35 centers (2011) abroad as well as regional offices within India[160]. The Indian Technical and Economic Cooperation (ITEC) program as well as the Special Commonwealth Assistance Program (SCAAP) develop capacity through training, study tours, project assistance, and expertise for Cameroonians (Naidu 2010, 44). ITEC provided technical assistance and training of personnel. In 2005, India was the first Asian country to become a full member of the Capacity Building Foundation (ACBF). It sponsored the foundation's sustainable development and poverty alleviation capacity building initiative. The funds of the foundation are today used in Cameroon in several research institutes and universities.

China has trained hundreds of Cameroonians in many sectors since 2008, including government officials and professionals. Alongside the enormous increase in the number of scholarships announced at the Sino-African Summit held in November 2006, the Chinese government has promised to finish the task of training 15,000 Africans by 2010 (Haifan 2010, 59). Since then, China offers a large number of scholarship grants to Cameroonian students to study at Chinese universities.

To promote their image to African countries in general and Cameroon in particular, China and India organize symposiums and forums for scholarly exchange and policy dialogue. These forums and symposiums are the third

---

[160] "ICCR's Global Presence: Foreign Cultural Centres", online at http://www.iccrindia.net/foreigncentres.html, accessed May 20, 2011.

channels of cultural cooperation between Cameroon and both India and China. The Afro-China and Afro-India forums are attended by Cameroonian scholars, artists, officials, and diplomats. Through these forums, China has implemented its African Cultural visitors program. It is an important channel initiated by China's Ministry of Culture set up in 2006 and designed to "enhance mutual cultural understanding and cooperation between China and Africa by inviting African cultural personalities to visit and experience Chinese culture while China also sent artists to various African countries (Hifan 2010, 61)", including Cameroon. Before the creation of this channel, we had events such as the "Meet Beijing" art festival, the "Voyage of Chinese Culture to Africa" festival, and the China-Africa Youth Festival (FOCAC 2003). Since 2008, the frequency of Chinese performing arts groups visiting Cameroon has increased dramatically. Since the same date, Cameroonian arts groups are attending several cultural events held in China. Cultural study tours are always organized by the Confucius Institute of Yaounde. This enables Cameroonian students to learn Chinese culture.

In terms of cultural diplomacy, China offers its expertise in the domain of health through traditional medicine. Since the establishment of diplomatic cooperation ties between Cameroon and China in the 1970s, special attention was paid to medical relations. Cameroon and China early signed medical cooperation agreements. These agreements stated that China would help Cameroon by sending Chinese medical corps to reinforce medical personnel in the Mbalmayo and Guider hospitals. According to the agreements, China sent medical teams to Mbalmayo in 1975 and Guider in 1976 (Wassouni 2013b, 40-47). Despite the language difficulties, Chinese doctors worked together with their Cameroonian counterparts. They thus discover Chinese traditional medicine (Wassouni 2012). Chinese doctors combine *Traditional Chinese Medicine* and western modern medicinal practices to cure many illnesses. Acupuncture is now practiced in Cameroonian hospitals thanks to Chinese doctors in Cameroon. Chinese have also created private centers to cure patients of complicated illnesses. Traditional drugs are sold in pharmacies created in various towns. Some promoters have created associations to the promotion of Chinese traditional drugs. We can quote the Cameroonian Association for the promotion of Chinese medicine and TIENS CHINECAM with agencies in other towns of Cameroon (Wassouni 2013a). They are more found in the metropolis as Yaounde, Douala, and Bafoussam.

India remains one of the most providers of drugs to Cameroon including traditional medicine. For Indian authorities, Ayurveda[161], an Indian traditional medicine, should be preserved to the world more effectively in a briefing with Foreign Service Officers[162]. This medicine is used in Cameroon to cure diabetes (Nyiegwen Muweh 2011). Some Cameroonian traditional prophets are trained in India before coming back to Cameroon (Wamba et Groleau 2012). Some Cameroonians also use traditional healers who are said to have been trained in India. As in India, "every heathen land, crude systems of medicine (in Cameroon) are intimately associated with the religions of the people, and the treatment of disease, such as it is, is monopolized by the priests or by others under their control (Lowe 1987)". Indian spirituality has had a global presence in Cameroon for a long time. Yoga which is now practiced in Cameroon as a form of exercise is the most successful export of India. We have several Yoga centers running in Cameroon, especially in Douala. The global popularity of Bollywood films is another instance of the strength of India's soft power in Cameroon. India was one of the first countries to recognize the independence of Cameroon and Indian movies called "Films Hindus" were the most popular at that time. Thus, the first ambassador of India in Cameroon, according to the Honorary Consul of India in Douala, was movies. Cameroonians were fans of these movies. Some of its soap operas have attracted the attention of millions of Cameroonians. The latest Indian soap opera which attracted the attention of the opinion is *Congana*, broadcasted on the national TV, Cameroon Radio Television (CRTV).

B- Education as a cultural tool of China and India's soft power in Cameroon

Education is a vector at the service of access to the culture that it conveys and the mobility in a borderless world while allowing a state to establish its influence on the international scene. In the era of globalization, education takes advantage of its importance in relations between states. Schools abroad are a traditionally

---

[161] Ayurveda is an ancient Hindu act of medicine. The word Ayurveda literally means "the science of life". This form of traditional medicine dates back to the 10th century BC. It is the type of traditional medicine practice in South Asia especially in India, Bangladesh, Nepal, Pakistan, and Sri Lanka. It is a holistic health system, which fosters the natural harmony between body, mind and soul.

[162] Martin, Peter "Yoga Diplomacy- Narendra Modi's Soft Power Strategy", *Foreign Affairs*, 25 January 2015, online on http://www..foreignaffairs.com/articles/india/2015-01-25/yoga-diplomacy, accessed on March 1, 2017.

sustainable and rich instrument of foreign policy in terms of culture and education, of language improvement of teachers and students as they allow asserting the language, habits, and customs of a country abroad (Tsafack 2014).

Colleges and Universities can help raise the level of discussion and advance a state's foreign policy by cultivating a better understanding of its power. We can work and instill in our students and the broader public a better appreciation of both the realities of our interconnected global society and the conceptual framework that must be understood to successfully navigate the new landscape we face (Nye 2004). Many observers agree that high education produces significant soft power for states. In the case of the US, Secretary of State Colin Powel, for example, said in 2001: "I can think of no more valuable asset to our country than the friendship of future world leaders who have been educated here (Nye 2004)". The long-term implications of the visa restrictive policies are that talented foreign students seeking a quality higher education will go elsewhere, and thus the country will lose the opportunity to both influences and learn from foreign students. India and China have cooperation ties in the domain of education with Cameroon. They provide scholarships to Cameroonian students to study in their universities.

India

Indian involvement in education cooperation with Cameroon can be explained by the educational role of Indian institutions providing Indian education abroad as the Indian Technical and Economic (ITEC) program and the ICCR. Since its creation in 1950, the ITEC program has so far trained over ten thousand Africans with hundreds of Cameroonians in Indian institutions in the fields varying from agriculture and industry to management and diplomacy (Banerji Bhattacharya 2010, 67). At the inaugural plenary of the India-Africa Forum Summit held in New Delhi in April 2008, the Prime Minister of India announced the "Government of India's initiative to enhance the academic opportunities for students of African countries in India by increasing the number of scholarships for them to pursue under-graduate, post-graduate and higher courses[163]". This scheme is implemented by the ICCR on behalf of the Ministry of External Affairs. Under this Scheme, the Council offers 900 scholarships to almost all countries, including Cameroon. The ICCR part gives full scholarships

---

[163] http://www.iccr.gov.in/content/africa-scholarships, Accessed on March 1, 2017.

for higher studies in India, and many Cameroonian scholars and civil servants have taken advantage of these scholarships to obtain university degrees, including PhDs, from institutes of higher learning in India (Banerji Bhattacharya 2010, 70).

At a more practical level, India offers professional training to Cameroonian civil servants. Training includes both civilian and military training and is coordinated through the Indian mission in Cameroon. Under the TEC and SCAAP programs, participants are asked to seek nomination from their ministries or Foreign office which recommends the application to the Indian High Commission in Abuja through the Indian consulate in Douala (Kumar Sinha 2010, 83). Thanks to the cooperation with the Indian Government, the ministry of employment and professional training often send Cameroonian civil servants to India to perform their knowledge in term of professional training. After the grant of scholarship from the Indian Ministry of External Affairs, many institutes offer civilian training to the selected Cameroonian participants. In terms of professional training, India offers distance education to Cameroonians in the domain of medicine. The Pan-African e-network provides satellite linkage with India's top schools and hospitals across African countries, thus providing cheap access to India's expertise through telemedicine and tele-education. According to the Honorary Consul of India in Douala, India offered a gift to Cameroon in terms of the-education and telemedicine[164]. Thanks to the equipment of Cameroonian laboratories with Indian videoconference accessories, Cameroonian physicians can discuss with their Indian colleagues the diagnosis of a patient and decide which drug to administer. India also offered microscopes equipped with internet features to Cameroon. This enables doctors from Cameroon and India to interpret laboratory results and heal patients.

India has also offered a distance learning center to the University of Yaounde 1. This virtual university allows students of the University of Yaounde 1 to study together in a virtual class with their Indian colleagues from Indian prestigious universities with the possibility to ask questions and have answers. They study in Cameroon and graduate in India with Indian recognized certificates. The main subjects taught at this university are Computer science, data management, and tourism.

---

[164] Interview of Indian Honorary Consul in Douala conducted by Didier Ndengue, on November 22, 2014, online on http://ndengue.mondoblog.org/2014/11/22/j-ravi-kumar-linde-cameroun-atteindre-emergence-2035/ accessed on February 18, 2017.

China

"Commensurate with China's rise as an economic and political power has been a concurrent rise in Chinese soft power. The realm of higher education has been the focus of China's most systematically planned soft power policy [...] Connections between institutions of higher education are a stabilizing and civilizing influence. China has been consciously promoting international exchange and collaboration in education. Indeed, China has been skillfully employing soft power to expand its global influence. One effective policy strategy has been the combination of higher education with the appeal of Confucianism (Yan 2007, 24-25)". Confucianism is a real tool of Chinese foreign policy. In 1862, Zeng Guofan, a top-ranking Confucian scholar and veteran commander of the Taiping campaigns, had advised Li Hongzhang[165] on how to use the basic Confucian value of self-restraint as a diplomatic tool (Kissinger 2012, 73). He said: "In your association with foreigners, your manner and deportment should not be too lofty, and you should have a slightly vague, casual appearance. Let their insults, deceitfulness, and contempt for everything appear to be understood by you and yet seem not understood, for you should look somewhat stupid (Guofan 1979, 62)". And Li believed in the superiority of China's moral values over other civilizations (Kissinger 2012, 74).

China's soft power gambit is most evident in Cameroon. China has committed to contributing to the development of human resources in Cameroon. Beijing has been offering generous scholarships to Cameroonian students for studying the Chinese language as well as pursuing other studies and research in China. China has initiated several agreements for facilitating cultural exchanges with Cameroon. Development assistance has been a key component of its efforts to engage Cameroon. The emphasis attached by China on the spread of its language is evident from the dispatch of more than 2,000 volunteers and teachers in 35 countries, since 2004 (Sinha Palit and Palit 2011, ii). It is also trying to attract foreign students from these countries to its educational institutions by boosting financial aid and liberalizing visa policies for foreign students (Sinha Palit and Palit 2011, ii). The National Office for Teaching Chinese as a Foreign

---

[165] Li Hongzhang was a top-ranking Mandarin who had risen to prominence commanding forces in the Qing campaigns against the Taiping Rebellion. He served for nearly four decades as China's face to the outside world. For more information, read Henry Kissinger, *On China*, (London: Penguin Books, 2012), 71.

Language (Hanban) is establishing Confucius Institutes since 2004 to perpetuate Chinese cultural diplomacy. This cultural diplomacy is backed by the Confucius institute created at the International relations Institute of Cameroon (IRIC) in 2007. Confucianism existed first in 2002 as scientific and university cooperation between China and Cameroonian universities. Some of her agencies have been created in Douala, Buea, and Maroua.

Thanks to the growing cooperation ties between both countries, Chinese became one of the foreign languages taught in secondary schools in Cameroon. Beijing pushes instruction in Mandarin and Chinese culture in Cameroonian secondary schools, partly by signing agreements with Cameroon to help assimilate Chinese into secondary school curricula by helping Cameroonian train its first Chinese secondary school teachers at the Higher Teacher's Training College of Maroua. With the creation of the University of Maroua in 2008, the Chinese language gained special attention from Cameroonian authorities who decided to create a Chinese department at this University. The number of students increased exponentially from 2009 to date. In 2008, we had 14, 31 in 2009, 39 in 2010, and 63 in 2011 and since 2012, the number of students is about 40 per year (Djallo and Dikolé 2012). Until 2013, more than 200 secondary school teachers have been trained in the Confucius center of Maroua (Djallo 2013). The number of teachers has also increased thanks to a cooperation agreement signed between the University of Yaounde 2, the International Relations Institute of Cameroon (where the Confucius institute is based), and the University of Maroua (Djallo 2013). Secondary school teachers trained in the Chinese center in Maroua are proud of China and their training. According to them, the learning Chinese language, which is a "language for the future", is an important opportunity. They can sing the Cameroonian National Anthem in Chinese and the Chinese National Anthem in French or English during cultural events in Cameroon. The Chinese language remains one of the most spoken international languages. Its access to the status of an international language makes it challenge English and French (Kemajou 2015). The interest paid to these centers by Cameroonians allows them to have intense activities. This situation led to the award of *Excellent Global Institute Confucius* to Confucius Institute in Cameroon on December 10, 2010, by Hanban. Some Cameroonian schools are experiencing the Chinese language as a foreign language. These activities underscore Beijing's efforts to increase its cultural attractiveness and magnify the influence of its soft power at the grassroots level in Cameroon[166]. China has made great efforts to project cultural transmission to Cameroon to increase China's influence in the Country (Sinha Palit 2009).

The creation of the Chinese Confucius Institute at the International Relations Institute of Cameroon in Yaounde provides an enabling environment for learning the Chinese language. Familiarity with the Chinese language taught in this institute helps in shaping a popular Chinese culture in Cameroon that is characterized by Chinese art, cinema, cuisine, fashion, and lifestyle. The Confucius Institute in Cameroon also provides a "Chinese Bridge Fund", sponsoring college student exchange programs and supporting the development of overseas Chinese education (Sinha Palit and Palit 2011, 5). The China Scholarship Council, apart from offering Chinese scholarships to Cameroonian students, also regularly holds Education Exhibitions in Cameroon to promote and introduce Chinese higher learning. Some exhibitions are also organized at the Confucius Institute and winners of the contest are granted scholarships to travel to China for a few months. This support for education has improved China's image, building grassroots support in local communities, and creating a better understanding of China among the educated elite (Yan 2007).

An Indian cultural diplomacy in the shadow of China

India and China in their cultural relations with Cameroon cannot be put at the same level. While China is using official and private channels to enhance its cultural presence in Cameroon, India is still struggling to deepen its cooperation with this state in all domains. Comparing the cultural presence of China and India in Cameroon, we can say without mistake that China is a great partner of Cameroon while India is considered a tiny partner.

China is a giant cultural partner of Cameroon

If China has given scholarships to Cameroonians before Joseph Nye coined

---

[166] Michael Hsiao and Alan Yang, "Ins and Outs of China Courtship", *Asia Times Online*, 4 December 2008. Online on
http://www.atimes.com/atimes/Southeast_Asia/JL04Ae03.html, Accessed on June 11, 2010.

the concept of soft power, contacts and exchanges between Cameroon and China have been reinforced since the 2000s in various domains: festivals, films, music, education, sport, and tourism. The promotion of academic exchanges, the Confucius Institute, Chinese media, and the diffusion of Chinese cultural products in Cameroon are the core tools for its cultural diplomacy toward Cameroon. The Chinese cultural emergence aims at contributing to the reduction of the negative image of China in the world (Bénazéraf, 2014, 13). The official discourse of Chinese political authorities points to culture as an important tool for diplomacy. The former Minister of Culture of China, Sun Jiazheng, estimated that culture constitutes the third pillar of China's diplomacy after politics and economy. This has been confirmed by the political report of the 16th Communist Party of China (CPC) Congress which argues that "in today's world, culture intertwines with economics and politics, demonstrating a more prominent position and role in the competition for comprehensive national power (Li 2008, 2)". Given the rich cultural heritage and global appeal of China, it is only natural that culture emerges as a strategic tool in its efforts. This is more so in its neighborhood where the footprint of Chinese culture already exists, as also the Chinese Diaspora. China's culture is one of the most integrated foreign cultures in Cameroon. Apart from the learning Chinese language, the Yaounde Confucius Institute teaches Chinese culture. Each year, poem, singing, dancing, and Chinese sports competitions are organized in the institution and these events are attended by many Cameroonians who are curious about Chinese culture. Chinese are owners of dozens of restaurants in various towns of Cameroon. These restaurants provide Chinese traditional dishes and Cameroonian are proud to test Chinese food. A considerable part of China's efforts to reach out to Cameroon comprises cultural exchanges and allied initiatives. The Chinese Diaspora in Cameroun always celebrates Chinese cultural events with their Cameroonian counterparts as the Chinese New Year and other Chinese traditional events.

The teachings of Confucius thought emphasizing secular values of humanity, education and harmony can not only bind ethnic Chinese all around the world but can also draw countries closer to China in its region or another part of the world (Hongyi 2006:10). Many researchers argue that "China can do better by promoting the political values that inspire Chinese people and can help to make the world a better place..." by exporting indigenous Confucius values such as meritocracy and harmony (Bell 2010, 8). The Yaounde Confucius Institute is often viewed as a vehicle for achieving deeper strategic objectives in the garb of cultural diplomacy in Cameroon (Sinha Palit and Palit 2011, iii). For the Chinese, Confucius Institutes try to do just "an effort to downplay the image of China as a fire breathing dragon, and promote that of China as a cute, cuddly panda (Randall 2006, 17)". This institution attempts to engage Cameroon through language, culture, and education. Despite being a non-government and non-profit organization, it is guided and sponsored by the Office of Chinese Language Council International affiliated with the PRC Ministry of Education, signaling its underlying strategic value (Hongyi 2006, 10).

Chinese culture is also advertised in Cameroon through cable and satellite television. China's media push began after January 2009 in Africa when China's government planned to allocate 45 billion Yuan to fund the global expansion of Chinese state media. Although Xinhua, the official news agency of China has long had a presence in the continent, it expanded the number of its bureau to more than 20 in late 2009 (Hanauer and Morris 2014, 76). The Chinese Central Television (CCTV) also created its Africa station in Nairobi, Kenya and now its French and English channels are broadcasted in Cameroon through satellite and cable. The Chinese language is taught through these channels to French and English-speaking Cameroonians. These channels present the positive face of China to viewers. This shapes the opinion of Cameroonians and presents china as a good partner.

India, a tiny cultural partner of Cameroon

Disaggregating India's cultural policy towards Cameroon remains a complex exercise given that the relationship has been masked by the China factor. India's Cameroon cultural policy seems to mirror much of China's Cameroon cultural policy. Although India and Cameroon have had bilateral relations since the independence of Cameroon, its footprint in terms of cultural diplomacy is tiny in Cameroon compared to China. The Indian community in Cameroon is growing exponentially, but both countries are still reducing their cooperation at the level of trade and technical training. India set up its honorary consulate in Douala, Cameroon. Cameroon for her part has created an embassy in India in 2013 but this position is until now without an ambassador. It is only the honorary consulate of Douala which exists as a permanent representation but cannot solve some diplomatic problems in Cameroon because the High Commission under which Cameroon belongs is based in Nigeria. For the moment, India is seen as a junior or negligible player in Cameroon in terms of Cultural presence compared to China. India faces several limiting factors in its quest for cultural bilateral cooperation with Cameroon. While Cameroon is now a focus of India's cultural foreign policy, it is not the primary focus. The success of India's popular culture as a tool of diplomatic practice is overshadowed by the wide reach and popularity of Nollywood movies (Pratap 2015, 61). Bollywood films were very present in Cameroon in the early postcolonial period but their presence in Cameroon has dropped dramatically in favor of Nollywood from Nigeria. Indian soap operas broadcasted in Cameroon are private initiatives and since the 1990s, they are losing their places on Cameroonian televisions, maybe because of the nonsupport of the Indian government. Contrary to China which has cultural institutions like the Confucius Institute, India doesn't have any cultural representation in Cameroon. Even an Indian cultural center is lacking in Cameroon. This situation can explain why India is not well represented culturally in Cameroon compared to China. In practice, India's cultural diplomacy towards Cameroon remains weak because Indian diplomacy has neglected soft power as an important tool of statecraft and has only recently understood the relevance of 'cultural diplomacy (Blarel 2012)'. Apart from the scholarship exchange program conducted by the Indian government, there is no official initiative of implementing Indian cultural policy in Cameroon. The Indian language is not taught in Cameroonian schools like Chinese and India doesn't organize language scholarships like China. As a sub-variant of soft power, cultural diplomacy became popular later in India but this country had its encounter with cultural diplomacy long before the word was coined (Pratap 2015, 57). An important part of India's cultural diplomacy has been the cultivation of the Indian Diaspora living in various parts of the world (Pratap 2015, 57). The main catalyst in the further intensification of the use of cultural diplomacy is the Indian Diaspora present in Cameroon which will indirectly be its cultural envoys in this country (Pratap 2015, 61). This Diaspora is playing an important role in Cameroon in this sense. Indians in Cameroon have created Yoga centers and restaurants with Indian names (for example *Bombay Massala* in Bonajo) in Douala in particular. These centers are tools of Indian soft power in Cameroon. India's plan to use its ancient links with Buddhism to use it as a part of cultural diplomacy to strengthen its relationship with other countries is also facing a challenge from China[167]. For example, in December 2013 India and Myanmar co-sponsored a three-day conference of Buddhist scholars at the Sitagu International Buddhist Academy in Yangoon[168]. In Nepal, China financed a $ 3 billion project to develop Lumbini the birthplace of Buddha with a new airport, a connecting highway, hotels, convention centers, temples, and a Buddhist University[169]. This allows us to mention that India doesn't pay the same attention to cultural diplomacy as China in the world in general and in Cameroon in particular.

Conclusion

This study aimed to compare China and India's cultural diplomacy toward Cameroon. We noticed that both countries are expanding their soft power in Cameroon. But China is more present in Cameroon in terms of cultural cooperation than India. China has cultural centers, restaurants, and movies in Cameroon and the Chinese language is taught in Cameroonian secondary schools. China is thus a giant partner in terms of cultural diplomacy in Cameroon. India will do well to learn from China. While India seems uncomfortable using soft strategies consistently, China appears to have blended them well. China's exercise of cultural diplomacy with Cameroon is a good example of the pragmatic manner in which it manages its strategic priorities. The use of Culture as a diplomatic tool by India is on the rise in Cameroon but it has serious challenges before itself to deal with to further use culture as a dominant diplomatic tool to gain legitimacy in this central African state. The first challenge is accessibility. India which boasts of its rising power has its presence in the form of established cultural centers in just 35 countries not even near to U.S.A and U.K which have established cultural centers in more than 100 countries (Pratap 2015, 61). These Indian cultural centers don't exist in Cameroon. India has to enhance its cultural diplomacy leverage in Cameroon, learning from the Chinese experience in using soft power as a critical tool of global strategy (Sinha Palit and

---

[167] Bhaumik, Subir, "China and India use Buddha for regional karma", Al Jazeera English, 11 January 2013, online on http://www.aljazeera.com/indepth/features/2013/01/2013171148400871.html, accessed on February 24, 2017.
[168] Ibid.
[169] Ibid.

Palit 2011:iii). India needs to give much greater attention to its cultural diplomacy towards Cameroon as a critical tool of foreign policy if it wishes to achieve its strategic objectives in this country.

References

Bénazéraf David, « *Soft power* chinois en Afrique Renforcer les intérêts de la Chine au nom de l'amitié sino-africaine », IFRI, *Asie.Visions* 71, 2014.

Bhattacharya Sanjukta Banerji, "Engaging Africa: India's Interest in the African Continent, Past and Present", In Obi Cyril and Cheru Fantu (eds.), *The Rise of China and India in Africa*, (Uppsala New York and London: Nordic Africa Institute, Zed Book, 2010), 63-76.

Blarel Nicolas, "India's Soft Power: From Potential to Reality?", In Nicholas Kitchen (ed.), *India: The Next Superpower?* (London: LSE IDEAS, 2012), 28–33.

Bound Kirsten et al., *Cultural Diplomacy* (London: Demos, 2007).

Djallo Emmanuel et Dikolé Nathan, *La coopération sino-camerounaise de 1971 à 2011*, Thesis in partial fulfilment of Professeur des Lycées d'Enseignement Général (DIPES) Deuxième Grade, Higher Teacher's Training College Maroua, University of Maroua, 2012.

Djallo Emmanuel, « Diffusion de la langue chinoise dans l'enseignement secondaire en Afrique centrale : le cas du centre Confucius de Maroua », *Monde Chinois, Nouvelle Asie*, n° 33, (2013) : 48-54.

Enfan (ed.), *Memorabilia of China*, vol. 1 (Beijing: World affairs Publishing House, 1997).

Forum on China-Africa Cooperation (FOCAC), Speech by HE. Mr. Wen Jiabao, Premier of the State Council of the People's Republic of China at the opening ceremony of the 2nd Ministerial Conference of the FOCAC (Addis Ababa, 15 December 2003), *Documents and Speeches*, 29-46.

Guofan Zeng, « Excerpts from Tseng's Letters, 1962", as translated in Teng Ssu-yü and Fairbank John K. (eds.), *China's Response to the West*: A Documentary Survey, 1839-1923 (Cambridge: Harvard University Press, 1979).

Haifan Liu, "Status Quo of Sino-African Cultural Relations" in *Confidential Report of Chinese Academy of Social Sciences* (Beijing: Chinese Academy of Social Sciences, 2006) 63-71.

Haifang Liu, "China's Development Cooperation with Africa: Historical and

Cultural Perspectives" In Cyril Obi and Fantu Cheru (eds.), *The Rise of China and India in Africa* (Uppsala New York and London: Nordic Africa Institute, Zed Book, 2010): 53-62.

Hall Ian, "India's New Public Diplomacy. Soft Power and the Limits of Government Action", *Asian Survey*, Vol. 52 (Number 6, 2012): 1089–1110.

Hanauer Larry and Morris Lyle J., Chinese Engagements in Africa. Drivers, Reactions, and implications for US policy (Washington DC.: RAND Corporation, 2014).

Hongyi Lai, "China's Cultural Diplomacy: Going for Soft Power", *EAI Background Brief* No. 308 (October 2006).

Kaijin Miu, « A Study of China's Cultural Policy", Graduate Faculty of the Party School of the Central Committee of the CCP (2006).

Kemajou Laure, « Les Instituts Confucius en Afrique francophone : outils stratégiques du *softpower* de la République Populaire de Chine aux enjeux multiformes », In Mbabia Olivier et Wassouni François (dir.), *La présence chinoise en Afrique francophone* (Paris : Monde Global Éditions Nouvelles, 2015) : 72-81.

Kissinger Henry, *On China* (London: Penguin Books, 2012).

Kumar Sinha Pranay, "Indian Development Cooperation with Africa", In Cyril Obi and Fantu Cheru (eds.), *The Rise of China and India in Africa* (Uppsala New York and London: Nordic Africa Institute, Zed Book, 2010): 77-93.

Li Mingjiang, "Soft Power in Chinese Discourse: Popularity and Prospect", *RSIS Working Paper* no. 165, 1 (September 2008).

Lowe, J., *Medical missions: their place and power* (London: T. Fisher Unwin, 1987).

Nye Joseph, « Soft power and high education », In Joseph Nye, *The Means to Success in world politics* (New York, Public Affairs, 2004).

Nyiegwen Muweh Arnold, *Modernity in Traditional Medicine Women"s Experiences and Perceptions in the Kumba Health District, SW Region Cameroon*, Master Thesis Submitted in Partial Fulfillment for the Award of Master of Science Degree in Public Health Sciences (Umea Universitet, 2011).

The People's Republic of China, *Selective Works of Zhou Enlai's Diplomacy* (Beijing: Ministry of Foreign Affairs, 1990).

Pratap Bhanu, "India's Cultural Diplomacy: Present Dynamics, Challenges and Future Prospects", *International Journal of Arts, Humanities and Management Studies*, Volume 01, No.9 (September 2015): 55-65.

Randall Peerenboom, "The Fire Breathing Dragon and the Cute, Cuddly Panda: The Implication of China's Rise for Developing Countries, Human Rights, and Geopolitical Stability", *Chicago Journal of International Law* (Summer 2006, no. 1).

Sanusha Naidu, "India's African Relations: in the Shadow of China?", In Obi Cyril and Cheru Fantu (eds.), *The Rise of China and India in Africa* (Uppsala New York and London: Nordic Africa Institute, Zed Book, 2010): 34-49.

Saran Shyam, "Cultural Diplomacy: Leveraging India's Soft Power", *Eighth Pupul Jayakar Memorial Lecture* (India International Centre New Delhi, April 18, 2016).

Sinha Palit Panama and Palit Amitendu, "Strategic Influence of Soft power: Inferences for India from Chinese Engagement of South and South East Asia", *ICRIER Policy Series* n°3, (2011).

Sinha Palit Parama, "Cultural Diplomacy for Engaging Southeast Asia: Indian and Chinese Experiences", *ICFAI University Journal of International Relations*, Vol. 3, (2009).

Tsafack Delmas, "The *Amity International College* network: an instrument of Turkish soft power in Cameroon", Paper presented at the Workshop on Beyond soft power: the stakes and configurations of the influence of contemporary turkey in the world, at the French Institute of Anatolian Studies, Istanbul (January 8-9, 2014)

Walter Laqueur, 'Save public diplomacy', quoted by Kirsten Bound, Rachel Briggs, John Holden and Samuel Jones, *Cultural Diplomacy* (London: Demos, 2007).

Wamba André and Groleau Danielle "Constructing Collaborative Processes between Traditional, Religious, and Biomedical Health Practitioners in Cameroon", *Nordic Journal of African Studies* 21(2):(2012): 49-74.

Wassouni François, « La médecine chinoise au Cameroun : essai d'analyse historique (1975-2009) », in Ludovic Lado (dir.), *Le Pluralisme Médical en Afrique* (Yaounde, Paris : PUCAC-Karthala, 2012) : 199-221.

DEUXIEME JOURNEE :
JEUDI 26 MAI 2022

PREMIERE SESSION : PLAN DE DAKAR SUR LA COOPERATION ECONOMIQUE ET L'INITIATIVE LA CEINTURE ET LA ROUTE

14. CHEC - Participant, Implementer and Promoter of African Development and "Belt and Road" Construction, *M. Xu Huajiang*

Dear President of the China-Africa Francophone Observatory: Dr. Jimmy Yab, Distinguished Counsellor of the Chinese Embassy in Cameroon: Mr. Wang Dong,

Dear guests, ladies and gentlemen:

Good morning (good afternoon) ! I am honored to be invited by the chairman of the organizing committee, Dr. Jimmy Yab, to gather with you to participate in this International Colloquium on the "Belt and Road Initiative" in French speaking African countries. First of all, please allow me, on behalf of China Harbour Engineering Company, as known as to many of you as CHEC, to sincerely wish this Colloquium a smooth and successful holding. In 2013, the 'Belt and Road' initiative was proposed by President Xi Jinping of the People's Republic of China, and it received positive responses from countries all around the world both quickly and widely. After nearly a decade, China has signed more than 200 cooperation documents with 147 countries and 32 international organizations to jointly build the Belt and Road Initiative. Today, I think it is of great significance that we have gathered here to discuss the development achievements and future direction of this great initiative.

Let's take a look back in the history. Since the 1950s and 60s, African countries have liberated themselves from centuries of colonial domination, and set on the path of independent development, entering the world political arena as emerging powers; since the 1990s, African countries generally began to pursue development strategies suitable for their own national conditions. The economy began to take off, as the international prestige arose. This continent, with the largest number of countries and the second largest in terms of area and population in the world, has come into a new historical peak now. Today, I think it's also of great significance that we have gathered here to discuss the development achievements and future direction of this great continent. In the process of pursuing independence and development, China and Africa have always been moving forward together and supporting each other. We have forged a strong and lasting friendship. It is often said that it was the African brothers who have brought China back into the United Nations while always been respected and supported China's core interests of development. And in return, China has always carried out cooperation with Africa based on the concept of sincerity and amity, put ourselves in Africa's shoes. The Belt and Road Initiative, the FOCAC, as well as the China-Africa Economic and Trade Expo have become important carriers and platforms to promote the rapid development of bilateral cooperation. CHEC, since its very establishment, has been actively participating in the development of Africa. We have been conducting business in this magnificent continent for more than 30 years and have participated in various fields of infrastructure construction such as ports, roads, bridges and airports in Africa. The completed and under-construction projects sum up to the amount of nearly 30 billion USD. These projects are distributed in over 20 countries including Cameroon, Nigeria, Angola, Namibia, Sudan, Tanzania, Côte d'Ivoire, Ghana, Algeria, and Egypt. Moreover, we have been extensively engaged in the designs and constructions of major projects such as Kribi Deep Sea Port, Kribi-Lolabe Highway, Lekki Deep Sea Port, Abuja-Makurdi Road Reconstruction and Expansion, Abidjan Deep Sea Port, Lobito Port, Sudan Port, Juba Airport, etc. In particular, the Lekki Deep Sea Port has been carried out in BOOT mode, which also shows the ability of CHEC to integrate investment, construction and operation in the field of infrastructure. My dear friends, now I would like to put forward my ideas and suggestions regarding future developments from three aspects:

Firstly, prioritize transportation in Economic development.

Today, globalization and regionalization have become a general trend of development on our blue planet. Embracing this trend will be the only way for a better development. Rising streams lead to a flowing river. Yet a dry one could only result in the drought of nearby rivers. Only openness, tolerance inclusiveness and interconnection can create mutual assistance, mutual benefits, and win-win. So, it is necessary to strengthen the "hard connectivity" of infrastructure and "soft connectivity" of system rules and promote the four-in-one interconnection of land, sea, sky, and network. I would like to take China as an example. Since the founding of People's Republic of China, several generations have made roads through mountains, built bridges over waters, and thus created a huge traffic network in China. Always insisting on traffic first, we have built the world's largest high-speed railway network, expressway network and world-class port groups (22,142 production berths, including 2,592 with the capability of 10 000 tons or above). China's aviation and navigation can reach every part of the world, and its comprehensive transportation network has exceeded 6 million kilometres. All those have not only strongly supported China's development, but also accelerated its progress in integrating into the world and highlighted its global contribution. Fortunately, CHEC has participated in this great process and accumulated rich experiences and abilities in transportation construction. And hereby, we are also willing to devote ourselves to the development of African countries with the same loyalty and enthusiasm. We are determined to strive for and assist in achieving Agenda 2063 by improving the transportation infrastructure.

Secondly, building ports to promote industries, developing industries to flourish cities, and realize simultaneous prosperity among the three.

This is the universal rule of the development and evolution path of port cities worldwide. New York, Singapore, Shanghai, Dubai and Rotterdam, or the nearby Lagos, Luanda, Abidjan, Dakar, and Durban. These rising metropolises are all perfect demonstrations. Numerous cases of urban development in China's 40 years of Reform and Opening Up have tested this golden rule many times. In addition to widely engaging in the construction and comprehensive development of related ports, industries, and cities, CHEC has also successfully promoted these modes to relevant regions in the world. For example, the construction and development of Sri Lanka's Port City and Pakistan's Gwadar Port have been advancing quickly and obtained outstanding achievements. In Africa, CHEC successfully launched the Lekki Port Project in Lagos, Nigeria, with BOOT mode, and participated in the construction, investment, and operation of the Kribi Deep Sea Port Project in Cameroon. Kribi has now brightly embarked on the road of " Building ports to promote industries, developing industries to flourish cities with industries, and realize simultaneous prosperity among the three ". Kribi Port Project Phase I has been completed and put into service. Meanwhile the construction of Kribi Port Project Phase II is in full swing. The construction and operation of the port will greatly promote the attractiveness of landing industries in Kribi, and since its operation has led to an increase in tax revenue of nearly US$200 million; further promoting the flow of goods, services and people within the region, the construction and operation of the port has increased more than 1,000 jobs. This is conducive to expanding the volume of intra-regional trade, promoting the economic development of countries and regional economic integration, and has already driven more than 30 industrial enterprises into the area, which will have a profound impact on the development of economic and trade integration in Central Africa. These hard-earned achievements were made possible thanks to the strong support of the Chinese Embassy in Cameroon and the all-round financing support of the Export-Import Bank of China. We sincerely wish and believe that in the future, Kribi will become a most important port city and a shining star in Cameroon, in the Gulf of Guinea and even in the Central African region.

Additionally, serving as an implementer, participant, and promoter, strive toward excellent infrastructure to boost local development.

A journey of a thousand miles begins with the first step. Focusing on strategic goals of African development and combining with the development plan of each country, CHEC is willing to provide integrated services in infrastructure and related fields. We would like to deeply participate in Cameroon's development from three aspects:

1) To be the first implementer of national strategic initiatives: Linking to Agenda 2063, National development plans such as Cameroon Vision 2035, SND30, plus the Belt and Road Initiative and China-Africa Cooperation Forum Action Plan, we would stick to the perseverance of "one blueprint to the end, one road to success" and persist in being the vanguard of relevant fields such as Nine Projects. Hereby, I would like to sincerely thank all friends for their constant and unwavering support for CHEC, and hopefully, we will participate in the future development cooperation in these fields together.

2) To be the deep participant in regional economic development: Based on Kribi Deep Sea Port, we would open transportation, energy and power channels

radiating landlocked countries, pay close attention on the key points of development, clear the blocking points of logistics. We would also participate in regionalization-related projects and help regional economic revitalization. I hope that all leaders, partners, and colleagues can give us your advice. And in return, we will surely answer the call and perform Veni Vidi Vici throughout the construction.

3) To be the powerful promoter of Africa's industrialization process: today's global industrial chain and supply chain are undergoing profound revolution, which also creates a once-in-a-century opportunity for Africa's industrialization process. Combined with the plans on industrial connection and capacity cooperation in the framework of the Forum on China-Africa Cooperation, CHEC is ready to rise to the occasion and actively promote projects such as the Kribi Industrial Park in accordance with the overall and individual development needs of Africa. We would also actively stimulate Chinese industrial manufacturing enterprises to take roots in the park, including enterprises of wood processing, raw material processing of construction industry, power material processing, mineral development and processing, energy, chemical processing, and so on. My dear friends, it has come to us: The world's new development process has arrived. The trend of a community with a shared future in the world is becoming more and more apparent. And regional integration in Africa is already on the way as the implementation of the Belt and Road Initiative. It is very fortunate for us to be a part of it as we here are both the experiencers and the creators of history.

There is an African proverb: "As long as it is twisted into a rope, the yarn can even bind the lion". CHEC sincerely hopes to join hands with all the presented elites to strengthen exchanges and cooperation between government and enterprises. The more you want to see, the deeper you must enter the forest. With such determination and perseverance, we would work tirelessly for the development of Africa, for the realization of Agenda 2063 and the Belt and Road Initiative. Thank you!

15. L'équilibre dans la coopération économique entre la Chine et les Etats d'Afrique francophone, *Dr Julien Ekoto*

Introduction

Pays de tradition plurimillénaire, la Chine a eu tout au long de son histoire comme principale préoccupation la protection de sa civilisation en la préservant des influences extérieures. Elle a fait preuve d'une constante discrétion sur le plan international et s'est souvent montrée très peu encline à l'ouverture et à entrer dans la course à la puissance ou domination mondiale. Cette position de la Chine va peu à peu changer avec le temps. Tout commence en 1949 avec la proclamation de la République populaire de Chine où MAO ZEDONG, à la tête du Parti communiste chinois (PCC), se fixe pour objectif de donner à la Chine un statut de puissance mondiale de premier plan. Ce qui n'a pas été le cas puisque la Chine n'a pas pu rayonner dans le Monde à cette époque. Ce n'est qu'à partir de 1978 que le véritable réveil international de la Chine se produit avec l'affirmation du pouvoir de DENG XIAOPING qui, tout en s'inscrivant dans le respect des préceptes fondamentaux du PCC, met en place une « *économie socialiste de marché* ». La Chine s'ouvre alors à l'économie internationale mais, tout en conservant une attitude de discrétion et de réserve sur les plans politique et diplomatique. Elle parvient ainsi à figurer rapidement sur la liste des puissances économiques mondiales.

Grâce à ses performances économiques, la Chine sort progressivement de sa réserve politique. Dès 1994, JIANG ZEMIN adopte une « *stratégie de grand pays* », la Chine commence à asseoir sa position en Asie, renforce ses relations avec les puissances occidentales et noue des relations avec les Etats africains. Depuis la fin des années 2000, jusqu'à nos jours, la Chine affirme clairement sa puissance, affichant ouvertement ses ambitions : accéder au rang de superpuissance (Le Goff 2017 : 2) qu'elle se doit de renforcer et de stabiliser.

C'est dans ce sens que ce pays a pu bousculer les agendas internationaux du développement et redéfinir les grands équilibres géopolitiques et économiques. La Chine n'a cessé depuis plusieurs années d'élargir son champ d'action et de consolider sa présence en Afrique, traditionnel pré carré des puissances occidentales (Delcourt 2011 : 7). La présence chinoise en Afrique semble de plus en plus marquée au point où, l'on assiste depuis plus d'une décennie, à l'émergence de ce que la doctrine a qualifié de « *Chinafrique* » (Beuret & Michel 2011).

Les fruits de cette merveilleuse collaboration entre la Chine et l'Afrique ont donné encore une fois l'occasion aux deux parties de se retrouver lors du Sommet de Dakar en 2021 dans le cadre du Forum sur la Coopération Sino-africaine (FCSA). Ceci dans le but spécifique de promouvoir le projet historique du Président de la République Populaire de Chine actuel, Son Excellence XI JINPING sur l'initiative « *la Ceinture et la Route* » lancée en 2013. Cette initiative d'envergure se compose de deux éléments principaux, à savoir, la Ceinture économique et la Route maritime. A travers l'initiative la Ceinture et la route, la Chine a fait des percées significatives dans plusieurs domaines en Afrique.

Motif d'inquiétude pour les uns, opportunité à saisir pour les autres, le renforcement et le développement de la coopération économique entre la Chine et l'Afrique francophone ne manque pas d'interpeller les acteurs institutionnels et les spécialistes du développement, sur fond de vives polémiques, d'oppositions et de positionnements tranchés sur la nature et les implications, les mérites et les limites, les défis et les risques posés par ce rapprochement « *inédit* » ; voire sur les tenants et les aboutissants de la présence chinoise sur le continent africain (Girouard 2008 : 1). Surtout qu'à en croire certains éditorialistes occidentaux, la Chine serait littéralement en train de dévorer et d'inféoder l'Afrique. Galvanisée par sa formidable croissance économique et mue par sa quête éperdue de matières premières, la recherche de nouveaux débouchés et son désir d'accroître sa sphère d'influence, la Chine ferait primer la seule poursuite de ses intérêts sur toute autre considération. Derrière le voile rhétorique d'une nouvelle « *solidarité Sud-Sud* » ou coopération « *gagnant-gagnant* », elle poursuivrait une stratégie mûrie et planifiée de longue date, visant à imposer à l'Afrique un nouveau rapport de type colonial (Delcourt *op. cit.* : 8). Certains auteurs vont plus loin en disant que son souci affecté pour l'Afrique masquerait ni plus ni moins un tout autre agenda (Beuret & Michel *op. cit.* : 9). Ces accusations son rejetées en bloc par les chinois qui considèrent plutôt les craintes des Occidentaux à l'endroit de leur pays comme des préjugés infondés, au pire, comme relevant d'une frustration née du souci de perdre une zone d'influence historique (Shaye 2008).

Entre ces deux visions opposées de la relation sino-africaine, il y a lieu de s'interroger sur l'équilibre dans la coopération économique entre la Chine et les Etats d'Afrique francophone. Ainsi, peut-on véritablement parler d'un équilibre dans la coopération économique entre la Chine et les Etats de l'Afrique francophone ? Ce faisant, le partenariat entre la Chine et les Etats d'Afrique francophone, supposé être une coopération « *Sud-Sud* » ou « *gagnant-gagnant* », donne l'image d'un équilibre apparent dans leurs relations économiques mutuelles (I) et d'un déséquilibre réel au profit de la partie chinoise (II).

La coopération économique entre la Chine et les Etats d'Afrique francophone : un partenariat apparemment équilibré

En effet, que ce soit du côté des Etats africains francophones ou de leur partenaire chinois, l'on note de part et d'autre, un certain nombre de réalisations économiques mutuelles entre les deux partenaires (A). De même, il existe entre eux des échanges économiques réciproques (B).

La présence des réalisations économiques mutuelles

Aussi bien la Chine que les Etats d'Afrique francophone tirent mutuellement profit de la coopération économique qui existe entre les deux. Pendant que les seconds bénéficient des investissements économiques de la Chine (1), celle-ci en retour reçoit des seconds les ressources naturelles (2).

Les investissements économiques de la Chine dans les Etats d'Afrique francophone

La coopération entre la Chine et les Etats africains francophones est d'abord perçue de manière générale comme étant un modèle de développement alternatif à celui occidental propre au consensus de Washington qui associe le développement économique au respect d'un certain nombre de conditionnalités. La doctrine s'accorde d'ailleurs à dire que les programmes d'ajustement structurel imposés par les institutions de Bretton Woods ont entraîné la plupart des États en développement dans une véritable « *mondialisation de la pauvreté* » en limitant le rôle de l'État et en l'empêchant de veiller à la justice sociale (Chossudvovsky 1998).

La Chine semble alors être pour les Etats africains de manière générale et ceux francophones en particulier, un partenaire économique permettant d'échapper dorénavant à la tutelle occidentale (Girouard *op. cit.* : 12). En ce sens, plusieurs hautes personnalités africaines ont eu à magnifier la relation économique entre la Chine et l'Afrique. Il en est ainsi de l'ancien Président sénégalais Abdoulaye WADE qui n'a pas hésité à reconnaître les Chinois comme des partenaires commerciaux beaucoup plus pragmatiques et efficaces que les bureaucrates occidentaux (*Senegalese President Calls China Great Partner for Africa*). Dans la même veine, l'ex-Président du Nigeria OLUSEGUN OBASANJO avait déclaré que les succès du modèle chinois s'expliquaient en ce que la démocratie, par l'instabilité qu'elle génère, empêche parfois le maintien d'un leadership politique fort et continu qui est nécessaire pour accélérer le développement et la modernisation de l'économie (Marks 2007 : 11). Monsieur Donald KABERUKA, alors Président de la Banque Africaine de Développement, a soutenu sans ambages que la Chine devait servir de modèle principal dont devraient s'inspirer les principaux États africains dans leur course au développement (Chossudvovsky *op. cit.* : 3).

Par conséquent, depuis la fin des années 1990, les relations économiques entre la République Populaire de Chine et le continent africain se sont consolidées sur plusieurs aspects dont notamment l'aide au développement économique, les investissements directs, la coopération économique et technique.

Depuis 2000, l'organisation périodique de sommets sino-africains est venue favoriser l'accroissement de la coopération économique entre la Chine et les pays africains. C'est ainsi qu'à l'occasion du sommet sino-africain tenu en 2006 à Beijing, le Premier ministre chinois Wen JIABAO prenait l'engagement de faire progresser les échanges économiques entre la Chine et les pays africains à plus de 100 milliards de dollars à l'horizon 2010. Ces différents gestes de la Chine lui ont fait gagner de plus en plus de terrain en Afrique et ont fait d'elle en 2005, le troisième partenaire économique du continent (Servant 2005). C'est ainsi qu'en

2006, les échanges ont atteint près de 55 milliards de dollars et ne cessent d'augmenter au fur et à mesure que les années passent (Faujas 2008).

De même, la Chine concède des prêts à faible taux d'intérêt à de nombreux États africains en échange de privilèges, notamment l'accès garanti aux matières premières sous forme d'octroi de licences d'exploitation des ressources naturelles et de juteux contrats. À titre d'exemple, en 2004, la Banque chinoise *Exim bank* a accordé deux milliards de dollars de crédit au Gouvernement angolais à un taux d'intérêt de 1,5% sur dix-sept ans en échange d'une large part du marché de la reconstruction nationale (Servant *op. cit.*). En 2007, Beijing a prêté plus de 20 millions de dollars au Kenya pour la construction de logements à valeur modique. En tout, c'est plus de 230,5 millions de dollars que Beijing a prêtés à Nairobi qui lui a offert en retour des contrats de réfection des routes et de modernisation des réseaux électriques (*Chinese Bank Gives Kenya $20 millions for Cheap Housing* 2007).

De vives critiques ont été adressées à Beijing par les institutions financières internationales pour avoir concédé des prêts à des États dont les économies sont encore fragiles, alors que celles-ci viennent tout juste de retrouver un niveau acceptable de solvabilité (Faujas 2007). C'est en réponse à cela que les autorités chinoises ont épongé en 2007 près de 20 millions de dollars de la dette tanzanienne (*China Agrees to Cancel Part of Tanzania's Debt*) et qu'ils ont aussi effacé près de 40% de la dette ivoirienne (*China Writes off 40% of Côte d'Ivoire Debt*).

Grâce à la coopération chinoise, des infrastructures telles que des stades de dizaine de milliers de places et des centres de conférence de prestige ont vu le jour dans certains Etats africains. La coopération avec la Chine a aussi permis aux États africains de profiter d'une meilleure expertise sur le plan technique. Au Soudan par exemple, l'*Exim bank* a ouvert à Khartoum sa première filiale en Afrique, soutenant des entreprises chinoises actives pour la construction de raffineries ou de centrales hydrauliques (Braud 2005 : 3). Le secteur agricole n'est pas en reste, de nombreuses ententes de coopération technique ont été signées entre Beijing et de nombreux États africains.

Les investissements chinois contribuent également au développement du tissu industriel. C'est ainsi que, de la coopération de la Chine avec la Zambie, l'on a assisté à la mise en place d'une usine de traitement du cuivre. En 2005, l'Afrique du Sud et la Chine ont conclu un accord de développement dans le nucléaire civil. Au Cameroun, l'on a, la construction de plusieurs hôpitaux, des barrages hydroélectriques, l'autoroute Yaoundé-Douala, des projets de télécommunications et le port en eau profonde de Kribi. A cela, l'on ajoute les activités telles que, la pêche et l'aviculture, la confiserie, la restauration et l'exploitation forestière (Déjo : 1) ainsi que des écoles.

Du côté de l'industrie automobile, la *Shanghai Automotive Industry* envisage désormais produire une nouvelle marque de voitures à faible prix qu'elle pourrait exporter en Afrique (Fainsilber 2007).

La Chine par sa présence en Afrique contribue énormément au développement économique des Etats africains francophones à travers les multiples investissements colossaux qu'elle a effectué dans plusieurs domaines et dont on ne peut pas tout dénombrer. Cela montre bien qu'elle est un partenaire de confiance. En retour, les Etats africains lui fournissent des matières premières.

La fourniture des ressources naturelles à la Chine par les Etats africains francophones

Il faut commencer par souligner que la présence chinoise sur le continent africain est très variable. Elle se fait plus remarquer dans les zones où l'on retrouve plus de concentration en ressources naturelles (Angola, Soudan, Nigeria, Tchad, Gabon et Guinée-équatoriale) qui s'avèrent nécessaires pour son développement économique. En réalité, l'approvisionnement de l'économie chinoise en ces ressources considérées comme stratégiques constitue une haute priorité pour les autorités de Beijing qui voient le maintien d'un taux de croissance élevé comme une condition fondamentale de leur légitimité politique (Rocca & De Beer 1997 : 50). A l'inverse, l'Etat chinois est un peu moins présent dans les pays africains moins fournis en ressources naturelles (à l'instar des Etats comme le Rwanda, le Bénin et le Togo).

En effet, l'intérêt croissant de la Chine pour les ressources naturelles des pays africains est en corrélation avec l'augmentation de sa demande pour soutenir son économie. La Chine importe par exemple de l'Afrique plus du ¼ du pétrole que son économie énergétivore consomme chaque année. Outre le pétrole, la République Populaire de Chine convoite également des Etats africains francophones, plusieurs autres ressources naturelles qu'elle n'en possède pas sur son territoire.

Cette situation explique notamment la présence de firmes multinationales chinoises en Zambie pour l'exploitation du cuivre, de l'uranium et du cobalt ; au Zimbabwe, c'est le charbon et la platine ; en République Démocratique du Congo, la Chine exploite le cuivre et le cobalt ; en Guinée, pour la bauxite ; et, en Mauritanie pour l'exploitation du fer. Quant au Gabon, à la Guinée-équatoriale, au Cameroun, au Mozambique et au Libéria, ce sont les produits forestiers que le partenaire chinois requiert ; en Afrique du Sud, c'est l'exploitation du manganèse et du cobalt. Et en Afrique australe et au Niger, la Chine convoite l'uranium. Pour ne citer que ces exemples.

Tout compte fait, en contrepartie aux multiples investissements économiques chinois effectués dans les Etats d'Afrique francophone, ces derniers fournissent au géant chinois des ressources naturelles. Mais, au-delà des réalisations économiques mutuelles, il existe également entre les deux parties des échanges économiques réciproques.

L'existence des échanges économiques réciproques

Il existe entre la Chine et les Etats de l'Afrique francophone des relations commerciales réciproques qui font des deux parties des partenaires économiques. Ainsi, pendant que les Etats de l'Afrique francophone exportent vers la Chine leurs ressources naturelles et quelques produits du secteur primaire (1), la Chine, en retour trouve en eux des débouchés pour l'écoulement de ses produits manufacturés (2). Les deux parties trouveraient ainsi leur compte en exploitant les avantages comparatifs respectifs (Servant *op. cit.*).

L'exportation des ressources naturelles et quelques produits du secteur primaire par les Etats africains francophones vers la Chine

Les Etats africains francophones ont pour principal bien économique qu'ils fournissent à leur partenaire chinois, les matières premières. A côté des matières premières, l'on note aussi quelques produits du secteur primaire et de la petite industrie africaine qui sont exportés vers la Chine. De ce fait, ils exportent vers la Chine des matières premières, les produits de leur secteur primaire et de l'industrie locale bien que ce soit en petite quantité. En échange des ressources naturelles concédées et des produits du secteur primaire et ceux issus de l'industrie locale échangés, ils reçoivent aussi bien des investissements économiques, que des devises ou des prêts (Girouard *op. cit.* : 8). De leur côté, les chinois proposent sur les marchés africains francophones des produits manufacturés.

L'écoulement des produits manufacturés par la Chine sur le marché des Etats de l'Afrique francophone

Le partenariat économique qui lie la Chine aux Etats africains francophones se caractérise essentiellement, du côté de la Chine, par le commerce des produits manufacturés chinois sur le continent à faible coût. On peut ainsi remarquer l'écoulement par les entreprises chinoises sur le continent des produits de faible qualité, mais à bas prix, permettant ainsi à nombre d'Africains de se procurer des biens dont ils n'auraient auparavant jamais pu acheter lorsque ceux-ci étaient exclusivement de fabrication occidentale. Ce phénomène contribue fortement à une élévation certaine du pouvoir d'achat des populations locales (Girouard *op. cit.* : 8). L'on peut citer l'exemple des tissus et vêtements et les produits électroménagers chinois qui inondent les marchés africains. Sans oublier les produits de l'industrie de la construction et du bâtiment et ceux de consommation. Pour ne citer que ces quelques exemples.

De ce qui précède, la coopération économique sino-africaine est un partenariat qui semble équilibré lorsqu'on s'arrête uniquement au plan des réalisations et échanges économiques mutuels. Mais, s'il faut véritablement mettre sur une balance ce que chaque partie tire comme profit, le sentiment qui se dégage est celui du déséquilibre au profit de la partie chinoise.

La coopération économique entre la Chine et les Etats d'Afrique francophone : un partenariat en réalité déséquilibré au profit de la Chine

Il est en toute logique difficile de parler d'un partenariat « *gagnant-gagnant* » entre un Etat africain francophone et la Chine au regard de l'écart qui existe entre les deux partenaires au niveau du pouvoir économique. C'est là que se situe le déséquilibre dans le partenariat économique. Il convient ainsi au préalable de s'interroger sur l'origine du déséquilibre (A) avant de se pencher sur les moyens susceptibles de corriger ce déséquilibre (B).

L'origine du déséquilibre dans la coopération économique entre la Chine et les Etats africains francophones : la supériorité du pouvoir économique chinois

Dans les rapports de coopération économique qu'il entretient avec les Etats d'Afrique francophone, le partenaire chinois détient un pouvoir économique supérieur à celui de ses partenaires africains. Dans ce cas, la possibilité pour lui d'influer et de prendre le dessus sur l'orientation et la conclusion des accords de partenariats économiques n'est pas à négliger. A partir du moment où, la Chine détient le pouvoir financier (1) et le savoir-faire technologique (2) dont ses partenaires africains francophones n'en disposent forcément pas, il est évident que, parler d'un partenariat « *gagnant-gagnant* » devient en réalité une vue de l'esprit. L'on dira même, qu'il s'agit en quelque sorte d'un leurre.

Le pouvoir financier chinois

Le partenaire chinois est le pourvoyeur financier du partenariat économique qui le lie aux Etats d'Afrique francophone. Autant la Chine accorde des dons et des prêts, qu'elle finance la réalisation de plusieurs investissements en Afrique. L'on est ici en présence d'une relation économique où les deux partenaires ont des objectifs différents. La Chine étant déjà une puissance économique, elle est à la recherche de nouveaux débouchés et des matières premières qui peuvent l'aider à maintenir son économie, si ce n'est de faire croître celle-ci. Les Etats africains, par contre ont besoin des moyens financiers pour relever leurs économies et assurer certaines activités régaliennes de l'Etat. C'est le cas avec le Gouvernement de Guinée-Bissau qui a bénéficié d'un soutien financier de la part du Gouvernement chinois afin de pouvoir payer les salaires des employés de la fonction publique (*China Helps Guinea Bissau Pay Public Worker Salaries*). Sans compter les multiples annulations des dettes de la part du Gouvernement chinois en faveur des Etats africains en général et africains francophones en particulier.

Malgré plusieurs annulations de la dette des Etats africains par la Chine, celle-ci ne cesse aujourd'hui, de s'accroître de façon exponentielle et pose immédiatement la question de la capacité d'endettement des pays qui continuent à en bénéficier. Il est dès lors envisageable de prévoir à chaque instant, soit des remises constantes de dettes si la situation devient trop difficile ; soit, et cela est plus risqué, une compensation des pays au profit de la Chine sous la forme de cession de patrimoine par exemple (Le Goff *op. cit.* : 10).

Au vu de tout ceci, l'on se pose la question de savoir s'il est possible dans de telles circonstances d'envisager une égalité entre la Chine et les Etats africains dans le cadre de leur coopération économique au point de la qualifier de coopération « *Sud-Sud* », là où se laisse voir la supériorité économique et financière de la Chine sur ses partenaires africains. Au déséquilibre causé par le manque de moyens financiers, vient s'ajouter le manque du savoir-faire technologique.

Le savoir-faire technologique chinois

En dehors du pouvoir financier qui donne aux chinois la primeur dans les relations économiques qu'ils entretiennent avec les Etats d'Afrique francophone, l'on recense aussi le savoir-faire technologique dont ils possèdent et que les Etats africains francophones n'en possèdent pas. L'on n'enregistre en Afrique subsaharienne francophone un grand manque en matière de technologie.

En effet, il est très facile de dire que les Etats africains sont pourvus en matières premières, mais, s'ils n'ont pas les moyens technologiques pour les exploiter, ils sont obligés d'être dépendants vis-à-vis de leurs partenaires extérieurs, à l'instar de la Chine, qui, eux, détiennent les moyens technologiques pouvant leur permettre d'exploiter les ressources naturelles dont les pays africains en sont pourvus. En vérité, sans moyen d'exploitation, les matières premières dont sont détenteurs les Etats africains ne leur seront pratiquement point utiles. Ils se retrouvent dans l'obligation d'accepter des aides parfois liées qui leur sont proposées en échange de contrats d'exploitation des ressources naturelles. C'est ce qu'on a vu au Soudan, où, les entreprises locales se sont longtemps révélées incapables d'exploiter les ressources pétrolières découvertes sur leur territoire par l'Américaine Chevron en 1978. Ce n'est que grâce à l'expertise chinoise que cette exploitation a pu être réalisée (Braud *op. cit.* : 3). Des exemples en la matière sont légion. Les entreprises chinoises sont à pied d'œuvre dans l'exploitation des matières premières en Afrique.

Au regard de la supériorité économique et technologique réelle et avérée de la Chine sur les Etats africains francophones, il y a lieu de s'interroger sur les moyens susceptibles de permettre un rééquilibrage des rapports de coopération économique entre les deux partenaires pour que l'on puisse véritablement parler d'un partenariat « *gagnant-gagnant* ».

La nécessité d'un rééquilibrage du partenariat économique entre les Etats africains francophones et la Chine

Il ne s'agit pas ici de dire, qu'à travers leur coopération économique, la Chine et les Etats africains doivent être au même niveau de développement économique ; chose d'ailleurs impossible. Le souhait est celui d'une égalité de gain dans le partenariat économique entre les deux parties. Autrement dit, le souhait est que ce que gagne le partenaire chinois soit l'équivalent de ce qui revient aux africains. Ce n'est qu'en ce moment qu'il serait judicieux de parler d'une coopération économique « *gagnant-gagnant* ». A défaut, cette expression serait vide de sens. Cela passe d'abord par l'industrialisation des Etats africains francophones (1). Ensuite, ces Etats doivent réfléchir sur un modèle de développement économique propre (2), considéré comme un préalable à la conclusion des accords de coopération économique.

L'industrialisation des Etats africains francophones comme moyen de rééquilibrage de leur coopération avec la Chine

Lors d'une de ses visites en Chine, le Président Paul BIYA a manifesté son intérêt de voir un grand nombre de chinois investir au Cameroun dans divers secteurs, notamment les hydrocarbures, les exploitations minières et l'extraction du bois (Sunday & Baye 2008). A ce souhait du Président BIYA, qui concerne d'ailleurs tous les Etats africains francophones, il convient d'adjoindre la nécessité d'une transformation locale de ces matières premières exploitées.

La transformation locale des ressources naturelles est un maillon important qui entraînera forcément l'industrialisation des Etats africains. Cette industrialisation doit consister, soit à l'implantation au niveau local des entreprises chinoises qui vont exploiter surplace les ressources naturelles ; soit, à un accompagnement des entreprises africaines par les entreprises chinoises détentrices de la technologie dans le cadre des accords de partenariat qu'elles pourront nouer entre elles.

L'industrialisation des pays africains va nécessairement créer un besoin en matière de main d'œuvre qui devra en priorité être celle locale. L'exigence d'une utilisation prioritaire de la main d'œuvre locale améliorera certainement la situation des employés africains qui travaillent jusqu'à présent dans certaines entreprises chinoises puisqu'ils sont très souvent sous employés, temporaires et ouvriers, victimes parfois de licenciements abusifs. Pourtant, lorsque la main d'œuvre est locale, cela entraînera forcément un transfert de savoir-faire technologique qui permettra aux ingénieurs locaux d'être capables de continuer avec l'exploitation des matières premières même après ou sans l'accompagnement des partenaires chinois. Malheureusement, le niveau de transfert de compétences des entreprises chinoises semble être faible compte tenu des positions offertes aux travailleurs locaux dans ces entreprises (Déjo *op. cit.* :3).

L'autre chose que peut apporter l'industrialisation des pays africains est l'augmentation de la masse fiscale qui proviendrait l'activité industrielle qui sera menée par ces entreprises. Mais, s'il faut que les ressources naturelles des Etats africains soient exploitées et transportées parfois à l'état brut pour être transformées ailleurs, puis, revenir en produits manufacturés et revendus à prix d'or aux mêmes Etats. Ces matières premières ne pourront jamais être bénéfiques aux Etats africains. Loin de là, en cas d'épuisement de ces ressources naturelles, l'on se demande bien sur quel socle seront désormais basées les relations économiques des Etats africains avec leurs différents partenaires. D'où la nécessité pour ces Etats de penser à un modèle propre de développement économique.

La nécessité d'une réflexion par les Etats africains sur un modèle propre de développement économique comme préalable nécessaire à une coopération économique réussie

Pour que les Etats africains francophones puissent également sortir gagnants dans le cadre des accords de partenariat économique, peu importe le partenaire, tant qu'il leur est supérieur au plan du développement économique, ils doivent au préalable avoir une vision de développement qu'ils veulent atteindre. Cela leur permettrait d'être plus éclairés pour ce qui est des tenants et des aboutissants des engagements qu'ils nouent avec d'autres Etats, économiquement plus puissants. Tant que les Etats africains continuent à croire que leurs partenaires vont penser le développement à leur place et à être dans une posture d'aide au développement plutôt que celle de partenariat pour le développement, ils demeureront toujours dans une situation de sous-développés.

L'exemple de la concurrence au niveau national africain entre les entreprises chinoises et celles locales, démontre que la concurrence chinoise serait susceptible d'entrainer la faillite de certaines entreprises locales. Ce qui aurait pour conséquence le licenciement des travailleurs locaux ou la réduction des salaires. Puisqu'en présence de produits chinois, la demande des produits locaux baisse, entraînant une dégradation des revenus et appelant indirectement des mesures d'austérité. Même s'il est vrai que les chinois augmentent les recettes fiscales en payant les droits de douane et les taxes d'affaires au Gouvernement. Le

Gouvernement perd toutefois des impôts étant donné que les entreprises locales tombent en faillite. Ce qui pourrait engendrer à terme une hausse du taux de chômage dans les pays africains (Déjo *op. cit.* : 3). Ceci appelle à la prise des mesures protectionnistes.

Par ailleurs, Les Etats africains doivent accompagner cette vision propre de l'économie d'une diversification de celle-ci pour la rendre moins dépendante des ressources naturelles. Diversification de l'économie qui passe nécessairement par la réforme structurelle de la gouvernance, susceptible de favoriser la création des emplois et de la valeur ajoutée sur les territoires.

Conclusion

En conclusion, la coopération économique entre la Chine et les Etats africains francophones mérite d'être encouragée puisqu'elle est concrète et bénéfique au regard des multiples investissements réalisés par la Chine dans ces différents pays sans poser de conditionnalités et sans qu'elle ne soit compté parmi les pays colonisateurs qui ont dans une certaine mesure dépouillé l'Afrique. Seulement, il est difficile en toute franchise de qualifier ce partenariat de « *coopération Sud-Sud* » ou « *gagnant-gagnant* » au regard du déséquilibre sous-jacent en faveur du partenaire chinois dont masque l'enthousiasme des réalisations chinoises en Afrique. En réalité, il n'est objectivement pas possible de dire que ce que gagne le partenaire chinois en Afrique francophone équivaut à ce que gagne les Etats africains. Qu'il s'agisse de son positionnement en tant que super puissance économique ou de matières premières nécessaires au maintien de son économie. Il est nécessaire, pour établir l'équilibre, que les Etats africains francophones puissent bénéficier de cette coopération de l'industrialisation de leurs économies et qu'ils se fixent un modèle de développement. Il serait peut-être utile pour les Etats d'Afrique francophone d'évaluer constamment leurs relations économiques avec la Chine de manière à réduire les risques de déséquilibre et à développer les avantages pouvant leur permettre de rééquilibrer leurs rapports de coopération économique.

Bibliographie

Beuret M. & Michel S. (2011) : La Chinafrique : Pékin à la conquête du continent noir, Nouvelle édition augmentée, Fayard/Pluriel.

Delcourt L. (2011) : La Chine en Afrique : enjeux et perspectives, Alternatives Sud, vol. 18-2011, pp. 7-31.

Girouard E. (2008) : La Chine en Afrique : Néocolonialisme ou nouvel axe de coopération Sud/Sud ? Un survol des enjeux, Conseil Canadien pour la Coopération Internationale, pp. 1-17.

Le Goff C. (2017) : La Chine et l'Afrique : Lorsque l'opportunité occulte le risque, ASIA FOCUS #33–PROGRAMME ASIE / Juin 2017, pp. 1-12.

16. La coopération commerciale sino-africaine : du plan d'action de Beijing au plan d'action de Dakar : Enjeux et opportunités pour la ZLECAF, *Dr. Claude Aline Zobo*

Introduction

De la dynastie Han (206 av. J.-C. à 220 apr. J.C) à nos jours en passant par la dynastie Ming (1268-1644), la Chine est devenue l'une des plus grandes puissances du monde avec un rayonnement économique, technologique, culturel, scientifique et philosophique sans précédent (Hoang, 2018)[170]. En effet les réformes initiées par le Parti communiste chinois (PCC) au début des années 1900, ont eu un impact considérable sur les performances économiques du pays. Rapporté à la situation des années 1970 - 1980, le bilan que peut afficher le PCC aujourd'hui est spectaculaire : Le niveau de vie de la population a globalement augmenté. « L'aisance moyenne » voulue par le PCC est devenue une réalité (Asialyst, 2019). Le PIB/hab du pays est passé de 156,4 dollars/hab en 1978 à 9771 dollars/hab en 2018. Des centaines de millions de Chinois ont donc pu sortir de la misère grâce au développement économique de leur pays. Alors qu'en 1950, le taux d'illettrisme dépassait 80%, il est aujourd'hui pratiquement négligeable (moins de 5 %). L'espérance de vie a presque doublé : elle était de 43 ans en 1960 et se situe aujourd'hui à 77 ans environ. La Chine est devenue le deuxième

---

[170] Au cours de cette période, il y a eu la fabrication continue des objets en bronze, la route de la soie et l'imprimerie voient le jour, la poudre à canon fait son apparition, la boussole est inventée et facilite le transport maritime, etc.

investisseur de la planète et le deuxième prêteur mondial, en particulier à l'égard des pays en développement[171]. Parallèlement, le pays est devenu le deuxième pays d'accueil des investissements internationaux, après les États-Unis, avec 209 milliards de dollars d'investissement directs étrangers reçus en 2019 (CNUCED, 2020). La Chine est devenue l'« Usine du monde » et, depuis 2009, le premier exportateur mondial devant l'Allemagne et les États-Unis (Kabungu et Ntabugi, 2017). La part du commerce extérieur dans son PIB explose passant de 5% du PIB en 1970 à près de 65% en 2006. De son entrée à l'OMC à ce jour, la Chine est aujourd'hui le plus grand partenaire commercial de plus de 120 pays et régions et représente plus de 13% du commerce mondial. Elle représente aujourd'hui près de 20% de la valeur ajoutée de la demande mondiale Mirlicourtois (2020). La Chine a pour ambition d'imposer ses propres standards au reste du monde et représente aujourd'hui 1,8% des normes internationales. En 2007, l'exportation chinoise a créé 4,415 millions d'emplois dans le monde, dépassant pour la première fois les États-Unis (Ke et Liu, 2019). La croissance économique du pays est devenue extrêmement rapide atteignant les niveaux record : 14,22% en 1992 et 14,23% en 2007. Selon les données de la Banque Mondiale, la République populaire de Chine est depuis 2014, la première puissance économique mondiale en termes de PIB mesuré en parité de pouvoir d'achat (Banque mondiale, 2019). Sa part dans le PIB mondial est passée de 3,6% en 2000 à 17,8% en 2019 (CEBR, 2020).

Avec l'Inde, le Japon et la République de Corée, le pays Chine représentait, en 2017, 40% de la R-D mondiale contre 22% en 1996 (OMPI, 2019a). Dans le classement de l'indice mondial de l'innovation, la Chine est passée de la 29ème place en 2011 à la 17ème place en 2018. Avec l'opérationnalisation des zones de développement des hautes technologies (HTDZ), la Chine domine aujourd'hui l'industrie des batteries et est devenue incontournable pour la production des véhicules électriques. Globalement, elle est ainsi devenue, ces dernières années, un leader dans les technologies de pointe, de la 5G dans les télécommunications à l'intelligence artificielle en passant par l'exploration spatiale, le e-commerce, la technologie financière, la production des énergies renouvelables et des véhicules électriques, etc. Contrairement aux pays avancés, les avancées technologiques

---

[171] Les points forts des exportations chinoises étant le textile, les tracteurs, les montres et les jouets, les appareils photo et les ordinateurs portables, entre autres.

chinoises offrent un rapport qualité – prix compétitif.

Du fait de ces performances hors du commun, la Chine est devenue pour plusieurs pays ou régions du monde un partenaire stratégique incontournable. Plusieurs analystes avancent que le succès du modèle chinois de développement est riche et plein d'enseignements pour les autres pays en développement et pour l'Afrique en l'occurrence. Depuis le début des années 2000, on assiste à une croissance flamboyante des relations sino-africaines (Alden et al. 2008) visant à construire une « Afrique en bonne santé », une « Afrique industrialisée », une « Afrique interconnectée », une « Afrique de bonne récolte... Le partenariat stratégique et économique a ainsi été établi et institutionnalisé à travers la création à Pékin, en octobre 2000, du Forum sur la coopération sino-africaine (FOCAC), qui confère à la présence de la Chine en Afrique une dimension continentale. Le FOCAC se définit comme un cadre de travail visant à développer des relations gagnant-gagnant' entre la Chine et les pays africains avec lesquels elle entretient des liens diplomatiques. Le processus du FOCAC offre un mécanisme diplomatique remarquable qui promeut le dialogue entre la Chine et l'Afrique tout en facilitant le développement d'un programme politique et économique conjoint destiné à avancer la coopération sud-sud constructive. Le mécanisme de cette coopération sud-sud, repose sur plusieurs principes : la non-intervention de la Chine dans les affaires intérieures de l'Afrique, l'égalité et le respect mutuel, sincérité, pragmatisme, amitié et franchise entre autres. Pendant les sommets du FOCAC, un certain nombre d'engagements sont été pris et incorporés

dans les Plans d'Actions. Ces engagements couvrent la coopération dans divers secteurs, incluant les domaines économiques, politiques et les affaires internationales. Le Plan d'Action définit les engagements concrets dans divers domaines comme le commerce, le développement humain, l'assistance technique et l'infrastructure… Le plus récent est le plan d'action de Dakar est institué dans un contexte chinois marqué par la concrétisation de l'initiative la ceinture et la route et de la ZLECAF respectivement le plus ambitieux des programmes d'investissement, d'infrastructures de la Chine et le plus ambitieux des programmes d'intégration commerciale en Afrique jamais conçus. Il semble donc opportun de s'interroger sur les aboutissements et implications du FOCAC sur le développement commercial de l'Afrique.

Les fondements de la coopération Chine-Afrique

L'amitié sino-africaine remonte loin dans l'histoire (Shinn et Eisenman, 2012) et repose sur un socle solide : son engagement croissant dans le développement économique à travers la coopération « sud-sud » apportant des changements considérables sur la vie quotidienne des populations africaines (Livre blanc de la Chine, 2010). Selon les auteurs comme Quiminal (1975), Berg (1980), Guerassimaff (2011: 265- 266), l'intérêt de la Chine pour l'Afrique a commencé dans le cadre du soutien aux mouvements africains de libération aux luttes pour les indépendances dans la grande mouvance des pays non alignés. Ayant vécu dans le passé le même sort, la Chine et l'Afrique se sont témoigné, depuis la fondation de la République populaire de Chine et l'accession à l'indépendance des pays africains, sympathie et soutien dans la lutte pour la libération nationale et ont noué entre elles une amitié profonde.

Initialement, les relations chinoises à l'égard de l'Afrique étaient fondées sur des intérêts politiques. En effet, il s'agissait de former une « troisième voie » pour contrebalancer les forces d'abord américaines puis soviétiques sur des objectifs idéologiques (Jiang, 2007).

Elles ont évolué aussi bien en échelle qu'en nature avec des éléments de continuité en l'occurrence la solidarité Sud-Sud et anti hégémonique (anti-impérialiste ou anti-néocolonialiste), l'établissement de relations diplomatiques avec l'ensemble des capitales africaines et l'inclination de Pékin à réaliser des projets d'infrastructure à haute charge symbolique. Pour Pékin, de par le nombre élevé d'États (cinquante-quatre), le « continent noir », constitue un appui appréciable et en général aisé à mobiliser dans les arènes internationales, en particulier à l'ONU (Jiang, 2007).

Les objectifs actuels de la coopération sino-africaine ont progressivement pris forme à partir du milieu des années 1990. Ils sont économiques[172] (pour renforcer et internationaliser les firmes chinoises) ; diplomatiques ; la République populaire se présente comme une alternative crédible aux partenariats traditionnels des pays africains avec les pays européens, les États-Unis, le Japon et

---

[172] Accès aux matières premières et produits agricoles dont son économie, rééquilibrage des importations par la vente d'une quantité croissante de produits manufacturés ou de consommation courante bon marché, tirer parti des besoins criants de l'Afrique en infrastructures (routes, chemins de fer, barrages, installations portuaires, etc.

la Corée du Sud ou même avec les autres émergents. Longtemps ignoré ou passé sous silence, un troisième type d'objectif, plus stratégique, s'est peu à peu imposé à la Chine ces dernières années : la sécurité de ses intérêts et ressortissants en Afrique (Ngono, 2017).

Les différents moyens stratégiques mise en place par la Chine sont à la fois d'origine lointaine (en référence à la conférence de Bandung de 1955 qui confirme la politique de coexistence pacifique, d'amitié et de coopération de la Chine vis-à-vis des pays du tiers-monde) et immédiate à savoir les forums et les sommets Chine- Afrique (on dénombre ce jour 8 forums). Organisés depuis les années 2000, les forums et sommets Chine- Afrique sont des cadres de discussion pour une grande coopération économique entre la Chine et l'Afrique. Les auteurs comme Jolly (2011), Nguyen (2009), Beuret et Serges (2008), De la Grange (2009), Richer (2008), Kernen (2007), Niquet (2006), Courmont et Lewis (2007), considèrent ces stratégies chinoises comme une incroyable percée en puissance de la Chine en Afrique ayant la particularité de privilégier les accords et les projets d'entreprises à cogestion ou à capitaux mixtes, c'est-à-dire en combinant l'extraction des ressources naturelles et le développement des infrastructures et de l'arme ment (Niquet, 2006). Depuis le lancement de ces forums de la coopération sino-africaine, la Chine s'est inscrite dans une coopération « gagnant-gagnant » fondée sur l'égalité, et ou les deux parties s'apportent les bénéfices mutuels tout en respectant leurs principes et en construisant une communauté de destin.

Les acquis et réalisations du FOCAC

Dans le sillage des analyses portant sur la montée en puissance de la Chine et ses enjeux, la relation de ce pays avec l'Afrique fait l'objet de diverses interprétations. Un pan dominant dans la littérature consiste à cantonner ces relations aux dix dernières années et, notamment, à les ramener à l'idée que la Chine est d'abord motivée par la volonté d'assurer la sécurité de ses approvisionnements en pétrole (Hugon 2007 : 41-44). Mais dans la pratique, les délibérations du FOCAC ont rapproché les dirigeants africains et chinois qui ont développé une vision commune pour la coordination des politiques, une interaction commerciale élargie et une prospérité conjointe. À travers le processus du FOCAC, la Chine a annulé la dette africaine, a facilité l'accès élargi aux marchés et a fourni une large gamme d'opportunités pour un engagement positif. Le processus du FOCAC a déjà produit les effets plus précis et pratiques (Centre d'études chinoises, 2010).

De façon spécifique : L'essor économique de la Chine et sa contribution en particulier à la demande mondiale croissante de ressources telles que l'aluminium, l'acier, le nickel, le cuivre, le pétrole et le gaz a énormément contribué à l'importance de l'Afrique comme fournisseur de ces ressources ; La croissance économique spectaculaire de la Chine est le moteur de la demande des matières premières, ce qui, à son tour, relance les économies africaines et ouvre de nouvelles opportunités pour l'Afrique en matière d'exportation vers la Chine ; Le commerce est promu à travers la création de plusieurs nouvelles zones de coopération économique et commerciale en Afrique ; Un Corridor commercial entre la Chine et l'Afrique a été créé à Shenzhen afin de faciliter le commerce africain avec la Chine, tandis que la Chine publie un catalogue de produits africains pour aider les entreprises africaines qui cherchent un accès au marché chinois ; La Chambre conjointe de commerce sino-africaine a été établie afin de développer la coopération entre les chefs d'entreprises en Chine et en Afrique; La Chine a offert des prêts préférentiels de 3 milliards de US$ et des crédits-acheteurs préférentiels de 2 milliards de US$ à l'Afrique dans le cadre du plan d'action de Beijing. L'ouverture supplémentaire du marché chinois a été effectuée en augmentant le nombre de produits exportés de 190 à 440 des pays les moins développés bénéficiant d'un traitement zéro-tarifaire ; Les échanges commerciaux Chine – Afrique ont connu une croissance sans précédent en volume et se sont diversifiés en nature. Les pays comme l'Angola, l'Afrique du Sud, le Soudan et le Congo sont aujourd'hui les plus grands partenaires commerciaux de la Chine en Afrique et représente une part importante du commerce de la Chine avec l'ensemble du continent.

Depuis 2018, les orientations du FOCAC visent à associer la construction de la *Ceinture et la Route* et la mise en oeuvre du Programme de développement durable à l'horizon 2030 des Nations Unies, l'Agenda 2063 de l'UA et les stratégies de développement des pays africains.

Pour la facilitation du commerce, la Chine décide d'importer plus de produits africains, notamment les produits en dehors des ressources naturelles. Elle soutient la participation des pays africains à l'Exposition Internationale d'importation de Chine et exemptera les PMA africains de frais de participation.

Elle continue à renforcer les échanges et la coopération avec l'Afrique sur la régulation des marchés et en matière de douane et réalise les projets de facilitation du commerce pour l'Afrique. Elle organise des rencontres régulières pour les produits de marques chinoises et africaines. Elle travaille également à promouvoir la coopération sino-africaine sur l'e-commerce et sur l'amélioration des infrastructures liées au commerce.

Le plan d'action de Dakar : nouvelles responsabilités et nouveaux défis

La huitième (8eme) Conférence ministérielle du Forum sur la Coopération sino-africaine (FCSA) a eu lieu les 29 et 30 novembre 2021 à Dakar, Sénégal. La Conférence a adopté le *Forum sur la Coopération sino-africaine - Plan d'Action de Dakar (2022-2024)*.

Les résolutions du plan d'Action de Dakar

En s'appuyant sur les acquis du passé et en créant de nouvelles perspectives par une coopération plus étroite, les résolutions prises appellent à l'engagement la partie africaine, la partie chinoise et les deux simultanément.

Les résolutions de la partie africaine

« La partie africaine salue la mise en œuvre active par la partie chinoise du « Programme de coopération dans le domaine de la facilitation du commerce et de l'investissement », ainsi que ses efforts pour contribuer à la facilitation du commerce en Afrique, notamment par le soutien au renforcement des capacités d'application de la loi en matière de douane et de fiscalité, à la modernisation des infrastructures douanières et à l'amélioration des conditions de transport ».

Les résolutions de la partie africaine

Les engagements pris le plan d'Action de Dakar énonce en ce qui concerne le commerce que*:*

La Chine continuera à développer la coopération avec l'Afrique concernant l'accès au marché, la formation et la douane.

La partie chinoise soutiendra le développement de la Zone de libre-échange continentale africaine, continuera à mener des négociations sur le libre-échange avec les pays et régions africains qui en ont la volonté, et entend discuter activement avec l'Afrique de la possibilité de coopération selon le principe de bénéfice mutuel, de gagnant-gagnant et d'ouverture.

La partie chinoise soutiendra le renforcement des capacités d'exportation de l'Afrique. Elle a décidé d'importer plus de produits africains, notamment les produits en dehors des ressources naturelles, avec l'accent mis sur les produits agricoles à valeur ajoutée et les produits industriels finis de l'Afrique. Elle appuiera les missions de promotion commerciale en Afrique des entreprises chinoises parrainées par des collectivités locales et chambres de commerce chinoises, et organisera des rencontres régulières pour les produits de marques chinoises et africaines. Elle soutiendra la participation des pays africains à l'Exposition internationale d'importation de Chine, exemptera les PMA africains des frais de participation, se félicitera de la participation des entreprises africaines aux grandes expositions telles que la Foire d'import-export de Chine et le Salon international de l'Agriculture de Chine et leur fournira des mesures favorables et des facilités nécessaires.

La partie chinoise continuera à mettre en œuvre activement son engagement sur le traitement de tarif douanier zéro pour 97% des catégories de produits exportés vers la Chine en provenance des PMA africains ayant des relations diplomatiques avec la Chine, accordera ce traitement à des pays concernés en fonction des échanges de notes bilatéraux, et adoptera des mesures effectives pour faciliter l'accès des pays bénéficiaires à ces mesures préférentielles.

La partie chinoise soutiendra les entreprises dans leurs efforts pour développer la coopération avec la partie africaine selon le principe de bénéfice mutuel, et appuiera le soutien des institutions financières en matière de crédit export et d'assurance-crédit export aux projets prioritaires aux risques contrôlables pris en charge par les entreprises chinoises concernant les chemins de fer, les télécommunications et l'électricité. Elle soutiendra également la création d'un fonds spécial de 5 milliards de dollars pour le financement des importations en provenance de l'Afrique. Les deux parties saluent et soutiennent la création d'un forum sur la coopération sino-africaine dans l'économie privée.

La partie chinoise élargira activement la coopération avec les pays africains en matière de commerce des services, renforcera l'échange d'informations et les capacités, aidera les pays africains à renforcer la formation au commerce des services et à l'externalisation des services et favorisera la coopération, les échanges et la formation dans les domaines concernés.

La partie chinoise développera la coopération dans le domaine de l'e-commerce avec l'Afrique, et mettra en place des mécanismes de coopération en la matière, y compris le renforcement des capacités en matière de gestion des exportations, la mise en place d'un système de visas en ligne, et l'introduction de certificats électroniques pour promouvoir la facilitation du commerce.

La partie chinoise renforcera les échanges et la coopération avec les pays africains dans le domaine de la normalisation et la métrologie et soutiendra le renforcement de leurs capacités en la matière.

Dans l'esprit de la coopération mutuellement avantageuse, la partie chinoise continuera à renforcer la facilitation de l'établissement des entreprises africaines en Chine et à protéger les droits et intérêts légitimes des entreprises africaines investissant en Chine.

Les résolutions simultanées des deux parties

Les deux parties continueront à renforcer les échanges et la coopération sur la régulation des marchés et en matière de douane. La partie chinoise soutiendra le renforcement des capacités de gestion et la modernisation des douanes des pays africains, élargira la coopération avec les douanes des pays africains en matière de facilitation du dédouanement, d'application de la loi et de renforcement des capacités, luttera contre les infractions et actes criminels tels que le trafic des espèces menacées d'extinction et de leurs produits dérivés, la contrefaçon, la violation des droits et la fraude commerciale, et réalisera 50 projets de facilitation du commerce pour l'Afrique, afin de promouvoir un développement sain et régulier du commerce sino-africain (***).

Ces dispositions sont-elles compatibles aux enjeux de la ZLECAF ? répondent-elles aux défis de la ZLECAF ?

Le plan d'action de Dakar et la ZLECAF

Le plan d'action de Dakar soutient le développement de la Zone de libre-échange continentale africaine dont l'objectif est de redynamiser le commerce intra africain et d'améliorer la participation de l'Afrique dans le commerce mondial.

Ses initiatives pour la promotion industrielle, pour l'interconnexion des infrastructures et pour la facilitation du commerce répondent aux défis actuels de la ZLECAF.

L'Afrique de l'Est est le premier lien dans la connexion de l'initiative *la ceinture et la route* en l'Afrique. La Chine construit des ports et des infrastructures maritimes pour améliorer la route menant de l'Asie du Sud au Kenya et à la Tanzanie, puis jusqu'à la Méditerranée via Djibouti. Des voies ferrées intérieures sont également en construction. La Chine a notamment promis de combiner *la ceinture et la route* avec l'ancien Forum pour la coopération Chine-Afrique, pour booster la productivité agricole africaine et accroître les importations de produits agricoles de l'Afrique vers la Chine. La Chine dispose déjà de parcs agro-industriels au Mozambique, en Ouganda, en Zambie et dans d'autres pays et étend aujourd'hui ses investissements agro-industriels sous la bannière de *la ceinture et la route*.

Quant à l'Afrique de l'Ouest, le Président Xi Jinping s'est rendu dans la région pour la première fois en juillet 2018, avec l'intention de relier la région à la BRI. La Plateforme industrielle internationale de Diamniadio, une zone économique spéciale financée par la Chine et située près de Dakar, a établi le Sénégal comme le tremplin de l'industrie chinoise dans toute l'Afrique de l'Ouest. Comme le Sénégal est bénéficiaire de la Loi sur la croissance et les opportunités de développement en Afrique [AGOA], la Chine peut fabriquer et exporter des marchandises en provenance de cette zone économique spéciale vers le marché américain, en profitant des quotas et des privilèges d'exemption de taxes du Sénégal. Ces dispositions s'appliquent aussi au marché de l'Union européenne auquel les marchandises sénégalaises ont accès dans le cadre de l'accord Tout sauf les armes.

Conclusion

Les actions concrètes et perceptibles de la Chine en Afrique confortent les pays africains dans leur intérêt de s'inspirer de modèles provenant du tiers-monde, notamment de la région d'Asie, et pour la coopération Sud-Sud plus constructive et plus égalitaire. En seulement 22 ans d'existence, le FOCAC à travers ses plans d'action a contribué significativement à rehausser non seulement le commerce sino-africain, mais aussi le commerce intra africain et la part de l'Afrique dans les chaines de valeurs mondiales à travers ses initiatives pour la promotion industrielle, pour l'interconnexion des infrastructures et pour la facilitation du commerce améliorées d'année en année. A travers le plan d'action de Dakar, il soutient le développement de la Zone de libre-échange continentale africaine. On peut donc convenir avec Wade (2008) que l'approche chinoise de la coopération est tout simplement mieux adaptée aux besoins de l'Afrique que l'approche postcoloniale, lente et parfois condescendante, des investisseurs européens, des donateurs et des organisations non gouvernementales.

Bibliographie

Alden, C., Large, D. et Soares De Olivia, R. (2008) : Chine-Afrique : facteur et résultante de la dynamique mondiale, Afrique contemporaine, N°228, p. 119-133.

Asialyst, 2019 : L'héritage de l'empire chinois et le désir de revanche, https://asialyst.com/fr/2019/09/28/comment-chine-revenue-premier-plan/, (consulté le 18 juin 2021).

Banque mondiale, (2019): World Development Indicators.

Centre for Economics and Business Research, CEBR. (2020): Rapport annuel des perspectives de croissance de 193 économies.

Centre d'études chinoises, (2010) : Evaluation des engagements de la Chine en Afrique dans le cadre du FOCAC et cartographie des perspectives d'avenir. Fondation Rockefeller.

Conférence des Nations Unies sur le Commerce et le Développement (2020) : Rapport sur l'investissement dans le monde.

Courmont, B. et Lewis, I. (2007) : Chine-Afrique: une stratégie donnant-donnant? Défense nationale et sécurité collective, no 1, p.1.

De la Grange (2009) : la Chine en tournée stratégique en Afrique, le Figaro, février.

Guerassimaff. C.P, (2011) : La Chine dans le monde: Panorama d'une ascension, édition ellipses.

Hoang, J. (2018) : L'économie chinoise, www.major-prepa.com, consulté le 05 mai 2022.

Hugon, P. (2007) : Économie de l'Afrique, le développement africain dans une perspective historique et sociologique, 5ᵉ édition, la Découverte.

Jiang, C.H. (2007) : Les relations de la chine avec l'Afrique : fondements, réalités et perspectives, Monde Chinois, N° 8, Été/Automne 2006.

Jolly, J. (2009) : Les chinois à la conquête de l'Afrique, Paris, Pygmalion, 2011.

Kabungu, b. b. et Ntabugi, B. P. (2017) : Chine 1978-2018 : 40 ans de reformes. Quelles leçons à tirer pour un Congo émergent ?, Annales de l'UNIGOM, Vol.

VII, N° 1, pp. 43-80.

Ke, G. et Liu, Y. (2019) : La Chine contribue trois forces à la croissance économique mondiale, http://french.peopledaily.com.cn/Economie/n3/2019/0724/c31355-9600063.html , (consulté le 18 juin 2022).

Kernen, A. (2007) : Les stratégies chinoises en Afrique: du pétrole aux bassines en plastique, Politique africaine, N° 105, mars p.163.

Livre blanc : Coopération économique et commerciale entre la Chine et l'Afrique. (2010), Office d'information du Conseil des affaires de l'État, décembre, <http://french. beijingreview.com.cn/>.

Mirlicourtois, A. (2020) : Covid-19 : l'impact de la Chine dans les chaines de valeurs mondiales, www.latribune.fr, consulté le 15 mai 2022.

Ngono, L. (2017) : La coopération chinoise et le développement en Afrique Subsaharienne : opportunités ou impacts ? Mémoire, Université de Montréal.

Nguyen, E. (2009) : Les relations Chine-Afrique: l'empire du Milieu à la conquête du continent noir, Levallois Perret, Studyrama. p .14 1.

Niquet, V. (2006) : La stratégie africaine de la Chine, Politique Étrangère, 1102, p.36 1-374.

OMPI. (2019a) : Rapport sur l'indice mondial de l'innovation. www.wipo.int.

Quiminal, C. (1975) : La politique extérieure de la Chine : éditions François Maspero, Paris.

Richer, P. (2008) : L'offensive chinoise en Afrique, Paris, Karthala, collection « les terrains du siècle », p.147.

Shinn, D. et Eisenman, J. (2012): China and Africa. A Century of Engagement, University

of Pennsylvania Press, Philadelphie.

Site du Forum sur la coopération sino-africaine, (2022) : http://focac.org , (consulté le 13 mai 2022).

17. Les échanges commerciaux avec la Chine favorisent-ils l'industrialisation des pays de l'Afrique francophone ? *Dr. Bernard Nguekeng*

Introduction

Pays le plus peuplé du monde avec 1,4 milliard d'habitants, la Chine regroupe près d'un cinquième de la population mondiale. Cet effet taille rend d'autant plus spectaculaire les performances économiques[173] consécutives à la réforme économique lancée à la fin des années soixante-dix (1978 précisément) par Deng Xiao Ping. L'offensive chinoise sur la scène internationale est l'une des conséquences de ces performances économiques. Elle s'est accentuée depuis 2001, année de son adhésion à l'Organisation internationale du Commerce (OMC). C'est ainsi que par exemple, les exportations chinoises sont passées de 266,09 Milliards de dollars en 2001 à 3 363,9 milliards de dollars en 2020 (CNUCED, 2021). Avec plus de 450 milliards de dollars, le stock cumulé d'investissement étranger en Chine est le 5ème du monde. Le continent africain en général et les pays de l'Afrique francophone en particulier constituent aujourd'hui un partenaire non négligeable dans ces échanges.

Depuis 2000, Pékin s'investit dans la création de cadres d'interaction sino-africaines. Le premier Forum de Coopération Chine-Afrique s'est tenu à Pékin en 2000. Depuis cette date, il se tient tous les trois ans et se donne un agenda

---

[173] Le PIB a augmenté en moyenne de 9,5 % par an et a donc été multiplié par 6 entre les années 1980 et 2000.

autant politique qu'économique. La volonté chinoise de resserrer davantage ses liens avec l'Afrique s'est manifestée par la publication d'un document établissant les bases d'un "nouveau type de partenariat stratégique", et accompagnant le Livre Blanc "Politique de la Chine à l'égard de l'Afrique". Dans ces documents, le gouvernement chinois met l'accent sur le partenariat « gagnant-gagnant » et les relations égalitaires.

Ce rapprochement a favorisé l'intensification des échanges commerciaux entre l'Empire du Milieu et les pays de l'Afrique francophone. Selon le rapport de la CNUCED (2010), le commerce total entre ces pays africains et la Chine est passé de 25 milliards de dollars à 93 milliards entre 2000 et 2010. Cette dernière a dépassé l'Allemagne pour devenir en 2005 le premier fournisseur dont elle représente environ 10 % des importations (Chaponnière, 2006). Plus précisément, Pendant que le commerce entre les pays de l'Afrique francophone et l'Union européenne (des 27) connait une tendance baissière (passant de 23,30 % en 2000 à 18,28 % en 2020), celui avec la Chine évolue à la hausse, passant de 12,69 % en 2000 à 23,22 % en 2020 (CNUCED, 2021). Depuis 2000, elle a fourni des prêts cumulés de 143 milliards de dollars américains en Afrique, dont la moitié au cours des quatre dernières années, ce qui en fait le plus grand créancier bilatéral de l'Afrique.

Parallèlement à cette intensification des échanges commerciaux avec la Chine, les pays de l'Afrique francophone ont également réalisé quelques performances économiques appréciables ces deux dernières décennies. C'est le cas de la croissance économique qui s'est située à un niveau moyen de 5,03 % (entre 2000 et 2020) contre 1,31 % (entre 1980 et 1999) ; le taux le plus élevé de 7,56 % ayant été réalisé en 2007 et le plus faible (1,81 %) en 2016 (CNUCED, 2021). Bien qu'étant inférieur au niveau moyen réalisé par les pays du groupe BRICS (6,05 %), la croissance effectuée par cette partie de l'Afrique est largement supérieure à celles réalisées par l'Union européenne (1,61 %) et les USA (1,8 %) au cours de la même période.

Mais cette forte croissance ne s'est pas toujours accompagnée d'un niveau d'industrialisation escompté dans ces pays. Le niveau d'industrialisation d'un pays se mesure généralement par la contribution relative de la production industrielle dans le PIB ou encore par la proportion de personne employée dans ce secteur d'activité. Le début des années 2000 a été marqué par un fléchissement de l'industrialisation (Szirmai, 2012). Le niveau moyen du secteur industriel dans le PIB en Afrique francophone est passé de 28 % en 2000 à 25,04 %[174] en 2010, au profit du secteur des services qui est passé de 43 % à 45 %. Nonobstant cette tendance à la baisse que nous présente la vision globale, l'observation individuelle des pays nous fait constater des fortunes diverses. La Côte d'Ivoire a connu une production manufacturière à la hausse dans la même période passant respectivement de 13 % à 19 %. Mais la grande majorité des pays africains ont vu leur production manufacturière évoluer à la baisse. C'est le cas par exemple de la République Démocratique du Congo (15 % à 7 %).

Cette situation est assez préoccupante, conte tenu des retombées positives de l'industrialisation pour un pays. L'essor du secteur industriel entraine la baisse du chômage, l'augmentation de la productivité du travail et par conséquent la hausse du revenu (Alderson, 1999). Les efforts consentis dans la conception et les tentatives d'implémentation des politiques d'industrialisation ont connu des fortunes diverses. Les données récentes de la Banque Mondiale (2021)[175] laissent transparaitre deux situations. La première est illustrée par les régions qui ont connu une désindustrialisation continue depuis 2010. C'est le cas de l'Afrique centrale dont le taux d'industrialisation est passé de 36,36 % en 2010 à 28,69 % en 20200. La deuxième situation est observée en Afrique de l'Ouest qui a connu une progression de 19,79 % à 22,38 % de son taux d'industrialisation. À cause de ces performances mitigées, l'Afrique francophone a connu une évolution oscillatoire, soit 25,04 % en 2010, 25,18 % en 2015 et 27,80 % en 2020. La principale leçon tirée de ces tendances lourdes est que la désindustrialisation semble plus accélérée que l'industrialisation, ce qui justifie les difficultés de transformation économique en Afrique.

Les causes de cette désindustrialisation de l'Afrique ont fait l'objet de multiple travaux à l'issu desquels plusieurs facteurs ont été mis en évidence notamment : le manque d'infrastructures énergétiques, de transport et de télécommunication (Rodrik, 2015 ; Rowthorn et Ramaswamy, 1997) ; des politiques agricoles mal adaptées pour une industrie en pleine croissance (Page, 2012) ; la faible diversification productive, les problèmes de corruption et le dysfonctionnement des marchés du crédit (Boillot, Lemoine, 1992), l'ouverture commerciale (Mignamissi et Nguekeng, 2022). En plus de ces contraintes, le faible niveau du capital humain, les difficultés d'accès aux nouvelles technologies et la rareté des

---

[174] La production manufacturière ayant connu la même tendance, allant de 14 % à 12 %.
[175] Disponibles sur https://donnees.banquemondiale.org/indicateur/NV.IND.TOTL.ZS.

moyens financiers demeurent de véritables obstacles à l'industrialisation de l'Afrique. A ce niveau, l'intégration dans les chaines de valeur mondiales peut jouer un rôle catalyseur.

La littérature consacrée aux effets du commerce sur l'industrialisation n'est pas consensuelle. Si pour la théorie standard du commerce international, la spécialisation de chaque pays qui participe aux échanges extérieurs lui procure des gains à travers le revenu national qui s'accroit, les approches modernes affirment que le commerce international ne favorise pas nécessairement l'industrialisation de tous les pays participant (Krugman, 1979 ; Krugman et Obstfeld, 1995). Concernant les théories de la croissance endogène (Romer, 1986 et 1990 ; Grossman et Helpman, 1991 ; Rivera-Batiz, 1991 ; Aghion et Howitt, 1992 et Barro et Sala-i-Martin, 1996) les effets bénéfiques du commerce sont liés en particulier aux économies d'échelle et à la diffusion du progrès technique. Pour Easterly (2001) et McKay et al. (2000), les effets du degré de commerce et du type de biens échangés doivent être considérés. Alors que Busson et Villa (1997) affirment que le commerce intra-branche procure des gains supérieurs aux échanges inter-branche.

Il ressort de ce qui précède que les différents travaux n'ont pas réussi à trancher sur un effet favorable ou défavorable du commerce extérieur sur l'industrialisation. Et surtout, les résultats de chaque modèle dépendent fortement de sa structure et de ses hypothèses. De plus, la majorité de ces travaux retiennent soit les échanges entre pays de niveaux de développement différents (Dollar et Kraay, 2004 ; Easterly, 2001 ; McKay et al., 2000) soit les échanges entre pays développés (Frankel et Romer, 1999 ; Edwards, 1993 ; Sachs et Warner, 1995). Peu d'auteurs ont axé leurs travaux sur les échanges entre pays du Sud. Fort de ces constats, et compte tenu des spécificités[176] de ces deux groupes (BRICS et l'ASS), il nous semble important qu'une réflexion idiosyncratique soit menée sur les effets des échanges commerciaux avec la Chine sur l'industrialisation des pays de l'Afrique francophone.

L'intérêt de cette étude est pluriel : tout d'abord sur le plan logique, cette étude veut savoir si les échanges commerciaux avec la Chine favorise l'industrialisation de ces pays africains ; ensuite sur le plan positif, l'étude se

---

[176] Ces spécificités sont liées à la proximité du niveau de développement entre l'Afrique francophone et la Chine (ils font tous partir des pays du Sud) malgré l'écart observé au niveau de la puissance économique, la structure des échanges, etc.

propose de contribuer à la littérature existante et pour se faire, elle aborde la question sous un angle critique en tenant compte non seulement de la structure des échanges, mais aussi de la particularité de ce partenaire par rapport aux autres ; sur le plan méthodologique, nous employons des méthodes récentes d'estimations basées sur la Méthode des Moments Généralisés (GMM) adaptée aux données de panel. Plus précisément, nous estimons un modèle GMM en système à deux étapes après avoir vérifier la stationnarité de nos données. La technique GMM nous permet de corriger pour des problèmes potentiels d'endogénéité et de tenir compte des effets spécifiques fixes pays inobservables et invariants dans le temps (Yi et al., 2013). Enfin l'étude porte sur les pays de l'Afrique francophone qui, nourrissant l'ambition d'être émergents multiplient les partenaires commerciaux, dans le souci de voir sa croissance augmenter considérablement. Au regard de ce qui précède, la principale implication des résultats mis en évidence par cette étude est d'encourager les autorités politiques africaines à diversifier les partenaires commerciaux et surtout à se rapprocher d'avantage des partenaires auprès de qui les gains tirés sont élevés tout en s'éloignant de ceux qui causent des préjudices.

Après cette introduction, la suite de cet article est constituée de cinq sections. La deuxième section fait une revue synthétique de la littérature. La troisième section met en exergue la méthodologie de l'étude ainsi que les données utilisées. La quatrième section propose une discussion des résultats. La cinquième section conclut en relevant les implications de politique économique.

Revue sélective de littérature

Les effets des échanges commerciaux sur le développement industriel ont fait l'objet de nombreux, avec au bout des résultats controversés. En fonction des pays acteurs, certains auteurs trouvent que cette ouverture impacte négativement sur l'industrialisation, tandis que d'autres aboutissent à des résultats positifs.

Effets négatifs du commerce extérieur sur l'industrialisation

Ces effets négatifs tiennent compte des spécificités macroéconomiques des Etats, du tissu industriel de départ ainsi que de la politique commerciale choisie.

S'agissant des spécificités macroéconomiques, l'industrie africaine est le plus souvent mal localisée, surdimensionnée, mal maîtrisée du point de vue de la technologie. Les protections effectives élevées des industries, les taux d'intérêt réels longtemps négatifs, la surévaluation des taux de change, les politiques régionales sont autant de signes d'une industrialisation volontariste et conçue hors des critères de rentabilité, d'efficacité et de compétitivité. A titre d'exemple, une appréciation du taux de change détériore la compétitivité générale de l'économie (Yanikkaya, 2003).

Selon Nguimkeu et Zeufack (2019), les industries du continent noir sont moins performantes et ne peuvent pas affronter la concurrence des firmes étrangères. En effet, la libéralisation du commerce a exposé les industries locales des pays les moins avancés à une concurrence à laquelle elles étaient mal préparées. En conséquence, de vastes pans du secteur manufacturier ont disparu ces vingt dernières années en Afrique. Ce processus de désindustrialisation a été plus marqué dans les pays ayant un faible niveau de développement. Plus précisément, les théoriciens de la dépendance soutiennent que les économies de la périphérie exportent les matières premières et importent les produits manufacturés. Pour cela, l'ouverture commerciale ne peut conduire qu'à une désindustrialisation au Sud (Brady *et al.*, 2011).

Effets positifs du commerce extérieur sur l'industrialisation

Plusieurs travaux ont démontré les effets positifs du commerce extérieur sur l'industrialisation. Ces théories font appel à plusieurs éléments notamment les avantages compétitifs, les économies d'échelle et la structure économique.

Ces effets sont mis en évidence tout d'abord par les théories classiques du commerce international, notamment la théorie des avantages absolus (Smith, 1776), la théorie des avantages relatifs (Ricardo, 1817), la théorie HOS[177] (1919, 1933 et 1937). Ces théories ont pour dénominateur commun l'avantage comparatif dont disposent certains pays, leur permettant de produire à bas coût et à vendre à des prix relativement faibles. Donc conformément à ces théories, les pays bénéficiant des avantages dans la production d'un bien se spécialisent dans sa production et exportent les quantités supplémentaires. Ceci permet le développement des industries de cette branche d'activité.

A la suite de ces théories, nous avons également les travaux de Kang et Lee (2011), Rowthorn et Ken Coutts (2004), Wood (1984) et Keesing (1968) qui

---

[177] Initiaux des noms des trois auteurs Heckscher, Ohlin et Samuelson de cette théorie

mettent en avant la forte dotation de certains pays en capital humain (théorie néo-factorielle), de même que les travaux de Posner (1961), fondés sur l'évolution technologique. Ce dernier étudie les composants de l'écart technologique entre les pays comme facteur d'industrialisation. L'avantage technologique d'un pays et d'une industrie (due essentiellement pour l'auteur à des taux d'investissement différents), va permettre de découvrir de nouveaux processus de production, et de conférer alors un nouvel avantage comparatif au pays innovateur. Ceci a été approfondi par Krugman (1979) qui considère deux pays. Dans son modèle, le Nord innove en créant de nouveaux produits qui sont fabriqués immédiatement, et seulement après un certain temps au Sud. D'après l'OMC (2008), ces transferts sont influencés de deux manières par la participation aux CVM : premièrement les connaissances sur les techniques de production sont transférées avec l'échange des produits intermédiaires[178], ce qui crée des retombées ; deuxièmement, la technologie peut aussi être transférée lorsque les entreprises étrangères investissent directement dans l'économie d'un pays. Si pour Keller (2000), les retombées sont plus importantes quand les importations proviennent de pays industrialisés, pour Acharya et Keller (2009) et Blalock et Gertler (2008), les importations des biens d'équipement, les machines et les produits des TIC garantissent également ces retombées.

Concernant l'approche basée sur la structure économique, les travaux expliquent les effets des échanges commerciaux sur l'industrialisation par les gains de débouchés d'une part et le renforcement des facteurs de production d'autre part. Les gains de débouché sont considérés dans les travaux de Krugman (1979), Romer (1986), Grossman et Helpman, 1991) en termes de diversification de l'offre et d'économies d'échelle de même que l'intensification de la concurrence (Markusen, 1981). Pour ces auteurs, la libéralisation des échanges accroît la taille des marchés et permet aux entreprises les plus productives de s'y développer. Les entreprises les moins productives non seulement seront incapables de tirer profit de ces nouvelles opportunités, mais la concurrence de nouvelles entreprises peut les forcer à mettre la clé sous la porte. Il s'en suit que le modèle de concurrence monopolistique développé par Krugman (1995)

---

[178] Les transferts de technologies sont plus importants dans le cas des importations de biens intermédiaires – qui tendent à augmenter avec la participation aux CVM – que dans celui des importations de produits finals (Amiti et Konings, 2007).

montre que le commerce intra-branche se situe au cœur d'un processus bénéfique à la productivité et l'industrialisation. L'essor du commerce intra-branche permet alors d'accroître la variété des inputs, ce qui garantit une meilleure efficacité des combinaisons productives. La croissance de la production résulte donc non seulement des coûts décroissants obtenus par l'élargissement du marché mais aussi de l'offre de biens intermédiaires différenciés. S'y ajoutent les gains d'efficacité associés à une spécialisation sur des segments de production plus fins, qui permet d'importer des inputs à des conditions plus avantageuses.

Concernant le renforcement des facteurs de production, Après les études pionnières de Little et al. (1970) et Balassa (1971), plusieurs travaux ont été publiés avec l'apparition de la nouvelle théorie du commerce international et la théorie de la croissance endogène. Ces études sont axées sur les canaux par lesquelles le commerce extérieur peut influencer l'industrialisation. En effet, les travaux de Madsen (2009), Fontagné et Guérin (1997) et Coe et Helpman (1995) ont montré une croissance tirée par les progrès techniques et induite par l'ouverture. Cependant, ces gains ne sont pas garantis et des modèles inspirés de ces nouvelles théories montrent que le commerce extérieur peut pousser les pays concernés vers une spécialisation dans des secteurs peu dynamiques avec au total un impact négatif sur l'industrialisation (Rodriguez et Rodrik, 2000).

Stratégie empirique

Spécification du modèle empirique

Le processus d'industrialisation a été étudié par Hossein et Weiss (1999) en termes absolus et en termes relatifs. Dans la version absolue, l'analyse du processus d'industrialisation s'appuie sur la valeur ajoutée du secteur secondaire alors que la version relative s'intéresse au taux d'industrialisation, c'est-à-dire la part de la valeur absolue du secteur secondaire sur le PIB. Jalilian et Weiss et Weiss (1999) expliquent l'industrialisation par les facteurs internes tels que le PIB, l'urbanisation, les ressources naturelles. Mais cette démarche est limitée, car elle ignore l'influence de certains facteurs tels que la formation du capital physique, le commerce Nord-Sud et surtout le commerce Sud-Sud sur l'industrialisation. Or, ces variables ont pourtant été utilisées par Rowthorn et Ken Coutts (2004), Brady *et al.* (2011), Rowthorn et Ramaswamy (1999) pour analyser le processus d'industrialisation en Europe et en Amérique Latine, mais également par Ngoa

Tabi et Atangana Ondoa (2013) pour le cas de l'Afrique. Nous nous proposons d'estimer les effets du commerce avec la Chine sur l'industrialisation en Afrique francophone. A cet effet, le modèle se présente ainsi :

Le processus d'industrialisation a été étudié par Hossein et Weiss (1999) en termes absolus et en termes relatifs. Toutefois, leur démarche ignore l'influence de certains facteurs tels que la fragilité, le régime politique, la gouvernance et le risque politique. À cet effet, le modèle retenu dans cet article se présente ainsi :

$$IND_{it} = \beta_0 + \beta_1 IND_{it-1} + \beta_2 ComChine_{it} + \beta_3 PIB_{it} + \beta_4 Scol_{it} + \beta_5 FBCF_{it} + \beta_6 Pop_{it} + \beta_7 Instit_{it} + \mu_i + \lambda_i + \nu_{it}$$

IND est la mesure de l'industrialisation. Nous retenons comme indicateur la part de la valeur ajoutée manufacturière dans le PIB. Cette mesure capte la capacité des pays, fortement dotés en ressources naturelles à les transformer en biens intermédiaires et finals (Di Maio, 2009). Nous utilisons également pour des besoins de robustesse plusieurs autres indicateurs (i) la part de l'emploi du secteur industriel dans l'emploi total et (ii) la dépense de consommation du secteur industriel ou la valeur ajoutée consommée dans le secteur industriel.

ComChine : représente la variable d'intérêt (relative au commerce avec la Chine) : Exportations, importations, externalité de R&D et IDE. Pour bien capter les effets des échanges commerciaux avec la Chine sur l'industrialisation des pays de l'Afrique francophone. *PIB* est le produit intérieur brut réel par habitant, ses valeurs en niveau et au carré étant intégrées dans la spécification dans l'optique de tester la non-linéarité par rapport à l'industrialisation postulée par Clark (1957). Par ailleurs, le choix de cette variable est justifié pour tester la théorie du *big push* de l'industrialisation (Murphy *et al.*, 1989a, 1989b).

Scol capture le taux de scolarisation. Ce taux est calculé en termes nets pour le niveau primaire et secondaire. Le taux net de scolarisation est le rapport entre les enfants d'âge scolaire officiel inscrits à l'école et la population de l'âge scolaire officiel correspondant. *FBCF* c'est la formation brute de capital fixe. C'est une mesure de l'investissement en pourcentage du PIB à prix constant. Cette variable, avec la population et la scolarisation, constituent des *proxies* pour l'urbanisation. *Pop* désigne population totale. Cette variable permettra d'apprécier l'influence du marché local sur le taux d'industrialisation. *Scol* capture le taux de scolarisation. *Instit* : désigne les institutions. Compte tenu des manquements observés dans le domaine des institutions en ASS (BAfD, 2021), nous l'intégrons dans notre équation de croissance et l'appréhendons par l'indice de gouvernance. Il est reconnu dans la littérature que la gouvernance joue un rôle fondamental sur l'intégration dans les CVM (Asongu et *al.*, 2021 ; Asongu et Odhiambo, 2019 et Dollar et Kidder, 2017). Elle contribue également à l'amélioration de la productivité. Plusieurs indicateurs ont été retenus pour contrôler le rôle de la gouvernance. L'indice composite de gouvernance construit à l'aide de six sous-indicateurs de gouvernance de la Banque mondiale (Kaufmann *et al.*, 2010). Il s'agit de la voix citoyenne et responsabilité, la stabilité politique et l'absence de violence, l'efficacité des pouvoirs publics, la qualité de la réglementation, l'État de droit et la maîtrise de la corruption. Cet indice varie entre -2,5 (mauvaise qualité de la gouvernance) et +2,5 (bonne qualité de la gouvernance).

μ_t représente l'effet temporel, qui mesure l'effet sur les variations temporelles de la croissance inclusive de chaque pays, de l'évolution de variables inobservables supposées communes à tous les pays (notamment les chocs macroéconomiques, politiques et technologiques) ; ν_i est l'effet fixe pays qui contrôle pour les caractéristiques inobservables invariantes dans le temps et spécifiques à chaque pays ; et ε_{it} est le terme d'erreur.

Présentation de l'échantillon et données de l'étude

Notre échantillon est constitué de 15 pays (voir liste tableau A1 en annexes). Les données utilisées dans ce travail, dont les principales caractéristiques descriptives sont présentées en annexes, couvrent la période 2000–2020. Cette période est dictée par la disponibilité des données. Elles sont issues des bases d'organismes ou de centres de recherche internationaux (tableau A2 en annexes).

Tableau 1 : Matrice de corrélation entre les variables principales de l'étude

Tableau 1 : Matrice de corrélation entre les variables principales de l'étude

	A	B	C	D	E	F	G	H
A	1.0000							
B	0.3287	1.0000						
C	0.2137	0.7538	1.0000					
D	0.3128	0.7950	0.2008	1.0000				
E	0.3221	0.9636	0.9020	0.6040	1.0000			
F	0.1030	0.1480	0.3225	-0.0770	0.2284	1.0000		
G	0.1012	0.1609	0.3327	-0.0672	0.2411	0.9992	1.0000	
H	-0.1187	0.1688	0.1925	0.0740	0.1892	0.2523	0.2653	1.0000

Note : A = Part de valeur ajoutée manufacturière (% PIB) ; B = Exportations vers la Chine ; C = IDE Chine (% PIB) ; D = PIB réel ; E = Taux de scolarisation secondaire ; F = FBCF ; G = Population urbaine ; H = Gouvernance

Source : Auteur

Il ressort du tableau 1 que les corrélations entre la majorité des variables explicatives ne sont pas élevées pour causer de sérieux problèmes de multicolinéarité. Concernant nos variables d'intérêt, ce tableau nous fait constater que les exportations vers la Chine et les IDE de la Chine vers les pays de l'Afrique francophone sont positivement corrélés avec l'industrialisation. Cette analyse naïve justifie le recours aux investigations économétriques plus poussées.

3.3. Technique d'estimation

Puisque notre étude concerne les pays de l'Afrique francophone qui sont observés sur une période de 21 ans, nous constatons que les dimensions inter-individuelles et inter-temporelles sont toutes deux considérées et le modèle adéquat ici est la régression en panel. Mais à cause du probable biais d'endogénéité dû à la causalité inverse entre l'industrialisation et la plupart de nos variables explicatives, nous dynamisons notre panel et lui appliquons l'estimateur GMM. En effet, dans un modèle de panel dynamique, les effets spécifiques aux pays inobservables sont corrélés à la variable dépendante retardée, ce qui pourvoit des estimateurs inconsistants. En utilisant les valeurs retardées de la différence première de la variable endogène comme instruments, Holtz-Eakin, Newey et Rosen (1988) et Arellano et Bond (1991) ont développé un estimateur consistant, nommé estimateur GMM en différence. Toutefois, Arellano et Bover (1995), puis Blundell et Bond (1998) ont démontré que lorsque la variable dépendante est persistante dans le temps, les valeurs retardées sont de très mauvais instruments. En utilisant des conditions de moments additionnelles, ces auteurs parviennent à développer un estimateur alternatif plus robuste qualifié d'estimateur GMM en système, qui combine l'équation en niveau et l'équation en différence.

Résultats et tests de robustesse

Les principaux résultats

Le tableau 2 ci-dessous présente les résultats des estimations par les GMM en système de notre équation d'industrialisation pour l'échantillon dans sa totalité sur la période 2000 - 2020. Neuf modèles sont estimés. Ces spécifications consistent à apprécier la stabilité du coefficient associé à nos variables d'intérêt à la suite de l'ajout d'une variable supplémentaire. Il ressort de ce tableau que toutes ces spécifications sont globalement significatives. En effet, l'hypothèse nulle des tests de significativité globale de Wald est rejetée (p-value est égale à 0,000). En outre, le test de sur-identification de Sargan confirme la validité des variables retardées en niveau et en différence comme instruments utilisés dans toutes nos spécifications. Par ailleurs, le test d'autocorrélation de second ordre d'Arellano et Bond ne rejette pas l'hypothèse d'absence d'autocorrélation de second ordre de nos spécifications.

En retenant la valeur ajoutée manufacturière comme principale variable dépendante, nos estimations révèlent l'existence d'un effet de mémoire important de cette valeur ajoutée. En d'autres termes, la valeur ajoutée observée l'année précédente explique assez positivement et significativement son niveau de l'année en cours, avec une élasticité comprise entre 0,66 et 0,94, significative au seuil de 1%, quelle que soit la spécification retenue.

Il ressort de ce tableau que nos variables d'intérêt ont globalement les signes attendus. Plus précisément, le coefficient de la variable exportations vers la Chine est positif et significatif à 1 %. Ce qui signifie que les exportations des marchandises vers Chine favorisent l'industrialisation des pays de l'Afrique francophone. De manière plus précise, une hausse de 10 % de ces exportations améliore l'industrialisation de 0,5 % en moyenne dans cette partie de l'Afrique. Bien que ce résultat soit conforme à ceux de Wajdi et al., (2016) ; UNCTAD (2008a, 2006b) ; Broadman (2007) ; McKay et al., (2000) ; nous constatons que le coefficient est très faible compte tenu du niveau des échanges. La structure des échanges peut justifier ce résultat. Ce qui nous emmène à voir également les effets des importations. En faisant une comparaison entre les effets des exportations vers la Chine et les importations en provenance de cette dernière, nous constatons que le coefficient des exportations est positif et significatif à 1 % alors que celui des importations est positif et majoritairement significatif à 5 %. Les valeurs du coefficient des exportations sont largement supérieures à celles du coefficient des importations. Donc les exportations contribuent plus à l'industrialisation que les importations. Si la théorie économique nous fait savoir que l'ouverture permet l'accès à la technologie étrangère qui stimule la croissance et l'industrialisation, nous constatons comme on l'a précisé plus haut que les africains importent essentiellement les produits finis qui portent préjudices aux entreprises locales au lieu d'importer les produits intermédiaires et machines qui stimulent la production locale. Même si le coefficient des exportations est supérieur à celui des importations, son niveau reste très faible et ceci est attribuable à la nature des biens exportés vers la Chine.

Les coefficients de nos variables de contrôle sont conformes à l'intuition économique avec toutefois des significativités statistiques diverses. Le niveau de production se présente lui aussi comme un déterminant important de l'industrialisation en Afrique. Les estimations révèlent que le PIB réel est positivement associé à l'industrialisation, avec un effet élevé et fortement significatif à 1%. En d'autres termes, de bonnes performances macroéconomiques seraient favorables à l'industrialisation de l'Afrique, même si cette relation affiche un seuil. En effet, au-delà d'un certain niveau de production, la composition du PIB devrait changer et le secteur industriel devrait connaitre un déclin au profit du secteur des services, qui deviendrait alors, selon les prédictions théoriques, le secteur ayant la plus forte valeur ajoutée. Cette non-linéarité, appréhendée par la variable "Ln_PIB_carré" a été testée pour la première fois par Clark (1957), et démontré théoriquement plus tard par Rowthorn et Wells (1987) : il existe donc une relation en « U » inversé entre la production et l'industrialisation.

La population urbaine joue un rôle déterminant pour le niveau d'industrialisation de l'Afrique. Intégrée dans le modèle pour apprécier l'effet potentiel de la taille de marché en tant que moteur de l'industrialisation, elle aurait, dans le cas des pays africains, un effet positif. En effet, la croissance démographique en zone urbaine serait fondamentale pour l'industrialisation en Afrique, à cause notamment de son apport dans le développement des pays. En effet, les deux variables sont diversement liées. Le premier canal est la hausse de la consommation des classes moyennes est liée à l'urbanisation. Ainsi, l'augmentation des revenus induit celle des dépenses discrétionnaires. Ce type de dépenses modifient les habitudes de consommation, induisant une demande de biens manufacturiers et de constructions urbaines. Cette nouvelle situation entraine des débouchés pour l'industrie. Plusieurs travaux récents discutent de la relation entre les deux variables (Rabb & Rotberg, 2014 ; Gollin et al., 2016 ; Rees, 2016 ; Avtar et al., 2019 ; Davenport, 2020).

L'éducation joue un rôle positif sur l'industrialisation, mais cet effet n'est pas suffisant. Pourtant, une formation de haut niveau permet une absorption plus rapide des nouvelles technologies et un rendement efficace. L'investissement serait plutôt un facteur de désindustrialisation en Afrique. Les dépenses en capital en Afrique sont plus orientées, à cause d'un grand retard accusé en matière de capital humain, vers les projets sociaux tels que les hôpitaux et les écoles, avec une faible part affectée à l'industrialisation. Par ailleurs, les entreprises prestataires de ces services d'investissement sont pour la plupart des entreprises étrangères, ce qui justifie l'exportation de la valeur ajoutée industrielle. Même si les dépenses en capital augmentent dans certains pays africains, celles-ci ne sont vouées qu'à la réparation ou la réfection de structures déjà existantes, avec pour conséquence la génération d'une très faible valeur ajoutée sur le plan réel, dans le cas où elle n'est pas tout simplement nulle. Dans la plupart des pays, on a même observé un mouvement de désindustrialisation depuis les années 1980, dont les effets se font ressentir aujourd'hui. De pans entiers d'industries ont disparu dans le textile, la mécanique, entre autres.

Enfin, le coefficient de la variable gouvernance a un signe négatif et significatif à 1 %, suggérant que la mauvaise gouvernance défavorise le développement industriel en Afrique francophone. Ce résultat est conforme aux analyses de Theobald (1990) qui trouvait déjà que la mauvaise gouvernance, appréhendée par le niveau de corruption, est un handicap à la croissance économique puisqu'elle contrarie les politiques publiques nécessaires à la consolidation d'une base industrielle. Les pots de vin sont une pratique très courante dans la majorité de ces pays africains et constituent un facteur qui décourage les investisseurs, notamment ceux du secteur industriel.

Tableau 2 : Résultats des estimations par les GMM en système de notre équation d'industrialisation

Source : Auteur.

	Variable dépendante : valeur ajoutée manufacturière								
	1	2	3	4	5	6	7	8	
L.VA_Manufa.	0.946***	0.707***	0.711***	0.698***	0.671***	0.542***	0.700***	0.735***	0.6
	(0.0081)	(0.017)	(0.017)	(0.017)	(0.018)	(0.018)	(0.021)	(0.023)	
Exportation vers Chine	0.063***	0.0326***	0.045***	0.0383***	0.0413***	0.164***	0.033***	0.042***	0.0
	(0.0128)	(0.0019)	(0.0123)	(0.0013)	(0.0015)	(0.0211)	(0.001)	(0.001)	(0.
Importation vers Chine		0.014**	0.029**	0.0140**	0.021***	0.101***	0.016*	0.014**	0.0
		(0.0090)	(0.0124)	(0.0033)	(0.0074)	(0.0079)	(0.0091)	(0.0084)	(0.
IDE de la Chine (%)			0.0233***	0.0281***	0.0525***	0.0577***	0.0277***	0.0209***	0.05
			(0.00489)	(0.00497)	(0.00578)	(0.00588)	(0.00503)	(0.00510)	(0.0
Ln_PIB réel				0.0512***	0.0794***	0.0874***	0.0639***	0.0659***	0.07
				(0.0150)	(0.0152)	(0.0153)	(0.0128)	(0.0130)	(0.
Ln_PIB_carré					-.00200***	-.00222***	-.00415***	-0.0224***	-.00
					(0.000666)	(0.000722)	(0.000643)	(0.000702)	(0.00
Ln_Education						0.000412	0.000159	-0.00120	2.8
						(0.000625)	(0.000766)	(0.000858)	(0.
FBCF							0.000319	7.35e-05	0.05
							(0.000278)	(0.000348)	(0.0
Population urbaine								0.00117**	0.07
								(0.000503)	(0.0
Gouvernance									-0.0
									(0.0
Constante	0.944***	0.684***	12.91***	1.46***	2.07***	1.92***	1.77***	1.04***	2.0
	(0.172)	(0.175)	(2.572)	(0.214)	(0.074)	(0.129)	(0.700)	(0.766)	(0.
Observations	294	294	294	294	294	294	294	294	2
Nombre de pays	14	14	14	14	14	14	14	14	
Wald chi2	24,18	32,08	21,17	21,76	36,86	37,34	22,81	27,13	1(
Prob > chi2	0,000	0,000	0,001	0,000	0,000	0,001	0,000	0,000	0,
AR(1)	-2.7385	-3.2651	-3.2803	-3.3467	-3.3566	-3.3426	-3.2357	-2.8362	-2.
AR(2)	-1.1926	-1.2611	-1.2881	-1.289	-1.5028	-1.5077	1.0333	-0.11753	-1
Sargan Prob > chi2	0.0580	0.0641	0.1245	0.0745	0.0654	0.0715	0.0662	0.0892	0.(

Écarts-types robustes entre parenthèses *** p<0.01, ** p<0.05, * p<0.1

Source : Auteur.

Analyse de la robustesse des résultats

La confirmation de l'existence d'un lien entre le commerce avec la Chine et l'industrialisation des pays de l'Afrique francophone nécessite que l'on procède aux tests de robustesse. Le premier tient compte des différentes mesures de l'industrialisation et le second fait recours à quelques estimateurs concurrents.

Différentes mesures d'industrialisation

Au-delà de la mesure utilisée dans les estimations principales qui est la valeur ajoutée manufacturière, nous mobilisions d'autres mesures. Nous retenons à cet effet le taux d'industrialisation et l'emploi industriel. Les résultats confirment globalement la robustesse de la relation positive préalablement identifiée.

Tableau 3 : Différentes mesures de l'industrialisation.

	Valeur ajoutée manufacturière (% PIB)	Valeur ajoutée manufacturière, logarithme (dollars de 2010)	Emploi industriel (% de l'emploi total)	Emploi industriel, femmes (% emploi)	Emploi industriel, hommes (% emploi)	Valeur ajoutée industrielle (% PIB)
Exportations vers la Chine	0.063***	0.0951***	0.0575	0.0397	0.120	0.0832
	(0.0128)	(0.0148)	(0.0708)	(0.0749)	(0.0731)	(0.132)
Importations de la Chine	0.014**	0,362*	0,543*	0,861**	0,138*	0,261*
	(0.0090)	(0,195)	(0,023)	(0,274)	(0,047)	(0,065)
Variables de contrôle	Oui	Oui	Oui	Oui	Oui	Oui
Observations	591	554	661	661	661	624
R-carré	0,192	0,196	0,126	0,156	0,128	0,076
Hansen p-val	0,3486	0,3348	0,1528	0,4262	0,1869	0,5844
Effets temps	Yes	No	Yes	No	No	No
Effets pays	No	No	No	No	No	No

Écart-types robustes entre parenthèses   *** p<0.01, ** p<0.05, * p<0.1

Source : Auteur.

Estimateurs concurrents

Dans ce test, nous retenons les modèles à effets communs et à effets spécifiques (fixes ou aléatoires). Dans les spécifications en panel statique, le test de Hausman (Prob>chi2 = 0.9999) ne permet pas de choisir le modèle à effet fixes. Les résultats obtenus montrent que la prise en compte des effets fixes temps de manière isolée ou combiné avec les effets fixes pays améliore la qualité des résultats. En d'autres termes, les spécificités inobservables liées au temps et/ou aux pays sont déterminantes pour l'industrialisation en Afrique francophone.

Tableau 5 : Estimateurs concurrents

	Variable dépendante : valeur ajoutée industrielle réelle (Log)									
	Moindres carrés				Effets fixes		Effets aléatoires			
Exportations	0.0937**	0.0265**	0.105**	0.105**	0.0265**	0.0206**	0.0268**	0.0265**	0.0193**	0.0206
	(0.0132)	(0.00647)	(0.0149)	(0.0149)	(0.00456)	(0.00422)	(0.00458)	(0.00456)	(0.00442)	(0.004
Importations de	0,464**	0,00679	0,622**	0,622**	-0,00679	0,0906*	-0,0178	-0,00679	0,102**	0,090
	(0,192)	(0,0430)	(0,205)	(0,205)	(0,0530)	(0,0492)	(0,0530)	(0,0530)	(0,0513)	(0,04
Var de contol.	Oui	Oui	Oui	Oui	Oui	Oui	Oui	Oui	Oui	Ou
Observations	621	621	621	621	621	621	621	621	621	621
R-carré	0,189	0,988	0,197	0,197	0,569	0,658				
Effets pays	Non	Oui	Non	Oui	Oui	Oui	Non	Oui	Non	Ou
Effets temps	Non	Non	Oui	Oui	Non	Oui	Non	Non	Oui	Ou

Écart-types robustes entre parenthèses   *** p<0.01, ** p<0.05, * p<0.1

Source : Auteur.

Conclusion

L'objectif de cet article était d'évaluer l'effet du commerce avec la Chine sur l'industrialisation des pays de l'Afrique francophone. Pour y parvenir, nous avons établi une équation de l'industrialisation qui tient compte des réalités africaines.

Nous avons estimé cette équation par l'estimateur GMM en système et nous avons abouti aux résultats suivants : Le commerce avec la Chine contribue positivement mais pas de manière substantielle sur l'industrialisation en Afrique francophone. La forte demande des ressources naturelles par la Chine favorise cette industrialisation. Mais la forte demande des articles manufacturés par les pays africains inhibe considérablement ce niveau d'industrialisation. A la suite de ces résultats, nous suggérons aux dirigeants africains d'œuvrer pour une transformation plus ou moins poussée de ces ressources naturelles avant leurs exportations car cette transformation entraine plus de valeur ajoutée et par la même occasion limite les importations des produits manufacturés. De même, la limitation des importations des produits finis au profit des produits intermédiaires et machines boosterait d'avantage la production domestique.

bibliographie

Adamu F. M., (2017), « Trade Openness and Industrial Growth: Evidence from Nigeria », *Panoeconomicus*, Vol. 64, Issue 3, pp. 297-314.

Adofu I. & I. Okwanya, (2017), "Linkages between Trade Openness, Productivity and Industrialization in Nigeria: A Co-integration Test", *Research in World Economy*, Vol. 8, No. 2, pp. 78-87.

Akyz, Y., et Gore, C., (2001) «African economic development in comparative perspective», *Cambridge Journal of Economics*, Vol 20, pp 265-288.

Alderson, A., (1999), «Explaining deidustrialisation: globalisation, failure, or success? », *American Sociological Review*, Vol 64, N°5, pp 701-721.

Alwyn Young (2012): « The African Growth Miracle», Journal of Political Economy, Vol. 120, No. 4 (August 2012), pp. 696-739.

Anderson, James E.; Neary, J. Peter (2001): "The Mercantilist Index of Trade Policy". *UCD Centre for Economic Research Working Paper Series*; WP98/13.

Anderson, James; Neary, J (1994) : «Domestic Distortions and International Trade", *International Economic Review*.

Anyanwu, J. C. (2012), 'Why Does Foreign Direct Investment Go Where It Goes? New Evidence From African Countries', *Annals of Economics and Finance*, Vol. 13, No. 2, pp. 433–70.

Arellano M. et Bond S.R. (1991), «Some Tests of Specification for Panel Data: Monte Carlo Evidence and an Application to Employment Equations », *Rev.*

Econ. Stud. No.58, pp. 277-297.

Arellano, M. et Bover, O. (1995), «Another Look at the Instrumental Variable Estimation of Error-Components Models», Journal *of Econometrics*, Volume 68, Issue 1, July, Pages 29-51.

Artus P., Mistral J. et Plagnol V. (2011), «L'émergence de la Chine : impact économique et implications de politique économique » *rapport du Conseil d'Analyse Économique.*

BAD (2010), Perspectives Economiques en Afrique, BAfD/OCDE.

BAD (2011), Perspectives Economiques en Afrique, BAfD/OCDE.

BAfD (2012), Étude comparative des politiques d'exportation de l'Égypte, du Maroc, de la Tunisie et de la Corée du Sud, Banque africaine de développement, Tunis.

BAfD, OCDE, PNUD et CNUCED (2013), *Perspectives économiques en Afrique 2013*, Éditions de l'OCDE, Paris.

Bairoch P., (1972): « Free trade and European economic development in the 19th century », *European Economic Review 3*, November, pp.211-245.

Banque Mondiale (2013), Global Value Chains, Economic Upgrading, and Gender. Case Studies of the Horticulture, Tourism, and Call Center Industries, Réseau Réduction de la pauvreté et gestion économique, Banque mondiale, Washington, DC.

Barro R. et Sala-I-Martin X, (1995), *Economic growth*, New York, McGrow-Hill.

Bigsten, A. et Söderbom, M. (2011), "Industrial Strategies for Economic Recovery and Long-Term Growth in Africa", *African Development Review*, 23, 161-171.

Blundell, R. et Bond, S. (1998), "Initial Conditions and Moment Restrictions in Dynamic Panel Data Models", *Journal of Econometrics*, 87, 115-143.

Boillot, J.-J. et Lemoine, F. (1992), « Le financement de l'industrialisation », *Économie Perspective Internationale*, 50, 67-98.

Cadot, O., De Melo, J., Plane, P., Wagner, L. et Woldemichael, M. (2015), Industrialisation et transformation structurelle : l'Afrique subsaharienne peut-elle se développer sans usines ?, *Papiers de Recherche AFD*, n°2015-10.

CEA (2013), *L'industrialisation au service de l'émergence de l'Afrique, Document de synthèse*, Sixième réunion conjointe de la Conférence des ministres africains des finances, de la planification et du développement économique de la Commission économique pour l'Afrique et de la Conférence des ministres de l'économie et des finances de l'Union africaine, Abidjan.

CEA (2014), Rapport économique sur l'Afrique 2014 : Politique industrielle dynamique en Afrique : institutions innovantes, processus efficaces et mécanismes flexibles, Washington, Nations Unies

CEA (2015), Rapport économique sur l'Afrique 2015 : l'industrialisation par le commerce, Washington, Nations Unies.

CEA (2016a), Rapport économique sur l'Afrique 2016 : vers une industrialisation verte en Afrique, Washington, Nations Unies.

CEA (2016b), Politique industrielle transformatrice pour l'Afrique, Addis-Abeba, Éthiopie, Nations Unies.

Chandra, R. (1992), Industrialisation and Development in the Third World, London, Routedge.

Chaponnière J. R. (2013), « Chine-Afrique : enjeux de l'ajustement chinois pour les pays miniers », *Afrique contemporaine*, /4 n° 248, p. 89-105.

Chaponnière, J.R (2009), «La dérive des continents: l'Asie et l'Afrique» ('The Drift of Continents: Asia and Africa'), *Futuribles*, No. 350, mars 2009, pp. 5-26.

Chen, B., Li, Y. et Yin, Y. (2016), "FDI, Industry Heterogeneity and Employment Elasticity in China", *Review of Development Economics*, 20, 189-200.

Chenery, H.B (1960) «Patterns of industrial growth», *American Economic Review*, Vol 50, PP 624-654.

Clark D. P., W. C. Sawyer et R. L. Sprinkle (1999), « Openness and industrialization in developing countries », *Applied Economics Letters*, 6:3, 161-164.

Clark, C. (1957), The Conditions of Economic Progress, London: Macmillan.

CNUCED (2008), World Investment Directory: Vol.10, Africa, Geneva, United Nations.

CNUCED (2010), « la coopération sud-sud: l'Afrique et les nouvelles formes de partenariat pour le développement ». *Le développement économique en Afrique rapport 2010, Génève.*

CNUCED (2015), World Investment Report: Reforming International Investment Governance, Geneva, United Nations.

Collier, P. (1997), «Globalization: What should be the African Policy Response? », Mimeo, CSAE, University of Oxford, U.K., November.

Di Maio, M. (2009), "Industrial Policies in Developing Countries: History and Perspectives", in M. Cimoli, G. Dosi, J. Stiglitz (eds), *Industrial Policy and*

Development: The Political Economy of Capabilities Accumulation, Oxford University Press, 108-143.

Dodzin S. et Vamvakidis A. (1999), « Trade and Industrialization in Developing Economies », *Journal of Development Economics* 75, 319–328

Dollar, D, (1992):" Outward oriented developing economies really do grow more rapidly:

Edwards, S, (1993), "Openness, trade liberalization and growth in developing countries",

Edwards, S, (1998), Openness, productivity and growth: what do we really know? Economic Journal, March, 108, pp.383-398.

Frederick, S. et G. Gereffi (2009), « Review and analysis of protectionist actions in the textile and Strategic Framework », *Policy Research Working Paper* n° 6406, Banque mondiale, Washington DC.

Gereffi, G. et J. Lee (2012), « Why the World Suddenly Cares About Global Supply Chains », *Journal of Supply Chain Management*, vol. 48, pp. 24-32.

Guillaumont P, 2001, "Ouverture, vulnérabilité et développement", CERDI, *Etudes et Documents*.

Hausmann, R. et Rodrik, D., (2006), Doomed to choose: industrial policy as predicament, Harvard University, John F. Kennedy School of Government.

Hausmann, R. et Rodrik, D., (2006), Doomed to choose: industrial policy as predicament, Harvard University, John F. Kennedy School of Government.

Hossein J., et Weiss J., (1999) «De-industrialisation in Sub-Saharan Africa: Myth or Crisis?», *Journal of African Economics*, Vol 9, N 1, pp 24-43.

Ngoa Tabi H. et Atangana 0ndoa H. (2013), « L'incidence du commerce Nord-Sud et du commerce Sud-Sud sur l'industrialisation en Afrique », BAD, Conférence économique africaine sur *Intégration régionale en Afrique*.

Nickel, S., Redding, S. et Swaffield, J., (2008), "The Uneven Pace of Deindustrialisation in the OECD", *The World Economy*, 10.1111/j.1467-9701.2008.01125.x

ONUD (2002) : « Rapport sur le développement industriel 2002-2003 : l'Afrique handicapée par son retard technologique »

18. Perception et retombées du projet de la "Ceinture et la Route" en Afrique, *Dr. Sotherie Mengue Oleme*

Introduction

La Chine et l'Afrique entretiennent des relations fortes depuis la vague des indépendances africaines des années 1960. Néanmoins, les échanges sino-africains ont connu un essor sans précédent depuis la fin des années 1990 et ont été accompagnés de la montée d'un discours sur le partenariat « gagnant-gagnant » entre la Chine et l'Afrique. Pour de nombreux gouvernements africains, la Chine représente une alternative viable aux bailleurs de fonds et aux partenaires commerciaux traditionnels de l'Afrique. De même, la Chine voit de nombreuses opportunités dans le développement de ses relations avec l'Afrique, notamment en termes de matières premières et de stratégie d'influence sur le plan international. Pour améliorer cette coopération avec le reste du monde en général et l'Afrique en particulier, la Chine a proposé au monde un plan pharaonique dénommé : projet *One Belt, One Road*. A la vérité, il favorisera le développement de l'initiative de la construction conjointe de la Ceinture et la Route et de l'Agenda 2063 de l'Union africaine donnant un nouvel élan à la coopération bilatérale. L'Afrique constitue un partenaire important de la coopération « la Ceinture et la Route ». À ce jour, 46 pays africains et la Commission de l'Union africaine (UA) ont déjà signé ce protocole de coopération la Ceinture et la Route, ce qui représente environ un tiers du nombre total des pays qui ont signé dans le monde entier. Dès lors comment la Chine, avec cette nouvelle route de la soie, peut contribuer au développement de l'Afrique ? Quel est l'opportunité qu'offre l'initiative de la Ceinture et de la route à l'Afrique ? Quelle est la perspective africaine du BRI ?

Fondement et projet *One Belt, One Road* pour les Routes de la soie

Fondamentalement, c'est un programme de prêts dépassant 1 000 milliards de dollars pour l'infrastructure, financés par la Chine et mis en œuvre principalement par des constructeurs chinois. Il permet à des pays pauvres ou manquant de capitaux de puiser dans un fonds pour construire et agrandir autoroutes, chemins de fer, ponts, ports, oléoducs et centrales électriques. Le réseau d'infrastructures relie ces pays à la Chine et entre eux dans un vaste réseau de marchés, le tout censé bénéficier aux acheteurs aussi bien qu'aux vendeurs.

La BRI consiste en deux routes internationales : l'une retrace la route historique de la soie accédant à la Chine à travers l'Asie centrale et l'autre conduit les routes maritimes de la Chine à l'Asie du Sud-Est et l'Asie du Sud, l'Afrique et l'Europe. En Asie, le portefeuille de la BRI est soutenu par un organisme de prêt dédié, la Banque asiatique d'investissement pour les infrastructures (AIIB) fondée en 2012 et dont le siège est à Pékin. L'AIIB se joint à une foule d'entreprises d'Etat qui investissent, prêtent et construisent en-dehors des frontières chinoises comme la China Development Bank, l'EXIM Bank et la New Development Bank.

L'initiative Belt and Road Initiative

La nouvelle route de la soie est parfois décrite par les termes de ceinture et de route, en référence à l'expression chinoise « Une ceinture, une route ». Cette initiative date de septembre 2013, lorsque le président chinois Xi Jinping en parla dans son discours à l'université du Kazakhstan.

La Belt and Road Initiative est à l'origine scindée en deux concepts : l'un est dénommé « Silk Road Economic Belt » (« belt » signifiant ceinture) et l'autre la « 21st-Century Maritime Silk Road » (« road » signifiant route)[179]. Cette dénomination prête à confusion, car la route n'est pas uniquement une route

---

[179] Jetin, Bruno. 'One Belt-One Road Initiative' and ASEAN Connectivity: Synergy Issues and Potentialities. Springer Singapore, 2018, pp.11-12.

pour véhicules routiers, c'est aussi une route maritime reliant la Chine d'une part, à l'Afrique de l'Est et à la Méditerranée d'autre part. La « belt » est constituée d'une série de corridors terrestres reliant la Chine à l'Europe, via l'Asie centrale et le Moyen-Orient. En parallèle de la voie maritime, la Chine investit dans des chemins de fers et de gigantesques autoroutes partant de la province du Xinjiang reliant la Chine et l'Europe en passant par la Russie et le Kazakhstan notamment[180].

Une approche historique de la route de la soie

La nouvelle route de la soie (parfois aussi au pluriel) est un projet stratégique chinois visant à relier économiquement la Chine à l'Europe en intégrant les espaces d'Asie Centrale par un vaste réseau de corridors routiers et ferroviaires[181]. Ce terme (*Belt and Road Initiative* ou BRI en anglais) a remplacé en 2017, dans la terminologie officielle, l'expression de « *One Road, One Belt* » (« One Belt, One Road » (« Une Ceinture, Une Route ») ou OBOR. Dans son versant maritime, ce réseau de routes commerciales inclut les espaces africains riverains de l'Océan indien.

Surnommé le « projet du siècle » par Xi Jinping, ce programme vise à créer une nouvelle génération de comptoirs transnationaux. C'est en 2013, lors d'une tournée en Asie centrale, que le président chinois nouvellement élu mentionnait à Astana (Kazakhstan) son projet de ressusciter la mythique route caravanière qui reliait, il y a près de 2 000 ans, Xi'an en Chine à Antioche en Syrie médiévale (aujourd'hui en Turquie).

---

[180] Ibid.
[181] N. Rouiaï, « La Chine à la conquête de la nouvelle route de la Soie », in **Carto** n° 44, nov-déc. 2017, pp. 6-18.

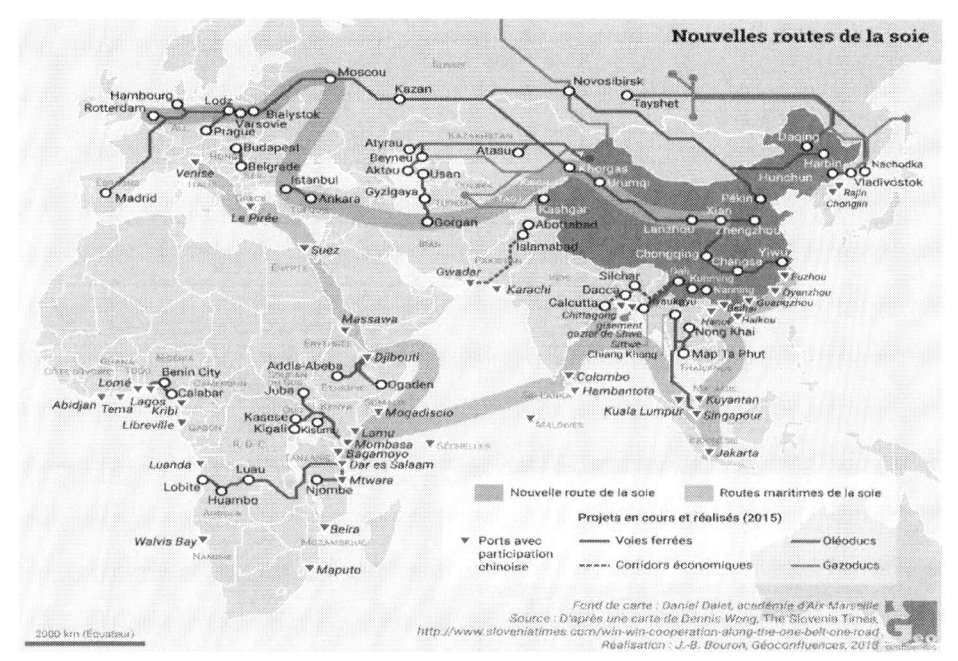

Source : https://www.iris-france.org/wp-content/uplo, consulté le 14 avril 2022.

Depuis, ce projet est devenu central dans la politique économique chinoise. Il concerne plus de 68 pays regroupant 4,4 milliards d'habitants et représentant près de 40 % du produit intérieur brut (PIB) de la planète. Les banques et institutions financières chinoises ont largement été sollicitées pour mettre en place un tel projet.

Les différents objectifs du projet

Les objectifs économiques : diversification et de sécurisation de ses approvisionnements énergétiques

Les objectifs économiques sont multiples pour la Chine : il s'agit d'accroître ses exportations, d'écouler sa production et de trouver de nouveaux marchés pour ses entreprises de bâtiments et de travaux publics. En effet, la Chine est en surcapacité industrielle. Or, l'Asie centrale est un marché en pleine expansion. Autre objectif économique, la création de ces routes répond également à un besoin de diversification et de sécurisation de ses approvisionnements énergétiques. L'Asie centrale représente pour la Chine un intérêt majeur afin de se libérer de sa dépendance énergétique vis-à-vis des pays du Golfe et de la Russie.

En solidifiant des accords de coopérations avec des pays comme le Sri Lanka, le Bangladesh ou la Birmanie, elle assure en même temps la sécurité de ses nouvelles routes d'approvisionnement[182].

Les objectifs politico-sécuritaires

Politiquement, l'objectif est autant intérieur qu'international. Sur le plan interne, il s'agit pour la Chine d'assurer l'intégrité de son territoire. La province du Xinjiang, très riche en matières premières et au carrefour des routes d'hydrocarbures, est régulièrement en proie à des conflits ethniques. Pékin souhaite que l'aide au développement des pays limitrophes (Afghanistan, Kazakhstan, Tadjikistan, Kirghizstan), réduise l'instabilité aux frontières et à l'intérieur du pays. L'objectif interne se greffe à un objectif de politique régionale en Asie centrale : étendre l'influence chinoise face à l'acteur historique russe, et s'affirmer comme un acteur stabilisateur des relations internationales.

Les enjeux et défis de la *Belt and Road Initiative* en Afrique depuis son adoption

Les différents enjeux

L'initiative chinoise « Une ceinture, une route » crée des liens économiques, politiques et sécuritaires entre l'Afrique et la Chine en faveur des intérêts géopolitiques de Pékin.

Lancé en 2014, le projet « Une ceinture une route » désormais dénommé l'Initiative « La Ceinture et la Route » au plan international incarne le regard de la Chine sur ses nouveaux engagements mondiaux. Cette initiative s'inscrit dans un cadre stratégique et global ainsi que dans le double objectif du Parti communiste chinois du rajeunissement national et de la réhabilitation du pays en tant que grande puissance. Elle concerne désormais trois continents et 60 % de la population mondiale. Les quelque 65 pays qui ont adhéré au programme jusqu'à présent (y compris 20 pays d'Afrique environ) totalisent 30 % du PIB mondial et 75 % des réserves énergétiques de la planète. Une cinquantaine d'entreprises détenues par l'État chinois mettent en œuvre 1 700 projets

---

[182] Centre d'études stratégiques de l'Afrique, "Q & R: Les acteurs externes modifient le paysage en Afrique", **Éclairage**, Centre d'études stratégiques de l'Afrique, 4 décembre, 2018, pp. 22-24.

d'infrastructure dans le monde évalués à environ $900 milliards. Le projet « Une ceinture, une route » a été inscrit dans les constitutions de l'État-parti au pouvoir comme priorité stratégique visant à faire de la Chine une grande puissance d'ici le milieu du XXIe siècle. Tous les dirigeants chinois ont œuvré dans ce sens depuis la création de la République populaire de Chine, mais le processus s'est accéléré sous la présidence de Xi Jinping[183].

L'adhésion africaine au le projet « Une ceinture une route »

La renaissance des routes commerciales qui longent l'ancienne Route de la soie chinoise et relient la Chine à l'Afrique de l'Est est présentée par les dirigeants chinois comme un symbole de l'engagement de la Chine envers l'Afrique. Selon Xi Jinping, l'Afrique doit tirer parti du projet « Une ceinture, une route » dans la mesure où « l'insuffisance des infrastructures est le principal obstacle au développement de l'Afrique » – un point de vue que partagent de nombreux dirigeants africains. Les défenseurs du projet « Une ceinture, une route » mettent également en exergue les retombées potentielles, telles que l'augmentation des investissements privés chinois dans le secteur du tourisme, de l'immobilier et de l'agriculture, en parallèle des projets d'infrastructure. Le projet est également de plus en plus appréhendé comme un catalyseur de l'intégration et de la compétitivité économique régionale de l'Afrique. Une étude financée par la Commission économique pour l'Afrique des Nations Unies a révélé que les exportations de l'Afrique de l'Est pourraient connaître une croissance de $192 millions par an si les nouveaux programmes associés au projet « Une ceinture, une route » étaient exploités judicieusement.

L'Afrique de l'Est, placée à l'origine au centre du projet « Une ceinture, une route », est devenue un nœud central de la Route maritime de la soie, reliée à des ports, des pipelines, des voies de chemin de fer, des centrales électriques déjà construits ou programmés, et financés par des sociétés et des prêteurs chinois. La voie de chemin de fer standard reliant Mombasa à Nairobi – l'investissement le plus important réalisé au Kenya depuis son indépendance est une entreprise

---

[183] Paul Nantulya, "Les activités stratégiques croissantes de la Chine en Afrique reposent sur le hard power chinois", *Éclairage*, Centre d'études stratégiques de l'Afrique, 7 février, 2019 9., p.

phare associée au projet « Une ceinture, une route » en Afrique de l'Est. La voie de chemin de fer électrique qui relie Addis-Abeba à Djibouti, où la Chine a établi sa première base navale internationale et détient des parts dans un port maritime en eau profonde stratégique, est un autre projet de premier plan. Depuis Djibouti, la Route maritime de la soie relie des groupes de ports chinois déjà construits ou programmés au Soudan, en Mauritanie, au Sénégal, au Ghana, au Nigeria, en Gambie, en Guinée, à Sao Tomé-et-Principe, au Cameroun, en Angola et en Namibie. Une autre route relie Djibouti à Gwadar, Hambantota, Colombo, la Birmanie et Hong Kong. Le dernier arc de ce corridor relie Walvis Bay aux groupes de ports chinois situés au Mozambique, en Tanzanie et au Kenya avant de rejoindre Gwadar[184].

L'Afrique dans le Bri

L'Afrique n'est certes pas la pièce centrale du dispositif chinois dans le cadre de la BRI, mais le continent attire néanmoins une attention particulière de la part de la Chine (voir Carte n°2), et ce depuis au moins une vingtaine d'années, soit bien avant le lancement de la BRI. L'Afrique offre en effet toute une série de caractéristiques qui s'accordent parfaitement avec les objectifs économiques et stratégiques de la Chine, définis dans la BRI : c'est un continent riche en matières premières, notamment en pétrole et en gaz, indispensables pour le fonctionnement de l'économie chinoise ; les besoins en infrastructures y sont colossaux; les économies africaines, traditionnellement extraverties et dépendantes du reste du monde (pour l'accès aux financements comme aux technologies et au savoir-faire), sont particulièrement accueillantes pour les investisseurs internationaux ; la population africaine croît beaucoup plus rapidement que partout ailleurs dans le monde, tandis qu'une classe moyenne consumériste commence à émerger, laissant présager le développement à terme d'un immense marché ; enfin, les institutions politiques y sont relativement faibles et les normes (sociales, environnementales, de sécurité, etc.) souvent très basses, voire inexistantes, ce qui ouvre la porte aux produits bas de gamme et aux acteurs économiques moins consciencieux ou à l'expertise moins poussée.

---

[184] Centre d'études stratégiques de l'Afrique, "La Grande stratégie et la montée en puissance du pouvoir d'influence de la Chine en Afrique", *Éclairage*, 19 décembre, 2018, pp. 1-29.

Une contribution inavouée mais importante

L'Afrique est devenue, depuis une vingtaine d'années, l'une des zones-phares de la scène pétrolière mondiale. Pas tant parce que les réserves pétrolières et gazières y seraient immenses ou la production substantielle. Les réserves prouvées de pétrole sur l'ensemble du continent s'élèvent à environ 125 millions de barils, soit 7,4 % des réserves mondiales (principalement au Nigéria, Libye, Algérie et Angola) et celles de gaz naturel de 13 500 Gm3 soit 6,4 % du total mondial (principalement en Algérie, en Égypte et au Nigéria)[185]. De même, la production agrégée de pétrole de tous les pays africains a atteint environ 8,3 Mb/j en 2018, soit à peine 8,7 % de la production mondiale, et celle de gaz naturel à peine 5,8 % du total mondial.

Les retombées et la perspective africaine du BRI

Les retombées sur l'Afrique

La politique de la Chine consistant à faire appel à de la main-d'œuvre chinoise dans le cadre de ses projets d'infrastructure en Afrique s'est traduite par la présence en Afrique de plus de 200 000 ressortissants chinois travaillant dans le cadre de contrats associés au projet « Une ceinture, une route ». Pékin peut alors s'appuyer sur cet argument pour justifier des mesures pratiques visant à les protéger et à étendre ses investissements. L'Académie des sciences militaires, le principal institut de recherche militaire chinois, a affirmé lors de son dernier examen stratégique que le projet « Une ceinture, une route » avait renforcé le besoin d'une stratégie mondiale visant à protéger les intérêts de la Chine à l'étranger.

Compte tenu de la nature stratégique des investissements chinois en Afrique, concernant notamment les ports, les voies de chemin de fer, les oléoducs et gazoducs, et les centrales électriques, certains gouvernements africains perçoivent les agressions portées aux intérêts de la Chine comme une menace à leur propre

---

[185] Source Enerdata. Ces chiffres ne prennent pas en compte les gisements gaziers découverts récemment au large du Mozambique et de la Tanzanie (réserves estimées entre 4 000 et 6 000 Gm3), ainsi qu'au large du Sénégal et de la Mauritanie (450 Gm3), dont le développement n'a pas encore commencé. L'AIE (WEO 2018) estime à 450 milliards de barils les réserves de pétrole techniquement récupérables sur l'ensemble du continent, et à 100 000 Gm3 celles de gaz naturel techniquement récupérables, soit 13 % du total mondial.

sécurité nationale. Le plan d'action conjoint entre la Chine et l'Afrique signé par des dirigeants africains en 2018 stipule que la sécurité des « grands projets économiques nationaux » et la « sécurité des ressortissants chinois, des entreprises chinoises et des grands projets » seront traités en priorité dans le cadre de la coopération militaire, policière et liée au renseignement. Cette année, l'Ouganda est devenu le premier pays africain à mettre en œuvre des mesures militaires protégeant les intérêts de la Chine en réponse à des agressions commises sur des ressortissants chinois par des habitants du pays. Au Kenya voisin, les services de sécurité de la Chine ont constitué et formé une division d'élite de la police pour protéger la voie de chemin de fer qui relie Mombasa à Nairobi.

Les entreprises de sécurité privées chinoises, telles que DeWe Security et Frontier Services Group, renforcent également leur présence en Angola, en Éthiopie, au Nigeria, au Soudan, au Soudan du Sud, au Zimbabwe et, plus récemment, en Somalie. Les sous-traitants de services de sécurité privés chinois travaillent la plupart du temps en toute discrétion avec les forces de police, les services de renseignement et le personnel militaires locaux pour assurer la sécurité des intérêts chinois, et apporter des conseils et des stratégies sur les circonstances et les méthodes d'emploi de la force. Cependant, dans certains cas, ces entreprises ont travaillé plus ouvertement, notamment dans le cadre du sauvetage des 29 otages chinois dans l'État soudanais du Kordofan en 2012. À une autre occasion en 2016, d'anciens soldats de l'APL recrutés par DeWe ont évacué 300 travailleurs chinois du secteur pétrolier pris dans une fusillade entre des milices rivales à Juba, la capitale du Soudan du Sud.

La perspective africaine du Bri

Alors que la BRI a été qualifiée de « plan Marshall de la Chine » et que les objectifs de la Chine avec la BRI ont fait l'objet de nombreuses discussions, les commentateurs se sont moins attachés à étudier le point de vue des États d'Afrique de l'Est.

Malgré des réserves venues d'Occident, notamment de la part des États-Unis qui ont décrit l'investissement de la Chine dans la région comme un piège à dettes, de nombreux éléments indiquent que l'initiative BRI est bien accueillie. Par exemple, au-delà de la poursuite des investissements de la BRI dans la région, une étude récente indique que la couverture médiatique de la BRI en Afrique subsaharienne est largement positive, et n'est dépassée que par celle d'Asie centrale.

En outre, si l'on considère que le manque de développement et d'intégration économique a conduit à la marginalisation des États africains sur la scène internationale, certains ont fait remarquer que si la BRI contribue à améliorer le statu quo économique de l'Afrique, il peut également en résulter un déblocage du pouvoir des États africains sur leurs propres affaires, et sur la scène internationale[186].

Il convient également de noter que des synergies indéniables existent entre les objectifs de la BRI et ceux des États africains eux-mêmes. En effet, l'Agenda 2063 de l'Union africaine met l'accent sur le besoin d'un développement rapide des infrastructures. C'est un objectif commun à de nombreux États d'Afrique de l'Est, dont un certain nombre - comme l'Éthiopie et le Rwanda - figuraient parmi les économies à la croissance la plus rapide au monde avant la pandémie de Covid-19. L'accent mis sur les projets d'infrastructures de transport dans le cadre de la BRI est également conforme aux objectifs d'intégration économique de l'Accord de libre-échange continental africain (AfCFTA) et de la Communauté d'Afrique de l'Est (EAC).

Au fur et à mesure que les projets de la BRI prennent de l'ampleur, des méthodes fiables et efficaces de résolution des conflits ne feront que gagner en importance. L'Afrique de l'Est renforce sa capacité à régler les différends entre investisseurs et États, avec des centres de règlement des différends notables tels que le Nairobi Centre for International Arbitration (NCIA) et le Kigali International Arbitration Centre (KIAC). En outre, les centres de règlement des différends dirigés par la Chine (tels que le SCIA, le CIETAC et le CAJAC) développent des mécanismes spécifiques pour traiter les différends liés à la BRI dans le contexte africain. La performance de ces institutions de résolution des litiges aura un impact sur le degré de confiance des investisseurs, ainsi que sur la confiance entre les investisseurs chinois et les États africains. Bien qu'il n'y ait pas encore eu d'arbitrages internationaux explicitement liés à la BRI en Afrique de l'Est, des litiges tels que l'arbitrage ad hoc entre Beijing Everyway Traffic and Lighting Tech Co Ltd. et le Ghana, sur la base du TBI signé entre la Chine et le

---

[186] Nadège Rolland, Senior Fellow au National Bureau of Asian Research (https://www.nbr.org) et notamment sa dernière publication: « Securing the Belt and Road Initiative. China's Evolving Military Engagement Along the Silk Roads », NBR Special Report #80, septembre 2019, consultee le 12 mai 2022.

Ghana, fournissent un éclairage utile sur la dynamique à laquelle nous pouvons nous attendre à l'avenir187.

Le poids relatif de l'Afrique sur la scène pétrolière mondiale peut donc sembler limité. En particulier au regard des besoins d'importation de la Chine (9,2 Mb/j de pétrole et 115 Gm3 de gaz par an en 2018), l'Afrique ne peut clairement pas prétendre devenir une source stratégique d'approvisionnement : si le gaz naturel africain offre d'intéressantes perspectives, notamment en raison de la croissance potentielle de la production, la totalité de la production africaine de pétrole ne suffit pas à satisfaire les importations chinoises. Au total, l'Afrique peut, au mieux, s'avérer être une source d'appoint pour l'approvisionnement énergétique de la Chine, mais n'est en aucun cas la région sur laquelle elle peut compter pour satisfaire sa consommation. L'Afrique n'en est pas moins essentielle pour l'industrie pétrolière internationale, y compris pour les acteurs chinois[188]. D'une part, l'Afrique est l'une des régions du monde où la production et les réserves de pétrole comme de gaz naturel ont le plus considérablement augmenté ces deux dernières décennies, grâce à la multiplication d'importantes découvertes effectuées dans l'offshore du golfe de Guinée (Nigéria, Angola, Congo), en Afrique du Nord (Égypte), en Afrique de l'Est (Mozambique/Tanzanie) et en Afrique de l'Ouest (Sénégal/Mauritanie), ainsi qu'à terre, notamment dans des pays jusqu'alors non producteurs (Soudan, Tchad, Ouganda, etc.). Entre 2011 et 2014, l'Afrique a représenté environ 20 % des découvertes de pétrole dans le monde ; avec la chute des prix du pétrole en 2014, l'exploration pétrolière a néanmoins fortement chuté et la part de l'Afrique n'a plus représenté qu'environ 10 % entre 2014 et 2018. Pour le gaz naturel en revanche, l'Afrique est clairement devenue une région stratégique : grâce aux découvertes au Mozambique/Tanzanie (2010), en Égypte (2015), au Sénégal/Mauritanie (2017), ou encore en Afrique du Sud (2019) notamment, l'Afrique a représenté près de la moitié des découvertes mondiales de gaz sur la période 2011-2018.

---

[187] https://www.iris-france.org/wp-content/uploads/2019/12/OBS, consultée le 12 mai 2022.
[188] J. Wuthnow, "Chinese Perspective on the Belt Road Initiative: Stategic Rationales, Risks, and Implications", China Strategic Perspectives, n°12, Center for the Study of Chinese Military Affairs, octobre 2017, pp. 33-44.

Conclusion

En Afrique, les discussions autour du projet « Une ceinture, une route » ont essentiellement consisté à s'interroger sur sa capacité potentielle à répondre aux besoins du continent en matière d'infrastructures. La Banque mondiale estime que l'Afrique aura besoin d'investir chaque année $170 milliards pendant 10 ans pour répondre à ses besoins en infrastructures. La Banque africaine de développement a avancé qu'en adoptant une position judicieuse, l'Afrique pourrait obtenir une partie des ressources nécessaires grâce au projet « Une ceinture, une route » et les réinjecter dans le plan directeur pour les infrastructures de l'Union africaine.

Les pays africains sont-ils en mesure de saisir ces opportunités et d'atténuer les risques associés à la dernière stratégie de Pékin ? La redevabilité et la transparence joueront un rôle clé dans la réponse à cette question. Le manque de transparence dans les négociations intervenant dans le cadre du projet « Une ceinture, une route » ne permet pas d'examiner rigoureusement les secteurs publics et privés. Les parlements, les organismes de protection de l'intérêt public et d'autres organes de supervision doivent surveiller activement ces négociations, prévoir des mesures de sauvegarde et informer le public. Pékin est sensible à la façon dont il est perçu par les pays hôtes. Lorsque le public est informé, vigilant et actif, les négociateurs de contrats liés au projet « Une ceinture, une route » peuvent répondre plus pertinemment aux demandes locales. Les enseignements tirés des expériences vécues à Hambantota et Gwadar laissent penser qu'en cas d'absence de redevabilité et de surveillance, le risque que soit conclu un accord défavorable conduisant à terme à un défaut de paiement est d'autant plus important.

Le projet « Une ceinture, une route » peut avoir des résultats définitifs bénéfiques pour les pays africains, mais ces résultats dépendront en grande partie de la possibilité d'équilibrer les forces dans les relations entre la Chine et l'Afrique. Il est avant tout un projet géopolitique à l'initiative de la Chine conçu pour faire avancer son impressionnante stratégie. Le défi pour l'Afrique consiste à identifier les contextes dans lesquels ses intérêts convergent avec ceux de la Chine, ceux dans lesquels ils divergent, et à définir comment les cas de convergence peuvent être aménagés pour faire avancer l'Afrique sur les questions de développement prioritaires. L'Agenda 2063 de l'UA avance également l'objectif important de relier toute l'Afrique par des infrastructures au niveau mondial. Le programme du développement des infrastructures en Afrique détermine quatre domaines clés : l'énergie, le transport, l'informatique et les télécommunications, les ressources en eaux transfrontalières.

Bibliographie

Alvergne C., « Quelles politiques territoriales pour inscrire l'Afrique dans la mondialisation ? », *Les Cahiers d'Outre-Mer*, N° 238, 2007, pp. 203-216.

An Chunying C., « Experiences and Lessons for Africa from China's Success in Economic Development », *Journal of Shanghai Normal University*, vol. 45, N° 2, 2016, pp. 108-117.

Awenengo Dalberto S., « Frontières et indépendances en Afrique subsaharienne, Compte rendu de colloque », *Afrique contemporaine*, N° 235, 2010, pp. 73-83.

Békolo-Ebé B., « L'Intégration Régionale en Afrique: caractéristiques, contraintes et perspectives », *Mondes en développement*, N° 115-116, 2011, pp. 81-88.

Bouquet C., « L'artificialité des frontières en Afrique subsaharienne », *Les Cahiers d'Outre-Mer*, N° 222, 2003, pp. 181-198.

Cabestan J. P., « Les relations internationales de la Chine après la crise de 2008 », in *Géoconfluences*, 2016, p.7.

Centre d'études stratégiques de l'Afrique, "La Grande stratégie et la montée en puissance du pouvoir d'influence de la Chine en Afrique", *Éclairage*, 19 décembre, 2018.

Centre d'études stratégiques de l'Afrique, "Q & R: Les acteurs externes modifient le paysage en Afrique", *Éclairage*, Centre d'études stratégiques de l'Afrique, 4 décembre, 2018.

Cristina D'Alessandro, « Géographies accélérées du pétrole et du gaz en Afrique orientale », *Géoconfluences*, 2017, pp.4-5.

https://www.iris-france.org/wp-content/uploads/2019/12/OBS, consultée le 12 mai 2022.

Nantulya P., "Les activités stratégiques croissantes de la Chine en Afrique reposent sur le hard power chinois", *Éclairage*, Centre d'études stratégiques de l'Afrique, 7 février, 2019.

Nashidil Rouiaï, « La Chine à la conquête de la nouvelle route de la Soie », in

Carto N° 44, nov-déc. 2017, pp. 6-18.

Nashidil Rouiaï, « Sur les routes de l'influence : forces et faiblesses du soft power chinois », *Géoconfluences*, septembre 2018, p.5.

Vaimiti Goin, « L'espace indopacifique, un concept géopolitique à géométrie variable face aux rivalités de puissance », in *Géoconfluences*, octobre 2021.

Wuthnow J., "Chinese Perspective on the Belt Road Initiative: Stategic Rationales, Risks, and Implications", China Strategic Perspectives, N°12, Center for the Study of Chinese Military Affairs, octobre 2017, pp. 33-44.

19. Les nouvelles routes de la soie et la croissance économique en Afrique subsaharienne : analyse du canal des infrastructures de transport, Dr. *Ndikeu Njoya Nabil Aman*

Introduction

Les nouvelles routes de la soie, peuvent se décrire comme un projet d'interconnexion d'infrastructures diverses à partir de la Chine, par voie terrestre et par voie maritime, à travers quatre continents que sont l'Asie, l'Europe, l'Afrique, et l'Océanie, dans le but d'accroître les échanges entre la Chine et ses partenaires commerciaux. De manière principale, l'initiative « la ceinture et la route » se constitue de deux composantes que sont, la ceinture économique, qui est la composante terrestre (Silk Road Economique Belt) et la nouvelle route maritime, qui est la composante maritime (Maritime Silk Road).

Par cette initiative, et au plan économique, la Chine compte renforcer la position excédentaire de sa balance commerciale, principal moteur de sa croissance économique, et consolider son poids croissant dans l'ordre économique mondial. Pour se faire, l'ICR implique près de 70 pays dans le monde, supposés à terme bénéficier d'infrastructures dans les domaines de l'énergie, des transports, des NTIC, et financés suivant une coopération avec la Chine.

L'Afrique n'a pas été laissée en marge de cette importante initiative internationale. En effet, entretenant une coopération de longue date avec l'Afrique, et devenu premier partenaire commercial de ce continent depuis près d'une décennie, la Chine planifie de nombreux projets d'infrastructures dans le cadre de l'ICR, notamment les infrastructures de transports. A première vue, cette initiative peut apparaître comme une aubaine, tout particulièrement pour le sous-continent subsaharien, tant son retard en infrastructures de transport est important. En effet, l'Afrique subsaharienne est la seule région du monde ayant enregistré un recul de ses infrastructures routières et ferroviaires au cour des vingt dernières années (CEA, 2019). De plus, ce retard semble difficile à surmonter. En effet, près de 170 milliards de dollars d'investissement sont nécessaires pour couvrir les besoins en infrastructure du sous-continent, d'après la Banque Africaine de Développement. Les pays subsahariens, majoritairement à faibles revenus, et n'ayant en général pas les ressources suffisantes pour faire face à ces besoins, ne peuvent que prêter une attention particulière à une initiative telle que l'ICR, à forte intensité infrastructurelle.

Cependant, bien que très souvent présentée par ses promoteurs comme un projet « gagnant-gagnant » pour les différentes parties prenantes, l'ICR est d'après plusieurs études et autres observateurs, pas uniquement porteuse de bénéfices. En effet, la Banque Mondiale a pu mettre en exergue différents effets négatifs potentiels de l'ICR, notamment sur les équilibres budgétaires internes, la solvabilité des états, la compétitivité et la survie des productions locales, les termes de l'échange, et le développement durable. En illustration, suivant des simulations réalisées par De Soyres et al. (2019), les mécanismes de financement des projets de l'ICR, fondées sur un endettement auprès de la Chine, pourrait à terme représenter près de 5% du PIB pour certains pays à faibles revenus d'Afrique subsaharienne. Les remboursements d'une telle dette serait à même de contraindre fortement les politiques budgétaires des Etats et amoindrir l'effet de levier de l'ICR escompté par ces pays. Aussi, au regard du passé récent de l'Afrique subsaharienne, et notamment des expériences douloureuses des « éléphants blancs », caractérisés par des coûts aussi élevés qu'inefficaces, il semble opportun d'approfondir la connaissance des impacts à attendre d'un « méga-projet » tel que les nouvelles routes de la soie, pour les pays en développement de l'Afrique subsaharienne.

De fait, la présente étude s'est élaborée autour de la question de savoir, quelles anticipations rationnelles peuvent-elles être faites, des effets des infrastructures d'ICR sur la croissance économique de l'Afrique subsaharienne? Afin de mener cette étude, nous nous proposons de partir du cadre théorique de la croissance endogène via les dépenses publiques de Barro (1990), ainsi que du modèle de localisation des investissements de Krugman (2000) pour fonder des anticipations théoriques, dont la robustesse sera ensuite évaluée suivant des projections statistiques, effectuées à l'aide de données secondaires. La restitution de la quintessence de ces travaux s'organisera en trois partie, à savoir les faits stylisés sur l'ICR et le déficit infrastructurel en Afrique subsaharienne (I), l'évaluation des effets de levier des infrastructures d'ICR sur la croissance économique au sud du Sahara (II) et enfin la démonstration des risques d'externalités négatives des infrastructures d'ICR, à travers la gestion de la dette publique (III)

L'ICR face au deficit infrastructurel au sud du Sahara

L'ICR dans le cadre spécifique du continent Africain, se met en place dans un contexte de déficit infrastructurel global, qu'il convient de comprendre au préalable, pour mieux évaluer par la suite, la potentielle portée de cette initiative à travers le canal particulier des infrastructures de transport. Aussi, l'évaluation de ladite portée, ne peut à son tour, s'envisager sans une claire connaissance de la réalité du niveau d'infrastructures planifié dans l'ICR pour le compte de l'Afrique.

Le déficit en infrastructures de transport en Afrique subsaharienne et ses incidences sur sa croissance économique

La Banque Africaine de Développement (BAD) dans son rapport sur les perspectives économiques en Afrique de 2018, estimait que le besoin en infrastructures des pays africains était de l'ordre de 130 à 170 milliards par an. Dans les faits, plus de 640 millions d'Africains n'ont pas accès à l'électricité, conduisant à un taux d'accès à l'électricité de près de 40%, soit le plus bas au Monde (Bad, 2018). L'accès à un assainissement amélioré s'élevait en 2015 à 36%, un taux de loin inférieur à celui de l'Amérique Latine (83%) et de l'Asie (62%) pour la même année. 63% de la population en Afrique a accès aux services d'eau potable de base, contre 90% en Amérique Latine. De manière synoptique, l'exploitation des indices de développement dans le Monde publié par la Banque Mondiale, pour l'année 2013, permet de dresser la vue d'ensemble suivante :

Tableau n°1 :données comparatives sur l'accès à certaines infrastructures de base dans différentes régions du Monde

Indicateur	Afrique	Asie	Europe	Amérique Latine
Densité des routes revêtues (km de route revêtue par 100 km2 de surface)	2	25	122	3
Lignes ferroviaires (km)	46,380	197,610	85,986	89,002
Nombre d'abonnements à Internet fixe haut débit pour 100 habitants	1	6	15	9
Nombre d'abonnements à la téléphonie cellulaire mobile pour 100 habitants	73	85	119	115
Accès à l'électricité (% de la population totale)	46	88	100	97
Accès à l'eau potable (% de la population totale)	39	61	93	82

Source : WDI, 2013

Le tableau ci-dessus montre qu'en comparaison avec l'Europe, l'Asie, et l'Amérique Latine, le niveau d'accès aux infrastructures est généralement le plus faible en Afrique. Le retard enregistré par l'Afrique est pour certaines infrastructures abyssal et ce tout particulièrement en ce qui concerne les infrastructures de transport. Ainsi, en est-il par exemple de la densité du réseau routier revêtu, pour laquelle le tableau ci-dessus montre qu'en 2013, la l'Afrique comptait seulement 2 km de route revêtue pour chaque 100 km² de surface, pendant qu'en Europe, cette densité s'établissait à 122 km/km² de surface.

Suivant le Groupe de la Banque Mondiale, et notamment à la lumière du rapport « Africa's Pulse » publié en 2017, le déficit infrastructurel en Afrique, peut se décliner suivant trois principales dimensions, notamment la quantité, la qualité et l'accès. Dans le cas spécifique des infrastructures de transports, les dimensions qualité et quantité semblent les plus indiquées et les réseaux routier et ferroviaire peuvent à cet effet constituer des révélateurs pertinents.

Le déficit quantitatif des infrastructures de transport en Afrique subsaharienne

Les données de la Banque Mondiale datant de 2017, dans son rapport sur les perspectives économiques en Afrique, permettent de présenter ci-dessous, la situation schématique sur les infrastructures dans certaines régions du Monde, notamment l'Afrique subsaharienne (ASS), l'Amérique du Sud (AS), la zone Moyen Orient et Afrique du Nord (MENA), l'Asie de l'Est et du Pacifique (AEP)

Figure n°1 : Evolution de la densité des infrastructures de transport dans les principales régions en développement de Monde

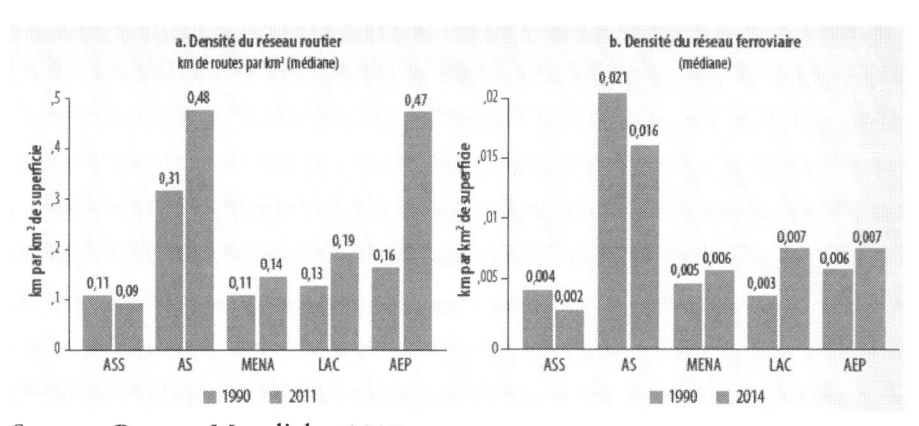

Source : Banque Mondiale , 2017

Ainsi, en prenant en compte la dimension de la quantité des infrastructures de transport, et suivant la figure qui précède, l'on remarque que l'Afrique subsaharienne est la seule région du Monde où il a été observé une régression de la densité du réseau routier au cours des vingt dernières années. En effet, les pays subsahariens ont enregistré un recul de niveau médian de cette densité de 0,11 à 0,09 entre 1990 et 2011. Dans le même temps, l'Asie de l'Est et du Pacifique quadruplait pratiquement la densité son réseau routier de 0,16 à 0,47.

En ce qui concerne le réseau ferroviaire, on observe également un repli de sa densité en Afrique subsaharienne sur la période 1990-2014, passant de 0,004 à 0,002 km de voie ferrée par km². En outre, cette densité ne cesse de diminuer. Dans ce segment précis, les médianes de la majorité des régions en développement du Monde sont généralement faibles et n'ont que très peu évoluées sur la période, à l'instar de la zone Moyen Orient et Afrique du Nord (0,005 à 0,006) ou encore l'Asie de l'Est et Pacifique (0,006 à 0,007).

Ceci étant, il est intéressant de relever que cette situation de recul global ci-dessus illustrée, connait des disparités importantes en fonction des niveaux de revenus des pays considérés. En effet, dans pratiquement tous les pays subsahariens à revenu intermédiaire tranche inférieur, la densité du réseau routier a régressé, passant de 0,12 en 1990 à 0,08 en 2011, pendant qu'elle est restée stable dans le même temps dans les pays africains à faible revenu (0,09) et s'est nettement améliorée dans les pays africains à revenu intermédiaire tranche supérieur (0,27 à 1,04).

Sur la période 2008-2012, le Ghana est apparu comme le pays disposant de la meilleure quantité de route rapportée à la surface en Afrique subsaharienne, avec une densité de réseau routier non seulement supérieur à celle des autres pays subsahariens, mais également supérieure aux normes internationales. A l'inverse, la plupart des pays de la sous-région enregistrent des densités inférieures à ladite norme.

Ces tendances disparates sont assez similaires à celles observées dans le cadre du réseau ferroviaire. Malgré une moindre disponibilité des données pour l'ensemble des pays de la sous-région, les informations publiées font état de ce que l'Afrique du Sud détient la plus forte densité du réseau ferroviaire en Afrique subsaharienne. La densité y étant observable est bien au-dessus de la norme internationale, et supérieure à celle de pays tels que le Chili ou la Malaisie. A l'inverse, la Cote d'Ivoire, le Cameroun et le Burkina Faso ont des densités faibles et insuffisantes par rapport à leur niveau de revenu par habitant. Ces pays affichent par ailleurs la plus faible densité du réseau ferroviaire de la région

Le déficit qualitatif des infrastructures de transport en Afrique subsaharienne

La qualité des infrastructures et tout particulièrement leur niveau de résilience, constitue le principal facteur d'optimalité de l'usage desdites infrastructures et donc de leur rentabilité. Les grandes tendances quant à la qualité des infrastructures peuvent être observées à partir d'indicateurs objectifs, relevant généralement de mesures tangibles, ou à partir d'indicateurs subjectifs, tels que les indices de perceptions sur la fiabilité et la qualité, tiré du Rapport sur la compétitivité mondiale du Forum Economique Mondial (FEM).

Figure n° 2: Evolution de la qualité des infrastructures de transport dans les principales régions en développement de Monde

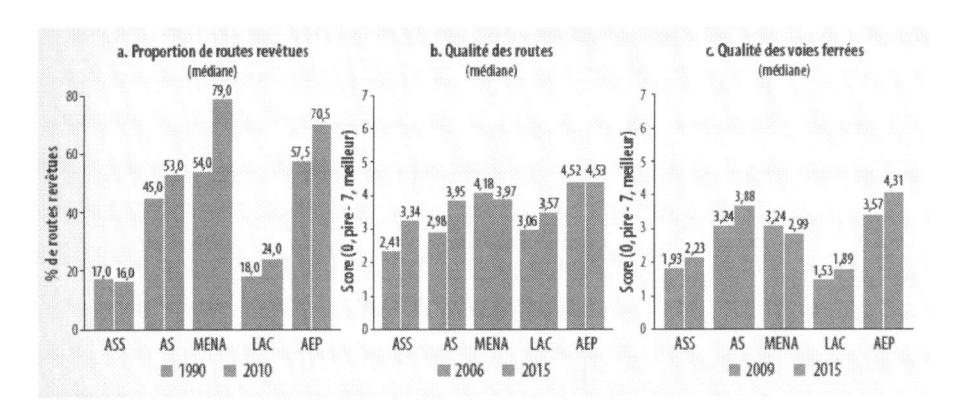

Ainsi, en s'intéressant au réseau routier et en considérant un indicateur objectif tel que la proportion des routes revêtues par rapport au nombre total des routes, les données fournies par le rapport « Africa's pulse » en 2017 montrent que ladite proportion est globalement faible et est en léger recul, entre 1990 et 2010, passant de 17% à 16% de routes revêtues. Cette évolution faiblement négative fait exception à la tendance générale observée dans les autres régions du Monde en développement, avec notamment des proportions de routes revêtues de 79% dans la zone Moyen Orient et Afrique du Nord, et 70,5% en Asie de l'Est et Pacifique.

De manière globale, on relève que les pays subsahariens ayant des revenus par habitants élevés tendent à avoir des proportions plus grandes de routes revêtue. Sur la période 2008-2012, Maurice s'est révélé comme le pays disposant de la plus grande proportion de routes revêtues, avec des niveaux supérieurs à un pays comme la Pologne. A l'inverse, et sur la même période la Tanzanie, le Cameroun et le Kenya s'illustraient comme les pays ayant les proportions de routes revêtues les moins élevées.

Il est toutefois important de souligner que les résultats ayant trait aux mesures tangibles doivent être examinées avec prudence, car l'ensemble du réseau routier d'un pays n'a pas vocation à être revêtu. D'autres mesures telles que le pourcentage des routes en bon état aurait été plus pertinentes, mais il existe très peu de données y relatives et ce pour un nombre très limité de pays en Afrique subsaharienne.

Cette réserve est d'autant plus opportune qu'il se dégage une tendance différente lorsqu'on prend plutôt en considération les indicateurs subjectifs. En effet, le FEM rend compte de ce que la perception de la qualité des routes s'est améliorée en Afrique Subsaharienne entre 2006 et 2015 passant respectivement d'un score de 2,4 à 3,3. Bien que demeurant toujours en fond de classement comparativement aux autres régions du Monde, l'écart semble cependant moins important suivant cet indicateur, dans la mesure où l'Asie de l'Est et du Pacifique qui arrive en tête enregistre un score de 4,5. Ce faible écart doit s'analyser en tenant compte du niveau d'exigence inhérent à chaque région et qui diffère fortement d'une région à une autre. La qualité perçue quant aux voies ferrées s'est également légèrement améliorée entre 2006 et 2015 (1,9 à 2,2) bien que globalement plus faible que celle moyennement perçue en Asie du Sud (3,9) et en Asie de l'Est et Pacifique (4,3).

Les différents déficits venant d'être évoqués semblent étroitement liés à la faiblesse globale des niveaux de revenus en Afrique, et donc d'épargne disponible au financement des infrastructures. En effet, la majorité des pays africains ont une capacité de mobilisation des recettes internes faible, généralement inférieure ou égale à 20% de leur PIB (BM, 2017). De plus, le secteur privé n'est que faiblement impliqué dans le financement des infrastructures, et est par nature frileux à participer à des investissements lourds et à rentabilité de long terme. Or, les besoins en financement pour combler le déficit décrit plus haut sont estimés en moyenne à 93 milliards de dollars par an pour la prochaine décennie, soit 15% du PIB de la sous-région. (Foster et Briceno-Garmendia, 2010). C'est dire que la tâche s'avère ardue, et que des initiatives telles que l'ICR, pourraient ne pas être de trop dans le rattrapage du déficit infrastructurel en Afrique subsaharienne.

Les infrastructures de transport dans l'ICR en Afrique subsaharienne

L'ICR est planifié pour être l'un des plus grands réseaux d'infrastructures au

Monde à partir de la Chine, suivant de deux composantes que sont, la ceinture économique, qui est la composante terrestre (Silk Road Economique Belt) et la nouvelle route maritime, qui est la composante maritime (Maritime Silk Road), tel que schématisé ci-dessous.

Figure n°3 : La ceinture économique et la nouvelle route maritime de l'ICR

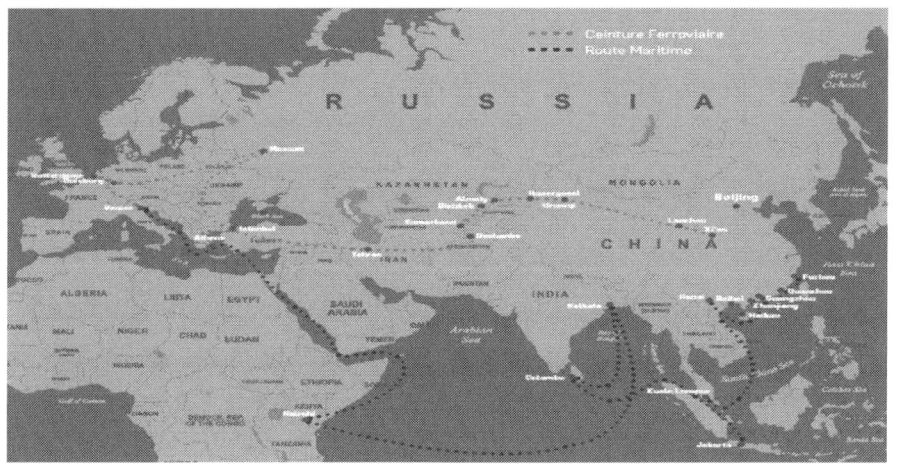

Source : Agence Xinhua cité dans China Daily du 27 décembre 2018

La voie terrestre devrait à terme se décliner comme un réseau de routes, voie ferrées, réseaux électriques et de gazoduc, ayant pour point de départ la ville de Xi'an, capitale de la Province de Shanxi dans le centre de la Chine, qui traverse l'Asie centrale, l'Eurasie, l'Europe de l'Ouest avant de s'achever en Europe méditerranéenne, notamment dans la ville de Venise en Italie. Par la ceinture terrestre, l'ICR ambitionne de développer les infrastructures et les services logistiques entre l'Europe et les provinces chinoises de l'Ouest avec les trains à conteneurs et une offre de transport plus rapide que la voie maritime et moins cher que l'avion (Larçon et Vadcar, 2019). Ainsi, les routes ferroviaires prévues dans l'ICR sont supposées contribuer directement au développement économique des provinces chinoises situées à l'écart des grandes routes maritimes, et qui sont donc désavantagées dans les échanges avec l'Eurasie.

La voie maritime quant à elle, se dessine comme la dorsale océanique de la boucle géographique formée par l'ICR, et consiste en un réseau de ports en eaux profondes, connectant l'Asie du Sud Est, l'Océanie, l'Afrique de l'Est, l'Afrique du Nord et la Méditerranée. Les routes maritimes de la soie ont pour objectif de réduire le coût et la durée de transport sur les corridors maritimes qu'empruntent les exportations et les importations en partance et à destination de la Chine, et ce par l'amélioration de l'infrastructure et de la connectivité des transports maritime (Lacron et Vadcar, 2019). Cette réduction des coûts vise in fine à stimuler le commerce international. Toutefois, ces nouvelles routes maritimes ouvrent aussi des perspectives plus larges et multidimensionnelles incluant les préoccupations d'écologie marine, l'exploitation des ressources marines, la sécurité maritime, l'innovation technologique et la collaboration internationale. En ce qui concerne la participation de l'Afrique subsaharienne à cette initiative, son appréciation peut être nuancée, notamment suivant un sens strict et un sens large.

L'Afrique subsaharienne dans l'ICR au sens strict

Au sens strict, et en se référant au tracé tel que proposé par la Chine à ses différents partenaires au projet, il apparait que le continent Africain n'est partie prenante qu'à une des deux composantes de l'ICR, à savoir la nouvelle route maritime. Aucun pays africain n'est concerné par la ceinture terrestre. Aussi, dans la composante maritime sus-évoquée, seuls deux pays d'Afrique subsaharienne sont prévus accueillir des infrastructures de transport maritime, à savoir le Kenya et Djibouti. Le troisième et dernier des trois seuls pays africains retenus par l'ICR au total, est l'Egypte, qui relève plutôt de la zone MENA.

Ainsi, dans le cadre de l'ICR, le Kenya est prévu être la porte d'entrée et de sortie en Afrique, des flux d'échanges commerciaux de biens avec l'Asie. A cet effet, deux projet phares doivent y voir le jour à savoir la mise à niveau du Port de Mombasa et la construction d'un nouveau port dans la ville de Lamu (Shinn, 2014). En support à ces ports, il est également prévu une voie ferrée permettant de rallier le port de Mombasa à la capitale Nairobi. Au total, les investissements en infrastructures prévus au Kenya dans le cadre de l'ICR s'élèvent à près de 56 milliards de dollars américains (Mwatela et Changfeng, 2016).

En ce qui concerne Djibouti, il est tout d'abord important de relever son importance au plan de la géostratégie pour les principales puissances du Monde dont la Chine. En effet, depuis 2003, Djibouti a entrepris une politique extérieure de partenariat militaire avec plusieurs grandes puissances en la matière, dont la finalité est l'implantation de bases militaires de différentes puissances. En effet, son positionnement sur la corne de l'Afrique et notamment son accès direct au détroit de Bab el-Mandeb, en font un point de contrôle privilégié sur le corridor maritime menant au canal de suez, par lequel transite une part importante du frêt maritime international. Avoir un encrage en ces lieu est donc un atout stratégique. A cet effet, les Etats-Unis y ont inauguré leur plus grande base militaire jamais construite en Afrique. La France, l'Italie et le Japon dispose aussi de bases militaires importantes dans ce pays. Dans le même sillage, la Chine y a implanté sa première base militaire hors du territoire chinois dans le Monde (Linehan, 2016).

C'est donc dans un intérêt premier de renforcement de sa position stratégique et de sa capacité de contrôle logistique que Djibouti fait également parti des pays directement bénéficiaires de l'ICR. Les informations sur les détails des investissements prévus dans ce pays ne sont pas aussi disponibles que pour le cas du Kenya. Toutefois, Edens (2015) rapporte que dans le cadre de l'ICR, Djibouti va accueillir 14 projets d'infrastructures, d'un montant total projeté de près de 10 milliards de dollars américains, outre les investissements relatifs à la base militaire de port Dolareh, estimés à 590 milliards de dollars américains.

L'Afrique subsaharienne dans l'ICR au sens large

Au sens large, l'ICR en Afrique peut également se percevoir comme le raccordement aux principales voies commerciales mondiales à destination de l'Empire du Milieu, des infrastructures de transports en Afrique, financées depuis plus de deux décennies avec l'aide de la Chine. En effet, dans le cadre de sa politique extérieure et notamment les partenariats « gagnants-gagnants », la Chine, suivant différentes modalités de financement, a permis la réalisation de nombreuses routes, ponts, aéroports, et ports, sur le continents Africain. Sous ce prisme d'analyse, l'ICR s'inscrit donc dans une stratégie globale d'accessibilité des territoires africains, allant bien au-delà de l'Est de l'Afrique, tel que perçu au sens strict.

En effet, la Chine a signé un accord avec l'Union Africaine pour un projet de connexion des 54 états africains par des voies ferrées transcontinentale à grande vitesse. L'un des premiers projets retenus dans ce cadre est la voie transafricaine Est- Ouest, devant relier la côte Est de l'Afrique à partir du Kenya, à la côte ouest notamment à Douala au Cameroun, en passant par le Rwanda, le Burundi et la République Centre Africaine. Dans la même veine, l'on peut évoquer la « East African Railway Line », censée parcourir le Kenya, l'Ouganda, le Burundi, et le

Soudan du Sud, sur près de 2700km, mais aussi les projets de voie ferrée en Afrique Centrale tels que la ligne de Bengue en Angola (1302 km), la ligne Belinga –Santa Clara au Gabon (560 km). En Afrique de l'ouest, la Chine a financé la ligne trans-sahélienne n°5 longue de 4500km, partant de Dakar au Sénégal à N'Djamena au Tchad ainsi que la remise à niveau et le rallongement de la ligne Bamako-Dakar longue de 1228 km.

A l'observation, et suivant les outils d'analyse de l'économie géographique, qui étudie la localisation des activités économique dans l'espace, l'on peut remarquer que plusieurs des projets susmentionnés sont implantés dans des pays jouissant de ressources naturelles mais n'ayant pas d'accès à la mer. C'est notamment le cas du Mali et le Niger avec leurs réserves minières mais aussi du Soudan du Sud ou du Tchad et leurs dotations naturelles en pétrole et en gaz naturelle. De plus, on relève que les pays où se concentre la majorité des investissements de transport sont ceux à revenus intermédiaire de la tranche supérieur, constituant donc des débouchés importants du fait d'un meilleur pouvoir d'achat et d'un potentiel de croissance de marché en constante évolution. C'est notamment le cas du Kenya, du Nigéria et du Sénégal. Enfin, l'ensemble de ces projets, qui de manière stricte ne font pas parti de l'ICR, ont vocation à terme à être raccordés à la nouvelle route maritime par le Kenya. La connexion des voies de transport terrestres financées depuis plusieurs années par la Chine, à la nouvelle route maritime de l'ICR par le Kenya, justifie la proposition d'une ICR au sens large en Afrique, ne pouvant se limiter de fait, au tracé de la route maritime.

Les infrastructures de transport de l'icr comme levier de croissance economique en afrique

D'un point de vue théorique, les infrastructures de transport projetée dans l'ICR sont susceptibles de stimuler la croissance économique, au moins suivant deux canaux à savoir l'investissement et le commerce. Cette supposition théorique peut toutefois être mitigée au regard des divergences des vérifications empiriques faites dans d'autres espaces d'application.

Stimulation des investissements par les infrastructures de transport de l'ICR et croissance économique en Afrique subsaharienne

Les nouvelles routes de la soie sont par conception un projet de réalisation et de connexion d'infrastructures. Suivant une évaluation de 2016, les projets en cours de réalisation en Afrique dans ce cadre sont estimée à 42 milliards d'euros (OCDE, 2017). C'est dire qu'il s'agit d'une initiative intensive en capital. Ceci dit, l'analyse de l'effet de l'investissement, notamment les investissements de transport, peut s'effectuer selon le Modèle de croissance endogène proposé par Barro (1990,1991). Ce modèle explique la croissance économique à long terme par l'accroissement de l'efficience des facteurs de production tels le capital physique et le capital humain, du fait des externalités positives des dépenses publiques. Il se formalise sous la forme d'une fonction de type Cobb-Douglas, tel qu'on ait à la date t :

$$Y_t = K_t^\alpha \, G_t^\beta \, (A_t L_t)^{1-\alpha-\beta} \qquad (1)$$

où Y représente la production totale de l'économie, K est le capital physique total et G représente les dépenses publiques totales, L la main d'œuvre ou le nombre de travailleurs et A est la productivité globale des facteurs.

En approximant les dépenses publiques du Modèle de Barro par les dépenses en infrastructures de transport de l'ICR, nous pouvons anticiper deux effets sur la croissance économique. D'une part la fonction ci-dessus étant à rendement constant, un accroissement de la quantité d'un facteur de production entraîne une augmentation équivalente de la production, d'où la croissance. Ainsi, suivant un effet direct, une élévation du stock d'investissement par les infrastructures de transport entraînerait mécaniquement une augmentation de la production et donc une stimulation de la croissance économique.

D'autre part, les dépenses publiques génèrent des externalités positives sur les autres facteurs de production et provoquent un accroissement de la productivité de ces autres facteurs. Ainsi, suivant un effet indirect, les dépenses en infrastructures de transport de l'ICR, sont susceptibles d'accroître la productivité de la main d'œuvre et des autres investissements privés existants, pour un effet final positif sur la croissance économique.

Au plan empirique, force est d'admettre que les effets positifs des dépenses infrastructures de transport ne font pas l'unanimité. En effet en utilisant des modèles vectoriels à correction d'erreur Mc Millin et Smith (1994) ou encore Otto et Vos (1996) arrivent à conclure que les dépenses en infrastructures n'exercent pas d'effet significatif sur la croissance économique. Toutefois, les résultats allant dans le sens de la validation du Modèle de Barro semble plus abondant dans la littérature. Ainsi, depuis les travaux pionnier de Aschauer (1989,1991) qui ont mis en exergue une relation positive entre l'évolution des dépenses publiques d'infrastructure et la productivité globale des facteurs aux Etats-Unis, de nombreux résultats ont démontré les effets positifs des infrastructures de transport sur la croissance, tant par une stimulation directe de la production que par les externalités positives sur le rendement des autres facteurs de production (Baxter et King , 1993 ; Easterly et Rebelo 1993 ; Perreira et al., 2003 ; Moreno et al.,2003 ; Kamps, 2004).

Cette prépondérance des travaux concluant à une corrélation positive entre les dépenses publiques d'infrastructure et la croissance économique, tend à conforter l'anticipation selon laquelle, les infrastructures de transport de l'ICR sont de nature à stimuler la croissance économique en Afrique subsaharienne.

Stimulation des échanges par les Infrastructures de transport d'ICR et croissance économique en Afrique subsaharienne

Les infrastructures de transport génèrent des externalités positives aussi bien pour le capital public existant que pour le capital privé, notamment sur le commerce et les investissements directs étrangers (Henner, 2000). En ce qui concerne le commerce, et dans le cadre des modèles classiques et néo-classiques du commerce international, les infrastructures de transport sont un adjuvent à l'échange international et donc un catalyseur de l'exploitation des avantages absolus tels que modélisés par Adam Smith (1776), ou des avantages comparatifs tels que démontrés par la théorie ricardienne. De même, les prédictions du modèle Hechser-Ohlin-Samuelson, quant à la convergence internationale du niveau de rémunération des facteurs de production au bénéfice des producteurs ne peuvent valablement se concrétiser sans l'effectivité d'échanges fluides et donc des infrastructures de transport pour les réaliser.

En effet, les infrastructures de transport facilitent la mobilité des facteurs de production et réduisent ainsi les coûts de transaction, ce qui accroît la rentabilité des activités commerciales (Plassard,2003). De plus l'ouverture commerciale que stimule les infrastructures de transport permet l'accès à des marchés plus larges (Krugman et Obstfeld, 209). Les producteurs peuvent par cette voie trouver de nouveaux débouchés à leurs marchandises et ainsi accroîtrent leur chiffre d'affaire. Dans le même temps, les consommateurs, peuvent se procurer davantage de gamme de bien chez différents offreurs concurrents, ce qui est supposé leurs permettre d'obtenir de meilleurs rapports qualité-prix. Pour ce qui est des IDE, la théorie de la firme multinationale nous apprend que le niveau d'infrastructures de transport est un déterminant à la localisation et à l'internalisation des firmes multinationales (Dunning,1990). Dans le cadre de localisation, les infrastructures de transport entre dans le calcul des coûts et du profit de la firme tel qu'évoqué supra. Ces facteurs vont déterminer la décision de la firme d'internaliser ou non (Kotler et al, 2009). L'internalisation, entraîne généralement un accroissement de la demande de main d'œuvre et donc un effet positif sur l'emploi et le revenu. L'internalisation du fait des IDE est également un facteur d'apprentissage, de recherche-développement et de transfert des compétences, et donc un élément explicatif du progrès technique endogène (Lucas,1990).

Aussi, plusieurs études empiriques tendent à corroborer l'effet vertueux des infrastructures de transport sur le commerce. Portugal-Perez et Wilson (2012), dans le cadre d'une étude menée à l'aide de l'indice de performance logistique de la Banque Mondiale, estiment que les pays qui obtiennent les meilleurs résultats dans le domaine de la logistique, affichent un accroissement plus rapide des échanges, une plus grande diversification des exportations et une croissance économique accélérée. En ce qui concerne précisément l'ICR, une étude menée par le Groupe de la Banque Mondiale en 2019 sur les opportunités et les risques des corridors de transport de l'ICR, fournit des prévisions intéressantes sur les potentiels gains commerciaux pouvant être anticipés de ses infrastructures de transport.

D'après cette étude, les nouvelles routes maritimes devraient réduire le coût du transport maritime entre la Chine et ses partenaires commerciaux impliqués dans l'ICR, suivant un intervalle 2,8% à 3,5%. Tous les corridors ne sont toutefois pas logés à la même enseigne. Certains corridors asiatiques pourraient enregistrer jusqu'à 10% de réduction de délais de transport, pendant qu'en Afrique les infrastructures portuaires du Djibouti prévus par l'ICR pourraient réduire les coûts de transport entre l'Australie et l'Ethiopie de 1,5%. Cette réduction des coûts devrait également se répercuter sur l'évolution des exportations, telle que représentée ci-dessous.

Figure n°4: effet escompté de l'ICR sur les exportations dans différentes régions du Monde

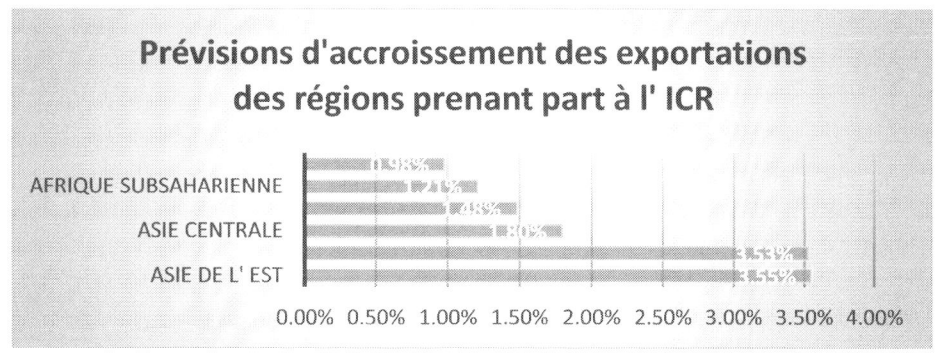

Prévisions d'accroissement des exportations des régions prenant part à l' ICR

[Graphique à barres horizontales montrant: AFRIQUE SUBSAHARIENNE, ASIE CENTRALE, ASIE DE L'EST avec échelle de 0,00% à 4,00%]

Source : De Soyres, Mulabdic, et Ruta, 2019.

Le graphique montre que la mise en œuvre totale des infrastructures d'ICR devrait à terme provoquer un accroissement des échanges internationaux de l'Afrique subsaharienne de 1,2 %. Ce gain est supérieur à celui escompté pour l'Europe de l'Est (0,2%), mais bien plus faible que celui prévu pour l'Asie de l'Est (3,8%) ou encore l'Asie du Sud (3,7%) avec des pic de 14,9 % pour un pays comme la Thaïlande.

Par ailleurs, il est également anticipé, une reconfiguration dans le type et les destinations des exportations des régions partie à l'ICR.

Tableau n°2 : Variation dans la destination des exportations au sein et en dehors des corridors de l'ICR

Exportations des Pays de l' ICR vers les autres pays de l' ICR	Asie Centrale	Asie de l' Est	Europe	MENA	Asie du Sud	Afrique Sub saharienne
Asie Centrale	35,24	4,28	-1,97	1,77	-0,30	1,21
Asie de l' Est	1,90	6,00	3,16	10,85	3,83	7,91
Europe	-2,37	5,37	-0,60	4,50	6,03	8,29
MENA	1,66	7,04	7,59	-2,95	-0,67	-2,21
Asie du Sud	-2,32	9,35	2,92	-5,06	-3,20	-3,55
Afrique Subsaharienne	21,20	10,98	-2,68	-2,06	6,30	-5,59

Source :Maliszewska et Van Der Mensbrughhe,2019

Ainsi l'Afrique subsaharienne devrait voir ses exportations s'accroître à destination de l'Asie Centrale (21,20%), l'Asie de l'Est (10,98%), l'Asie du Sud (6,30%). Le commerce intra-régional devrait aussi augmenter de 5,59%. Toutefois, dans le même temps, les exportations pourraient diminuer à destination l'Europe (-2,68%), la zone MENA (-,2,06%), ainsi qu'à destination des autres pays du monde n'étant pas sur les corridors de+ l'ICR (-2,17%).

De fait, plusieurs ressources documentaires, théoriques et empiriques, contribuent à anticiper des effets positifs des infrastructures d'ICR sur la croissance des pays subsahariens. Ceci dit, comme pour la majeure partie des projets de grande ampleur, cette croissance peut être entravée voire annihilée du fait de la réalisation de certains risques, notamment fiduciaires.

Les risques fiduciaires dans les infrastructures d'ICR et leurs effets sur la croissance des pays subsahariens

L'ICR est porteur de risques, dont la réalisation est susceptible d'inhiber les gains escomptés et dans le présent cas d'étude, de saper la croissance économique des pays subsahariens. Malgré la multitude des risques à anticiper, deux semblent particulièrement prégnant au regard du contexte des pays africains, à savoir le surendettement et la mauvaise gouvernance.

Les infrastructures d'ICR et le risque de dettes insoutenables pour les pays d'Afrique subsaharienne

La forte campagne de médiatisation de l'ICR quant à son caractère révolutionnaire, semble trancher avec la relative limitation des informations sur les mécanismes de financement de l'ICR. En effet, peu d'éclairages sont disponibles sur les modalités de financement des nombreuses infrastructures de transport projetée dans l'ICR. Dès lors, les principales sources de renseignements sur le financement probable de l'ICR en Afrique subsaharienne, résident dans l'observation des usages de la Chine à ce sujet jusqu'ici.

Ainsi, la réalisation des infrastructures de transport d'ICR, pourrait dans de nombreux cas, prendre la forme d'un partenariat public-privé, mis en place entre deux états dont la Chine, conditionnée à la réalisation des travaux par une entreprise chinoise (Banque Mondiale, 2019). Le coût des travaux est supporté par un prêt de la Chine, via ses institutions étatiques de financement extérieur. La plus connue de ces institutions en Afrique est EXXIM BANK CHINA, qui a été jusqu'ici la principale institution financière par laquelle la Chine accorde des prêts aux pays en développement afin de financer leurs projets de développement (Chaofeng et Mwatela, 2016). La Chine a également récemment mis sur pied l'«Asian Infrastructure Development Bank», dédié dans un premier temps, exclusivement au financement des infrastructures d'ICR (Githaiga, Burimaso, Bing et Ahmed, 2019). Ceci étant, l'analyse de l'endettement des pays subsahariens ainsi anticipé, inhérent, doit pouvoir prendre en compte aussi bien les conditions de prêts que le poids de la dette d'ICR escompté en comparaison à la solvabilité initiale des pays bénéficiaires.

En ce qui concerne les conditions de prêts, et pour ce qui est des pays à faibles revenus, dont fait partie la majorité des pays d'Afrique subsaharienne, les prêts accordés par la Chine sont généralement à taux concessionnels. En moyenne, les prêts de la Chine au bénéfice de ces pays sont octroyés à un taux fixe de 2%, pour un délai de remboursement de 20 ans, avec 6 ans de période de grâce, correspondant donc à un élément de libéralité de 40% (Banque Mondiale, 2019).

En comparaison, les prêts octroyés par la Chine au bénéfice des pays émergents sont en moyenne à taux flexible, suivant un benchmarking sur le taux d'intérêt « LIBOR », pour un délai de remboursement compris entre 16 et 18 ans avec une période de grâce comprise entre 3 et 5 ans. Ainsi, suivant cette tendance, les financements accordés par la Chine aux pays subsahariens de l'ICR, pourraient présenter des conditions de remboursement plus favorables que ceux accordés aux pays émergents également impliqués dans l'ICR.

Ceci étant, malgré des conditions de prêts compétitives, plusieurs études tendent à montrer que le poids de la dette pourrait dirimer de manière importante la soutenabilité des engagements de plusieurs pays faisant partie de l'ICR. Ainsi, d'après les estimations de la Banque Mondiale datant de 2019, les infrastructures d'ICR généreraient un surcroît d'endettement de l'ordre d'au moins 5% du PIB pour quatre pays à faibles revenus, dont le Kenya et Djibouti. Suivant la même étude, et pour ces deux pays, il est attendu des augmentations des déficits budgétaires annuels à moyen terme, respectivement de 3% et de 10% du fait de l'ICR, et lesdits pays font également partie de ceux pour lesquels l'ICR risque de sévèrement accroître la vulnérabilité financière d'ici 2023.

Sur un autre plan, l'histoire récente du financement des « méga-projets » d'infrastructure montre que dans de nombreux cas, les coûts finaux réalisés sont en dépassement des coûts initialement prévus. Selon Flyvbjerg (2014), des dépassements de coûts sont en général recensés pour ce type de projets suivant une fréquence de 96% des cas en ce qui concerne les ponts, et 45% en ce qui concerne les chemins de fer. La construction du canal de suez, dont les coûts finaux ont excédé de 1900% les coûts prévus initialement (Flyvberg,2017), constituent un rappel pertinent de ce risque de dépassement budgétaire, qui est de nature à entamer intensément la soutenabilité de la dette de certains états.

Aussi, l'importance du coût de la dette anticipée de l'ICR, doit également s'apprécier en rapport avec les gains de croissance économique attendus. En effet, Bandieras et Tsiropoulos (2019) estiment que pour près de 15 pays à faibles revenus, la croissance économique qui serait nécessaire à la stabilisation de l'endettement qu'occasionnerait les infrastructures d'ICR, est supérieure au gain de croissance économique escompté de l'ICR à court et à moyen terme.

Les risques liés à la gouvernance de l'aide dans le cadre de l'ICR

Au rang des risques se rapportant à la gouvernance de l'assistance que constitue l'ICR, il peut être évoqué les risques liés au caractère lié de l'ICR, ainsi que le risque de corruption. En effet, en ce qui concerne le premier risque ci-dessus cité, les informations disponibles relativement à l'ICR, ainsi que l'observation des modes de coopération habituellement usités par la Chine sur le sous-continent subsaharien, laisse à penser que la majeure partie des projets planifiés dans le cadre des nouvelles routes de la soie, pourrait prendre la forme d'aides par projet, toutefois liées. En effet, les conditions de financement des infrastructures suggèrent un élément de libéralité largement au-dessus de 25%, ce qui classe cette coopération dans le cadre de l'aide au regard de la définition proposée par l'Organisation pour la Coopération et le Développement Economique (OCDE). L'objet de l'aide est la réalisation d'infrastructures, en partenariat avec le donateur, d'où la classification dans le cadre de l'aide par projet.

Toutefois, la littérature existante sur la coopération « gagnante-gagnante » mise en œuvre par la Chine, converge vers le fait que la majorité de l'aide par projet accordée par la Chine est une aide liée, dans la mesure où elle est conditionnée par à la réalisation totale ou partielle de l'objet de l'aide par une entreprise Chinoise, ou encore par l'exigence de s'approvisionner en intrants sur le marché chinois (Hoare, Hong et Hein,2015). Le Centre d'Etudes Stratégiques et Internationales, estime que la réalisation de près de 60% des projets de l'ICR pourraient être accordés à des firmes Chinoises.

Bien qu'on puisse comprendre la logique « gagnant-gagnant » que traduit cette stimulation des firmes chinoises par l'aide au développement à l'étranger, force est d'admettre que cette modalité d'aide n'est pas en accord avec les critères d'efficacité de l'aide au développement tels que consacrés par la Déclaration de Paris de 2005. En effet, ladite déclaration prône l'aide déliée au lieu de l'aide liée, notamment l'assistance financière globale. Ceci de manière à ce que les entreprises locales puissent tirer pleinement profit de la réalisation de l'objet de l'aide, et ainsi maximiser les effets multiplicateurs afin de mieux lutter contre la pauvreté.

En ce qui concerne les risques de corruption, il convient de relever qu'un projet intensif en capital public tel que l'ICR renferme plusieurs facteurs pouvant stimuler la grande corruption. En effet, les projets d'infrastructures sont supposés se réaliser par voie de marchés publics, lesquels marchés sont généralement sources de rentes importantes pour les entreprises exécutantes. Ces rentes incitent les entreprises soumissionnaires à proposer des avantages indus aux décideurs pour pouvoir s'assurer l'attribution des marchés (Karpouzanov et Trifilio, 2005), et ce même en présence d'un processus d'appel à concurrence. L'impact social de ce risque réside dans le fait que les entreprises corruptrices, une fois le contrat remporté, compensent les coûts de transaction engagés pour le contrat, dont les coûts de corruption, par la réduction de la quantité ou de la qualité des intrants dans la réalisation de la prestation (Ndikeu, 2017).

D'autre part, en cas de forte centralisation du processus d'attribution de ces marchés, et donc de la conjonction d'un monopole de pouvoir discrétionnaire et d'un faible système de contrôle, les décideurs publics peuvent conditionner l'octroi des prestations à l'attribution des pot-de-vins (Rose-Ackermann, 1997). Cette configuration de corruption peut être expliquée par le modèle d'agence, où le décideur, utilise le pouvoir discrétionnaire reçu en délégation par la nation, pour maximiser son profit personnel (Klitgaard, 1999).

La corruption peut également être stimulée dans le cadre de l'ICR, par la dette souveraine qui servira au financement des infrastructures d'ICR. En effet, les décideurs politiques utilisent régulièrement la « règle d'or » des finances publiques, pour justifier le recours à la dette publique pour financer les projets d'infrastructures. Toutefois, plusieurs études montrent que cette logique a un effet pervers, dans la mesure où elle tend à accroître la taille des investissements du fait de la relative faciliter à contracter l'emprunt en comparaison à la collecte des impôts et taxes intérieures, mais aussi du fait des plus grandes opportunités de rentes de corruption qu'offre les projets de grande envergure (Montigny, 2006). Ce mécanisme créé des distorsions dans l'allocations des dépenses publiques, et génère une éviction du secteur privé local de l'épargne intérieur. De même, la corruption accroît le coût de l'emprunt ce qui sous contrainte d'un taux d'endettement maximal, aspire l'épargne disponible vers des projets pharaoniques et exclut du financement les projets de moindre envergure (Detragiache, Gupta et Tressel, 2005). Cependant, cette éviction est opérée sans l'assurance ex-anté d'une plus grande productivité des grands projets en comparaison aux petits investissements.

Conclusion

L'ICR est un projet d'interconnexion d'infrastructures au départ de la Chine, dont le tracé s'étend à travers l'Asie, l'Europe, l'Océanie et l'Afrique, et supposé à terme accroître la coopération et les échanges entre la Chine et plusieurs de ses partenaires à travers le Monde. Il s'agit d'une initiative intensive en capital public, ayant vocation à révolutionner profondément les corridors économiques. Par cette initiative, et au plan économique, la Chine compte renforcer la position excédentaire de sa balance commerciale, principal moteur de sa croissance économique, et consolider son poids croissant dans l'ordre économique mondial. Pour se faire, l'ICR implique près de 70 pays dans le monde, supposé à terme bénéficier d'infrastructures, financés suivant une coopération avec la Chine. Des gains multiformes sont donc également escomptés pour les pays partenaires de la Chine. Cependant, plusieurs études tendent à montrer que les bénéfices attendus varient grandement d'un pays à un autre impliqués dans l'ICR, et pour certains pays, il est plus à redouter des effets pervers de l'ICR que des gains (Banque Mondiale, 2019).

Ainsi, l'Afrique subsaharienne, composée majoritairement de pays à faibles revenus, faiblement dotés en infrastructures, a intérêt à effectuer une réflexion minutieuse quant aux impacts de l'ICR sur son processus de développement, tant au regard des bénéfices potentiels de l'ICR, notamment dans le cadre infrastructures de transports, qu'au regard des différents risques et externalités négatives inhérentes à un projet de cette envergure. Aussi nous est-il paru opportun, l'étude des effets de l'ICR sur la croissance économique des pays d'Afrique Subsaharienne à travers le canal précis des infrastructures de transport.

Ainsi, notre étude s'est employée à construire un cadre théorique à partir principalement de la théorie de la croissance endogène suivant les dépenses publiques (Barro,1990), mais également des modèles de localisation des investissements (Krugman,2003) et de solvabilité des finances publiques (Diamond,1999), afin d'effectuer une anticipation des potentiels incidences des infrastructures d'ICR sur les économies des pays subsahariens. Bien que l'ICR ait été officiellement lancée en 2013, nous avons suggéré la possibilité d'une acception de l'ICR au sens large, de manière à élargir notre délimitation temporelle à l'intervalle 2000-2020. Les évaluations quantitatives se sont appuyées essentiellement sur des données secondaires, fournies principalement par la Banque Mondiale et la BAD.

A l'issue de l'étude, les résultats suggèrent l'anticipation d'effets stimulants de l'ICR sur la croissance économique des pays d'Afrique subsaharienne à travers le canal des infrastructures de transport de l'ICR, cependant à long terme, et suivant une proportion moindre que les progressions d'activité économique escomptée dans d'autres régions du Monde telles que l'Aise du Sud, l'Aise de l'Est, et l'Europe. L'effet positif des infrastructures de transport d'ICR passe majoritairement par un accroissement des investissements du fait de la réduction des coûts de production, ainsi qu'un regain des échanges commerciaux liés à la réduction des coûts de transport. L'effet positif escompté est cependant disparate entre les régions du sous-continent et varie entre 1,2% et 3,5% de croissance du PIB.

Toutefois, l'ICR ne sera probablement pas une panacée. En effet, l'étude nous a conduit à mettre en exergue deux principaux risques fiduciaires, potentiellement à même d'annihiler les bénéfices escomptés pour certains pays, liés principalement à la dette publique. En premier lieu, les mécanismes de financement de l'ICR, se résumant à une assistance liée, par projet, sont susceptibles d'accroître intensément les déficits budgétaires et dirimer profondément la soutenabilité de l'endettement extérieurs, pour plusieurs pays subsahariens souffrant déjà d'une faible solvabilité, du fait de la chute des exportations et de la Covid-19. Pour certains pays, la croissance générée par l'ICR pourrait être insuffisante à rembourser la dette contractée y relative, à moyen terme. En second lieu, au regard de l'importance des infrastructures projetées et donc des rentes importantes que supposent les marchés publics pour les réaliser, d'importants risques de corruption sont à prévenir. La corruption ici réduirait l'effet de levier sur la croissance, par un renchérissement du coût du capital et donc de la dette à rembourser, mais aussi une compensation des coûts de corruption sur la quantité et la qualité des intrants aux infrastructures, amoindrissant ainsi leur résilience.

A cet effet, des mesures devraient être prises par les autorités des pays subsahariens, dans le sens d'assurer une compatibilité accrue entre le coût des projets d'ICR et les cadrages de soutenabilité financières ainsi que les plans de trésorerie et nationaux, mais aussi, d'optimiser la transparence dans les processus d'élaboration, d'exécution et de contrôle de l'exécution des projets d'ICR à mettre en œuvre.

Bibliographie

Ablo, E. et Reinikka, R. (1998). *Do Budgets Really Matter? - Evidence From Public Spending on Education and Health in Uganda.* Policy Research Working Paper Series1926, The World Bank.

Acemoglu, D. (1995). *Reward Structures and the Allocation of Talent.* European Economic Review,39:17–33.

Acemoglu, D., Johnson, S. et Robinson, J. A. (2002b). *Reversal of Fortune: Geography and Institutions in the Making of the Modern World Income Distribution.* The Quarterly Journal of Economics, 117(4):1231–1294.

Arrow, K. et Kurz, M. (1970). *Public Investment, the Rate of Return and Optimal Fiscal Policy.* The Johns Hopkins University Press, Baltimore.

Barro, R. (1990). *Government Spending in a Simple Model of Endogenous Growth.* Journal of Political Economy, 98(5):S103–S125.

Barro, R. J. (2000). *Inequality and Growth in a Panel of Countries.* Journal of Economic Growth, 5(1):5–32.

Foueka, R. (2009). Essai de justification de la croissance des dépenses publiques au Cameroun. Université de Yaoundé II, Yaoundé.

Fouopi, C. et al., (2009) Dépenses publiques et croissance économique dans les pays de la CEMAC. Université de Yaoundé II, Yaoundé.

Karpouzanov, M. et Trifilio, S. (2003). *La corruption et les marchés publics : une analyse économique.* Université Paul Cézanne.

Klitgaard, R. (1988). *Controlling Corruption*. Berkeley: University of California Press.

Lucas Jr, R. E. (1990), *Why Doesn't Capital Flow from Rich to Poor Countries ?* The American Economic Review ; vol.80, n°2 : pp.92-96

Rose-Ackerman, S. (1999). Corruption and Government: Causes, Consequences, and Reform. Cambridge University Press.

20. La ceinture sino-camerounaise au regard du développement local : une lecture selon les critères de la sécurité humaine, *Dr. François-Xavier Elong Fils*

Introduction

Les relations entre la République Populaire de Chine et les États d'Afrique sont très anciennes et étaient exclusivement réservées aux activités commerciales. Elles ont évolué au fil des siècles au point où le développement harmonieux et commun est apparu au cœur des échanges diplomatiques. Dans son ambition de devenir l'élément indispensable dans le rapport entre le Centre et la périphérie, l'Empire du Milieu a développé des relations avec la quasi-totalité des acteurs des relations internationales. En Avril 1955, la conférence de Bandung a permis à la Chine et au groupe des non-alignés de renforcer leurs relations afin d'affronter les défis liés à leur environnement. Les résolutions qui en découlent du lien entre la Chine et l'Afrique se caractérisent par la mutualisation d'idées de valorisation de la dignité humaine. Elles sont entre autres la coexistence pacifique, l'égalité et la coopération pour un bénéfice concerté, la non-agression et non-ingérence dans les affaires intérieures ainsi que le respect de l'intégrité territoriale et de la souveraineté de chaque pays. Ces perspectives orientées sur l'amélioration des relations futures et intenses se combinent avec la philosophie de modernisation des relations sino-africaines sous l'ère de Mao Zedong entre 1949 et 1977. Le dynamisme de son rayonnement diplomatique donnait un pan important aux politiques publiques liées aux stratégies économiques sur le continent africain. Par-là, les principes liés à l'assistance économique et technologique apparaissent comme les maîtres-mots de la tournée du Premier Ministre chinois Zhou Enlai en Afrique entre 1963 et 1964. Dans cette veine, l'ancrage est mis sur la formation technique, la santé, l'éducation sans oublier l'agriculture. Le second fait majeur des relations sino-africaines est relatif au maintien de son pragmatisme entre 1978 et 1992. Durant cette période, il était d'abord question sous l'ère de Deng Xiaoping d'entretenir les mécanismes de développement préalablement établis. Ensuite, l'incitation du gouvernement chinois s'est évertuée à encourager ses entreprises à étendre leurs activités dans le monde et en particulier sur le continent africain tout en prenant en compte les spécificités locales. Enfin, cette période est marquée par une recherche incessante de sécurité d'approvisionnement énergétique par le truchement de la quête des matières premières.

La sécurité humaine est un paradigme du système onusien qui envisage établir l'Homme dans un environnement d'« *absence de la peur et du besoin* »[189]. Elle apparait comme un paradigme indispensable à intégrer dans les politiques publiques des États africains en ce sens où elle se projette pour l'amélioration des conditions de vie, et sa volonté à sécuriser le développement local. Selon la Commission sur la Sécurité Humaine (CSH), elle se présente comme un moyen de « *protéger le noyau vital de toutes les vies humaines, d'une façon qui améliore l'exercice des libertés et facilite l'épanouissement humain* » (2003,17)

. La sécurité humaine s'insère dans les considérations philosophiques notamment la dimension contractuelle de Thomas Hobbes et de Jean-Jacques Rousseau (1650) et la *dimension rationnelle* de Montesquieu (Locke1953:162) pour garantir de manière solidaire la sécurité ainsi que l'épanouissement de l'Homme. Elle prend en considération tous les secteurs de la vie humaine à l'instar des domaines politique, économique, sanitaire, communautaire, environnemental, alimentaire et personnelle. Il est important de signaler que la sécurité humaine est devenue le leitmotiv des organisations internationales notamment la Déclaration de Saint-Boniface de la Francophonie (2006) où les pays francophones d'Afrique ont adhéré à cette valeur ajoutée. Ce type de sécurité

---

[189] Programme des Nations Unies pour le Développement (PNUD), *Rapport mondial sur le développement humain*, Economica, 1994, Paris, 1994.

assemble les atouts, les potentialités et les énergies des populations afin de participer à la transformation de leur condition de vie.

En 2019, les échanges commerciaux entre la Chine et l'Afrique sont en nette augmentation et elles représentent 4% de la balance commerciale chinoise tandis que 70% des exportations africaines vont vers la chine. Cette vitalisation des relations sino-camerounaises envisage la création des oligopoles sur le continent afin que les pays puissent assurent le développement de leur population et se positionner comme des acteurs indispensables pour le rayonnement du continent. De ces rapports jugés complexes et multiples ils ont une importance cruciale pour l'encadrement de la vie humaine. L'initiative la ceinture et la route entre la Chine et l'Afrique se présente comme un processus d'échanges entre les deux principaux acteurs pour une contribution significative de l'Empire du Milieu dans le dynamisme de développement du continent. (Kissinger 2011:586). Par-là, des fora participent à cet élan notamment le Forum sur la coopération sino-africaine, qui depuis l'an 2000, permet des discussions approfondies entre la Chine et l'Afrique sur la coopération économique. Dans une perspective constructive, l'Initiative la Ceinture et la Route en Afrique s'inscrit dans cette dynamique de performer les relations sino-africaines grâce à la vision du Président Xi Jinping. Dans cette veine, les relations entre le Cameroun et la Chine n'ont cessé de connaître des avancées croissantes à travers un rayonnement diplomatique et de la coopération bilatérale. L'analyse séquentielle des visites officielles des Présidents Paul Biya et de Xi Jinping, l'envoi des émissaires et le rayonnement des investissements et le financement des grands projets montrent à suffisance l'intérêt de soulager les peines et difficultés des populations et par extension assurer le développement local. La Ceinture sino-camerounaise s'inscrit dans le cadre de la coopération politico-stratégique responsable du développement du Cameroun et de l'acquisition de nos matières premières par la Chine. Cette ceinture consiste à mener des investissements massifs grâce à une combinaison de subventions, d'aides, de prêts et de dons à faibles taux d'intérêts. La ceinture sino-camerounaise intègre les valeurs de la sécurité humaine pour consolider les acquis des grandes métropoles et assurer le développement local par la mise en place des infrastructures adéquates. De cette considération, les mesures prises par la ceinture sino-camerounaise au regard du développement local sont-elles conformes aux critères de la sécurité humaine ? En utilisation le constructivisme social de Martha Finnemore et la nouvelle économie géographique de Paul Krugman apparaissent comme des cadres théoriques utiles pour cerner les dynamiques relatives à la ceinture sino-camerounaise en vue d'assurer le développement local. A ces théories sont associées et les méthodes historique et herméneutique ainsi que l'analyse cognitive pour relever la pertinence des réalisations d'une telle coopération dans le cadre bilatéral. Ainsi, l'articulation de notre recherche se fera d'abord sur les fondements de la contribution de la ceinture sino-camerounaise et la sécurité humaine comme vecteur du développement local (I). Ensuite, la matérialisation perceptible de cette ceinture au développement local (II) pour enfin analyser les perspectives de la sécurité humaine pour une contribution perfectible de la ceinture sino-camerounaise au développement local (III).

Les fondements de la contribution de la ceinture sino-camerounaise et la sécurité humaine comme vecteur du développement local

Le multilatéralisme de la République Populaire de Chine au cœur de *Heartland* africain est une stratégie de positionnement dans la géopolitique mondiale. La multiplication des accords de coopération entre le Cameroun et la Chine se combine avec l'initiative la ceinture et la route et en constitue, selon Moïse Mbono, un creuset d'un *internationalisme de solidarité* (Mbono 2013:45) responsable d'une assistance mutuelle et du développement local. Cette connexion diplomatique est une démarche nécessaire pour la valorisation de la dignité humaine, des valeurs sociales et du rayonnement culturel au regard des critères basés sur les fondements politico-administratifs (A) et socio-économiques (B).

Les fondements politico-administratifs

La pensée chinoise dans l'emblème géopolitique consiste à assurer l'épanouissement des activités humaines dans un climat de sécurité et de sérénité. Selon Marcel Granet, elle prend en considération les ères et les espaces pour en constituer un ensemble où tout est organisé pour être hiérarchiquement contrôlé par le Centre (Granet 1968:90). Dans cette vision, la Chine envisage baliser et maîtriser ses domaines d'intervention à travers le monde. Dans cette dynamique, Laurent Murawiec affirme que « *si le monde a un centre, c'est la Chine. Comme le monde a bien un centre, c'est bien la Chine qui est en son milieu. La Chine est le centre du monde, l'empire du Milieu* » (Murawiec, 35). Cette approche géopolitique de la Chine s'arrime à la sécurité humaine car elle ressort, au sens de Jean-Jacques Roche, la place primordiale de la notion de souveraineté, qui demeure le principe d'organisation des États sur la scène internationale (Roche 79:2001) . La ceinture sino-camerounaise et la sécurité humaine sont un vecteur du développement local en ce sens où les approches normative et discursive balisent l'orientation des politiques appropriées. La Constitution camerounaise s'inscrit dans cette volonté afin d'assurer le développement de l'arrière-pays à travers le transfert des compétences aux Collectivités Territoriales Décentralisées (CTD). Celle de 1996 s'appuie sur la décentralisation et la bonne gouvernance comme des critères intimement liés au processus de développement local. Dans le cadre normatif, cette Constitution met en lumière le principe d'unicité et de souveraineté comme la maîtrise stratégique par l'Etat de son territoire. En plus, elle promeut le développement harmonieux des territoires et la solidarité nationale à travers une bonne collaboration des institutions. Le développement des partenariats est au cœur de son schéma stratégique pour une identification des potentialités et des contraintes locales, au renforcement des capacités, à l'appui au financement et à l'amélioration des équipements locaux.

Au niveau administratif, la ceinture sino-camerounaise et la sécurité humaine apparaissent comme des éléments indissociables au développement local. Par-là, les institutions envisagent la suprématie de l'État à travers la continuité du service public et la participation des populations au rayonnement local. La participation de la Chine s'évalue par la soutenabilité des politiques publiques spécifiques. (Ahanda, 2021:26) ,l'administration en matière de développement local prend compte de la protection civile, l'assistance et les secours, l'aménagement du territoire, la gestion du domaine foncier et de l'urbanisme, le développement économique et la planification ainsi que de la culture, des sports et des loisirs. Ce développement est un construit[190] pour la fonction publique locale afin de répondre aux défis présents. Des éléments législatifs et règlementaires constitue l'arsenal normatif du dispositif du développement local. Ils sont évolutifs et l'analyse séquentielle relative à cette orientation permet d'observer la nécessité d'injecter des financements pour les multiples enjeux locaux en matière de finance publique locale.

---

[190] Arrêté n°00136/A/MINATD/DCTD du 24 août 2009 rendant exécutoire les tableaux-types des emplois communaux.

La ceinture sino-camerounaise véhicule la sécurité humaine grâce à un dispositif normatif pour le développement local. Dans le cadre de l'Initiative la Ceinture et la Route (ICR), l'acte de langage performatif (Waever 1995: 55) du Président Xi Jinping selon Ole Waever pour l'Afrique en 2013 est déclencheur du processus de développement en général et de contribution au développement local au Cameroun. Selon le Président chinois (Pantea 2018:213- 221), il est question d'investir dans les infrastructures, de réaliser un développement diversifié, de mettre en place des réseaux de connectivité multidimensionnels et de renforcer les partenariats pour le développement local. Cet acte de langage à une importance capitale géopolitique et stratégique pour prendre en considération les questions sociales et économiques locales.

Les fondements socio-économiques

Les fondements socio-économiques relatifs au développement local visent le développement des structures locales. Ils concernent tant le secteur économique qu'infrastructurel local en boostant les capacités locales pour une véritable inclusion sociale. Ce sont des cercles révélateurs des priorités stratégiques de la puissance étatique pour le développement local. Ils envisagent la satisfaction des exigences liées à l'amélioration des conditions de vie des populations. (Jinchen, 2022) perçoit cette ceinture comme un ensemble de réponses physiques aux préoccupations des populations et une volonté de la Chine d'accompagner le Cameroun au rayonnement de son leadership sur l'étendue du territoire. Par-là, il est question de la mise en place des infrastructures urbaines et communales et d'aménagement des lieux publics. Bien plus, cette ceinture est un projet grandiose qui consiste à satisfaire les besoins fondamentaux des communautés par le truchement de l'ouverture de diverses pratiques et des activités commerciales et économiques. (Goralczyk 2017: 155) Ce projet, en matière de transfert de compétences dans le développement infrastructurel, se déploie d'après à la réalisation des destinées communes définies par les politiciens et les acteurs économiques et sociaux. (TAO, 2017). C'est une co-construction commune et de partage où la Chine se concentre pour améliorer la condition de vie humaine, d'où la sécurité humaine. Cela se traduit dans une posture et une vision quantitative et matérielle des infrastructures de développement. En outre, ces fondements apparaissent comme des indicateurs d'évaluation des du chômage, de la scolarisation et de la satisfaction des besoins vitaux. L'Initiative la

Ceinture et la Route au Cameroun s'accompagne des financements préalablement évalués entre les deux parties et les institutions financières. L'élaboration et la bonne gestion des politiques publiques participent à la réalisation des projets et des programmes urbains et communaux de développement. Son exigence est relative au respect des décisions politiques et du cahier de charge par les différentes administrations. La ceinture sino-camerounaise exige également un changement ou une amélioration des mentalités dans la gestion des affaires publiques responsable du développement local.

L'ICR est une opportunité pour la réduction des inégalités sociales dans le cadre d'une approche transversale de gestion des préoccupations locales. (Goulard 2017: 2) justifie cette dynamique par le nombre croissant des investissements utiles pour la diversification des partenariats. L'enjeu réside au niveau de la volonté des autorités camerounaises à réajuster le comportement des acteurs locaux afin de mettre en place des politiques publiques adaptées à leur environnement. Cette ceinture sino-camerounaise se projette sur l'injection des financements colossaux des projets de développement de l'État à travers l'administration, les administrations déconcentrées de l'État pour plus de proximité avec les populations locales. L'ICR aspire au développement par le bas où les populations sont des parties prenantes et responsables de la gestion concertée de leur développement. C'est la raison pour laquelle Jean-Marc Fontan désigne le développement local comme « *la marge de manœuvre dont disposent les acteurs locaux pour influencer le contenu et les tendances du développement* » (FONTAN 2006: 99-127). Cette initiative apparait comme une réponse pratique aux préoccupations véhiculées par la sécurité humaine dans le but de la valorisation des projets, des initiatives et des atouts locaux. Bien plus, l'Initiative la Ceinture et la Route se positionne comme une valeur de développement à différentes échelles. Elle est perçue comme une contribution complémentaire due à l'insuffisance des financements et la nécessité de rentabiliser la dépense publique locale. L'ICR et la sécurité humaine sont sans doute des valeurs ajoutées au dispositif de promotion du développement local au Cameroun pour la réalisation de l'aménagement territorial. L'opérationnalisation de telles mesures est effective.

La matérialisation perceptible de la contribution de la ceinture sino-

camerounaise au développement local

La ceinture sino-camerounaise est une approche sectorielle de l'Initiative la Ceinture et la Route qui met en valeur le développement des périphériques et des localités du territoire national. Sa matérialisation épouse la vision politique et stratégique du gouvernement dans la Stratégie Nationale de Développement à l'horizon 2030 (SND 30). Elle est perceptible grâce à des analyses prospectives ayant une consistance formelle (A) et une consistance matérielle (B).

La consistance formelle

La sécurité humaine aborde toutes les insécurités perçues comme des menaces à l'épanouissement de l'Homme. Dans le cadre du développement local, elle est un cadre de protection et d'autonomisation des populations pour la gestion concertée de leurs problèmes communs. En effet, l'ICR poursuit des objectifs macroéconomiques relatifs aux investissements massifs. L'orientation des financements reçus permet à l'Etat du Cameroun de prioriser ses interventions sur les problématiques de développement en fonction des spécificités locales. Il est question de s'attaquer aux facteurs de vulnérabilité à travers la formulation des programmes et d'un calendrier des investissements locaux. Dans cette veine, l'ambassadeur de Chine au Cameroun estime qu'il est question de « *construire ensemble la Ceinture et la Route en vue d'un avenir meilleur* » (Yingwu 2022). Ce dynamisme concourt à reconstruire l'économie mondiale où les administrations locales seront prises en considération notamment les CTD. B. Husson pense que cette consistance formelle favorise l'enracinement de la démocratie au niveau local (Husson 2013: 61) pour un renforcement institutionnel et financier ainsi qu'un appui aux services locaux. La ceinture sino-camerounaise s'inscrit également dans une dynamique participative d'ajustement des plans de développement territoriaux, des études de faisabilité en vue de réaliser les équipements et les infrastructures ; et le renforcement de la capacité de maîtrise d'ouvrage des CTD. Sur ce, la Chine insiste sur des politiques relatives à la *responsabilité de la collectivité*[191] afin de relever les défis liés au développement local grâce à la soutenabilité des opérations financières et du fonctionnement des ressources humaines. La coopération mutuelle entre la Chine et le Cameroun

---

[191] Ibid.

considère le développement des peuples comme une maxime propre et commune dans leur politique étrangère. (Benoit 1980: 316) pense que la force des peuples libres est la clé pour bâtir des infrastructures nécessaires pour le développement économique et une meilleure qualité de vie pour les populations locales.

La ceinture sino-camerounaise, selon les critères relatifs à la sécurité humaine, se projette au maintien des services nécessaires à la satisfaction des besoins de la population locale. Sur ce, il est question d'opérationnaliser une fiscalité locale économiquement supportable au regard des spécificités locales. En plus, elle encadre et régule l'exigence administrative normée pour la bonne gouvernance responsable de la gestion efficiente des dépenses communales. Elle incite l'État à accompagner les administrations locales à améliorer la formulation des politiques, à accroître les recettes locales et à développer des stratégies fiscales. Elle contribue aussi à mettre en évidence la transparence et la performance du processus de décentralisation pour le rayonnement des activités et des réalités locales.

La consistance matérielle

L'Initiative la Ceinture et la Route entre la Chine et le Cameroun est une coopération pragmatique et plus approfondie qui concourt à assurer le développement local et un bénéfice mutuel entre les peuples. Cette initiative, au niveau de la consistance matérielle, est perceptible sur l'accompagnement du gouvernement chinois au financement des grands projets nationaux pour la croissance économique. L'amélioration du climat des affaires est à l'origine de la soutenabilité de l'Empire du Milieu au développement infrastructurel à l'instar du Port Autonome et de la Centrale à gaz de Kribi, le projet d'approvisionnement en eau potable de la ville de Yaoundé depuis le fleuve Nachtigal, la construction des logements sociaux et des routes, le financement et la construction de la première phase de l'autoroute Yaoundé-Douala et bien d'autres. Cette ceinture envisag le développement des infrastructures de haute qualité pour une amélioration de la connectivité entre les peuples ainsi que le partage d'expériences pour le développement local.

La sécurité humaine, est un paradigme en faveur de l'enrichissement mutuel entre les civilisations pour la création des dynamiques multidimensionnelles pour les échanges humaines et culturels. La ceinture sino-camerounaise favorise le développement partagé et la prospérité commune. Dans cette veine, il est évident que la réalisation des projets locaux se passe dans le cadre de la décentralisation des responsabilités. La contribution de la Chine dans le développement de l'environnement numérique permet aux populations camerounaises de saisir toutes les opportunités nécessaires au développement local à l'instar de la création des startups pour la valorisation et la vulgarisation de l'identité culturelle au niveau du dialogue entre les cultures. En outre, la ceinture sino-camerounaise se déploie vers les projets camerounais relatifs à la construction des forages dans les espaces ruraux, la construction des centrales hydroélectriques, l'extension du Backbone transmission par fibre optique, l'éducation et la santé. (Nantulya 2019) analyse ces potentialités comme des éléments de valorisation des atouts géographiques montrant à suffisance l'intérêt des deux partenaires à piloter les interventions au niveau local. Cette ceinture est un symbole et une opérationnalisation du remaniement de l'ordre économique local selon de nouveaux standards en matière de gouvernance locale. Elle est une réponse directe aux demandes locales et nécessite des améliorations pour la réalisation optimale des objectifs.

Les perspectives de la sécurité humaine pour une contribution perfectible de la ceinture sino-camerounaise au développement local

La ceinture sino-camerounaise est se trouve au cœur de la nouvelle géopolitique chinoise. Celle-ci se positionne comme un nouveau modèle de gouvernance locale couplé au modèle politique propre à la Chine. (Klein 2022: 121) présente cette stratégie diplomatique comme un référentiel indispensable et incontournable pour l'Afrique en générale et le Cameroun en particulier pour la revalorisation des déséquilibres territoriaux. Cette opportunité s'oriente sur l'amélioration de la gouvernance locale (A) et la gestion efficiente des financements (B).

L'amélioration de la gouvernance locale

Le développement local fait appel à la gestion séquentielle des préoccupations de la population. Selon les repères relatifs à la sécurité humaine, la santé, l'environnement, la personne, les communautés etc.… sont étroitement liés au projet de l'ICR. L'amélioration de la gouvernance locale est une exigence demandée par la Chine. Elle implique la responsabilité de tous les acteurs intervenant dans ledit processus en vue de satisfaire les besoins des populations. En effet, cette amélioration implique l'intégration des exigences de la bonne gouvernance notamment la transparence et la responsabilité de la fonction publique locale. C'est un catalyseur impulsant la mise en action des politiques publiques locales réalistes et utiles pour le développement local. Par-là, la transparence est un maître-mot du modèle de réussite de la Chine dans la réalisation de sa croissance économique. En rapport avec le partage mutuel des expériences, la ceinture sino-camerounaise se porte pour la transformation du mécanisme de gestion des activités néfastes au développement local à l'instar des détournements de fonds publics, la corruption, le népotisme, le favoritisme et bien d'autres. En outre l'amélioration de la gouvernance implique l'assainissement du cadre normatif et du climat des affaires pour la sécurisation des financements et des investissements. Par-là, la sécurité juridique et administrative est à la base de l'attraction des IDE et elle constitue une garantie pour la création des zones industrielles à travers le triangle national.

Le terme transparence apparaît explicitement dans le discours des années 1970, époque où la notion conquiert la sphère administrative. Aujourd'hui la transparence est érigée en idéologie dominante depuis la Glasnost menée par Mikhaïl Gorbatchev en 1985 jusqu'au programme présidentiel de Barack Obama où elle « est proposée comme l'ultime recours aux dysfonctionnements politiques, sociaux ou démocratiques » (Mancosu 2013). La ceinture sino-camerounaise s'inscrit dans les nouvelles lois relatives à la décentralisation au Cameroun où la nouvelle gouvernance et la répartition des financements envisagent résorber le déficit de développement de certaines zones. Elle promeut une gouvernance locale plus transparente, participative et collaborative en mettant en lumière l'éthique et le contrôle du pouvoir par les organes de tutelle. G. Carcassonne perçoit cette valeur véhiculée par la Chine comme une norme universelle dont l'ambition est porteuse des transformations profondes pour répondre aux « aspirations profondes des peuples, des groupes ou des individus » (Carcassonne 2001: 23). Il faut également signaler que la transparence contenue dans les mesures de l'Initiative la Ceinture et la Route est la manifestation de la démocratie locale dans l'optique de mise en œuvre d'une stratégique de la décentralisation des compétences. Elle est une réponse aux incitations à la performance au développement efficace de gestion des programmes de renforcement institutionnel. Elle envisage la consolidation des bases de la décentralisation puis s'adapte aux mécanismes de gestion à la performance dans le cadre de la gestion efficiente des CTD.

La ceinture sino-camerounaise pour le développement local évoque le principe de responsabilité des responsables locaux. Selon la lecture de la sécurité humaine, elle apparaît comme un mécanisme respectant la pédagogie des sources de financement. Dans cette veine, le développement local trouve son sens dans la bonne gestion des ressources financières grâce à l'amélioration des compétences pour une réelle participation effective dans le quotidien des populations. En plus, cette ceinture à la volonté de créer des espaces de concertation et d'accompagnement en vue de l'amélioration des programmes de développement. Cet accompagnement vise les stratégies et les politiques locales pour des interventions sectorielles réalistes. En plus, la bonne gestion grâce à cette responsabilisation permet d'assurer la pérennité de l'investissement financé. Cette dotation est un canal de développement des activités économiques locales à partir desquelles les CTD peuvent en tirer des ressources. C'est un maillage dont la finalité de la dotation vise la redynamisation de la structuration territoriale portée pour une amélioration des projets des populations.

La responsabilisation financière des entités locales est une contribution significative de gestion participative des projets locaux grâce à l'intelligence territoriale. (Sariette et Batibonak 2020:20), elle se présente comme un ensemble de facultés intrinsèques à l'homme qui contribue au développement effectif des localités. Celles-ci sont matérielles notamment les routes et ouvragent d'arts, salles de classe, les adductions d'eau ou forages, etc....Elles peuvent aussi être immatérielles à l'instar de la formation. Dans le cadre du développement local, cette responsabilisation a des perspectives de rentabilité sociale et économique ainsi qu'une durabilité des projets locaux. La réalisation de cette gestion participative garantit la transparence dans la gestion, l'obligation des gestionnaires à rendre compte aux différentes parties prenantes ainsi que l'appropriation des réalisations par les bénéficiaires. Cette responsabilisation selon la ceinture sino-camerounaise oriente à bonne échelle la mutualisation des objectifs des administrations locales et de l'intercommunalité. C'est au niveau régional que cette stratégie doit être implémentée et se projette dans le suivi-évaluation des projets à réaliser. L'ICR et la sécurité humaine sont des dynamiques constructives de promotion, de vulgarisation de la paix et du développement local. Ce sont des orchestres intimant un engagement responsable des acteurs pour la dépense locale. L'ambition recherchée par la ceinture sino-camerounaise au niveau local est de construire une stratégie et une vision de développement, de mettre en place une démarche concertée entre les parties prenantes et le contrôle scrupuleux des investissements grâce une bomme collaboration des administrations.

La gestion efficiente des financements

De manière générale, l'initiative la ceinture et la route entre la Chine et du Cameroun envisage l'autonomisation des entités locales grâce à la gestion efficiente des financements. Cette dernière se manifeste par le renforcement des compétences financières locales en vue de construire des multiples pôles de croissance à travers l'étendue du territoire. Cela se caractérise par la clarification et la répartition des compétences pour une gestion efficiente des financements alloués par la partie chinoise pour le développement local. Dans cette veine, le renforcement des compétences a besoin de précision sur le transfert des compétences et des moyens pour l'exercer. La tutelle doit établir et maintenir la transparence à l'autonomie locale afin que les CTD puissent assumer les fonctions relatives au développement local. Une clarification sur l'exercice de leurs responsabilités et sur les moyens, qui seront évalués systématiquement est nécessaire. La gestion efficiente des financements massifs doit être optimale pour un recouvrement des taxes et impôts propres et utiles pour contribuer au développement local sous le contrôle de l'État.

La ceinture sino-camerounaise s'inscrit dans l'approche holiste de la sécurité humaine à travers un développement multiforme de l'administration locale. Dans cette veine, il est important de souligner que le développement local doit imposer la performance au niveau des services et du rendement du personnel. En effet, il est question de proposer la création par l'État d'une structure d'évaluation de la performance pour donner un satisfécit à nos partenaires chinois. Cela apparaît comme une judicieuse opportunité pour démontrer notre ambition de faire de la fonction publique locale un moteur de développement grâce à la création de l'emploi et des richesses, à la promotion de la culture et à la valorisation des spécificités. La mise en place de cette structure devrait conclure des contrats de performance entre les services de l'État et les CTD pour mesurer les évolutions des dynamiques locales.

Le recul de l'État sur sa mainmise en matière de gestion des ressources financières locales se pose avec acuité. Le remodelage du pouvoir central (DEBERRE 2007:221) au profil du citoyen est le sacro-saint de la décentralisation en vue d'assurer un véritable développement local. Le véritable transfert de compétences s'accompagne également d'un concours financier de l'État dans l'optique de stimuler la fiscalité locale. En effet, la ceinture sino-camerounaise a des perspectives d'amélioration sur l'augmentation des recettes locales qui impacte l'exercice de ces compétences. Elle exige de l'État un dialogue sur les transferts financiers à travers le respect scrupuleux de la loi sur le financement des collectivités locales. Ces règles doivent être plus transparentes et lisibles pour assurer la traçabilité des transferts au niveau de l'État et leur prévisibilité au niveau des CTD. Le dialogue sur l'organisation des transferts financiers de l'État aux CTD doit être basé sur l'information la plus précise possible concernant les montants impliqués et leur origine, ainsi que les modalités d'affectation envisagées pour le développement local. Cette information doit être transmise à chaque commune et devrait être également rendue publique dans un bulletin officiel pour faciliter les débats au sein de la société civile. Ce dialogue sera d'autant plus fécond s'il est organisé dans un cadre de concertation paritaire à l'image des structures spécialisées ainsi que les partenaires au développement.

La gestion efficiente des financements stimule l'élaboration d'un mode de partage des investissements étrangers en vue d'assurer le développement local. Une telle formule devrait tenir compte de la nécessité d'encourager les CTD à impulser des actions de développement économique local mais aussi de prendre en compte l'équité et la péréquation entre les CTD de niveau économique et/ou d'équipements différents. Dans cette veine, la ceinture sino-camerounaise encourage la tutelle en matière au renforcement des capacités comme un appui technique aux CTD en vue de créer et de gérer le système d'information géographique permettant d'identifier l'utilisation, l'appropriation et l'exploitation de toutes les ressources financières. Dans cette dynamique, les financements massifs de la Chine pour le fonctionnement des CTD devrait encourager la mise en place des équipes techniques pour la gestion de ce système en vue de développer le marché local vivace et efficace. Il est question de former les responsables pour avoir une bonne connaissance du potentiel fiscal local afin de maîtriser la mobilisation de la valeur ajoutée au service des populations. En outre, l'étroite collaboration entre la tutelle et les CTD invite les responsables locaux à s'engager résolument dans la mobilisation des ressources locales, qui demeure la seule voie durable de renforcement de l'autonomie financière. Ils devront, parallèlement à cet effort de mobilisation de leurs ressources propres, généraliser les campagnes de sensibilisation fiscale pour informer les citoyens sur la bonne utilisation des ressources locales. C'est pourquoi les réformes budgétaires locales, particulièrement la reddition des comptes aussi bien pour les populations que pour l'État, l'amélioration de la qualité de la dépense publique locale ainsi que la tradition des audits internes participent de la crédibilisation des CTD auprès des populations et de l'amélioration du civisme fiscal.

L'acquisition des investissements liés au développement local incite au renforcement des compétences de la dépense publique locale. Celle-ci apparaît comme une exigence basée sur la rigueur de gestion des finances locales, assortie de l'obligation d'en rendre régulièrement compte aux populations et aux autorités de l'État. L'adoption d'outils comme le budget participatif serait de nature à favoriser grandement cette évolution. En plus, ce renforcement de la dépense publique vise à crédibiliser la décentralisation pour un véritable développement local. Par-là, ce développement devrait se rapprocher des standards internationaux situés autour de 25% de la dépense publique mise en œuvre pour les CTD. Sur ce, il faut un lobbying fort auprès d'acteurs nationaux tels que l'État central, le Parlement et les partenaires au développement, les associations nationales de collectivités pour une telle évolution. Cela n'est possible que par la mise en œuvre et le renforcement d'une méthode pour l'institutionnalisation d'études standardisées et systématiques, et de l'analyse des comptes des Collectivités Territoriales Décentralisées. Pour un développement local effectif, la tutelle devrait inciter les CTD à la performance, à plus d'efficacité dans la gestion ainsi que des programmes institutionnels pertinents. C'est une assistance technique qui envisage également un dialogue sur la dotation générale de décentralisation.

Conclusion

La ceinture sino-camerounaise au regard du développement local s'inscrit dans la démarche de la sécurité humaine pour mettre l'Homme à l'abri du besoin. Elle est un démembrement sectoriel de l'Initiative la Ceinture et la Route en Afrique et émane des décisions politiques et géostratégiques dans le cadre de l'entraide et de la coopération mutuel entre le Cameroun et la Chine. Le développement local actuel s'appuie sur les standards internationaux et nationaux en matière de la maîtrise de la gouvernance locale. C'est une exigence qui impose aux acteurs locaux l'élaboration des politiques et des stratégies locales pertinentes pour une gestion efficiente des financements reçus. Cette participation active de la Chine envisage aussi la diffusion et la vulgarisation de sa culture en matière de collaboration. En plus, cette ceinture se présente comme un vecteur de transmission de sa magistrature d'influence dans le cadre de la construction géostratégique des pôles de développement local. Cela se présente comme un arrimage à la vision de la sécurité humaine responsable de l'épanouissement de l'homme.

Bibliographie

BENOIT F.P (1980) « Tocqueville », in Les idéologies politiques modernes,. (ouvrage)

Carcassonne G., (2001) « Le trouble de la transparence », Pouvoirs, n° 97. (article)

DEBERRE J.-C. (2007), « Décentralisation et développement local », Afrique contemporaine, /1 n° 221. (article)

FONTAN J.M., HAMEL MORIN P. Richard et SHRAGGE E. (2006)., « Le développement local dans un contexte métropolitain. La démocratie en quête d'un nouveau modèle ? », Politiques et sociétés, Vol 25, n°1, (article)

GORALCZYK B. (2017), « China's interests in Central and Eastern Europe : enter the dragon », European review 16, n°1. (article)

GOULARD G (2017), « France, Italy and China's Belt and Road Initiative », in The Diplomat, [En ligne] : httpp//thediplomat.com//03france-Italy-and-Chinas-belt-and-road-initiative/ p 2. (artcile)

GRANET M. (1968). La Pensée chinoise, Paris, Albin Michel (ouvrage)

HOBBES Thomas (1588-1679), Le Léviathan, I, XIII, 1650, in *La* Société et l'État. Synthèse : Les théories du contrat social http://www.ac-grenoble.fr/PhiloSophie/logphil/notions/etatsoc/esp_prof/synthese/contrat.htm

HUSSON B. (2013), « Un dispositif de crédibilisation des collectivités décentralisées : les Fonds d'appui aux collectivités territoriales », in Techniques Financières et Développement, /3, n° 112. (article)

JINCHEN Tian, « One Belt and One Road : Connecting China and the

World », (ouvrage)

KISSINGER H. (2011), On China, New York, The Penguin Press. (ouvrage)

KLEIN M.C. et PETTIS M. (2002)., « De Tiananmen à l'initiative « la ceinture et la Route ». Comprendre l'excédent de la Chine », in Les guerres commerciales sont des guerres de classes (ouvrage)

LOCKE J. (1953)., Essai sur le gouvernement civil (Traduction Jean-Louis FYOT), Paris, PUF. (ouvrage)

MANCOSU G., « La transparence administrative en Italie face au défi de l'open data », Conférence-débat du CDPC sur la transparence administrative et ses déclinaisons technologiques récentes, 15 avril 2013.

MURAWIEC Laurent, L'Esprit des Nations, op. cit. p. 35 (page 295 Gérard Dussyou, (ouvrage)

MBONO M. (2013), « L'Apport de la francophonie dans la construction d'un équilibre multipolaire », Master II en Science Politique, Université de Lyon III Jean Moulin

NANTULYA Paul, « Les enjeux du projet chinois « une ceinture une route » pour l'Afrique », in Éclairage, Centre d'études stratégiques de l'Afrique, n°8, Avril 2019. (article)

NMIRA AHANDA S. (2021), « La dotation Générale de la Décentralisation et le développement Local au Cameroun », Mémoire de Master II.

PANTEA Ana, (2018) « La Ceinture et la route dans l'Europe Occidentale », Synergies Roumanie, n°13, (article)

Programme des Nations Unies pour le Développement (PNUD), Rapport mondial sur le développement humain, Economica, Paris, 1994.

ROCHE J.J. (2001), Relations Internationales, Paris, L.G.D.J., 2e édition. (ouvrage)

ROUSSEAU J.J. (1966)., *Du* contrat social, Paris, Garnier-Flammarion. (ouvrage)

SARIETTE et BATIBONAK P. (2020).., « L'interpellation de l'intelligence territoriale », in Décentralisation financière : un déterminant efficace du développement local au Cameroun, Revue Africaine Inter-Disciplinaire, n°11. (article)

TAO X. (2017) « Chinese Foreign Policy with Xi Jinping Characteristics » Carnegie-TsinghuaCenterforGlobalPolicyhttp//carnegietsinghua.org/2017/11/20/chinese–

foreign-policy-with-xi-jinping-characteristics-pub-74765

WAEVER O.1995), « Securitization and désécuritizing », in R.D. LIPSCHUTZ (dir), On Security, New York. YINGWU Wang, « construire ensemble la Ceinture et la Route en vue d'un avenir meilleur », Cameroon Tribune du 08 Mai 2019, in mfa.gov.cn, consulté le 21 Mai 2022.

Arrêté n°00136/A/MINATD/DCTD du 24 août 2009 rendant exécutoire les tableaux-types des emplois communaux. Commission sur la Sécurité Humaine, Human Security Now: Final Report, New York, CSH, 2003.

DEUXIEME SESSION : PLAN DE DAKAR POUR LE DEVELOPPEMENT VERT ET L'INITIATIVE LA CEINTURE ET LA ROUTE

21. Le financement de l'economie et des infrastructures en afrique : modele et apport de la chine, *M. Hubert Otele Essomba*

Comment la Chine, pays le plus peuplé du monde a financé son économie ?

Comment un pays, dont une partie de la population mourrait de famine il y a quelques années (Angus Madison, « l'Economie chinoise : une perspective historique », deuxième édition, révisée et mise à jour, Paris, OCDE, 2017, P.49-50), a fait pour se développer au point de devenir au 21ème siècle, la deuxième puissance économique mondiale et le premier exportateur mondial tous produits confondus (sa croissance est surtout portée par les exportations qui ont augmenté de 30% en 2021) ?Sa structure économique et les financements spécifiquement mis en place ont permis ce pas de géant, soutenu par des facteurs de production que sont le travail et le capital, dont pourraient s'inspirer beaucoup de pays africains car du point de vue de sa réussite économique, l'empire du milieu est un vrai modèle pour l'Afrique qui reste le continent le plus pauvre de la planète.

Désir de revanche

En 1949, la Chine de MAO ZEDONG est alignée politiquement derrière l'URSS et son communisme : planifications dans de nombreux secteurs agricoles et industriels. Mais le leader emblématique chinois veut que son pays s'émancipe après avoir été une locomotive mondiale des siècles plus tôt. En effet, au début de l'ère chrétienne, le pays représente 25% du PIB mondial, en 1820 36% et rien que 4,6% en 1950 et 1% du commerce mondial.[192] C'est donc sur la base d'un désir de revanche que MAO ZEDONG va lancer la transformation économique

---

[192] *Hubert Testard, « Comment la Chine est revenue au premier plan », 28.09.2019*

de la Chine qui va être concrétisée et accélérée dès le début des années 80 par l'arrivée au pouvoir en 1978 de DENG ZIAOPING qui va abandonner les communes populaires et la planification centralisée. Il va convertir le pays à l'économie de marché. Ce sera une « économie socialiste de marché ». Le bilan va être impressionnant avec une croissance économique soutenue :

De 2000 à 2010, la Chine a fourni 33% de la croissance mondiale en valeur absolue;[193]

En 2010, l'économie de la Chine dépasse celle du Japon qui était jusque-là la plus grande économie asiatique,[194] elle est devenue par la même occasion la deuxième puissance économique mondiale ;

En 2013, la Chine est devenue le plus grand pays commercial au monde avec des exportations d'USD 2,21 trillions et des importations d'USD 1,95 trillions[195];

En 2014, la Chine est devenue, en parité de pouvoir d'achat, le premier pays au monde pour le PIB ;

L'excédent commercial dû aux exportations industrielles a permis de constituer des réserves de change qui ont atteint USD 3820 milliards au 1er janvier 2014;[196]

Le PIB de la Chine représente en 2020, 18,2% du PIB mondial en valeur nominale, derrière les USA et devant l'Union Européenne (*IMF- World 2020*) ;

Depuis 2011, la Chine est devenue le premier prêteur des pays en développement grâce à la China Development Bank et la China Export-Import Bank ;

En près de quarante ans depuis 1980, le PIB de la Chine a été multiplié par 37 ; le pays a affiché un taux de croissance moyen de plus de 10%/an sur la période.[197]

Financement des infrastructures en Chine

La soutenabilité du modèle de croissance de la Chine est intrinsèquement liée aux modes de financement de ses dépenses d'investissement, en particulier en

---

[193] *http//french.people.com.cn/Economie/7690387.html*
[194] *David BARBOZA : « China passes Japan as second-largest Economy », The New York Times, 15-08-2010*
[195] *David BARBOZA : « China passes Japan as second-largest Economy », The New York Times, 15-08-2010*
[196] *Chine : nouveau record des réserves de change, Le Figaro, 15.01.2014*
[197] *Capital, « l'explosion économique de la Chine en chiffres », 17.12.201).*

infrastructures. Le financement des infrastructures repose essentiellement sur les collectivités locales, le gouvernement central et l'émission de la dette. Le système fait reposer sur les ménages, l'intégralité du coût du financement des projets publics.

La croissance annuelle moyenne des dépenses a été soutenue de 1980 à 2008, année au cours de laquelle le pays a créé des LGIV (*Local Government Investment Vehicle*) pour émettre la dette. La capitalisation de ces LGIV est essentiellement composée de fonds propres gagés sur les terres et un fort endettement.

Marché financier chinois

Le secteur bancaire en Chine est désormais et de très loin, le plus grand au monde : le total des actifs bancaires s'élevait en 2020 à 49 307 milliards d'euros (*French.org.cn, 25.01.2021*), plus que le bilan des banques de l'ensemble de la zone Euro. La banque Industrial and Commercial Bank of China ayant 10% de ces actifs, elle est la plus grande banque du monde (*Nathan Sperber « Une finance aux ordres », 5.12.2020*).

Les dix plus grandes banques chinoises ont pour actionnaire majoritaire, le gouvernement central ; parmi ces banques, figurent China Construction Bank, Agricultural Bank of China, Bank of China, China Development Bank.

A travers ces dernières, le pays a connu une grande expansion financière pour la puissance publique. Ce modèle est contraire à celui des principaux pays développés qui sont plutôt allés vers une déréglementation des contraintes imposées par les Etats.

La finance chinoise est donc principalement axée sur le secteur bancaire (dont les six premières appelées 'big six' sont toutes cotées en bourse : Shanghai, Hong-Kong, New-York), et les prêts : les besoins de financement de l'économie sont couverts à 80% par les crédits bancaires contre 50% dans les pays développés (*Dominique de Rambures : « Chine : le chaînon faible », dans Vie et Sciences de l'entreprise 2013/3-4 n° 195-196 ; p. 198 à 209*). La finance de marché c'est-à-dire les actions, obligations et titres divers vient compléter le financement de l'économie.

Le secteur bancaire reste le pilier du système financier ; il collecte une abondante épargne (*45,18% du PIB en 2020 d'après la Banque Mondiale*), et a contribué largement au soutien de la croissance de ces dix dernières années. Les banques étrangères ne représentent que 2% du marché, ce qui limite drastiquement la concurrence.

Les principales entreprises cotées en bourse sont des entreprises publiques car les bourses de valeurs du pays ne sont pas lucratives comme en Europe et en Amérique du Nord, mais des entités subordonnées au pouvoir central : la bourse de Shanghai qui est la plus grande place boursière du pays enregistre en majorité dans ses cotations des entreprises publiques dont une infime part de actions est mise sur le marché. Depuis la création des marchés boursiers de Shanghai et Shenzen dans les années 1990 auxquels se sont ajoutés Hon Kong après son retour à la Chine en 1997, on compte depuis lors plus de 2500 sociétés cotées, avec une capitalisation boursière totale de plus d'USD 3000 milliards, ce qui place la Chine derrière le New York Stock Echange et le London Stock Echange, à la troisième place financière la plus importante au monde (*Dominique de Rambures, Vie et Sciences de l'entreprise, n° 195-196, pages 204 à 209*).

Les marchés obligataires sont eux aussi dominés par les entreprises publiques à la fois du côté des principaux émetteurs dont les fameux LGIV, que du côté des détenteurs des titres (*Lin et Milhaupt, « Bonded to the state », op. cit.*).

Le Shadow Banking qui finance les entreprises privées ayant un accès limité aux prêts classiques, est assuré également par les banques publiques qui en font la promotion et la distribution (*voir K. S. Tsai, « The political economy of state capitalism and Shadow Banking in China », Issues and Studies, 2015*).

En ce qui concerne la politique monétaire, la Banque populaire de Chine, banque centrale du pays n'est pas non plus indépendante du Gouvernement central : elle doit recevoir l'approbation du gouvernement pour toutes décisions ayant trait à l'émission monétaire, au différents taux d'intérêts appliqués et au taux de change.

Cette politique a des résultats : essor vertigineux du PIB de plus de 90% entre 1980 et 2016, progrès de la productivité de plus de 620% sur la même période, distribution de deux fois plus de liquidités pour le développement que les USA et l'UE (la plupart sous forme de prêts risqués à taux d'intérêts élevés accordés par les banques d'Etat). Selon le laboratoire de recherche *AidData de William & Mary*, la Chine a accordé ou prêté de l'argent à 13 427 projets d'infrastructures pour une valeur d'USD 843 milliards dans 165 pays ; une grande partie de ces fonds étant liée à la stratégie « Belt and Road » lancée en 2013 par le président Xi Jinping. En 2018, les échanges commerciaux entre la Chine et le reste du monde atteignaient USD 462 000 milliards (*CSIS/China Power « Is China the World's Top Trader » UN*

Comtrade date source). Depuis 2002, le pays a investi plus d'USD 2000 milliards dans le reste du monde (*China Global Investment Traker*).

En 2008, le journal français *Les Echos publiait le 19 novembre* que « la Chine est devenue le premier détenteur de bons du trésor américain avec un montant d'USD 585 milliards ». En octobre 2021, le montant de 2008 est doublé pour atteindre USD 1120 milliards, soit environ 17% de la dette souveraine américaine détenue par les investisseurs étrangers et 7% de la dette totale, deuxième créancier des USA après la Réserve fédérale (*Marie de Vergès, journal Le Monde, 24.05.2019*).

Dépenses d'investissement

La croissance économique de la Chine a été soutenue par une forte organisation des facteurs de production que sont le travail, le capital et la productivité. De 1980 à 2010, la population en âge de travailler a augmenté de 360 millions à 914 millions de personnes (*Universalis.fr*). L'effort d'investissement a donc été considérable, atteignant un niveau exceptionnellement élevé de près de 50% du PIB en 2010 (*Sources : Banque Mondiale*).

La productivité du travail a augmenté grâce à l'abondante disponibilité du capital et à l'élévation du niveau d'éducation et de qualification de la main d'œuvre.

Le pays a beaucoup investi dans les infrastructures depuis le début des années 1980. Le total des dépenses et investissements publics est passé par exemple de 41,3% du PIB en 2019, à 43,8% en 2020, alors qu'il était de 37% en 2014 (*Bnp Paribas, Eco conjoncture N°7//Sept. 2021*).

L'organisation des dépenses publiques est décentralisée, les collectivités locales sont responsables de la majorité des services publics et prennent en charge 85% du budget général, alors que leurs recettes propres ne représentent que 53% des recettes du budget général. Le déficit qui en résulte est comblé en partie par des transferts du gouvernement central, et les émissions obligataires générales du gouvernement central et des collectivités locales.

Depuis 20 ans, la construction d'infrastructures accompagne et soutient le développement du pays dans son « miracle économique » : 80% du PIB est consacré au dépenses d'infrastructures qui créent par ailleurs des emplois. L'accélération de l'urbanisation passée de 36% en 2008 à 34% en 2020 (*Journal français Le Monde, 08.02.2021*) a nécessité 10 000 kms/an d'autoroutes, 41 aéroports ces cinq dernières années, des centaines de lignes de chemin de fer et de métro, la facilitation du transport dans le pays. Le Conseil des Affaires d'Etat avait prévu dans le 13ème plan quinquennal de 2016-2020 que le pays compterait 150 000 kms de voies ferrées, 5 millions de kms de routes, 260 aéroports et 2527 places de mouillage pour les navires de plus de 10 000 tonnes (*French.China.org.cn 1er.03.2017*).

Ceci fait de la Chine la première place au monde en termes de longueur de chemins de fer à grande vitesse, des autoroutes, du réseau de transport ferroviaire urbain, du nombre de places de mouillage pour navires de plus de 10 000 tonnes. A ce propos, sept des dix plus grands ports mondiaux en matière de débits de conteneurs se trouvent en Chine. Malgré cela, le développement des infrastructures est en retard dans les régions moins développées du Centre et de l'Ouest du pays.

Investissements chinois à l'étranger

L'initiative « One Belt, One Road » a augmenté les investissements de la Chine dans les infrastructures à l'échelle internationale, en particulier vers les pays en développement. Ceci répond à une politique visant à réduire les frais de logistique et de transport dans les exportations, mais aussi d'accroître les échanges avec les pays en développement. L'importance des réserves financières du pays lui permet de multiplier les investissements dans les infrastructures. Le pays s'est ainsi lancé dans un grand chantier au niveau des institutions économiques internationales : la création de la Banque Asiatique d'Investissements dans les Infrastructures (AIIB) qui vient concurrencer le FMI et la Banque Mondiale. L'ensemble des pays du G20 en sont membres fondateurs, sauf les USA et le Japon (*lire sur l'AIIB, Wang Hongying « The AIIB, a new Bretton Woods Moment ? A total Chinese Triumph ?, Centre for International Covernance Innovation, avril 2015*).

L'Asie du Sud-Est est la principale place du globe où vont les investissements chinois en volume et en nombres de projets : installations portuaires, infrastructures permettant l'exploitation des sols et sous-sols. Pékin s'appuie sur quatre principes à cet effet : la coopération sud-sud, une stratégie tournée vers l'extérieur, une politique de bon voisinage et un nouveau concept de sécurité. L'Asie du Sud-Est est par ailleurs la région qui compte les plus importantes diasporas chinoises.

En Afrique, la Chine a consolidé sa présence ; elle est aujourd'hui son premier investisseur (*depuis 2016, d'après le rapport du Financial Times sur les IDE en Afrique, août 2017*), son principal partenaire économique et commercial et son premier créancier. La Chine a besoin des ressources énergétiques abondantes de l'Afrique et cette dernière a besoin des aides et des financements chinois pour se développer.

En 2003, le stock total des investissements chinois en Afrique était d'USD 4,9 milliards, USD 130,4 milliards en 2010, 346,9 milliards en 2015 pour atteindre USD 473,5 milliards en 2020 (*Olivier Marbot, Jeune Afrique : « l'irrésistible ascension des investisseurs chinois », 27.02.2022*). D'après le même article de Jeune Afrique, 70% desdits investissements sont concentrés dans 12 pays dont principalement l'Afrique du Sud et la RDC et 70% des investissements réalisés le sont par des entreprises privées sur des prêts des banques publiques. Le *rapport McKinsey « Dance of the lions and dragons » publié en 2017* estimait à 10 000 le nombre d'entreprises chinoises sur le continent, dont 90% sont à capitaux privés.

Mais il y a un revers de la médaille tel que l'a révélé une enquête de Solène Benhaddou dans Jeune Afrique publié le 05.10.2021 avec pour titre : « Chine-Afrique : les pays en développement face à une dette cachée de 330 milliards d'euros ». En effet, selon l'Institut américain AidData, depuis l'inauguration en 2013 du programme « Belt and Road », la Chine a engagé des sommes importantes dans les économies des pays en développement pour des projets d'infrastructures. Mais les engagements financiers chinois ont été sous-déclarés, amenant les gouvernements à payer des dettes dont ils n'ont pas connaissance. Selon le rapport de l'Institut publié le 29.09.2021, 70% de la dette extérieure de la Chine est émise par des entreprises publiques et des coentreprises ou même des institutions du secteur privé ; les emprunts sont assortis d'une clause obligeant les gouvernements à rembourser si le signataire ne le peut pas. En conséquence, les dettes de 23 pays africains vis-à-vis de la Chine sont au-dessus de 10% de leur PIB, avec une plus grande exposition pour la RDC, le Sénégal, le Cameroun et le Togo.

Le même rapport souligne que dans la mise en œuvre des projets, « des scandales de corruption, des violations du droit de travail ou encore de risques environnementaux touchant jusqu'à 35% des projets des « Nouvelles Routes de la Soie ».

La Chine devenue le premier investisseur de l'Afrique et premier prêteur des pays en développement peut-elle réussir à faire du continent noir un autre « miracle économique » ?

Besoins infrastructurels de l'Afrique

Besoins pour la croissance

Le continent africain souffre d'un déficit inqualifiable d'infrastructures qu'il est nécessaire de financer pour lutter contre la pauvreté en faisant accéder une plus grande partie de sa population à des besoins essentiels : énergie, eau potable, assainissement, transports…

La BAD estime qu'il faut USD 130 à 170 milliards/an pour le développement des infrastructures en Afrique, mais il y a un déficit de financement de l'ordre d'USD 68 à 108 milliards qui ne représente presque rien, comparé aux actifs gérés par les institutionnels et autres dans le monde :

L'Organisation Internationale des Commissions de Valeurs (OICV) a publié son enquête annuelle sur les activités des fonds d'investissement au niveau mondial (*Finance et Investissement, 10.01.2022, « L'industrie mondiale des fonds d'investissement continue de croître »*). Bien que l'industrie desdits fonds peut présenter des risques systémiques pour le système financier international, l'enquête révèle que 67% de l'actif total sous gestion est de près d'USD 50 000 milliards dont USD 43 000 milliards gérés par les fonds à capital variable avec une prédominance des fonds d'actions ;

Les assurances, en collectant l'épargne, financent massivement l'économie, notamment les entreprises et les Etats sous formes d'actions et surtout d'obligations ; de plus en plus, les assureurs mondiaux augmentent la part de leur allocation dans le 'private equity' et dans la dette infrastructure. Le secteur de l'assurance reste faiblement exposé au risque de liquidité (risque lié à la vente rapide et nécessaire de portefeuille d'actifs pour payer les assurés). Les investissements des assureurs sont principalement réalisés sur des classes d'actifs liquides et de bonne qualité avec un rendement permettant de servir un taux attractif aux assurés, sans contrainte de liquidité. Le marché mondial de l'assurance, branches vie et non vie confondues a été d'USD 6 287 milliards en 2020, contre USD 6 264 milliards en 2019 (*Atlas Magazine, « Marché mondial de l'assurance en 2020 »*).

On peut également ajouter le poids du 'Shadow Banking', cette finance de l'ombre qui représente aujourd'hui d'après le Conseil de Stabilité Financière (organisme créé lors de la réunion du G20 à Londres en 2009 et regroupant 26 autorités internationales), 14% du total des actifs mondiaux gérés par le secteur financier. Ces chiffres concernent uniquement les activités des institutions financières non bancaires répertoriées par les activités comme étant impliquées dans l'intermédiation de crédit et pouvant créer des risques de stabilité financière. Dans sa définition plus large, le Shadow Banking pèse quelques USD 184 000 milliards, soit dans ce cas, 48% du total des actifs financiers de la planète (*Revue Conseiller, « Shadow Banking, poids lourd planétaire », 10.02.2020*).

Selon les derniers rapports du Conseil de Stabilité Financière, en abrégé en anglais FSB, la Chine est devenue l'un des principaux mastodontes du Shadow Banking, concentrant à elle seule USD 8 254 milliards dans ce secteur, les Îles Caïmans USD 5 388 milliards, l'Irlande USD 2 800 milliards, le Luxembourg USD 3 564 milliards en sont les autres acteurs principaux.

La liquidité est donc abondante, surabondante, il faut juste la capter. L'Afrique regorge de matières premières enviées et exploitées par l'Occident et la Chine ; ses ressources naturelles sont surabondantes et elle a un capital humain important. La bonne gestion de ces deux éléments avec des fonds dédiés qui peuvent être trouvés facilement, garantirait son développement économique immédiat. L'Afrique représente 40% des réserves mondiales d'or, 30% des réserves de minerais, 12% des réserves de pétrole (gaz y compris) dont près de 85% dans le Golfe de Guinée (*Tristan Gaudiaut, « l'Afrique grand pourvoyeur de matières premières », Statista 12.05.2022*).

La Chine comme modèle de croissance

En 2022, la population africaine est estimée à 1,4 milliards de personnes, soit 18% de la population mondiale (*démographie de l'Afrique-Wikipédia et World population Prospects. Nations Unies*) et sera doublée d'ici 2050 pour atteindre 40% de la population mondiale en 2100 selon l'ONU. Sa population est toujours selon l'ONU, la plus jeune au monde avec une moyenne de 19 ans, deux fois plus jeune que les USA (38 ans). Malgré cela, le continent ne représente que 3% du PIB mondial et très peu de pays atteignent l'objectif défini par l'Agenda 2063, à savoir un taux de croissance annuel moyen de 7%. En outre, sa croissance ne génère pas autant d'amélioration du bien-être qu'ailleurs dans le reste du monde. Il y a là des similitudes avec la situation économique de la Chine au début des années 1970 dont pourrait s'inspirer l'Afrique pour lancer son développement à grande vitesse.

A ce titre, la Chine représente un modèle : elle a engagé sa conquête économique du monde par un désir de revanche et un modèle financier propre, caractérisé par la finance publique contrôlée par un gouvernement central qui laisse les gouvernements locaux s'endetter pour financer les infrastructures (stimulus par endettement).

Il y a deux types de systèmes financiers dans le monde : celui où prédomine les banques, et celui qui privilégie les marchés financiers. La Chine a choisi le premier système pour des raisons diverses qui sont d'ordre culturel, juridique et social. C'est un pays marqué par des traditions éthiques confucéennes qui favorisent les relations interpersonnelles où il est accordé plus d'importance aux crédits basés sur les affinités que sur les contrats ; une telle culture s'accommode plus facilement sur un système basé sur la solidité des banques. La population chinoise soutient donc et adhère à un système financier dominé par les banques, mais avec aujourd'hui la promotion des opérations mixtes dans le secteur, la création d'un système de réglementation et de supervision unifié, la promotion ordonnée de l'ouverture du compte des capitaux dès le milieu des années 1990. Le capital financier est mobilisé par le pouvoir comme vecteur principal de sa politique de développement et de puissance. Le capital financier s'est substitué aux ressources fiscales, ce qui a émancipé la politique économique des contraintes budgétaires.

Makhtar DIOP, ancien Vice-Président de la Banque Mondiale pour la région Afrique déclarait à Beijing en 2015 : « …Les pays africains ne vont pas, et ne doivent pas, imiter les institutions chinoises. Nous devons plutôt créer les conditions nécessaires pour tracer notre propre trajectoire de croissance, en nous basant sur notre histoire, notre culture et nos institutions…l'Afrique considère la Chine, non seulement comme un partenaire d'affaires, mais également comme un mentor en matière de croissance… »

Bibliographie

Burns, T. S., 2003. Rome and the barbarians, 100 B.C.–A.D. 400. Baltimore: Johns Hopkins University Press.

Shillington, K., 1995. History of Africa, revised second edition. New York: St. Martin's Press, p.32.

Odgaard, L., 2013. Peaceful coexistence strategy and China's diplomatic power. The Chinese Journal of International Politics, 6(3), pp.233–272.

BBC, 2012. China's Hu Jintao in corruption warning at leadership summit. [online] 08 November. Available at: http://www.bbc.com/news/world-asia-china20233101

Swaine M.D., 2014. Chinese views and commentary on periphery diplomacy. China Leadership Monitor, 44, pp.1–43.

Xinhua, 2016. Xi's trip to boost Belt & Road initiative. China Daily Asia [online] 15 June. Available at http://www.chinadailyasia.com/nation/2016-06/15/content_15449187.html

Elisseeff, V., 2000. Approaches old and new to the Silk Roads, in Elisseeff, V. (ed.), The Silk Road: Highways of Culture and Commerce. New York: Berghahn Books, pp.1–26.

1African Economic Outlook (2015) Trade policies and regional integration in Africa. AfDB, OECD, UNDP 2016, pp.73–88.

Fotheringham & Fang, n.d. OBOR – One Belt One Road initiative. Available at: http://www.fotheringhamfang.com/bnr.html

22. L'avenir du système monétaire international à l'aune de la puissance économique chinoise, *Pr. Boniface Bounoung Fouda*

Introduction

Le système monétaire international (SMI) est l'ensemble des principes, règles et institutions qui déterminent d'une part, la nature des rapports monétaires entre les États et d'autre part, qui assurent la provision de la liquidité internationale. Pour cela, le SMI est toujours apparu comme un ordre politique qui subit cependant les altérations que lui impose la configuration de l'ordre économique globale à chaque moment de l'histoire. L'actuel système n'a pas échappé à cette règle. Après la première guerre mondiale, la montée en puissance de l'économie américaine a évincé la Livre Sterling comme principale monnaie de réserve au profit du Dollar américain en 1920. Cette configuration a été renforcée avec les accords de Bretton-Woods car au sortir de la seconde guerre mondiale, les Etats-Unis sont devenus une superpuissance économique. En effet, en 1944, les États-Unis représentaient plus de la moitié de la richesse mondiale créée et disposaient plus de deux tiers des réserves d'or. Cette prépondérance de l'économie américaine explique pourquoi le système de Bretton Woods reposera exclusivement sur la convertibilité du Dollar en or au prix de 35 Dollars l'once et sur la centralité du Dollar comme monnaie principale de réserve. Aujourd'hui, malgré des aménagements obtenus lors des accords de Kingston[198] en 1976, ce

---

[198] Cet accord marque la fin du système de Bretton Woods, Mais les Etats-Unis avaient déjà suspendu ce système depuis le 15 août 1971.

système se fonde toujours prioritairement sur le statut de première puissance économique dont bénéficient encore les États-Unis sans tenir compte du remodelage de l'espace économique international depuis environ deux décennies notamment avec la montée en puissance de nouveaux pays industrialisées (NPI) en Asie, mais surtout l'émergence économique de la Chine.

Ainsi au premier trimestre 2010, la Chine est devenue officiellement la deuxième puissance économique mondiale évinçant le Japon qui jusque-là avait assuré le rôle d'éternel second derrière les États-Unis. De plus, les projections suggèrent une perspective de rapprochement qui placera la Chine à la hauteur des États-Unis en 2035 (Fouré & alii., 2012). Avec de telles perspectives, les relations monétaires internationales ne peuvent évidemment plus faire l'objet d'un examen ignorant la hiérarchie internationale des puissances comme s'il existait un régime monétaire indépendant des facteurs économiques structurants la configuration du pouvoir économique à l'échelle mondiale (Benassy-Quéré & Pisani-Ferry, 2011). En clair, tout porte à croire que l'économie mondiale a déjà entamé sa transition vers la multipolarité.

L'émergence économique de la Chine a le mérite d'impulser une nouvelle dynamique au sein des relations économiques internationales et d'amener ainsi à s'interroger sur la configuration prochaine du SMI qui serait de nature à prendre en compte cette nouvelle structuration de l'économie mondiale. En suscitant de nouveaux enjeux, la nouvelle architecture des rapports de force entre les différentes puissances économiques nous conduit logiquement à une analyse prospective sur l'avenir des relations monétaires internationales et donc du SMI au regard de la place qu'occupe aujourd'hui la Chine dans cette nouvelle configuration de l'économie mondiale. Dans cette optique, cette étude nous permettra tout d'abord de montrer dans la section 2 que la Chine est désormais une puissance économique incontestable, puis dans la section 3, nous essayerons de montrer à travers quelques faits stylisés que la monnaie chinoise s'est engagée dans une phase d'internationalisation croissance qui sera interprétée à la section 4 comme un signe annonciateur de l'avènement d'un polycentrisme monétaire international, puis nous conclurons à la section 5.

La Chine, une puissance économique désormais incontestable

Au premier trimestre 2010, la Chine est devenue officiellement la deuxième puissance économique mondiale évinçant le Japon qui jusque-là avait assuré le rôle d'éternel second derrière les États-Unis. De plus, les projections suggèrent une perspective de rapprochement qui placera la Chine à la hauteur des États-Unis en 2035[199] (Fouré & alii., 2012). Sans doute ce rattrapage se fera plus tôt, et d'après nos estimations en statique comparative appliquées au cas du Japon, la Chine devra être la première puissance économique du monde en 2027. Si on considère d'ailleurs la PIB en parité des pouvoirs d'achat qui est un meilleur indicateur de comparaison inter pays, d'après le graphique ci-dessous, la Chine est devenue la première puissance économique mondiale depuis 2017.

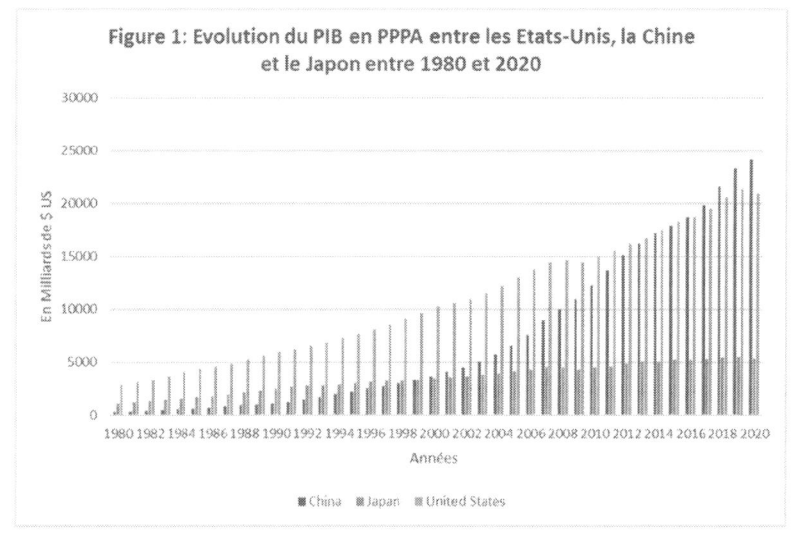

Figure 1: Evolution du PIB en PPPA entre les Etats-Unis, la Chine et le Japon entre 1980 et 2020

Source : World Economic Outlook (2021), FMI

La puissance économique de la Chine s'observe également au niveau commercial. En 2000, la Chine n'occupait que 3,8% du commerce mondial contre 12,1% pour les Etats-Unis[200]. En 2020, la part du commerce de la Chine

---

[199] Fouré, J., Bénassy-Quéré, A. & Fontagné, L. (2012), "The Great Shift: Macroeconomic Projections for the World Economy at the 2050 Horizon", Document de travail CEPII, N°2012-03

[200] Toutes les données utilisées dans ce travail ont été extraites des bases de données de la Banque Mondiale (worlddevelopmentindicators), du FMI (WEO), de l'OMC (Wtodata) de la plateforme bloomberg (bloomberg.com).

dans le commerce mondial est montée à plus de 14% contre 8,14 pour les Etats-Unis reléguant ainsi une fois de plus ce pays au second rang. Cette domination de la Chine est encore mieux perceptible si on analyse des secteurs spécifiques porteurs de croissance économiques tels que les équipements de télécommunications ou des circuits intégrés. Pour les équipements de télécommunications, la part de la Chine dans le commerce mondial est passé de 6,7 % en 2000 à 42,3 % en 2020 alors que dans le même temps, la part des Etats-Unis dans le commerce mondial déclinait, passant de 11,4% en 2000 à 6,2 % en 2020. Il en est de même du commerce des circuits intégrés où la Chine domine désormais le commerce mondial. Sa part dans le commerce mondial est passé de 1,7 % en 2000 à 19,5 % en 2020, alors que celui des Etats-Unis passait de 20,4 % en 2000 à 7,5 % en 2020. Et cette tendance n'est pas prête de s'arrêter car si le phénomène de « rattrapage économique » à travers le principe de la Beta-convergence se traduit par un ralentissement de la croissance économique au point de « rattrapage » des pays développés, ce principe risque de ne pas s'appliquer dans le cas de la Chine. En effet, la Chine dispose d'un avantage comparatif indéniable pour ses industries intensives en travail du fait de la démographie et du sous-emploi en milieu rural (armée industrielle de réserve). Ces deux effets conjugués lui assurent un potentiel de croissance élevée pendant encore plusieurs décennies.

Avec de telles perspectives, les relations monétaires internationales ne peuvent évidemment plus faire l'objet d'un examen ignorant la hiérarchie internationale des puissances comme s'il existait un régime monétaire indépendant des facteurs économiques structurants la configuration du pouvoir économique à l'échelle mondiale. Autant, la puissance économique des Etats-Unis a fait du Dollar la monnaie de réserve, autant la Chine entraînera sa monnaie, le Yuan ou Renminbi, dans son sillage de la contestation de la puissance économique américaine.

L'internationalisation grandissante du Yuan ou Renminbi (CNY)

L'internationalisation du Yuan est le corollaire naturel de l'expression de la puissance économique de la Chine. En effet, l'internationalisation d'une monnaie ne saurait être le fruit d'une génération spontanée. Il s'agit bel et bien d'un construit historique fondé à la fois sur des facteurs économiques mais également politiques. Un examen approfondi des principales monnaies internationales (Dollar, Yen, Euro, Livre Sterling) nous révèle que l'internationalisation grandissante de chacune de ces monnaies s'est effectuée suivant l'ordre imposé par la hiérarchie des puissances surtout sur le plan économique. La puissance économique étant ainsi le cheval de Troie de l'internationalisation de la monnaie.

Le premier axe d'ouverture du Yuan sur le plan international s'est articulé sur son utilisation dans les transactions commerciales avec les partenaires commerciaux de la Chine. En encourageant dès 2009, les exportateurs chinois à privilégier l'utilisation du Yuan dans la facturation et le règlement de leurs exportations, le gouvernement chinois a donné un coup d'accélérateur à la demande du Yuan par les non-résidents. Cette politique de promotion de l'internationalisation du Yuan a été renforcée par le 13ème plan quinquennal 2016-2020. Ainsi, en 2010 seulement 3% du commerce extérieur de la Chine était payé en Yuan, en 2012, plus de 15% du commerce extérieur chinois était désormais réglé en Yuan et cette monnaie occupait le 13ème rang parmi les monnaies les plus utilisées. Mais en 2021, le Yuan est devenu la 5ème monnaie la plus utilisée pour régler les échanges mondiaux

Le deuxième axe de l'internationalisation grandissante de la monnaie chinoise est le marché obligataire. En effet, le volume des titres libellés en Yuan émis hors de la Chine continentale appelés « Dim sum » ne cesse de croître. En 2010, le montant total des titres « Dim sum » émis s'élevait à 35,7 Mds de Yuan, en 2016, ce montant a atteint 300 Mds de Yuan après avoir frôler son pic en 2014 avec un montant de 587 Mds de Yuan.

Le troisième axe de l'affirmation du Yuan comme monnaie internationale et même comme monnaie de réserve est le volume de Yuans détenus par les Banques centrales étrangères. En 2000, aucune banque ne détenait le Yuan comme monnaie de réserve, mais en 2020, plus de dix-sept (17) Banques centrales détiennent le Yuan comme monnaie de réserve. C'est le cas des Banques centrales du Nigeria, du Zimbabwe, de l'Afrique du Sud, du Ghana, et Thaïlande etc. Cet axe peut être prolongé à l'analyse du marché des devises où les Etats-Unis avec le Dollar occupent une suprématie incontestable depuis plusieurs années, mais une suprématie qui s'érode certes lentement mais sûrement depuis une décennie. En 2000, pratiquement 0% des transactions sur le FOREX ne concernaient le Yuan, en 2019, 1% des échanges impliquaient le Yuan, en 2021, près de 3 %

impliquaient désormais cette monnaie. Malgré le fait que la part de Yuan demeure faible que ce soit pour sa détention comme monnaie de réserve ou son utilisation sur le marché de devises, il est à parier que la puissance économique de la Chine va faire pression sur les investisseurs rationnels afin que cette monnaie occupe la place qui est la sienne dans le système monétaire international actuel. Et cette pression économique au-delà des pressions politiques qui continuent de maintenir artificiellement le Dollar à un niveau surélevé par rapport à la puissance productive de l'économie américaine entraînera inéluctablement la contestation de l'ordre actuel du système monétaire international.

Vers un polycentrisme du système monétaire international

Le polycentrisme du système monétaire international suppose que la dominance du Dollar va s'éroder de manière significative et qu'à coté, va émerger une monnaie qui servira également à la fois de monnaie de réserve et de monnaie des échanges internationaux. Or comme nous l'avons vu plus haut, l'internationalisation grandissante de la monnaie chinoise semble être le point de départ d'un polycentrisme monétaire global, qui se traduira inéluctablement par une redistribution plus équitable du pouvoir monétaire à l'échelle mondiale. Un tel système peut d'ailleurs être bénéfique pour de nombreux pays car selon Le système monétaire international (SMI) est l'ensemble des principes, règles et institutions qui déterminent d'une part, la nature des rapports monétaires entre les États et d'autre part, qui assurent la provision de la liquidité internationale. Pour cela, le SMI est toujours apparu comme un ordre politique qui subit cependant les altérations que lui impose la configuration de l'ordre économique globale à chaque moment de l'histoire. L'actuel système n'a pas échappé à cette règle. Après la première guerre mondiale, la montée en puissance de l'économie américaine a évincé la Livre Sterling comme principale monnaie de réserve au profit du Dollar américain en 1920. Cette configuration a été renforcée avec les accords de Bretton-Woods car au sortir de la seconde guerre mondiale, les Etats-Unis sont devenus une superpuissance économique. En effet, en 1944, les États-Unis représentaient plus de la moitié de la richesse mondiale créée et disposaient plus de deux tiers des réserves d'or. Cette prépondérance de l'économie américaine explique pourquoi le système de Bretton Woods reposera exclusivement sur la convertibilité du Dollar en or au prix de 35 Dollars l'once et sur la centralité du Dollar comme monnaie principale de réserve. Aujourd'hui, malgré des aménagements obtenus lors des accords de Kingston[201] en 1976, ce système se fonde toujours prioritairement sur le statut de première puissance économique dont bénéficient encore les États-Unis sans tenir compte du remodelage de l'espace économique international depuis environ deux décennies notamment avec la montée en puissance de nouveaux pays industrialisées (NPI) en Asie, mais surtout l'émergence économique de la Chine.

Les monnaies internationales qui coexisteront dans un SMI polycentré pourront permettre de minimiser les coûts de transaction dans les échanges au niveau global par un choix adapté et rationnel de la devise utilisée en fonction de son partenaire commercial ou financier. Ainsi par exemple, comment comprendre que l'Afrique commerce près de 20 fois plus avec la Chine qu'avec les Etats-Unis, mais seulement 3% des importations africaines sont libellés en Yuan, ceci a pour conséquence, une perte de change pour les importateurs africains, une perte de bien-être pour les consommateurs africains (diminution du surplus du consommateur) et un épuisement inutile des réserves de change en Dollar pour les pays africains. Aucune logique économique rationnelle ne pourrait expliquer le maintien de manière durable de telles incohérences factuelles.

De plus, un SMI polycentré pourrait assurer une stabilité des taux de change et limiter les risques de contagion entre différents pays en cas de survenance d'un choc négatif dans l'un des pays. Un tel système peut aussi être souhaitable dans la mesure où il pourrait favoriser une allocation plus efficiente des ressources financières internationales tout en permettant à la fois une dilution du « dilemme de TRIFFIN[202] » et du « privilège exorbitant » dont bénéficient les États-Unis avec le Dollar.

---

[201] Cet accord marque la fin du système de Bretton Woods, Mais les Etats-Unis avaient déjà suspendu ce système depuis le 15 août 1971.
[202] Le Dilemme de Triffin est un paradoxe économique mis en exergue par Robert Triffin en 1960 et qui analyse la situation paradoxale dans laquelle se trouvent les pays dont la monnaie est une monnaie de réserve internationale, car ces pays doivent nécessairement être en déficit commercial pour que les agents économiques non-résidents détiennent leurs monnaies, or en étant déficitaire trop longtemps, ces agents finissent par perdre confiance dans cette monnaie, ce qui accélère la fin du statut hégémonique de la monnaie.

Conclusion

La présente étude avait pour but d'exposer les modifications que pourrait subir le SMI compte tenu des évolutions structurantes qui redessinent la hiérarchie des puissances dans le monde depuis maintenant quelques décennies. Précisément, il était d'un intérêt particulier d'analyser les implications qui devraient survenir dans l'ordre monétaire international avec l'avènement incontestable de la Chine comme puissance économique. Dans cette optique, il était important de mettre en exergue le lien direct et net qui existe et quia toujours existé entre la puissance économique d'un pays et son poids ou plutôt le poids de monnaie dans le système monétaire international, ce fût le cas d'abord avec la Livre Sterling anglaise après la révolution industrielle, puis avec le Dollar américain après la deuxième guerre mondiale, et ce sera inéluctablement le cas avec le Yuan chinois dans les années à venir à moins d'une survenance d'un événement imprévu et exceptionnel tel qu'une guerre qui pourrait entrainer la destruction de son outil de production. A défaut, l'éventualité d'une reconfiguration du SMI est inéluctable et se traduit déjà notamment par l'internationalisation du Yuan tant au niveau du règlement des échanges commerciaux, qu'au niveau des marchés obligataires et même dans les circuits bancaires. Cette politique d'ouverture graduelle du Yuan rend compte de l'entreprise d'expansion de l'influence chinoise en révélant sa volonté de puissance. De fait, il est difficile d'envisager la stabilité monétaire globale dans un espace économique mondial déjà multipolaire sans admettre la nécessité de permettre l'émergence d'un ordre monétaire polycentré dans lequel cohabiteraient de façon équitable plusieurs monnaies de réserve que seraient le Dollar, l'Euro et le Yuan. À l'analyse, l'émergence économique de la Chine devrait modifier la structuration de l'espace monétaire global en consacrant définitivement le polycentrisme monétaire mondial. Pour cela, il convient de cerner les enjeux liés au polycentrisme monétaire et d'entreprendre des réformes pertinentes en vue de pérenniser les vertus stabilisatrices que l'on peut lui reconnaître. Dans ce sens, il est nécessaire de renforcer la gouvernance globale en remodelant les institutions financières multilatérales de façon à renforcer leur légitimité. Il s'agit d'étendre leur champ d'action et de leur donner plus de moyens pour rendre leur action plus efficace dans les domaines de la provision des liquidités en temps de crise.

Toutefois l'histoire des relations monétaires internationales nous commande de reconnaître que malgré les performances exceptionnelles de l'économie chinoise et son entrée dans le concert des puissances en tant que deuxième puissance économique mondiale, il est plus probable qu'il se maintienne, pendant un certain temps, une inertie des comportements dans l'utilisation des monnaies de réserves. Seulement, cela ne nie pas l'inévitable basculement vers un régime monétaire multipolaire. Cependant, étant donnés les enjeux liés à l'internationalisation complète de la monnaie chinoise, l'on doit s'attendre à un processus graduel marqué par une stratégie de prudence et commandé par des objectifs internes dont la compromission pourrait s'avérer dommageable pour la Chine notamment.

Bibliographie

Allen, W. et Moessner, R., (2010), « Central Bank Cooperation and International Liquidity in the Financial Crisis of 2008-9 », BIS Working Paper N° 310, 2010

Anderlini, J. et Cookson, R., (2011), «Cross-border trade renminbi flourishes», Financial Times, March 2011.

Bénassy-Quéré, A. et Pisany-Ferry, J., (2010), « Quel système monétaire international pour une économie mondiale en mutation rapide », CEPII, Document de Travail N° 2011- 04 a, 2010.

Benigno, G., (2010), "Challenges for the Dollar as a Reserve Currency", in Paola Subacchi et Driffil, J., Beyond the Dollar: Rethinking the International Monetary System, Chatham House Report, 2010, pp.23-29.

BIRD, 2021, Worlddevelopmentindicators, BIRD : Washington DC.

Calliari, A., (2011), « Adapting the international monetary system to face 21st century challenges », DESA Working Paper, N°104, 2011.

Camdessus, M., Lamfalussy, A. et Padoa-Schioppa, T., (2011), "Reform of the international monetary system: a cooperative approach for the twenty first century", Palais Royal Initiative, 2011.

Cartapanis, A., (2009), « The Dollar Unchallenged: Political Economy of an International Currency », Revue d'Economie Financière, N° 94, 2009.

Chinn, M. et Hiro, I., (2008), "A New Measure of Financial Openness", Journal of Comparative Policy Analysis, 2008, pp.309-322.

Chinn, M., et Fankel, J., (2007), "Why the Euro will Rival the Dollar", International Finance, 2007, pp 49-73.

Dobson, W. et Masson, P., (2008), "Will the renminbi become a world currency?", University of Toronto, IIB paper N°10, 2008.

Dooley, M., Folkerts-Landau, D. et Garber, P., (2004), "The Revived Bretton Woods System", International Journal of Finance and Economics N° 9, 2004, pp. 307-313.

Dyer, G. et Cookson, R., (2010), « Currencies: Yuan Direction », Financial Times, 2010.

Eichengreen, B., (2009), "Out of the Box Thoughts about the International Financial Architecture", IMF Working paper, 2009.

Eichengreen, B., (2010), "The Dollar Dilemma: The World's Top Currency Faces Competition", Foreign Affairs, 2010, pp.53-68.

Eichengreen, B., et Flandreau, M., (2008), "The Rise and Fall of the Dollar, or When Did the Dollar Replace Sterling as the Leading International Currency?", NBER, working paper N° 14154, 2008.

Faugère, J-P. et Voisin, C., (1994), Le système financier et monétaire international ; crises et mutations, Paris, Nathan, 4ème édition, 1994.

FMI, 2021, World Economic Outlook, FMI : Washington DC.

Fouré, J., Bénassy-Quéré, A. & Fontagné, L. (2012), "The Great Shift: Macroeconomic Projections for the World Economy at the 2050 Horizon", Document de travail CEPII, N°2012-03

Galati, G. et Wooldridge, P., (2006), « The Euro as a Reserve Currency a Challenge to the Pre-eminence of the US Dollar? », BIS Working Paper N° 218, 2006.

Gao, C., (2011), «Yuan-based trade to increase », China Daily, January 2011.

Gao, H. et Yu, Y., (2009), "Internationalization of the Renminbi", BoK-BIS Seminar, Seoul, March 2009.

Hu, X., (2010), "Successful Experiences of Further Reforming the RMB Exchange Rate Regime", People Bank of China (PBoC), July 2010.

Kirshner, J., (2003), Monetary Order: Ambigous Economics, Ibiquitous Politics, Ithaca, Cornell University Press, 2003.

Mc Guire, P. et Von Peter, G., (2009), « The US Dollar shortage in global banking and the international policy response », BIS Working Paper N° 291, 2009

Mc Kinnon, R., (1993), « The Rules of Game: International Money in

Historical Perspective », Journal of Economic Literature, 1993, pp. 1-44.

Murphy, M. et Wen, J. Y., (2009), "Is China ready to Challenge the Dollar?", Washington, Centre for Strategic and International Studies, 2009.

Nugee, J., (2010), "Reconsidering the Reserve Currency Question" in Paola SUBACCHI et John DRIFFIL, Beyond the Dollar: Rethinking the International Monetary System, Chatham House Report, 2010, pp. 10-15.

O'neill, J., (2010), « A Twenty-First Century International Monetary System: Two Scenarios », in Paola SUBACCHI et John DRIFFIL, Beyond the Dollar: Rethinking the International Monetary System, Chatham House Report, 2010, pp. 43-45.

OMC, 2021, Wtodata, OMC : Gènève,

Otero-Iglesias, M., (2010), « The Internationalization of the Renminbi (RMB): A Strategy of Crossing the River by Feeling the Stones », Paper prepared for the 1st International Electronic Syposium on Chinese Politics, organized by the Observatory of Chinese politics, Galician Institute of International Analysis and Documentation and Casa Asia, section 2 of the programme: Chinese Economy and Society, march 7.

Padoa Schioppa, T., (2009), « The Ghost of Bancor », Speech at Louvain-la-Neuve.

Prasad, E. et YE, L., (2012), « Le Renminbi Roi ? », Finances et Développement, FMI, Mars.

Quah, D., (2008), « Where in the World is Asian Thrift and the Global Savings Glut? », DQ unplugged BlogSpot, http://dq6bn.blogspot.com/, November 16.

Roubini, N. et Setser, B., (2005), « Will the Bretton Woods 2 regime unravel soon ? The risk of hard landing in 2005-2006 », paper written for the Symposium on "the Revived Bretton Woods system : a new paradigm for Asian development ?", organized by the Federal Reserve Bank of San Fransisco and UC Berkley, San Fransisco, February, 4th, disponible à http://www.stern.nyu.edu/globalmacro/.

Schenk, C., (2010), "Lessons from History" in Paola SUBACCHI et John DRIFFIL, Beyond the Dollar: Rethinking the International Monetary System, Chatham House Report, pp. 16-22.

Thiman, C., (2009), "Global roles of currencies", ECB working paper N° 1031.

Triffin, R., (1984), "How the world entered infession: crisis management or fundamental reforms?", in R.S. MASERA and Robert TRIFFIN, Europe's money, Problems of European monetary co-ordination and integration, Clarendon Press, Oxford, 1984.

Zhang, M., (2009), « China says no to the dollar standard », Nanfang zhoumo, April 9. http://www.infzm.com/content/26664.

Zhou, X., (2009), « Reform of the International Monetary System », People's Bank of China (PBoC), Beijing, March 23.

23. Les entreprises privées chinoises face au défi d'exploitation et d'aménagement des forêts à l'Est-Cameroun : le cas de « Vicwood Thanry Group » dans la localité de Lokomo, *Dr. Alain Thomas Etamane Mahop*

Introduction

En cette première décennie du XIXe siècle, en particulier depuis la mise en œuvre de la politique chinoise d'expansion extérieure[203] et les nombreux nouveaux avantages qu'elle offre aux entreprises du pays qui travaillent à l'international, les flux de ressources naturelles de l'Afrique vers la Chine et les flux d'investissements[204] et de personnes de la Chine vers l'Afrique ont explosé.[205] Conformément aux tendances observées dans toute l'étendue du Cameroun,[206]

---

[203] S. Belligoli, "China and the environmental challenge in Africa. A case study from the timber industry in Gabon", http://www.ies.be/files/ Belligoli-F5.pdf (17 mars 2011), p. 7.
[204] L. Bilogo Bi Ndong, et al, "Le commerce et les investissements chinois en Afrique : évaluation et gestion des compromis entre économies nationales, moyens de subsistance locale et écosystèmes forestiers", Rapport *d'étude de Brain Forest* pour le CIFOR, 2010, pp.1-2.
[205] Luo et al, "How emerging market governments promote outward FDI: experience from China", *Journal of World Business*, n°45, 2010, pp.68-79.
[206] J.J. Gabas, "L'analyse des relations entre la Chine et les pays du bassin du Congo dans le domaine forestier : échanges commerciaux, identification des acteurs chinois", Commandé par l'Agence française de développement, décembre 2010, pp. 2-5.

l'intérêt des chinois pour les ressources[207] et les possibilités d'investissement à l'Est-Cameroun. Dans le même temps, les investissements chinois ont été soumis à des mesures de protection sociale et environnementale similaires à celles employées par les entreprises occidentales. Dès lors, quelle place la chine occupe dans le secteur des forêts à l'Est-Cameroun ? Comment le groupe VICWOOD a-t-il réussit à s'approprier les concessions des sociétés en faillites dans la région ? Enfin quelles perspectives économiques les entreprises privées ouvrent au développement de la région de l'Est ? La réponse à ces interrogations constituera l'ossature de notre présente analyse.

Le secteur forestier au cameroun : etat des lieux et enjeux

La richesse de la forêt du Cameroun est remarquable. Ses potentialités lui permettent de produire annuellement 9.000.000 de m^3 de grumes. Production qui, une fois transformée à 80% localement assurerait des rentrées monétaires de l'ordre de 360 milliards de francs CFA[208].

-Etat des lieux du couvert forestier à l'Est-Cameroun

La forêt camerounaise s'étend sur 23 858 000 d'ha. En 2004, La superficie forestière globale ouverte à l'exploitation s'élevait à près de 3.611.473 ha pour une étendu d'environ 20 millions d'hectares de forêt, soit 19 500 000 ha estimée par la FAO et le MINFOF en 2005 dans le cadre de l'évaluation des ressources forestières nationales du Cameroun.[209] En 2008 la forêt de production s'étendait sur 7 574 280 ha soit 34% de la superficie totale du couvert forestier.[210] Les étendues de forêt camerounaise renferment 300 espèces commercialisables, dont une soixantaine seulement fait l'objet d'une exploitation régulière. En 2004, la

---

[207] P.O. Cerruti, et al, "Legal vs. certified timber: preliminary impacts of forest certification in Cameroon", *Forest Policy and Economics*, n°13, 2011, pp.184-190

[208] L. D. Woungly Massaga, " L'exploitation forestière dans le Lom-et-Djerem", Mémoire du Diplôme d'Etudes Supérieures (D.E.S) en Géographie, Université de Yaoundé, 1979, p.6.

[209] Bigombé Logo, *Les populations locales et autochtones à l'épreuve de l'exploitation illégale des forêts au Cameroun : entre culture de l'impunité et exigence d'une reconfiguration du pouvoir dans la gestion des forêts*, Yaoundé, CERAD, 2004, pp.2-3.

[210] MINFOF, "Programme Sectoriel Foret Environnement - Synthèse Etat Des Lieux De La Recherche", Cameroon 2008, pp.2-3.

majeure partie de la production nationale se répartit entre les provinces de l'Est (56%), du Centre (19%) et du Sud (19 %).[211] La production annuelle est passée de moins d'un million de m³ dans les années 70 à 2,5 millions entre 93-94.[212] Cette production passe 3,3 millions entre 97-98 à 2.296.254 m³ en 2006.

Au cours de l'exercice 2007, un volume total de 968.490 m³ de bois a été exporté au port de Douala dont 266.000 m³ en grumes, 613.000 m³ en sciages, et 89.490 m³ sous divers formes transformées (contre-plaquées, placage). En général, les exportations de sciage ont augmentée par rapport au 2006 (601.000 m³), mais encore en baisse par rapport à l'exercice 2005 (660.000 m³). Par contre, les exportations de grumes en 2006 correspondaient à plus du double de celle de 2005 (146.000 m³ contre 316.000 m³).[213] En 2007, la capacité de transformation été estimée à 2,2 millions de m³, avec 51 scieries industrielles en activité, plus 5 usines de déroulage et 4 usines de tranchage. L'exploitation forestière constitue la deuxième source de recettes d'exportation après le pétrole et la troisième source de revenus de l'Etat, après les exportations agricoles et le pétrole. Les exportations de bois comptaient pour 15 % des recettes d'exportation du pays Entre 1997-1998, 25% entre 2001-2002 et près de 30 % en 2004.[214] La contribution du secteur forestier à l'économie nationale a augmenté au cours de l'année 2004 ; passant de 0,89% à 6%. en 2005, les recettes fiscales générées par ce secteur s'élevaient à 62 101 631 Euro. En termes d'emploi, le secteur forestier a mobilisé près de 90 000 emplois directs et indirects en 2004 et 163,000 en 2006 dont 13,000 dans l'industrie.[215]

En 2004 les titres d'exploitation les plus importants étaient repartis de la manière suivante : 73 Unités Forestières d'Aménagement (UFA) dont 48 dans la région de l'Est.[216] En 2008, 177 forêts communautaires ont été attribuées pour une superficie de 632,000 ha et, 143 correspondant à ceux dont le plan d'aménagement avait été approuvé pour une superficie d'environ 546,000 ha.[217]

---

[211] Bigombé Logo, *Les populations locales et autochtones à l'épreuve de l'exploitation illégale des forêts au Cameroun 2004,*
[212] Ibid.
[213] MINFOF, ''Programme Sectoriel Foret Environnement'', p.4.
[214] Bigombé Logo, *Les populations locales et autochtones à l'épreuve de l'exploitation illégale des forêts au Cameroun*, p.4.
[215] Ibid.
[216] Ibid, p.5.
[217] MINFOF, ''Programme Sectoriel Foret Environnement'', p.5.

65 concessions forestières avaient reçu l'approbation de leurs plans d'aménagement en 2008, sur une superficie de 4.207.862 ha, tandis que 38 concessions, sur une superficie de 1.866.171 ha, étaient encore en phase préparation de leurs plans d'aménagement.[218]

L'étude du couvert végétal à l'Est-Cameroun nous permet de distinguer quatre types de végétation. Une forêt dense humide semi-décidue à *Sterculiacée, Ulmacée* et *Aframomums Latifolium*[219] f Une forêt qui porte à peine la trace de l'homme forêt primaire, une végétation anthropique et une zone de savanes arbustives.[220] La première strate n'excède pas généralement deux heures de marche à partir du centre urbain. Elle se situe entre 5 et 6 km. Elle est constituée d'essences tendres comme le *Parasolier, le Fraké, l'Assamela, le Aiéllé, le Dibetou* etc.[221]

Cette forêt est composée de trois étages : l'étage supérieur, l'étage moyen et l'étage inférieur[222]. Les strates inférieures profitent de la lumière pour croître rapidement. Parmi les espèces caractéristiques ce cette typologie de forêt, les plus dynamiques sont les *sterculiacées* à l'instar de *l'Odon*, du *Fofoko*, du *Bété*, de *l'Ayous*, et des *ulmacées terminaliacées* telles que le *Ngolon* et le *Fraké*. L'étage moyen est composé d'arbres dont la hauteur varie de 25 à 35 m[223]. Il est caractérisé par les densités des arbres qui sont essentiellement des espèces à tendance grégaire, manifeste à l'instar du caoutchouc sauvage, de *l'Otoungui*, du *Padouk*, du *dibetou*, du *Jouké*.

Cadre juridique et règlementaire de l'exploitation forestière au

---

[218] M. Vanden haute, et al, "Etude comparative de 20 plans d'aménagement approuvés au Cameroun", Yaoundé, Cameroon, *German Technical Cooperation (GTZ)*, 2006, pp.3-4.

[219] Letouzey, *Notices sur la cartographie du Cameroun au 1/500.000*, IRA, Institut de la carte Internationale de la végétation, Toulouse, FASC, 1985, pp.1-5.

[220] A. Aubréville, *Etude sur les forêts de l'Afrique Equatoriale française et du Cameroun*, Paris, Direction de l'Agriculture, de l'Élevage et des Forêts, 1948, p.12-15.

[221] L. Debroux, "L'aménagement des forêts tropicales fondé sur la gestion des populations d'arbres : l'exemple du Moibi dans la forêt du Dja Cameroun," *Rapport Ecofac/Cameroun*, 1998, pp.2-16.

[222] J. Clément, "Conception et mise en œuvre des inventaires nationaux dans les pays tropicaux." *Bois et forêts des tropiques,* n°196, 2ᵉ trimestre 1982, pp.51-58. Cf, J. Prats Llavrado et als, "Projet d'évaluation des ressources forestières de l'Afrique tropicale", *Le Cameroun*, Rome, FAO, 1981, p.59-77.

[223] W. Del vingt, " La gestion forestière en bordure de la réserve de faune du Dja," Rapport ECOFAC/Cameroun, 1994, pp.30-35.

Cameroun

Les forêts de la région de l'Est-Cameroun sont exploitées diversement. On distingue les forêts de protection qui regroupent les aires protégées et les réserves ; les forêts de production qui englobent les unités forestières d'aménagement (UFA), les forêts communautaires et communales. La région de l'Est comporte des aires protégées les plus importantes en zone forestière. Ces forêts contribuent à l'économie de la région à travers le développement de l'écotourisme. S'agissant de l'exploitation forestière industrielle, elle se pratique dans les Unités Forestières D'aménagement (UFA) et les ventes en coupe. La plupart des sociétés d'exploitation forestière ont leurs usines de transformation hors de la région. De plus, d'autres procèdent par sous-traitance et n'ont pas d'usine de transformation. Cette situation réduit la possibilité aux riverains d'avoir des emplois. En matière de forêts communautaires, l'Est-Cameroun regorge de nombreuses potentialités des forêts communautaires.

Depuis l'indépendance, le Cameroun a adopté trois codes forestiers. L'ordonnance n°73/18 du 22 mai 1973 et son décret d'application n° 74/357 du 17 août 1974 abrogé et remplacé par la loi n°81/13 du 27 novembre 1981 portant régime des forêts, de la faune et de la pêche. Et son décret d'application n°94/01 du 20 janvier 1994 portant régime des forêts de la faune et de la pêche et le décret d'application n°95/531 du 23 août 1995 pour ce qui concerne le régime des forêts actuellement en vigueur.[224] Ce qui allait contribuer à l'élaboration d'une nouvelle politique forestière en 1994.

La forêt et les écosystèmes à l'Est-Cameroun jouent un rôle vital pour la communauté régionale et nationale tout entière, aux plans climatique, agronomique, économique et social. Leurs ressources reconnues d'intérêt public doivent être conservées et gérées de façon rationnelle. La grande richesse biologique de cet héritage forestier que possède l'Est-Cameroun confère à cette région du pays un rôle déterminant sur le plan international. La mise en œuvre de protection au-delà des implications du plan national marque la contribution de l'Est-Cameroun au maintien des équilibres climatiques.

---

[224] Sur le plan international, le Cameroun adhéra aux conventions internationales et régionales relatives à la protection de l'environnement et de la biodiversité. Sur la pression de quelques bailleurs de fonds, le Cameroun entrepris nombre d'actions pour garantir une exploitation rationnelle de ses forêts. D'un inventaire domanial, d'exploitation, de préinvestissement, de préservation du patrimoine forestier.

L'Ayous et le Sapelli sont des essences les plus fortement exploitées.[225] Ils représentent à elles seules 75% du volume exploité. Les essences de moindre importance sont exploitées et valorisées sur place par des sociétés disposant de grandes unités de transformation. Il se dégage également que les départements du Haut-Nyong et de la Boumba et Ngoko restent des zones de grande production de bois alors que ceux du Lom et Djerem et de la Kadey situés au Nord de la région en zone de transition et en zone de savane présentent plutôt des conditions favorables à l'élevage et à la culture attelée. Par conséquent la production de bois y est de faible importance par rapport à la zone forestière du Sud.

Le recouvrement est mené désormais par des structures organisées aux missions spécifiques. Les fonds sont mieux sécurisés, la sauvegarde de la forêt devient une priorité et l'implication des communautés locales dans la gestion des revenus forestiers est devenue progressivement une réalité. Toutefois, pour permettre aux communautés locales de bénéficier des ressources générées par la manne forestière, les pouvoirs publics créaient des forêts communautaires et plus tard, aidaient les communes dans la gestion des redevances forestières.

Les Programme de Sécurisation des Recettes Forestières (PSRF) ont permis de reconstituer l'historique des montants qui ont été versés par les différentes sociétés d'exploitation forestières opérant dans les communes de Gari-Gombo et de Mindourou. Les sociétés émettrices sont : PALLISCO, UFA 10041, CAMBOIS, UFA 10038, J. PRENANT, UFA 10045, ASENE NKOU, UFA 10039 et 10044, SODETRAMCAM, UFA, 10042, FIPCAM, UFA, 10047. Dans la commune de Gari-Gombo, ALPICAM, UFA 10026, SFIL, UFA 10025, EQUATOBOIS ; VC 100110.[226]

Les acitivites des acteurs chinois du secteur privé de la filiere foret-bois a l'Est camcroun

Ces dix dernières années, la Chine est devenue un important débouché pour

---

[225] H. Mbarga Ngoumou, " Etude empirique de la fiscalité forestière décentralisée au Cameroun : un levier de développement local ?", Mémoire de Master en Agronomie et Agro-Alimentation, Université de Montpellier, 2005, pp.5-10.

[226] MINEF (Ministère de l'Environnement et des Forêts) "Rapport annuel SDIAF/SIGIF", Yaoundé, Ministère des forêts et de la faune, 2006, pp.4-6.

le bois d'origine camerounaise, en particulier depuis 2006, lorsque la valeur des exportations a bondi de 50 millions USD à 100 millions USD. Une seule société d'exploitation chinoise est active sur le terrain : une entreprise privée basée à Hong Kong et opérant par l'intermédiaire de nombreuses filiales. En 1997, cette société a acquis une entreprise française ainsi que ses filiales opérant au Cameroun depuis plus de 20 ans. Grâce à celles-ci, le groupe hongkongais gère neuf Unités Forestières d'Aménagement (UFA) dans six concessions forestières ainsi que plusieurs scieries.

Photo 02 : les acteurs chinois de la filière bois dans un chantier à Lokomo

Source : notes d'archives de la délégation départementale des forêts et de la faune de la Kadey, 2021.

VICWOOD « bois » : cartographie d'un conglomérat d'entreprises du secteur privé dans la région de l'Est-Cameroun

Le Conglomérat chinois d'entreprises privées qui opère dans l'abattage, la transformation et le transport des grumes.[227] Opère dans la région de l'Est-Cameroun. Selon Greenpeace, il aurait acquis les concessions forestières SEBC, SAB, CFC, J-PRENANT et PROPALM qu'il exploite à la suite de l'achat en 1997, du groupe Thanry implanté au Cameroun depuis plus de 20 ans.[228] VICWOOD a été impliqué dans la coupe non réglementaire et l'abattage en dehors de ces

---

[227] Diplomatie, "Les enjeux du secteur forestier pour les économies des pays du bassin du Congo", disponible sur : http://www.diplomatie.gouv.fr/fr/article_imprim.php3?id_article=10525. Consulté à Yaoundé le 03 -05- 2022 à 16 h 00.
[228] J. Jansson, *Patterns of Chinese investment, aid, and trade in Central Africa (Cameroon, the DRC and Gabon)*. Centre for Chinese Studies, University of Stellenbosch, 2009, pp.3-4.

concessions.[229] Toutes les UFA et les principales usines de transformation primaire du groupe de Hong Kong se situent dans la région de l'Est-Cameroun, la plus grande région forestière du Cameroun. Sept des neuf UFA se trouvent dans l'extrême sud-est et parmi elles, deux bordent des régions protégées, à savoir le parc national de Nki Boumba Bek et le parc national de Lobéké.[230] Ils sont spécialisés dans l'abattage, la transformation et exportation des grumes. Cependant, l'exploitation forestière n'est pas leur seule activité ce sont en effet des consortiums multisectoriels qui jouissent d'une mobilité géographique et d'une mobilité sectorielle.

Photo 03 : parc à bois à l'usine VICWOOD de Lokomo

Source : notes d'archives de la délégation départementale des forêts et de la faune de la Kadey, 2021.

Les industriels chinois opèrent dans le secteur forestier soit par rachat de sociétés préexistantes appartenant à des groupes occidentaux. Au Cameroun, VICWOOD a racheté le groupe Thanry, soit par appel d'offre. Compte tenu du fait que la réglementation en matière d'exploitation forestière présente quelques différences d'un pays à l'autre, ces modes d'acquisition des concessions sont légaux, contrairement au Cameroun. En effet, selon l'article 41(2) (3) de la loi 94/01 portant régime des forêts, les titres d'exploitation sont incessibles, cependant toute cession ou participation aux activités ou part d'un bénéficiaire

---

[229] MINFOF, ''Programme Sectoriel Forêts - Rapport Annuel d'Activités 2007'', Une vue globale sur les activités programmées et les principaux résultats atteints au courant de l'année 2007. Observations, limites et recommandations, 2008. Cameroon, pp.4-5.
[230] R. Nasi, et al, *Exploitation et gestion durable des forêts en Afrique Centrale*, Paris, l'Harmattan, 2006. pp.403.

de titre d'exploitation doit être soumise à l'approbation préalable du ministère en charge des forêts. Or, officiellement VICWOOD n'a pas encore reçu d'approbation du gouvernement pour l'exécution de ces opérations. Compte tenu des enjeux d'une telle attitude, une convention provisoire aurait été signée entre le gouvernement camerounais et VICWOOD pour l'exploitation des concessions forestières à l'Est-Cameroun.[231]

Toutefois, comme certains industriels occidentaux, les industriels asiatiques à l'Est-Cameroun sont souvent impliqués dans l'exploitation illégale des forêts et le non-respect du droit de travail. En juillet 2000, l'une des sociétés de VICWOOD CFC, était impliquée dans l'abattage des arbres au sein des concessions non allouées ce qui a porté sa superficie à 767.135 hectares de concessions.[232] En effet, le consortium aurait été sanctionné par le gouvernement. En outre, entre 2000 et 2002, VICWOOD avait été cité dans l'exploitation illégale des grumes.[233] Il lui aurait été reproché le non-respect du diamètre de coupe réglementaire, l'abattage en dehors des concessions forestières et dans les concessions non attribuées. Les produits issus des concessions détenues par les industriels asiatiques sont exportés en Asie et en Europe. Selon Greenpeace, les produits de VICWOOD ont été identifiés sur les marchés italien, belge, allemand, anglais et il est fait partie des fournisseurs de grumes à la multinationale DLH Nordisk.[234]

L'apport des Chinois dans la filière bois à L'Est-Cameroun

Sur le plan économique, l'implication des industriels asiatiques dans le secteur forestier contribue à l'économie national par : Le payement des taxes

---

[231] Greenpeace, ''The untouchable'', disponible sur : http://www.greenpeace.org/raw/content/international/.pdf. 2004, Consulté à Yaoundé le 10-05-2022 à 10h00.
[232] Forest monitor, ''Profile des sociétés III''. Disponible sur : http://www.forestsmonitor.org/en. Consulté à Yaoundé le 08-05-2022 à 13h00.
[233] Etudes. CCIP, ''L'augmentation des importations de matières première par la chine: quelles conséquences et quels moyens pour les entreprises de se prémunir'', disponible sur : www.etudes.CCIP.FR/dossiers/chine/chine_augmentation-invest.pdf. consulté à Yaoundé le 06-05-2022 à 10h00.
[234] Greenpeace, VICWOOD-THANRY destroying-Cameroon's ancient forests. Disponible sur : http://www.greenpeace.org/raw/content/international/press/reports/vicwood-thanry-destroying-came.pdf. 2002, consulté à Yaoundé le 09-05-2022 à 8h00.

(superficiaire et impôts) exigées par la loi forestière contribuent à l'augmentation des recettes fiscales.[235] Le payement régulier des Redevances Forestières Annuelles (RFA) constitue la plus importante source de revenus qui alimente les caisses des communes dont dépendent les concessions forestières ; La réalisation des travaux d'entretien routier par les sociétés forestières facilite l'acheminement des marchandises entre les centres urbains et les campagnes ce qui contribue à accroitre les échanges économiques[236] ; Les sociétés forestières constituent le plus grand pourvoyeur d'emploi pour les populations de la locales, à l'Est-Cameroun, le secteur forestier formel emploierait environ 100 000 personnes ; Les salaires payés aux employés et autres achats au niveau local augmentent le flux monétaire dans la ville et de ce fait le pouvoir d'achat de la population ; La présence des sociétés forestières dans une région est parfois suivie d'une croissance considérable de la population, entraînant une demande plus importante en produits agricoles et une augmentation des possibilités de commercialisation des produits vivriers mais aussi une inflation.[237]

Sur le plan écologique, les territoires exploités par les entreprises forestières comportent plusieurs espèces végétales et animales vulnérables ou menacées d'extinction. Soixante-seize pour cent (76 %) des arbres prélevés par la société Compagnie Forestière du Cameroun (C.F.C.) appartenant à VICWOOD appartiennent à la catégorie des espèces menacées, reconnue par la loi forestière du Cameroun.

L'aménagement forestier demeure le segment phare de la filière bois à l'Est-Cameroun. Les concessions de forestières engagées dans le processus d'aménagement font l'objet de conventions provisoires d'aménagement-exploitation-transformation constituent des Concessions Forestières sous-Aménagement Durable (CFAD). Les sociétés à capitaux chinois pour leur part semblent participer activement dans ce processus avec 818 932 ha de forêt en

---

[235] M. Beuret, *La Chinafrique, Pékin à la conquête du continent noir*, 2e éd. Paris, Grasset, 2008, pp.23-25.
[236] J.J. Gabas et al, "L'analyse des relations entre la Chine et les pays du bassin du Congo dans le domaine forestier : échanges commerciaux, identification des acteurs chinois", Commandé par l'Agence française de développement, décembre 2010, pp.3-5.
[237] L. Bilogo Bi Ndong, et al, "Le commerce et les investissements chinois en Afrique : évaluation et gestion des compromis entre économies nationales, moyens de subsistance locale et écosystèmes forestiers",
Rapport d'étude de Brain Forest pour le CIFOR, 2010, pp.11-12.

cours d'aménagement soit un ratio de 10,94% des forêts à l'Est-Cameroun sont aménagées. Cette contribution est en réalité le fait de l'engagement de VICWOOD.

La transformation, constitue l'un des axes majeurs de diversification de l'économie camerounaise.[238] Pour l'année 2021 la transformation du bois, tout segment d'activité confondu, a nécessité 8962 346 m^3 de grumes pour une production de bois transformé de 563 397 m^3, soit un rendement global de 53%. Ces chiffres témoignent du niveau acceptable de la qualité des produits transformés par l'industrie à l'Est-Cameroun dont les produits plaqués et contreplaqués présentent respectivement les rendements les plus élevés.

VICWOOD, a transformé en 2021 moins de la moitié de ce volume 16399,58 m3 et obtenu une production usinée de 8 796,52 m3 dont moins de 5% ont été vendus localement. Ce résultat confirme bien le fait que les sociétés chinoises exportent la quasi-totalité des bois exploités et transformés. De facto, elles participent faiblement à l'industrialisation plus poussée des bois camerounais et à l'essor de l'économie camerounaise en général.

Conclusion

Les sociétés à capitaux chinois si elles jouent un rôle prépondérant dans la filière bois l'Est-Cameroun à travers les surfaces exploitées et aménagées détenues, elles participent faiblement à l'essor de l'économie de cette région pays du fait de l'exportation de la majorité des grumes exploitées. Compte tenu des enjeux économiques liés au secteur forestier au Cameroun, l'implication des industriels chinois dans ces différents secteurs est un sujet qui suscite de nombreuses interrogations. L'intensification de leurs interventions à l'Est-Cameroun laisse penser que le Cameroun dispose encore d'un important potentiel économique à exploiter. En quelques années, à l'issue des accords de partenariat économiques signé entre la Chine et certains pays du continent notamment le Cameroun. De manière générale, il ressort de la présente étude que les industriels Chinois de VICWOOD sont dans La filière le bois. Ces industriels sont des groupements d'entreprises privées, soutenus par des grandes banques telle qu'EXIMBANK qui assure le financement des projets. Les accords de partenariats économiques établis dans la majorité des cas sont des contrats de sociétés et très peu des contrats d'Etat.

---

[238] A. Karsenty, "Forêt tropicales et mondialisation", *Autrepart* n°9, Mars 1999. IRD ORSTOM- Editions de l'Aube 1999, pp.2-3.

Bibliographie

Aubréville A, Etude sur les forêts de l'Afrique Equatoriale française et du Cameroun, Paris, Direction de l'Agriculture, de l'Élevage et des Forêts, 1948.

Brautigam D, *The Dragon's gift: the real story of China in Africa*, Oxford University Press, Oxford, Royaume-Uni, 2009.

Belligoli S, "China and the environmental challenge in Africa. A case study from the timber industry in Gabon", http://www.ies.be/files/ Belligoli-F5.pdf consulté à Yaoundé le 06-05-2022 à 10h00.

Beuret M, La Chinafrique, Pékin à la conquête du continent noir, 2e éd. Paris, Grasset, 2008.

Bigombé Logo, Les populations locales et autochtones à l'épreuve de l'exploitation illégale des forêts au Cameroun : entre culture de l'impunité et exigence d'une reconfiguration du pouvoir dans la gestion des forêts, Yaoundé, CERAD, 2004.

Bilogo Bi Ndong, L et al, "Le commerce et les investissements chinois en Afrique : évaluation et gestion des compromis entre économies nationales, moyens de subsistance locale et écosystèmes forestiers", Rapport d'étude de Brain Forest pour le CIFOR, 2010.

Clément J, "Conception et mise en œuvre des inventaires nationaux dans les pays tropicaux." Bois et forêts des tropiques, n°196, 2e trimestre 1982, pp.51-58. Cf, J. Prats Llavrado et als, "Projet d'évaluation des ressources forestières de l'Afrique tropicale", Le Cameroun, Rome, FAO, 1981.

Cerruti P.O. et al, "Legal vs. certified timber: preliminary impacts of forest certification in Cameroon", Forest Policy and Economics, n°13, 2011.

Diplomatie, "Les enjeux du secteur forestier pour les économies des pays du bassin du Congo", disponible sur : http://w. Consulté à Yaoundé le 03 - 05- 2022 à 16 h 00.

Etudes CCIP, "L'augmentation des importations de matières première par la chine : quelles conséquences et quels moyens pour les entreprises de se prémunir", disponible sur : www.etudes. consulté à Yaoundé le 06-05-2022 à 10h00.

Eba'a Atyi et al, "Les forêts du bassin du Congo : état des forêts Office des publications de l'Union européenne", Luxembourg 2010.

Forest monitor, "Profile des sociétés III". Disponible sur : http://www.forestsmonitor.org/en. Consulté à Yaoundé le 08-05-2022 à 13h00.

France promote, " La filière bois en Afrique centrale." Disponible sur : http://www.francepromote2008.fr/_ Word, consulté à Yaoundé le 08-05-2022 à 10h00.

Gabas J. J, "L'analyse des relations entre la Chine et les pays du bassin du Congo dans le domaine forestier : échanges commerciaux, identification des acteurs chinois", Commandé par l'Agence française de développement, décembre 2010.

Greenpeace, VICWOOD-THANRY destroying-Cameroon's ancient forests. Disponible sur : http://www.greenpeace.org/raw/content/ /vicwood-thanry-destroying-came.pdf. 2002, consulté à Yaoundé le 09-05-2022 à 8h00.

Greenpeace, "The untouchable". Disponible sur : http. Greenpeace.2004. Consulté à Yaoundé le 10-05-2022 à 10h00.

Jansson J. Patterns of Chinese investment, aid and trade in Central Africa (Cameroon, the DRC and Gabon). Centre for Chinese Studies, University of Stellenbosch, 2009.

Karsenty A. "Forêt tropicales et mondialisation", *Autrepart* n°9, Mars 1999. IRD ORSTOM- Editions de l'Aube 1999.

Luo et al, "How emerging market governments promote outward FDI: experience from China", Journal of World Business, n°45, 2010.

Mama A, "Le bois « or vert » de l'économie nationale," Cameroun Tribune, numéro spécial comice agropastoral, 1984.

MINFOF, "Programme Sectoriel Foret Environnement - Synthèse Etat Des Lieux De La Recherche", Cameroon 2008.

MINEF (Ministère de l'Environnement et des Forêts) "Rapport annuel SDIAF/SIGIF", Yaoundé, Ministère des forêts et de la faune, 2006.

MINFOF, "Programme Sectoriel Forêts - Rapport Annuel d'Activités 2007", Une vue globale sur les activités programmées et les principaux résultats atteints au courant de l'année 2007. Observations, limites et recommandations, 2008. Cameroon.

Nasi R et al, Exploitation et gestion durable des forêts en Afrique Centrale, Paris, l'Harmattan, 2006.

Tchanou Z, "Développement communautaire et foresterie communautaire", Rapport de la quatrième session de l'Assemblée Générale tenue les 6-7 juin 2000 à Yaoundé du réseau de la foresterie communautaire sur le thème "Les contraintes liées à l'établissement des forêts communautaires au Cameroun", Yaoundé, Décembre 2000.

Woungly Massaga D, " L'exploitation forestière dans le Lom-et-Djerem", Mémoire du Diplôme d'Etudes Supérieures (D.E.S) en Géographie, Université de Yaoundé.

Youta Happi, " Arbres contre graminées, la lente invasion de la savane par la forêt au Centre-Cameroun," Thèse de Doctorat en Géographie, Université de Paris-Sorbonne, 1998.

24. Le dilemme de la conformite de l'exploitation miniere de la chine au cameroun : esquisse de solutions, *Dr. Brice Arnaud Folly*

Introduction

L'exploitation des ressources naturelles en Afrique constitue un dilemme pour les régions et à l'observation un développement socio-économique relativement bas (Frédéric Thomas 2013 : 11) des populations. Elle représente de manière générale une source de malédiction pour celles-ci car des retombées d'une telle exploitation apparaissent comme l'apanage des autorités et des grandes firmes ou multinationales. En Afrique francophone, l'"activité minière est une équation paradoxale qui se situe entre l'abondance des ressources et la problématique du sous-développement. Elle est un secteur d'activités perçue comme un levier de croissance économique notamment au niveau de la matérialisation des perspectives relatives à l'émergence. (Victoria Lickert 2012 : 7) estime que les ressources minières mettent en lumière l'interaction d'une pluralité d'acteurs capables de mener des politiques et des stratégies de développement. Selon elle, l'exploitation minière est une activité particulière de par son importance à l'économie mondiale à travers la bourse de Londres qui fixe et régule le prix du coût des matières premières. Elle se présente non seulement comme une source de revenus pour les nations désireuses de réaliser leur essor économique et mais également une source de convoitises pour les industries étrangères. Elle est davantage intense dans les pays africains où les Etats disposent des ressources minières importantes mais, malheureusement, restent dépourvus d'unités de transformation locale. Cette activité mérite d'être appréhendée dans une perspective holistique et globalisante dans la mesure où du fait de ses enjeux et de ses convoitises qu'elle génère, il est évident que le dilemme est perceptible à la fois au niveau économique, social, environnemental et géostratégique.

Hérité d'un modèle économique sur l'exploitation abusive des ressources durant la traite négrière, la colonisation avec les comptoirs coloniaux, le continent africain ne cesse de faire l'objet de nombreuses convoitises de la part des pays étrangers désireux de se procurer les matières premières pour leurs industries. Actuellement, la problématique sur les ressources minières est en étroite ligne avec l'épineuse question du développement économique des pays africains. Elle est un socle supplémentaire de revenus pour l'essor de l'économie du continent. L'exploitation minière se positionne comme l'une des industries les plus énergivores qui se combinent à une pléthore de difficultés que rencontrent les populations. Par-là, (Punam Chuchan-Pole 2017 : 163) souligne qu'elle entraine des conséquences sur le plan environnemental, agricole, modifie le rythme de vie des populations et nécessite l'utilisation des méthodes économétriques solides pour l'évaluation de ses effets au niveau local. Bien plus au niveau social, l'exploitation minière induit le déplacement involontaire des populations riveraines. Ainsi, les activités minières sont susceptibles d'entraîner un déplacement involontaire des populations de leur lieu d'origine vers de nouveaux sites créant, de ce fait, des effets sociaux perturbateurs sur les familles et les résidents autochtones, notamment le démantèlement des systèmes de production, la perte des biens de production et les sources de revenus, l'affaiblissement du tissu social et des structures communautaires. En outre, les questions d'environnement sont à l'ordre du jour en matière d'exécution des projets industriels. Par-là, les services géologiques nationaux ne remplissent pas toujours les exigences ou les standards requis liés à l'étude et à la protection de l'environnement minier pour assurer le développement durable.

Au Cameroun, la gestion du secteur minier est une réalité au regard du dispositif normatif international et national. Les inventaires, selon le 16ème Colloque internationale en évaluation environnementale, sont à l'ordre de 60% sur l'étendue du territoire. De nombreux gisements ont été découverts à l'instar de l'Uranium à Lolodorf, le Fer de Mbalam, de Djoum et de Kribi, le Nickel Cobalt à Nkamouna, le diamant à Mobilong, l'or de Bétaré Oya, le Calcaire de Mintom pour ne citer que cela. Les enjeux environnementaux, sociaux, historiques et identitaires constituent le dilemme de l'exploitation minière. Sur le plan environnemental, la destruction des vastes étendues de forêts, la perte de la biodiversité et la pollution des eaux, des sols et de l'air, la destruction de sources des rivières et de la structure du sol, les changements climatiques sont l'ensemble des défis liés à ladite exploitation. Pour ce qui est des enjeux sociaux et historiques, la question des structures sociales face à l'exploitation minière se pose avec acuité, la perte du patrimoine culturel, la dépravation des mœurs, la propagation des maladies, la paupérisation croissante et des conflits ainsi que la montée de l'insécurité constituent les objets néfastes à l'exploitation minière. Enfin, l'enjeu identitaire met en relief les dynamiques politiques et stratégiques du Cameroun à répondre aux aspirations des populations face à l'exploitation minière étrangère. Il est évident que le Cameroun est un boom minier grâce à sa possession des métaux de base (le cuivre, le fer etc…) et les métaux précieux. L'encadrement d'une telle activité est nécessaire pour la maîtrise des standards de gouvernance des industries extractives dans la mesure où elles contribuent à hauteur de 05% du PIB[239]. La législation camerounaise actuelle est perçue comme une configuration du Code de 4ème génération car il prend en considération les préoccupations environnementales, de transparence et de gouvernance. En effet, le Code minier de 2001, révisé en 2010 puis en 2016, rime avec les normes internationales en l'occurrence celles de l'Initiative pour la Transparence dans les Industries Extractives (l'ITIE), de Kimberley[240], la vision minière africaine[241], le Dodd Franck Act[242], les principes de développement durable ainsi que les bonnes pratiques du code minier de la Banque Mondiale.

Au Cameroun, le programme de sécurisation des recettes est lié à l'exploitation des opportunités naturelles ou des sites d'aménagement permettant au gouvernement de renflouer les caisses pour mener des projets de développement. Dans ce sillage, les programmes de sécurisation des recettes routières, forestières et surtout minières s'inscrivent dans cet ordre d'idées et

---

[239] Estimations du Ministère des finances en 2017.
[240] Le processus de Kimberley est une norme internationale qui a pour mission de vérifier la certification de la traçabilité des diamants
[241] Le Sommet de Chefs d'Etats de l'Union Africaine en Février 2009 a adopté la vision minière africaine en vue de l'exploitation optimale et équitable des ressources minières pour atteindre une croissance durable et un développement socio-économique.
[242] Le *Dood Franc Act* est une loi américaine qui exige le reporting des industries extractives mondiales cotées à la bourse américaine.

constituent à la fois de véritables niches d'emplois. L'approche géopolitique de l'Initiative la Ceinture et la Route en Afrique s'inscrit dans la dynamique de développement pour assurer la croissance économique non seulement au niveau de l'approvisionnement des caisses de l'Etat mais également pour l'amélioration des conditions de vie humaine. La contribution des Investissements Directs de la Chine s'observe dans la volonté du gouvernement camerounais à assainir l'environnement des affaires et à éloigner sa population du besoin. Les entreprises chinoises sont des parties prenantes à l'exploitation diverse des ressources sur le sol camerounais. Elles travaillent avec les populations locales en vue de remplir leurs cahiers de charge. Toutefois, l'inadéquation entre les ressources minières exploitées et l'épanouissement de ces populations est une réalité dans les zones exploitées. A cet effet, quelles sont les solutions relatives au dilemme de la conformité de l'exploitation minière de la chine au Cameroun ? Pour répondre à cette problématique, il est question d'analyser les contours d'un tel dilemme à travers le constructivisme d'Alexandre Wendt pour percevoir et identifier les éléments qui concourent au fonctionnement de l'exploitation minière. En plus, la théorie des choix rationnels de Raymond Boudon explique les actes de langage, les choix préférentiels et le comportement des décideurs politiques respectifs à rentabiliser leurs choix en matière de coopération. L'utilisation de l'hermeneutisme et des analyses socio-historique et cognitive se situe dans la prise en compte de tous les paramètres visant une compréhension approfondie de l'exploitation minière au Cameroun. Le schéma de démonstration de notre recherche s'articule autour de l'endoscopie de la conformité de l'exploitation minière (I) et le dilemme de cette conformité face aux opportunités de l'Initiative la Ceinture et la Route (II).

Endoscopie de la conformité de l'exploitation minière au Cameroun

L'évaluation de l'état des lieux de l'exploitation minière au Cameroun est indispensable face à la ruée des entreprises étrangères sur l'étendue du territoire. Dans ce domaine, l'action active de la Chine épouse les canons internationaux et nationaux de conformité. Cette volonté traduite dans l'assistance mutuelle et le renforcement des capacités se combine à une législation locale visant à améliorer la gouvernance des activités minières à travers les mécanismes de conformité de cette exploitation (A) pour une mainmise sur les différents intervenants (B).

Les mécanismes de conformité de l'exploitation minière

Au regard de l'observation du cadre balisant l'exploitation minière au sein de la communauté internationale, les mécanismes de conformité se caractérisent par une florissante production normative (1) permettant aux entreprises de s'arrimer à la certification des activités d'exploitation minières (2).

La production normative

Dans le cadre du maintien de la paix et de la sécurité internationale, l'Organisation des Nations Unies (ONU) se positionne dans le cadre de la régulation et de l'encadrement de la gestion internationale et locale des ressources minières. Elle distingue trois types d'exploitation minière notamment les grandes mines (exploitation à grande échelle), petites mines (exploitation à petite échelle) et les mines artisanales (exploitation artisanale). *L'exploitation minière à grande échelle*, appelée aussi « exploitation minière industrielle ou encore grande mine », est celle qui enregistre plus de 40 employés et qui extrait la presque totalité des ressources prélevées. Elle exige des gros investissements, des installations fixes de grande taille et l'utilisation des procédés industriels qui passent par la mise en évidence d'un gisement, l'extraction, le traitement et la transformation des substances minérales. Ensuite, (Kaseya Ndaye 2004 : 17) souligne que l'*exploitation minière à petite échelle* ne fait pas l'unanimité mais elle est fonction de l'environnement économique général, du développement minier du pays, du degré de l'évolution technique et technologique, du nombre de travailleurs, de l'importance du chiffre d'affaire, et de la nature des minéraux exploités.

La production normative des mécanismes de conformité de l'exploitation minière a comme leitmotiv l'instauration d'un système de gestion transparente. De manière générale, elle donne une contenance locale dans le cadre du renforcement des normes internationales et de l'Etat de droit. (Jana Honke 2009) démontre que la recherche de la gouvernance des activités minières reconfigure les espaces vitaux à travers une transformation des comportements. Cette transformation envisag les nouvelles modalités d'action qui structurent les compositions politiques et économiques de l'Etat. En effet, le contenu local se caractérise par la contribution des industries extractives au développement socioéconomique des populations. Dans cette veine, le législateur camerounais a prévu des retombées multiples dans la localité d'exploitation pour le développement des ressources humaines, des entreprises et des industries locales. Il faut mentionner le compte d'affectation spéciale de la participation financière de ces industries.

Le Code minier est une production normative qui instaure des sanctions administratives aux entreprises en cas de non-respect de la Convention minière, des cahiers de charge ou des prescriptions de titres et autorisation. Il faut préciser que la vérification sur le terrain de la conformité d'exploitation minière bénéficie du financement canadien à travers le Programme d'Amélioration de la Surveillance de l'Industrie Extractive en Afrique francophone (PASIE). En plus, le Code met également en avant le principe de répression pour lutter contre les sociétés écrans et le blanchiment d'argent. Il intègre les populations dans la gestion des dividendes et la prise en compte de leur consentement ou revendications. En outre, la production normative donne une place de prédilection aux Droits de l'homme en matière d'élaboration des mesures de sécurité et d'hygiène des travailleurs. Le législateur exige la police d'assurance dans un tel dispositif notamment dans le règlement intérieur des entreprises afin de veiller sur la responsabilité sociétale.

La certification des activités d'exploitation minières

L'exercice des firmes étrangères dans l'exploitation minière est régit par le Code minier camerounais qui, à travers un système de certification, identifie des zones franches pour l'extraction des minerais. Il s'inscrit selon le respect scrupuleux des normes internationales et nationales pour garantir la transparence de la chaîne logistique incluant la production, le transport et la commercialisation. A cet effet, la stratégie visée par la législation camerounaise est de réduire de manière considérable les conflits inhérents aux activités dudit secteur. Pour juguler le dilemme de cette conformité, l'enjeu de cette certification est pluriel. Il a d'abord une vision macroéconomique en ce sens qu'il envisage renflouer les caisses de l'Etat. Ensuite, ouvre la voie aux investisseurs étrangers à participer en même temps que les entreprises nationales à se concurrencer pour l'approvisionnement en minerais. L'enjeu consiste également à préserver la paix et l'unité nationale en limitant et en contrôlant le commerce illicite et l'émergence des conflits armés. C'est la raison pour laquelle (Roland Pourtier 2004) estime que l'économie minière intègre une approche plus globale et les dimensions spatiales, économiques, sociales et politiques. C'est dire que les difficultés liées au secteur minier ont des répercussions sur l'agriculture, le transport, l'environnement, la sécurité. En outre, la traçabilité des minerais commercialisés oblige les sociétés commerciales et les industries de transformation des minerais concernés d'appliquer une diligence responsable pour la sélection de leurs sources d'approvisionnement. Ce mécanisme permet de garantir un avantage compétitif aux produits certifiés au niveau international et conduit à la réduction des contrats d'approvisionnement des sources non certifiées. La commercialisation des produits certifiés provenant d'une production légale et d'un commerce transparent doit à terme, conduire à l'expansion de la production légale. Ce processus a des répercussions sur la production et le paiement des taxes afin de réduire les poches de résistance de corruption pour une augmentation considérable des recettes de l'Etat.

L'objectif recherché par la certification est l'encadrement de la production et la commercialisation des minerais. Cela induit des conséquences sur la consommation, les investissements pour les projets de développement. Dans cette veine, il est question (Eric Selma 2016 : 11) de lutter contre le commerce illicite, de combattre la fraude, d'augmenter la production légalement vouée à l'exportation afin de maîtriser les recettes minières. De manière générale, la certification relative à l'exploitation minière contribue entre autres à l'amélioration de la traçabilité et de la transparence, la règlementation du secteur informel, la croissance sectorielle, l'amélioration des recettes de l'Etat, l'utilisation optimale des ressources du secteur minier pour un développement durable et la prévention des conflits. La certification nationale se présente comme une boussole nécessaire pour résoudre les dysfonctionnements enregistrés dans le secteur minier, l'administration et les partenaires.

Le législateur à travers la certification a prévu des mesures incitatives de développement à l'exploitation minière. Elle accorde des avantages fiscaux et douaniers à toute entreprise ou société de recherche d'exploitation minière notamment l'exonération de la Taxe sur la Valeur Ajoutée (TVA) sur les importations, les achats de matériels et d'équipements miniers. Le code minier sur le plan interne encourage les nationaux à s'investir dans les activités minières et à développer l'industrialisation minière pour se détacher de l'exploitation artisanale semi-mécanisée. Tout cet ensemble se caractérise par la simplification des procédures afin de conforter l'attractivité de ce secteur et de contribuer à l'amélioration du climat des affaires.

Les intervenants dans l'exploitation minière

De nos jours, les mines sont et apparaissent comme le moteur de développement économique et du progrès social d'un Etat. La libéralisation des marchés et de la performance des compagnies minières ont besoin de la ressource humaine pour la réalisation des projets miniers et une meilleure intégration des infrastructures associées. Au Cameroun, les intervenants dans l'exploitation minière sont pour la plupart des personnes morales ou physiques disposant des moyens technologiques et des savoir-faire innovants. L'évocation des intervenants dans l'exploitation minière s'inscrit dans une dynamique actorielle où l'engagement de la valorisation des ressources minières à la faveur des standards internationaux et des accords de coopération se classifient au niveau national (1) et international (2).

Les acteurs nationaux

Les moyens constitutionnels promeuvent la paix, la cohésion sociale, l'assistance humanitaire au cœur de ses préoccupations grâce au déploiement d'une pluralité d'acteurs notamment les différents pouvoirs. En effet, le Chef de l'Etat est le premier acteur national dans la mesure où il est celui qui élabore et définit les politiques relatives à l'exploitation minière. Ensuite, il est question d'associer le gouvernement dans la mise en application de la vision du Chef de l'Etat sous les auspices du Premier Ministre. Le parlement à travers le Senat et l'Assemblée Nationale vote des lois non seulement dans le but de garantir la souveraineté nationale mais également de veiller au bien-être de la population grâce à la préservation et la sécurisation de l'identité minière. En plus, le Ministère des Mines, de l'Industrie et du Développement Technologique (MINMIDT) apparait comme un acteur national incontournable et indispensable à l'exploitation de ces ressources. Par-là, il est responsable de l'élaboration et de la mise en œuvre de la politique minière et industrielle du Gouvernement et des stratégies de développement technologique dans les différents secteurs de l'économie nationale (Décret n°2012/432 du 1er octobre 2012). A ce titre, il est chargé de :

- Octroyer ou refuser d'octroyer les droits miniers et/ou de carrières pour les substances minérales autres que les matériaux de construction à usage courant ;

- Retirer les droits miniers et/ou de carrières, déchoir le titulaire d'un droit ou de carrière, donner acte aux déclarations de renonciation aux droits miniers et/ou de carrières et acter l'expiration de droit minier et de carrière ;

- Autoriser les exportations des minerais à l'état brut ;
- Instituer les zones d'exploitation artisanale ;
- Agréer et retirer l'agrément des comptoirs d'achat des produits de l'exploitation artisanale ;
- Exercer la tutelle des institutions, organismes publics ou paraétatiques se livrant aux activités minières et aux travaux de carrières ;
- Réserver le gisement à soumettre à l'appel d'offre ;
- Approuver la constitution des hypothèques ;
- Accepter ou refuser l'extension d'un titre minier ou de carrières aux substances associées ou non associées ;
- délivrer les autorisations de traitement ou de transformation des produits d'exploitation artisanale ;
- Proposer au Président de la République le classement, le reclassement ou le déclassement des substances réservées, des substances minérales classées en mines ou en produits de carrières et inversement ainsi que des zones interdites ;
- établir une zone interdite ;
- agréer les mandataires en mine et carrière.

(G. Carcassonne 2001 : 23) analyse la transparence comme « *la valeur d'un mythe porteur de transformations parce qu'il répond à des aspirations profondes des peuples, des groupes ou des individus* ». Son action se positionne comme un impératif de sécurité juridique, de sécurité nationale avec un accès aux documents administratifs, érigé en garantie fondamentale accordée aux citoyens grâce à la Responsabilité Sociale des Entreprises (RSE). En outre, les Collectivités Territoriales Décentralisées (CTD) sont perçues comme des acteurs importants en matière de contrôle de conformité des activités extractives en général et de l'exploitation minière en particulier. La responsabilité des acteurs locaux face aux dividendes perçues de l'exploitation minière doit contribuer à la multiplication de leurs compétences afin de participer au développement local. Par-là, la transparence dans la gestion des ressources humaines et financières est un dispositif stratégique qui apparaît comme une réponse non seulement aux incitations de performance au niveau local, régional et national mais aussi une quête d'efficacité de gestion des programmes de développement. En plus, les travailleurs des mines sont perçus comme un maillon indispensable dans les industries extractives. En matière d'exploitation minière, ils sont au contact des minerais et leurs activités connexes se développent dans l'espace.

La société civile est un acteur important de veiller de régularité et de conformité sur les activités extractives. Elle est une interface entre les gouvernants et la population et la transparence apparaît comme son principe fondamental. De nombreuses organisations veillent sur la conformité du cahier de charge à l'instar du Centre pour l'environnement et le Développement (CED) ou encore du Réseau des Journalistes Camerounais du Secteur Minier (RJCSM) qui œuvre via les plateformes de concertation avec les hommes de médias camerounais, pour le compte de son programme « industries extractives ». Le but recherché dans ces cadres de réflexion et de concertation est de mettre sur pied un réseau de journalistes, dont la mission consiste à vulgariser l'activité, à effectuer le plaidoyer de la société civile en faveur des populations concernées par l'exploitation minière. Dans cette veine, la participation du Réseau de lutte contre la Faim (RELUFA) est une réalité à travers son programme de suivi des industries extractives qui participent à la mise en œuvre d'une transparence dans les activités d'exploitation minière au Cameroun mais aussi l'action des acteurs étrangers.

Les acteurs internationaux

Une panoplie d'acteurs internationaux s'investit de manière générale dans l'exploitation minière au Cameroun. L'attrait est dû aux avancées normatives et à l'amélioration du climat des affaires rimant la gouvernance minière nationale aux standards internationaux. Les investisseurs privés ou les actionnaires de fonds d'origine étrangère ruent au Cameroun à cause de vaste gisement minier du sous-sol. Les entreprises chinoises souscrivent à cette mouvance et sont déployées sur toute l'étendue du territoire. A titre illustratif, la Chine est engagée dans le projet d'exploitation du fer de Mbalam à l'Est à côté de la société australienne Sundance Ressources. Les sociétés chinoises impliquées sont notamment, la China *Harbour Engineering Company* et *CRCC Chine Afrique Construction*. Elles sont spécialisées en la matière et bénéficient d'importants flux de capitaux en provenance des investisseurs institutionnels et des capitaux-risques. L'exploitation minière au Cameroun se fait également à travers la société Sinosteelcam, filiale de la société chinoise Sinosteel, pour le projet fer de Kribi. Il faut également mettre en relief la Fametal Mining Resources Cameroon (FMRC) dans l'exploration de l'or à Mang, à Boulou, à Mompwe dans la région de l'Est. Cette exploitation est liée à un cahier de charge dont les activités concernent des actions de protection civiles parallèles notamment en matière d'éducation, d'accès à l'eau potable et à la protection des populations et de l'environnement.

A côté de la Chine qui occupe une part importante des sites d'exploitation, il existe de nombreux autres partenaires fiables pour cette exploitation minière. A cet effet, nous notons Camiron SA, filiale de la société australienne *Sundance Resources Ltd* à Mbalam (Région de l'Est) ; *Hydromine Global Minerals* représentée par sa filiale locale *Cameroon Alumina Ltd* à de Minim-Martap et à Ngaoundal (région de l'Adamaoua) ; la société *Camus* à Fongo Tongo (région de l'Ouest). En plus, il y a la présence de la société *Mega Uranium* à Lolodorf (région du Sud) et à Poli (région du Nord) ; la société américaine *Geovic* à Nkamouna-Lomié (région de l'Est). En outre, la firme anglaise *Sicamines* à Ayos et d'Akonolinga (région du Centre) ; la compagnie sud-africaine *African Aura* à Batouri (région de l'Est), à Akonolinga (région du Centre), la société franco-camerounaise *Cimencam* à Figuil (région du Nord). Sans être exhaustif, ces entreprises participent au développement des projets miniers au Cameroun à travers les permis d'exploration et d'exploitation. Cependant, la difficile redistribution des retombées de l'exploitation minière dans les micro-espaces, à travers l'insertion sociale des jeunes et les projets de développement, est à l'origine de la contestation populaire ou sociétale. La traduction du dilemme de conformité d'une telle exploitation notamment celle des entreprises chinoises se pose avec acuité dans le contexte des nouvelles routes de la soie par le truchement de l'Initiative la Ceinture et la Route en Afrique.

Le dilemme de conformité de l'exploitation minière face aux opportunités de l'Initiative la Ceinture et la Route

La diversification des partenariats entre le Cameroun et la communauté internationale s'inscrit dans la dynamique du Chef de l'Etat à rendre son économie attractive et utile pour les populations. L'exploitation minière a des avantages qu'il importe de prendre en compte notamment dans sa coopération avec la Chine à travers l'Initiative la ceinture et la route. La crainte d'une collaboration moins fructueuse se pose au sein de l'opinion publique suite à la convention récemment signée entre ces deux partenaires pour le département de l'Océan. Ce dilemme relatif à l'exploitation minière se justifie par les éléments de controverse (A) et de protection de l'identité minière grâce à l'Initiative la

Ceinture et la Route (B).

Les éléments de controverse

La négociation entre le Cameroun et la Chine relative à l'exploitation minière s'accompagne des éléments de controverse mettant en exergue la problématique du contenu des conventions (1) et le dilemme de la rentabilité au sein de la société civile et la population (2).

La problématique du contenu des conventions

La contestation des conventions signées entre le Cameroun et la Chine est liée à une réaction populaire estimant qu'il existe un déséquilibre en termes de dividendes entre les deux parties. La contribution de l'Initiative la Ceinture et la Route dans le cadre de l'exploitation minière se présente selon une franche de la société civile comme un *dilemme de la prospérité* (Rapport OMS & UNICEF 2010) c'est-à-dire la problématique de conciliation entre les exigences et les impératifs de développement. Selon elle, elle est perçue autour des logiques de mauvaises négociations ou des logiques de corruption dans la mesure où les réseaux informels se positionnent des principaux négociateurs. En prenant le cas de la convention du 06 mai 2022 entre le Cameroun et Sinosteel dans la zone située entre Kribi et Campo, le député Cabral Libii[243] estime que cette convention va à l'encontre de la stratégie macroéconomique du pays et les exigences du marché international. Cette convention estime à 632 000 000 de tonnes l'exploitation des minerais. En plus, l'analyse des certains spécialistes évoquent des manquements aux prescriptions règlementaires contenus dans le code minier et les conventions minières en matière d'action sociale, de l'environnement, de la fiscalité et autres infractions diverses. Il est avéré que l'initiative la ceinture et la route se positionne comme une stratégie de développement aux enjeux orientés au développement local utiles pour les populations (Viviane Ondoua Biwole 2018 : 233), mais la réalité relative à la quasi-totalité des contrats d'exploitation à des compagnies minières n'assurent pas un véritable transfert technologique et la participation à l'information géologique et minière nationale ainsi que la formation du personnel camerounais.

Les logiques d'action des acteurs rendent complexes les modalités de

---

[243] Député du Parti Camerounais pour la Réconciliation Nationale, un parti d'opposition.

gouvernance de ce secteur. L'implication des acteurs locaux en charge de la décentralisation n'est pas accentuée comme une réponse aux besoins locaux et de mise en œuvre du processus de développement local. La centralisation de la démarche de coopération entre les institutions et Sinosteel ne s'appuie pas sur une incrémentation par le bas (loi n° 2019/024 du 24 décembre 2019) c'est-à-dire un établissement des contrats ou des conventions en prenant en considération les aspirations profondes des populations. La problématique du contenu des conventions doit préserver l'identité nationale minière afin d'améliorer l'attractivité et de développer des zones franges de développement des activités d'exploitation minière. Ces logiques d'action établissent la problématique des rapports entre les intérêts économiques, les changements écologiques et les luttes politiques constituant un obstacle pour une bonne exécution des questions relatives au développement durable. En outre, la crainte de la population et de la société civile est axée autour de l'absence des retombées socioéconomiques et de développement local, l'amélioration des conditions de vie pour une lutte efficace des phénomènes tels que le chômage, la pauvreté. La convention Cameroun-Sinosteel est perçue comme un dispositif ne souscrivant pas totalement aux exigences locales notamment dans la mise en place des politiques de redistribution des richesses et des valeurs au niveau local. Il existe, au regard des contestataires, un hypercentralisme pour la conduite des activités relatives au développement local. Il convient de signaler que la mainmise de l'Etat sur sa volonté à s'assurer la conformité de l'exploitation minière devrait prioriser les modalités sur le Développement Economique Local (DEL) et la planification sur le développement des services essentiels pour les projets locaux.

Le dilemme de la rentabilité

La contribution de l'Initiative la ceinture et la route se présente comme une opportunité gagnant-gagnant entre les parties. La controverse sur la rentabilité des projets miniers chinois en général se pose au niveau de la partie camerounaise en matière de négociation et de traçabilité des fonds reçus. Cette initiative, bien que perçue comme une voie pour participer au développement de l'Etat, inquiète les populations au niveau de la faible vente de nos minerais ce dilemme de la conformité pose le problème de la gestion efficiente des fonds face au spectre des détournements de fonds, de la corruption etc… C'est pourquoi (Charreaux 1997 : 1) met en exergue les difficultés endogènes et les mauvais choix stratégiques comme des modalités de frein de la performance. Bien plus, les principes de contrôle, de régularité et de gestion efficiente du principe de l'unité de caisse se posent avec acuité pour assurer le développement local, régional et national. Enfin, le manque de transparence en matière de recouvrement se positionne actuellement comme une source de contestations et de confusion au sein de la société civile et des populations en vue d'être érigé comme un frein au développement local.

La protection de l'identité minière grâce à l'Initiative la Ceinture et la Route

La valorisation du secteur minier au Cameroun est une stratégie et une initiative à saisir par le truchement des nouvelles routes de la Soie en générale pour assurer une exploitation appréciable. Elle se situe dans la Stratégie Nationale de Développement à l'horizon 2030 (SND 30) et constitue une gestion à la fois efficace et efficiente de l'occupation de l'espace. Cette protection à l'ère de l'Initiative la Ceinture et la Route en Afrique se positionne comme un système d'une incrémentation par le bas c'est-à-dire que l'Etat prend des initiatives de développement en fonction des aspirations des populations locales et de la société civile. Elle se caractérise tant par un enjeu de protection géopolitique et géostratégique (1) que géoéconomique et géo-sociale et géoculturelle (2).

Un enjeu géopolitique et géostratégique

La prise en compte de l'Initiative la Ceinture et la Route en Afrique se positionne dans la vision macroéconomique du Cameroun. Elle fait de la coopération sino-camerounaise un une vision commune des continuités sociologiques basées sur le partage et l'assistance mutuelle dans le cadre du développement économique. En effet, cette approche se présente comme un modèle de dépassement du paternalisme dans l'environnement minier afin de faire du Cameroun un pôle d'attractivité et d'orientation des nouvelles politiques de gestion minière. Cela se caractérise par le rapprochement du Cameroun de la périphérie vers le Centre afin de devenir un acteur ou une puissance majeure en matière de gouvernance minière. Bien plus, l'amélioration du volet normatif se pose avec acuité au point où (Gilles Paquet 2009 : 46) estime qu'il est nécessaire de *devenir maître* du jeu dans un domaine bien précis notamment dans le secteur minier. En matière de gouvernance minière, cette initiative se présente comme une opportunité partenariale de construction sociale Enoc Walde 2022 : 52) pour la projection de l'exploitation industrielle des gisements identifiés à grande échelle. La coopération Chine-Cameroun dans le domaine minier notamment dans la zone portuaire de Kribi s'inscrit dans la mouvance coordonnée du développement infrastructurel du Cameroun. Au sens de (Odrey Robillard 2014 : 12) est une partie prenante des décisions stratégiques pour la sécurisation des investissements et des populations. Dans cette dynamique, il est question de faire de l'exploitation minière un pilier de développement à travers un arrimage et respect scrupuleux des normes nationales et internationales.

L'Initiative la Ceinture et la Route en Afrique se positionne comme un atout de développement participatif de développement national où les acteurs à différents étages contribuent à la rentabilité d'un projet d'une telle envergure. A cet effet, l'exploitation minière doit mettre en valeur les aspirations profondes des pouvoirs publics et des populations afin de répondre de manière ciblée au dilemme de conformité d'une l'exploitation chinoise. Le développement de l'espace ou le développement local doit s'orienter sur le désenclavement des bassins de production, la création des infrastructures socio-éducatives et sanitaires ainsi que le transfert échelonné des technologies via une implication significative des populations riveraines dans ces activités lucratives. En outre, la libéralisation du secteur minier doit être étroitement lié aux objectifs de développement tout en permettant aux (CTD) de de garantir la richesse de leur ressort territorial et par extension aux projets locaux. Dans cette dynamique, les compagnies chinoises doivent respecter les normes internationales et les exigences environnementales pour résoudre de manière équitable tout dilemme provenant de la conformité d'une telle exploitation. Le Cameroun doit impérativement se saisir de l'Initiative la Ceinture et la Route en Afrique pour améliorer l'expertise des entreprises locales, autonomiser les savoir-faire innovants, pérenniser sa souveraineté de manière permanente sur l'exploitation minière. C'est une occasion de préserver l'identité cartographique des ressources minières en prenant en compte les enjeux géosocial et géoculturel.

Un enjeu géo-social et géoculturel

L'Initiative la Ceinture et la Route en Afrique se présente comme une initiative permettant de juguler un ensemble de fléaux ou crises sociales. Le Cameroun doit prendre en compte cette nouvelle route de la Soie comme une saisine de promotion de son espace à travers les volet sociaux et culturels. Cela se caractérise par des dynamiques actorielles susceptibles d'échanger et de partager les expériences pour assurer l'éclosion du savoir-faire camerounais. Il est question d'assurer la protection des couches vulnérables (O.I.T 2022) contre la violation de la dignité humaine dans l'environnement minier à travers la protection des femmes et des enfants. A cet effet, l'enjeu géosocial promeut la démocratie écologique participative à travers la recherche de l'harmonie. Il est question pour les différentes autorités de rechercher l'étiologie de destruction du tissu social car selon (F. Thomas 2013) les ressources minières exploitées ne constituent des éléments conflictogènes. En plus, l'administration camerounaise pour traduire des actions efficaces en matière de dilemme de conformité d'une telle exploitation devrait lutter contre tous les réseaux informels qui puissent émerger dans cette coopération sino-camerounaise. Cela se matérialise par la saisie des cargaisons illicites de minerais, les campagnes de sensibilisation des populations, l'arrestation des trafiquants, la corruption. De telles initiatives apparaissent comme une source d'augmentation du Produit Intérieur Brut (PIB) et une contribution des ressources locales au développement local. En plus, le rétablissement et la promotion de la justice sociale, environnementale, spatiale et d'écojustice apparaît comme le leitmotiv de gestion du dilemme de conformité de l'exploitation minière au Cameroun. Chacune des entreprises chinoises doit respecter ses projets de développement et l'Etat doit veiller sur la Responsabilité Sociale des Entreprises (RSE) ayant des implications directes sur les populations. La formation des magistrats municipaux, des élus locaux, des hommes politiques, des magistrats et de la population est indispensable pour contenir toutes les velléités perturbatrices de l'exploitation minière au Cameroun.

Conclusion

L'exploitation minière au Cameroun s'est faite de manière constructive et constitutive grâce à la modernisation du cadrage normatif. A travers la diversification de ses partenaires, L'Initiative la Ceinture et la Route en Afrique se présente comme une opportunité renouvelée de faire du continent africain un pôle de développement. Dans cette dynamique, le Cameroun prend l'exploitation minière comme une source de développement et non de conflit. De ce pas, la présence chinoise en matière d'une telle exploitation est facilitée par la construction et la constitution d'un cadrage normatif et d'un dispositif institutionnel bien ficelé. Cependant, l'actualité ambiante suite à la convention Cameroun-Sinosteel de mai 2006 s'inscrit dans cette initiative pour booster le développement. Grâce à l'herméneutisme, le dilemme de la conformité de cette exploitation met en relief des inquiétudes sur les aspects relatifs au contenu de cette norme et aux critères humains que financiers. Il est question pour le Cameroun de préserver son identité économique via la gestion des recettes minières. Cela s'érige par la protection de son espace pour une mutualisation des avantages véhiculés par l'Initiative la ceinture et la route dans les domaines stratégique, économique, social, environnemental et géopolitique.

Bibliographie

CARCASSONNE G., « Le trouble de la transparence », *Pouvoirs*, n° 97, 2001.

CHARREAUX G., « Le gouvernement des entreprises », in *Economica*, Paris, 1997.

CHUCHAN-POLE Punam, L. DABALEN Andrew et LAND Bryan Christopher, *L'Exploitation minière en Afrique : les communautés locales en tirent-elles parti ?*, Washington, AFD, 2017.

Décret n°2012/432 du 1er octobre 2012 portant organisation du Ministère des Mines, de l'Industrie et du Développement Technologique.

HONKE Jana, « Transnational pocket in territoriality. Governing the security of extraction in Katanga (RDC) », *Working Paper Series*, n°2, Universitad Leipzig, 2009.

KASEYA NDAYE, Politique du gouvernement sur l'exploitation minière, in *Rapport final du séminaire sur l'exploitation minière artisanale au Katanga*, les 22 et 23 juin 2004.

LICKERT Victoria, « Les Ressources minières au Cameroun : Gouvernance, prise des décisions et contre-expertise », Mémoire de Master 2, Université de Paris1 Panthéon-Sorbonne, 2012.

Loi n° 2019/024 du 24 décembre 2019 portant Code Général des Collectivités Territoriales Décentralisées.

O.I.T., « Mines et carrières : l'autre calvaire des enfants au travail », in http://www.africk.com/Niger, consulté le 30 mai 2022.

OMS & UNICEF, Rapport conjoint de l'Organisation mondiale de la santé et du Fonds des Nations unies pour l'enfance, Mars 2010, disponible sur http://www.planetsave.com/blog/2010/03/24/unsafe-water-kills-morepeople-than-war-study.

ONDOUA BIWOLE Viviane, « *Processus de décentralisation et gouvernance urbaine au Cameroun : Leçons d'une enquête* », in M. SIMEU-KANDEM et TOUNA MAMA, Les politiques de la ville en question. A la recherche d'une meilleure gouvernance urbaine en Afrique subsaharienne, L'Harmattan, 2018, pp 233-252.

PAQUET Gilles, *Gouvernance mode d'emploi*, Montréal, Liber, 2009.

POURTIER Roland, « L'économie minière au Kivu et ses implications régionales », Rapport de mission au Nord-Kivu, Sud-Kivu et au Rwanda, 17 avril-9 mai 2004.

ROBILLARD Odrey, « *Ethique : un complément aux théories de la gouvernance actuelle ?* », Mémoire de maîtrise en environnement, Université de Sherbrooke, 2014.

SELMA Eric, « *Le contrôle des activités d'exploitation minière en Afrique Centrale francophone : le dilemme de la conformité et de la résistance* », Master II en Relations Internationales, Université Jean Moulin Lyon III, 2016.

THOMAS Frédéric, « Exploitation minière au Sud : enjeux et conflits », *Alternatives Sud*, n°20, 2013, pp 7-28.

WALDE Enoc, « *L'Union Africaine face à l'ordre et le changement au sein de la gouvernance mondiale : analyse des tentatives de réforme au sein du Conseil de Sécurité et de la sécurité collective* », Thèse de Doctorat en Science Politique, Université de Dschang, 2022.

TROISIEME SESSION : PLAN DE DAKAR POUR L'ECONOMIE TECHNO NUMERIQUE, LE DEVELOPPEMENT INFRASTRUCTUREL ET L'INITIATIVE LA CEINTURE ET LA ROUTE

25. Huawei: Building a better connected Cameroon to promote digital economy, *M. Zhang Jingshan*

Distinguished guests,
Ladies and Gentlemen,
Good afternoon,

I am deeply honored to be invited to give a speech at this 《International Colloquium on the "Belt and Road Initiative" in French-speaking Africa 》 which intends to figure out recommendations for digital economy development.

Huawei is a global leader of ICT solutions, with operations in more than 170 countries. As such, we are committed to building a Better Connected World by serving as an enabler for digital economies. We believe that tremendous growth potential can be unlocked by improving connectivity.

During the past 10 years since Huawei established its business in Cameroon, we have together witnessed the reform and development of Cameroon ICT, under President Paul Biya's enlightened guidance and the joint efforts of ICT ecosystem. Cameroon ICT infrastructure has improved greatly: the mobile penetration rate has increased exponentially from 17% in 2006 to 92% in 2021, the backbone has been implemented on around 14000 kilometers and also more than 2,000 base stations have been installed, which today serve more than 20 million Cameroonians! However there will still exist a huge development potential in mobile broadband (39%) and fixed broadband (2.3%) connectivity. Digital economy can't be realized without a developed ICT infrastructure. Many studies link broadband investment to economic growth. For example, in 2010 a World Bank study showed that every 10% increase in broadband investment will lead to 1.38% GDP growth. For example the CAMEROON Backbone phase 3 project which was begun at the beginning of 2015 has created 51 direct employees and 1536 outsourcing employees. The local purchase amount related to this project is more than 20 million USD. Therefore we should pay a lot of attention to ICT investment; the basis of any digital economy is to have a reliable, safe and fast Internet and telecommunication network. We can imagine that if there's solid foundation, the elephant can walk over the rope, but if it's not, it will likely fall. We need better ICT infrastructure, and a better connected world.

(Gap: Access)

Once we have the networks, how to access the information? As we know, more than of 85% Cameroonians use feature phones; that is to say even though majority of Cameroon people have mobile phones, only a small part can connect to internet. In order to boost digital Economy, people in Cameroon need to have more affordable but also reliable and fast devices, portable computing devices that allow them to interact with the world

(Solutions: New ICT solutions like cloud, collaboration)

As part of a Safe City project, Huawei helped general delegation of national security (DGSN) deploy a holistic solution that integrated a call-taking and dispatching system, eLTE broadband trunking, video surveillance, and intelligent analysis like license plate recognition and violation detection, to improve Cameroon's critical incident and crisis management capabilities. The solution was used to successfully manage CAN FEMINE 2016, CAN TOTAL ENERGY 2021 and also the National DAY in may of this year. Since its deployment and operation, the Safe City solution has drastically improved safety conditions in the country. According to an annual report from Cameroon police, crime has decreased by 46% in the areas covered by the Safe City solution.

(Contribution from Huawei: Training and Seeds for the future)

The digital economy could not be developed without the training of the ICT human resource. Until now, more than 2000 Cameroon ICT engineers have been trained by the training center of Huawei located in Western Africa. Moreover, we're also working closely with governments to cultivate more ICT talents. Our flagship CSR program Seeds for the Future which provides ICT training opportunity in Huawei HQ in china, has been implemented in several African countries like Egypt, Cote d'ivoire, centrafrique ,etc; and we're trying to expand to Cameroon to nurture more ICT talents this year; there will be at least 50 ICT talents benefiting from this activity in the coming 5 years.

Build Cameroon as "Four Centers" in CEMAC including:

Target1: Building e-Gov Centre to provide Cloud services includes E-administration, public safety for regional

Target2: Building e-Commerce Center to provide regional digital industry service includes E-commerce, E-Media and E-leisure etc.

Target3: Building Data Traffic Center to provide data expert and analysis services

Target4: Building Talent Center to cultivate and transfer ICT talent to external countries.

In order to achieve the target of Digital Cameroon 2025, the following Proposals are recommended to take into consideration:

Proposal 1: Commercialize existing ICT infrastructures to create more revenue. With these existing ICT Infrastructures, Generally it is possible to generate 600 MUSD revenue per year according to global practices. Therefore we suggest to set up one dedicated expertise team to further research and study how to better commercialize the existing ICT infrastructures.

Proposal 2: Favorable policies and investments to improve Coverage, Release and neutralize spectrum to improve MBB coverage. Release TDD spectrum to improve home broadband coverage. Make favorable policies to encourage mobile operators to extend rural coverage. Improve national energy coverage strategy by new energy.

Proposal 3: One cloud strategy to protecting digital sovereignty and maximize data value. Elevating the importance of digital sovereignty. Select an existing data center as the foundation of the national sovereign cloud data center. Share data among departments on the sovereign cloud to improve data value.

Proposal 4: Introduce and create more services to Cameroon to develop digital maturity. Establish an organization to promote network and cloud infrastructure. Develop policies related to data security and data introduction.

Proposal 5: Create talent ecosystem to support ICT Hub strategy. Improve the priority of ICT talent development and encourage cooperation among higher education, ministry of telecommunication, schools, and vendors in ICT technologies know-how transfer.

(Dream: to Build Better Connected Cameroon, ICT Hub)

In the future, with joint efforts, everyone, every company and every business will enjoy a better connected Cameroon! ICT requirements will increase at an explosive rate. ICT systems will be transforming from Supporting to Foundation of production systems. Mobile Bandwidth, Fixed Bandwidth, Cloud Computing, Big Data, IoT ... new technologies are reshaping the traditional industry, triggering the new industrial revolutions, bringing challenges and opportunities to digital economy. Due to unique geographic location and better developed ICT infrastructure, Cameroon will be more competitive to become the ICT Hub after Logistics Hub in Central Africa.

Let's build a better connected Cameroon together to promote Cameroon's digital economy.

26. La Chine, la route, l'afrique et la technologie. Une geopolitique critique des devenirs technologiques camerounais et africain entre agilite et fragilite, *Pr. Mathias Eric Owona Nguini & Auxence Augustin Koa*

Introduction

À force de voir se multiplier des publications sur la « *Chinafrique* »[244], on pourrait croire que l'on tend vers une saturation des thèmes à étudier or, il importe de prendre du recul pour étudier en détail l'évolution, la transformation et la complexification des rapports géopolitiques chinois en Afrique. Cela n'est possible qu'à condition de construire un raisonnement pouvant permettre de parvenir à d'autres formes d'objectivation de ces rapports sans que, ceux-ci, ne soient examinés simplement et uniquement comme renvoyant à des constructions spatiales et territoriales. C'est certainement dans ce domaine de souci que se situe notre perspective sur *La Chine, la Route, l'Afrique et les technologies. Une géopolitique critique du devenir technologique africain entre agilité et fragilité*.

Facteur de civilisation et de sportization d'une course à l'hégémonie, la technologie est désormais pour la Chine une fenêtre d'opportunité propice à des démarches et conduites géopolitiques légitimes. Motif pris de ce que, un avantage

---

[244] Le concept de *Chinafrique*, construit en opposition à celui de *Françafrique*, interroge la place de plus en plus grande de la Chine sur le continent africain, et sur les implications de cette présence. Sur le sujet, lire notamment Michel. BEURET et Serge. MICHEL, *La Chinafrique*, Paris, Grasset, 2007, 351p.

comparatif dans ce domaine s'énonce suivant cet aphorisme syllogistique : « Qui détient la technologie, contrôle les ressources étatiques ; qui contrôle les ressources étatiques, contrôle les Etats eux-mêmes ; qui contrôle les Etats, contrôle le monde ».[245] À l'évidence, l'Afrique n'échappe pas à ce « *chinese techno rising* »[246] qui, confesse sa capacité à assumer son nouveau rôle de puissance (re)émergente en comblant le déficit en infrastructure de technologies des Etats africains.

D'ailleurs, le retour du concept d'« émergence » dans les agendas nationaux africains, va s'enclencher à partir des années 2000, une véritable « *diplomatie du bâtiment public* »[247] chinoise qui, va densifier la marge de manœuvre des Etats africains dans la définition de leurs politiques nationales de développement et permettra à la Chine de garantir une visibilité politique à la hauteur de ses

---

[245] La Géopolitique a produit une conceptualisation binominale antithétique. Cette démarche à la fois prédictive et spéculative s'est traduite par la formulation d'aphorismes syllogistiques l'instar de la *sea power* (Alfred MAHAN, 1890) ou encore du *Heartland* (Alford MACKINDER, 1904) opposée au *Rimland (Nicolas SPYKMAN)*. Cette conceptualisation avait pour but de faire ancrer chez des stratèges rivaux, la notion de fatalité dans la domination idéologique d'une puissance sur l'autre, sur le monde ou encore la faiblesse d'une nation. De la sorte, nous empruntons donc à Alford MACKINDER l'aphorisme syllogistique sur le *Heartland* que nous reformulons et retraduisons : « **Qui tient l'Europe orientale contrôle le heartland ; qui tient le heartland contrôle l'ile du monde ; qui tient l'ile du monde contrôle le monde** ». Selon tout entendement, la technologie est le prétexte d'une conduite géopolitique de facture hégémonique en Afrique. Dans un tel contexte, la maitrise technologique rend donc potentiellement tout Etat puissant dans un secteur vulnérable dans un autre Etat. Ainsi, la montée en puissance de la Chine dans l'économie mondiale et sa performance hors du commun dans les exportations et la construction des infrastructures de haute technologie vient donc inaugurer l'avènement d'une « Chine puissance technologique ». Sur la question lire, Frédérique SACHWALD, «La Chine, puissance technologique émergente» www.IFRI.org , IFRI, Paris, 2007, p 30. Ou encore, Pascal VENIER, "The Geographical Pivot of History and Early 20th Century Geopolitical Culture", *Geographical Journal*, vol. 170, no 4, December 2004, pp. 330–336. Ou encore, Rosenberg MATT. "What Is Mackinder's Heartland Theory?" ThoughtCo, Aug. 27, 2020, thoughtco.com/what-is-mackinders-

[246] Auxence Augustin KOA, « Le style stratégique chinois dans l'agroscape africain : une lecture à partir du cas du centre d'application des technologies agricoles de Nanga Eboko au Cameroun » In *La Chine en Afrique, quelle coopération pour quelle sécurité alimentaire ?*, Lomé, Juriscope, Collection Droits africains, 2020, pp. 139-152.

[247] Commission sénatoriale des affaires étrangères, de la défense et des forces armées, *Rapport d'information sur la présence de la France dans une Afrique convoitée*, n° 104, Senat Français, session ordinaire de 2013-2014, Octobre 2013, p. 177.

ambitions. La « *Belt and Road Initiative* » (BRI) nouvelle appellation des « *nouvelles routes de la soie* », constitue donc le moyen par lequel la Chine veut multiplier et diversifier les investissements dans les infrastructures en intégrant l'Afrique à cet ambitieux réseau d'interdépendances. La BRI nous impose donc une nécessaire relecture de ses enjeux spécifiques[248].

Au titre de ces enjeux, se trouve la technologie qui, participe de la transposition et de la construction en Afrique de puissants imaginaires de modernité pensés et développés en Chine. En cela, en plus d'être terrestres (autoroutes, voies ferrées, gazoducs…), maritimes, aériennes, énergétiques, commerciales, financières et juridique, les nouvelles routes sont aussi infrastructurelles et surtout technologiques. Compte tenu de la complexité croissante des interventions technologiques chinoises en Afrique ainsi que de l'impossibilité d'en couvrir l'ensemble, nous avons été amenés à sélectionner des secteurs prioritaires, objets, de ce déploiement. Trois domaines nous ont semblé particulièrement révélateurs, tant par leur intérêt pour la Chine que par leur importance non pas seulement pour le Cameroun, mais aussi pour le continent.

L'agriculture, à travers les *Centres D'application des Technologies Agricoles Chinois (CATACs) ou Agricultural Technology Demonstration Centers (ATDCs)* qui sont la manifestation de la volonté chinoise d'expérimenter et de vulgariser des nouvelles technologies de production vivrière à partir de semences à haut rendement et de produits phytosanitaires importés de Chine. La sécurité, à travers des modèles importés de sécurité (programmes *Safe City* et *Smart City*) qui, mettent en exergue le déploiement technologies chinoises de télésurveillance. Les télécoms, à travers le déploiement des technologies chinoises de télévisions numériques terrestres (TNT).

La question centrale que pose cette communication est la suivante : Comment le déploiement technologique chinois construit-il les devenirs Camerounais et africains ? Pour y répondre, nous formulons l'hypothèse que ces interventions qui, se constituent comme le versant technologique de BRI participent des interventions et des applications au Cameroun et en Afrique des modèles et des dispositifs technologiques de types sécuritaires, agricoles et communicationnels qui situent les devenirs camerounais et africains dans une configuration mouvante. C'est-à-dire, une tension configurationnelle qui les balance entre néo-dispositifs générateurs et formateurs d'efficacité praxéologique et d'agilité

---

[248] Moins étatiques de « *low politics* »

pragmatiques mais aussi, comme des exo-dispositifs vecteurs et révélateurs de fragilité biopolitiques et d'extranéité politico-stratégiques au Cameroun et en Afrique.

Ainsi, l'analyse configurationnelle eliasienne[249]. De même qu'une collecte documentaire entendue, comme base pré-informationnelle établie et associée sur une collecte de données entendue comme base factuelle associée à la nécessité de recourir non seulement, à des observations directes ainsi qu'à l'ensemble de la documentation exploitable sur le sujet nous permettrons de saisir et d'apprécier non seulement les configurations de sens et de pratiques qui jalonne ce déploiement technologique. Ceci, afin de mieux comprendre non seulement la genèse de l'irruption de ces technologies mais aussi, les cadrages, usages dont elles font l'objet ; autant que les contraintes et contrariétés qu'elles sécrètent dans les différents domaines en Afrique.

Outre le constructivisme que nous allons mobiliser au niveau de la théorie sociologique internationale[250]; il convient de préciser que nous optons aussi pour un modèle enrichi de l'interdépendance complexe[251]. Il s'agit d'associer son expression typique en relations internationales avec une formulation sociologique de l'interdépendance asymétrique[252] ou encore de l'interdépendance stratégique[253]. Ces référentiels théoriques nous aiderons à comprendre qu'il n'est pas pertinent d'envisager le déploiement des technologies dans les différents secteurs suscités comme le simple déroulement d'un programme finaliste ou fonctionnaliste préétabli et prédéterminé. Mais plutôt, comme une dynamique complexe elle-même, caractérisée par une dépendance paradigmatique. Bref, asymétrique car liée structurellement à la prédominance de la Chine en raison de son statut de puissance géoéconomique et technologique émergente sur un

---

[249] Norbert ELIAS, *Qu'est-ce que la sociologie ?*, trad. de l'all. Par Yasmin Hoffman, Aix-en-Provence, Pandora, 1981, La Tour-d'Aigues, L'Aube, 1991, p. 156-158

[250] Alexander WENDT, "Social Theory of International Politics", Cambridge, *Cambridge University Press,* 1999, p. 114 et Peter BERGER, Thomas LUCKMANN, *La construction sociale de la réalité*, Paris, Méridiens-Klincksieck, 1986.

[251] Robert O. KEOHANE, & Joseph NYE, « Pouvoir et interdépendance revisités ». *Organisation internationale*, 41(4), 1987, pp.725-753.

[252] Jean-François Bayart, « L'Afrique dans le monde : une histoire d'extraversion », *Critique internationale*, vol. 5, no. 4, 1999, pp. 97-120.

[253] Erving GOFFMAN, *Strategic interaction*, Philadelphia, University of Pennsylvania Press, 1969.

espace périphérique (l'Afrique) pendant longtemps resté dans une situation de subalternité technologique.

Les interventions technologies chinoises comme des generateurs et formateurs d'efficacite praxeologique et d'agilite pragmatiques. Une dynamique géopolitiquement capacitante de gouvernabilité instrumentale

Les technologies agricoles comme des instruments stimulants d'intervention : des sources de symétries de production

Les Centres D'application des Technologies Agricoles Chinois (CATACs) ou Agricultural Technology Demonstration Centers (ATDCs) comme des accélérateurs de la coopération techno-agricole Sud Sud.

Par cette formulation nous voulons relever que les CATACs ou ATDCs sont des modèles séduisants et stimulants d'agences de développement agricoles, reflets des expériences passées ainsi que des performances chinoises actuelles, atteintes grâce à des investissements important dans la recherche et le développement des nouvelles variétés culturales, telles que le riz. De cette façon, nous pensons que, la Chine se présente à travers les CATAs comme une sorte de « *patterns markers* »[254], de (faiseur et diffuseur de modèles agricoles). En clair, il s'agit par ces termes, de souligner la manière dont les CATACs travaillent à construire en Afrique et surtout au Cameroun l'image d'une Chine agro-responsable qui annonce les sirènes du passage du développement agricole de l'ère de « *tu dois* » à celui de « *que pouvons-nous faire pour aider* »[255] ceci, à travers l'introduction et de la diffusion (au Cameroun et en Afrique) des techniques et technologies d'auto-développement agricoles inspirées de la trajectoire Chinoise. Trajectoire agricole chinoise qui, peut-être une leçon pouvant avoir implications pour les pays en développement.

---

[254] Mathias Éric OWONA NGUINI, « Jeux et enjeux fonciers entre le Cameroun et la globalisation: REDD, États, ONG, Communautés, Opérateurs économiques, et accaparement des terres », dans *Enjeux,* n⁰ 47-48 novembre, 2012, p. 7-8 ;
[255] Auxence Augustin KOA, « Le style stratégique chinois dans l'agroscape africain : une lecture à partir du cas du centre d'application des technologies agricoles de Nanga Eboko au Cameroun » dans *La Chine en Afrique, quelle coopération pour quelle sécurité alimentaire* ?, Lomé, Juriscope, Collection Droits africains, 2020, pp. 142-143.

Les CATACs comme des dispositifs standards, générateurs d'efficacité

Par cette formulation nous voulons souligner la manière dont les Etats africains et surtout le Cameroun ont tiré profit et tirent toujours profit de l'assistance technique et technologique que propose la Chine à travers les CATACs proposent. Bien plus, nous voulons mettre en lumière la manière dont les actions des CATAs en Afrique (celui de Dakawa en Tanzanie, Guiguidou en Côte d'Ivoire et celui de Nanga Eboko du Cameroun), symbolisées par leurs prestations qui, semblent mieux répondre aux préoccupations quotidiennes « *des gens de la brousse* »[256] s'inscrivent, dans une logique effectivement dispensatrice du développement agricole. Logique qui, combine des motivations d'assistance et de reliance permettant aux paysans bénéficiaires d'y voir une réelle alternative de modernisation agricole mais aussi, une option pour assurer leur autosuffisance alimentaire[257].

Les technologies de surveillance comme des moyens habilitants d'intervention : des sources de symétries de contrôle

Les technologies de télésurveillance chinoises comme des modèles importés producteur de sécurité

Par cette formulation, nous voulons souligner la manière dont les technologies chinoises se révèle être des dispositifs utiles concourant à moderniser et à optimiser la pratique de veille des communautés ainsi que la fonction de sûreté des villes des polices africaines. Ceci, pour des espaces urbains, métropolitains, administrables, maitrisables et sociables. En outre, par cette formulation, nous voulons les saisir sous le prisme de leur conformité avec les politiques de sécurité et de sureté des Etats africains. Une telle logique souligne le fait que, l'adoption des technologies de télésurveillance chinoises, participe de

---

[256] Lire J.-M. ELA sur la sociologie de « l'État au ras du sol » ; et surtout J.-M. Ela, 1990, *Quand l'État pénètre en brousse... les ripostes paysannes à la crise*, Paris, Karthala, p. 178. Cité par Auxence Augustin KOA, 2021, « Quand la Chine pénètre la brousse. Géopolitique locale des investissements à capitaux chinois affectant les terres forestières au Cameroun », *Enjeux*, 54 (1), pp.119-154.

[257] Jean-Jacques GABAS & Vincent RIBIER, *Synthèse des quatre études de cas sur les interventions de la Chine dans le secteur agricole en Côte d'Ivoire, Ethiopie, Sénégal et Togo*, Rapport n°2/6, CIRAD-CTA, Août 2015, pp. 31-32.

la circulation et de la diffusion efficace mais aussi de l'importation d'un modèle de surveillance à l'échelle des continents. Notre propos s'intéressent non seulement aux bénéfices en termes d'infrastructures de technologies numériques, de matériels et d'équipement de surveillance de types sécuritaires telles que : la télésurveillance, la reconnaissance faciale, les logiciels intelligents de traitement algorithmique des data (*Etc…*) mais aussi, à la manière dont elles se « greffent » opportunément et efficacement aux structures de sécurité et de sureté des formations sociales souveraines africaines en renforçant leur technostructure policière[258]. Ceci, pour qu'ils sachent faire face aux formes de circulation des contraintes qui, viennent remettre en question leurs capacités pragmatiques et stratégiques à assurer avec compétence et performance, la « *sécurité* » de leur « *territoire* » et de leur « *population* »[259].

Les technologies de télésurveillance chinoises comme des dispositifs producteurs de territorialité et d'agilité

Par cette formulation nous voulons souligner la manière dont ces technologies se constituent comme des dispositifs qui transforment les « *corps* » et les « *lieux* » publics dans lesquels ils interagissent[260]. Ceci, à travers leurs dispositions spatiales discontinues et hétérogènes sur les espaces surveillés africains[261]. A bien des égards, avec le déploiement de la technologie chinoise de vidéosurveillance à Yaoundé par exemple, on pourrait objecter qu'actuellement, tout se passe comme si l'espace privé se déplace, se transpose. En clair, « pénètre » dans les espaces à usages publics. Comme si, l'Etat Camerounais à travers ces technologies s'approprie, privatise, symboliquement les espaces publics en les considérants comme des lieux risqués – unilatéralement – définis comme tels. En outre on veut aussi souligner la manière ces technologies viennent optimiser et rationaliser

---

[258] Georges Macaire EYENGA, « Les nouveaux yeux de l'État ? L'introduction de la télésurveillance dans l'espace public à Yaoundé », *Cahiers d'études africaines*, 4, N° 244, 2021, pp.753 à 776. Mis en ligne le 04 janvier 2022, consulté le 05 Janvier 2022, Disponible à l'URL: http://journals.openedition.org/etudesafricaines/35559; DOI: https://doi.org/10.4000/etudesafricaines.35559, Bulelani JILI, « Chines Surveillance Tools in Africa », in *Research Brief* N° 8/2019, Juin 2020, 6 p.

[259] Jeanine HORTONEDA, « Sécurité, territoire, population et Naissance de la biopolitique de Michel FOUCAULT Contrechamp », *Empan*, vol. 59, no. 3, 2005, pp. 61-70.

[260] Erving GOFFMAN, 1968 [1961], *Asiles, études sur la condition sociale des malades mentaux et autres reclus*, Paris, Éditions de Minuit, 450 p.

[261] M. EYENGA, *Op cit*, pp.763-764.

le travail de sécurité et de sureté des espaces urbains et métropolitains africains

Les technologies de television numeriques terrestres comme des outils performants d'intervention des sources de symétries communicationnelles

Les technologies chinoises de TNT comme des vecteurs d'arrimage aux standards mondiaux

Par ces termes on veut relever la manière dont les TNT chinoises assurent la transition et le basculement « de la grande majorité des pays africains qui ne disposent que de quelques systèmes de télévision obsolètes souvent construits par les anciennes puissances coloniales »[262] vers la télévision numérique terrestre. Un tel déploiement technologique s'inscrit dans une politique plus générale qui contribue autant dans le développement des infrastructures de télécommunications que dans la fourniture des services et des contenus médias[263] des compagnies chinoises comme Huawei, ZTE ou encore StarTimes[264]. Toutefois, les interventions technologies chinoises ne constituent pas uniquement générateurs et formateurs d'efficacité praxéologique et d'agilité pragmatiques. Ce sont aussi, dans leurs applications, des vecteurs et révélateurs de fragilité et biopolitiques et d'extranéité potico-strategiques

L'application des technologies chinoises comme des vecteurs et revelateurs de fragilite et biopolitiques et d'extraneite potico-strategiques : une dynamique géopolitiquement contraignante de gouvernabilité procédurale

Les technologies agricoles comme des outils dependants d'application :

---

[262] Emmanuel DUBOIS DE PRISQUE, « L'aventure de StarTimes en Afrique. Un business model original au service du soft power de la Chine », Outre-Terre, 2011/4 (n° 30), p. 73 81. DOI : 10.3917/oute.030.0073. URL : https://www.cairn.info/revue-outre-terre1-2011-4-page-73.htm

[263] Ronan MORIN-ALLORY, « la Chine parle aux africains. L'appareil médiatique de Pékin », in Outre-Mer, n°30, 2011/4, p. 43-71.

[264] Youssef AÏT AKDIM, « Télévision : qui est prêt pour la TNT en Afrique ? », Jeune Afrique, publié le 23 juin 2015, consulté le 29 Mars 2021, disponible à l'URL : https://www.jeuneafrique.com/mag/238185/economie/television-qui-est-pret-pour-la-tnt-en-afrique/

des sources d'asymétries de production

Les CATACs comme des dispositifs néo-impérialistes vecteurs de rationalités et de dépendance

Par cette formulation, nous voulons souligner la manière dont le débat sur la notion d'adaptabilité a tourné court entre experts chinois, nationaux et les agriculteurs locaux. C'est que, quand les premiers parlent d'adaptation aux techniques modernes et productives ; les seconds parlent d'adaptation au contexte local. Nous voulons montrer comment dans le CATAC de Nanga-Eboko au Cameroun, les experts chinois vont se positionner en détenteurs d'un savoir technique et pratiques qui, ne saurait être remis en cause (car ayant fait ses preuves en Chine) ne peut qu'être appliqué en Afrique. Or, l'opposition forcément manichéenne entre les bonnes pratiques venues de Chine et les pratiques courantes locales va provoquer une stigmatisation qui est mal passée auprès des experts nationaux et a généré d'inévitables tensions. Dans ce contexte, un transfert réel et durable des techniques s'est s'avéré difficile. Incidemment, l'on va noter que, derrière la rhétorique du « gagnant-gagnant », les chinois ont eu recours au transfert de technologie inversé[265]. Puisque, les agriculteurs locaux se sont difficilement habitués aux exo-techniques chinoises et exo-semences à forte intensité de main-d'œuvre pour continuer de s'appuyer sur les endos-techniques agricoles traditionnelles. Une tendance courante dans les CATACs du Mozambique, d'Afrique du Sud[266].

Les CATACs comme des vecteurs de domination des identités agro-

---

[265] Cette perspective est évoquée dans leur communication par Auxence Augustin KOA & Jean-Marie OPPLIGER, "Local Thwarted of the "Win-Win" Credo: An Analysis based on the Case of the Nanga Eboko CATAC Project in Cameroon", in Mariasole PEPA & Usman ASHRAF, Working group 12: *Putting the win-win narrative to test: Vulnerabilities and power relations in China's engagement in the global south*, Development days 2022, Infrastructures, technologies, and vulnerabilities in global development, 17.-18. February 2022, Helsinki, Disponible à l'URL: http://www.kehitystutkimus.fi/conference/working-groups/working-group-12 .

[266] Cette éventualité évoquée mais peu étayée de possible transfert d'expérience inversée dans les champs d'expérimentation se retrouve dans les travaux de Hezron MAKUNDI. "Diffusing Chinese rice technology in rural Tanzania: Lessons from the Dakawa agro-technology demonstration center." Working Paper No. 2017/12. China Africa Research Initiative, School of Advanced International Studies, Johns Hopkins University, Washington DC, 2017, consulté le 13 Janvier 2020, URL: http://www.sais-cari.org/publications

technologique et alimentaire chinoises

Par ces termes nous voulons mettre relever la manière dont les CATACs se sont constitué comme une traduction de l'ambition commode de la Chine d'enclencher une véritable géopoltique de l'offre alimentaire à travers une construction locale et sociale des variétés riz chinois comme aliment phare. En effet, une telle approche va nous permettre dans notre travail de voir la manière dont le CATAC de Nanga s'est constitué opportunément - à la faveur de la flambée des prix agricoles due à la crise financière de 2008, mais surtout à la faveur du déficit structurel de la production rizicole dans de nombreux pays d'Afrique - comme un vecteur local de création de marchés semenciers et alimentaires. Aussi, désirons-nous montrer que, le CATAC de Nanga a participé (de manière relative certes, mais certainement visible) de la concrétisation d'un projet de mondialisation de la géographie du goût et de la transformation des habitudes alimentaires. Nous entendons donc souligner comment les systèmes alimentaires et agricoles locaux à Nanga-Eboko au Cameroun ont dues inventer des mécanismes soit d'adoption, soit de rejet de ces nouvelles spéculations semencières alimentaires. Un peu comme ce fut le cas du rejet du riz hybride chinois par les paysans ou encore à Dakawa en Tanzanie[267].

Les technologies de surveillance comme des instruments alienants d'application : des sources d'asymétries de contrôle

Les technologies de télésurveillance : des vectrices de dépendances systémiques et asymétriques

Par ces propos nous voulons relever la manière dont appareil sécuritaire camerounais et africain est travaillé par ces nouveaux arts de sécurité. Nous souligner en montrant que, le choix porté sur le partenaire chinois ne saurait être dissocié à la question de l'extraversion qui, est-elle-même due aux effets de

---

[267] Là-bas, la consommation du riz participe de la construction sociale distinctive et différenciée des statuts et des classes. Bien plus, il revêt une symbolique particulière dans les cérémonies traditionnelles locales. Il ne peut donc être utilisé que pour certaines fêtes et cérémonies. Puisque les cultures et les aliments sont profondément ancrés dans la culture, vulgariser le riz (surtout hybride chinois) c'est bouleverser les comportements de consommation, retourner la norme sociale de distinction, chambouler les rapports de classes, détruire les coutumes locales. A partir de là, le concept plus large de sécurité alimentaire suggère aussi que les paysans doivent déterminer leur propre système alimentaire et agricole.

globalisation marchande de ces nouveaux « arts de sécurité ». En fin, nous voulons souligner le fait que, les technologies chinoises de télésurveillance révèlent les dimensions nouvelles et originales des trajectoires de l'extraversion. Nous voulons aussi mettre en lumière le fait qu'au Cameroun, ces technologies prennent une part active dans le processus inégal et asymétrique de mise en dépendance progressive de ses systèmes de sécurité. Ainsi, nous voulons mettre en exergue qu'au-delà de la surveillance de l'espace public et de la normalisation des comportements y relative, le Cameroun se constitue comme un marché économique de la *data* pour l'entreprise Huawei qui, se frotte les mains. Puisque, pour elle, les espaces publics camerounais ainsi que les personnes qui les traversent ou y vivent sont comme des sortes de « données sur pattes ».

Les technologies de television numeriques terrestres comme des moyens debilitants d'application : des sources d'symétries communicationnelles

Les technologies de TNT chinoises : des dispositifs peu fiables et vecteurs d'extranéités

Par ces termes nous voulons mettre en exergue la manière dont les technologies de TNT sont liée aux nombreuses irrégularités liées non seulement un manque de fiabilité des équipements fournis[268] mais aussi, au non-respect des procédures de passation des marchés des entreprises qui font souvent intervenir des financements chinois[269]. Bien plus, nous voulons souligner, la manière dont ces infrastructures et technologies de TNT chinoises en Afrique et surtout au

---

[268] Comme cela a été le cas avec des émetteurs radio chinois fournis à la Zambie et dont le signal s'est révélé trop faible pour être perçu dans certaines zones du pays ; Lire à ce sujet, Center for International Media Assistance *Winds From the East: How the People's Republic of China Seeks to Influence the Media in Africa, Latin America, and Southeast Asia*, Washington, D.C., , 2010, p. 16.

[269] Par exemple en juillet 2011, les autorités ougandaises ont suspendu les procédures d'obtention d'un prêt de l'Exim Bank d'un montant de 74 millions de dollars, destiné à financer la transition nationale du format de diffusion audiovisuelle analogique au format numérique. Le prêt était conditionné à la prise en charge des travaux par Huawei pour le compte de l'UBC ; or, des parlementaires ougandais allaient relever des irrégularités en matière d'attribution du marché et l'Ouganda suspendre l'opération pour enquête. Cette polémique intervenait un an après que Huawei eut été au centre de l'affaire concernant la mise en place d'un réseau de fibres optiques à l'échelle nationale ; le projet d'une valeur de106 millions de dollars, également financé par l'Exim Bank, avait dû être provisoirement suspendu, entre autre pour des motifs similaires.

Cameroun (comme dans le cas de la rénovation technique de la CRTV), confrontent les autorités à un dilemme qui, se pose en terme de choix : soit de donner la priorité à l'obéissance des règles locales de passation de marché avec le risque que la compagnie chinoise n'obtienne pas le marché et en même temps le prêt chinois escompté et donc, l'annulation du projet ; soit le prêt de l'*Exim Bank* est privilégié avec l'obligation de contourner les règles locales de passation de marché avec les risques de surfacturation, de corruption autant que d'invalidation et de réévaluation des coûts a posteriori.

Des dispositifs vecteurs de re-monopolisation et de domination du nouvel espace numérique, des normes chinoises, des identités discursives et socio-médiatiques locales

Par ces propos nous voulons évoquer les effets de remonopolisation que génère le basculement vers le numérique, qu'animent les technologies chinoises de TNT. En effet, ces technologies participent de la densification ainsi que de l'invention de nouveaux cadres de discussion et de nouvelles sphères de communication de types numériques donc la régulation et la gestion reste encore marquée par un *ethos* coercitif et unanimiste et non critique des ordres gouvernants africains. Un tel état de chose nous permet souligner le fait que, l'opportunité d'une transition numérique est aussi liée à la fourniture par la Chine d'équipements et de technologie de brouillage utilisés par certains Etats africains pour canaliser et réprimer sur le mode de la censure, certains média privés et internationaux qui ont un édito anti-système de type contestataire.[270]

---

[270] On peut voir à l'oeuvre de telles pratiques autoritaires lorsqu'en 2005, un rapport de Reporters sans frontières dénonçait dans un communiqué le brouillage des émissions de la radio privée SW Radio Africa et de Voice of America (VOA) par le gouvernement zimbabwéen en violation des règles de l'Union internationale des télécommunications (UIT). L'ONG se fondait sur des sources accusant la Chine d'avoir fourni les appareils de brouillage incriminés. De même, en juin 2011, l'*Ethiopian Free Press Journalist Association* (EFPJA) s'en prenait au gouvernement chinois, l'accusant d'apporter un soutien technique à la censure médiatique exercée par le gouvernement éthiopien. Sur la question, lire par exemple, Andy SENNIT, «New Chinese jamming equipment for Zimbabwe? », *Radio Netherlands Worldwide : Media Network,* publié le 16 Juillet 2008, consulté le 01/04/2021 Ou encore, EFJA, IFEX, EFJA urges China to stop complicity in jamming Ethiopian satellite TV transmissions, *Communiqué de presse,* Houston (États-Unis), 16 juin 2011.

Bien plus, nous voulons aussi évoquer la manière dont les groupes chinois, pénètrent les marchés subsahariens et surtout francophones en tant que distributeurs de contenus et légitimateurs de normes média. En effet, cela se donne à voir dans la manière dont *StarTimes* veut orienter ses activités dans l'acquisition et la promotion des standards de TV mobiles et multimédias CMMB (*China Mobile Multimédia Broadcasting*) pour développer ses réseaux TNT en Afrique mais surtout en Afrique francophone. Il se pose donc ici la question des normes qui est un révélateur de son l'autonomie stratégique. Aussi s'agit-il de souligner comment en légitimant ses propres standards, la présence technico-médiatique chinoise au Cameroun et en Afrique, souhaite s'affranchir de l'occident en s'évitant par la même occasion de payer de coûteuses royalties et dominer la *mediascape* camerounaise et africaine en proposant des contenus pour un abonnement relativement modique. Aussi s'agit-il de relever comment, c'est surtout les contenus des médias étrangers, et non les ceux des chaines locales, qui profitent de la TNT.

Conclusion

Notre communication qui s'est ouverte à l'examen des interventions et des applications des technologies chinoises, les a analysé tour à tour comme néo-dispositifs générateurs et formateurs d'efficacité et d'agilité technologique et pragmatiques mais aussi, comme des dispositifs exo-dispositifs vecteurs et révélateurs de fragilité et géopolitiques et d'extranéité stratégiques au Cameroun et en Afrique. Un tel état de chose révèle donc la construction d'un devenir technologique camerounais et africain fluctuant car, simultanément régulée et maîtrisée mais aussi dérégulée et déséquilibrée des technologies chinoises.

Bibliographie

Barisitz, S. and Radzyner A. (2018), "The New Silk Road: Implications for Europe", SUERF Policy Note, Issue No 25, January.

Bond, I. (2017), "The EU, the Eurasian Economic Union and One Belt, One Road: Can they work together?", Policy brief, 16 March 2017, Center for European Reform.

Cheng, G. (2017), « Le sens théorique et l'innovation de « une Ceinture, une Route » », Économie du Nord, Centre de recherche sur le développement du Conseil d'État [J] 2017(10)

Cheng, L.K. (2016), "Three questions on China's "Belt and Road Initiative", China Economic Review 40, 309–313.

Commission européenne (2018), "Connecting Europe and Asia – Building blocks for an EU Strategy", Brussels, 19.9.2018 JOIN(2018) 31 final.

Cosentino, B., Dunmore D., Ellis S., Preti A., Ranghetti D. & Routaboul C. (2018), « Étude réalisée pour la commission TRAN : La nouvelle route de la soie - débouchés et défis pour le transport européen », Direction générale des politiques internes.

Dai, M. (2016), « La voie suivie par l'économie chinoise pour monter en puissance », Bulletin de l'Observatoire des politiques économiques en Europe 35, 15-23.

Duchâtel, M. (2018), « Les nouvelles routes de la soie, enjeux maritimes? ». Colloque : Les nouvelles routes de la soie, la stratégie de la Chine, Fondation Res Publica, 4 juin.

Duchâtel, M., & Sheldon-Duplaix A. (2018), "Blue China: Navigating the Maritime Silk Road to Europe", Policy Brief, European Council on Foreign Relations, 23rd April.

Ekman, A. (dir.), Nicolas F., Pajon C., Seaman J., Saint-Mézard I., Noisseau du Rocher S., & Kastouéva-Jean Tatiana (2018), « La France face aux nouvelles routes de la soie chinoise », Études de l'Ifri, octobre.

Huang, Y. (2016), "Understanding China's Belt & Road Initiative: Motivation, framework and assessment", China Economic Review 40, 314–321.

Jia, K. (2017), « Comment peut-on gagner tous avec « une Ceinture et une Route » ? », Economie n° 17, 9-9

Levitin, O., Jordan-Tank M., Milatovic J. & Sanfey P. (2016), "China and South-Eastern Europe: Infrastructure, trade and investment links", European Bank for Reconstruction and Development (EBRD).

Liu, L.G. (2016), "Europe and China in the Global Economy in the Next 50 Years: A Partnership for Global Peace and Stability", Intereconomics 51(1), 37-42.

Liu, S., & Yang L. (2018), « Risque et importance de la construction stratégique « une ceinture, une route » », Économie collective de la Chine, n° 32 (novembre), 47- 48.

Martin, Claude (2018), « Quelle stratégie chinoise derrière les nouvelles routes de la soie ? », Colloque : Les nouvelles routes de la soie, la stratégie de la Chine, Fondation Res Publica, 4 juin 2018, Paris. Zhai, F. (2018), "China's belt and road initiative: A preliminary quantitative assessment", Journal of Asian Economics 55, 84-92.

Actes du Premier Colloque International sur l'Initiative la Ceinture et la Route en Afrique Francophone

27. La coopération Chine-Afrique: transfert de technologies et le développement des routes digitales, *Dr. Manfred Kouty*

Introduction

Il est établi qu'aujourd'hui, l'essor des relations entre la Chine et l'Afrique constitue le plus grand bouleversement politico-économique du continent africain. Toutefois, les relations entre l'Empire du milieu et le continent africain ne sont pas nouvelles. Elles sont très anciennes et remontent au 8ème siècle à travers les voyages de Duan Chengshi (751-762) et de Jia Dan (730-805) de la dynastie des Tang en Egypte au Maroc et en Tanzanie.

La coopération entre la Chine et l'Afrique s'est formellement établie dans la deuxième moitié du 20ème siècle avec la création du mouvement des "non-alignés" à Bandung. Et depuis l'an 2000, elle a pris une nouvelle dynamique avec la création du Forum de Coopération Chine-Afrique (FOCAC) qui se tient tous les trois ans. Contrairement à la coopération Nord-Sud, qui se fonde sur une aide conditionnée destinée en priorité aux secteurs sociaux, la coopération Chine-Afrique repose sur une approche « **gagnant-gagnant** » fondée sur une aide sans condition, destinée prioritairement aux secteurs productifs. C'est ainsi qu'en moins de deux décennies, la Chine est devenue le partenaire économique le plus important pour l'Afrique notamment en matière de commerce, d'investissement, d'infrastructure, de financement et d'aide.

La coopération Sino-africaine est appelée à s'intensifier davantage dans le cadre du projet « Belt and Road Initiative(BRI) » ou « la Ceinture et la Route » mis en place depuis 2013 par le président chinois Xi Jinping. Ce projet de grande envergure dont l'objectif est la constitution d'une « communauté de destin» pour l'humanité est perçu par les africains comme un symbole de l'engagement de la Chine envers l'Afrique, une opportunité unique pour le continent de combler son déficit infrastructurel et contribuer par la même à la réalisation de l'Agenda 2063 de l'Union Africaine dont le but est de bâtir une *«Afrique intégrée, prospère et pacifique, dirigée par ses propres citoyens, et représentant une force dynamique sur la scène internationale* » (Union Africaine, 2015).

L'objectif de cette étude est donc de montrer comment la coopération sino-africaine peut impulser le développement technologique de l'Afrique et aider le continent à participer à l'édification des routes digitales. La suite du travail est organisée comme suit. La première section analyse la coopération sino-africaine en générale et son rôle en matière de transfert de technologies en Afrique. La deuxième section quant à elle analyse l'apport de la BRI dans l'édification des infrastructures digitales en Afrique. Enfin, la troisième section conclue.

Coopération sino-africaine : une opportunité pour le développement technologique de l'Afrique

Les technologies et l'innovation : facteurs de succès de l'Agenda 2063

L'Afrique souffre d'un déficit de transformation structurelle

D'ici 2063, l'Afrique aspire à devenir un continent prospère. Ce qui implique la transformation structurelle des économies. La transformation structurelle suppose d'une part l'essor de nouvelles activités plus productives, et d'autre part le déplacement des ressources et de la main-d'œuvre des activités traditionnelles vers les nouvelles, entrainant ainsi une hausse de la productivité globale et avec elle une amélioration des salaires et du niveau de prospérité(McMillan et Rodrik, 2011; McMillan et al. 2015). Elle se caractérise par au moins deux faits stylisés : (i) l'augmentation de la part du secteur manufacturier et des services à forte valeur ajoutée dans le PIB, couplée avec une baisse soutenue de la part de l'agriculture et (ii) la baisse de la part de l'emploi agricole et le transfert des travailleurs vers les autres secteurs plus productifs de l'économie (McMillan et Rodrik, 2011; Kouty 2021).

Cependant en Afrique, les données montrent que les progrès effectués par le continent en matière de transformation structurelle depuis 1960 sont faibles. Par exemple, la part du secteur manufacturier dans la valeur ajoutée totale n'a pas beaucoup évolué. L'agriculture procure l'essentiel de l'emploi 60% de l'emploi contrairement 30% en Chine. Seulement 15% de l'emploi sont industriel (Figure 1). Plusieurs raisons ont été évoquées ce faible niveau de transformation structurelle des économies africaines parmi lesquelles figurent l'insuffisance de financement, du capital infrastructurel et humain, et surtout l'absence de technologies et les innovations.

La transformation structurelle de l'Afrique est liée à l'accès aux technologies

Le déficit de technologies et d'innovation apparaissent donc un obstacle majeur à la transformation structurelle de l'Afrique. C'est la raison pour laquelle les technologies et les innovations sont considérées comme le socle de plusieurs projets phares de l'Agenda 2063 à savoir:

i) Le réseau intégré de trains à grande vitesse qui vise à connecter toutes les capitales et les centres commerciaux d'Afrique;

ii) L'université virtuelle panafricaine qui a pour objectif d'accélérer le développement du capital humain, de la science, de la technologie et de l'innovation, en améliorant l'accès à l'enseignement supérieur et à la formation continue en Afrique et à distance et électronique;

iii) La stratégie des matières premières qui vise à permettre aux pays africains de créer la valeur ajoutée et de s'intégrer dans les chaînes de valeur mondiales;

iv) La zone de libre-échange continentale qui vise à booster le commerce intra-africain et une utilisation plus efficace du commerce en tant que moteur de la croissance et du développement durable;

v) Le Passeport africain pour permettre la libre circulation des personnes, pilier de l'intégration africaine ;

vi) Le projet du barrage du Grand Inga qui va stimuler la production d'énergie en Afrique;

vii) Le réseau virtuel panafricain dont le but est de promouvoir les services, de stratégies qui mèneront à des applications et services électroniques de transformation en Afrique. Il prévoit: le système d'échange Internet en Afrique (AXIS), l'e-Transform Africa, qui envisage de transformer l'Afrique en une e-societé, les e-dispositifs pour la fabrique des pièces détachées;

viii) Espace, qui vise la promotion des technologies spatiales pour soutenir son développement dans tous les domaines: l'agriculture, la gestion des catastrophes, la télédétection, les prévisions météorologiques, les systèmes bancaire et financier, ainsi que la défense et la sécurité;

Figure 1: Emploi par secteur en Chine et en Afrique

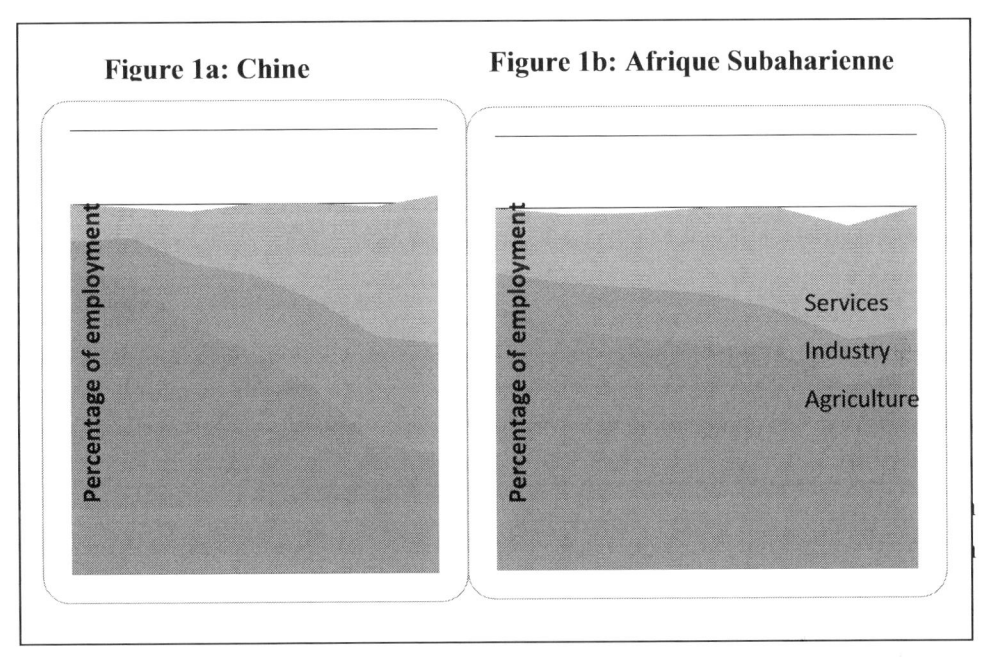

Figure 1a: Chine	Figure 1b: Afrique Subaharienne
Percentage of employment	Percentage of employment — Services, Industry, Agriculture

Le transfert de technologies, une préoccupation de la coopération sino-africaine

Le FOCAC

La Chine est consciente du fait la coopération avec l'Afrique ne sera bénéfique que si elle favorise le transfert de technologies dans divers domaines: agriculture, éducation, industrie, santé, l'exploitation des ressources naturelles, énergies renouvelables. C'est la raison pour laquelle la question du transfert de technologies a toujours été une préoccupation importante lors des FOCAC depuis 2000. Plusieurs initiatives ont été prises à cet effet. En 2006 par exemple, le FOCAC avait décidé de la création des Zones Economiques Spéciales(ZES) pour booster le transfert de technologies en Afrique; 08 devaient etre crées (Egyte, Zambie). Le projet de coopération sino-africain de transfert de technologies des énergies renouvelables a été mis en œuvre en 2015.

Le dernier FOCAC qui s'est tenu du 2 au 4 septembre 2018 à Beijing a pris comme résolution le renforcement des capacités et le transfert des technologies à travers notamment:

la création des structures d'intermédiation entre le monde de la recherche et celui de la production (Technology Transfer Offices (TTO) ou des bureaux de transfert de technologies qui ont pour missions le transfert de technologie, la diffusion auprès des entreprises des activités de recherche;

la création des centres de recherche conjoint Chine-Afrique;

la formation des chercheurs africains dans les centres de recherche conjoin Chine-Afrique;

plan de partenariat technico-scientifique sino-africain 2.0;

la stratégie pour la science, la technologie et l'innovation pour l'Afrique (STISA-2024);

le programme des jeunes scientifiques talentueux;

le plan d'action de coopération scientifique, technologique et d'innovation dans la cadre de la Ceinture et la Route

Les conditions favorables au transfert de technologies en Afrique

Comme nous le savons tous, la Chine est devenu le premier partenaire commercial et financier de l'Afrique. Elle comprend mieux les intérêts des pays africains. D'ailleurs, l'adage chinois bien connu illustre cet engagement pragmatique de la Chine envers l'Afrique: ***"il vaut mieux apprendre à pécher à quelqu'un plutôt que de lui donner du poisson"***. Plusieurs facteurs soutiennent l'argument selon lequel la Chine n'hésitera pas à faire bénéficier à l'Afrique la cinquième vague de transfert de technologies au monde (Figure 2).

Figure 2: Les vagues de transfert de technologies dans le monde

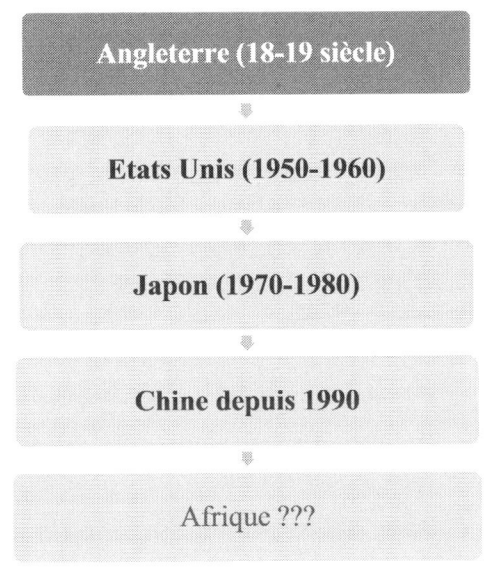

```
Angleterre (18-19 siècle)
          ↓
Etats Unis (1950-1960)
          ↓
Japon (1970-1980)
          ↓
Chine depuis 1990
          ↓
Afrique ???
```

Source: l'auteur, à partir de la littérature.

En effet, selon la vision de développement de la Chine, il n'y aura plus d'industries à forte main d'œuvre en Chine d'ici 2050, échéance à laquelle toutes les entreprises chinoises auront réalisées leur transformation technologique. Par exemple, le plan stratégique **"Made in China 2025"** annoncé en 2015 a pour ambition de faire progresser l'industrie chinoise dans la chaine de valeur à travers des investissements massifs dans des secteurs à forte valeur ajoutée (technologies, robotique, énergies renouvelables etc.). Cette "nouvelle normalité"

va enclencher les délocalisations de certaines activités industrielles en Afrique et par conséquent favoriser le transfert de technologies. Ces délocalisations seront aussi favorisées par l'augmentation du coût de la main d'œuvre en Chine.

Un autre facteur et non des moindres est lié à la mise en œuvre effective de la Zone de Libre Echange Continentale Africaine(ZLECAf), la plus grande zone de libre échange au monde avec un marché de plus 1,3 milliards de personnes. La Chine qui voudra bien conquérir le marché africain sera obligée d'investir davantage.

Les Nouvelles Routes de la soie et l'édification des routes digitales

L'Afrique accuse un sérieux retard en matière de développement technologique. La BRI est une opportunité historique pour impulser le développement technologique de l'Afrique et participer à l'édification des routes digitales.

Les Nouvelles Routes de la soie

Plus connues sous l'appellation de l'initiative de "une ceinture, une route" ou **"Belt and Road Initiative"(BRI)** en anglais, les Nouvelles Routes de la soie, ont été annoncées en septembre 2013 par le président chinois Xi Jinping[271] lors de son voyage au Kazakhstan. L'objectif de ce projet gigantesque est la constitution d'une "communauté de destin commun pour l'humanité". Couvrant plus de 140 pays[272] et près de 60% de la population mondiale, la BRI consiste en un réseau de corridors économiques terrestres et maritimes reliant l'Asie, l'Europe, l'Afrique et même l'Amérique latine (Figure 3).

Figure 3: Les nouvelles routes de la soie

Source : Agence de presse Xinhua She.

Depuis 2015, la BRI intègre une nouvelle version virtuelle et numérique. Il s'agit de la *route digitale ou Digital Silk Road (DSR)*. La route digitale à pour objectif de compléter les infrastructures physiques de la BRI par l'installation des infrastructures numériques comme les câbles à fibres optiques, les réseaux de télécommunications (5G), le développement des data centers et les satellites. etc.(Banque Mondiale, 2019).

---

[271] Lire XI JIMPING (2018). *La gouvernance de la Chine II*, Les éditions en Langues Etrangères, Beijing, Chine.
[272] En janvier 2021, 140 pays parmi lesquels 44 pays africains ont signé un MoU avec la Chine dans le cadre de la BRI (Nedopil Wang, 2021).

Les enjeux économiques des routes digitales pour l'Afrique

Le déficit d'infrastructurel en général et numériques en particulier demeure un obstacle majeur à transformation structurelle des économies africaines et à la fourniture des services de base. L'insuffisance d'interconnexion empêche les pays africains d'être reliés entre eux et de booster leurs échanges commerciaux.

Le projet Digital Silk Road apparaît donc comme opportunité pour la réduction de la fracture numérique en Afrique et contribuer ainsi à la réalisation l'agenda 2063 de l'Union africaine (UA).

L'Afrique est l'un des principaux bénéficières des investissements chinois dans le cadre de la BRI

Dans le cadre de l'édification de la BRI et de la DSR, la Chine investit beaucoup des les infrastructures de nouvelle génération. Par exemple, en 2020, la Chine a investi environ 47 milliards de dollars US. L'Afrique et Moyen-Orient représentent 28 % des investissements, soit 13 milliards de dollars US (Figure 4).

Figure 4: Carte de investissements dans la cadre des nouvelles routes de la soie

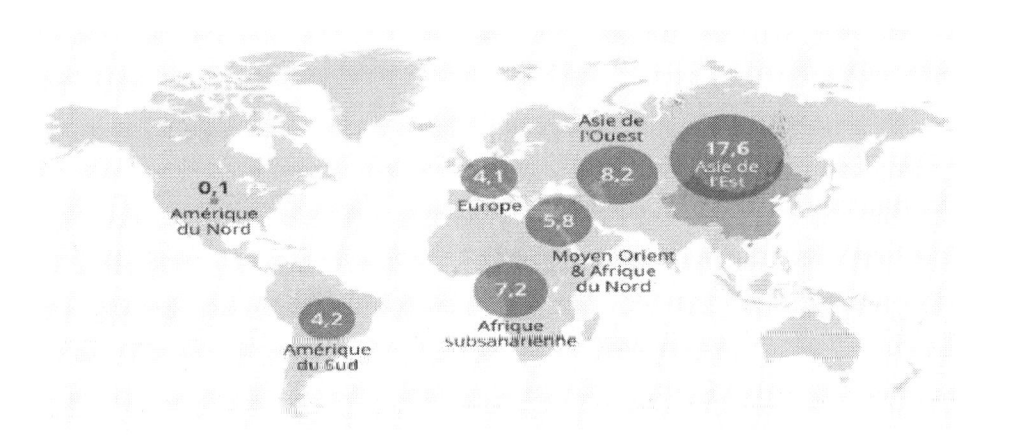

Source: Nedopil Wang (2021).

Quelques bienfaits des routes digitales

Accroissent la connectivité de l'Afrique

Le projet PEACE (Pakistan East Africa Connecting Europe), câble sous-marin de 12 000 km va ainsi augmenter la vitesse de connexion de l'Internet mobile et accélérer le trafic de données entre l'Asie, l'Europe et l'Afrique (Figure 5).

Figure 5: La liaison Asie-Afrique- Europe : le tracé du câble sous-marin Peace

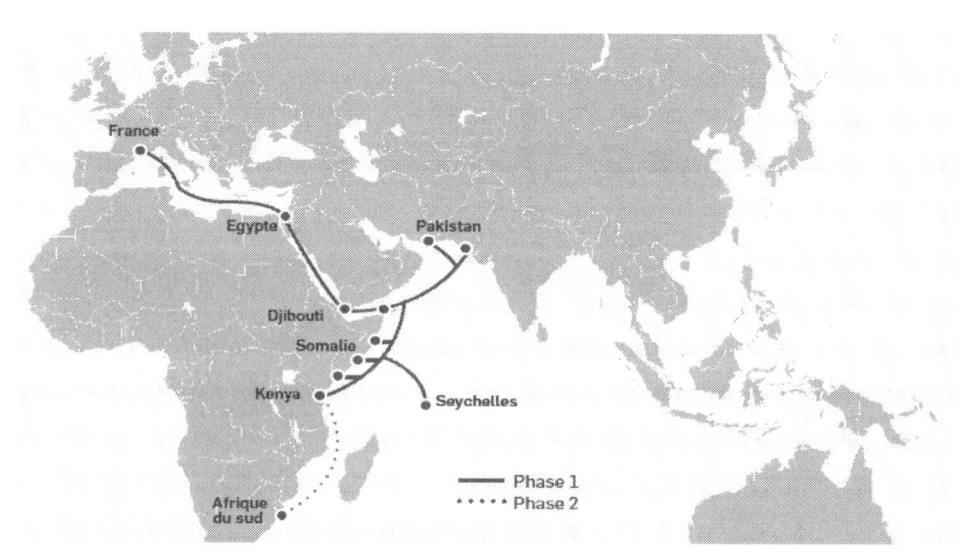

Source: Larçon et Vadcar(2020).

Développement de l'économie numérique

Les infrastructures numériques permettent non seulement l'accélération du trafic de données, mais aussi le développement de l'économie numérique. Il s'agit par exemple de:

Commerce électronique;
Finance numérique (fintech, insurtech etc.)
Développement de data centers et hub numériques
Biotechnologie agricole;
Robotique et automatisation,
Economie spatiale (Belt and Road China Spatial Information Corridor);

L'accès à l'éducation

L'intégration dans les routes digitales va également résoudre la problème de l'accès à l'éducation à travers les formations en ligne ou à distance. En effet, les projets tels que le « Talented Young Scientist Program » et le « International Youth Innovation and Enterpreneurship Program (Cirrus Program)» soutiennent les formations de jeunes africains dans le domaine du numérique et aident l'Afrique à entamer sa révolution numérique.

Conclusion

En somme, la coopération Sino-africaine va s'intensifier davantage dans le cadre la **BRI**. Ce projet gigantesque de construction des corridors terrestre, maritime et digital apparait comme une opportunité unique que l'Afrique doit saisir en vue de combler son déficit technologique et numérique et amorcer véritablement sa transformation structurelle.

Bibliographie

Banque Mondiale (2019), *Belt and Road Economics: Opportunities and Risks of Transport Corridors*, Washington, DC.

Kouty, M.(2021), *Comprendre la Zone de Libre Echange Continentale Africaine: fondements, opportunités et défis*, Editions Universitaires Européennes, Chisinau, Moldavie.

Larçon, J-P. et Vadcar, C.(2020), *Les nouvelles routes de la Soie: enjeux et opportunités économiques*, CCI Paris Ile-de-France. Disponible sur: http://www.etudes.cci-paris-idf.fr

McMillan, M. et Rodrik, D. (2011), *Globalization, Structural Change and Productivity Growth*, Working Paper N° 17143.

McMillan, M., Page, J. et te Velde, Dirk. W. (2015), *Supporting Economic Transformation*, mimeo.

Nations Unies (2016), *Trade and development Report 2016: Structural transformation for inclusive and sustained growth*, Genève, Suisse.

28. Analyse de la coopération économique Chine-Afrique Francophone dans le développement du numérique : Une évidence du Cameroun vers un avenir promoteur, *Pr. Fomba Kamga Benjamin & Charly Mengue*

Introduction

Depuis la Conférence Afro-asiatique de Bandung en avril 1955, 29 pays participants dont 5pays Africains ont adopté les cinq principes de la coexistence pacifique de la Chine, qui restent aujourd'hui la pierre angulaire de sa politique étrangère. Parmi ces principes nous avons : le respect mutuel de l'intégrité territoriale et de la souveraineté de chaque pays, la non-agression mutuelle, la non-ingérence mutuelle dans les affaires intérieures, l'égalité et coopération pour un bénéfice mutuel, la coexistence pacifique (Guerassimaff 2011; Berg 1980; Quiminal 1975). C'est ainsi dans le cadre du quatrième principe évoqué que la Chine va davantage s'impliquer dans le secteur infrastructurel sur le continent Africain avec qui il entretient des relations d'amitié depuis 1960 avec la création de l' « Association d'amitié des peuples Sino-africains » dont fait partie le Cameroun. Les échanges commerciaux entre la Chine et l'Afrique ont considérablement augmenté, passant de 1 milliard de dollars américains en 1980 à 128 milliards de dollars américains en 2016. Depuis l'an 2000, la Chine a fourni des prêts cumulés de 143 milliards de dollars américains en Afrique, dont la moitié au cours des quatre dernières années seulement, ce qui en fait le plus grand créancier bilatéral de l'Afrique. Contrairement aux financements des pays ou des institutions occidentales qui sont très souvent accompagnés des conditions strictes telles que les Politiques d'Ajustements Structurels(PAS) que beaucoup d'Etat d'Afrique francophone ont connu et continuent de connaître ayant des inconvénients pour les plus pauvres, la stratégie de financement de la Chine à travers une combinaison de subventions, d'aides et de prêts (gratuits ou à faible taux d'intérêt) avec un calendrier de rendement généreux, en particulier sur les projets d'infrastructures, est une option attrayante pour les pays africains. De même, alors que les crises financières aux États-Unis et dans l'Union Européenne ont limité leurs investissements en Afrique, la Chine s'est engagée à investir davantage sur le continent. Et c'est dans le cadre de cet investissement massif qu'intervient « l'Initiative la Ceinture et la Route» en Afrique où le développement du numérique occupe une place de choix en vue de l'émergence des pays Africains.

L'initiative « la Ceinture et la Route » lancée par Le Président Chinois Son Excellence Monsieur Xi Jinping en 2013, a des implications importantes pour l'Afrique. Elle implique que la Chine souscrive des centaines de milliards de dollars d'investissement dans les infrastructures à travers le monde, pour promouvoir la connectivité des continents asiatique, européen et africain et de leurs mers adjacentes, établir et renforcer des partenariats entre les pays le long de «la Ceinture et la Route», mettre en place des réseaux de connectivité multidimensionnels, composites, et réaliser un développement diversifié, indépendant, équilibré et durable dans ces pays. Cette initiative se compose de deux éléments principaux que sont la Ceinture économique de la route de la soie qui comprend l'ancienne route terrestre de la soie vers l'Europe via la Chine occidentale et l'Asie centrale et la Route maritime de la soie qui comprend la route commerciale maritime reliant la Chine à l'Europe via l'Asie du Sud et la Corne de l'Afrique. Cette initiative corrobore avec la tenue des forums qui existent déjà.

Les Forums sur la coopération Sino-Africain (FOCAC) partant dans la même lancée que L'initiative « la Ceinture et la Route » sont des rencontres internationales de discussions pour une grande coopération économique entre la

Chine et l'Afrique organisé tous les 3ans depuis les années 2000. Durant les FOCAC d'importants accords d'aide publique au développement et d'importants contrats sont signés ou annoncés parfois à taux zéro de remboursement (Nguyen 2009 ; De la Grange 2009). Entre le forum de 2006 et celui de 2012, le montant des financements octroyé par la Chine à chaque FOCAC a doublé de 5 milliards de dollars en 2006 à l0 milliards en 2009 et finalement à 20 milliards en 2012. Avant la fin d'année 2013, la Chine a utilisé la moitié du montant du forum de 2012, soit la somme qui devrait financer les projets sur la période 2012-2015(Auregan 2015). La Chine a disposé de 10 milliards de dollars, portant ainsi à 30 milliards de dollars les financements chinois entre 2012 et 2015. En effet, la ligne de crédit 2015-2018 devra être augmentée de 40milliards de dollars, mais il semblerait que la Chine souhaiterait valoriser ses investissements en Afrique en annonçant directement 60 milliards de dollars d'aide financière incluant 5 milliards de prêts à taux zéro et 35 milliards de prêts à taux préférentiels (Auregan 2015). Les investissements et les échanges commerciaux ne cessent de fructifier en Afrique grâce à la présence de la Chine. Selon le rapport de la Banque Africaine de Développement (BAD ,2013) sur le développement en Afrique, le commerce des marchandises a connu une croissance plus rapide en Afrique que dans les pays développés et les pays en développement. Toutefois, il ne représente encore qu'une très faible part du commerce mondial. Entre 1996 et 2011, le montant total des échanges africains (exportations et importations) a augmenté, passant de 251 à 1151 milliards de dollars. La valeur des exportations et des importations de l'Afrique qui passait de 582 à 569 milliards de dollars, comparativement à celle des exportations et des importations des pays en développement atteignait 18211 et 7321 milliards de dollars. Ainsi c'est dans cette logique de développement que les forums se multiplieront entre la Chine et l'Afrique jusqu'aujourd'hui dont celui de Dakar en 2021.

Durant le Forum sur la Coopération Sino-Africaine de Dakar en 2021, Le Président Chinois S.E.M. Xi Jinping a une énième fois démontré que son ambition de voir l'Afrique se développer n'a cessé de croitre de jour en jour. Le Président Xi Jinping a dévoilé un vaste ensemble de programmes de commerce, de santé et d'investissement qui sont tous destinés à répondre à la demande immédiate du continent de lutter contre la pandémie de COVID-19 et de stimuler la croissance économique. Le président a présenté ses propositions lors d'un discours liminaire à cette conférence du Forum sur la Coopération Sino-

Africaine qui s'est déroulée en Novembre 2021 à Dakar au Sénégal. L'innovation numérique est l'un des neufs programmes sur lesquels la Chine travaillera en étroite coopération avec les pays africains a indiqué S.E.M. Xi Jinping, Le Président Chinois lors de la cérémonie d'ouverture de la 8e Conférence Ministérielle de ce Forum sur la Coopération Sino-Africaine le 29 novembre 2021 à Dakar au Sénégal. Ainsi la Coopération Sino-Africaine est une coopération Sud-Sud qui transcende le modèle traditionnel Nord-Sud marqué par l'aide au développement. En associant l'assistance, le commerce et l'investissement, elle favorise non seulement la création d'emplois et l'accroissement des recettes d'exportations, mais contribue aussi au développement industriel et à la transformation structurelle, permettant ainsi d'atteindre des objectifs de développement durables. L'Afrique francophone représente un enjeu majeur dans cette coopération.

Ainsi, l'objectif de ce travail est d'analyser les investissements dans le développement du numérique dans la coopération économique entre la Chine et le Cameroun ceci afin de faire connaître en profondeur l'initiative « la Ceinture et la Route » en Afrique francophone et de mieux appréhender l'esprit du Sommet de 2021 à Dakar au Sénégal. La suite de l'article est déroulée comme suit, à la section 2 on retrouve la revue de la littérature, en section 3 la méthodologie de l'étude, la section4 conclut.

Revue de la littérature

Sur le plan théorique, l'une des théories expliquant les causes du sous-développement est la théorie centre - périphérie encore appelée la théorie de la dépendance avec comme principaux théoriciens néo-marxistes Dos Santos (1972 ; 2000), Cardoso (1978), Furtado (1970), Gunder (1972), Amin(1970) et Arghiri (1969). La théorie de la dépendance sert de caution scientifique à la revendication d'un nouvel ordre international, elle a apporté un éclairage sur les rapports entre les déterminants exogènes du sous-développement et le fonctionnement de l'économie internationale, ainsi que sur la nature politique et culturelle des relations d'inégalités qui existent entre le centre et la périphérie (Pauline Blend). Pour le néo-marxisme, le sous-développement est le fruit du développement des pays du centre. Le commerce international participe à l'exploitation des pays périphériques (pauvres) par les pays centristes (riches ou développés ou industrialisés). Pour les néo-maxistes, le système mondial capitaliste de l'économie est un système impérialiste et colonialiste, dont les firmes multinationales implantées dans les pays de la périphérie seraient des héritières (Favreau 2004).

En effet, les pays périphériques exportent surtout les produits à faible valeur ajoutée et importent des produits à forte valeur ajoutée en provenance du centre. Ils sont condamnés à s'appauvrir en participant au commerce international, car celui-ci entraine la captation du surplus par le centre. En participant au commerce international, ils demeurent dans une dépendance technique, humaine et financière vis-à-vis du centre (Amin 1970 ; Emmanuel 1969, Cardoso & Faletto 1978). Les économistes néo-marxiste dits « dépendantistes » en développant le concept de dépendance s'intéresseront ensuite à analyser le développement inégal à travers la théorie de l'«échange inégal» (Amin, 1 970 ; 1973), qui s'effectue entre le centre et la périphérie dont l'existence est déjà évoquée par les structuralistes s'explique par l'échange inégal qui structure l'extension mondiale du système de production capitaliste (Frank 1966 ; Wallenstein 1978).

Pour sortir de cette logique inégalitaire, Amin(1986) préconise une rupture avec les systèmes de référence du capitalisme pour un modèle alternatif autocentré reposant sur les propres systèmes de valeurs des pays de la périphérie. Pour échapper aux effets de la dépendance des pays sous-développés le modèle de développement axé sur la substitution des importations par la création d'une infrastructure industrielle locale devrait permettre de réduire la dépendance, avec des mesures protectionnistes pour ne pas fragiliser l'industrie naissante (Prebisch 1950) et aussi, une intégration économique pour atténuer l'étroitesse des marchés nationaux est également nécessaire (Dansereau 2008).

Sur le plan empirique une certaine catégorie d' auteurs; parlent de la situation économique africaine comme un paradoxe africain, car malgré ses richesses abondantes l'Afrique est en même temps le plus pauvre des cinq continents (mis à part la sous-région de l'Afrique du Nord et l'Afrique du Sud) qui souffrent d'une anémie chronique et sordide parce que la plupart des pays du continent sont surexploités, voire pillés par les grandes multinationales des puissances étrangères et colonisatrices (Pourtier 2010; Severino 2010; Trefon 2009; Hugon 2009 et 2007; Courade 2006; Brunel 2002 ; 2004; Seignobos & Tourneux 2002; Dumont 1986). Les économies africaines (périphériques) sont très vulnérables, car elles sont dépendantes du marché mondial et des ressources extérieures tels que les Investissements Directs Etrangers (IDE), l'Aide Public au Développement (APD), les échanges commerciaux dominés par les pays développés (Centre) (Ngono 2017 ; Tsafack 2014; Bardot et al. 2009).

Ainsi, dès son arrivée en Afrique, dans une Afrique en contexte de désolation, d'un environnement en proie aux conflits armés, à la misère et à la pauvreté, bref c'est dans une Afrique abandonnée par l'occident où il n'y a plus aucun signe d'espoir, la Chine implante ses racines pour une nouvelle reconquête(Nguyen 2009). La Chine propose aux Etats Africains des partenariats « gagnant-gagnant » dans le cadre de la coopération Sud-Sud fondés sur l'égalité. La Coopération Sino-Africaine fait l'objet d'une attention particulière et est décryptée sur la scène internationale. Cette coopération constitue un domaine non négligeable de la Chine sur le continent Africain. Les investissements affluent en Afrique, elle redevient un continent convoité dans de nouvelle configuration géopolitique mondiale. S'il est vrai que la Chine a compris le bénéfice qu'elle pouvait tirer de l'Afrique en usant de sa puissance économique qui est l'une de ses armes, il n'en demeure pas moins que la fin de la Françafrique a permis aux gouvernements africains de diversifier leurs partenariats commerciaux avec les nouveaux pays émergeants. L'Afrique est passée des échanges bilatéraux avec les puissances colonisatrices aux échanges multilatéraux avec le reste du monde, une stratégie qui lui permet de trouver un nouveau souffle pour son économie et son développement (Ngono 2017). La présence effective de la Chine en Afrique est grandissante voire même inquiétante pour les pays occidentaux et pour certains pays africains. Et son engagement croissant dans le développement économique à travers cette coopération Sud-Sud (IDE, APD, commerce) apporte des changements considérables sur la vie quotidienne des populations africaines, mais aussi d'énormes impacts tant sur le plan environnemental qu'économique (Ngono 2017 ; Tsafack 2014 ; Baillot & Dembinski 2013).

Le paradigme «*centre-périphérie*» est né de la proposition ontologique de voir le monde autrement que sous la vision européenne qui tend à rendre étrange les autres cultures et les peuples vivant hors de la zone continentale (Benessaieh 2010). Si nous interprétons cette pensée et nous la transposons dans la perspective et la dynamique du développement en Afrique, on pourrait la qualifier de «*Sino-Centrisme* ». La Chine serait perçue comme le centre, et prétendrait que le développement de l'Afrique ne pourrait advenir qu'à travers elle. C'est-à-dire que l'Afrique ne pourrait sortir du sous-développement qu'avec l'aide et le financement venant de la Chine. Les auteurs comme Weber (1995) pensent que le problème du développement de l'Afrique offrirait deux voies différentes. D'un côté on regarde les Africains comme des enfants incapables d'un développement autonome, incapables de s'engager sur les chemins de la croissance sans qu'on leur montre la route ou qu'on les y pousse; de l'autre côté, il y a la voie qui conduirait à un développement durable mais qui requiert que l'on traite les africains en adultes. La Chine pèse ses échanges avec l'Afrique en parlant du slogan « gagnant-gagnant ». Mais pour des spécialistes des relations Chine-Afrique, ces relations ont été essentiellement bénéfiques aux pays exportateurs de pétrole et de produits miniers qui ont bénéficié de la hausse des cours et diversifié leurs débouchés (Chaponnière 2008). Dans les années à venir, ils pourraient l'être pour d'autres pays surtout ceux exportateurs de café et de cacao qui bénéficieront de l'évolution des goûts de la classe moyenne chinoise. Cependant depuis que l'Afrique a diversifié sa coopération, en mettant le cap vers l'Asie, cette coopération est très critiquée sur la scène internationale. Car une coopération Sud-Sud n'est pas bien perçue sur la scène internationale et même par certains Africains. Et comme tous les partenariats économiques entre Nord et Sud, il y aurait toujours moins d'opportunités et beaucoup d'impacts négatifs (Ngono 2017).

Méthodologie de l'étude : Présentation des investissements dans le numérique

La littérature souligne qu'il existe d'énormes difficultés d'avoir une source fiable de données quantitatives que ce soit du côté de la Chine ou du côté des pays africains sur les interventions économiques de la Chine en Afrique (Brautigam 2009; 2008 ; Broadman 2007). Les statistiques économiques sont insuffisantes. Dans le cas de la Chine nous avons constaté que les données restent difficilement comparables à cause de la partialité et du manque de fiabilité des sources (Brautigam 2008). Une autre raison vient fortifier cette thèse est que les motivations de l'aide chinoise sont étroitement liées à des considérations économiques et géostratégiques. Le gouvernement chinois considère que les données, les montants de l'aide extérieure, les modalités des contrats et des autres données pertinentes sont des secrets étatiques (Brautigam 2009). La difficulté à estimer le volume total du financement des projets chinois relève de la responsabilité de plusieurs ministères. Les carences statistiques relèvent les difficultés des chercheurs à dresser un argumentaire rigoureux et pertinent sur les actions de la Chine en Afrique. Compte tenu de ces difficultés, nous allons recourir à des statistiques fournies dans la littérature, des données émanant des institutions étatiques et internationales telles que, le FMI, l'OMC, la CNUCED, la BAD, la SFI. La démarche méthodologique de cette étude est basée sur la recherche qualitative. Dans cette étude nous avons adopté une revue documentaire sur les différentes sources statistiques (littérature empirique, des revues savantes avec des comités de lectures, des bases de données internationales, des rapports statistiques nationaux, ainsi qu'une grande variété de rapport, y compris des rapports de presse) pour expliquer l'intervention de la Chine dans le développement du numérique au Cameroun voire en Afrique. Ainsi la méthodologie est axée sur la présentation de l'état des lieux du numérique au Cameroun et sur la contribution de la Chine dans le développement du numérique au Cameroun en instant sur certains résultats escomptés.

Présentation de l'état des lieux du numérique au Cameroun

Le potentiel économique que représente l'économie numérique en Afrique est en effet important. Il est estimé qu'en 2025, la contribution du numérique au PIB africain serait de 300 milliards de dollars (soit 10% du PIB). Notamment grâce au commerce en ligne et au gain de productivité accomplis dans les secteurs clés, néanmoins, le pourcentage d'achat effectué en ligne est l'un des plus faibles (7.5%) et les dividendes du numérique ne se diffusent pas assez rapidement en Afrique notamment en raison d'une fracture numérique persistante (accessibilité, coûts, ouverture et sécurité). L'Afrique a le plus grand taux de progression du nombre de consommateur B2C en ligne sur la période 2013-2018, soit 82% de croissance par rapport à une moyenne mondiale de 50%. Par ailleurs, l'Afrique subsaharienne enregistre le taux le plus élevé de croissance des télécommunications mobiles dans le monde soit 6.5% de taux annuel composé, tendance qui devrait se poursuivre encore pendant plusieurs années (rapport 2017 GSMA sur l'économie du secteur mobile en Afrique subsaharienne). En outre, la plupart des pays de l'Afrique centrale se trouve affecté par l'effondrement des cours des principaux produits de base, dont le pétrole et fait face à des déséquilibres macroéconomiques importants marqué par un fléchissement de la croissance économique.

Cependant, pour percevoir les bénéfices de l'économie numérique, il faut pouvoir en partager les fruits (inclusion, innovation, efficacité, développement des écosystèmes) et réduire les risques associés (cyber-sécurité). L'ouverture à la concurrence du secteur des télécommunications au Cameroun est consacrée par la loi n°98/014 du 14 Juillet 1998 régissant les télécommunications au Cameroun. L'exploitation des réseaux en vue de la fourniture des services de télécommunications est assurée par les opérateurs titulaires de concession de services publics, les fournisseurs de services à valeur ajoutée notamment. Le marché des services de télécommunications comprend trois principaux opérateurs de téléphonie mobile, MTN Cameroun, Orange Cameroun et Viettel (Nexttel) Cameroun (le quatrième CAMTEL traine encore dans le développement de la téléphonie mobile raison pour laquelle on a du mal à la considérer dans ce secteur) un opérateur de télécommunication fixe, CAMTEL, qui joue également le rôle d'opérateur de transport. L'économie numérique représente 3.5% du PIB au Cameroun en 2016.

Le secteur producteur des services TIC est au cœur de l'économie numérique. La question du développement des infrastructures de communication électronique est au cœur de l'émergence de l'économie numérique. Il s'agit ici de faire l'état des lieux de ces indicateurs. Pour le marché des services des télécommunications et TIC, en 2015 le Cameroun avait 500846 abonnés à la téléphonie fixe y compris CDMA, 19 467 061 à la téléphonie mobile, le taux de pénétration à la pénétration mobile se situe autour de 80%. Au premier trimestre 2015, 528 673 abonnés à Internet, en 2014 les revenus du marché de la téléphonie fixe et CDMA s'élevaient à 82.76 milliards (Chiffre d'Affaire de CAMTEL) et la téléphonie mobile 457.85 milliards. Cependant le Cameroun reste importateur des équipements de télécommunication. La stratégie sectorielle prévoit le développement d'une industrie de télécommunication. Le projet de création de technopole, dont les études complémentaires seront financées par la Banque Africaine de Développement (BAD) s'inscrit dans cette logique. Il est importateur du matériel informatique. Le secteur d'activité électronique grand public n'est pas encore développé au Cameroun. Pour les composants systèmes le Cameroun demeure importateur dans cette filière.

Un marché des éditeurs de logiciel surtout des jeux existe. Plusieurs entreprises locales ou filiales d'entreprises étrangères fournissent des services informatiques au Cameroun. Mais il n'existe pas encore de données permettant d'évaluer ce secteur. Il existe quelques sites camerounais proposant de faire du commerce en ligne. Mais pour mieux apprécier l'état des lieux de ce secteur, les indicateurs suivants doivent être renseignés : nombre d'e-commerçants, Chiffre d'Affaire du e-commerce, nombre de transactions en ligne. Le taux d'utilisation d'Internet large bande est le préalable au développement de l'économie numérique. Selon l'UIT le taux d'accès à Internet large bande est de 4% au Cameroun en 2015. Le marché des produits numériques tels que les médias en ligne, Les produits culturels en ligne, le marché des jeux vidéo, le marché de la communication…est naissant et déjà très dynamique au Cameroun. Des dispositions au plan institutionnel et réglementaire doivent permettre de mieux encadrer ce secteur.

Pour la transformation numérique, pour ce qui est du e-government (e-administration), une enquête réalisée en 2013 en collaboration avec le Ministère des Postes et Télécommunications a permis de révéler le niveau d'équipements des TIC des administrations tel que le nombre d'ordinateur pour 100 personnes dans les services centraux des administrations publiques. Ainsi le taux moyen de pénétration dans les services centraux des ministères et certaines administrations et institutions est d'environ 42%, soit 42 ordinateurs pour 100 personnes. Le débit moyen de l'internet est de 4Mb/s, soit environ 1.55 Kb/s par tête ce qui est largement en dessous de l'objectif d'un accès large bande, qui devrait tourner en moyenne autour de 2Mb/s par tête. Pour le e-banking, le niveau d'adoption des TIC par les institutions locales, l'accès aux TIC de l'ensemble des banques est une réalité. Des activités en cours telles que le mobile banking, le mobile money permettront d'améliorer le taux de bancarisation au Cameroun qui se situe autour de 20% à nos jours. Pour l'initiative e-santé plusieurs centres hospitaliers camerounais sont connectés à un réseau de télémédecine. Le développement des applications telles que le cardiopad, Giftedmoon va permettre d'améliorer l'accès des populations aux services de santé. Selon les ministères en charges de l'éducation, pour ce qui de l'e-éducation en 2015, 28 sur 33 sites des universités sont connectés à Internet, quelques lycées seulement sont connectés à Internet, le pays ne dispose pas encore de véritables bibliothèques numériques. La plateforme pour la numérisation du patrimoine touristique et culturel est en cours de déploiement.

Pour la lutte contre la cybercriminalité et pour l'indicateur du marché de la certification électronique, il existe une autorité de certification, l'ANTIC et le nombre d'application sécurisées est de 5 de nos jours. Les banques, filiales d'entreprises multinationales sécurisent leurs données grâce aux PKI mises à la disposition par leur maison mère (Eco Bank, SCB, SGBC, Standard…). La BEAC dispose également de sa propre PKI. Il existe actuellement un CIRT mis en place par l'ANTIC. Un projet visant le renforcement de ce CIRT est en cours. Pour l'indice du cyber sécurité GCI, Le Cameroun 5e en Afrique et 15e exe quo dans le monde. Cet indicateur montre que le niveau d'accès actuel aux TIC jouit d'un niveau de sécurité acceptable.

Pour les infrastructures de télécommunication et services numériques, en matière de services de télécommunication et de services numériques, ces services sont regroupés en services de téléphone fixe et fixe large bande, services mobiles et mobiles large bande, l'accès à Internet et les services numériques. Les taux de pénétration de la téléphonie fixe et celui de la téléphonie fixe large bande pour les onze pays de la CEEAC en 2017 sont extrêmement bas (de 0 à 4%) et ont une moyenne sous régionale respective de 0.87% et de 0.18%. Ces taux sont inférieurs à la fois à la moyenne africaine et à la moyenne mondiale (de 12.4% pour la téléphonie fixe). Pour les services de téléphonie mobile et mobile large bande, les taux de pénétration pour les pays de la CEEAC en 2017 sont en constante progression d'une année à l'autre, avec une moyenne sous régionale respective 65.81% et 22.48% et sont proches de la moyenne africaine, mais encore en deçà de la moyenne mondiale (respectivement 103.6% et 62%). Pour « la large bande », les vitesses de transmission de quelques mégabits (inférieur à 10) sont également faibles par rapport à la tendance mondiale. La population utilisant en permanence Internet 48.6% (Cameroun environ 24.5%), habitants ayant un accès Internet à domicile 46.9% (Cameroun environ 22%), habitants ayant un ordinateur 54.5% (Cameroun environ 18%). Ils ont des valeurs très inférieures aux moyennes mondiales. On observe une claire fracture numérique si on compare ces indicateurs pour les femmes et les hommes, pour tous les pays de la sous-région dont les données sur la répartition du taux de pénétration de l'Internet selon le genre. Selon le rapport « UNCTAD e-commerce index 2013 : Focus on Africa » en 2016, dans les pays comme le Royaume uni, la Chine, la Malaisie le e-commerce représentait respectivement 7.3%, 6.9% et 6.4% de leur PIB. Une évolution des performances du e-commerce peut être calculée à travers l'indice du e-commerce B2C qui se base sur le pourcentage d'individus ayant accès à Internet, le pourcentage de personne disposant d'un compte auprès d'établissements financiers, le nombre de serveurs sécurisés et la qualité de la chaine logistique. Selon les données disponibles, le Cameroun occupe la 10e et le Gabon la 12e place en Afrique (2017) sur 44 pays. Sont également classés : Rwanda (19e), Angola (29e), Congo (38e), Burundi (44e), RDC (41e) et Tchad (43e).

Pour les infrastructures de communication électronique, Il s'agit essentiellement du réseau à fibre optique qui est la dorsale servant de support fiable pour interconnecter les différents nœuds du réseau. Pour ce qui concerne le Cameroun, à titre d'exemple, le réseau de transport national terrestre à fibre optique dispose d'un linéaire d'environ 25 000 Km. 10 régions/10; 52 départements/58 et 209 arrondissements/360 ont accès à la fibre optique(MINISPOTEL). Au niveau de la CEEAC, le Cameroun et le Congo disposent de 02 IXP (point d'échange Internet) chacun et Angola, Burundi, Gabon, RDC et Rwanda possèdent chacun 01 IXP. Trois pays de la CEEAC (Gabon, Congo, Rwanda) ont des RIXP (Regional Internet Exchange Point). Concernant les liaisons d'interconnexion directe entre les pays à ce jour ce projet est effectif dans trois intercommunications (Cameroun-Tchad, Guinée équatoriale-Cameroun, Congo-Gabon).Il est important de remarquer que plusieurs travaux d'interconnexion directe sont en cours. Pour la sécurisation des transactions le Cameroun, le Gabon et le Rwanda ont mis en place une infrastructure à clé publique indispensable pour la confiance en l'économie numérique.

Pour le positionnement du Cameroun au plan international, plusieurs organisation au niveau internationale ont retenu divers indices et classement pour présenter le niveau de développement de l'économie numérique ou de certaines de ses composantes essentielles dans les pays, les sous régions, les régions ainsi qu'au niveau global. Les plus connus de ces indices sont : l'indice de préparation de réseau (NRI) produit par le World Economic Forum, l'indice de développement de l'e-government (EGDI; 2014 EGDI : 0,2782 ; 2014 rang 144; 2012 rang 147; E-participation, 2014 EPART : 0.1569; 2012 rang 134) qui produit chaque année par le département des affaires économiques et sociales du secrétariat général des nations unies, l'indice cyber sécurité (GCI) émanant de l'UIT. Ainsi avec une valeur de 3 sur une échelle de 1 à 7, le Cameroun occupe le 126e rang mondial sur les 143 pays évalués. Il est considéré comme un pays moyen-bas. Le faible classement du Cameroun est dû notamment au faible développement des infrastructures dont la valeur est de 1.2, au faible usage individuel avec une valeur de 1.9 et aux coûts peu abordables. L'indice de développement e-government, cet indice pour lequel le Cameroun affiche une valeur de 0.2782 sur une échelle de 0 à 1, intègre trois piliers à savoir les infrastructures, le capital humain et les services en ligne. Sur ces piliers, le Cameroun affiche respectivement les valeurs de 0.0958, 0.5421, et 0.1968 sur une échelle de 0 à 1. Si la situation du capital humain est acceptable, celle des infrastructures et des services en ligne est moins enviables. Le Cameroun occupe ainsi le second rang dans la sous-région Afrique centrale, derrière le Gabon dont la valeur de l'indice est de 0.3294. En Afrique, la Tunisie occupe le 1er rang avec 0.5390 et au niveau mondial, la République de Corée est classée 1ère avec 0.9462. Le diagnostic fait, le Cameroun étant la 13e économie du continent ne fait pas partie des 15 pays africains où le taux d'accès à Internet haut débit est le plus élevé. De plus les investissements du pays dans le numérique sont restés 5 fois moins importants qu'au Ghana et 7 fois moins importants qu'au Sénégal.

Pour les défis de l'économie numérique, Alliance for Affordable Internet dans son rapport de 2017 sur l'accessibilité à Internet montre que le Cameroun occupe le 5e rang des 10 pays africains où le coût d'accès à Internet est plus élevé, avec des infrastructures de mauvaises qualités. Le marché est en pleine structuration, souffrant encore du manque d'infrastructures, cela dit, les câbles réseaux restent inadaptés aux contraintes climatiques et sont souvent détériorés par les intempéries. Une faible bancarisation couplée aux réticences face aux paiements en ligne, le taux de bancarisation est passé de 13.8% en fin 2011 à peine 20% en 2015 (investir au Cameroun 2015). De plus, la population est souvent réticente à payer en ligne en raison de la cybercriminalité qui sévit. Il est indéniable que l'économie numérique a eu un apport au niveau de la composition de la main d'œuvre au point de favoriser la création de nouveaux emplois au sein des entreprises. Par exemple pour MTN ou Orange, la tendance est à la spécialisation d'une main d'œuvre de plus en plus performante capable d'innover en matière de bien d'économie numérique. Le nombre d'emplois direct créés dans le secteur des TIC représente 3 à 5% de la population active dans le monde.

Contribution de la Chine dans le développement du numérique au Cameroun : Une analyse de la coopération économique Sino-Camerounaise

D'ici 2025, le numérique pourrait apporter 180 milliards USD à l'économie africaine selon Google et la Société Financière Internationale (SFI) dans leur rapport conjoint «e-Conomy Africa 2020» publié en 2020. Mais pour que ces prévisions se concrétisent, le continent doit accentuer ses investissements dans les infrastructures de télécommunications et la main-d'œuvre qualifiée. Dans ce même rapport, cette contribution potentielle pourrait même atteindre 712 milliards USD d'ici 2050 grâce au développement rapide de la connectivité et des services numériques largement utilisés pour soutenir la continuité des activités et les besoins des consommateurs et grâce au niveau d'utilisation des technologies numériques par les entreprises et la bonne combinaison des actions politiques. La Chine(HUAWEI) est prête à accompagner l'Afrique dans ce sens du développement du numérique comme l'a indiqué Le Président Chinois S.E.M. Xi Jinping lors de la cérémonie d'ouverture de la 8e Conférence Ministérielle du Forum sur la Coopération Sino-africaine le 29 novembre 2021 à Dakar au Sénégal. Depuis 2000, le nombre de personnes ayant accès à Internet est passé à plus de 520 millions, soit 40% de la population du continent ; et 60% de cette population accède à Internet via mobile. Au cours de la prochaine décennie, le nombre d'utilisateurs d'Internet en Afrique devrait augmenter de 11%. Pour Google et SFI, accroître l'accès à Internet pour atteindre 75% de la population pourrait créer 44 millions d'emplois surtout dans le secteur informel auquel Internet offre de nombreuses opportunités de croissance. Malgré des perspectives macroéconomiques négatives à la suite de la Covid-19, Google et la SFI considèrent que l'économie numérique africaine devrait être résiliente. Une résilience soutenue par des secteurs tels que l'e-commerce, l'e-logistique, l'edtech, le divertissement, la fintech et la healthtech qui connaissent actuellement une forte croissance avec l'irréversible changement d'habitude des consommateurs. Pour Stephanie von Friedeburg Directrice des Opération de la SFI : « L'économie numérique peut et doit changer le cours de l'histoire de l'Afrique[…]c'est le moment opportun pour exploiter la puissance des start-up technologiques du continent pour trouver des solutions indispensables».

La coopération entre la Chine et l'Afrique connaitra une nouvelle avancée dans le domaine du numérique. Les deux parties ont convenu d'élaborer et de mettre en œuvre un partenariat sur l'innovation. C'est le Ministre Assistant Chinois des Affaires étrangères, Monsieur Deng Li qui l'avait annoncé le mardi, 24 août 2021 à Pékin, lors du Forum sur le développement et la coopération d'Internet Chine-Afrique auquel avaient pris part des responsables gouvernementaux, des experts et des chefs d'entreprise de Chine et d'Afrique. Lors de cette rencontre, Monsieur Deng Li avait révélé les six axes qui soutiendront cette nouvelle aventure. Il s'agit du renforcement des infrastructures numériques; du développement de l'économie numérique et la promotion du développement intégré des technologies numériques; du développement de l'éducation au numérique pour améliorer les talents ; de la promotion de l'inclusion numérique dans différents secteurs; de la défense de la sécurité numérique et de l'amélioration de la capacité de gouvernance numérique; enfin de la coopération pour promouvoir le progrès numérique. Le partenariat sur l'innovation numérique que la Chine et l'Afrique mettront en œuvre sera l'aboutissement de la volonté du Président Chinois S.E.M. Xi Jinping, exprimé en 2020, lors du Sommet extraordinaire Chine-Afrique sur la solidarité contre la Covid-19, d'œuvrer avec le continent pour élargir la coopération sur l'économie numérique, la ville intelligente, la 5G. Des secteurs dans lesquels l'Afrique a réellement besoin d'un véritable soutien. Selon le dernier rapport de CISCO sur le niveau global de préparation numérique, les pays d'Afrique figuraient en majorité parmi les plus en retard.

Comme partout en Afrique, on note une importante présence active de la Chine dans le domaine des télécommunications au Cameroun. C'est dans cette optique que le 06 Juillet 2009, le Ministère de l'Économie, de la Planification et de l'Aménagement du Territoire (MINEPAT) du Cameroun et les autorités chinoises signèrent un accord de financement de 16 milliards de FCFA du projet nommé Backbone de transmission par la fibre optique dans le but d'améliorer les services de télécommunications. Le but de ce projet est de créer un réseau national en fibre optique. C'est l'entreprise HUAWEI Technology Corporation Limited, en partenariat avec la Société CAMTEL qui a supporté 15 % du coût de ce projet. Par ailleurs, l'entreprise chinoise ZTE corporation présente depuis 2008 au Cameroun, a signé un contrat de (50 milliards de dollars) avec le Ministère des Postes et Télécommunications (MINPOSTEL), pour un projet de modernisation numérique du réseau postal camerounais (CAMPOST) et la formation du personnel dans ce domaine tant au Cameroun qu'à l'étranger. Le projet CTPhone de CAMTEL, en partenariat avec l'entreprise HUAWEI Technology Corporation Limited (HTC), s'étendra davantage sur plusieurs régions camerounaises.

En 2018, la visite du Président de la République du Cameroun Son Excellence Monsieur Paul Biya en Chine a permis à ces deux pays de renforcer davantage leur coopération dans le domaine des TIC. Des accords de partenariat stratégique entre le Cameroun et HUAWEI le géant chinois des télécommunications avaient été signés. Le fabricant de téléphones portables HUAWEI, présent au Cameroun depuis 2005, y emploie plus de 300 salariés camerounais. Tout en promettant de poursuivre les investissements dans les infrastructures de télécommunications, HUAWEI à travers son Directeur Afrique du Nord Monsieur Peng Song reçu en audience par le Président de la République Camerounais affirme que les investissements seront axés notamment sur l'extension du réseau de fibre optique national, l'électrification au solaire en milieu rural, le plan national de vidéosurveillance et la fibre sous-marine. HUAWEI Cameroon œuvre perpétuellement en faveur de l'épanouissement du peuple camerounais. En plus des formations numériques délivrées aux usagers, étudiants et cadres de l'administration, en collaboration avec des ONG locales HUAWEI Cameroun a fait don de plusieurs ordinateurs aux écoles, afin de démocratiser l'accès aux TIC. C'est dans cette optique que le Programme *Seeds For The Future* a vu le jour et permis à 20 étudiants des universités publiques camerounaises, d'obtenir des bourses de formation d'une durée de deux semaines chacune, au siège de HUAWEI à Shenzen en Chine sous l'encadrement d'experts en TIC, afin de favoriser le transfert de technologie. Dans ce transfert de technologie les étudiants de l'Institut Africain d'Informatique pour la branche du Cameroun bénéficient des bourses d'études en Chine depuis plus un an. Plusieurs autres projets dans divers domaines ont été réalisés dans la coopération économique entre la Chine et le Cameroun en matière de développement du numérique.

A la conquête de l'Afrique après la Zambie, le Kenya ou encore l'Afrique du Sud le Chinois HUAWEI a équipé en 2020 le Data Center du Cameroun (Centre de données CAMTEL NBN II de Tier3) appelé le Zamengoe, composé de cinq halls et d'une salle des serveurs de 400 mètres carrés. Pour financer ce projet à 15 millions de dollars, la Cameroon Telecommunications (CAMTEL) a emprunté au gouvernement chinois par le biais de la banque d'Etat Exim Bank of China. De plus, c'est un consortium chinois qui s'est chargé de la construction du centre: China Shenyang International Cooperation. L'équipement a été fourni par HUAWEI, le géant chinois des télécommunications. On retrouve notamment un système de gestion des accès, des caméras de surveillance, un système anti-incendie, un système de gestion d'énergie automatisé de 440 kW, et quatre générateurs d'électricité de 1000 kVA avec une capacité de 40 000 litres. Au sein de ce Data Center, sont hébergées les données des agences gouvernementales, des institutions éducatives, des télécoms, des institutions financières, des commerçants et plupart éventuellement des *hyperscalers* comme AWS et Microsoft. Autant dire que le Cameroun s'en remet pleinement à la Chine pour la gestion de sa transformation numérique. Un choix qui peut sembler risqué, à l'heure où HUAWEI et d'autres entreprises détenues par le gouvernement chinois ont été bannis de plusieurs pays sur fond de soupçons de surveillance de masse. Rappelons que les Etats-Unis, le Royaume-Uni ou encore l'Australie refusent l'équipement 5G fourni par HUAWEI. Même les smartphones de la marque sont interdits aux Etats-Unis. En outre, le CFO de HUAWEI risque l'extradition vers les Etats-Unis par les autorités canadiennes.

Dans le même ordre d'idée en relation avec la Chine un Centre de développement de l'innovation numérique (Cameroon Development and Innovation Center) (CDIC) a été inauguré en Février 2022 à Yaoundé dans la capitale camerounaise par Le Ministre de l'Enseignement Supérieur qu'accompagnait La Ministre des Postes et Télécommunications. Cette structure publique est destinée à booster l'écosystème numérique au Cameroun à travers la formation, le perfectionnement, le recyclage, la détection, l'incubation et le développement des projets dans le domaine des Technologies de l'Information et de la Communication (TIC). Le centre comprend notamment une zone dite de contact, une salle blanche, une salle de cours connectée, un laboratoire de prototypage 3D, un espace de co-working, un studio de montage/création ainsi que des salles de réunions et de conférences. A travers le développement local d'une industrie numérique l'Etat entend apporter des réponses aux besoins exprimés par les entreprises camerounaises à la recherche de solutions techniques, mettre en place des relais technologiques entre l'entreprenariat, la recherche, les petites et moyennes entreprises et les multinationales.

La Chine a doté du Cameroun d'un Centre d'application des technologies agricoles pour un montant de 27miliards de FCFA entièrement financé par le gouvernement chinois dont la première pierre avait été posée le 09 juillet 2009. Au moment où le Cameroun est tourné vers l'expérience de l'agriculture de deuxième génération en vue de l'accroissement de sa production agricole, cette infrastructure aux relents futuristes est arrivée visiblement à point nommé. Le certificat de réception du Centre d'application des technologies agricoles (CATA) ouvert dans la ville de Nanga-Eboko dans Région du Centre a avait été remis au

Ministre de l'Agriculture et du Développement rural (MINADER) en présence de l'Ambassadeur de la République Populaire de Chine au Cameroun. En effet, le CATA est destiné à l'aménagement d'importantes surfaces pour expérimenter la culture du riz irrigué. Toute pratique qui vient booster la production de ce céréale, facile à la cuisson, apprécié et très consommé dans les familles camerounaises. Ce d'autant plus que cet énième projet-pilote du secteur agricole en friche au Cameroun œuvre à la production des semences de riz améliorées. Au-delà de l'accroissement, de la mécanisation, de la numérisation et de l'amélioration de la production du riz le CATA est une véritable œuvre de création d'emplois pour les jeunes. Voilà un exemple de geste de générosité qui participe de la volonté manifeste du transfert de technologies entre le Cameroun et la Chine.

Pour ce qui du développement du numérique dans le secteur médiatique, depuis l'avènement de la politique du Going global (internationalisation) des entreprises chinoises impulsé par Jiang Zemin en 1995 suite à son mot d'ordre « sortez ! Devenez des acteurs mondiaux», la Chine ambitionne rattraper son retard dans l'optique de contrebalancer l'Occident. Aujourd'hui plus qu'hier, l'Empire du Milieu renonce à la philosophie du « profil bas » pour le «rêve chinois». Cette nouvelle étiquette de la politique de puissance de la Chine s'opérationnalise tant sur le plan national qu'international avec la mise en œuvre progressive du projet géopolitique axé sur les « nouvelles routes de la soie ». En raison de cela, la République populaire de Chine va injecter des capitaux aux confins de ses frontières, et ce, dans les secteurs aussi divers que variés (agricole, énergétique, minier, transports, médiatique, numérique, etc.). Conscient de l'enjeu que représente la circulation de l'information et les contenus audiovisuels au XXIe siècle, la Chine y attache un intérêt particulier dont le but est l'amélioration de son image sur l'échiquier international écornée par les médias du Nord. Forte de la concurrence qui prévaut en Afrique dans le domaine de la télédistribution, S.E. M. Xi Jinping, lors de la tenue du sommet du FOCAC à Johannesburg en Afrique du Sud en Décembre 2015, plante le décor de la promotion d'une numérisation de la télévision en Afrique avec la mise en place d'un projet intitulé « Accès à la télévision satellite pour 10000 villages africains ». Ce projet attribué à l'entreprise privée chinoise StarTimes a pour cible 20 pays africains avec un cout global de 215,87 millions de dollars américains sur financement exclusif du gouvernement chinois. C'est dans ce cadre que cette multinationale chinoise débourse la somme de 6 milliards de FCFA pour doter 300 villages camerounais de la télévision numérique par satellite. En réalité, cette projection médiatique de la Chine au travers de StarTimes ne rend plus efficacement compte d'un entendement sous le format du soft power mais du sharp power. En clair, c'est un « pouvoir qui perce, pénètre et perfore l'environnement politique et informationnel des pays ciblés ». De là, la Chine cherche à imprimer sa nation branding en Afrique et spécifiquement au Cameroun, en vue de réduire la fracture numérique qui sied entre zones urbaines et rurales.

Le Cameroun, à l'instar des autres pays de la planète est passé progressivement à la télévision numérique terrestre (TNT) depuis 2015. À cet effet, une convention commerciale avait été signée entre le Cameroun et Startimes, une entreprise chinoise, pour la réhabilitation technique de la Cameroon Radio and Television (CRTV), la chaîne officielle audiovisuelle camerounaise. Un basculement de grande ampleur pour une migration de l'analogique vers le numérique au Cameroun qui a coûté environ 220 millions de dollars américains montant emprunté auprès d'une banque chinoise selon la Ministre Camerounais de la Communication. Pour ce faire, un multiplex avait été installé sur une tête de réseau située au centre de production de la CRTV à Mballa II à Yaoundé au Cameroun, à partir de laquelle un bouquet gratuit de 13 chaînes numériques était acheminé vers les centres de diffusion de la CRTV de Yaoundé et de Douala, eux-mêmes désormais équipés d'émetteurs numériques et d'antennes numériques appropriées. De même pour la très bonne diffusion et retransmission des matchs avec des images numériques de hautes qualités de la Coupe d'Afrique des Nations Féminine jouée en 2016 (CAN Féminine 2016) et de la Coupe d'Afrique des Nations Masculine jouée en 2022(CAN Total Energies 2021), dans le cadre des partenariats gagnant-gagnant entre le Cameroun et la Chine, le Cameroun(CRTV) a bénéficié des équipements numériques de hautes technologiques de dernières générations de la part de la Chine pour la réussite audiovisuel de ces événements grandioses à caractère planétaire.

Pour le développement du numérique universitaire dans la coopération Chine-Cameroun, le Cameroun a reçu un prêt d'un montant de 75milliards de FCFA de la part de la Exim Bank of China pour la réalisation du projet E-National Higher Education Network. Ce projet E-National Higher Education Network réalisé par l'entreprise chinoise Sichuan Telecom Construction Engineering Co. Ltd dont le siège social est basé au Scientific Technology & Fortune Center, Hi-

Tech Incubation Center dans la ville de Chengdu en Chine comporte quatre composantes principales que sont la fabrication en Chine, le transport vers le Cameroun et la distribution dans les Universités camerounaises de 500000 ordinateurs portables aux étudiants des Universités publiques et privées ; la construction, l'équipement et la mise en exploitation de neuf (09) Centres ultramodernes du développement du numérique universitaire, dont un dans chaque Université d'État et un à l'Université Inter-États Congo-Cameroun à Sangmélima; la mise en place d'un Réseau virtuel d'interconnexion des Universités d'État et du Ministère de l'Enseignement Supérieur (RIC) géré par un Centre national du numérique universitaire à construire, équiper et mettre à la disposition du MINESUP; la conception, le développement et la mise en exploitation du Système Informatique de Gestion Intégrée de l'Enseignement Supérieur au Cameroun (SIGIRES).

Selon Le Ministère de l'Enseignement Supérieur(MINESUP) l'état d'exécution de ce projet E-National Higher Education Network futuriste et capital pour les Universités camerounaises à l'heure du numérique, dont le taux d'exécution physique est évalué à 95% et le taux d'exécution financier à 93,6% par Exim bank of China en 2022, est le suivant : 500000 ordinateurs PBhev ont été fabriqués à Shenzhen en Chine, acheminés au Cameroun et mis à la disposition du MINESUP par le maître d'œuvre du projet. Le MINESUP a mis 490000 ordinateurs à la disposition des huit Universités d'État et 106 Instituts privés d'enseignement supérieur fonctionnant légalement qui ont la responsabilité de les distribuer à tous les étudiants camerounais régulièrement inscrits de l'année académique 2016-2017 et aux étudiants inscrits des années académiques 2017-2018 et 2018-2019, et éventuellement à ceux de l'année académique 2019-2020, conformément aux états des besoins transmis au MINESUP par les Chefs de ces Institutions universitaires (Les ordinateurs sont stockés et acheminés dans les différentes Régions par le Ministère de la Défense, 10 000 ordinateurs résiduels sont encore en stock dans les magasins de la Garde Présidentielle). Les neuf Centres de développement du numérique universitaire et le Centre national du numérique universitaire sont entièrement construits et équipés. Le SIGIRES est entièrement développé.

Dans ce développement du numérique au Cameroun par la Chine, le secteur de la santé n'est pas en reste. Le Cameroun s'est tourné vers l'e-santé comme partout en Afrique avec la contribution ou le soutien de la Chine aussi bien par le financement des start-up œuvrant dans le domaine médical que par le médecin Chinois spécialistes dans la télémédecine. L'Afrique s'est tournée vers l'e-santé, alors que la pandémie du Coronavirus met en lumière ce secteur en plein essor. Le nombre de start-up du domaine a augmenté de 56.5% au cours des 3 dernières années, et les investissements ont atteint un pic au premier semestre 2020. Les technologies de la santé comprennent l'accès aux plateformes médicales, l'assistance numérique et le partage des informations vitales. Les médecins et les patients adoptent progressivement la télémédecine et d'autres outils numériques pour des consultations ou pour dispenser des soins depuis le début du Coronavirus. Selon le rapport « High Tech Health : Exploring the African E-health Startup Ecosystem » de l'année 2020, le nombre de start-up actives dans le domaine des technologies de la santé sur le continent a augmenté de 56,5% au cours des 3 dernières années, avec 180 établissements actuellement en activité. Parallèlement, les investissements dans ce domaine continuent de se multiplier depuis le premier semestre 2020, les start-up ayant recueilli plus de 90 millions de dollars américain. La moitié des fonds alloués à ce secteur depuis 5 ans a été versée au cours du 1er semestre de 2020, atteignant un record depuis le début de la pandémie. L'Afrique, qui compte plus d'un milliard d'habitants, doit pouvoir contenir la Covid-19 et atténuer son impact sur la vie sociale et l'économie. Le système de santé étant plutôt précaire, l'e-santé contribue à alléger le travail des établissements en manque d'équipements et freine la propagation de la maladie sur le continent. Le secteur des technologies de la santé en Afrique est donc propice à la création de start-up innovantes, d'autant plus que les défis liés à la fourniture de soins en période de crise sanitaire sont énormes.

Conclusion

Ce travail avait pour objectif d'analyser les investissements dans le développement du numérique dans la coopération économique entre la Chine et le Cameroun ceci afin de faire connaître en profondeur l'initiative « la Ceinture et la Route » en Afrique francophone et de mieux appréhender l'esprit du Sommet Chine-Afrique de 2021 à Dakar au Sénégal. La Revue de la littérature nous permis d'exposer l'une des théories expliquant les causes du sous-développement qui est la théorie centre - périphérie encore appelée la théorie de la dépendance. Elle définit le sous-développement comme le fruit du développement des pays du centre, riches et développés au détriment des pays pauvres qui leur permettent d'atteindre ce niveau de développement. C'est ainsi que la Chine en apportant une nouvelle politique de coopération entre les Etats propose aux Etats Africains des partenariats «gagnant-gagnant» dans le cadre de la coopération Sud-Sud fondés sur l'égalité. Pour atteindre cet objectif nous avons utilisé une démarche qualitative, compte tenu des difficultés à obtenir des statistiques fiables sur le volume de financement des projets chinois dans le développement du numérique au Cameroun nous avons fait recourt aux statistiques fournies par la littérature, des données émanant des institutions étatiques et internationales. En outre après l'analyse des documents, les résultats auxquels nous aboutissons montrent que la contribution de la Chine dans le développement du numérique au Cameroun est une réalité depuis de nombreuses années. La Chine participe au développement du numérique au Cameroun dans plusieurs secteurs tels que la technologie, l'éducation, les services, les médias, la santé, l'agriculture. Donc au regard de l'initiative «la Ceinture et la Route» en Afrique francophone, la Chine reste un meilleur partenaire pour le développement du numérique au Cameroun, malgré que beaucoup reste encore à faire dans ce domaine.

Bibliographie

Amin S. (1970) : L'accumulation à l'échelle mondiale, Critique de la théorie du sous-développement. Paris, éditions Anthropos, pp. 592.

Amin S. (1973) : Le développement inégal, Essai sur les formations sociales du capitalisme périphérique, coll grands documents, pp. 384.

Amin S. (1986) : La déconnexion: pour sortir du système mondial, Paris: La Découverte, 1986, pp. 333.

Amin S. (1992) : Repenser le développement, dossier sciences humaines, no 23.

Arghiri E. (1972-1969) : L'échange inégal, Essai sur les antagonistes dans les rapports économiques internationaux, Paris: Maspéro, pp.422.

Arghiri E. (1972) : L'échange inégal, Essai sur les antagonismes dans les rapports économiques internationaux. Paris: Maspéro, pp.422

Ateba Eyene C. Paradoxe du pays organisateur

Baillot. J.J. & Dembinski S (20 13) : Chindiafrique: la Chine, l'Inde et l'Afrique feront le monde de demain. Éditions Odile Jacob, pp.368.

Benessaieh Afef (2010) : La perspective postcoloniale in Alex Macleod et Dan O'Meara dir., Théories des Relations Internationales : Contestations et Résistances, 2e édition, Athéna.

Brautigam D. (2010): China, Africa, and the international Aid Architecture, Working Paper, no 107, April 2010, African Development Bank, Accra, pp.1-49.

Brautigam D. (2011): Aid with Chinese characteristic: Chinese foreign aid Development finance meet the OEDC-DAC aid regime, Journal of international Development, Juliet, pp.752-764.

Brautigam. D. & Tang X. (2011) : African Shenzhen : China's special economic Zones in African, Journal of African Studies, vol 49, No 1, pp. 27-54;

Broadman H. (2007) :Africa's Silk Road: China and India's News Economie Fronlier. Washington, D.C: Banque Mondiale, pp.391.

Broadman H. (2008): China and India go to Africa: New Deals in the developing World" Foreign Affairs, pp. 87-109.

Brunel. S. (2004-2002) : L'Afrique, un continent en réserve de développement, Bréal.

Cardoso, F.H., (1978) : Dépendance et développement en Amérique Latine, Paris: PUF.

Chaponnière J.R. (2008) : L'aide chinoise à l'Afrique: origines, modalités et enjeux, L'économie politique, no 38, 2008/2, pp. 7-28.

Courade G. (2014-2006) : Les Afriques au défis du XXIe siècle. Géopolitiques subsaharienne, éditions Belin

De la Grange (2009) : La Chine en tournée stratégique en Afrique, Le Figaro, février.

Dos Santos (1972) : Théorie de la dépendance et changement social, Santiago, Chile: Ed, do CESO

Dumont R (2012-1986) : L'Afrique est mal partie, édition du Seuil.

Furtado, C. (1970) : Théorie du développement économique, Paris, Presses Universitaires de France, pp. 264

Guerassimaff. C.P. (2011) : La Chine dans le monde: Panorama d'une ascension, édition, ellipses.

Gunder F.A. (1972-1970) : Le développement du sous-développement: L'Amérique latine. Paris: Maspéro, pp39.

Hugon P. (2007) : Retour sur une cinquantaine d'années d'économie du développement dans la Revue Tiers Monde, Revue Tiers Monde, no 191, juillet-Septembre, pp.717-741.

Hugon. P. (2006) : Économie de l'Afrique, le développement africain dans une perspective historique et sociologique, 5e édition, la Découverte.

Ngono L. (2017) : La coopération Chinoise et le développement en Afrique Subsaharienne : Opportunité ou impacts ? Mémoire, Université du Québec à Montréal.

Nguyen E. 2009 : Les relations Chine-Afrique: l'empire du Milieu à la conquête du continent noir, Levallois Perret, Studyrama. pp .141.

Pourtie R. (20 10) : Afriques noires, 2e éd Paris Hachette, coll. pp. 255

Prebisch R. (1950) : The Economie Oevelopment of Latin America and Its Principal, Economic Bulletin for Latin America 7,New York: Nations Unies

Quiminal. C. (1975) : La politique extérieure de la Chine: éditions François Maspero, Paris.

Tsafack N.R. (2014) : Chine: opportunité ou menace pour l'Afrique? CEDIMES, France, Février.

29. Financial sector development and structural transformation in the brics, *Pr. Jean Marie Gankou et Dr. Ronie Bertrand Nguenkwe*

Introduction

The financial sector is a key factor in economic performance (Rajan & Zingages 1988; Levine 2005). Its development contributes to a better allocation of financial resources, which translates into the channel of savings towards productive investment projects without the substantial risk of asymmetric information inherent in relations between investors (Ndikumana 2003). In developing countries, the mobilization of resources for financing is weak, this makes economies inefficient and they do not transform. Structural transformation is the reallocation of economic activity in the three major sectors (agriculture, manufacturing and services) that accompany the process of modern economic growth (Kuznets 1966). Thus, the countries that manage to get out of poverty and get rich are those that are able to diversify, so as to no longer depend on agriculture and other traditional products (McMillan & Rodrick 2011).

Financing is making available to economic agents the resources necessary and useful for their activities and this must therefore be accompanied by the abandonment of financial repression policies, deemed harmful to growth and adoption of a financial liberalization policy. There is thus the need to remove restrictions on interest rates which encourages savings and increases the volume of financial resources available for productive investments, especially in the industrial sector (Eggoh 2011), (Neusser & Kugler 1998) show that in the long term there is a relationship between financing the economy and structural transformation in OECD countries, via the value added growth in the manufacturing sector. In view of the increasingly preponderant place taken by emerging countries in the gloalisatio, notably the BRICS, this article sets out to analyze the relationship between the financing of the economy and the structural transformation in the BRICS.

The stylized facts suggest that the BRICS are in the midst of the structural transformation process. Some BRICS countries have experienced phases of mature deindustrialization (McMilan & Rodrik 2011; McMilan et al. 2014), thus making it necessary to question the role of financing the economy, through credits allocated to the private sector, in this process. For example, the level of bank credit to the private sector in emerging countries such as China, Korea, Singapore and Thailand stands at 156.7%, 143.3%, 147.3% and 132.9% respectively between 1960-2016, compared to 15.65% in Nigeria and 18.56% in Ghana (World Bank 2020). We can therefore ask the question: What is the effect of the financing of the economy on the structural transformation in the BRICS?

To answer this question, the rest of this article is as follows: section 2 presents the empirical literature on the relationship between financing the economy and structural transformation, section 3 presents some stylized facts relating to these two concepts, section 4 presents the methodology, section 5 presents the results and the last section will be the conclusion.

Literature review

(King & Levine 1993), constitutes the pioneering contributions in empirical analysis of the relationship between financial development and structural transformation. (Neusser & Kugler 1998), look at the relationship between financial development and value added growth in the manufacturing sector, for a sample of OECD countries. They show there is a long-term relationship between financial development and growth in value added in the manufacturing sector. For them, there is a two-way relationship between financial development and industrialization. (Eggoh 2011), is interested by the relationship between economic financing and structural transformation using cross-sectional data from several countries and concludes that financial development positively affects structural transformation. Similar result to those of (Beck et al. 2000; Rioja & Valev 2004 ; Beck et al. 2004 ; Gehringer 2013) but contrary to those of (Gregorio & Guidotti 1995; Ewetan & Okodua 2013; Thumrongvit et al. 2013).

(Misati & Nyamongo 2012), affirm that financial liberalization positively affects structural transformation for a sample of 34 Sub-Saharan Africa countries ut, this positive effect is reduced by the of the financial system volatility that liberalization generates. (Keho 2012) shows that financial sector development does not contribute to the structural transformation of the WAEMU countries. He explains this result by the weakness of the depth of the financial sector of these countries. For (Collier 2009), SMEs in African economies have limited access to finance because lending in Africa is generally considered to be more risky compared to other regions. Banks require guarantees and formalities that limit the SMEs accessibility to finance (Audrey 2004). This phenomenon has put the banking system of the Franc zone in a situation of excess liquidity, which constitutes as (Ekomo & Avom 2007) point out, a paradox of financial liberalization, thus penalizing activities of wealth creation especially for SMEs. These reasons explain the weak structural transformation of African economies.

(Udoh & Ogbuagu 2012) and (Ewetan & Ike 2014) are interested in the Nigerian economy and find opposite results. (Ewetan & Ike 2014) show that credits allocated to the private sector have a positive impact on Nigeria's industrial growth, while foreign reserves negatively affect it. On the other hand, (Udoh & Ogbuagu 2012) find that the financial sector development has a negative and significant impact on the industrial production of the Nigerian economy both in the long term and in the short term. (Abdoullahi 2016), studies the relationship between international financial integration, financial development and export diversification for a panel of 30 sub-Saharan Africa countries from 1976 to 2010 and a range of financial development indicators. He concludes that international financial integration acts positively on structural transformation through its positive impact on financial development.

More recently, (Ousmanou 2017) is also interested in analyzing a similar problem by considering a larger sample of 45 African countries. It establishes that financial liberalization only affects the structural transformation of countries that have undertaken institutional reforms, improving the education system, macroeconomic stability and governance. Along these lines, (Kuipou et al. 2015) find a direct positive and significant effect of governance on structural transformation in WAEMU and not significant in CEMAC. (Bassirou Lo & Ramde 2019), examines the relationship between the development of the financial sector and the industrialization of African economies in the Franc Zone.

Using a vector auto regressive model with errors corrections they show that a shock on bank credit allocated to the private sector has a negative short-term and a positive long-term effect on the manufacturing sector. This negative effect takes longer before easing in the CAEMC (CEMAC) zone compared to the WAEMU (UEMOA) zone.

This brief literature review shows that no study has so far focused on the specific case of BRICS. Yet the BRICS are a success story and should inspire other developing countries in Africa and elsewhere.

Some stylized facts

We present here the evolution of domestic credits to the private sector by banks and the contribution of the agricultural, industrial and services sectors to the value added in the BRICS in comparison with some developed countries.

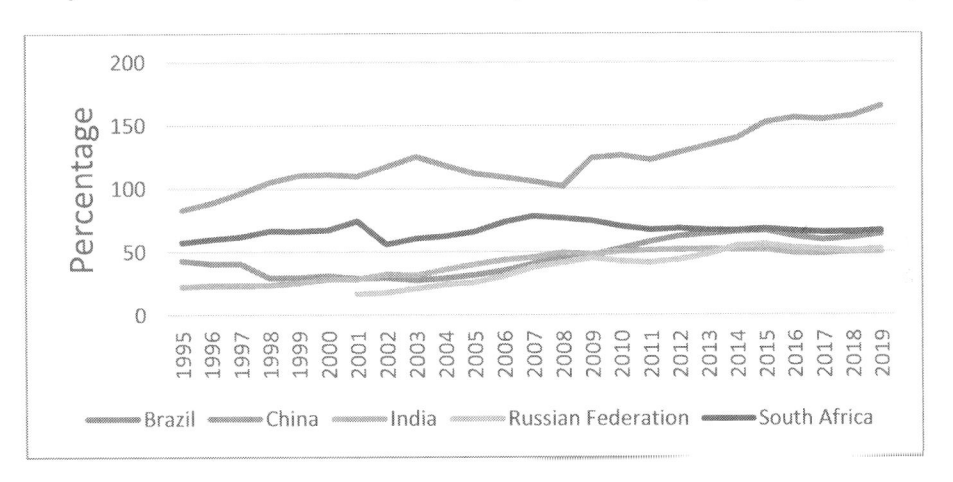

Graph 1 : Evolution of domestic credit to private sector by banks (% of GDP)

Source: The authors using World Bank data (WDI 2020)

This graph shows the evolution of domestic credit to the private sector in the BRICS and some developed countries, and we can see a certain financial depth in the BRICS. Between 1995-2019, we note an upward trend for all countries except South Africa where domestic credit stagnates around 60%. We can also see that domestic credit in China has exceeded 100% of GDP since the early 2000s. Financing the economy is a crucial factor, especially for developing countries, we can understand why China has transformed faster than other emerging countries.

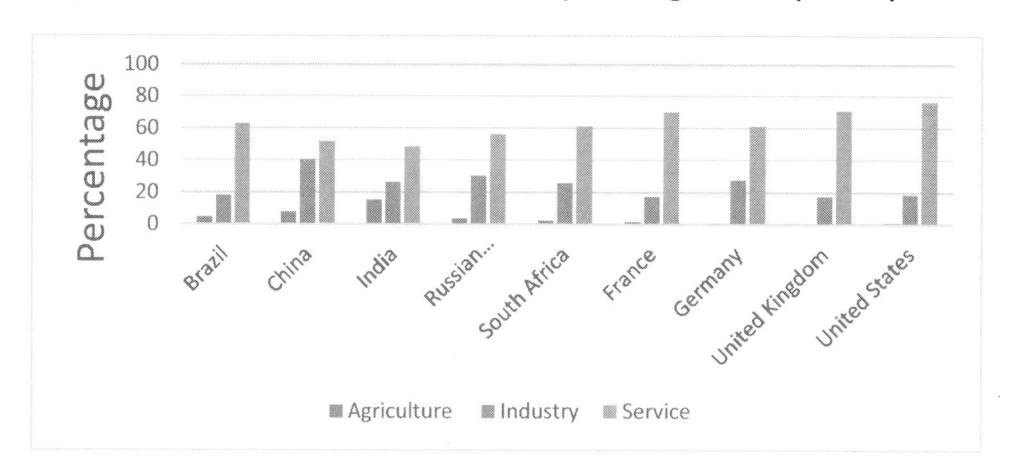

Graph 2 : Contribution to the added value in percentage of GDP (in 2019).

Source: The authors using World Bank data (WDI 2020)

The graph shows the distribution of value added by sector in 2019. We can see that the transition that has taken place in some developed countries is that followed by the BRICS, in particular the gradual reduction of the agricultural sector contribution to the industrial sector and then to that of services. The particularity of the BRICS is that the transition from industry to services is a mature deindustrialization, contrary to what is observed in certain developing countries where we are witnessing rather an immature deindustrialization (Rodrick 2015). This transition is the result of some economic policies in favor of the private sector, thus leading to their structural transformation over time.

Methodology and data

To analyze the relationship between financing the economy and structural transformation in the BRICS, we successively test the effect of financing on industrialization and on export diversification. To do this, we adopt the methodology of (Udoh & Ogbuagu 2012) and (Ewetan & Ike 2014), based on the Nigerian economy.

A. Models specification

$$DIV_{it} = \alpha_0 + \alpha_1 \, CREDIT_{it} + \alpha_2 \, OPEN_{it} + \alpha_3 INFi_t + v_{it} \quad (1)$$

$$INDUS_{it} = \alpha_0 + \alpha_1 CREDIT_{it} + \alpha_2 OPEN_{it} + \alpha_3 INF_t + v_{it} \quad (2)$$

DIV, is the Herfindahl-Hirschman index which measures the degree of export diversification. The higher the values of the indices, the more exports are not concentrated on a small number of products or sectors. CREDIT, is credit to the private sector, this indicator of financial development measures the degree of intermediation of the economy (Demetriades & Hussein 1996; Levine et al. 2000), the proportion of resources devoted to private investment and efficiency in the allocation of financial sector resources. INF, is inflation, measured by the change in the consumer price index. It can also act negatively as a resource on the financial system by what it can be compared to a tax on banks. INDUS, represents the level of industrialization. To measure it, two indicators are mainly used in the literature, the share of value added of the manufacturing sector in the GDP at constant prices and the share of manufacturing employment in total employment (UNIDO 2013). Like (Dodzin & Vamvakidis 2004), (Kang & Lee 2011), we use the share of manufacturing value added in the GDP. OPEN, is the trade openness rate. Trade reform index, initially developed by Sachs and (Warner 1995a), has often been used to represent the degree of trade openness taking into account the reforms maintained since 1990. The degree of trade openness, measured by the ratio of the sum of imports and exports to GDP (Rajan & Zingales 2003; Baltagi et al. 2007). αi are coefficients to be estimated and Vt is the error term.

Estimation method

We estimate our equations by the panel Autoregressive Distributed Lag (ARDL) model method. ARDL models have the particularity of taking into account time dynamics, namely, anticipations, adjustment times, etc. (Pesaran & Shin 1997) and (Pesaran et al. 2001) developed a new technique to test for the existence of a long-term relationship between variables characterized by a different order of integration. Because of its not very constraining character, this technique is more and more used as an alternative to the usual co-integration tests because of its flexibility. Indeed, the ARDL method does not require that variables of the are purely I(0) or I(1). It also offers the possibility of jointly dealing with long-term dynamics and short-term adjustments. The ARDL model proposed by (Pesaran et al. 2001) solves not only the limits of the (Engel & Granger 1987) co-integration approach, as well as that of the (Johansen 1993) approach, which requires that the series be integrated in the same order.

Equations 1 and 2 can thus be estimated by three different estimators. The Mean Group (MG) estimator of (Pesaran & Smith 1995), the Pooled Mean Group (PMG) estimator of (Pesaran et al. 1999) and the Dynamic Fixed Effects (DFE) estimator. Indeed, these three estimators take into account the long-term equilibrium and the heterogeneity of the dynamic adjustment process (Demetriades & Law 2006). Furthermore, the ARDL model leads to consistent estimators despite the possible endogeneity problem, since it incorporates not only the delayed values of the dependent variable but also those of the independent variables (Pesaran et al. 1999).

Data

Our analysis covers the BRICS, five countries, over the period 1995 to 2017. Data used here come from the World Bank database World Development Indicators 2020 and that of the United Nations Conference on Trade and Development (UNCTAD). We use Eviews 9 software for testing and estimation.

Empirical Results, Table 1 : Panel unit root test (Im, Pesaran ad Shin, IPS)

Variables	Test in level		Test in first différence		Order of integration
	IPS Wstat	P-value	IPS W-stat	P-value	
Industrialisation % GDP	-0.18682	0.4259	-4.80528	0.0000	I(1)
Diversificatin	-1.81970	0.0344			I(0)
Credit to private sector % GDP	-0.94639	0.1720	-4.08452	0.0000	I(1)
Openess % GDP	-0.59501	0.2759	-6.15573	0.0000	I(1)
Inflation rate	-12.1107	0.0000			I(0)

Source : The Authors using Eviews9.

The results of the panel unit root test presented in the table 1 above show that the variables are integrated of order zero and one, that is to say stationary in level I(0) and stationary in first difference I(1). Indeed, credit to the private sector, trade opening and industrialization are I(1). Diversification and inflation are I(0). Note that in the ARDL approach, the unit root test is applied just to make sure that no variable is integrated of order two (Pesaran et al. 2001). Since no variable is I(2), the ARDL panel approach is subsequently applicable.

In order to determine the effect of financing the economy on structural transformation, two estimates were made. The first presents the effect of financing the economy through domestic credit to the private sector on export diversification and the second presents effect of financing the economy on industrialization in the BRICS. We used both Mean Group and Pooled Mean Group PMG estimators.

Table 2 : Determinants of diversification

	Mean group	Pooled Mean group
VARIABLES	Short run coefficients	
Error Correction Term	-0.613***	-0.181*
	(0.133)	(0.101)
D.domestic credit	-0.00118	-0.000818
	(0.00112)	(0.00118)
D.inflation	0.000244	0.000312
	(0.000205)	(0.000368)
D.openess	-0,24006	0.000825
	(0.000359)	(0.000673)
	Long run coefficients	
L.domestic credit	-0.00154	0.00208***

	(0.00190)	(0.000418)
L.inflation	-0.00111	0.00227
	(0.00135)	(0.00140)
Openess	0.000857	0.000964**
	(0.00109)	(0.000436)
Constant	0.371***	0.0832*
	(0.113)	(0.0433)
Observations	120	120
Number of group	5	5
Hausman statistics	1.29	
Hausman P-value	0.7316	

Source : The authors using Eviews 9.
*** $p<0.01$, ** $p<0.05$, * $p<0.1$, indicate significant at 1, 5 and 10%. Robust standard errors in parentheses.

Table 2 above presents the result of our first estimate relating the financing of the economy and diversification by the Mean Group and Pooled Mean Group estimators. The negative and significant error correction coefficient at the 1% threshold according to the two estimators, validates the long-term relationship hypothesis. In the long term, credit to the private sector positively and significantly influences diversification, even if the effect remains weak. Indeed, an increase in the share of credit to the private sector only leads to an increase of 0.002% in the share of industry value added. (Misati & Nyamongo 2012) also found the same result and conclude that these variables positively affect structural transformation. (Kim et al. 2016) argue that financial development, through bank credit, promotes rapid growth in industrial sectors made up of small and medium-sized enterprises in economies where the structure of the financial system is based more on banks than on financial markets. However, this weak influence that we find can be explained by the difference in the level of financing of the economy in the BRICS. If this level is high in China (more than 100% of GDP), it is on average 50% in the four other countries. Trade openness also positively influences long-term diversification, according to the Pooled Mean Group estimator. In the short term, domestic credit has no effect on diversification.

Table 3 : Determinants of industrialisation

	Mean group (1)	Pooled Mean group (2)
VARIABLES	Short run coefficients	
Error Correction Term	-0.278***	-0.204***
	(0.0775)	(0.0543)
D.domestic credit	0.0574	0.0150
	(0.0559)	(0.0177)
D.inflation	0.0126	-0.0247**
	(0.0243)	(0.0114)
D.openess	0.0670***	0.0836***
	(0.0243)	(0.0193)
	Long run coefficients	
L.domestic credit	0.513	0.0945***
	(0.522)	(0.0303)
L.inflation	-3.719	-0.0562
	(3.890)	(0.0550)
Openess	-0.511	0.134***
	(0.495)	(0.0515)

Constant	9.220***	6.158***
	(3.272)	(1.810)
Observations	120	120
Number of group	5	5
Hausman statistics	0.29	
Hausman P-value	0.9616	

The authors using Eviews 9.

*** p<0.01, ** p<0.05, * p<0.1, indicate significant at 1, 5 and 10%. Robust standard errors in parentheses.

Table 3 above presents the result of our second estimate relating the financing of the economy and industrialization by the Mean Group and Pooled Mean Group estimators. The negative and significant error correction coefficient at the 1% threshold according to the two estimators, validates the long-term relationship hypothesis. In the long term, credit to the private sector positively and significantly influences industrialization, even if the effect remains weak. Indeed, an increase in the share of credit to the private sector in growth only leads to an increase of 0.09% in the share of industry in value added. This weak influence can be explained by the difference in the level of financing of the economy in the BRICS. If this level is high in China (more than 100% of GDP), it is on average 50% in the other four countries. Trade openness also positively influences long-term industrialization, according to the Pooled Mean Group estimator. In the short term, domestic credit has no effect on industrialization. Trade openness also positively influences industrialization regardless of the estimator, while inflation has a negative effect as might be expected.

Conclusion

The objective of this paper was to analyze the effect of financing the economy on structural transformation through the exports diversification and industrialization in the BRICS. The Mean Group and Pooled Mean Group estimators were used to estimate the diversification and industrialization models. Our results show that in the long term, bank credits allocated to the private sector positively influence the value added of the manufacturing sector and diversification. However, this effect remains weak and this calls upon the government of the BRICS, in particular those of Brasil, Russia, South Africa and especially those of India, on the need to create conditions for the banking sector to increase loans to the private sector, in particular long-term loans. Strategies to develop the financial markets to give companies alternative financing for their activities must be implemented.

References

Adoullahi D. (2016): Integration of financial markets, financial development and growth: Is Africa different?, Journal of International Financial Market, Institutions and Money, vol. 42, pp. 43-59.

Audrey C. (2004) : Une analyse empirique de l'impact de la libéralisation financière en Afrique Subsaharienne sur la période 1983-1996, Revue Tiers Monde, pp. 617-641.

Banque Mondiale (2020): World Development Indicators, Data, www.worldbank.org

Bassirou Lo S. & Ramde F. (2019): Développement financier et transformation structurelle des pays africains de la zone Franc : une approche panel-VAR, Revue Interventions économiques, 2019/61

Beck T. Levine R. (2004): Stock markets, bank and growth: panel evidence, Journal of banking and Finance, vol. 28, no 3, pp. 423-442.

Beck T. Levine R. & Loayza N. (2000): Finance and the sources of growth, Journal of Financial Economics, vol. 58, pp. 261 300.

Bigsten A. (2004): Do african manufacturing firms learn from exporting? Journal of Development Studies, vol. 40 no 3, pp. 115-141

Collier P. (2009) : Repenser le financement des PME en Afrique, Revue Proparco, vol. 1, pp. 3-5.

Dodzin S. & Vamvakidis A. (2004): Trade and industrialization in developing economies, Journal of Development Economics, vol. 75, pp. 319-328.

Eggoh J. (2011) : Récents développements de la littérature sur la finance et la

croissance
économique, Mondes en développement vol. 155, pp. 141-150.

Ekomo S. & Avom D. (2007) : Quinze ans de restructuration bancaire dans la CEMAC : qu'avons-nous appris ?, Revue d'économie financière, vol. 89, pp. 183-205.

Ewetan O. & Ike DN. (2014): Does financial sector development promote industrialization in Nigeria?, International Journal of Research In Social Sciences, vol. 4 no1, pp. 17-25.

Ewetan O. & Okodua H. (2013): Is There a Link Between Financial Sector Development and Economic Growth in Nigeria?, International Journal of Financial Economics, vol. 4 no1, pp. 108-118.

FMI (2015) : CEMAC : Pourquoi la croissance économique traine-t-elle et que peut-on faire pour remédier à cette situation ? Fond Monétaire International, Département Afrique.

Gehringer A. (2013): Growth, productivity and capital accumulation: the effects of financial liberalization in the case of european integration, International Review of Economics and Finance, vol. 25, pp. 291-309.

Gui-Diby S. & Renard MF. (2015): Foreign Direct Investment Inflows and the Industrialization of African Countries, World Development, vol. 14, pp. 43-57.

Ibrahim M. & Alagidede P. (2017) : Financial sector development, economic volatility and shocks in sub-Saharan Africa, Physica A: Statistical Mechanics and its Applications, vol. 484, pp. 66-81.

Im K. Pesaran M. & Shin Y. (2003): Testing for Unit Roots in Heterogenous Panels, Journal of Econometrics, vol. 115, pp. 53-74.

Kang S. & Lee H. (2011): Foreign direct investment and de-industrialisation, The World Economy, pp.313-329.

Kaya Y. (2010): Globalization and industrialization in 64 developing countries. Social Forces, vol. 88, no 3, pp. 1153-1182.

Keho Y. (2012) : Le Rôle des Facteurs Institutionnels dans le Développement Financier et Economique des Pays de l'UEMOA, Revue Economique et Monétaire vol. 12.

Keller W. (2010): International trade, foreign direct investment and technology spillovers. Dans Keller, Handbook of the economics of innovation. Elsevier.

Kiendrebeogo Y. (2014): Contraintes financières et exportations: Cadre d'analyse et évidence empirique dans l'UEMOA, Revue Economique et Monétaire, vol. 14, pp. 06-29.

Kim DH. Lin SC. & Chen TC. (2016): Financial Structure, Firm Size and Industry Growth. International Review of Economics and Finance, 41, pp. 23-39.

King R. & Levine R. (1993): Finance and growth: Schumpeter might be right?, Quarterly Journal of Economics, vol. 108, pp. 717-737.

Levine R. (2005): Finance and growth: theory, evidence, and mechanisms. In the Handbook of Economic Growth, ed, P. Aghion, & S. Durlauf. Amsterdam, Netherlands: North-Holland, pp. 865-934.

Levine R. (1997): Finance and economic growth: views and agenda, Journal of Economic Literature, vol. 2, pp. 688-726.

Misati N. & Nyamongo E. (2012): Financial liberalization, financial fragility and economic growth in Sub-Saharan Africa, journal of financial stability, vol. 12, pp. 150-160.

Ndikumana L. (2003): Financial markets and economic development in Africa. dans E. Nnadozie, African Economic Development, pp. 373-403.

Neusser K. & Kugler M. (1998): Manufacturing growth and financial development: Evidence from OECD countries, Review of Economics and Statistics, vol. 80, no 4, pp. 638-646.

TROISIÈME JOURNÉE DU COLLOQUE : VENDREDI 27 MAI 2022

QUATRIEME SESSION : PLAN DE DAKAR POUR LE DEVELOPPEMENT SOCIO-CULTUREL ET L'INITIATIVE LA CEINTURE ET LA ROUTE

30. Cooperation decentralisée et échange humain, *Dr. Mariette Edimo Mboo*

Introduction

Afin de mieux traverser les mers troublées de la fin de la guerre froide, Deng Xiaoping imposa au parti communiste d'adopter une politique étrangère dite de «profil bas» dont ses deux successeurs , Jiang et Hu , se sont ouvertement réclamés. Autour de 2000-2001, c'est-à-dire avant que Hu ne succède à Jiang, la politique étrangère de la Chine populaire a connu un nouveau changement notable. Pekin a commencé à adopter un discours plus modéré, voire consensuel, à développer des actions plus constructives et à reléguer au second plan sa dénonciation souvent encore militante de l'hégémonisme (américain) comme les accents plus extrêmes de son nationalisme. Depuis trois décennies, l'action publique à l'international n'est plus une exclusivité des Etats. La Chine a longtemps déclaré qu'elle appartenait au Tiers Monde. Aujourd'hui, elle continue de revendiquer sa qualité de pays en développement. Le discours idéologique que tiens Pékin de plus en plus autour d'une coopération sud-sud, plus gagnante-gagnante que désintéressée est fondée sur la non-ingérence dans les affaires intérieures des Etats. Il est également à noter que c'est avec le Sud que la Chine teste la montée de son soft power. Mutatis Mutanis, ce pays cherche a étendre en Afrique comme en Amérique latine et au Moyen-Orient sa diplomatie en faveur de la multipolarité en tissant des liens privilégiés avec des puissances régionales comme l'Afrique du Sud, le Brésil, le Mexique, le Nigeria, l'Egypte et l'Iran. Depuis le milieu des années 1990, le premier objectif de la Chine est de retrouver sa place au sein des pays en développement. Voilà pourquoi, le discours de Pékin en direction des Etats du Sud se montre de plus en plus favorable à une globalisation équilibrée, propice au développement de tous. De ce fait, la diplomatie chinoise à l'égard du Sud est réaliste car elle reste favorable à l'ensemble des processus d'intégration régionale. Il faut néanmoins souligner que pendant longtemps, la République populaire de Chine refusait de parler d'aide, préférant les termes coopération gagnant-gagnant ou assistance mutuelle entre pays du sud. Mais le problème est que dans « assistance », elle inclut les dons, les prêts sans intérêts, le prêts concessionnels, les dépenses de formation et d'assistance technique, ainsi que les annulations des dettes. Il fallut attendre a fin des années 1990 pour que la Chine relançât sa politique africaine. Elle établit alors le forum de coopération sino-africain, plus connu sous l'acronyme anglais de FOCAC (Forum on China-Africa Cooperation). Une nouveauté depuis les années Hu Jintao et plus encore le début de l'ère de Xi Jinping. L'accent est mis par Pékin sur sa diplomatie publique, sur sa puissance douce (soft power) (Jean-Pierre Cabestan, 2015, p.396). En conséquence, Les nouveaux acteurs tels que les Organisations non gouvernementales, les associations professionnelles, ainsi que les collectivités territoriales décentralisées ou les collectivités locales, jouent un rôle de plus en plus important pour la coopération au développement. La coopération décentralisée est donc un concept novateur qui permettra à coup sûr de revisiter le parcours partenarial entre la Chine et le Cameroun. Cependant il faut déjà comprendre d'entrée de jeu que de manière générale, la coopération décentralisée désigne des nouveaux processus parce qu'elle prend appui sur les collectivités territoriale. Elle est souvent présentée comme l'un des instruments les plus approprié pour dynamiser les initiatives locales de développement. Cette dynamisation passe par le canevas des échanges. Echanges de services ou de savoir-faire. Plusieurs auteurs définissent la coopération décentralisée comme un ensemble des relations de coopérations, d'aide au développement, de promotion à l'étranger d'amitié, d'assistance technique, d'aide humanitaire, de gestion commune de biens et de services… qui lient des collectivités territoriales et leurs groupements à des autorités locales étrangères. Seulement, doit-on continuer à considérer la coopération décentralisée comme une aide quelconque venant des autres ? Il est question de partage. C'est le rendez-vous du donner et du recevoir. C'est dans cette logique que des échanges responsables devraient se passer entre le Cameroun et la Chine à travers leurs communautés locales décentralisées. Il sera donc question tout au long de ce développement de voir comment cette coopération décentralisée pourrait s'effectuer entre les hommes, entre ces peuples, entre les collectivités locales des régions issues de ces Etats. De ce fait, dans une première partie, il sera question de voir ce que propose le Cameroun en parlant de coopération décentralisée. Pareil cas est celui de la Chine qui, concrètement, encourage les africains en général et le Cameroun en particulier à cette relation de partenariat gagnant-gagnant. L'objectif de la coopération internationale étant de favoriser l'établissement des échanges.

La cooperation decentralisee au cameroun

D'après le décret no2011/1110/PM du 26 avril 2011 fixant les modalités de la coopération décentralisée, cette dernière s'entend comme toute relation de partenariat entre deux ou plusieurs collectivités territoriales ou leur regroupement, en vue de réaliser des objectifs communs. La particularité de la coopération décentralisée est la suivante: Elle ne tient pas compte de la territorialité de ses partenaires. Ceci ressort nettement de l'article 2 al 2 du décret du 26 avril 2001 (Guide pratique de la coopération et de la solidarité intercommunales au Cameroun, du 16 mai 2011) aux termes duquel la coopération décentralisée peut s'opérer entre collectivités territoriales camerounaises ou leurs regroupements d'une part ou entre celles-ci et les collectivités territoriales étrangères d'autre part. La législation en vigueur au Cameroun sur la décentralisation et son outil qu'est la coopération décentralisée est constituée d'un ensemble de textes qu'il est important de parcourir notamment en ce qui concerne la décentralisation sur le plan institutionnel.

Processus de Mise en œuvre de l'arsenal juridique de la décentralisation et donc de la coopération décentralisée sur le plan institutionnel

La loi n°2019/024 du 24 décembre 2019 portant code général des collectivités territoriales décentralisées régissant de ce fait la dynamique de la coopération décentralisée au Cameroun est la résultante d'un long processus de mise en œuvre rigoureuse et méthodique. En 1996, la promulgation de la loi du 18 janvier 1996 portant révision de la constitution du 2 juin 1972 dispose que : le Cameroun est un Etat unitaire décentralisée dans son article 1, al 2; que les collectivités territoriales de la République sont les Régions et les communes, article 55, al1 et que celles-ci sont investies des missions de promotion du développement économique, social, sanitaire, éducative, culturel et sportif de leurs populations et que le sénat représente les collectivités territoriales décentralisées. En 2004 déjà, trois lois sur la décentralisation avaient été promulguées à savoir:les lois no2004/017, 2004/018 et 2004/019 du 22 juillet 2004, respectivement d'orientation de la décentralisation, fixant les règles applicables aux communes et fixant les règles applicables aux Régions. En 2009, on a eu droit à la promulgation de la loi no2009/011 du 10 juillet 2009 portant régime financier des collectivités territoriales décentralisées, ainsi que la loi no2009/019 du 15 décembre 2009 portant fiscalité locale. De 2010 à 2015, on a commencé à avoir le transfert effectif, de l'Etat aux collectivités territoriales décentralisées, de l'ensemble des compétences prévues par la loi de 2004, ainsi que des ressources correspondantes, suivant une démarche progressive consacrée par la loi. Le 2 mars 2018, fut la création du ministère de la décentralisation et du développement local. En 2019, il y a avait des assises générales de la commune avec pour thématique principale l'approfondissement de la décentralisation pour une commune camerounaise rénovée.

Or la loi de 2019 induits plusieurs innovations qui se situent à plusieurs niveaux. Il est important de mentionner que cette loi dispose de 501 articles répartis dans sept livres à savoir le livre préliminaire qui annonce les articulations de la loi et énonce le statut spécial pour le Nord-ouest et le Sud-ouest. Le premier livre intitulé cadre général de la décentralisation est une reprise de la loi n°2004/017 du 22 juillet 2004 d'orientation de la décentralisation. Le livre II sur le statut de l'élu local. Le livre III, sur les règles applicables aux communes, reprise de la loi n°2004/018 du 22 juillet 2004 fixant les règles applicables aux communes. Le livre IV, sur les règles applicables aux régions, reprise de la loi éponyme n°2004/019 du 22 juillet 2004/019 du 22 juillet 2004. Le livre V sur le régime financier des collectivités territoriales décentralisées, reprise de la loi y relative, n°2009/011 du 10 juillet 2009. Enfin le livre VI qui porte sur les dispositions diverses, transitoires et finales. La loi n°2009/019 du 15 décembre 2009 a été fondue dans le code général des impôts. Dans le cadre de notre réflexion portant sur la coopération décentralisée et les échanges, il serait judicieux d'exploiter les contenus des livres III et IV du code général des collectivités territoriales décentralisées.

Importance des contenus des livres III et IV du code général des collectivités territoriales décentralisées.

Concernant le développement local, les efforts sont déployés pour aider les communes dans le recouvrement, la sécurisation et l'utilisation optimale des taxes communales directes mais surtout la création de la richesse par les communes à travers des activités génératrices de revenues et donc la coopération décentralisée est mieux indiquée entre autre pour la mobilisation des ressources externes devant permettre de promouvoir le développement local. Selon le livre III du Code Général des Collectivités Territoriales Décentralisées (CGCTD) fixe les règles applicables aux communes. La commune est la collectivité territoriale de base. Elle a une mission générale de développement local et d'amélioration du cadre et des conditions de vie de ses habitants. Les compétences transférées aux communes ont trait au développement économique à savoir l'action économique, la gestion de l'environnement et des ressources naturelles, la planification, l'aménagement du territoire, l'urbanisme et l'habitat.

Le livre IV quant à lui a trait aux règles applicables aux régions qui sont investies des compétences suivantes: la promotion de l'artisanat, la promotion des activités agricoles, la pastorale piscicoles, l'encouragement à la création de regroupement régionaux pour les opérateurs économiques, l'appui aux microprojets générateurs de revenus et d'emploi, la gestion de l'environnement et des ressources naturelles, la planification, l'aménagement du territoire, l'urbanisme et l'habitat.

L'imbrication de la cooperation decentralisee entre le cameroun et la chine

La montée en puissance de la Chine dans l'économie mondiale apparait comme l'un des évènements majeurs en ce début du XXIème siècle. Le rythme de croissance annuel qui est de 9,4% en moyenne depuis 1980 est d'autant plus impressionnant que la taille de l'économie chinoise est vaste. Selon les dernières estimations, en incluant Hong-kong, la Chine représente le deuxième produit intérieur brut mondial. Cette expansion s'appuie notamment sur son intégration dans les marchés internationaux. Alors qu'au sommet de la terre de Rio en 1992, les entités territoriales décentralisées étaient absentes, elles sont aujourd'hui totalement impliquées dans toutes les négociations et initiatives en matière de développement durable. Dès lors, ces dernières jouent de plus en plus un rôle important dans la promotion du développement au niveau local.

Les ressources disponibles n'étant parfois pas suffisantes pour financer et matérialiser les projets, les communes se lancent à la conquête des partenaires tant internes qu'externes d'autres collectivités pouvant contribuer dans le cadre du partenariat à accélérer leur développement et c'est cela la coopération décentralisée. Sur le pan international, la coopération décentralisée est perçue comme une pratique d'échanges internationaux faisantintervenir des collectivités et associations locales, des ONG, des entreprises, des administrations centrales, etc. Elle résulte d'une convention par laquelle deux ou plusieurs communes décident de mettre en commun leurs divers savoirs dans l'optique de réaliser des objectifs communs. Cette forme de partenariat est appelée « jumelage". La convention préalablement établie afin de régir le partenariat doit être soumise à la double autorisation du conseil municipal. Quatre grandes étapes ont marqué l'intuition de la coopération décentralisée comme nouveau concept de relation intercommunale basée sur: Une volonté de solidarité marquée par une approche humanitaire c'est-à-dire un moyen de rapprochement entre les hommes ; une volonté d'agir pour le développement marqué par une approche de développement c'est-à-dire une coopération de proximité qui réalise des actions concrètes répondants aux besoins des populations ; une volonté d'appui au processus de décentralisation marquée par une approche d'appui institutionnel qui revient à un moyen de soutenir la dynamique de démocratisation et enfin une volonté de coopération basée sur les enjeux des partenaires marqués par une approche d'intérêt mutuel. Cette mutualisation dans le cadre de la coopération décentralisée fera donc l'objet des prochains développements entre le Cameroun et la Chine.

La chine et le cameroun dans la cooperation decentralisee

Le 26 mars 1971, la Chine et le Cameroun ont officiellement établi les relations diplomatiques. Pendant un demi-siècle, les deux pays sont toujours attachés aux principes de sincérité, d'amitié, d'Egalité, de coopération gagnant-gagnant et de développement commun. Il n'est pas question ici de dire que la Chine a entamé une coopération en matière de financement avec le Cameroun pour plusieurs projets structurants et stratégiques qui contribuent au développement du Cameroun. Ce langage n'est pas celui de la coopération décentralisée, puisqu'ici, l'action de coopération est univoque. Il s'agit plutôt de dire que le Cameroun et la Chine se proposent des expertises pour le développement d'ici et de là-bas. Il est aussi à noter que le consentement de l'annulation par exemple de la dette partielle liée aux prêts intergouvernementaux sans intérêt du Cameroun envers la Chine ne fait pas partie de l'ordre de la coopération décentralisée. La Chine représente depuis 2013 le premier fournisseur du Cameroun. Cependant, la structure des échanges est très déséquilibrée au profit de la Chine. Ce n'est pas cela la coopération décentralisée entre le Cameroun et la Chine. Le prochain paragraphe permettra d'avoir un aperçu clair sur les actions de coopération décentralisée entre le Cameroun et la Chine en tenant compte du fait que dans cette partie, il sera primordial de voir ce que le Cameroun propose à la Chine en terme de coopération décentralisée.

L'apport du cameroun dans la cooperation decentralisée avec la chine

La coopération entre le Cameroun et la Chine est diversifiée et l'amitié sino-camerounaise solide. Les relations entre les deux pays sont promues à un bel avenir. Cependant, il est question de parler de coopération décentralisée et donc de partenariat gagnant–gagnant. Le Fonds spécial d'Equipement et d'Intervention Intercommunale (FEICOM), a pris part au 3e Forum sur la coopération Sino-Africaine des gouvernements locaux, qui s'est tenu du 07 au 08 mai 2018 à Beijing en Chine. Outre le FEICOM, la délégation officielle camerounaise à ce forum était composée d'un représentant du ministère de la décentralisation et du développement local (MINDDEVEL) et de 12 magistrats municipaux représentant les communautés urbaines de Yaoundé et de Douala, ainsi que ceux des communes de kumbo, Tinto, Nguti, Ngoyla, Angossas, Ndikinimeki, Nguibassal, Guider, Bamenda 1er et Garoua 2e. Ce forum qui avait pour thème :« Sortir de la pauvreté pour le développement durable». Ce pays continent comptant 1.3 milliards d'habitant parmi lesquels 300 millions de pauvres, se considère toujours comme un pays en voie de développement, bien que 2eme puissance économique du monde. Actuellement pourtant, elle considère qu'elle a encore quelque chose à apprendre des autres. Les communes camerounaises devraient se saisir de cette opportunité pour nouer des relations avec les communes chinoises. Il a de ce fait, lors de ce forum, mis sur pied un cadre de dialogue et de coopération entre les collectivités locales de Chine et du Cameroun afin d'échanger sur les problèmes réels auxquels sont confrontées les communes et de dégager des projets concrets de développement local. Ce qui permettra d'embrailler dans le passage suivant à savoir les projets de développement noués entre les communes chinoises et camerounaises. Tout compte fait, les projets de coopération décentralisées, au-delà es simples jumelages, peuvent avoir pour objectif de contribuer à promouvoir le développement durable ans ses trois dimensions: en favorisant le développement économique au niveau de l'agriculture, de l'industrie ou es services, en apportant un soutien aux actions sociales et en participant à la protection de l'environnement (Boidin,jeflat,2010). La coopération décentralisée consiste également en un appui à la gouvernance locale ainsi qu'à la coopération scientifique entre les acteurs locaux. Telle est la lignée définie par le Cameroun. Il semble donc important que les deux entités concernées dans le cadre de cette étude s'accordent sur la même voie.

La Chine dans la cooperation decentralisee avec le cameroun

La Chine a un système politico-administratif caractérisé par une forte décentralisation, adaptée à la taille et à la diversité du territoire. Cependant, cette décentralisation n'est pas comprise dans la même acception que la version française par exemple. En effet, les gouvernements locaux bénéficient d'une grande souplesse pour mettre en œuvre des orientations générales définies par le gouvernement central, qui sont généralement exprimées en terme politiques, plus qu'en termes juridique contraignants. Il ne s'agit ainsi ni de déconcentration, ni de décentralisation à proprement parler. Le principal lien entre le gouvernement central et les collectivités territoriales est la loyauté politique, qui se matérialise par la tutelle du parti communiste. Selon M. Cabestan,:« les règles para-légales du parti communiste s'imposent à l'ensemble des collectivités locales ». Il note qu'après 1984, le système de désignation des dirigeants de collectivités a été décentralisé: le pouvoir de désignation des responsables des préfectures était ainsi passé aux mains des délégués des comités provinciaux du parti. Mais depuis 1990, en raison de la montée en puissance des municipalités au détriment des provinces, le comité central a reprise en main la nomination des responsables des villes de statut vice-provincial. Il existe en Chine aujourd'hui les niveaux d'administrations locales suivantes: les provinces au nombre de 22, les régions autonomes qui s'élèvent à 5 et les grandes municipalités sont 4, les districts au nombre de 1682, les petites municipalités au nombre de 437 et les arrondissements urbains au nombre de 749. Ces échelons sont dirigés par des gouvernements locaux, lesquels sont responsables devant des assemblées populaires du même échelon. Les membres de ces assemblées sont en principe élus, mais sont dans les faits encore largement cooptés par le parti communiste, qui conserve sa tutelle sur le gouvernement local à savoir le gouverneur ou le maire d'une collectivité locale qui est ainsi toujours le numéro deux du comité du parti. Certaines grandes villes telles que Wuhan, Chongqing, Canton, Chengdu… ont un statut de vice-provincial ce qui signifie que dans un certain nombre de domaines, en particulier économique, elles peuvent traiter directement avec le gouvernement central et échapper à la tutelle des autorités provinciales. Il est important donc de signaler qu'au cours de ces dernières années, les provinces et surtout les municipalités chinoises ont multiplié les relations horizontales de coopération mutuelle (Le senat de la coopération décentralisée-Rapport d'activité de la Délégation du Bureau à la Coopération décentralisée 2004-2006). Ainsi Shanghai a-t-elle mis en place une coopération spécifique avec le Xinjiang ou de nombreux Han qui y sont implantés depuis les années 50 ou 60, sont originaires de cette métropole. Les villes infra-provinciales ont également tissées des liens, en général et fondés sur une complémentarité économique, entre elles. Ainsi, Qingdao possède plus de 280 bureaux de liaisons à travers la Chine. Ces liens peuvent être mis à profit par les partenaires étrangers de ces villes afin d'améliorer leur implantation.

Cependant malgré ces assises institutionnelles, pourquoi est-ce que la Chine ne s'étend pas encore sur la coopération décentralisée avec un pays comme le Cameroun par exemple alors que les villes chinoises entre elles sont déjà dans cette lancée[273].

La République Populaire de Chine est un partenaire stratégique dans le développement du Cameroun. Ce pays finance dans notre pays de nombreux grands projets d'infrastructures énergétiques, routières, portuaires, sportives, sanitaire, etc. Les autorités chinoises sont totalement disposées à accompagner le Cameroun vers l'émergence. Cependant, le caneva par lequel le développement de ce partenariat stratégique se déroule nous intéresse. En effet il est question de mettre en exergue ici les conditions adéquates de développement en liaison avec la coopération décentralisée

Créer les conditions de développement, développement des compétences

---
[273] Idem1

pour l'amélioration de la compétitivité et la création des emplois oui mais comment? La coopération entre le Cameroun et la Chine au sommet de l'Etat n'est pas celle qui nous intéresse directement. Il est question de voir comment les échanges humains se font directement par le biais de la coopération décentralisée même si on est d'accord que la coopération bilatérale se joue en amont. Le Cameroun ne devrait pas rester cantonné presqu'exclusivement dans un rôle de fournisseur de matières premières. Il est donc désolant de constater que la Chine et le Cameroun en matière de coopération décentralisée sont très peu avancés car très peu sont des communes chinoises ayant noué un quelconque partenariat de développement avec les communes camerounaises. Il est alors question dans ce sens d'encourager la pratique de la coopération décentralisée entre les collectivités locales des deux pays.

Quel bilan de la cooperation sino-camerounaise

L'engagement militaire grandissant de la Chine en Afrique vise à promouvoir les intérêts économiques et stratégiques de la Chine à travers son initiative dénommée La ceinture et la route.

Sur le plan du commerce bilatéral, la Chine et le Cameroun font des bénéfices réciproques sur la base de volonté. En effet, le Cameroun a l'avantage comparatif en exportation des matières premières tandis que la Chine a l'avantage comparatif en exportation des produits industriels, on parle alors de complémentarité économique entre les deux pays. Ce qui est une excellente chose. Cependant, pourquoi cet esprit est très peu traduit dans le cadre de la coopération décentralisée?

Les données chiffrées sur l'aide chinoise sont peu nombreuses. Cependant, le livre blanc de 2011 révèle qu'entre 1949 et 2009, la Chine a fourni 37,7 milliards de dollars d'aide au développement (15,6 milliards de dons, 11,3 milliards de prêts sans intérêt et 10,8 milliards de prêts concessionnels ont la moitié de l'Afrique.) En 2014, Pékin publia un second livre plus détaillé sur son aide à l'étranger. Ce document indique qu'entre 2010 et 2012, l'assistance chinoise s'est élevée à 14,41 milliards de dollars, confirmant les prêts sans intérêts de 8,1% et les prêts concessionnels de 55,7%. Ainsi, plus de la moitié de l'ensemble de cette assistance bénéficie aux pays les moins avancés. Sur un plan géographique, celles-ci est principalement dirigée vers l'Afrique et l'Asie ainsi que d'autres (Cabestan J.P, 2015). Pour revenir au Cameroun, notamment sur le plan de la coopération financière, la Chine soutient fermement le Cameroun à travers le développement économique et social et reste de plus en plus présente auprès du Cameroun dans l'optique d'une mise en œuvre certaine de plusieurs projets structurants et stratégiques contribuant au développement du Cameroun

Sur le plan technologique, le Cameroun renforce son partenariat avec la firme chinoise Huawei. Les éléments de ce système de surveillance ont été construits par Huawei en partenariat avec l'opérateur de télécommunication camerounais Camtel. Il a donc été question de doter le Cameroun à travers sa police de plus de 2000 cameras de surveillance déjà installées dans les principales villes du Cameroun.

La Chine ayant remporté de grands succès dans la gouvernance locale, il est nécessaire de promouvoir la coopération avec les collectivités locales entre la Chine et le Cameroun.

Perspective et leviers d'une cooperation decentralisee fructueuse et existante entre collectivites locales camerounaises et chinoises

Il est question de mettre en exergue la coopération décentralisée et l'échange humain. Cet axe de communication devait guider les uns et les autres sur la mise en œuvre de cette coopération entre ces deux pays. Il en ressort donc que la coopération bilatérale est bien présente entre le Cameroun et la Chine et ceci pouvant peut être laissé entrevoir la différence conceptuelle de ce qu'on entend déjà par décentralisation dans sa pratique car en effet, la décentralisation en Chine n'a pas la même acception qu'en France. Or le Cameroun s'est bel et bien inspiré du modèle français. Elle est qualifiée en ce qui concerne la décentralisation. La coopération que mènent ces deux Etats est plus ou moins de la coopération décentralisée dans ses diversifications constantes. La Chine elle-même qualifie son aide de coopération sud-sud avec les pays africains et donc le Cameroun. La coopération décentralisée doit se défaire de tout ce qui est don, prêt, il faut militer pour le partage de ressources, de connaissances, d'expertise, etc. et c'est à ce niveau que le Cameroun, en parlant de coopération décentralisée se situe et souhaite situer la Chine. La proposition qui émane donc de tout ceci est de mettre au même niveau de compréhension et d'application le concept de décentralisation et de coopération décentralisée afin que les actions également se coordonnent par ce simple fait, car Qualifié de rapprochement, renvoie aux échanges et aux activités culturelles, de jeunesse et de sport. Sous une approche de renforcement et d'appui institutionnel relatif à la formation des cadres et des élus des collectivités locales.

Conclusion

Ce colloque sur l'initiative la ceinture et la route en Afrique, est porteur d'espoir dans la mesure où les effets directs et indirects positifs de cette rencontre pourraient produire sur le développement économique, social et politique de l'Afrique subsaharienne en général et particulièrement sur le Cameroun un résultat impressionnant voire inimaginable, conséquence de la matérialisation des échanges entre la Chine et le Cameroun à travers le canal de la coopération décentralisée. La coopération décentralisée devrait donc se positionner comme un point de référence dans l'étude des relations entre la Chine et du Cameroun, pays d'Afrique francophone. En effet, la vision camerounaise du développement à l'horizon 2035 rencontre beaucoup d'embûches dans le cadre de sa réalisation procedural car l'état des lieux mené autrement et le diagnostic posé révèlent d'importantes difficultés, contraintes et menaces qui entravent l'efficacité du partenariat au développement et l'implémentation totale de cette vision. Pourtant, la coopération décentralisée au sein de l'espace francophone n'est pas une problématique nouvelle. Tout compte fait, la thématique du colloque ainsi que cette réflexion scientifique est bel et bien au centre des préoccupations de l'organisation internationale de la francophonie qui, du reste ne laisse pas indifférente les autres sphères étatiques. De fait, dans une dynamique de centralisation et d'autonomisation, le nombre de collectivités territoriales devrait être un leit motiv pour les Etats concernés par cette étude. Il a donc été question tout au long de cette analyse de dégager la possibilité que présentent ces deux pays de mener des actions de coopération décentralisée dans l'optique du partenariat gagnant-gagnant. Cependant, les résultats qui en découlent sont moins satisfaisant car le concept de coopération décentralisée est perçu différemment conceptuellement et structurellement selon qu'on se trouve au Cameroun ou en Chine. Il faut déjà en guise de solution, redéfinir les bases de cette relation pouvant mettre en accord les deux parties et se lancer par la suite dans un véritable échange entre les parties. Cette première initiative liée au colloque aura permis de jeter le pave à la marre en espérant que les prochaines éditions s'inscriront dans le continuum de ce qui vient d'être entamer.

Bibliographie

Cabestan J-P (2015): La politique internationale de la Chine, Entre intégration et volonté de puissance, 2015/2, SciencesPo lespresses, PP.341-355

Edimo Mboo M., (2019): Décentralisation et coopération décentralisée au Cameroun, 2019, ed Afredit, p.p.54-62

Eko'o Akouafane J-C, (2009): la décentralisation administrative, 2009, ed l'harmattan, p.p 51-56

Mankou B. A, (2021): coopération décentralisée et actions internationales des collectivités territoriales camerounaises, université catholique de Bertoua, 2021, p.p.23-27

Ministère de la décentralisation et du développement local, (2019): Les régions vues du Code General des Collectivités territoriales décentralisées, décembre 2019, p.p.11-14

Ne J. A., (2020): coopération décentralisée au Cameroun, contexte, adaptabilité et perspectives, éd universitaire européenne, P.P.38-49

Noizet. C, (2002): La coopération décentralisée et le développement local: les instruments juridiques de coopération, 2002, ed l'harmattan, p.p.56-62

Owona J., (2011): La décentralisation camerounaise, 2011, ed l'harmattan, p.p.42-47

Programme solidarité Eau, Bilan et caractérisation de la coopération décentralisée dans le secteur Eau et Assainissement, (2010): agence française de développement, 2010, P.P.16-24

République du Cameroun, Code général des collectivités territoriales décentralisées Cameroun, décembre 2019

Rimbault C, Waserman F, et Verpeaux M, (2007): Les collectivités territoriales et la décentralisation, 2007, ed découverte, p.p.26-38

31. Assistances et Aide Publique au Développement (APD) de la Chine en direction du Cameroun : logiques et dynamique d'une coopération entre les « Suds » (1972-2011), *Dr. Souleymanou Amadou*

Introduction

Les relations sino-camerounaises sont nées, dans un climat de trouble et d'inimitié. Elles sont la résultante à la fois, des luttes indépendantistes et de la guerre froide, qui divisaient le monde en deux camps distincts, depuis la fin de la Seconde Guerre mondiale. La Chine, solidaire des luttes de décolonisation, arriva au Cameroun en 1955 et commença à apporter son soutien au parti politique Union des Populations du Cameroun (UPC) en guerre contre le pouvoir colonial et postcolonial. Cette assistance aux nationalistes camerounais fit d'elle, une puissance indésirée sur le sol camerounais entre 1955 et 1971.

La normalisation des rapports de coopération entre les deux entités intervint lorsque, la répression du maquis, occupé par les nationalistes de l'UPC prit fin. Dès lors, les deux parties entrèrent en tractations, suite à une mission de « bonne volonté » chinoise conduite par Fen-Yu-Chi, ambassadeur de Chine en Mauritanie, qui séjourna à Yaoundé du 22 au 26 mars 1971 (Keutcha 1991 : 149-154). A l'issue de cette mission et suite aux entretiens qui s'étaient déroulés dans une atmosphère de franchise empreinte d'une volonté réciproque de coopération, les deux gouvernements convinrent de normaliser leurs relations et de commencer à s'aider mutuellement (Archives MINREX 1975). C'est dans ce contexte que prit corps le processus d'assistance et d'Aide Publique au développement (APD) de la Chine en direction du Cameroun aussi bien, dans les domaines techniques, que financiers.

L'APD dont il est question, correspond à l'ensemble des apports en ressources financières, particulièrement les dons et prêts, accordés à des conditions privilégiées par la Chine au Cameroun. Elle avait pour but de stimuler l'économie et d'améliorer le niveau de vie des Etats en développement. Adoptée par le Comité d'Aide au Développement (CAD) en 1969 comme la norme de référence en matière d'aide extérieure, l'APD demeure la principale source de financement de l'aide au développement. Elle est généralement orientée vers les projets liés aux besoins fondamentaux. Son but étant de préserver l'influence des anciennes métropoles dans le contexte géopolitique de la guerre froide (Brunel 2004 : 235).

Ce travail pose le problème de l'utilité de l'aide. L'aide aide-t-elle ? N'est-elle pas un outil de domination et de pérennisation de la dépendance quand on sait que l'aide au développement n'a pas commencé pour aider les pays pauvres, mais pour cantonner le communisme. L'aide du plan Marshall pour l'Europe visait surtout à endiguer l'influence des partis politiques et l'expansionnisme communiste dans les pays sinistrés d'Europe. Par ailleurs, comment les pays du Suds organisent et structurent leurs aides ? Que gagnent la Chine et le Cameroun à travers la mise en place des assistances orientées dans les domaines prioritaires ? La réponse à ces questionnements nous emmènera à faire recours à la théorie de l'interdépendance qui prend en compte le concept « d'interdépendance complexe », créant entre les différents acteurs une sensibilité et une vulnérabilité réciproque.

Le débat sur l'efficacité et le rapport conditionnel de l'aide emmène les structuralistes, à la considérer comme un outil de dépendance. Pour l'économiste Dambissa Moyo, au cours des 5 dernières années, les pays riches ont transférés en Afrique plus de 1000 milliards de dollars sous forme d'aide au développement. Mais ces dollars ont-ils amélioré le sort des peuples africains ? il pense que non. Au contraire, l'aide a rendu plus pauvres, les pauvres, et a ralenti la croissance. (Moyo 2009)

La Chine depuis le début de la décennies 2000, est devenue l'étendard de l'émergence de nouveaux bailleurs sur la scène internationale en matière d'aide au développement. Conforme au principe de la non-ingérence dans les affaires internes des États avec lesquels elle coopère, elle n'imposerait en principe aucune conditionnalité. Par ailleurs, elle mettrait plutôt l'accent sur la coopération « gagnant-gagnant » et placerait en avant les relations égalitaires qui lui permettent de se positionner comme un acteur majeur du développement en Afrique en général et au Cameroun en particulier.

La présente étude a pour objectif, sur la base des données empiriques et documentaires, de faire une étude analytique et descriptive, de l'évolution de cette assistance, en tenant compte de ses permanences et ruptures. Elle fera ressortir dans un premier temps, le contexte de naissance et les grands axes de la politique d'assistance de la Chine en direction du Cameroun ; ensuite de faire connaitre les structures chinoises en charge de l'APD et de l'assistance envers les pays africains en général et le Cameroun en particulier ; et enfin, de mener une analyse sur la dynamique d'évolution, de variation et de densification de l'APD octroyée par la Chine en direction du Cameroun entre 1972 et 2011.

Contexte de naissance et mise en place des grands axes des assistances et APD de la Chine en direction du Cameroun

Contexte de naissance de l'assistance et de l'aide publique chinoise au Cameroun

Dès la mise en forme des accords de coopération normalisant leurs rapports, le Cameroun et la Chine donnent un sens et un contenu concret, à leurs échanges nouveaux.

C'est ainsi que, la « mission de bonne volonté » qui avait pour but d'initier, de négocier et de mettre en place les grands axes de cette nouvelle coopération se rendit en Chine en aout 1972. Elle était conduite par le ministre des affaires étrangères Vincent Efon (Chouala 2014 : 96). Le bilan de cette mission permit de réaliser la nécessité de tonifier et de franchir un nouveau palier avec le nouveau partenaire technique. Obnubilé par le désir de se doter d'infrastructures fiables et dans l'optique d'amélioration et de dépassement du modeste héritage colonial, le Cameroun avait décidé de faire des choix « gagnants » en élargissant la palette de ses partenaires.

C'est ainsi que, du 25 mars au 02 avril 1973 (Jouve 1976), le Président du Cameroun, suite à l'invitation de son homologue, se rendit pour la première fois en Chine dans le cadre d'une visite d'État fortement médiatisée. Cette visite laissait entrevoir un changement de paradigme et symbolisait non seulement la paix intérieure retrouvée mais s'inscrivait aussi dans cette orientation nouvelle de la politique extérieure du Cameroun (Oyono 1990 : 111). Cette visite d'Etat fit d'Ahmadou Ahidjo, le premier chef d'État africain à se rendre en Chine après la désastreuse Révolution Culturelle qu'avait connu ce pays (Fouodop, 2010: 339).

Content de fouler le sol chinois, Ahidjo déclarait en réponse au toast de Zhou Enlai, premier ministre de la République Populaire de Chine que :

Nous sommes heureux de fouler pour la première fois, le sol de ce pays de civilisation plusieurs fois millénaires, de ce pays chargé d'histoire, de ce grand pays qui n'est pas seulement grand en raison de ses dimensions géographiques et humaines ou de son poids légitimement croissant dans la société internationale mais aussi en raison de la remarquable contribution que les qualités de son vaillant peuple lui ont permis d'apporter au patrimoine de la civilisation universelle (Ahidjo 1975 : 1086).

Dès son arrivée, le président Ahidjo effectua une première rencontre de travail avec le premier ministre Zhou Enlai le 25 mars 1973 (Mossu 1973 : 1086), soit exactement 2 ans, après l'établissement des relations diplomatiques sino-camerounaises. Au cours de cette rencontre, de nombreux aspects techniques en rapports avec les projets bilatéraux qui devaient être mis sur pied furent abordées. A ce sujet, l'avis et le point de vue de la délégation qui accompagnait le président fut d'un apport important. De nombreuses visites furent par la suite organisées et effectuées au sein des entreprises publiques et privées chinoises des villes de Shanghai et de Pékin. De nombreux chefs d'entreprises chinoises prirent part aux échanges et négociations (Tedié 2017). Le potentiel naturel du Cameroun à n'en point douter intéressait la Chine, qui s'industrialisait très rapidement.

Au sortir de ces travaux, plusieurs conventions furent signées. Des prêts sans contreparties et des dons importants furent concédés au Cameroun en tenant compte du respect des clauses contractuelles privilégiant la nation la moins nantie. Les projets de construction du barrage hydroélectrique de Lagdo et du palais de congrès de Yaoundé furent définitivement conclus. Par la même occasion, le président Ahidjo put à travers cette visite, jeter les bases d'une relation qu'il jugea utile et d'intérêt mutuel en signant un accord commercial et un accord de coopération économique et technique (Mossu 1973 : 1086).

Photo 1 : Ahmadou Ahidjo reçu par Mao Tsé-Toung à Beijing le 1ᵉʳ avril 1973

Source : © *Encyclopédie de la République Unie du Cameroun*, 1981, tome 2, Douala, Les Nouvelles Editions Africaines, p. 304.

Avant son retour au Cameroun, Ahmadou Ahidjo fut reçu par le président Mao Tsé-Toung en présence de Zhou Enlai le 1ᵉʳ avril 1973, comme l'illustre la photo ci-dessus. La marque d'attention du président chinois à l'égard de son homologue camerounais peut être interprétée comme un geste politique majeur car, Mao Tsé-Toung s'était retiré de la gestion des affaires courantes de l'État. Il n'apparaissait exceptionnellement en public que lors des grandes cérémonies ou pour accueillir certains invités de marque de la Chine (Booh Booh 2009).

Après cette première visite couronnée de succès, le président camerounais effectua à nouveau un voyage d'amitié en Chine. Sa délégation arriva à Pékin le 4 octobre 1977 (Eboua 1985 : 222). Il était accompagné de : Samuel Eboua, secrétaire général de la présidence ; Sabbal Lecco, président du conseil économique et social ; Jean Keutcha, MINAE ; Sengat Kuo et Yadji Abdoulaye, ministres chargés de mission à la présidence ; les ministres Andzé Tsoungui, Christian Bongwa et le vice-président de l'assemblée nationale Mayi Matip (Eboua 1985 : 222). Cette seconde visite était due au décès du président Mao Tsé-Toung en 1976. Durant ce voyage, la délégation camerounaise eut à se rendre dans la région autonome de Tchouang du Kouansi et dans celle de Koueilin. Elle visita le fleuve Likiang, la grotte de la « flute de roseau », le grand pont de Nankin sur le Yangtsé. De même, elle se rendit dans les petites industries du district de Kiang Ming avec ses aciéries, ses usines d'engrais chimiques, ses motoculteurs, ses installations de dévidage de cocons de vers de soie… (Eboua 1985 : 223).

Ce déplacement permit à cette délégation de formaliser un nouvel accord de coopération économique et d'assistance technique fort important. Ce dernier signé le 07 octobre 1977, fut paraphé du côté camerounais par Youssoufa Daouda, ministre de l'économie et du plan et du côté chinois par le vice-ministre des relations économiques avec l'étranger, Tchen Fei (Archives MINREX 1977). Cet accord prévoyait un prêt préférentiel de 60 millions de Yuans soit 5 milliards 400 millions de F CFA sans intérêts, ni assorti d'aucunes conditions et un appui technique considérable. En sus, pour l'exécution des travaux de construction du palais des congrès de Yaoundé et de la centrale hydroélectrique de Lagdo, la Chine s'engageait dès lors à fournir le ciment et le fer à béton nécessaires.

Entre 1975 et 1982, cette coopération sino-camerounaise avait permis à l'État du Cameroun de se doter de deux hôpitaux de référence dans les villes de Mbalmayo et de Guider, d'un palais des congrès moderne et d'un barrage hydroélectrique.

Les grands axes de la politique d'assistance technique sino-camerounaise

Dès le début de leurs échanges normalisées, l'assistance technique et financière chinoise fut perceptible dans les secteurs de la santé, de la construction des infrastructures, de l'éducation, des télécommunications, dans les domaines agricole et hydroélectrique (Souleymanou 2009 : 45-46).

A cet effet, deux accords y relatifs, précisant les modalités de coopération dans les domaines commercial, économique et technique furent signés à Pékin le 17 aout 1972 et ratifiés le 22 décembre de la même année par le décret N° 72/500 (Archives MINREX 1972). Ces accords structurés en 6 articles informaient sur les modalités de coopération entre le Cameroun et la Chine. Ils étaient considérés comme les premiers textes qui mettaient en place et concrétisaient l'effectivité du début des rapports sino-camerounais.

Les premières demandes de la partie camerounaise furent formulées dans l'optique de la construction d'un barrage hydroélectrique à Lagdo dans la partie septentrionale du pays et de la construction d'un palais des congrès à Yaoundé. Outre ces deux projets, la mission réussit à obtenir l'ouverture d'une importante ligne de crédits en faveur du Cameroun, à des conditions très favorables, pour l'exécution de tous les projets qu'il présenterait à la Chine (Booh Booh 2009).

Un bureau chargé des relations commerciales avec la Chine (BURECOM) fut créé à Yaoundé en 1974 afin de promouvoir les échanges entre les deux pays (Mouelle Kombi 1996 : 158).

Les premières réalisations chinoises au Cameroun furent concrétisées durant la période de la détente sino-camerounaise comprise entre 1972 et 1982 (Souleymanou 2019 : 171).

Le volet médical fut celui qui inaugura cette valse des entrepreneurs chinois à travers la construction, l'équipement et l'envoi des premières équipes médicales dans les hôpitaux de Mbalmayo et de Guider. Le protocole d'accord y relatif fut signé à Yaoundé le 07 mai 1975 entre le ministre d'État, secrétaire général à la présidence et l'ambassadeur de Chine au Cameroun. Le décret N°75/387 du 9 juin 1975 portant publication de ce protocole d'accord entre le gouvernement de la République Unie du Cameroun et le gouvernement de la RPC, relatif à l'envoi par la Chine, d'une équipe médicale est venu l'entériner. La Chine à partir de ce moment, aida le Cameroun à construire et à équiper ses hôpitaux de Mbalmayo (1975) et de Guider (1976). Elle marquait par ces faits, le début de l'assistance technique chinoise au Cameroun.

En plus de cette aide à la construction de ces hôpitaux, cet accord stipulait en son article 3, l'octroi par la Chine au Cameroun, « d'appareils médicaux et médicaments nécessaires à l'accomplissement de la mission menée au Cameroun par l'équipe médicale chinoise ». A l'expiration de la période de validité du présent protocole et à la fin des activités de l'équipe médicale chinoise, tous les appareils médicaux et le reste des médicaments, fournis sans contrepartie par le gouvernement chinois durant le service au Cameroun de l'équipe médicale chinoise, seront transférées au gouvernement camerounais par le gouvernement chinois Article 4 (Archives MINREX 1975).

C'est dans l'optique d'honorer ces engagements que la toute première équipe médicale chinoise arriva au Cameroun le 14 novembre 1975. Elle fut installée à Mbalmayo au cours d'une cérémonie présidée par le préfet du département du Nyong et So'o en présence de l'ambassadeur de Chine au Cameroun et d'un parterre d'invités (Fokam Kamga 1976 : 12).

Pour ce qui est de l'éducation et de la formation des ressources humaines, l'Empire du Milieu eut dans le cadre de l'application des accords culturels du 27 août 1984 et ceux du 29 juillet 2008 à accorder des centaines de bourses de formation et de recyclage aux étudiants et jeunes travailleurs camerounais. Outre les formations dans les domaines scientifiques qui faisaient l'objet d'accords depuis le début de la décennie 1970, il encouragea à partir de l'année 2008, la coopération et la formation universitaires dans certains domaines tels que la gestion et la conservation du patrimoine, la muséologie, la bibliothéconomie, le cinéma et la production audiovisuelle (Archives MINREX 2008 : 4-5). A cet effet, les deux parties mirent en place un nouvel accord qui tenait en compte ces nouveaux paramètres à partir de 2011. Pour ce faire, 300 bourses universitaires en Chine furent accordées, pour la période allant de 2012 à 2016, soit 75 bourses par an, aux étudiants camerounais(Archives MINREX 2008 : 4-5).

En octobre 2008, Pékin finança la construction de 3 écoles primaires (Mvomeka'a, Guider et Nanga Eboko) et participa à la restructuration du Ballet National du Cameroun à travers la formation au Cameroun et en Chine, des jeunes apprenants(Archives MINREX 2008 : 8).

En marge des éléments évoqués ci-dessus, il faut préciser que, la coopération entre le Ministère de l'Education de la République Populaire de Chine et le Ministère de l'Enseignement Supérieure du Cameroun qui date du début des années 1990, fut porteuse de nombreux fruits. Préalablement, elle conduisit à la construction et à l'équipement en 1991, d'un laboratoire de microbiologie à l'université de Yaoundé I. En 1996, l'Université de Yaoundé II et l'université de Zhejiang décidèrent de commun accord, d'ouvrir au sein de l'IRIC, un Centre d'Apprentissage de la Langue et de la Civilisation Chinoise. Ce centre, qui au départ ne formait que les étudiants de cette école, se transforma en 2003, en Institut Confucius ouvert désormais aux apprenants ne faisant pas partie de cette école. La même année, le Ministère de l'Education de la République Populaire de Chine et le Ministère de l'Enseignement Supérieure du Cameroun, satisfaits des résultats obtenus dans leur coopération depuis 1991 en matière d'enseignement supérieure, sur le projet de la recherche microbiologique entre l'Université de Zhejiang de Chine et l'Université de Yaoundé I du Cameroun et sur le projet de l'enseignement du Chinois entre l'Université Normale de Zhejiang et l'Université de Yaoundé II du Cameroun, se mettent d'accord pour la continuation de la coopération en matière de l'enseignement supérieur et l'élargissement du domaine de cette coopération (Archives MINREX 2003).

A cet effet, il fut décidé de la mise en place d'un projet visant l'enseignement, la recherche et l'exploitation des plantes médicinales au sein de l'Université de Yaoundé I. Le projet stipulait que, la partie chinoise devait fournir les équipements pour établir un nouveau laboratoire au sein de cette institution et devait envoyer 3 professeurs spécialisés en la matière. A terme, ce projet devait conduire à l'ouverture d'une fabrique de médicaments et une clinique de médecine traditionnelle en terre camerounaise (Archives MINREX 2003).

Dans le domaine des télécommunications, les financements chinois datent du début des années 1970. Ces derniers, forts modestes au départ, furent pendant longtemps minorés (Archives MINEFI 1976 : 311). Il fallut attendre le début des années 2000 et le développement des TIC, pour voir se réaliser d'importants travaux dans le domaine. Plusieurs projets et conventions furent conclus et réalisés entre les deux gouvernements dès 2007. On peut citer entre autres :

L'assistance technique apportée par la Chine à la société parapublique CAMTEL, en vue de la mise en pratique du projet de la technologie Code Division Multiple Acces (CDMA) encore connu sous le nom projet « CT Phone ».

La mise en place de ce projet avait conduit à la signature, le 26 janvier 2007, de l'accord cadre et de l'accord de prêt préférentiel d'un montant de 350 millions de yuans (22,6 milliards de F CFA) entre les 2 parties (Zoa Ateba 2016 : 58). Ce financement devait conduire à l'installation d'un système de codage de transmission de deuxième génération, qui permettrait l'utilisation simultanée de plusieurs liaisons numériques sur la même fréquence porteuse. La matérialisation de ce projet mené par les entreprises chinoises Huawei et ZTE permit à CAMTEL d'améliorer la qualité de son réseau et de lancer de nouveaux produits internet (téléphones, clés et modems) qui nécessitaient cet équipement spécifique.

Le projet Backbone ou le projet de pose de 3200 km de fibre optique.

Ce projet exécuté également par l'entreprise chinoise Huawei dota le Cameroun d'outils de télécommunication de pointe et créa un réseau national interconnecté par fibre optique. Les accords relatifs à cette assistance technique furent formalisés le 06 juillet 2009 entre Louis Paul Motaze, MINEPAT et Huang Changqing, ambassadeur de Chine au Cameroun, en présence de Janvier Oum Eloma, directeur adjoint de CAMTEL et Shi Weilinag, son homologue de Huawei. Le coût de ces travaux qui était estimé à 26 milliards de F CFA furent financés par la Eximbank of China (85%) et la CAMTEL (15%) (JOC 2009 : 651). Les parties prenantes à la signature de cet accord prévoyaient l'exécution du projet dans un délai de 18 mois. Les travaux y affairant furent exécutés en 3 phases. La première consista en la fabrication des équipements. La seconde fut consacrée aux travaux de génie civil et la troisième consista en la pose de câbles à fibre optique, ainsi qu'à l'installation des équipements de transmission.

Le projet de construction du réseau national Broadband de télécommunication.

Ce projet né le 13 juillet 2011, fit l'objet d'un accord de prêt d'un montant de 84,15 milliards de F CFA (JOC 2011 : 761). Il avait pour objectif de connecter à court terme, les 10 régions du Cameroun avec des services internet à très haut débit.

Le projet e-post.

Ce projet en cours, fit l'objet de la signature le 13 juillet 2011, du décret n° 2011/222 du président de la République, habilitant le MINEPAT à signer avec Eximbank, un accord de prêt d'un montant de 65 560 000 dollars US, soit environ 32,78 milliards de F CFA (JOC 2011 : 762). Ce projet modernisa la Cameroon Postal Services (CAMPOST), améliora ses services et lui donna les moyens de faire face à la concurrence des structures privées qui exerçaient dans le même domaine. Cette assistance technique menée par la structure Huawei, permit à cette entreprise de se doter de 235 bureaux interconnectés par le canal de la fibre optique et d'offrir désormais des services de qualité à sa clientèle (Zoa Ateba 2016 : 61).

Dans le domaine agricole, la Chine proposa son expertise au Cameroun dans les domaines de production, de transformation et de commercialisation du riz, la production la transformation industrielle et la commercialisation du manioc, l'élevage d'autruches, la fabrication et/ou le montage des équipements agricoles et pastoraux (Archives MINREX 2002). La mise en place de ce projet conduisit à la signature de l'avenant n° 1 du protocole d'accord du 13 janvier 2006 (Archives MINREX 2007). La phase 1 de ce projet fut matérialisée le 02 juillet 2009 à travers la cérémonie de la pose de la première pierre du projet de construction d'un Centre Pilote des Technologies Agricoles à Nanga Eboko. Le coût total de ces travaux fut estimé à 27 milliards et devait s'effectuer sur une superficie de 6 000 hectares (Archives MINREX 2007 : 3). Ce centre en cours d'implantation bénéficia de l'expertise de 20 techniciens et ingénieurs agricoles chinois. La mise en place du projet avait pour objectif de favoriser à court terme, le transfert des technologies et des compétences ; la promotion des techniques culturales de conservation et de transformation du riz et du manioc ; de veiller à la gestion durable des sols et des ressources en eau et enfin, de créer du travail en recrutant une main d'œuvre locale de toute catégorie (Archives MINREX 2007 : 3). Par ailleurs, il avait également pour but à long terme, l'amélioration de la sécurité alimentaire au Cameroun ; la lutte contre la pauvreté et le chômage, l'amélioration du cadre de vie des populations des zones de projets.

L'accord de mise en place de la ferme expérimentale de Nanga Eboko comportait 3 composantes à savoir la recherche et l'expérimentation agricoles, la formation et les stages techniques, l'exploitation agricole et le développement durable.

Le projet d'appui technique d'approvisionnement en eau des villes de Douala et de Yaoundé.

Ces projets nés du constat de la difficulté que rencontraient les populations de ces agglomérations en approvisionnement en eau potable vit le jour en 2007. Les phases 1 et 2 de ce projet dont le premier prêt préférentiel fut porté à hauteur de 11 milliards, avait été bouclé à Yaoundé le 30 aout 2007, et était destinée à la ville de Douala. Ces 2 premières phases avaient pour objectif de faire passer la production d'eau de cette ville de 105 000 à 180 000 mètres cubes par jour dans un premier temps. Puis à 260 000 mètres cube par jour à la fin du projet dont le montant global devait être de 18 milliards de F CFA (Archives MINREX 2014 : 9-10). Les travaux à réaliser consistèrent en la création d'une nouvelle station adossée au fleuve Moungo plus précisément à Yato, la réhabilitation du château d'eau de Bonaberi, la création de 5 forages, l'entreposage de 18 km de tuyaux de canalisation d'eau de 800 mm de diamètre par la CGC Overseas Construction

Group Co Ltd. comme l'illustre la photo suivante.

Photo 2 : Pont tuyau d'eau sur le fleuve Wouri

Source : © China.org.cn, 2015.

En 2009, la ville de Yaoundé, suite au protocole d'accord du 30 décembre signé entre le vice-directeur général de la China Machinery and Equipment Import and Export Corporation (CMEC) et le MINEE, bénéficia également d'un projet de renforcement de ses capacités d'alimentation en eau potable. Ce protocole couvrait les études de faisabilités et sa réalisation. L'exécution de ce projet démarra le 14 décembre 2010, après la signature entre MINEE, Ngako Tomdio Michael et le vice-président de la CMEC, Jin Chun Hui, du contrat relatif à ce projet, d'une valeur de 429,5 milliards de F CFA (Archives MINREX 2014 : 9-10). La réalisation de cet ouvrage conduisit à la production de 300 000 mètres cubes d'eau potable par jour dans la ville de Yaoundé qui ne disposait que de 100 000 m^3/j d'eau, au début du projet.

Ces projets qui avaient pour objectifs de réduire drastiquement la pénurie d'eau potable dans les grandes agglomérations du Cameroun, devaient être étendus dans 09 autres villes dès 2013. La phase 1 de ce projet estimé à 85 milliards de F CFA devait être implémentée dans les villes de Bafoussam, Bamenda, Kribi et Sangmélima (Archives MINREX 2014 : 10).

L'appui technique dans le programme de construction de barrages hydroélectriques.

Dans le but de résoudre le problème de déficit énergétique et d'améliorer l'offre dans ce secteur, un vaste programme de construction de barrages et centrales hydroélectriques fut mis en place dès le début des années 2000. Les entreprises chinoises gagnèrent la quasi-totalité de ces marchés, qui en 2011 étaient encore pour la plus part, en cours d'exécution. Ces principaux barrages étaient :

Le barrage de Memve'ele situé à Nyabian dans l'arrondissement de Ma'a, dans la région du Sud. L'accord de financement de cet ouvrage, à travers un prêt de l'Eximbank of China de 243 milliards de F CFA fut formalisé le 03 mai 2011 entre le MINEPAT, Louis Paul Motaze et l'ambassadeur de Chine à Yaoundé, Xue Jinwei. A terme, ce barrage de 201 mégawatts devait conduire à la production annuelle de 1140 gigawatts d'électricité. Les travaux y affairant sont menés par l'entreprise chinoise Sinohydro dans le délai de 54 mois (Mbodiam 2015 : 10). Coût total de l'ouvrage 420 milliards de F CFA.

Le barrage de Mékin situé sur le fleuve Dja dans l'arrondissement du Dja et Lobo, dans la région du Sud. Sa réalisation fit suite au décret n° 376/ 2009 habilitant le MINEPAT à signer avec Eximbank of China, un accord de prêt d'un montant de 337 millions de Yuans, soit environ 21,905 milliards de F CFA, pour le financement du projet de construction de cette centrale hydroélectrique. Il fut doté d'une puissance de 15 mégawatts et d'une ligne de transport de 110 KV. Le marché afférent à sa réalisation fut signé le 25 octobre 2010 en mode engineering procurement and construction (EPC) ou « clé en main » avec l'entreprise China National Electric Engineering Corporation (CNEEC), pour un montant de près de 25 milliards de F CFA (Mbodiam 2015 : 10).

A la fin de l'année 2011, plus de 15 multinationales chinoises étaient en activités au Cameroun.

Structures de financement, d'APD et d'assistance technique chinoises en direction du Cameroun

Les structures de financement de l'aide chinoise

La Chine dispose de nombreuses institutions et structures de financements d'aide au développement en direction de ses pays amis. Toutefois, les principales institutions chargées de coordonner et d'encadrer les rapports entre la Chine et le Cameroun sont : le BURECOM, la Sino Camerounaise, la China Development Bank (CDB), l'Export-Import Bank of China (Exim Bank).

Le BURECOM fut la toute première institution chargée de coordonner les échanges économiques, commerciaux et financiers sino-camerounais. Il avait pour mission de faciliter l'importation et la vente des produits chinois au Cameroun d'une part. D'autre part, de s'occuper des transactions administratives et financières entre les deux gouvernements (Shen Yi 2011). Son bureau de Yaoundé fut ouvert en 1974. Malheureusement, cette structure, du fait de ses nombreuses défaillances occasionnées par la pénurie financière et l'insuffisance quantitative et qualitative de son personnel, due être fermée le 29 avril 1983 (Archives MINREX 2009). Certaines de ses activités et missions furent en partie reprises par le conseil économique de l'ambassade de Chine à Yaoundé et la Sino Camerounaise qui vit le jour en 1983.

La Sino Camerounaise qui vit le jour en 1983 était une structure chinoise qui exerçait dans les activités commerciales, le secteur des travaux publics, les prestations de service et d'assistance technique. Son installation au Cameroun, pallia en partie au handicap qu'occasionna la disparition du BURECOM. Son influence commença à décliner dès l'apparition de la Exim Bank of China qui désormais était compétente pour connaitre de la quasi-totalité des opérations financières sino-camerounaises à la fin des années 1990.

L'Exim Bank of China et la CDB naquirent en 1994, suite à une loi sur la réforme de la politique bancaire chinoise. Ces deux Etablissements d'État, et tout particulièrement l'Exim Bank devinrent « l'arme de financement massif de la Chine en Afrique. L'outil ultime de la conquête, l'alpha et l'oméga de la sécurisation des matières premières africaines » (Archives INS 1983 : 280). Placées sous l'autorité directe du conseil des affaires d'État, elles font partie intégrante de la politique stratégique financière chinoise au Cameroun et dans le reste de l'Afrique. Les capacités de financement sont illimitées car elles peuvent s'appuyer à loisir sur les réserves de change de sa banque centrale.

L'influence de l'Exim Bank of China au Cameroun se fit réellement ressentir au début des années 2000 après la tenue des premiers forums Chine-Afrique. Son rôle est d'accorder après l'aval de la FOCAC des prêts concessionnels, des crédits exports, des prêts commerciaux au Cameroun. Ses financements se font généralement à hauteur de 85% de la somme totale des projets à réaliser (Meibo

Huang et Peiqiang Ren 2012). Par ces différentes stratégies, elle est devenue rapidement la plaque tournante de tous les nouveaux projets d'investissement et participe de l'encadrement financier de tous les accords de coopération sino-camerounais en cours. Cette banque finance les entreprises chinoises qui investissent au Cameroun, et les entreprises camerounaises qui achètent les produits chinois.

En 2010, un mémorandum d'entente de coopération globale pour le financement des projets par l'Exim Bank fut à nouveau signé à Yaoundé entre le gouvernement du Cameroun et celui de la République Populaire de Chine. La partie chinoise était représentée par Jia Qinglin, 4ème personnalité chinoise et président de la CCPPC qu'accompagnait une forte délégation au sein de laquelle on retrouvait les vice-ministres des affaires étrangères et du commerce (Archives MINREX 2014 : 6).

Lors de la visite du chef de l'État camerounais à Beijing en juillet 2011, Liu Liange président directeur général de l'Exim Bank of China, fut reçu en audience par ce dernier. Il portait un projet d'ouverture d'une filiale de cette banque chinoise au Cameroun. A ce sujet, le président Paul Biya s'était montré favorable et disposé à accepter cette ouverture (Archives MINREX 2014 : 6). L'Exim Bank of China à travers cette demande comptait ouvrir le 3ème bureau de sa représentation en Afrique. Après son bureau de Johannesburg qui couvrait l'Afrique australe et de l'Est ; son bureau de Rabat qui couvrait l'Afrique du Nord et de l'Ouest ; celui du Cameroun devait avoir vocation à couvrir l'Afrique Centrale. L'intérêt manifeste de cette banque vis à vis du Cameroun était la conséquence de la place stratégique qu'elle commençait à occuper sur son échiquier financier.

Depuis 2011, selon les chiffres de la Caisse autonome d'amortissement (CAA), le gestionnaire de la dette publique du Cameroun, Exim Bank of China devint le principal bailleur de fonds du pays. Cette année-là, indique la CAA, la banque chinoise injecta 536 milliards de francs CFA dans les circuits économiques du Cameroun, contre 105 milliards de francs CFA seulement pour l'Agence française de développement (AFD) (Mbodiam 2015). Cette institution finança la plupart des grands projets d'infrastructures à savoir : le barrage de Memvé'ele, le port en eau profonde de Kribi, l'autoroute Yaoundé-Douala, la mini centrale hydroélectrique de Mekin, la construction des stades de Limbé et Bafoussam, Approvisionnement en eau de la ville de Douala, le déploiement de la fibre optique, le projet e-post destiné à interconnecter tous les bureaux de poste du pays entre autres. (Mbodiam 2015).

A côté de ces différentes structures de financement de l'aide au développement, il faut relever le rôle majeur que joue le ministère des affaires étrangères de la Chine (MOFA) dans la facilitation des rapports d'assistance technique. Ce ministère est doté d'une vingtaine de départements parmi lesquels un département des affaires d'Afrique. C'est au sein de ce dernier, que les affaires liées au Cameroun sont gérées. En outre, elle supervisait en 2011 47 ambassades et 9 consulats en Afrique (Mbodiam 2015).

Schéma 1 : Structures d'encadrement et de développement de l'aide à la coopération chinoise

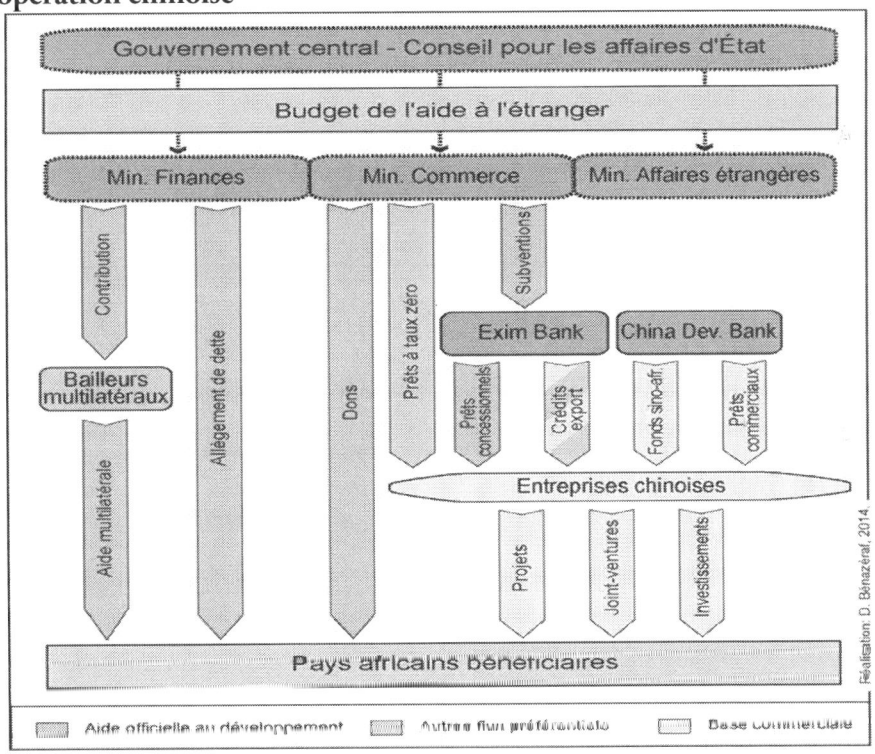

Source : D. Bénazéraf, 2014, « Produire la ville avec les Chinois en Afrique : l'impact des pratiques chinoises d'urbanisme dans les trajectoires urbaines africaines », thèse de doctorat en géographie, Université Paris 1 Panthéon-Sorbonne, 484 pages.

A l'analyse de ce schéma, il est loisible de constater que le budget alloué à la politique étrangère de la Chine est répartie entre la MOFA, le ministère du Commerce (MOFCOM) et le ministère des finances (MOF). Chacun à son niveau est chargé de la mise en application d'un ensemble de directives portant sur des domaines techniques précis.

La MOFA et le MOFCOM exercent leurs compétences conjointement dans les domaines liés à l'aide publique au développement ; dans les domaines de l'aide financière non remboursable, de l'octroi des prêts et du placement des entreprises chinoises dans les projets ; dans la création des *joint-ventures* et les investissements divers au Cameroun et en Afrique. Le MOF quant à lui, joue un rôle technique dans le domaine de l'allègement de la dette, de l'aide financière bilatérale et multilatérale.

Le rôle fédérateur du FOCAC

Au début des années 2000, la Chine mit en place un programme d'assistance technique et d'appui au développement des pays africains dénommé le Forum de coopération Chine-Afrique (FOCAC ou FCSA).

Ce programme avait pour objectif de compenser la faiblesse de l'influence politique chinoise sur le continent et d'établir un nouveau cadre de partenariat stratégique. En outre, il était censé contribuer à l'instauration d'un nouvel ordre politique et économique international pour le XXIe siècle, renforcer la coopération entre la Chine et l'Afrique, relever l'ensemble des défis de la mondialisation économique et promouvoir le développement commun. Cadre de dialogue collectif entre la Chine et les pays africains amis, il était également une des rares structures de coopération multilatérale Sud-Sud. De ce fait, il pouvait être considéré comme un cadre de collaboration égalitaire entre les pays anciennement colonisés qui entendaient « combattre ensemble l'hégémonisme et la colonisation. » (Mbabia 2012 : 44).

Le premier forum de la FOCAC eut lieu du 10 au 12 octobre 2000 à Pékin. Il réunissait 44 pays africains, de nombreuses organisations internationales et régionales, ainsi que des représentants du secteur privé. Cette rencontre fut sanctionnée par la déclaration de Pékin et fut marquée par l'annulation d'une partie de la dette africaine à hauteur de 10 milliards de dollars (Mbabia 2012 : 44). Le Cameroun fut représenté à la réunion préparatoire à ce premier forum sino-africain en octobre 2000, par le MINREX, M. Kontchou Kouomegni et le MINFI M. Roger Melingui.

Le second forum de la FOCAC eut lieu trois ans plus tard à Addis-Abeba en Ethiopie, les 15 et 16 décembre 2003. Il fut sanctionné par le renforcement de la coopération en matière d'exploitation des ressources humaines et l'exonération de taxes sur certains produits en provenance des pays africains les moins avancés. En plus, conjointement à cette conférence ministérielle, se tenait la première conférence des entrepreneurs chinois et africains à l'issue de laquelle 21 accords furent signés pour un total de 1 milliard de dollars (Mbabia 2012 : 44).

La FOCAC III quant à elle eut lieu à Pékin du 3 au 5 novembre 2006 et connut la participation du président Paul Biya. Lors de cet évènement qualifié d'historique par le président Hu Jintao, les mesures suivantes furent adoptées : doubler l'aide chinoise à l'Afrique ; fournir 5 milliards de dollars de crédits préférentiels ; établir un fonds de développement ; encourager les investissements chinois en Afrique ; annuler les dettes de certains pays ; supprimer les droits de douanes de 440 produits de pays africains moins développés ; créer 3 à 5 zones de libre-échange et de coopération économique ; densifier la formation des ressources humaines et envoyer plus d'experts en Afrique (Archives MINREX 2006). La matérialisation de ce programme permit au Cameroun de conclure de nouveaux accords de coopération dans les domaines sanitaire, infrastructurel et sportif.

Tenue au mois de novembre 2009 à Charm el-Cheikh en Egypte, la FOCAC IV déboucha sur les résolutions suivantes : la Chine porta à 20 le nombre de centres pilotes agricoles sur le continent ; elle envoya 50 missions techniques agricoles en Afrique et forma 2000 techniciens agricoles africains ; fournit du matériel pour les centres antipaludéens et forma 3000 infirmiers et médecins pour l'Afrique ; elle construisit 50 écoles et augmenta le nombre de bourses du gouvernement chinois (Mbabia 2012 : 46).

Au sein de ce programme, le Cameroun bénéficia de la création d'un centre pilote agricole et de l'envoi par la Chine d'une mission technique agricole. Cette dernière devait s'investir dans :

- la production, la transformation et la commercialisation du riz ;

- la production et la transformation industrielle et commercialisation du manioc ;

- l'élevage d'autruche ;

- la fabrication et/ou le montage des équipements agricoles et pastoraux (Archives MINREX 2006).

300 bourses universitaires furent octroyées aux étudiants camerounais dans des domaines techniques précis (Archives MINREX 2014). Un don sans contrepartie de 50 millions de Yuans et un accord économique de 100 millions de Yuans fut conclu(Archives MINREX 2014). Un centre antipaludéen fut construit à Yaoundé et un don conséquent de médicaments fut offert. Un projet de construction de 3 écoles primaires fut arrêté entre les 2 gouvernements notamment dans les villes de Guider, Nanga Eboko et Mvomeka'a (Archives MINREX 2014).

Tout compte fait, plus d'une décennie après sa création, la FOCAC renforça considérablement les rapports de coopération sino-camerounais. Elle devint le principal instrument de validation et de réalisation de projets infrastructurels et miniers chinois en Afrique et au Cameroun comme le présente le schéma ci-dessous. Dans le même laps de temps, les échanges économiques entre la Chine et les États africains passèrent de 12 milliards de dollars en 2000 à 200 milliards de dollars en 2012.

Schéma 2 : Processus de validation des projets FOCAC

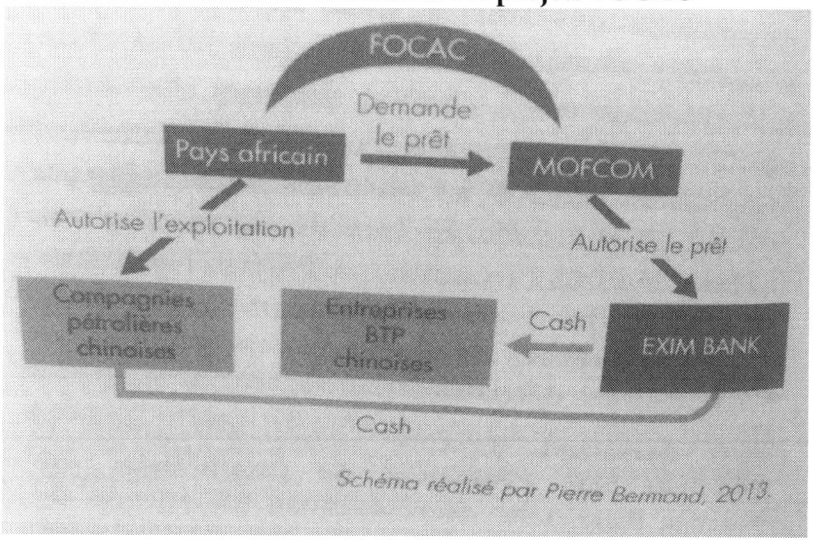

Schéma réalisé par Pierre Bermond, 2013.

A travers ce schéma, on constate que désormais : au cours des sommets du FOCAC, les représentants chinois rencontrent les représentants africains, et les parties s'accordent sur l'obtention des prêts qui seront ensuite validés par le ministère du commerce de la RPC (MOFCOM). C'est alors qu'intervient l'Exim Bank, qui débloque l'argent et le confie aux entreprises chinoises concernées.

Parallèlement, le pays africain demandeur donne les autorisations nécessaires à l'entreprise chinoise. Par exemple, à une entreprise pétrolière un droit de prospection ou de forage, à une entreprise de BTP des droits de construction. En gros, la Chine prête à la Chine. Et tout le deal est contenu dans les contreparties, c'est-à-dire les infrastructures que les chinois seront tenus de construire en échange des matières premières extraites (Wagner 2014 : 21-22).

Les grandes séquences de l'assistance et de l'APD de la Chine au Cameroun

L'APD de la Chine en direction de l'Afrique en général débuta en 1956[274]. Avec le Cameroun, elle prit corps à partir de 1972. Cette assistance se développa en tenant compte des 8 principes qui guidaient et régissaient la politique d'attribution de l'aide chinoise telle qu'édictée par Zhou Enlai en 1964, lors de son périple dans 10 pays africains. Ce dernier prônait : l'égalité entre les partenaires, les bénéfices mutuels, le respect de la souveraineté, l'utilisation de dons ou l'utilisation de prêts sans intérêt, l'allégement des charges, le renforcement du bénéficiaire, le respect des obligations (Chaponnière 2008 : 7-28).

L'évolution de cette aide en direction de l'Afrique et du Cameroun en particulier fut divisée entre 1956 et 2011, en 4 grandes séquences que sont :

-la période maoïste (1956-1978) durant laquelle l'idéologie était le principal facteur d'influence de la politique extérieure de la Chine ; et l'aide utilisée plus comme un outil de propagande diplomatique que levier hégémonique. Les dons représentaient entre 70% et 80% de l'aide totale chinoise (Meibo Huang et Peiqiang Ren 2012). Ils étaient orientés prioritairement vers la construction des infrastructures et l'envoi des missions techniques. Le Cameroun bénéficia dès 1975, des premiers dons, dont le plus important fut orienté vers le cadre de la coopération technique médicale (Archives MINREX 1975). Par contre, le premier prêt quant à lui fut accordé le 07 octobre 1977 à la suite de la visite d'État effectuée par le président Ahidjo en Chine. Il était constitué d'un prêt préférentiel de 60 millions de Yuans soit 5 milliards 400 millions de F CFA sans intérêts, ni assorti

---

[274] L'Egypte fut le tout premier pays bénéficiaire de l'aide chinoise en 1956. Par la suite, l'Algérie, le Ghana, la Guinée Conakry et le Mali commencèrent également à recevoir les dons et aides divers de la Chine.

d'aucune condition et un appui technique considérable (Archives MINREX 1978). Il courrait sur une période allant du 1ᵉʳ janvier 1978 au 31 décembre 1982. Le barrage hydroélectrique de Lagdo et le palais des Congrès furent construits grâce à ce prêt financier.

-La seconde séquence des subdivisions fut celle de la décennie 1980. Durant cette dernière, les réformes économiques de 1978 amenèrent la Chine à se concentrer davantage sur son développement et à diminuer drastiquement le volume de son APD en direction de l'Afrique. Seuls les projets comportant des avantages réciproques à la fois pour les pays bénéficiaires et pour la Chine furent maintenus. Pékin accordait moins de prêts sans intérêts et privilégiait les prêts conditionnés (Meibo Huang et Peiqiang Ren 2012).

C'est donc logiquement que le Cameroun, durant cette période, bénéficia de très peu de dons et prêts. Toutefois, les missions médicales chinoises furent maintenues et les travaux de constructions du palais de congrès de Yaoundé furent menés jusqu'à leur terme. Par ailleurs, très peu de nouveaux projets furent mis en place mais par contre, de nombreux étudiants camerounais purent bénéficier de bourses dans les domaines de formations techniques précis en Chine (Abdoulaye 2017). En outre, dans l'optique de la diversification des domaines de coopération et dans le but de pallier à la chute du volume de l'APD chinoise, Pékin signa avec le Cameroun un accord de coopération culturelle le 27 aout 1984. Le 26 septembre 1986, une commission mixte sino-camerounaise fut mise sur pied à Pékin. Et en novembre 1989, le chef d'État-major des armées fut invité en Chine (Archives MINREX 2014). Ces nouvelles mesures de Pékin en direction de Yaoundé avaient pour but d'entretenir et de diversifier cette coopération afin qu'elle ne souffre pas du manque d'APD qui caractérisa ses débuts.

-La troisième séquence de l'APD chinoise fut celle des années 1990. Elle se caractérisa par le grand retour de la Chine en Afrique après une décennie de relatif éloignement. Plusieurs raisons poussèrent cette dernière à signer son grand retour en terre africaine parmi lesquelles : l'impact des évènements de la place Tian an men qui mit la Chine au banc de la communauté internationale et par conséquent la poussa à renforcer ses liens d'amitié avec l'Afrique ; le fait qu'à partir de 1993 la Chine soit devenue un importateur net de pétrole ; et enfin, l'impact du discours du président Jiang Zemin qui incitait les entreprises chinoises à s'internationaliser (Pozzar 2009 : 19). En outre, cette décennie fut celle du début de la mise en valeur du slogan gagnant-gagnant par la Chine, avec pour cible, une collaboration économique plus dense avec les pays en développement.

Le Cameroun durant la décennie 1990 renoua avec l'aide bilatérale chinoise. A la suite de la commission mixte sino-camerounaise tenue à Pékin en 1993, une ligne de crédit de 7 milliards de F CFA fut ouverte au gouvernement camerounais dans le but du financement et de la mise en place de joint-ventures sino-camerounaises. C'est à travers ces lignes de crédit que les premières entreprises à capitaux mixtes furent mises sur pied en 1998, précisément à Yaoundé et à Kribi (Mviani Bessala 2006 : 33). Par ailleurs, entre 1994 et 1997, de nombreuses APD furent concédées par la Chine au Cameroun. Elles furent de 534 mille dollars en 1994 ; 971 mille dollars en 1995 ; 1106 mille dollars en 1996 et culminèrent à 4947 mille dollars en 1997 (Institut National de la Statistique 1998 : 249). L'économie de cette APD de la Chine en direction de Yaoundé faisait état de la mise en place de nombreux financements qui au début des années 2000 se densifièrent davantage.

- La dernière séquence de cette APD fut celle du début des années 2000. Marie-Hélène Pozzar la considère comme la décennie de la coopération sino-africaine et de la normalisation des relations après les décennies de prise de contact essentiellement « déclarative » (Pozzar 2009 : 20). C'est la période où on vit exploser les chiffres d'APD de la Chine en direction de l'Afrique et du Cameroun en particulier. En outre, la création de la FOCAC permit la mise en place de nouvelles bases communes de coopération. Ses objectifs majeurs étaient : la promotion des investissements bilatéraux, la coopération dans divers domaines et un engagement en faveur de la paix sur le continent africain.

Loin d'être exhaustives, les principales APD de la Chine en direction du Cameroun au début des années 2000 étaient les suivantes :

2006, le Cameroun reçoit un don d'une valeur de 5 milliards de F CFA en vue de la construction d'un centre antipaludéen, inauguré en 2009 (Cabestan 2015 : 14).

En 2007, lors de sa visite au Cameroun, le président Hu Jintao concéda un don dans le cadre d'un accord de coopération économique et technique d'une valeur de 2, 560 milliards de F CFA ; un prêt sans intérêt dans le cadre d'un accord de coopération économique et technique (1,920 milliards de F CFA) ; un prêt sous forme d'accord-cadre d'une valeur de 22,400 milliards de F CFA ; un protocole d'accord portant annulation des dettes du Cameroun vis-à-vis de la

Chine au 31 décembre 2005, d'un montant de 15, 360 milliards de F CFA ; dotation pour les études de construction de l'hôpital Gynéco-obstétrique et pédiatrique de Douala d'une valeur de 44,800 millions de F CFA ; construction de deux écoles rurales ; don d'équipement de l'hôpital Gynéco-obstétrique et pédiatrique de Yaoundé (64 millions de F CFA) ; accord cadre et prêt préférentiel pour le financement du projet CDMA HUAWEI-CAMTEL de 22,600 millions de F CFA (JOC 2017).

En 2009, suite à la 7eme grande commission mixte sino-camerounaise conduite coté camerounais par le MINREX Henri Eyebe Ayissi qui se déroula du 03 au 07 août à Beijing, deux accords furent signés et deux lettres échangées à cette occasion (Archives MINREX 2009). Il s'agissait : de l'accord de financement de la construction de l'hôpital Gynéco-obstétrique et pédiatrique de Douala dont le montant était de 50 millions de Yuans RMB ; l'accord cadre de financement pour la construction de deux stades de Bafoussam et de Limbé, dont le montant total était de 280 millions de Yuans RMB maximum ; l'échange des lettres relatives à la fourniture d'un lot de médicaments contre le paludisme fabriqué en Chine d'une valeur de 2 millions de Yuans RMB. La même année, le président de l'assemblée nationale Cavaye Yeguié Djibril, lors de sa visite 10 au 16 décembre 2009 en Chine, pu capitaliser pour le compte du parlement d'un don de matériel d'une valeur de 70 millions de F CFA (Archives MINREX 2014 : 6).

En 2010, lors de la visite au Cameroun du président du CCPPC qui eut lieu du 23 au 25 mars, un accord et un prêt préférentiel de 14 millions de dollars US pour la réhabilitation de la MATGENIE et le mémorandum d'entente de coopération globale pour le financement des projets par la Exim Bank furent conclus (Archives MINREX 2014 : 6).

Du 10 au 12 Janvier 2011, pendant la visite d'État du vice-premier ministre du conseil des affaires d'État de la République Populaire de Chine, M. Hui Liangyu, des accords de prêts relatifs aux projets de construction du barrage en eau profonde de Kribi (207 milliards de F CFA) et de construction de 1500 logements sociaux (33,5 milliards de F CFA) furent conclus (Archives MINREX 2014 : 7).

En juillet 2011, pendant la visite du chef de l'État du Cameroun en Chine, de nombreuses assistances et accords furent conclus notamment un mémorandum d'entente pour la facilitation des voyages des touristes chinois en groupe au Cameroun ; un accord de prêt préférentiel de 433 millions de Yuans, soit environ 27, 651 milliards de F CFA pour le projet e-post ; un prêt sans intérêt de 100 millions de Yuans soit environ 6,386 milliards de F CFA ; un don sans contrepartie de 50 millions de Yuans soit environ 3,193 milliards de F CFA et un protocole d'exécution de l'accord culturel pour la période 2011-2014 (Archives MINREX 2014 : 5).

Du 05 au 06 décembre 2011, Mme Liu Yandong, vice-premier ministre, conseiller aux affaires d'État, signa pendant son séjour au Cameroun : un accord relatif à l'octroi de 300 bourses universitaires pour la période 2012-2016, soit 75 bourses par an ; un accord de don relatif à la construction d'un lycée technique agricole et un projet de construction d'un centre diagnostique en endoscopie inter capsule et un projet de service sanitaire communal en conteneurs (Archives MINREX 2014 : 7).

Tout compte fait, force est de constater, que le volume de l'APD chinois en direction du Cameroun explosa au début des années 2000. Les quelques exemples évoqués ci-dessus sont symptomatiques de l'état et de la régularité des échanges qui eurent cours entre ces différents États. Toutefois, il faut rappeler que les investissements chinois demeurent encore mal connus et l'aide publique au développement totalement à déchiffrer. « En effet, la Chine ne fournit aucune statistique sur son aide et se limite à publier des communiqués de presse à la suite de visites ministérielles ou de conférences. Ces annonces amènent à conclure que le pays est d'ores et déjà un acteur important de l'aide à l'Afrique » (Chaponnière 2008 : 9). Cette dernière par la force du temps, devint le plus important donneur émergent[275] ? Cependant, elle refuse cette posture et préfère qu'on parle de ses actions dans ce domaine comme une entre-aide entre pays du Sud. Entre 1950 et 2009, elle accorda 45,7% de son aide globale à l'Afrique comme le présente le graphique ci-dessous.

---

[275] Cette catégorie désigne les pays qui bénéficient de l'aide internationale tout en ayant engagé une politique au développement et d'aide en direction d'autres pays. On peut inclure dans cette catégorie des pays tels que : l'Afrique du Sud, le Brésil, la Chine, la Corée du Sud, la Malaisie, la Thaïlande et la Turquie.

Graphique 1 : Répartition géographique de l'aide étrangère de la Chine entre 1950 et 2009 (en pourcentage de l'aide totale)

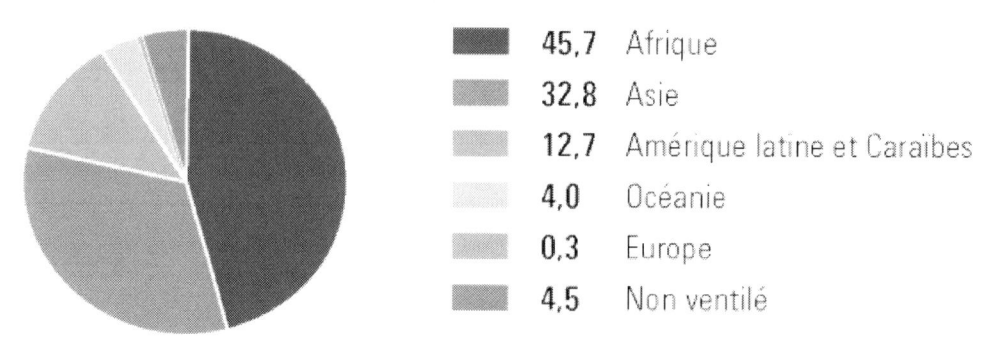

- 45,7 Afrique
- 32,8 Asie
- 12,7 Amérique latine et Caraïbes
- 4,0 Océanie
- 0,3 Europe
- 4,5 Non ventilé

<u>Source</u> : Meibo Huang et Peiqiang Ren, 2012, « L'aide étrangère de la Chine dans l'architecture de l'aide internationale », *Revue internationale de politique de développement*, Institut des Hautes Etudes Internationales du Développement, p. 11.

L'Afrique, au vu de ce graphique devint, avec le temps, le principal bénéficiaire de l'APD de la Chine. Elle déclassa ainsi l'Asie qui, pendant longtemps, fut le plus grand destinataire de ces aides et dont le pourcentage au début des années 2000 n'était plus que de 32,8%. Les principaux pays africains bénéficiaires de cette APD furent classés ainsi que le représente le tableau n° 1 ci-dessous.

Tableau 1 : Les principaux pays africains bénéficiaires de l'APD de la Chine entre 1959 et 1998 (en millions de dollars)

Aides 1958-1998		« Coopération internationale » Hors financements externes 2004-2005	
Tanzanie	534	Soudan	1342
Zambie	372	Algérie	1065
RDC	303	Nigeria	787
Mauritanie	239	Angola	305
Soudan	230	Egypte	276
Somalie	220	Botswana	265
Congo	205	Tanzanie	181
Egypte	193	Mali	169
Guinée	161	Lybie	132

Ethiopie	155	Zimbabwe	89
Mali	148	Afrique du Sud	82
Madagascar	144	Ethiopie	77
Burundi	125	Maurice	76
Cameroun	124	Guinée Equatoriale	76
Mozambique	116	Ghana	69
Sénégal	108	Congo	68
Algérie	100	Tunisie	65

Source : Synthèse informations MOFCOM, Banque Mondiale et Banque Africaine de Développement

A l'observation du tableau n° 1, on se rend compte de la place de privilégié que le Cameroun commença à occuper au sein de la liste des principaux destinataires de l'aide chinoise entre 1958 et 1998. Malgré la normalisation tardive des rapports de coopération avec cette puissance, le Cameroun se classa juste après les premiers pays africains avec lesquels la Chine commença à entretenir des relations d'échanges. Au début des années 2000, il bénéficia comme le présente le tableau suivant, d'une annulation conséquente de sa dette publique par la Chine, dans le cadre de l'aboutissement de l'initiative PPTE.

Tableau 2 : Les principaux pays africains bénéficiaires de l'annulation de la dette dans le cadre de l'initiative PPTE par la Chine

	Annulations de dettes		Coopération chinoise en % du PIB
	En millions de dollars US	En % du PIB	
Benin	1096	24.8%	0
Burkina Faso	1160	20.2%	0
Cameroun	1298	7.8%	0
Ethiopie	3217	25.2%	0.9%
Ghana	3823	35.7%	0.7%
Madagascar	2323	49.3%	0.3%
Malawi	2227	107.3%	0%

Mali	1915	36.4%	3.2%
Mauritanie	850	45.0%	3.2%
Mozambique	1992	29.8%	0.1%
Niger	1048	30.7%	0.6%
Ouganda	3397	39.0%	0%
Rwanda	530	24.8%	0%
Sénégal	2392	28.7%	0.3%
Sierra Léone	870	71.6%	0%
Tanzanie	3728	30.7%	1.5%
Zambie	2687	37.3%	0.4%

Source : Synthèse informations MOFCOM, Banque Mondiale et Banque Africaine de Développement

Entre 1949 et 2009, la Chine annula 312 dettes sur le continent africain, pour un montant global de 190 milliards de Yuans (Auregan 2015). L'Afrique représenta 82% des dettes annulées à travers le monde et 35 États africains parmi lesquels le Cameroun, bénéficièrent de la solidarité de Beijing (Auregan 2015). Le montant cumulé de la dette annulée du Cameroun se chiffrait à 1298 millions de dollars. Ce dernier depuis la fin des années 1990, comptait désormais parmi les principaux bénéficiaires de l'APD de la Chine.

Conclusion

Au final, on peut conclure que, la dynamique de l'aide au développement de la Chine vers le Cameroun fut fructueuse au regard des retombées enregistrés dans les divers domaines d'échanges qui les lient depuis 1972. Nés dans le contexte de la guerre froide et des luttes de décolonisations, cette coopération Sud-Sud se matérialisa non seulement dans les domaines de la santé, de l'enseignement, de la culture, des télécommunications, dans les secteurs agricoles, hydrauliques et hydroélectriques, mais également dans la construction des infrastructures, le financement de nombreux projets de développement et une assistance technique assidue et méthodique.

La dynamique de ces rapports se perçoit en 4 séquences distinctes orientées par les éléments conjoncturels et structurels qui régissent la nature des relations internationales . A partir de la fin de la décennie 1990, l'APD de la Chine s'est diversifiée et densifiée. La mise en place dès le début des années 2000 du programme FOCAC entraina non seulement une prise en compte globale, des problèmes dont font face la majorité des pays d'Afrique en matière de développement, mais également, la possibilité de les gérer dans un esprit de recherche de solutions optimales intra-africaines. Son impact reste perceptible au vu d'un certain nombre de réalisations dans les domaines de la santé, de l'éducation, de la construction infrastructurelle, de l'agriculture et du développement local en Afrique.

Tout compte fait, l'assistance et l'APD de la Chine en direction du Cameroun donne à ce dernier la possibilité de parvenir à un développement participatif bien structuré. En plus, elle lui permet d'orienter cette assistance vers les secteurs de développement prioritaire de son choix. Et enfin, elle donne le choix au Cameroun non seulement de diversifier ses partenaires au développement, mais également d'identifier celui avec lequel, elle consent à cheminer sur la voie du développement. La Chine qui a connu un développement rapide et structuré apparait donc, pour de nombreux pays africains comme l'exemple à suivre.

Bibliographie

Archives et rapports

Archives Institut National de la Statistique (1983) : Composition des importations en provenance des principaux pays fournisseurs », *Annuaire statistique du Cameroun*, INS, Yaoundé.

Archives Institut National de la Statistique (1998) : Résumé des déboursements de l'aide bilatérale par donateur en 1997, *Annuaire statistique du Cameroun*, INS, Yaoundé.

Archives MINEFI, Troisième plan quinquennal de développement économique, social et culturel (1971-1976), Yaoundé, ministère de l'économie et du plan, 1976.

Archives MINREX, Carton n° 12/bis, novembre 1975, chemise « autres ».

Archives MINREX, direction des affaires d'Asie et des relations avec l'OCI, État des relations Cameroun-Chine, Yaoundé, le 22 juin 2014.

Archives MINREX, Direction des Affaires d'Asie et des Relations avec les pays de l'OCI, Protocole d'exécution de l'accord de coopération culturelle pour les années 2008-2010 entre le Gouvernement de la République du Cameroun et le

Gouvernement de la République Populaire de Chine, 29 juillet, 2008, Beijing.

Archives MINREX, Service de coopération avec les pays de l'Extrême-Orient, avenant n° 1 au protocole d'accord du 13 janvier 2006 entre le gouvernement de la République du Cameroun et la société Integrate-Industry-Commerce Corporation of Shaanxi Land Reclamation and States Farms relatif à la réalisation des investissements agricoles au Cameroun signé le 03 juillet 2007 à Yaoundé.

Archives MINREX, service de coopération avec les pays de l'Extrême-Orient, accord de coopération économique et technique entre la République du Cameroun et la RPC, signé à Beijing le 03 aout 2009.

Archives MINREX, Service de coopération avec les pays de l'Extrême-Orient, Protocole d'accord relatif au projet de coopération pour l'exploitation des plantes médicinales entre le ministère de l'éducation et de la république populaire de Chine et le ministère de l'enseignement supérieure du Cameroun, Yaoundé, 2003.

Archives MINREX, Service de coopération avec les pays de l'Extrême-Orient, Accord de coopération commerciale, Economique et Technique entre le Gouvernement de la République du Cameroun et le Gouvernement de la République Populaire de Chine, signé le 30 aout 2002 à Yaoundé.

Archives MINREX, service des relations avec les pays de l'Extrême-Orient, décret n° 75/387 du 9 juin 1975 portant publication du protocole d'accord entre le gouvernement de la République Unie du Cameroun et le gouvernement de la République Populaire de Chine, relatif à l'envoi par la Chine, d'une équipe médicale au Cameroun.

Archives MINREX, Service des relations avec les pays de l'Extrême-Orient, Décret N° 78/394 du 12 septembre 1978 portant ratification de l'accord de Coopération Economique et Technique entre le Gouvernement de la République Unie du Cameroun et le Gouvernement de la République Populaire de Chine, signé le 07 octobre 1977 à Pékin.

Archives MINREX. Service des relations avec les pays de l'Extrême-Orient, Accord commercial et accord de coopération économique et technique entre le gouvernement de la République Unie du Cameroun et la République Populaire de Chine, signé à Pékin le 17 aout 1972.

JOC du 15 juillet 2009, Décret n° 2009/230 du 1er juillet 2009 habilitant le ministre de l'économie, de la planification et de l'emménagement du territoire à signer avec Export-Import Bank of China, un accord de prêt préférentiel d'un montant de 52 millions de dollars US, soit environ 26 milliards de F CFA pour le financement et la réalisation du projet backbone de transmission à fibre optique.

JOC du 15 juillet 2011, Décret n° 2011/221 du 13 juillet 2011 habilitant le ministre de l'économie, de la planification et de l'emménagement du territoire à signer avec Export-Import Bank of China, un accord de prêt d'un montant 168 300 000 dollars US, soit environ 84,15 milliards de F CFA pour le financement du projet de construction d'un réseau national Broadband de télécommunication au Cameroun.

JOC du 15 juillet 2011, Décret n° 2011/222 du 13 juillet 2011 habilitant le ministre de l'économie, de la planification et de l'aménagement du territoire à signer avec Eximbank de la République Populaire de Chine, un accord de prêt d'un montant 65 560 000 dollars US, soit environ 32,78 milliards de F CFA pour le financement du projet de construction E-post de la Cameroon Postal Service (CAMPOST).

JOC du 1er février 2007, décret n° 2007/33 du 26 janvier 2007 habilitant le ministre de l'économie et des finances à signer avec la République Populaire de Chine un accord et un accord-cadre et un accord de prêt préférentiel d'un montant de 350 millions de Yuans, soit environ 22,600 milliards de F CFA pour le financement et la réalisation d'un projet de télécommunication CDMA.

Ouvrages

Ahidjo A. (1975) : Anthologie des discours 1968-1975, Tome 3, Les nouvelles éditions africaines, Yaoundé.

Chouala, Y. A. (2014) : La politique extérieure du Cameroun. Doctrine, acteurs, processus et dynamiques régionales, Karthala, Paris.

Cooley J. K. (1965) : East Wind over Africa, Walker and Compagny, New York.

Eboua S. (1985), Ahidjo et la logique du pouvoir, L'Harmattan, Paris.

Fodouop K. (2010) : Le Cameroun : autopsie d'une exception plurielle en Afrique, L'Harmattan, Paris.

Keutcha J. (1991) : Un pays, des hommes, un continent, Noirel, Les presses du Management.

Mbabia, O. (2012) : La Chine en Afrique : histoire, géopolitique, géo économie, Ellipses, Paris.

32. Entreprises chinoises, communautes riveraines et autorités traditionnelles : problématique du développement durable au prisme de l'initiative la ceinture et la route, *Dr. Aunel Malaury Afaga*

Introduction

Pays d'Asie centrale, la Chine a, dans l'histoire, souvent été qualifiée de « géant aux pieds d'argile ». Cette « vérité » admise jusqu'à une époque relativement récente, devient de nos jours, très peu défendable tant le bond chinois a été vertigineux dans tous les domaines. Les synonymes ne manquent plus pour référer à ce pays : Empire du milieu, dragon d'Asie...

Le rapport de la Chine au continent africain en général et au Cameroun en particulier a évolué suivant les différentes phases de l'histoire de ce pays et de son développement économique. Ainsi avons-nous été amenés à constater l'investissement de ce pays dans les projets sociaux sous Mao. Sous Deng, la politique s'élargit aux projets à l'économie, au commerce entre autres. Autour des années 2000, le gouvernement chinois développe la stratégie du *going global* ou *going out policy,* laquelle vise à former des capitaines d'industrie locaux qui se vendent sur la scène internationale principalement dans les domaines où la Chine est plus demandeuse (pétrole, gaz naturel, métaux…)[276].

Ce déploiement chinois sur le continent s'accompagne d'une implantation diasporique sans cesse croissante qui tend à investir tous les secteurs d'activité. Dans le partenariat Chine-Afrique en général et Chine-Cameroun en particulier, un constat permet de noter que celui-ci se fait suivant un paradigme binaire. C'est dire que celui-ci repose essentiellement sur les contacts Etat-Etat ou Etat-Entreprise, prenant très peu en compte l'intervention des collectivités territoriales décentralisées ou même les communautés locales sur le sol desquelles sont installées les ressources naturelles qui sont mises en exploitation. L'élaboration du projet ICR/BRI offre dès lors l'opportunité d'une plus grande immigration économique et compétencielle chinoise au Cameroun.

Dans un tel contexte, la question qui nous interpelle est de savoir comment le Cameroun peut, à partir du BRI avec son effet d'afflux des entreprises chinoises exploitant les ressources naturelles, capitaliser cette initiative pour réussir à bâtir un développement vert ? La méthodologie de travail a reposé sur l'approche diachronique et la collecte des données qualitatives.

Genèse et contenu du projet « La ceinture et la route »

Genèse et définition d'une vision politico-stratégique chinoise du monde

L'initiative « la ceinture et la route » lancée par la Chine intervient dans un contexte mondial marqué par des luttes internationales que se mènent les grandes puissances. Dans ces affrontements pluriels, le tiers-monde en général et le continent africain en particulier sont spectateurs et acteurs passifs ballotés entre ces grands en fonctions des intérêts en jeu. Or la Chine, pays ancré dans une longue tradition de travail et d'efforts, veut s'affirmer dans le monde pour fragiliser la super puissance de l'axe Euro-américain, projet qui contribuerait à rééquilibrer les forces sur la scène internationale et dans laquelle l'Afrique y aurait grandement un mot à libeller. Cette vision est théorisée par Deng Xiaoping en termes de « doctrine du profil bas »[277] en matière de politique internationale. Celui-ci doit se distinguer des éléments classiquement usités pour s'affirmer dans

---

[276] W. A. Mala, J. Mougou., *Etat des lieux et problématique des investissements chinois affectant l'utilisation des terres forestières au Cameroun*, rapport d'étude diagnostique, 2015, p.12.
[277] A. Bodaz., « Chine », B. Durieux et all., *Dictionnaire de la guerre et de la paix*, p.199.

le monde comme l'ont toujours fait les autres puissances.

La puissance devient, dès lors, cet outil possiblement mobilisable pour cette finitude. Dans un contexte, Antoine Bondaz indique que « la puissance est considérée en Chine comme une alternative à la guerre en ce qu'elle dissuade les autres Etats de toute attaque et un outil au service de ses ambitions personnelles »[278]. C'est ainsi que, en 2013, Xi Jinping, alors président de l'Empire du Milieu, initie deux projets complémentaires mais d'orientation purement régionales (Asie). L'un est une « ceinture économique de la route de la soie » ou *Silk Road Economic Belt* (SREB), et une « route de la soie maritime du 21ème siècle » ou *Maritime Silk Road* (MSR)[279]. C'est cette double nomenclature d'une vision chinoise de son rôle et de sa position dans le monde qui se dénomma dès lors de projet « une ceinture, une route »[280] ou *One Belt, One Road Intitiative*. Il sera ultérieurement élargi et fusionné puis rebaptisé pour devenir l'initiative « la ceinture et la route » ou *Belt and Road Initiative* (BRI).

Contenu d'une vision stratégique du monde

Les analyses du BRI invitent à comprendre que le projet comporte deux composantes notamment celles marine et terrestre. Ces dernières se décomposent en une multitude de projets affectant divers domaines. Ce projet BRI est un *package* qui comporte plusieurs volets qui touchent notamment au terrestre, ferroviaire et routier, au maritime, à l'économique et financier, à l'énergie *via* une interconnexion énergétique, au *people to people bond* c'est-à-dire aux liens personnels et renforcés de peuples à peuples à travers tous ces investissements notamment dans les télécommunications… En bref, il s'agit non seulement de replacer la Chine au centre de l'activité économique internationale, mais aussi *via* ce projet, d'envisager garantir la possibilité pour ce pays d'avoir un plus grand accès aux ressources naturelles dont le pays est demandeur. D'ailleurs Simonov et Withanage soulignent que

l'ICR est souvent décrite comme une sorte de plan de développement de l'infrastructure centré sur l'énergie et les transports : routes, ponts, gazoducs,

---

[278] Bodaz., « Chine »…, p.199.
[279] Ibid. Voir aussi E. Mottet, F. Lassere., « L'initiative *"Belt and Road"*, stratégie chinoise du 'Grand jeu" ? », *in* Diplomatie, n°90, Janvier-Février 2018.
[280] P. Natulya., « Les enjeux du projet chinois "Une ceinture, une route pour l'Afrique», article disponible sur Africacenter.org, consulté le 05 mai 2022, p.1.

réseaux de transmissions d'électricité, ports, chemins de fer et centrales électriques. Le plan comporte un sous ensemble considérable de projets d'infrastructures concernant soir l'importation de produits dont la Chine a besoin (par exemple des pipelines en Asie centrale…Etc.[281]

Le continent africain y est donc pleinement intégré dans toutes ses composantes car, suivant les données, les 20 pays qui y ont adhéré totalisent 30% du PIB mondial et 75% des réserves énergétiques de la planète[282]. Ce projet, tel qu'il est conçu est porté et soutenu par des entreprises d'Etat, et les entreprises privées qui bénéficient du soutien de ce dernier, quels que soient les domaines de compétences. Et, dans ce contexte, la mise en œuvre de ce vaste projet induit nécessairement un afflux de ces entreprises en Afrique et au Cameroun. L'objectif, *in fine*, est de pouvoir exploiter et exporter vers ce pays, les ressources dont il a besoin pour satisfaire les demandes de sa population. Dans son volet maritime par exemple, au départ de Djibouti, la route maritime relie des grands ports chinois existant ou en voie de l'être à divers pays africains à l'instar du Cameroun (port de Kribi notamment). Là, le projet terrestre prend corps et doit part de ce port vers l'*hinterland* où se répertorient divers ressources du sous-sol que les entreprises chinoises exploitent en majorité à l'image du fer de Lobé qui vient d'être attribué à l'une d'elle. La presse locale dénonce pour cela, un contrat de dupes[283]. Ces ports construits ou envisagés sont les exutoires naturels des ressources exploitées dans l'*hinterland*.

Or, à l'observation pointilleuse du déploiement de ces entreprises chinoises agissant dans le domaine de l'exploitation des ressources naturelles (notamment celles forestières et du sous-sol) au Cameroun en particulier, diverses récriminations sont élevées contre elles. Les communautés locales se plaignent de l'impact négatif de leurs actions sur l'environnement, la société et leur économie locale.

Ainsi, au regard de ce passé peu reluisant de l'action des entreprises chinoises au Cameroun et particulièrement dans le cadre de la mise en œuvre envisagée de l'initiative BRI, il importe de souscrire à une autre méthodologie actancielle pour une réelle réussite de cette alternative de développement offerte aux pays africains

---

[281] E. Simonov, H. Withanage., *document d'information sur l'initiative « la ceinture et la route »ICR*, sans précisions aucunes.
[282] Nantyala., « Les enjeux… », p.1.
[283] La presse camerounaise du mercredi 12 mai 2022 s'en fait largement l'écho

et au Cameroun. Ces perspectives, nous les dressons à partir de l'état des lieux de l'action entrepreneuriale chinoise exploitant les ressources naturelles à l'Est et au Sud Cameroun.

Mécanismes d'accès aux ressources naturelles par les entreprises chinoises au Cameroun

Dans l'optique de diversifier ses ressources de développement, le Cameroun s'est lancé dans l'exploitation de ses richesses du sol et du sous-sol. Il a adopté un code minier « … tout en prenant soin de réguler et d'hyper centraliser la gouvernance du secteur »[284]. A celui-ci s'est greffé un corpus juridique encadrant l'exploitation de ses forêts.

L'accès aux ressources du sous-sol

Les modalités d'accès aux ressources minières sont contenues dans un cadre juridique qui comporte des normes internationales et nationales. Mais nous mobiliserons davantage les normes nationales.

Loi n°2016/17 du 14 décembre 2016 portant code minier du Cameroun. Cette loi traduit le passage de l'exploitation minière du secteur artisanal à celui industriel

La loi n° 2010/011 du 29 juillet 2010 modifiant et complétant certaines dispositions de la loi n°001-2001 du 16 avril 2001 portant Code Minier de la République du Cameroun;

Le Décret n°2014/1882/PM du 04 juillet 2014 modifiant et complétant certaines dispositions du décret n°2002/648/PM du 26 mars 2002 fixant les modalités d'application de la loi n°001 du 16 avril 2001 portant Code Minier de la République du Cameroun ;

Le Décret n°2014/2349/PM du 01 août 2014 modifiant et complétant certaines dispositions du décret n°2014/1882/PM du 04 juillet 2014.

A côté de celles-ci, il existe des voies de contournement développées par les acteurs du secteur.

Les négociations directes qui se font avec les autorités étatiques qui leur

---

[284] E. Voundi., « Extractivisme minier dans l'Est-Cameroun et controverses socio-environnementales : quelles perspectives pour un développement paisible des communautés locales », in Belgeo, n°2, 2021, p.4.

accorde les permis d'explorer d'une part et d'exploiter d'autre part. Le code minier indique typifie les exploitations minières.

On a aussi la sous-traitance. Elle ressort dans la plupart des cas de figures. La législation prévoit en effet que, pour certaines exploitations artisanales, que les permis soient délivrés à des camerounais. Ceux-ci, ne disposant malheureusement pas de moyens conséquents, revendent leurs titres aux chinois. Ils peuvent aussi, en *joint-venture*, co-exploiter les ressources du permis qui leur est délivré.

A la suite de ces textes relatifs à l'exploration et à l'exploitation minière, il existe d'autres relatifs à la préservation de l'environnement. Dans cette veine, on peut citer :

Loi n°96/12 du 5 août 1996 portant loi-cadre relative à la gestion de l'environnement ;

Décret N° 2013/0171/PM du 14 février 2013, qui abroge les dispositions antérieures contraires du décret N°0557/ PM du 21 février 2005 fixant les modalités de réalisation de l'étude d'impact environnemental et social ;

Décret N° 2013/0066/PM du 13 janvier 2013 fixant les modalités de réalisation de l'audit environnemental et social et abrogeant les dispositions antérieures contraires du décret N°0557/ PM du 21 février 2005.

Une ruée des entreprises chinoises s'est donc observée dans ce contexte vers cette voie. L'autorisation d'exploitation artisanale est délivrée par le délégué régional des mines. On dénombre 117 chantiers actifs en 2017 ; l'autorisation d'exploitation semi-mécanisée et le permis d'exploitation de la petite mine le sont par le ministre des mines. En 2018, on dénombrait 78 exploitations de cette nature. Le permis d'exploitation industrielle l'est par le Président de la République[285].

Les ressources forestières

Dans le domaine de l'exploitation forestière, il existe aussi des normes. Elles sont les suivantes :

Loi N° 94/01 du 20 janvier 1994 portant régime des forêts, de la faune et de la pêche ;

Décret n° 95/531/PM du 23 aout 1995 fixant les modalités d'application du régime des forêts.

---

[285] Ibid., p.9.

Les chinois sont très présents dans l'exploitation forestière au Cameroun. Ils détiennent, en 2014, 6 concessions d'exploitations sur 19, 10 sont gérés en partenariats approuvés et 9 ventes de coupes sont gérées an partenariats[286]. A titre illustratif, les informations évoquent qu'une société chinoise gère à elle seule, neuf (09) UFA accessibles *via* 6 concessions différentes de même que plusieurs scieries pour environ 750.000 ha de concession. Fait marquant dans ce sillage, c'est que de ces usines situées pour la plus part à l'Est et à son extrême sud-est, deux (02) bordent des régions protégées notamment celles du Park national de Nké Boumba Bek et celle de Lobéké[287].

Toutefois, ressources minières et ressources forestières étant localisées dans des villages qui les abritent car ces villages font partie des territoires de l'Etat. Il y a donc des dispositions juridiques complémentaires dans le sillage de l'exploitation des ressources. Ainsi avons-nous :

Les lois n°74/1 et 74/4 du 6 juillet 1974 portant régime foncier de l'Etat ;

Décret n°2014/3209/PM du 29 septembre 2014 fixant les prix minima des redevances annuelles d'occupation des dépendances du domaine public

Décret n°2014/3210/PM du 29 septembre 2014 fixant les conditions d'octroi des baux et les modalités de paiement de la redevance domaniale dans les zones économiques ;

Décret d'application de la loi n°2013/011 du 16 décembre 2013 régissant les zones économiques au Cameroun ;

Décret n°2015/3580/PM du 11 août 2015 fixant les modalités d'enregistrement et régime des garanties et sûreté applicables aux concessions et aux baux domaniaux ;

La circulaire n°001/CAB/PM du 1er avril 2014 relative aux dispositions applicables aux investisseurs pour l'accès à la terre au Cameroun.

Le moins que l'on puisse dire au regard de l'ensemble de ces dispositions est que le processus de mise en valeur des ressources est hautement encadré. D'une part et, d'autre part, celui-ci est centralisé et pourtant l'Etat s'est engagé dans le processus de décentralisation. L'une des failles observables aussi est que ce cadre juridique peut entrer en contradiction avec les normes et procédures traditionnelles de mise en valeur de ces ressources. Cette observation est d'autant plus pertinente qu'une telle logique procédurière peut avoir des répercussions

---

[286] Mala et all., *Etat des lieux...*, p.49.
[287] Putzel et all., p.33.

notoires sur le respect du cahier des charges en matière respect des engagements souscris dans les contrats signés avec l'Etat.

L'impact de l'action d'exploitation des ressources naturelles par les entreprises chinoises

Cet impact est pluriel. Il se mesure dans divers domaines. Diverses études le confirment.

Sur le plan environnemental :

On note la déforestation qui accélère le réchauffement climatique. Une source rapporte d'ailleurs que

Les forêts camerounaises semblent être pillées par les sociétés chinoises qui opèrent sans une politique de coupe et de reboisement des espèces rares, laissant ainsi s'installer des vagues de chaleur intermittentes dans les grandes villes camerounaises et causant ainsi des réchauffements climatiques considérables… entrainant ainsi une disparition des milliers d'espèce tant animales que végétales[288].

Les lits des cours d'eau sont détournés s'ils ne reçoivent pas simplement les eaux usées. Ceux-ci sont pollués par le mercure, substance proscrite par le code minier. Celui-ci pollue les eaux et détruit les ressources halieutiques, déséquilibrant ainsi la chaîne alimentaire.

Illustration :

Source : Archives du RECTRAD. Rapport 2019, p.

---

[288] Louis Ngono., « La coopération chinoise et le développement en Afrique subsaharienne : opportunités ou impacts ? », maîtrise en science politique, Université de Québec à Montréal, 2017, p.72.

Elles pêchent aussi dans la mesure où les excavations forées ne sont pas refermés après désertion du site. Ceux-ci deviennent des pièges pour bétail et humains. Un des nœuds gordien dans ces activités réside dans la non réalisation des Etudes d'Impacts Environnemental et Social (EIES) pourtant obligatoire. Voilà pourquoi on peut observer la non réhabilitation des sites miniers non sécurisés, ce qui constitue un danger car des trous béants causent des pertes en vies humaines et animales. On observe aussi que des déchets mal gérés sont très souvent déversés dans les cours d'eau qui se polluent suivant une chaîne qui arrive jusqu'à l'homme.

Diverses entreprises sont incriminées dans ce sens comme l'illustre le tableau

Village (B.O)	Sociétés responsables	Trous laissés	Observations
Mbal I et II	C & K Mining, Mme Ling et des nationaux non identifiés	15	
Mabélé II			Accès difficile, la zone était inondée.
Mararaba	Non identifiées, mais ils étaient des chinois	10	Ancien site, mais artisans miniers actifs
Lom I	C et K, JIBO Mining, JIE Ling 1 Mining	15	Idem
Taparé-Salao	Zhang Mining, LO & Lo Mining	04	Ancien site et non actif
Mali	Ak Mining, C & K	15	Actif : Zone exploitée par les

	Mining, Lu et Lang, Mme Ling, Ali Bachir et d'autres non identifiées		Coréens et Chinois et des artisans miniers.
Gpawara (Kaï)	Ali Bachir S/c Chinois, Et autres non identifiées	05	Chantiers actifs
Total		**64 trous**	
Village (Ngoura)	**Société responsables**	**Trous laissés**	**Observations**
Bambouti	C et K Mining, Lu et Lang	10	Site non actif
Bangue	Lu et Lang	03	Site non actif
Bohanto	C & K Mining, Lu et Lang, Mme Ling et d'autres non identifiées	40	Actif par endroit par la présence d'artisans miniers
Colomine	Ali Bachir, Lu et Lang, Kanger Mining, JIBO Mining et bien d'autres non identifiées	45	Présence de sites anciens et actifs. Sites actifs difficiles d'accès car gardés par les soldats
Gabon	Sociétés non identifiées	10	Chantiers actifs
Garga-Sarali	TENGDA Sarl et d'autres non identifiées	15	Site abritant le siège de TENGDA et actif
Ouaden	C et K et d'autres sociétés non identifiées	10	Chantier non actif

Oudou	Lu et Lang Mining, Mme Ling et bien d'autres	10	Chantier non actif	
Petit-Bello	Chinois et Camerounais non identifiées	11	Chantier actif	
Tikondi	Lu et Lang, TENGDA Sarl et bien d'autres	20	Chantiers non actifs, mais artisans présents	
Woumbou	Lu et Lang, AK Mining	10	Chantier non actif	
Total		**184 Trous**		
Total Bétaré Oya + Ngoura		**248 Trous**		

Source : Archives RECTRAD, Rapport 2019, p.4.

Sur le plan économique, on observe le non-paiement de la caution environnementale par les entreprises, une caution qui aurait alors permis d'assouplir les communautés impactées par toutes ces activités qui affectent les écosystèmes des communautés riveraines.

Sur le plan social, on observe que les entreprises chinoises ne contribuent pas au développement local. Elles ne font pas de réalisation sociale ; et les routes d'accès aux sites miniers et qui traversent les différents villages sont d'ailleurs dans un très mauvais état puisque seulement entretenues, non dans un objectif durable mais pour les besoins de passages des exploitants. D'où donc une sorte de maintien dans la paupérisation.

Les actions des autorités traditionnelles en direction des entreprises chinoises en faveur du développement vert

Constantatant les conséquences des diverses activités des entreprises chinoises sur leurs écosystèmes de vie, les chefs ont engagé diverses actions.

Cette action chefferiale est fondée elle aussi sur le cadre normatif, notamment le décret n°77/245 du 15 juillet 1977 portant organisation et fonctionnement de la chefferie traditionnelle. Celui-ci dispose en effet que l'institution est chargée de la promotion du développement économique, social et culturelle de la communauté ; elle doit aussi veiller au maintien de l'ordre sous l'encadrement diligent des autorités compétentes. Une telle fonction ne dépouille pas ce chef traditionnel de quelque initiative propre quitte à en rendre compte à qui de droit au moment opportun. D'autres dispositions juridiques accordent un rôle aux chefs traditionnels dans les actions administratives à l'image de l'action domaniale.

Dans l'élargissement des fonctions à elles dévolues en matière de promotion du développement, des partenariats signés entre les institutions internationales et l'Etat ont permis d'associer progressivement les chefs à la veille de la mise en œuvre au niveau local de divers engagements. C'est dans cette veine que, ressentant la nécessité d'une plus grande action concertée, les chefs traditionnels des zones forestières du Cameroun notamment celles de l'Est et du Sud, ont décidé de se constituer en regroupement associatif. Ce regroupement est, du reste, encadré par la loi n°90/56 du 18 décembre 1990 relative à la liberté d'association.

Au regard des mutations sociales et des contingences de l'existence qui interpellent leurs communautés, ces chefs ont décidé de se mettre ensemble pour des actions concertées suivant les types de problèmes qui les interpellent.

C'est ainsi que, dans le but de mieux faire entendre les voix des communautés, ces chefs ont initié un regroupement qui se dénomme Réseau des Chefs Traditionnels de l'Afrique pour la conservation de l'environnement, la gestion durable des Ecosystèmes et des Forêts (RECTRAD). Celui-ci va prendre à bras le corps les manquements observés dans l'exploitation de leurs ressources naturelles. Dans ce sillage, il ca initier des actions en direction des entreprises chinoises exploitantes des ressources naturelles.

Dans leurs plans d'action, ces chefs envisagent et obtiennent de rencontrer, en délégation désignée par les pairs, les chefs des entreprises chinoises auteurs des manquements décriés. L'objectif est de leur faire prendre conscience des risques qu'ils font courir aux écosystèmes des communautés. Se montrant réceptives, ces chefs d'entreprises vont leur ouvrir leurs portes, accueillant avec sympathie cet élan citoyen. Des avancées en termes de promesses sont obtenues pour un réel partenariat gagnant-gagnant. Les garants de l'autorité traditionnelle ont aussi rencontré leurs homologues pour un compte-rendu des résultats portés par leur démarche. Cela apparaît clairement dans la photo prise à cet effet.

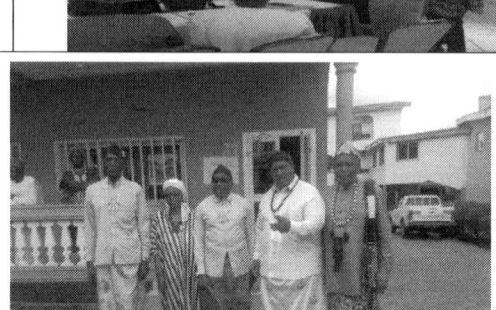

Cette démarche s'est poursuivie auprès de la rencontre des autorités de 'ambassade de Chine au Cameroun, pour porter leurs doléances afin que nul n'en ignore. Cette démarche s'est poursuivie du côté de la Chine car il faut noter que certaines de ces entreprises ont leurs bases et leurs responsables de ce côté du monde. Là-bas, les chefs ont tenu à faire savoir leurs griefs dans l'optique d'une meilleure collaboration. Cette démarche est menée d'une part en 2017 et d'autre part en 2018. Des concertations ont eu lieu et celles-ci semlent augurer des meilleurs lendemains.

Conclusion : L'analyse qui vient d'être élaborée en relation avec la problématique du développement vert dans le cadre de la mise en œuvre du projet sur « l'initiative la ceinture et la route » nous invite à deux observations. La première est que la présence des entreprises chinoises au Cameroun, appelée à s'accroître dans le cadre de l'ICR/BRI doit sortir du paradigme contractuel binaire (Etat à Etat ou Entreprise à entreprise) pour se muer en paradigme contractuel terne (Etat-Etat-Communautés locales) pour les ressources souveraines. Celui-ci doit effectivement comporter un cahier de charges connu par l'ensemble des trois co-contractants et le suivi de leur mise en œuvre doit être assuré et vérifié surtout par les communautés locales. L'autre observation relève que ce paradigme binaire peut aussi se muer en paradigme quaterne (Etat-

Entreprise-CTD-Communautés locales) dans le cas des ressources dont la gestion est assurée par les Collectivités territoriales décentralisées.

Il urge donc de notre point de vue d'engager un certain nombre d'actions courageuses. Celles-ci nécessitent de revoir en l'améliorant, les lois qui encadrent l'exploitation minière, la préservation de l'environnement mais aussi l'exploitation forestière. L'objectif poursuivi par une telle démarche est de procéder à une responsabilisation de la base dans ces matières. Il s'agit d'associer pleinement, dans une forme de démocratie environnementale ou écologique, les autorités traditionnelles car plus proches des réalités du terrain, à la désignation des entreprises chargées d'exploiter les ressources mais aussi à l'élaboration de leur cahier de charge.

D'autre part, il s'agit, par une telle démarche et eu égard à la proximité, de responsabiliser les communautés *via* les chefs traditionnels, dans le contrôle du cahier de charges validé pour ces entreprises. Le développement durable pourrait y avoir une meilleure issue que celle qui est actuellement en cours à travers un processus centralisé.

Bibliographie

W. A. Mala, J. Mougou., Etat des lieux et problématique des investissements chinois affectant l'utilisation des terres forestières au Cameroun, rapport d'étude diagnostique, 2015.

Mottet, F. Lassere., « L'initiative *"Belt and Road", stratégie chinoise du 'Grand jeu"* ? », in, Diplomatie, *n°90*, Janvier-Février 2018.

P. Natulya., « Les enjeux du projet chinois "Une ceinture, une route pour l'Afrique», article disponible sur Africacenter.org, consulté le 05 mai 2022.

E. Simonov, H. Withanage., document d'information sur l'initiative « la ceinture et la route »ICR, sans précisions aucunes.

E. Voundi., « Extractivisme minier dans l'Est-Cameroun et controverses socio-environnementales : quelles perspectives pour un développement paisible des communautés locales », *in* Belgeo, n°2, 2021, pp.1-27.

Louis Ngono., « La coopération chinoise et le développement en Afrique subsaharienne : opportunités ou impacts ? », maîtrise en science politique, Université de Québec à Montréal, 2017.

33. Les relations sino-africaines sous le prisme de la cooperation sanitaire : état des lieux et défis operationnels en Afrique centrale (1975-2021), *Dr. Georges Etoa Oyono & Dr. Jean Pierre Mekinde*

Introduction

La coopération internationale dans le domaine de la santé occupe une place de plus en plus croissante dans le « concert des nations ». Des différents acteurs qui se déploient dans la coopération sanitaire, figure en bonne place la Chine, dont la coopération avec l'Afrique fait l'objet d'une attention particulière sur la scène internationale. La coopération sanitaire constitue un domaine non négligeable de son intervention dans de nombreuses sous-régions africaines à l'instar de l'Afrique centrale. En effet, c'est depuis plus d'un demi-siècle que la République populaire de Chine a démontré son désir d'approfondir sa coopération avec l'Afrique. Cependant, en ce qui concerne notamment la coopération entre l'empire du milieu et l'Afrique centrale, les données sont parcellaires : elles portent bien plus sur des considérations générales ou des cas particuliers. En 2019, dans le cadre d'une investigation en Chine, le journaliste burundais Vincent Mbonihankuye écrivait :

Depuis plus d'un demi-siècle, la République populaire de Chine a démontré son désir d'approfondir sa coopération sanitaire avec l'Afrique. Plusieurs millions de patients africains y compris ceux de l'épidémie d'Ebola ont été sauvés grâce à des missions qu'elle envoie en Afrique. Tant de projets sanitaires ont été proposés et exécutés pour le bien-être des deux peuples. (…) Dans le cadre des missions sanitaires envoyées à l'étranger, plus de 20 milles membres du corps médical chinois ont été déployés dans 50 pays africains. Grâce à ceux-ci, à peu près 210 millions de patients africains ont vu leurs vies rétablies. (…) vingt-et-sept hôpitaux ont été nouvellement construits en Afrique au cours des années 2015-2017 et il y a eu un don de médicaments anti-paludisme, deux millions de dollars en espèces ainsi que la formation de près de 100 experts africains en santé publique[289].

Ces notes de Mbonihankuye, ont le mérite de nous livrer un aperçu général de la coopération sanitaire sino-africaine. Mais, à l'image de nombreuses autres publications, son article donne une appréciation globale des relations sino-africaines dans le domaine de la santé. D'autres, dans une approche bien plus singulière, s'articulent à faire l'état des relations bilatérales entre la Chine et des pays africains[290]. Dans l'un ou l'autre cas, il est difficile d'appréhender l'état des lieux de la coopération entre le géant asiatique et des ensembles sous régionaux à l'instar de l'Afrique centrale ou encore avec l'ensemble des pays francophones.

En postulant que la réalisation de la route de la soie entre la Chine et l'Afrique passe par la bonne santé de la coopération entre les principaux partenaires, le premier colloque international sur l'initiative « la ceinture et la route en Afrique francophone », organisé du 25 au 27 mai 2022 à Yaoundé, est apparu comme un prétexte, pour questionner les relations entre la Chine et l'Afrique centrale, à l'aune de la coopération sanitaire. Qu'est-ce-qui caractérise donc cette coopération sanitaire entre le géant asiatique et l'Afrique centrale ? Quels sont les différents défis opérationnels qu'elle devrait surmonter afin d'être davantage favorable aux pays africains ? Dans une approche historico-prospective, cet article ambitionne ainsi de dresser l'état des lieux de la coopération sanitaire entre la Chine et l'Afrique centrale, tout en dégageant les défis opérationnels quelle se

---

[289] V. Mbonihankuye, « Coopération sanitaire sino-africaine, Une coopération sauvémillions de vies des patients africains », www.mfa.go.cn/ce/cebi//fra/ChineRegardBurundais, 08-01-2019, consulté le 22 mai 2022.
[290] Cf. références bibliographiques.

doit de relever.

État des lieux de la coopération sanitaire entre la Chine et l'Afrique centrale

Prenant globalement son essor dans la décennie 70, la coopération sanitaire entre la Chine et les pays d'Afrique centrale -à l'image des relations sino-africaines prises dans leur globalité- apparaît fructueuse et porteuse d'espérance. De l'envoi des missions sur le continent à la construction des infrastructures de santé, l'octroi de nombreux dons matériels et financiers, l'empire du milieu effectue un véritable ancrage sur le plan sanitaire en Afrique. Une coopération marquée par de nombreux facteurs au rang desquels : les réalités internes et les difficultés extérieures de la Chine et la situation sociopolitique de ses partenaires africains. Toutefois, la coopération sanitaire est un domaine aussi vaste que ce serait une gageure d'en épuiser tous les différents paramètres dans le cadre d'un article. Nous nous proposons par conséquent d'insister ici d'une part sur les missions chinoises en Afrique et d'autre part, sur la construction des infrastructures sanitaires et les dotations diverses ; le tout, sur fond de lutte contre les maladies.

L'envoi des missions en Afrique centrale

Les débuts de la coopération entre la Chine et ses partenaires africains s'inscrivent dans un contexte de propagande idéologique maoïste (1956-1978). Orientés principalement vers la construction des infrastructures et l'envoi des missions techniques, les dons représentaient 70 à 80% de l'aide totale chinoise durant cette période.

Aux avant-postes de cette coopération sanitaire se trouvent les missions médicales. L'envoi de médecins et personnels médicaux chinois constitue l'un des aspects importants de la coopération sanitaire entre chinois et africains. Sous le titre de mission des coopérants chinois, ces équipes se renouvellent généralement tous les deux ans dans les structures sanitaires. Si l'année 1963 marque l'installation de la première mission médicale chinoise en Afrique[291], il

---

[291] Ambassade de la République populaire de Chine en République du Tchad, « Discours de M. le chargé d'affaires a.i. de l'Ambassade de Chine à l'occasion de la Cérémonie de remise de l'hôpital réhabilité de l'amitié Tchad-Chine (21 juin 2013) », td.china-embassy.gov.cn//fra/sbgx/201306/, consulté le 07 juin 2022.

faudra attendre la décennie 70 pour observer le déploiement important de nombreuses missions médicales en Afrique centrale. En 1975, est signé un protocole d'accord relatif à l'envoi d'une équipe médicale chinoise au Cameroun, notamment dans les villes de Mbalmayo et de Guider. À l'époque, les soins administrés aux patients, dont certains viennent même de pays voisins du Cameroun, vont de la médecine générale à la chirurgie, en passant par l'acupuncture, les soins orthopédiques, la stomatologie, la radiologie et l'anesthésie[292]. Entre 1975 et 2011, 15 missions chinoises ont travaillé au Cameroun, soit un total d'environ 700 médecins (H.D.P.Pokam : 2011). Au Tchad et en République Centrafricaine, les toutes premières missions médicales s'implantent en 1978, pour offrir des aides médicales à la population. Jusqu'en 2018, la Chine a envoyé successivement en RCA 16 équipes médicales comptant 254 médecins. Elles ont mené à bien plus de 20 000 cas d'opérations et plus de deux millions de patients ont été pris en charge[293]. Au Congo, l'une de ces missions comptait 32 membres en 2011(Laura : 2013). Après la construction de l'hôpital de la coopération sino-gabonaise en 1975, un protocole intitulé envoi d'une mission médicale chinoise au Gabon, fut signé lors de sa livraison. Si le pays compte 21 missions en 2021, il faut relever que jusqu'en 2016, 19 missions médicales chinoises ont assuré la consultation et le traitement à plus de 290 mille patients au Gabon. Elles ont également joué un rôle positif dans la formation des médecins locaux[294].

Toutefois, ces missions sont souvent interrompues pour diverses raisons. Au Cameroun, elles sont interrompues entre 1980 et 1985, pour reprendre à la faveur de la signature d'une deuxième convention entre les deux pays (H.D.P.Pokam : 2011). Au Tchad, après le rétablissement des relations diplomatiques sino-tchadiennes en 2006, cette coopération s'est approfondie davantage. La Chine a concrétisé cette coopération par l'organisation des séances de formation sanitaire

---

[292] Actu Cameroun, « Coopération médicale : Déjà deux hôpitaux de référence construits par la Chine au Cameroun », actucameroun.com/2018/03/21/, consulté le 08 juin 2022.

[293] Ambassade de la République populaire de Chine en République Centrafricaine, « Allocution de S.E.M Chen Dong, Ambassadeur de Chine en RCA pour célébrer le 40e anniversaire de la Mission médicale chinoise et exprimer la reconnaissance aux Députés de l'Assemblée nationale (2018/12//14) », www.mfa.gov.cn, consulté le 08 juin 2022.

[294] Ambassade de la République populaire de Chine, « Signature d'accord de coopération sanitaire entre la Chine et le Gabon (2016/11/26) », www.mfa.gov.cn, consulté le 08 juin 2022.

et la fourniture des médicaments, des matériels médicaux et autres. Cette coopération sanitaire sino-tchadienne a contribué activement à la garantie de la santé du peuple tchadien et améliorer le développement de l'action médico-sanitaire du Tchad[295]. En 2013, la neuvième mission quitte le Tchad après un séjour de 4 ans[296]. La République Centrafricaine et la République populaire de Chine ont signé en 2017 un protocole d'accord prévoyant le retour des médecins chinois après quatre ans d'absence[297]. Ce renforcement des liens d'amitié entre ces deux Républiques se fait dans un contexte où la Chine tente de reconquérir le pétrole de Boromata, où les travaux ont été suspendus à cause de la crise, ainsi que la reconstruction du pont Sapeke écroulé en 2011. À ce propos, Ma Fulin, Ambassadeur de chine en Centrafrique déclarait :

C'est d'abord un travail d'inspection engagé par la Chine à travers cette signature de protocole pour voir dans quelles conditions les médecins chinois peuvent revenir en RCA. Toutes les conditions sont déjà réunies pour le retour. Il ne nous reste que la réhabilitation des logements des médecins chinois à Bangui et faire l'état des lieux et de travail à l'hôpital de l'Amitié.[298]

Les médecins chinois sont un véritable soutien dans un contexte où les hôpitaux africains manquent de personnel qualifié et d'équipements (H.D.P.Pokam : 2011). Les missions médicales chinoises sont rapidement devenues incontournables, de par l'efficacité de leurs interventions et leur côté abordable[299]. Ces médecins luttent contre les maladies et rendent ainsi possible le transfert de technologies et de compétences en faveur du personnel local.

Il est à relever que les actions des missions ne se limitent pas uniquement au niveau des métropoles. L'Ambassade de Chine recommandait à la mission médicale chinoise installée à Bangui, d'organiser des consultations médicales

---

[295] Ambassade de la République populaire de Chine en République du Tchad, « Discours de M. le chargé d'affaires a.i. de l'Ambassade de Chine à l'occasion de la Cérémonie de remise de l'hôpital réhabilité de l'amitié Tchad-Chine (21 juin 2013) ».
[296] Ambassade de la République populaire de Chine en République du Tchad, « Discours de M. le chargé d'affaires a.i. de l'Ambassade de Chine à l'occasion de la Cérémonie de remise de l'hôpital réhabilité de l'amitié Tchad-Chine (21 juin 2013) ».
[297] Le Journal Vision 2, « La Centrafrique et la Chine renforcent leur coopération en matière de santé », lejv2.info/2017/03/20, consulté le 08 juin 2022.
[298] Ibid.
[299] Ibid.

bénévoles à l'arrière-pays en faveur d'une plus grande population[300]. D'une manière générale, ces missions médicales ont joué un rôle considérable dans le renforcement des capacités africaines et la lutte contre des pandémies dont la covid-19. C'est le cas de la 22e mission médicale sino-gabonaise. Partie le 9 septembre 2020 de Tianjin, pour le Gabon, elle avait pour but de renforcer les capacités des services de la coopération médicale sino-gabonaise dans le contexte de la lutte contre la pandémie de la covid-19. De même, cette mission devait participer à la mise en œuvre des décisions du sommet extraordinaire du forum sur la coopération sino-africaine consacrée à la solidarité contre la covid-19[301].

Toujours en 2020, le diplomate chinois Li Jinjin déclarait que la lutte à laquelle s'était engagée le Tchad et la Chine contre la pandémie de covid-19, mettait en lumière le rôle important joué par la coopération entre les deux pays. Il ajoutait également que c'est aussi le sens donné au respect des engagements pris par le président chinois Xi jinping lors du sommet extraordinaire Chine-Afrique. Il y voyait un renouvellement du protocole d'accord relatif à l'envoi de la mission médicale chinoise en y ajoutant un ophtalmologue pour faire de l'hôpital de l'Amitié Tchad-Chine, un centre phare dans la sous-région. Abdoulaye Sabre Fadoul, ministre de la santé et de la solidarité nationale notait quant à lui que les deux parties développent une coopération à travers des actions importantes, notamment le partage d'expérience, les consultations médicales à distance, des échanges académiques, la formation du personnel et l'envoi des experts pour la lutte contre la pandémie de covid-19[302].

D'une manière générale, il faut noter que la Chine a tiré parti de cette pandémie pour intensifier son assistance sanitaire et médicale à l'Afrique, d'abord par la fourniture de masques et d'équipements de protection, puis par des livraisons de vaccins plus ou moins gratuits et sa participation au programme COVAX de l'organisation mondiale de la santé (OMS). Le travail de ces différentes missions a été facilité par la construction des infrastructures sanitaires

---

[300] Ambassade de la République populaire de Chine en République Centrafricaine, « Allocution de S.E.M Chen Dong, Ambassadeur de Chine en RCA pour célébrer le 40e anniversaire de la Mission médicale chinoise et exprimer la reconnaissance aux Députés de l'Assemblée nationale (2018/12//14) », www.mfa.gov.cn, consulté le 08 juin 2022.
[301] Ambassade de Chine au Gabon, « coopération médicale sino-gabonaise », www.amba-chine.ga, 12 septembre 2020, consulté le 07 juin 2022.
[302] Journaldutchad.com, Le Tchad renforce la coopération sanitaire avec la Chine, www.journaldutchad.com, 15 décembre 2020, consulté le 07 juin 2022.

réalisées par la Chine.

Construction des infrastructures et autres illustrations de la coopération sanitaire entre la Chine et l'Afrique centrale

Incontestablement, l'un des éléments matériels qui attestent de la vitalité de la coopération entre l'Afrique centrale et la Chine, c'est la construction de nombreux hôpitaux. En effet, les hôpitaux construits par l'empire du milieu essaiment en Afrique centrale : c'est chaque pays qui a son hôpital dénommé de « l'Amitié… », de la « coopération… », ou autres, fruit de la coopération chinoise.

S'agissant du Cameroun, il faut noter qu'après l'établissement des relations diplomatiques avec la Chine, cette dernière a pris en charge la construction des hôpitaux de Guider et de Mbalmayo. L'hôpital gynéco-obstétrique et pédiatrique de Yaoundé a été inauguré en 2002 et celui de Douala en 2015. Ils font partie des établissements médicaux les plus importants du pays (C. Essissima : 2021). Avant l'inauguration de l'hôpital de l'Amitié sino-congolaise le 30 mars 2013, de nombreux autres hôpitaux, fruits de cette coopération avait déjà été réalisés par la Chine au Congo. Il s'agit entre autres des hôpitaux de base d'Owando dans le département de la Cuvette, celui du 6e arrondissement de Brazzaville (Talangaï), ainsi que celui de Loandjili à Pointe-Noire (Laura : 2013).

Mais, la Chine ne s'est pas seulement limitée à construire des hôpitaux. Elle en a également assuré en quelque sorte « le service après-vente », puisqu'elle procède à leur réhabilitation. Construit en 1983, l'hôpital de la coopération sino-gabonaise a ainsi connu des travaux de modernisation en 2007. Les travaux ont été exécutés par la société chinoise de construction de Shanghai[303]. En 1996, l'hôpital de l'Amitié Tchad-Chine, symbole de la coopération amicale entre les deux pays a été construit. Débuté en 2011, les travaux de sa réhabilitation se sont achevés au cours de l'année 2013. En 2018, l'Ambassadeur de Chine en RCA annonçait la réhabilitation prochaine de l'hôpital de l'Amitié et l'hôpital de Bimbo, avec le financement total du Gouvernement chinois[304].

Pour chacun de ces hôpitaux comptant aujourd'hui parmi les structures

---

[303] Gabonews, « Gabon : Réouverture ce lundi de l'hôpital de la coopération Sino-gabonaise à Libreville », www.santetropicale.com, 12 mars 2007, consulté le 09 juin 2022.
[304] Ambassade de la République populaire de Chine en République Centrafricaine, « Allocution de S.E.M Chen Dong, Ambassadeur de Chine en RCA pour célébrer le 40e anniversaire de la Mission médicale chinoise et exprimer la reconnaissance aux Députés de l'Assemblée nationale (2018/12//14) ».

médicales de référence de l'Afrique centrale, l'appui chinois est plus qu'indispensable pour le maintien de l'offre des soins de santé à la population. Ces infrastructures sanitaires ont constitué des cadres importants de lutte contre les maladies, de partage d'expérience et de collaboration entre les hôpitaux chinois et africains.

En 2013, le ministre de la santé publique et de la solidarité nationale, Abdoulaye Sabre Fadoul et l'Ambassadeur de Chine au Tchad Li Jinjin établissaient deux accords, dont la signature d'une lettre d'intention relative à la mise en place du mécanisme de coopération entre les hôpitaux jumelés et les amendements au protocole d'accord relatif à l'envoi de la mission médicale chinoise[305]. En décembre 2020, les deux pays signaient une lettre d'intention relative à la mise en place d'un mécanisme de coopération entre les hôpitaux jumelés et le premier hôpital affilié à l'Université de Nanchang, chef-lieu de la province de Jiangxi et l'hôpital de l'Amitié Tchad-chine[306].

À côté de la médecine moderne, on note également une véritable percée de la médecine traditionnelle chinoise (MTC), largement acceptée. De nombreuses politiques chinoises d'incitation à l'extension de la MTC ont donné naissance à plusieurs centres spécialisés. Des Africains ont également acquis une expertise dans ce domaine, pratiquant l'acupuncture principalement dans les centres privés (C. Essissima : 2021).

Il est clair que l'important déploiement sanitaire de la Chine en Afrique centrale comme dans tout le continent s'accompagne d'un coût significatif. Cependant, en l'état actuel des connaissances sur la question, il est très difficile de produire un chiffre sérieux du volume global de l'aide financière de la coopération sanitaire entre la Chine et l'Afrique centrale. Il faut noter que dans la coopération, les annonces obéissent à des mécanismes comptables où se confondent parfois les engagements et les « décaissements ». En prenant en compte la construction des hôpitaux, leur réhabilitation, les dons financiers et matériels effectués, et bien d'autres éléments connexes, il va sans dire que la Chine dépense « sans compter en Afrique » dans la coopération sanitaire. Pour

---

[305] Ambassade de la République populaire de Chine en République du Tchad, « Discours de M. le chargé d'affaires a.i. de l'Ambassade de Chine à l'occasion de la Cérémonie de remise de l'hôpital réhabilité de l'amitié Tchad-Chine (21 juin 2013) ».

[306] Journaldutchad.com, Le Tchad renforce la coopération sanitaire avec la Chine, www.journaldutchad.com, 15 décembre 2020, consulté le 07 juin 2022.

près de 12 milliards de FCFA, la Chine a contribué à la construction des hôpitaux gynéco-obstétrique et pédiatrique au Cameroun (Yaoundé et Douala) et la réhabilitation de l'hôpital régional de Buéa (H.D.P.Pokam : 2011). Pendant le quinquennat 2000-2005 elle a investi 5milliards de FCFA dans le secteur de la santé au Congo (Laura : 2013). En 2018, elle signait avec le Gabon un accord de coopération économique et technique portant sur un appui financier de quelque 23,8 millions de dollars, soit 12,7 milliards de FCFA, pour la prise en charge d'un important projet de mise sur pied de nouvelles unités de soins au Gabon (S. Vidzraku : 2018). De 2016 à 2020, le gouvernement chinois a effectué un programme d'aide de médicaments anti-paludisme en RCA. En 2018, le 3e lot de médicaments équivalent à 250 millions FCFA est arrivé à l'hôpital de l'amitié. Au cours de l'année 2019, l'Ambassade de Chine a apporté son soutien au Ministère de la santé dans le cadre du lancement de la Campagne Nationale anti-paludisme[307].

Dans le cadre de la campagne de vaccination anti-Covid-19, le Ministre de la santé, Dr Guy Patrick Obiang Ndong s'est rendu le jeudi 25 mars 2021 à l'hôpital de la coopération sino-gabonaise (HCSG) de Libreville accompagné de son excellence Hu Chang Chun, Ambassadeur de la République populaire de Chine au Gabon. Cette visite faisait suite à l'acquisition de 100 000 doses de vaccin Sinopharm du producteur China Sinopharm Internal Corporation. Situé dans le troisième arrondissement de Libreville au quartier belle vue 2, cet hôpital offre des services aussi bien dans les domaines de la médecine moderne que traditionnelle[308].

En somme, la coopération sanitaire entre la Chine et l'Afrique centrale s'avère véritablement riche dans de nombreux domaines. Cependant, au regard du potentiel existant, de l'immensité des besoins sanitaires et des réalisations chinoises dans d'autres pays, ce niveau mériterait d'être relevé en surmontant de nombreux défis.

---

[307] Ambassade de la République populaire de Chine en République Centrafricaine, « Allocution de S.E.M Chen Dong, Ambassadeur de Chine en RCA pour célébrer le 40e anniversaire de la Mission médicale chinoise et exprimer la reconnaissance aux Députés de l'Assemblée nationale (2018/12//14) ».

[308] République gabonaise Ministère de la santé et des affaires sociales, « Visite du site de vaccination de l'hôpital de la coopération sino-gabonaise », www.sante.gouv.ga, 26 mai 2021, consulté le 07 juin 2022.

Les défis à relever pour de meilleures perspectives dans la coopération entre la Chine et l'Afrique centrale

Au vu de ce qui précède, il est clair que la coopération sanitaire entre le continent africain et l'empire du milieu revêt un caractère d'assistance et se présente bien plus à l'avantage du premier. Nous n'irons pas dans le débat tendant à démontrer ici que, ce que la Chine donne d'une main, elle le récupère davantage de l'autre, dans ce principe de vase communicant complexe qu'est la coopération et tout ce qui s'y articule. Par ailleurs, au-delà du principe gagnant-gagnant, l'exigence d'une franche collaboration entre partenaires Chinois et Africains, la définition d'ambitions plus audacieuses dans les perspectives de cette coopération par les États africains, apparaissent comme quelques conditions à même de permettre à l'Afrique de tirer le meilleur parti de cette coopération.

L'exigence d'une franche collaboration entre les deux partenaires

Dans son sens commun, la collaboration est un processus par lequel deux ou plusieurs personnes ou organisations s'associent pour effectuer un travail intellectuel suivant des objectifs communs[309]. Pour faire simple, la collaboration est l'acte de travailler ou de réfléchir ensemble pour atteindre un objectif.

S'il est vrai que les gouvernements africains et chinois s'accordent globalement dans des cadres de coopération, le problème de la franche collaboration se situe parfois au niveau de l'exécution des accords. Peut-elle faudrait-il y voir des conditionnalités instaurées par Pékin ou alors l'incapacité des États africains à saisir pleinement les opportunités qui s'offrent à eux ? Toujours est-il que le domaine sanitaire n'échappe pas également à l'emprise importante chinoise, observée lors de la réalisation des infrastructures en Afrique. À ce propos, Uwe Idiegel relève que : « La coopération chinoise continue d'agir selon un modus operandi très avantageux pour le bénéficiaire, mais totalement déresponsabilisant, comme par exemple, la fourniture de structures éducatives ou sanitaires clefs en main » (Uwe Idiegel : 2011). En effet, il apparaît que les entrepreneurs chinois fonctionnent en « circuit fermé ». Dans de nombreuses métropoles africaines comme la ville de Kinshassa, les commerçants chinois font venir des salariés de leur pays même pour des tâches de faible qualification (T.

---

[309] fr.m.wikipedia.org/wiki/collaboration, consulté le 05 juin 2022.

Vircoulon : 2007). Aussi, les Africains réalisent-ils progressivement qu'un investissement « gratuit » n'existe pas et que quand les Chinois investissent, ils apportent peu, car ils amènent souvent leurs propres ouvriers dans leurs chantiers et ne contribuent pas à l'économie locale[310].

A priori, il serait difficile de parler de franche collaboration dans un contexte international où certains États sont des loups pour d'autres, où les intérêts priment sur la philanthropie, à travers des calculs, des jeux subtiles ou apparents. À bien d'égards, cela apparaît d'ailleurs comme de l'utopie, voire un manque de réalisme. Néanmoins, les États africains devraient faire montre de plus d'audace dans leurs ambitions face au partenaire chinois. Dans ce sillage, ils devraient négocier et obtenir une participation plus importante des ouvriers africains dans les chantiers en termes de quota (J-M. Meyer : 2008), et ce, à des niveaux non moins importants, afin de bénéficier de l'expertise chinoise. Une expertise avérée dans de nombreux domaines dont la construction des hôpitaux. On se souvient ainsi qu'en contexte de COVID-19, un hôpital pour 1000 patients a été rapidement construit dans la ville de Wuhan pour faire face à cette maladie[311]. Au moment où l'Afrique ambitionne résolument de se moderniser, un partage d'expérience en matière de construction des hôpitaux de référence serait un gain non négligeable pour elle, une véritable illustration de cette coopération dite gagnant-gagnant.

Si depuis 2015, près d'une trentaine d'hôpitaux ont été construits et environ 100 experts africains de santé publique formés sur tout le continent (Mbonihankuye : 2019), l'Afrique demeure encore à la traîne dans le domaine sanitaire. Des initiatives portant sur le partage d'expérience devraient être davantage multipliées et s'accompagner de la création de nombreux autres centres modernes de formation de santé, afin de rehausser la qualité de soins sur le continent. D'après des propos recueillis par Essissima Foe, la communauté de santé globale en Afrique centrale pourrait considérablement évoluer grâce au développement des infrastructures médicales, le renforcement de la formation continue du personnel médical par des experts chinois pour gagner en autonomie. L'attribution de nombreuses bourses aux étudiants africains devrait également contribuer à cet objectif (C. Essissima : 2021). À ce niveau, la barrière

---

[310] Ibid.
[311] bbc.com, « Coronavirus : la Chine construit un hôpital en 10 jours », https://www.bbc.com>afrique, consulté le 06 juin 2022.

linguistique doit être surmontée par les Chinois et Africains dans l'optique d'optimiser la formation et le partage d'expérience en la matière qui s'effectuent aussi via des séminaires. Il faut dire que dans les hôpitaux sino-africains, le personnel soignant chinois travaille en collaboration avec le personnel africain qui l'assiste en découvrant et en assimilant les connaissances de la MTC, malgré les difficultés linguistiques. « Ils ont une petite connaissance du français et se débrouillent mieux en anglais, ils essaient cependant toujours d'apprendre des éléments de la langue locale car ils ont des documents de traduction » (H.D.P.Pokam : 2011). Pour braver ces difficultés, les médecins chinois ont élaboré un dictionnaire français-chinois et tous les employés s'efforcent aussi d'apprendre le chinois (H.D.P.Pokam : 2011).

Toujours dans ce registre, un domaine qui requiert une franche collaboration de la part de l'empire du milieu est le secteur de la médecine chinoise dont la pratique fait l'objet de nombreuses critiques. Si l'État chinois se garde bien de vouloir établir la distinction entre ses actions officielles et celles de compatriotes sans scrupules, il n'en demeure pas moins que sa responsabilité reste tout de même engagée d'une manière ou d'une autre en cas d'indélicatesse[312]. Nous ne perdons pas de vue que la présence de la MTC au Cameroun par exemple, résulte surtout de l'application de stratégies du gouvernement chinois, stratégies qui déterminent en grande partie sa réception (H.D.P.Pokam : 2011). Cette activité s'inscrit dans sa politique en faveur de diffusion de la MTC dans le monde et repose sur des investissements et la circulation des personnes (H.D.P.Pokam : 2011). Plusieurs cabinets privés de MTC sont détenus par des médecins chinois tandis que d'autres sont des cliniques saisonnières. Selon Pokam, si certains sont agréés par les autorités camerounaises, d'autres, plus nombreux, n'ont pas de statut légal. En outre, il affirmait que ses enquêtes ne lui ont pas permis de connaître le nombre exact de cabinets, ni même de médecins chinois en exercice. Jusqu'en 2011, deux cabinets de MTC figureraient dans l'annuaire (H.D.P.Pokam : 2011).

---

[312] Pokam, 2011: « La MTC s'exporte en Afrique principalement dans le cadre de programmes bilatéraux de coopération. Si ces programmes ont commencé pendant l'ère maoïste, aujourd'hui ils ressemblent davantage à des entrepreneuriats. Venus comme coopérants en Afrique pendant l'ère de Mao, les médecins chinois qui arrivent aujourd'hui sur le continent sont avant tout des entrepreneurs privés installés à leur compte, en quête de réussite économique et de renommée en offrant des services en MTC ».

Comme le soulignait déjà Wassouni, la pratique de cette médecine asiatique est entachée de dangers avec l'entrée des amateurs aux profils douteux (F. Wassouni : 2009). Certains praticiens camerounais ont fait des études en Chine, d'autres ont suivi une formation sur place, auprès de leurs collègues chinois ou camerounais, d'autres enfin sont des « charlatans », s'attribuant le titre de médecin sans formation préalable (H.D.P.Pokam : 2011). Ainsi, la pratique de l'acupuncture dans ce sens se présente comme un véritable danger. Et, dans un contexte où le SIDA fait des ravages, utiliser des aiguilles maladroitement constitue un gros problème (F. Wassouni : 2009).

Ayant pris la pleine mesure des risques encourus par les populations et dans le but de voir clair dans cette activité, les autorités camerounaises en charge des questions de santé publique ont mené une campagne répressive dans la médecine chinoise entre 1997-2000. Il s'en est suivi la fermeture de plusieurs cabinets de soins (H.D.P.Pokam : 2011). Mais, entre-temps, la situation n'aurait pas beaucoup évolué. En 2011, le délégué camerounais de la santé pour le littoral affirmait :

La médecine chinoise est conventionnée au Cameroun. Le gouvernement, par l'intermédiaire du ministère de la Santé publique, signé une convention avec le ministère de la Santé chinois. A cet effet, la réglementation ne reconnaît que les hôpitaux chinois de Mbalmayo et de Figuil, l'hôpital gynéco-obstétrique de Ngousso, et bientôt celui de Douala. Les autres structures quant à elles, sont illégales, dans la mesure où la plupart ne respectent pas la réglementation en vigueur et sont sans-papiers. (H.D.P.Pokam : 2011).

Aussi, l'exercice des soins chinois en Afrique centrale et ailleurs mériterait d'être contrôlé et régulé, afin d'éviter l'immixtion d'amateurs susceptibles de créer d'autres problèmes de santé publique (F. Wassouni : 2009). Dans ce sens, les différents prestataires de service chinois devraient requérir l'aval ou l'agrément de leur gouvernement (ambassade) avant l'ouverture de cabinets de soins en Afrique. Les gouvernements africains et chinois pourraient par ailleurs susciter la mise en place d'un centre sino-africain de médecine traditionnelle, afin d'explorer le potentiel africain et renforcer les capacités des acteurs de ce domaine. Une telle option et bien d'autres, initiées par les Africains participeraient de la redéfinition de leurs ambitions.

La définition d'ambitions plus audacieuses dans les perspectives des

relations entre la Chine et l'Afrique centrale

Il est clair que le grand défi qui interpelle désormais les pays d'Afrique centrale et par extension tout le continent, est d'apprendre à tirer pleinement profit des possibilités énormes qui leur sont données via la coopération avec le géant asiatique (Uwe Idiegel : 2011). Les défis à surmonter ici sont principalement de deux ordres : l'extension de l'exploitation de l'innovation scientifique et technologique au bénéfice des pays de l'Afrique centrale, juguler la forte dépendance à la Chine en médicaments et équipements médicaux.

L'extension de l'innovation scientifique et technologique au bénéfice de la santé et du bien-être de nombreux pays africains dont ceux de l'Afrique centrale, apparait comme une donnée à capitaliser par les États africains dans leur coopération avec la Chine. Il ne fait pas l'ombre d'un doute que l'Afrique francophone notamment, accuse un retard criard dans la maîtrise des technologies de pointe. Or, le monde a basculé depuis longtemps dans un contexte où le numérique prend de plus en plus une importance indéniable dans tous les domaines de la vie dont la santé. En effet, l'essor de la technologie numérique offre de nouvelles opportunités pour améliorer la santé des peuples, accélérant ainsi la construction d'une communauté de santé pour l'humanité. Des technologies de pointe, comme l'internet des objets, la thérapie virtuelle et le suivi à distance, ont le potentiel d'aider les systèmes sanitaires à parvenir à de meilleurs diagnostics et à une meilleure couverture grâce à des services sanitaires intégrés axés sur les populations (FCSA, Xinhua : 2021). Aussi, en 2018, l'Assemblée mondiale de la santé a adopté une résolution appelant l'OMS à développer une stratégie sanitaire numérique dans le monde. Il s'agit alors de soutenir les efforts des pays pour parvenir à une couverture sanitaire universelle (FCSA, Xinhua : 2021).

Dans cette perspective, la coopération entre la Chine et le Benin, pays de l'Afrique de l'Ouest, est exemplaire. En effet, outre l'offre de vaccins, de fournitures médicales et de personnel de santé, la Chine partage ses expériences en médecine numérique avec d'autres pays en développement comme le Benin. Ces dernières années, la technologie numérique a modernisé la coopération entre les deux pays. En 2019, le centre de coopération en télémédecine entre la Chine et le Benin a été mis en service, permettant à la partie chinoise d'offrir des services médicaux en ligne aux institutions médicales béninoises. Via des conférences par liaison vidéo, des experts médicaux chinois partagent leurs expériences antipandémie avec leurs homologues au Benin (FCSA, Xinhua : 2021). Or, pour le moment, rares sont les pays d'Afrique francophone au même titre que le Benin, qui bénéficient de pareilles opportunités dans la cadre de la coopération avec la Chine. Une plus grande coopération entre la Chine et les pays d'Afrique centrale serait donc souhaitable dans la santé numérique afin d'optimiser la couverture sanitaire universelle. La dépendance de l'Afrique centrale envers l'extérieur ne se limite pas seulement au niveau numérique. Elle touche également l'importation de nombreux produits dont les équipements médicaux et les médicaments.

Les pays africains se trouvent exposés aux importations en provenance de la Chine, non seulement en produits de base telles les denrées alimentaires, mais aussi en termes d'équipements médicaux et de médicaments (M. Procopio : 2020). Avec l'arrêt de la production de la Chine et la rupture des chaînes d'approvisionnement au cours de l'année 2021, la vulnérabilité des pays africains a été manifeste ; dès lors, ils ont réalisé à quel point il est nécessaire d'accélérer la diversification des partenaires (M. Procopio : 2020). Toutefois, au-delà de la diversification des partenaires, l'essentiel réside bien plus dans le contenu de la coopération, en ce sens qu'elle doit permettre de franchir le pas de la dépendance afin de donner une marge de manœuvre plus considérable aux pays africains. Dans cette perspective, la Chine pourrait délocaliser en Afrique, des industries pharmaceutiques ou simplement investir dans ce domaine. Pour un étudiant camerounais en master de médecine à l'université de Gannan, l'ouverture des filiales locales de production d'équipements médicaux chinois, destinés à la vente, serait nécessaire à l'approvisionnement des hôpitaux chinois construits au Cameroun ou dans la sous-région d'Afrique centrale (C. Essissima : 2021). À cet effet, l'annonce de l'offre vaccinale chinoise comprenant la production conjointe de 400 millions de doses, assortie d'une levée des droits de propriété intellectuelle (F. Bobin : 2021), constitue une avancée significative.

Sur un tout autre plan, il faut relever avec Procopio, que le fardeau financier que les crises sanitaire et économique du COVID-19 font peser sur les gouvernements africains est souvent bien plus lourd que ce qu'ils peuvent se permettre. Et, le leadership de la Chine dans ce domaine -en tant que principal bailleur de fonds dans de nombreux pays africains- pourrait consolider le pays en tant que champion du domaine humanitaire dans le monde. Mais en réalité, comme le constate Procopio, il est plus probable que la Chine privilégie les lignes de crédit et la renégociation des prêts, plutôt que la remise de la dette, réduisant ainsi ses chances de contribuer efficacement à la gestion de la crise en Afrique, et encore moins à sa gestion (M. Procopio : 2020). Pourtant, des mesures d'allègement de la dette visant à empêcher les pays africains les moins avancés de sombrer davantage dans la pauvreté seraient susceptibles de les aider à dégager une marge de manœuvre budgétaire à même de financer d'autres mesures de santé ainsi que des mesures de soutien économique (M. Procopio : 2020). Quoiqu'il en soit, les pays africains devraient s'atteler à combattre les effets pervers de la forte dépendance à la Chine.

Conclusion

Touchant à de nombreux domaines, la coopération sanitaire très développée entre la Chine et l'Afrique centrale (des années 70 à nos jours), s'avère fructueuse et pleine de promesse. Cette coopération est favorisée et justifiée par l'énorme besoin des pays africains en infrastructures sanitaires, équipements divers et médicaments, les difficultés éprouvées par les États africains face aux problèmes de santé, etc. Les investissements constituent l'un des secteurs visibles de la coopération sino-africaine et concernent aussi bien les infrastructures que les équipements médicaux. Si l'option gagnant-gagnant relève d'un discours classique dans ce domaine, cette coopération médicale en apparence sans contrepartie, joue un rôle essentiel dans l'amélioration du réseau des infrastructures médicales et reconfigure la carte sanitaire en Afrique centrale. En considérant l'envoi des missions, la construction et la réhabilitation des infrastructures, les dons financiers, d'équipements médicaux et de médicaments, l'empire du milieu donne l'impression de dépenser sans compter en Afrique.

Cependant, bien qu'avantageuse pour les Etats africains, la coopération sanitaire entre le continent africain et le géant asiatique, marquée par une forte dépendance du premier par rapport au second, pourrait davantage bénéficier à l'Afrique centrale, en s'affranchissant de nombreuses tares. On peut retenir entre autres : la nécessité d'une franche collaboration dans la construction des infrastructures sanitaires par une participation plus importante des Africains, la régulation ou le contrôle stricte des activités chinoises en Afrique (le cas de la MTC), l'extension de l'exploitation de l'innovation scientifique et technologique au bénéfice de nombreux pays d'Afrique centrale, et la limitation de la forte dépendance à l'égard de la Chine en médicaments et équipements médicaux. In fine, s'inscrivant dans le « *soft power* », les activités médicales chinoises constituent un aspect important de l'engagement du géant asiatique en Afrique. L'enjeu fondamental pour cette dernière réside dans la capacité ou la stratégie à déployer pour optimiser les gains de cette coopération diversifiée.

Bibliographie

Actu Cameroun, Coopération médicale : Déjà deux hôpitaux de référence construits par la Chine au Cameroun, actucameroun.com/2018/03/21/, consulté le 08 juin 2022.

Ambassade de la République populaire de Chine en République du Tchad : Discours de M. le chargé d'affaires a.i. de l'Ambassade de Chine à l'occasion de la Cérémonie de remise de l'hôpital réhabilité de l'amitié Tchad-Chine (21 juin 2013), td.china-embassy.gov.cn//fra/sbgx/201306/, consulté le 07 juin 2022.

Ambassade de la République populaire de Chine en République Centrafricaine : Allocution de S.E.M Chen Dong, Ambassadeur de Chine en RCA pour célébrer le 40ᵉ anniversaire de la Mission médicale chinoise et exprimer la reconnaissance aux Députés de l'Assemblée nationale (2018/12//14), www.mfa.gov.cn, consulté le 08 juin 2022.

Ambassade de la République populaire de Chine : Signature d'accord de coopération sanitaire entre la Chine et le Gabon (2016/11/26), www.mfa.gov.cn, consulté le 08 juin 2022.

Ambassade de Chine au Gabon : coopération médicale sino-gabonaise, www.amba-chine.ga, 12 septembre 2020, consulté le 07 juin 2022.

bbc.com : Coronavirus : la Chine construit un hôpital en 10 jours, https://www.bbc.com>afrique, consulté le 06 juin 2022.

Bobin F., « La Chine promet à l'Afrique des vaccins plutôt que des financements », www.lemonde.fr/afrique/article, 30 novembre 2021, consulté le 06 juin 2022.

Essissima Foe C., « La coopération sanitaire entre la Chine et le Cameroun vue par un étudiant camerounais », *Beijing Information*, www.bjinformation.com, 18 septembre 2021, consulté le 09 juin 2022.

FCSA, Xinhua., « Technologie et santé, grand espace de développement pour la coopération Chine-Afrique dans le contexte de la COVID-19 », www.focac.org/fra/zfgx_5/jmhz/202110, 08-10-2021, consulté le 22 mai 2022.

fr.m.wikipedia.org/wiki/collaboration, consulté le 05 juin 2022.

Gabonews : Gabon : Réouverture ce lundi de l'hôpital de la coopération Sino-gabonaise à Libreville, www.santetropicale.com, 12 mars 2007, consulté le 09 juin 2022.

Journaldutchad.com., « Le Tchad renforce la coopération sanitaire avec la Chine », www.journaldutchad.com, 15 décembre 2020, consulté le 07 juin 2022.

Laura : Une coopération sino-congolaise fructueuse dans le domaine sanitaire (synthèse), 19 juin 2013, french.china.org.cn/foreign/txt/2013-06/19/, consulté le 08 juin 2022.

Le Journal Vision 2., « La Centrafrique et la Chine renforcent leur coopération en matière de santé », lejv2.info/2017/03/20, consulté le 08 juin 2022.

Pokam H. de Prince : La médecine chinoise au Cameroun, *Perspectives chinoises*, N°2011/3, https://journals.openedition.org, consulté le 11 juin 2022.

Procopio M. : Diplomatie sanitaire de la Chine en Afrique : une position de protagoniste qui n'est pas sans comporter quelques pièges, *Le Grand Continent*, www.wathi.org/diplomatie-sanitaire-de-l-chine-en-afrique-une-position-de-protagoniste, 22 mai 2020, consulté le 22 mai 2022.

République gabonaise Ministère de la santé et des affaires sociales : Visite du site de vaccination de l'hôpital de la coopération sino-gabonaise, www.sante.gouv.ga, 26 mai 2021, consulté le 07 juin 2022.

34. « La promotion de la culture sportive chinoise au Cameroun : une appropriation par le bas dans la ville de Ngaoundéré entre 1990 et 2022 », *Dr Therèse Mvoto epse Mbossoklé*

Introduction

Le Décret n ⁰ 058 /90 du 19 décembre 1990 portant sur la liberté des associations connait une montée exponentielle des clubs sportifs au Cameroun. Parmi ces clubs sportifs figurent les clubs des arts martiaux chinois connus sous le nom du Tai Chi Chan et du Qi gong dans les villes camerounaises en général et celle de Ngaoundéré en particulier. Ce sont des systèmes de combat à main nue avec une ambition de développement physique et spirituel plutôt que d'efficacité militaire. Une volonté d'en finir avec l'homme chinois le malade de l'Asie. Il est question d'une valorisation d'un meilleur conditionnement sanitaire. Mais au-dela de cet objectif, ces clubs sont des vecteurs de la culture chinoise au Cameroun.

La réflexion scientifique initiée sur le rôle du la culture sportive comme vecteur culturel des peuples n'est pas la première. Mais aucune recherche précédemment ne s'est appesantie sur la promotion de la culture sportive chinoise dans la ville de Ngaoundéré. Jacques Defrance(D. Jacques 2011)[313] affirme que la culture sportive est fondée sur l'expérience de contacts rugueux avec les autres et avec les objets disposés dans l'épreuve (engin, obstacle) : effort physique intense, essoufflement, suée, douleur musculaire, mais aussi attention aiguë au déroulement du jeu, angoisse ressentie « dans les tripes » face à l'incertitude du résultat. Son étude permet de conceptualiser la culture sportive chinoise, objet de notre analyse. En somme, de tous ces auteurs susmentionnés, il apparaît qu'ils ne se sont pas appesantis sur le rôle de la promotion de la culture sportive chinoise dans l'appropriation culturelle des peuples de la ville de Ngaoundéré. Ainsi en quoi peut-on affirmer que la promotion de la culture sportive chinoise impacte la vie des populations sur les plans moral, vestimentaire, sanitaire et meme diététique ? En quoi est-elle un vecteur culturel au sein des populations ? La réalisation de ce travail est essentiellement basée sur l'exploitation des documents écrits, électroniques, iconographiques et de l'analyse des interviews auprès des populations dans les villes de Ngaoundéré. Le texte comprend la présentation de la culture sportive chinoise, les marques de l'appropriation de cette culture par les populations et enfin les limites de cette appropriation culturelle.

Espace sportif des arts martiaux avant l'implantation de la culture sportive chinoise

L'existence des clubs des arts martiaux japonais et coréens

L'espace sportif des arts martiaux dans la ville de Ngaoundéré avant l'implantation de la culture sportive chinoise est dominée par les clubs des arts martiaux d'origine coréenne et japonaise. Ils développent au sein des populations du Judo du Karate, du Tansodo, du Taekondo et du Shotokan. Ils développent les arts martiaux de combat au contraire de la culture sportive chinoise qui est arts martiaux chinois qui ne sont pas des sports de combats mais des canaux pour un bien etre. Il n'est objet de spectacle.

D'ailleurs Bonnet(2007), affirme que : « Le sport est un système de pratiques doublé d'un système de représentations et de valeurs dont la fonction est de doter toute société de visions du monde et de modes de comportements. En soi, le sport

---

[313] Jacques Defrance, 2011, La culture sportive in *Sociologie du sport* (2011), pages 50 à 70

– dit « anglais » – n'a pas été conçu pour être l'objet d'un spectacle, et Pierre de Coubertin voyait dans celui-ci plus de dangers que de bienfaits (Bonnet, 2007). Il apparait que le sport va au dela du spectacle. Les Chinois accordent beaucoup d'importance au bien-être physique et au bien être spirituel. D'où l'art martial repose sur les principes tels que :

Apprendre à se défendre : les arts martiaux nous apprennent à acquérir les bons réflexes pour nous défendre en cas d'agression.

Améliorer l'équilibre corporel : ces sports font appel à la coordination et à l'enchaînement de différents mouvements, ce qui améliore la posture et la stabilité corporelle.

Rester en forme : les arts martiaux font travailler plusieurs parties du corps et permettent donc de conserver une bonne santé.

Renforcer la maîtrise de soi : au-delà des bienfaits physiques, ce sport apaise le mental et amène au contrôle de soi.

Canaliser son énergie : pratiquer les arts martiaux pour les enfants et les adolescents favorise une canalisation de l'énergie et une découverte de ses capacités internes.

En 1997, l'académie Ibrado sport est créé par Maitre Ibrahim Inb Sali au quartier nommé « Grand marché, immeuble Camtel). Il est officielllement reconnu sous l'agréement n° 014 /Minsep/SG /DNSOS/SDN/SDA , Déclaration n° 35/RD/H52/SAAJP. Cette académie Ibrado Sport n'est pas le seul club des arts martiaux dans la ville car d'autres fonctionnent dans la clandestinité à l'instar du Gym Center du Centre Commercial. Celui-ci est tenu des maitres par M. Ossok Antoine. C'est une formation acharnée des jeunes dès l'age de 03 ans. Leur influence est manifeste vu les effectifs des adhérents et la participation aux compétitions nationales et internationales jusqu'en 2000.

Implantation des arts martiaux chinois des 2000

Les premiers clubs d'arts martiaux chinois dans la ville de Ngaoundéré sont implantés en 2000. Il s'agit du Tai chi Chuan(Tayiquan) et du Qi gong

Le club Taïchi Chuan dans la ville de Ngaoundéré

Le club Taï chi Chuan est implanté dans la ville de Ngaoundéré en 2000 . Son promoteur est Maitre Fabrice Tchatchueng(Enquetes de terrain 2022). Le college Mazenod est le site des exercices quotidiennes dans la ville. Qu'est ce que le Tayi guan ? Ses principes ?

Dérivé des arts martiaux, le tai-chi est une discipline corporelle qui fait partie des exercices énergétiques de la Médecine traditionnelle chinoise. Le tai-chi est une gymnastique énergétique globale qui consiste à réaliser un ensemble de mouvements continus et circulaires exécutés avec lenteur et précision dans un ordre préétabli. Au cours des siècles, la société chinoise a développé une solide tradition martiale. Le tai-chi était au départ une technique de combat transmise oralement, de maître à élève, dans le plus grand secret au sein de familles de paysans. Son origine demeure difficile à déterminer, toutefois, plusieurs auteurs accordent à Zhang Sanfeng, un moine chinois ayant vécu au XVIe siècle (ou peut-être au XIIe siècle), d'avoir créé les 13 postures de base du tai-chi. Il se serait inspiré d'un combat entre un oiseau et un serpent pour concevoir les enchaînements. Le serpent aurait triomphé grâce à sa lenteur, à sa souplesse et à ses mouvements arrondis qui donnèrent peu d'emprise à son adversaire. Au fil des années, la technique du tai-chi s'est beaucoup simplifiée et adoucie, même si certains maîtres ont continué à transmettre les notions martiales traditionnelles (par exemple, la connaissance des points vitaux mortels). En 1976, lors de la réouverture des universités en Chine, le tai-chi est devenu une discipline accessible à la masse et enseignée dans les programmes d'éducation physique universitaires. Il a perdu en grande partie sa composante énergétique (travail du Qi). De nos jours, des millions de Chinois pratiquent quotidiennement le tai-chi, en particulier les aînés, mais plusieurs s'y adonnent pour des raisons de développement intérieur, qui vont bien au-delà de l'entraînement physique. Il a été introduit en Amérique du Nord au début des années 1970.

Cette gymnastique énergétique globale se décline en plusieurs styles : certaines écoles visent surtout la prise de conscience de soi par une approche intérieure, tandis que d'autres favorisent les techniques de combat. La plupart des écoles ont toutefois abandonné leur intention martiale au profit du développement de la souplesse et de l'éveil du Qi. Pour bien saisir ce qu'est le tai-chi, il faut savoir qu'il forme, avec le Qi Gong, l'une des 5 branches de la Médecine traditionnelle chinoise (MTC). Les 4 autres branches sont l'acupuncture, la diététique chinoise, la pharmacopée chinoise (herbes médicinales) et le massage Tui Na. Il faut donc aborder le tai-chi dans le contexte plus large de la MTC qui est présentée dans la fiche du même nom.

En filigrane le Tayi guan est une gymnastique énergétique globale caractérisée par la lenteur source de la maitrise de soi. Des jeunes populations de la ville de

Ngaoundéré l'ont adopté sans aucune forme de discrimination. En dépit de la présence relativement base des populations autochtones(20 % Enquetes de terrain 2022).) dans les effectifs des pratiquants du Tayi guan, relevons malheureusement quelques principes de cet art chinois.

En tai-chi, il est primordial d'apprendre à ralentir. En effet, c'est l'extrême lenteur d'exécution qui permet de déceler les blocages et de sentir le courant énergétique. De plus, la prise de conscience du transfert, lent et précis, du poids du corps d'une jambe à l'autre et le jeu d'alternance des bras et des jambes concrétisent parfaitement la pensée chinoise basée sur l'équilibre dynamique des forces du Yin et du Yang. Cette pratique met également l'accent sur la respiration qui doit être lente, profonde et régulière. Au fur et à mesure de la pratique, l'individu devra coordonner sa respiration avec l'exécution des mouvements.

Toujours pratiqué en posture verticale, le nombre de mouvements dans un enchaînement complet varie de 24 à 48, et peut même atteindre 108, ce qui correspond à la forme originale du tai-chi. Durant les enchaînements, ce sont les mains qui guident les déplacements et qui captent et dirigent l'énergie afin que le corps trouve son appui dans le Tan Tien, le centre de gravité situé un peu en bas du nombril. L'essence du tai-chi réside dans la recherche de l'équilibre des deux pôles de l'énergie, le Yin, issu de la terre, et le Yang, issu du ciel. En dehors du Tayi guan, le club gigong permet la visibilité de la culture sportive chinoise au Cameroun en général et dans la ville de Ngaoundéré en particulier.

Le Club du qigong dans la ville de Ngaoundéré

L'implantation du Club du Chikung dans la ville de Ngaoundéré est l'œuvre de Maitre Fabrice Tchatchueng(Enquetes de terrain 2022). Le qi gong Écouter, qigong, chi gong ou chi kung (chinois simplifié : 气功 ; chinois traditionnel : 氣功 ; pinyin : qìgōng ; Wade : ch'i^{4}gong^1) est une gymnastique traditionnelle chinoise et une pseudo science de la respiration fondée sur la connaissance et la maîtrise du souffle et qui associe mouvements lents, exercices respiratoires et concentration. Le terme signifie littéralement « réalisation ou accomplissement (gong) relatif au qi », ou « maîtrise du souffle ». « En faisant que ton souffle corporel (ou shen qi) et que ton souffle primordial (ou jing qi) embrassent l'Unité, peux-tu redevenir un enfançon ? » Tao Tö King. Le qi gong compte plusieurs branches, lesquelles recouvrent des centaines de styles différents : le qi gong santé et bien-être (préventif), le qi gong martial, le qi gong médical (curatif), le qi gong sexuel et le qi gong spirituel.

Vers le Ve siècle, selon la légende, Bodhidharma développait le qi gong dans le wu shu de l'école Shaolin plus communément appelé de nos jours Kung-fu Shaolin au monastère Shaolin, en Chine, en s'inspirant des gymnastiques taoïstes de longévité. Durant la Révolution culturelle (xxe siècle), le qi gong est réprimé. Plus tard, de nombreuses écoles surgissent, et une s'en détache par sa notoriété, le Falun Gong. Les racines du Qi gong sont millénaires et indissociables de la tradition taoïste. Le travail sur le souffle et l'énergie interne était déjà pratiqué par les sages de l'Antiquité, aussi existe-t-il des écoles taoïstes, bouddhistes et confucianistes de Qi gong, lesquelles ont grandement influencé le développement de la médecine chinoise traditionnelle. Se transmettant de façon le plus souvent privée et secrète entre maîtres et initiés, la pratique du Qi gong a connu une popularité croissante au xxe siècle, tant au sein de la population chinoise qu'à l'extérieur de la Chine, notamment grâce aux contacts des sociétés occidentales qui s'y intéressent de plus en plus à partir des années 1960. Le père du qigong moderne est Liu Guizhen (1920-1983), un cadre du Parti communiste chinois. Après s'être fait soigner pour un ulcère par un maître qui lui enseigna une méthode de méditation et de contrôle de la respiration en position debout, il fut chargé par ses supérieurs de développer cette technique de maîtrise du souffle, mais débarrassée de ses éléments religieux .

Adopté par le régime communiste en 1949, le qigong est présenté dans les années 1950 « comme une thérapie d'origine populaire et chinoise », en opposition à la médecine « bourgeoise » occidentale. En 1953, un sanatorium spécialisé est ouvert à Beidaihe, station balnéaire pour les cadres communistes, où ces derniers sont initiés aux méthodes de relaxation. Dans l'ensemble du pays, 70 centres de pratique du qigong sont ouverts y compris les cliniques et les sanatoriums. Liu Guizhen est honoré par Mao Zedong. Puis ces pratiques sont interdites et réprimées comme pratiques féodales et superstitieuses durant la Révolution culturelle. Le qigong continue cependant à se transmettre clandestinement entre maîtres et disciples. À partir des années 1970, le qigong refait surface et se pratique collectivement dans les parcs de Pékin à l'initiative d'une certaine Guo Lin qui estimait avoir guéri son cancer de l'utérus grâce au qigong[10]. En 1979, cette dernière est encouragée par plusieurs dirigeants qui voient dans le qigong un moyen sans frais d'améliorer l'état de santé de la population.

À la fin des années 1970, la popularité de ce nouveau qigong des maîtres charismatiques a reçu un coup de fouet important en Chine grâce à la « supposée "découverte scientifique" de l'existence matérielle du qi ». « À la fin des années 1970, des scientifiques réputés, travaillant au sein d'universités et d'instituts de recherche ayant pignon sur rue, ont effectivement procédé à des expérimentations prétendant prouver que le qi émis par un maître du qigong pouvait être mesuré par des instruments scientifiques. »

Au début des années 1980, dans le vide spirituel de l'ère post-Mao, et dans un contexte de détente économique, peu après les premières réformes libérales et la première apparition du chômage, le pays connaît une véritable « fièvre du qigong », des millions de Chinois, principalement urbains et âgés, deviennent pratiquants d'une des diverses variétés ou écoles de qigong, dirigées par des maîtres charismatiques dont beaucoup deviennent des célébrités nationales. Dans des stades, devant des milliers de passionnés, des enseignements payants sont donnés par les maîtres dispensateurs de qi et de guérisons miraculeuses, à l'instar du maître Yan Xin, censé émettre un qi externe pouvant changer la structure moléculaire d'un échantillon d'eau à deux mille kilomètres de distance]. La Société de recherche scientifique sur le qigong de Chine (SRSQC), organisme national qui regroupe les associations de qigong, est créée par l'État en 1985 pour superviser le mouvement. Les autorités, qui voient dans le qigong une façon de mettre en avant la culture chinoise, participent à sa promotion à travers les Salons de la santé qui lui sont consacrés à Pékin en 1992 et 1993.

Au total, deux disciplines matérialisent la présence de la culture sportive chinoise dans la ville de Ngaoundéré. Notons le Tayi guan et le gigong. Ils participent de l'appropriation de la culture chinoise par les populations de la ville de Ngaoundéré.

Margues de l'appropriation de la culture sportive chinoise par les populations

L'appropriation culturelle désigne à l'origine l'utilisation d'éléments matériels ou immatériels d'une culture par les membres d'une autre culture, dont l'acquisition d'artefacts d'autres cultures par des musées occidentaux (Oxford Reference 1993) Par la suite, le concept est utilisé par analogie par la critique littéraire et artistique, le plus souvent avec une connotation d'exploitation et de domination. Dans le cadre de notre analyse, l'appropriation culturelle sportive chinoise est l'utilisation d'éléments matériels ou immatériels de la culture sportive chinoise par les populations de la ville de Ngaoundéré. Nous le verrons dans l'art, l'iconographie, le costume, la santé.

Exhibitionnisme des artefacts chinois dans les artères de la ville

L'exhibition des artefacts chinois dans les artères de la ville est manifeste par la naissance de l'élite sportive chinoise dans la ville de Ngaoundéré et l'adhésion à la culture cinématographique chinoise.

Adhésion à la culture cinématographique chinoise.

La culture sportive chinoise impacte la vie des populations locales du Cameroun en général et de Ngaoundéré en particulier. Notons singulièrement la promotion des films sportifs médiatisés. Il s'observe les affiches des films chinois et la promotion des films chinois dans la ville. En effet, nous nous focaliserons sur le cinéma. Les arts martiaux chinois ont donné naissance au genre de cinéma d'arts martiaux populaire désigné par les films de Kung -Fu. Le film de kung-fu est un genre du cinéma d'art martial, inspiré par les arts martiaux chinois (désignés populairement par le terme kung-fu). Il est principalement produit en Chine et est souvent associé au cinéma hongkongais. Les acteurs les plus célèbres sont Bruce Lee, Jet Li et Jackie Chan. Le film de kung-fu est principalement un film d'action mais on peut trouver des éléments propres à la comédie au drame ou plus rarement au film fantastique.

Les films ayant obtenus l'adhésion des populations de Ngaoundéré. Les films de Bruce Lee ont contribué à la popularité des arts martiaux chinois en occident dans les années 1970. En occident les mouvements de Kung-fu sont devenus courants dans les scènes d'actions et apparaissent dans de nombreux films qui ne sont généralement pas considérés comme les films d'arts martiaux. Ces films incluent la tautologie Matrix ou kill bill. Les thèmes des arts martiaux se trouvent dans la télévision. Dans un effort pour revitaliser le genre, Tsui Hark tourna : «Il était une fois en Chine» dans les années 90. Les actrices comme Maggie Cheung (The New Dragon Inn, 1992), Brigitte Lin (The Bride With White Hair, 1992), Anita Mui (Heroic Trio, 1993) et Michelle Yeoh (Wing Chun, 1994) ont gagné leur célébrité grâce à leur beauté et à leurs capacités athlétiques.

A Ngaoundéré, les salles de cinéma partisanes de la promotion de ces films sont légion. L'adhésion des jeunes frisent le ridicule parfois. Les cours de récréation sont des lieux d'expérimentation de ces scenarii de Kung-fu. Il n'est donc pas question d'une imposition mais d'une imitation. D'ailleurs, John McWhorter, professeur à l'université de Columbia, écrit en 2014, que l'appropriation culturelle et les influences réciproques sont des choses généralement positives et qu'ils se font généralement par admiration des cultures imitées et sans intention de nuire.

Pour Kenan Malik, écrivain, Maître de conférences et animateur radio britannique d'origine indienne, « Le terme même d'appropriation culturelle est inapproprié (Kenan M ;, 2019). Les cultures ne fonctionnent pas par appropriation mais par interaction désordonnée. Les écrivains et les artistes, voire tous les êtres humains, participent nécessairement aux expériences des autres. Personne ne possède de culture, mais tout le monde en habite une (ou plusieurs), et en habitant une culture, on trouve les outils pour tendre la main à d'autres cultures ». Dans la ville de Ngaoundéré, les éléments sporadiques de la culture sportive chinoise ont été appropriés par les populations

En dépit du développement de la délinquance juvénile et le déperdition scolaire chez les jeunes dans les années 1990, le Cameroun en général et la ville de Ngaoundéré en particulier bat au rythme des arts martiaux. On peut le noter dans les patronymes des jeunes s'identifiant aux acteurs Jet Lee, Jacky Chan, Bruce Lee. Moult exemples peuvent etre cités. Notons une des figures du Kung-Fu au Cameroun qui, dès son adolescence se nomme Li et plus tard en est devenu un maitre des arts martiaux au Cameroun. Il s'agit du maître Erisien Fabrice Mba, connu sous son nom chinois, Li Mubai (Li Xiaoyu , 2021). En effet, passionné pour les arts martiaux chinois depuis son enfance, il a emprunté le patronyme « Li » aux acteurs Bruce Lee et Jet Li, dont il est fan. Son professeur de « sport-santé » lui a donné le prénom Mubai (littéralement « bois blanc »), par référence au bois de coffrage qui sert à fabriquer des moules, symbolisant sa vocation de former un maximum de jeunes Africains tout aussi passionnés, motivés et impliqués que lui. Li Mubai est né en 1979 à Sangmélima au Cameroun. Force est de noter que la naissance de la première élite sportive en faveur de l'art martial chinois au camerounais a été influencée par les acteurs sus-évoqués.

Naissance de l'élite sportive chinoise dans la ville de Ngaoundéré
Les clubs du Tai Chi et du Qi gong de Ngaoundéré ont facilité la naissance

d'une nouvelle vague d'élite sportive au Cameroun. Ils maitrisent l'art étranger chinois en terre africaine. Ils bénéficent des stages de renforcement des capacités en chine. Il s'agit de l'offre de bourse pour le renforcement des capacités des formateurs sur la pratique des arts martiaux chinois. C'est le cas en 2006 et en 2013, les maitres du Tai chi sont acceuillis en chine. Fabrice Tchatchueng de déclare que : « En 2006. j' ai été bénéficiaire de cette bourse de renforcement des capacités des formateurs africains en Tai chi. J'en suis fière ! Je pense que cela est signe d'une diplomatie positive entre mon pays le Cameroun et la chine ». Cette aubaine permettra aux jeunes de se faire une place au soleil. Force est de noter la multiplication des clubs des arts martiaux qui sont une issue d'échelle d'ascension sociale. Les fils des paysans et de bergers deviennent non seulement des ambassadeurs sportifs du Cameroun en chine mais également des « éléments autosuffisants » pouvant subvenir aux besoins existenciels autant propres que familiaux. De l'avis des informateurs, certains maitres sont détenteurs des cabinets de santé chinois dans les villes camerounaises y compris Ngaoundéré.

Aussi relevons aisement que certains camerounais sont bien installés au Canada et même en chine pour offrir leur compétence aux chinois dont ils tiennent la formation. Comment ne pas noter la clinique d'acupuncture, centre énergie santé kamga(Montreal Canada, 5546 Rue Saint Patrick)et de feue X ayant concouru à la promotion de la médecine chinoise au Tchad. Cette aubaine permettra aux jeunes de se faire une place au soleil. Comment ne pas souligner la multiplication des clubs du Kung fu qui sont - pour le moins qu'on puisse dire- une issue d'échelle d'ascension sociale. Ce qui confirme que le secteur de la culture sportive chinoise soutient l'économie par la création directe ou indirecte d'emploi. Elle aide également à stimuler l'innovation dans d'autres secteurs en termes de gains de productivité régionale d'images de margue de la communauté et de promotion du tourisme local.

En outre, dès 2008, les stages de recyclage sont transférés en terre camerounaise. De l'avis de Fabrice Tchatchueng, « depuis 2008, tous les pratiquants du Tai des dix Régions du Cameroun sont invités dans la capitale Yaoundé, à l'institut Conficius. Nous bénéficions des formations allant jusqu'à la maitrise de la médecine traditionnelle chinoise. Ces propos montrent à suffisance les efforts de la Chine dans l'appropriation culturelle des populations locales. On peut y voir la mise en évidence de la diplomatie du « Soft power ». Le soft power se définit par la capacité d'un État à influencer et à orienter les relations internationales en sa faveur par un ensemble de moyens autres que coercitifs (menace ou emploi de la force), procédés qui relèvent pour leur part du hard power, ou pouvoir de contrainte (Larousse 2022). Il renforce ainsi la légitimité de son action internationale, ce qui constitue également un facteur de puissance. Cette influence s'exerce autant à l'égard des adversaires que des alliés et vise désormais tous les acteurs des relations internationales (OI, ONG, firmes transnationales…). La diplomatie, les alliances, la coopération institutionnelle (OI) ou non, l'aide économique, l'attractivité de la culture, la diffusion de l'éducation ou le rayonnement d'un modèle politico-économique (économie de marché et démocratie par exemple) et de valeurs constituent les principaux vecteurs du soft power. Il s'agit là d'autant de moyens pacifiques (nouvelle fenêtre) pour convaincre les autres acteurs des relations internationales d'agir ou de se positionner dans un sens donné.

En filigrane l'appropriation des populations locales de la culture sportive chinoise est mise en évidence au travers de l'exhibition des artefacts. En plus de l'exhibition des artefacts chinois dans la ville, intéressons-nous à l'esthétique vestimentaire.

Arrimage à l'Esthétique vestimentaire chinoise et aux techniques sanitaires chinoise

L'arrimage se définit comme l'action de s'arrimer son résultat (Larousse 1990). Il est question de voir l'adoption de la culture chinoise sur le plan de la santé et du vestimentaire.

Arrimage à l'estthétique vestimentaire chinoise des populations locales de la ville de Ngaoundéré

L'Esthétique vestimentaire se manifeste par l'utilisation des modèles autochtones ou d'images chinoises dans l'industrie de la mode, en publicité dans la littérature ou du cinéma. Dans la ville de Ngaoundéré, il n'est pas rare de voir lors des fêtes d'étudiantes ou manifestations publiques, les éléments de la culture chinoise. La « veste Tang » est adapté aux model vestimentaires locales. Cette photo si dessous illustre à suffisance l'appropriation de l'art martial au Cameroun.

Photo 1 : la veste Tangshuang arborée par les camerounais

Source : Li Xiaoyu , 2021, Le « Jet Li camerounais » in *Chinafrique* in http : // french bejingreview.com.cn/culture/202101/t20210120_800233135html,

De cette image. il apparait une mise en valeur de la veste Tang par les populations locales camerounaise. Le terme "costume Tang" ou Tangshuang est originaire de l'étranger. Un "Quartier Chinois " est une partie de zone urbaine, à l'intérieur d'une ville, où vivent un grand nombre de Chinois, en dehors de la majorité des citadins. Depuis que la dynastie Tang a été la plus florissante, prospère, splendide et glorieuse période de la Chine ancienne, la population locale a toujours appelé ces quartiers chinois "ville des gens de la Dynastie Tang " "(唐人街) et nommé les Chinois "personnes de la dynastie Tang " (唐人). Les vêtements portés par les Chinois étaient donc appelés "costumes Tang "

De nos jours, le "costume Tang " n'est plus celui de la dynastie Tangshuang. Il est totalement différent. On peut faire remonter l'origine du "costume Tang" actuel 'ou de la veste Tangshuang) à la dynastie Qing. Il a évolué depuis le "Ma gua " de la dynastie Qing, un costume traditionnel chinois porté par les hommes. C'est une tunique courte avec un col haut et arrondi et des revers ; elle s'attache sur le devant. Avant 1940, ce que nous connaissons comme le "costume Tang " est devenu dominant pour toutes les classes en Chine. Comparé à l'ancien style, les manches sont devenues plus longues et plus larges. Des poches plaquées ont été ajoutées et le nombre de boutons a été fixé à sept. Cette veste était portée avec des pantalons assortis.

Les vêtements de la dynastie Tangshuang ont aussi grandement influencé ceux des pays voisins. Le "kimono" Japonais, par exemple, a adopté le meilleur des vêtements de la dynastie Tang en termes de couleurs, et le "Hanbok "* Coréen (vêtement traditionnel) en a aussi copié les avantages. Les vêtements de la dynastie Tang étaient principalement confectionnés en soie, aussi étaient-ils célèbres pour leur douceur et leur légèreté. Ils adoptèrent aussi franchement les caractéristiques des vêtements étrangers en termes de formes et de couleurs, c'est-à-dire qu'ils se référèrent aux habits d'autres pays tels que l'Asie Centrale, l'Inde, l'Iran, la Perse, les contrées du Nord et les régions de l'Ouest. Ils les utilisèrent pour embellir la culture de la Dynastie Tang. Force est donc de souligner, la prestance de la veste Tang dans la vie des populations chinoises.

En 2022, la veste Tangshuang a fait son bonhomme de chemin. Elle est incorporée aux designs africains pour le beau plaisir des populations. Certes il s'agit de l'art pour l'art mais notons plus préférable, l'appropriation de la culture chinoise au travers du costume Tang.shuang. Sur du pagne ou du Bazin africain, tout y est pour une mise en valeur de ce design chinois. Cette photo du costume Tangshuang est visible dans la mode des Mboum, Gbaya , Peul etc…

Photo 2 : un modèle de veste Tangshuang arboré par les populations de la ville de Ngaoundéré

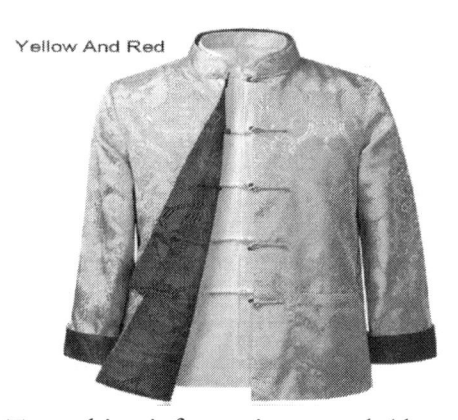

Source : Costume Tang-chine information consulté le 24 mai 2022.

Il n'est pas rare de voir ce modèle dans le vestimentaire local de Ngaoundéré. En plus de l'arrimage vestimentaire des populations locales de la ville de Ngaoundéré, notons l'accomodation aux techniques sanitaires chinoises

Accomodation aux techniques sanitaires chinoises

L'appropriation de la culture sportive chinoise est matérialisée par l'accomodation des populations aux techniques sanitaires chinoise. En effet, la théorie sportive chinoise ne repose pas sur la pratique du combat mais sur la volonté de l'acquisition d'un bien-etre personnel. Le sport est donc un tremplin pour un bon conditionnement sanitaire. D'où l'amélioration du plateau technique de santé du Cameroun. Ceci par l'utilisation de la médecine traditionnelle et des pratiques de sante chinoise par les populations locales. Il s'est observé la création d'une clinique de santé au quartier Onaref face le Collège Mazenod de Ngaoundéré.

Des consultations sont offertes aux populations locales. Les traitements sont emprégnés d'un zès traditionnel appreciée par les malades. Selon le maitre Fabrice Tatchueng, « les gens viennent meme de Yaoundé, de Douala pour des consultations. C'est encourageant que les gens adhèrent aux produits chinois ». Ces propos témoignent de l'adhésion des populations a cette nouvelle donne sanitaire. Une adhésion notable également dans l'audience accordé aux vendeurs ambulants dans les ménages locaux. « Un business qui nourrit son homme » en témoigne Abbo Jean, un des colporteurs des produits chinois dans la ville. Il a été question dans cette partie de présenter les marques d'appropriation de la culture sportive chinoise dans la ville de Ngaoundéré. Cependant, cette appropriation culturelle n'est pas innocente.

Enjeux de l' appropriation culturelle chinoise sur la promotion du multiculturalisme au cameroun

La promotion de la culture sportive chinoise est vectrice des politiques handicapantes le principe du multiculturalisme au Cameroun. Il s'observe une volonté d'extraversion qui ne dit pas son nom. Pourtant le projet d'instauration d'une société multiculturelle où les cultures, les religions, entreraient en dialogue, s'enrichissant mutuellement de leur diversité, a paru de nature à remplacer avec bonheur l'ancienne recherche d'assimilation de ceux qui venaient d'ailleurs. Les clubs des arts martiaux chinois contribuent de cette assimilation des peuples camerounais. Les clubs de lutte traditionnelle perdant ainsi de leur aura auprès des jeunes. C'est la manifestation de l'acculturation donc les conséquences sont légion. Berry atteste que les changements psychologiques, durant et après l'acculturation, concernent aussi l'identité personnelle, des attitudes, des habiletés, des motivations (Berry, 1980). Certains de ces changements ont des conséquences positives (l'amélioration des conditions économiques). D'autres se manifestent sous forme de problèmes psychologiques : confusion identitaire, stress d'acculturation qui s'exprime par des problèmes de santé mentale (dépression, angoisse, etc.), de marginalité et d'aliénation.

Conclusion

Il a été question de présenter le rôle de la promotion culturelle sportive chinoise dans la vie des populations de la ville de Ngaoundéré. Les années 1990 libéralisent la montée exponentielle des clubs sportifs dans les villes camerounaises en général et celle de Ngaoundéré en particulier. Si les Gym Center font dans leur ensemble des arts martiaux, il faut attendre les années 2000 pour voir s'implanter le premier club du Tai Chi Chan et Qi gong au quartier Onaref face du Collège Mazenod de Ngaoundéré. Ceci est l'œuvre du Maitre Tchatchuang Elvis. Celui-ci accueille les jeunes Mboum, Gbaya, Peul, Bamileke, Bamvélé, etc … La formation offerte tous les mercredi et samedi des 16h, permet aux jeunes camerounais d'ici d'apprendre la pratique de l'art martial chinois. Une formation non moins innocente au sein des populations, car force est de noter que l'appropriation au travers de l'art, du vestimentaire, de la santé et de l'iconographie, influence le quotidienne des populations. Comment donc concilier la course vers le multiculturalisme d'avec l'atomisation culturelle !

Bibliographie

Bonnet Valérie, 2022, « La culture sportive est-elle transmissible par les médias? », Questions de communication [En ligne], 20 | 2011, mis en ligne le 01 février 2014, http://journals.openedition.org/questionsdecommunication/2105 ; DOI : https://doi.org/10.4000/questionsdecommunication.2105, Consulté le 29 juin 2022 .

Bonnet V., Boure R., 2010, « La construction des joueurs de rugby par le commentaire télévisuel. Entre parcours et performance », pp. 567-577, in : Attali M., dir., Sports et medias. Du XIXe siècle à nos jours, Biarritz/Paris, Éd. Atlantica/Musée national du sport.

Defrance Jacques, 2011, La culture sportive in *Sociologie du sport* (2011), pages

50 à 70

Elias N., Dunning É., 1986, Sport et civilisation. La violence maîtrisée, trad. de l'allemand par F. Duvigneau, Paris, Fayard, 2006.

Kenan Malik, « a propos de la notion d'appropriation culturelle , sur Sollitudes intangibles , 15 aout 2019.

Li Xiaoyu , 2021, Le « Jet Li camerounais » in *Chinafrique* in http : // french bejingreview.com.cn/culture/202101/t20210120_800233135html, Consulté le 29 juin 2022 .

Cultural appropriation, Oxford Reference (archives) Do 10. 1093/oi/ authority 20110, consulté le 08 juillet 2018.

Sport en Chine, in https://www.cielchine.com/culture chinoise/sport en chine, Consulté le 29 juin 2022 .

Culture sportive, in https://www. Internaute.fr dictionnaire sportive, Consulté le 19novembre 2022.

35. L'enracinement culturel traditionnel chinois comme facteur de développement : quelles leçons pour l'Afrique francophone ? *Dr. Patrick Romuald Jie Jie*

Introduction

La culture est, dans ses composantes essentielles, le lieu où une société se comprend, se projette et s'analyse. En sous-tendant la manière dont nous structurons notre société, elle détermine le potentiel, les possibilités, le style et le contenu du développement économique et social. L'économie créative demande que la dimension culturelle soit prise en considération en économie non seulement comme un « instrument », mais comme la base, le cadre général et la finalité de tout développement humain. Il apparaît aujourd'hui, de plus en plus clairement, que le non-développement, ou le mal développement, de certains pays africains ne dépend pas exclusivement de paramètres économiques, écologiques, sociaux ou politiques, mais que la culture endogène, moteur ou frein exerce une influence énorme et revêt une importance égale à la bonne gestion des affaires publiques, à l'égalité des sexes ou à l'éducation scolaire. La Chine, puissance émergente qui a très vite saisi l'enjeu culturel face aux multiples influences extérieures a su conserver sa culture endogène, pour concilier développement et valeurs traditionnelles. En rappel, les valeurs chinoises traditionnelles sont principalement basées sur les trois doctrines que sont le confucianisme, le taoïsme et le bouddhisme. De ce fait, comment l'Afrique noire francophone très spécifiquement peut s'inspirer du modèle de politique culturelle chinoise, pour se développer, sans renier ses valeurs propres ? Cette proposition de communication, se fixe pour objectif de revisiter les principes fondamentaux de la politique culturelle chinoise pour en tirer des éléments essentiels pouvant contribuer au développement des pays de l'Afrique francophone. La méthodologie s'appuie sur les sources écrites orales et numériques.

Les problèmes culturels africains

L'aliénation culturelle

Le contact de l'Afrique avec l'extérieur a transformé, déformé et détruit totalement la culture africaine authentique pour laisser place à une culture hybride qualifiée de chauve-souris. La culture à laquelle est lié fortement et étroitement l'avenir de l'Afrique est affectée et fait face à moult problèmes aujourd'hui. Ne pouvant s'en sortir sans une véritable autonomie vis-à-vis de l'extérieur, la culture africaine négocie pour son indépendance parce qu'elle se voit avalée, noyée par les nouvelles valeurs importées. Le contact avec l'extérieur a placé l'Afrique dans un abîme d'aliénation culturelle et a engendré l'incroyable poids de résignation et de fatalisme dans toutes ses sociétés déshéritées. Celle-ci est devenue un creuset où s'affrontent, se fondent et s'effondrent des « valeurs » multiples. Ceci a pour conséquence la perte de repères culturels, personnels, familiaux et sociaux. Étourdi et sourd dans un nuage culturel, l'Africain ne sait plus quelle direction prendre. MUDIMBE décrit cette situation comme une mouche dans une toile d'araignée :

Lancée dans la modernité d'une histoire mondiale où elle a brusquement été projetée presque malgré elle, l'Afrique essaie aujourd'hui de relier son passé et son histoire aux impératifs encore obscurs pour elle de la dépendance économique ; cette dépendance qui la relie aux anciens colonisateurs. Des idéologies de développement l'enchaînent à des modèles étrangers dont l'application se fait selon les grilles qui ne tiennent compte ni de ses contradictions propres ni de ses problèmes réels.(MUDIMBE, 1982, p. 118).

L'entrée dans le nouveau mode d'existence, dans la modernité fragilise, fragmente toute la société africaine. Les Africains restent divisés et partagés entre l'ethnocentrisme et le modernisme temporel et nécessaire. Séduits par les avantages de la civilisation occidentale, les Africains cherchent à s'adapter aux nouvelles formes d'existence. Inexpérimentés et ignorants, certains finissent par confondre la modernisation à l'occidentalisation, le progrès à la déculturation. TRAN VAN KHÊ décrit cette situation : « *Les peuples colonisés cherchent à imiter ceux qui les ont dominés, persuadés de la supériorité des cultures de ceux qui les ont vaincus par la supériorité de leurs techniques. Ils finissent par confondre le progrès, la modernisation, avec l'occidentalisation.* » (TRAN VAN KHÊ, 1973, p. 6-13.)

Les mutations que provoque ce contact avec l'extérieur placent les Africains devant une alternative inéluctable et provoquent la montée de trois types d'homme. D'une part, des conservateurs qui ont la nostalgie très poussée du passé ancestral et demeurent accrochés à la culture primitive ; d'autre part, une élite des intellectuels aliénés qui transforment leur culture en un simple objet de musée qu'ils regardent tantôt par curiosité, tantôt par moquerie du dehors et cherchent à la combattre par tous les moyens. Enfin, le troisième type, reste celui de la synthèse, cet Africain qui a su s'ouvrir aux nouvelles valeurs tout en demeurant lui-même sans s'assimiler et sans être assimilé. C'est ce type dont l'Afrique a besoin.

Nous notons, ici et là, que les traumatismes sociaux ont transformé nos mentalités et nous ont livrés à d'innombrables complexes qui sont des principaux symptômes de la myopie intellectuelle et dont souffrent les jeunes africains aujourd'hui. Devant ce phénomène d'acculturation, l'Africain désespère parce qu'il est entraîné et tiraillé par des courants multiples. Il ne rêve plus qu'à devenir ``civilisé`'', à ``s'européaniser''. « Il s'assimile, on l'assimile. »(JANHEINZ, 1958, p.7.) Les faits sociaux actuels, les besoins et les goûts quotidiens l'expriment mieux. Devant cette fuite d'identité de son être profond, l'Africain a à s'interroger sur son devenir dans le contexte présent pour se façonner une personnalité responsable et frayer des assises culturelles libératrices.

Devant le déferlement de la culture occidentale, l'homme africain se déculturalise. Cette transformation lui fait perdre son âme et ses origines. Ainsi, les efforts du modernisme et de la mondialisation se présentent chez l'Africain sous forme de complexes et divisent le continent en deux : d'une part l'Afrique des minorités représentée par un groupe de conservateurs qui se réclament gardiens de la tradition africaine. D'autre part, se hisse un groupe de modernistes véreux optant pour le changement radical de la culture africaine. Ce groupe est constitué des intellectuels africains aliénés par l'occidentalisation dans les façons de voir, d'être, de faire et de penser le monde. Ces pensées qui sont si souvent incompatibles avec les réalités africaines. Et là, se joue la crise d'une identité indéfinie.

Cette aliénation est tellement aiguë aujourd'hui qu'il suffit de jeter un regard critique sur nos États et gouvernements en place, sur le comportement de nos prétendues élites intellectuelles et guides du peuple pour s'en rendre compte. Tout reste calqué sur le modèle occidental au point de croire avec Jahn JANHEINZ que « l'Europe fournirait le modèle, l'Afrique une bonne copie ; l'une serait spirituellement dispensatrice, l'autre simple partie prenante. » (JANHEINZ, 1958, p.7) Malheureusement, cette copie ne résout pas les problèmes liés à l'univers africain.

L'acculturation

L'acculturation est l'un des phénomènes engendrés par le contact des cultures évoluant sous l'effet des mutations, des transformations causées ça et là par des emprunts réciproques. Parodiant Achiel PEELMAN, disons que l'acculturation, processus dynamique dans lequel s'engagent les cultures, provoque des conséquences importantes, variées dans nos sociétés avec : emprunts réciproques des éléments nouveaux, imitation, transferts symboliques, nouveaux développements et syncrétisme (PEELMAN,1988, p.114).Cependant, ce phénomène laisse malheureusement autant d'impasses ou de déviations des routes fécondes conduisant au génocide culturel et laisse, par ce fait, libre cour à l'ethnocide.

Le fait est présentement réel. Le pape JEAN-PAUL II y voit un phénomène de déracinement, de déstabilisation des structures sociales, de vastes proportions, soutenu par de puissantes campagnes médiatiques véhiculant des styles de vie, des projets sociaux et économiques, une vision d'ensemble de la réalité qui rongent de l'intérieur divers fondements culturels et de très nobles civilisations. Puis en raison de leur forte connotation scientifique et technique, les modèles culturels de l'Occident apparaissent fascinants et séduisants, mais révèlent malheureusement, avec une évidence toujours plus grande, un appauvrissement progressif dans les domaines humaniste, spirituel et moral (JEAN-PAUL II, 2001, p.3.)

Demeurant d'une part une occasion pour la purification de la culture africaine à la lumière des nouvelles valeurs, l'acculturation est d'autre part une pieuvre qui a vidé la culture africaine de sa substance grise. Elle a fait que pour l'élite africaine *« la référence à la culture nègre, au-delà de l'alibi, l'expression d'un remord sincère, mais c'est aussi, par réaction d'orgueil, la revanche du petit. »* (LANTIER, 1961, p.64) Ce phénomène déstabilisateur des couches sociales africaines traite aujourd'hui la culture africaine de dérobade psychologique et de drogue. Quelques unes de ces instances culturelles dénaturées et vouées à la perdition restent les langues et l'art en Afrique. Au sens d'Alpha SOW, les méthodes occidentales transférées en Afrique et incompatibles avec l'univers social africain font de l'Afrique, *« l'esclave d'une pensée et d'une vision étrangère du monde. »* (SOW, 1977, p.253) Ce phénomène d'acculturation est manifeste en Afrique parce que nos modes de vie et nos habitudes d'aujourd'hui sont importés. Jetons un regard critique sur l'usage de nos langues afin de comprendre s'il y a lieu d'espérer.

Les langues africaines

Élément fondamental, pilier de la culture, la langue reste la manifestation la plus haute de la culture d'un peuple donné. La diversité ethnique et culturelle est d'ordre linguistique car c'est à travers sa langue qu'un peuple ou une ethnie se définit, s'identifie et se reconnaît comme tel par rapport aux autres. Toute diversité humaine se joue à ce niveau élémentaire de la culture.

Sous l'effet de la déculturation, l'abandon des langues africaines est inquiétant. Car la disparition des langues s'accompagne de la perte de la vision du monde de tout un peuple c'est-à-dire de sa sagesse. *« L'abandon des langues équivaut [...] à une perte de la culture (...). »* (LABURTHE- T et Al, 1971, p.112) Il suffit qu'un regard se promène sur nos jeunes africains pour toucher ce fait du bout de doigt. Les citadins en sont les grandes victimes. Combien d'eux connaissent quelque chose de leur culture, leur langue maternelle ? Combien en parlent, combien de déracinés en fabriquons-nous toutes les fois où nous n'avons pas voulu faire acquérir la connaissance de nos langues à nos enfants? À l'école, le fait est encore aigu et crucial. L'abandon actuel que subissent nos langues laisse surprises, frustrations et anxiété aux générations futures qui étudieront l'histoire de leur peuple en d'autres langues. La surprise sera grande. V.Y. MUDIMBE constate et souligne que :

Le jeune africain va apprendre une langue étrangère qui lui permettra, selon les normes intellectuelles consacrées, de communier aux valeurs d'une tradition et d'une culture insigne, certes, mais étrangers. Et lorsqu'un jour, il sortira du Lycée, il s'interroge sur sa propre histoire et le passé de son milieu, c'est avec regard fortement marqué qu'il lira, le plus souvent en langue étrangère, le destin passé des siens, sa propre condition dans le présent et les perspectives futures de sa terre et de sa culture. (MUDIMHE, 1982, pp. 110-111)

Et comment leur demandera-t-on d'être ce qu'ils doivent être quand, dans la situation actuelle, nous avons fait d'eux des acculturés, des aliénés et des dépersonnalisés prêts à ingurgiter le patrimoine culturel de l'autre au détriment du leur ?

L'éducation aux langues étrangères à savoir le français, l'anglais, l'allemand ou l'espagnol imposée à nos enfants est un risque pour l'avenir de la culture africaine. Pendant l'enfance, l'acquisition de la langue maternelle et autres langues est d'une grande importance. C'est à partir de là que se formera en lui le sens de son appartenance à un groupe social, l'acquisition de sa racine et de la formation de son identité culturelle. Nul n'ignore en effet que « *pour l'enfant, apprendre la langue maternelle, c'est à la fois se constituer comme personne distincte et s'identifier à une culture.* »(PAULME D., 1968, p.218). Connaissant sa langue en profondeur, on serait heureux de pouvoir connaître plus la signification et les extensions de certaines notions philosophiques en les explicitant davantage en sa langue. Savoir que « *Abeng* » traduit le beau dans toute sa dimension en Ewondo ; « *mehele* », la morale en kapsiki et « *Wud* », l'amour vrai en Guiziga, ... est une grande richesse pour les peuples qui liront et comprendront ces notions en leur langue. L'urgence de la reconquête de notre identité culturelle à ce niveau doit passer par une étude épistémologique et historique de nos langues [...] toutes nos langues font référence à des formes littéraires, des symbolismes et des techniques de production de biens et services. L'apprentissage de ce qui constitue le suc culturel est une richesse pour notre devenir ; ce qui éviterait la production des déracinés et des défroqués. Et si aujourd'hui Albert TEVOEDJRE a pu dire avec regret que : « *si j'étudie avec intérêt une langue aussi parfaite que le français, je regretterai toujours d'avoir été obligé d'apprendre d'abord le français, de penser en français, d'ignorer ma langue maternelle ; je déplorerai toujours qu'on ait voulu faire de moi, un étranger dans ma propre patrie !*»(TEVOEDJRE A., cité par SOW.,

1977, p. 45), c'est qu'il a découvert par la suite la richesse de sa langue maternelle et qu'il a trouvé une nécessité d'apprendre cette langue. Dans ces situations, on peut espérer que le génie africain saura s'exprimer librement et imposer sa marque à travers quelque langue que ce soit comme la pensée occidentale a su trouver son originalité à travers la forme latine imposée par le colonisateur romain. (LABURTHE- T et Al, 1971, p.112). On accédera ainsi à une richesse universelle par ces langues africaines par la saisie en elles de l'universel et à une assise d'envol pour la réalisation de l'homme africain. Car, éléments moteurs et essentiels de notre culture, nos langues africaines nous permettent d'accéder à l'héritage de ce que nous a légué le passé, de ce que compose pour nous le présent et de ce que sera fait notre avenir. La pérennité de nos cultures dépend d'elle. Elle nous lie et reste un fil conducteur sur lequel nous devons nous accrocher pour notre épanouissement total. L'Afrique est appelée sans doute à s'ouvrir, à échanger avec les autres continents sous peine de périr dans l'isolement. Elle doit apprendre aussi d'autres langues qui lui sont étrangères. Cependant, l'apprentissage de ces langues étrangères ne doit pas la conduire au mépris de ses langues maternelles qui, du reste, constituent sa fierté et sa richesse culturelle.

L'art africain

Tout comme la religion et la langue, l'art reste une des expressions les plus hautes de la culture d'un peuple. Il exprime la vie du peuple, sa manière d'être, sa vision du monde.

En Afrique, l'art symbolise la vie concrète de l'univers cosmique. De manière traditionnelle, il excelle dans la musique, la danse et la sculpture sous toutes les formes. Il remplit une fonction symbolique et ne reste pas une simple copie du cosmos. Il est étroitement lié à la vie. L'art africain traditionnel est vie, langage et ne connaît pas tout ce qu'accorde le monde moderne à l'art au sujet du goût, de l'esthétique. La question de son esthétique est une question de vie et non de l'ornement et de la beauté simple ou de divertissement. Il va au-delà des simples représentations. L'essentiel dans l'art africain est non la forme, mais ce qu'il représente et transmet comme message aux yeux des Africains. Comme l'ont remarqué LABURTHE-T. P. et BUREAU René,

Ce qui est essentiel est le nom ou la fonction que l'on donne à l'objet, son sens, ce qu'il représente; même faite de bois (matière la plus noble parce que vivant) une chose ne peut que désigner un être sans jamais s'identifier à lui. C'est pourquoi l'art africain est éminemment symbolique, bien que l'accent mis sur les symboles le rende en même temps expressionniste. (LABURTHE- T et Al, 1971, p.110)

Cette dimension où s'exprime l'essentiel de l'art africain se trouve aujourd'hui escamotée et a rendu cet art incompris. Dans l'ancienne Afrique, encore pleine de ses richesses, l'art servait de lien entre le sacré et le profane, entre les vivants et les ancêtres, entre l'homme et le Transcendant. Il devient ainsi l'existence générale tant d'ici-bas que de l'au-delà.

Aujourd'hui, considéré comme objet des fétiches, l'art traditionnel telle la sculpture se dénature, perd sa signification profonde. Il s'en va en lambeau avec la vision du monde africain, la sagesse, les langues et les religions. On n'y accorde plus d'importance sinon quelques amateurs touristes venus de l'autre bout du monde. Au plan sculptural, l'art traditionnel est rangé en objets de musée et d'ornement. Et combien d'Africains l'utilisent même pour ces buts ? Le contact avec l'extérieur a dépouillé l'art africain traditionnel de son prestige, de sa valeur et de ses fonctions. Le fait est très palpable dans nos danses traditionnelles modernisées, nos musiques traditionnelles vidées de leur sens pour laisser place aux bruits pédants. La danse traditionnelle est devenue un simple folklore ou même un classicisme mal assimilé alors qu'il y a quelques laps de temps, elle exprimait la vie quotidienne de l'homme noir. Aujourd'hui, la question de survie a pris le devant sur le génie créateur de l'artiste africain. Or tout ce qui est lié à l'art comme moyens de subsistance le dévalorise davantage lorsqu'il faut créer une œuvre d'art simplement pour se faire de sous. Le phénomène bat son plein dans tout le Tiers-Monde. Et TRAN VAN KHE l'a si bien remarqué en ce qui concerne la musique :

L'acculturation, véritable ``épidémie'' pour les traditions musicales des sociétés non industrielles, a provoqué beaucoup de désastres parce que les Asiatiques et les Africains se tournent vers l'occident et y puisent des éléments, non pas nouveaux et constructifs, susceptibles de revigorer leurs propres musiques, mais surtout les éléments incompatibles avec les principes fondamentaux des musiques traditionnelles de l'Asie et de l'Afrique. (TRAN VAN KHÊ, 1973, p.11.)

L'art africain s'abâtardit pour devenir simple exaltation de la subjectivité. Cet art n'est plus engagé. Il est donc nécessaire que nous puissions revenir aux significations les plus profondes de ces arts africains.

Le modèle d'enracinement culturel chinois : un exemple pour l'Afrique ?

La Chine de nos jours est un modèle assez édifiant en matière d'enracinement culturel. Malgré les nombreuses influences extérieures, elle a su conserver son identité culturelle, ce qui de fait, contribue à son développement.

Comprendre la culture traditionnelle chinoise

Les fondements philosophiques du confucianisme

Le confucianisme fait partie de la tradition ancienne sur laquelle la culture chinoise repose. Il y a quatre vertus fondamentales considérées comme les pierres angulaires de cette philosophie et ils se concentrent sur la loyauté, le respect des parents et des aînés; la bienveillance et la droiture. Le confucianisme est le courant de pensée philosophique principal qui a influencé la majeure partie du développement de la Chine jusqu'à nos jours (B. Yang, 2012). Malgré les différentes dynasties, régimes, révolutions et directions politiques jusqu'à notre époque actuelle, le confucianisme prédomine la société chinoise (Sun et al. 2016). Le confucianisme est une philosophie de pensée qui a débuté il y a plus de 2500 ans en Chine (Swain, 2017). Confucius, son créateur, a vécu entre 551 et 471 avant Jésus-Christ. Il a notamment travaillé sur des règles de pensées et de conduites visant à améliorer la vie sociale en Chine, au niveau politique, au niveau institutionnel et dans le but d'atteindre une harmonie à tous les niveaux (Swain, 2017). L'objectif étant de pacifier les relations entre les différentes classes sociales et les différents niveaux de pouvoirs (Swain, 2017). La dynastie des Han a imposé le confucianisme en tant que doctrine d'État (J. Li, 2019). L'idéologie de pensée de Confucius a marqué toute la civilisation chinoise jusqu'à aujourd'hui, mais aussi la vie politique en Chine.

Par la suite, elle a regagné un certain niveau de popularité dans les années 1980 (J. Li, 2019). Le confucianisme a été une idéologie alternative importante contre le marxisme ou le léninisme (J. Li, 2019). De nos jours, elle gagne de plus en plus en popularité car elle est vue comme le symbole de la culture chinoise. Il n'est pas rare de voir dans les écoles et les institutions un gain de popularité autour du confucianisme. Le confucianisme est devenu un sujet de recherches de plus en plus apprécié (J. Li, 2019). On y voit l'apparition du Néoconfucianisme qui tend la société à s'ouvrir au monde extérieur et à échanger avec le reste de l'humanité

(J. Li, 2019). Le président Xi Jinping a notamment annoncé l'étude du confucianisme à l'école comme un point majeur de la culture chinoise (Tan, 2017).

Le rôle du confucianisme

Le premier but capital du confucianisme est de privilégier le bien et l'intérêt collectif, plutôt que l'intérêt personnel (W. Li et al. 2020). La philosophie créée par Confucius regroupe de nombreuses idées, mais principalement 5 vertus qui guident une personne au niveau personnel, au niveau de ses relations et dans son rapport avec sa famille (Sun et al., 2016). Les 5 vertus sont la fidélité (xin), la sagesse (zhi), la bienséance (li), la droiture (yi), et la bienveillance (ren) également (Chine Magazine, 2018). Le second point fondamental dans le confucianisme, régit les relations entre les personnes (Watson, 2007). Il est en effet très important que tout le monde joue son rôle, selon sa position dans la société, et respecte les limites de cette position afin qu'aucun problème ne survienne (Ma & Tsui, 2015). La piété filiale est un troisième élément clé du confucianisme. Il est important que le fils respecte son père et sa volonté. Il ne doit en aucun cas lui désobéir. Cette idée est d'autant plus importante à respecter pour le serviteur lorsqu'il sert son maître (Hu, 2007). Selon Confucius il y a toujours une autodiscipline à avoir et un respect mutuel à entretenir. De plus dans toutes les situations il faut agir avec modération et compromis (Hu, 2007).

Le confucianisme joue un rôle capital dans la société, dans le développement des compagnies chinoises (Yu et al. 2021), dans la manière de manager les autres (Woods & Lamond, 2011), de gérer ses relations (Zhu et al. 2021), et notamment de développer une entreprise (Yan et al. 2020). De plus le confucianisme a créé le terme « guanxi » qui est de nos jours un terme désignant la gestion des relations, non seulement entre les personnes, mais aussi entre les objectifs, et les différentes forces existantes (M. Zhang et al. 2021). La loyauté, la réciprocité, les faveurs, et une relation éternelle sont les objectifs du Guangxi (Luo, 2008). Le confucianisme dû à ses idéologies de respect et de piété filiale envers son père ou son seigneur a permis à la corruption de s'étendre très rapidement dans la vie politique et professionnelle (Hu, 2007). Les clés du succès dans l'économie chinoise viennent des idéologies de pensées chinoises, dont le confucianisme (Rowley & Oh, 2020). De surcroît, le leadership très paternel amène à de nouveaux types de management productif (Rowley & Oh, 2020). Mais, il faut reconnaître que le confucianisme n'est pas adopté par tous en entreprise.

Le Bouddhisme

Comme toutes les religions étrangères, le bouddhisme a pénétré en Chine par la route de la soie. Ses débuts officiels datent de l'arrivée en 67 de deux moines à la capitale, Luoyang. Le roi Ming de la dynastie Han fut à l'origine du temple du Cheval blanc, premier centre chinois d'études bouddhiques établi en 68. Le bouddhisme influença de manière importante l'art. À Leshan dans le Sichuan se trouve la plus grande effigie de bouddha du monde, datant des Tang. Le plus vieil exemple d'imprimerie en Chine (sans caractères mobiles) est un Sûtra du diamant datant de 868. Le bouddhisme chinois appartient en majorité au courant mahâyâna. L'une de ses formes, le bouddhisme tibétain (ou lamaïsme), répandu surtout au Tibet et en Mongolie-Intérieure, recrute de plus en plus d'adeptes parmi les Hans depuis quelques décennies. Le bouddhisme du Petit Véhicule est également présent, mais nettement minoritaire. On estime qu'il y a environ 13 000 temples bouddhistes en Chine. Il est clair qu'aujourd'hui, la situation du bouddhisme en Chine n'a rien de comparable avec ce qui se fait dans le reste de l'Asie. L'enseignement du Bouddha n'est pas une religion officielle de l'Etat, mais elle est acceptée pour encadrer la population (et ne pas la dominer, selon les termes officiels de Pékin).

Le Taoïsme

Le taoïsme, ou plutôt les courants taoïstes, sont apparus à partir du IIe siècle, inspirés par les courants du Yin et yang et des Cinq éléments, ainsi que par les écrits du philosophe Lao Tseu (ou Lao-tseu) datant du milieu du premier millénaire av. J.-C, dont le fameux Livre de la Voie et de la Vertu (Tao Tö King), est, avec le Livre des Mutations (Yi Jing), aux sources de l'ésotérisme chinois. Ces courants se sont constamment enrichis de nouvelles influences et ont fourni à l'ensemble de la religion chinoise beaucoup de ses concepts et pratiques ainsi qu'un certain nombre de divinités.

En Chine, le terme sert à désigner des écoles transmettant de maître à disciple des techniques d'ascèse, des rituels, des enseignements religieux. Chacune propose sa « voie », Tao, mot auquel il est donc hasardeux de chercher une définition unique, malgré des références communes, à Lao Tseu par exemple.

Seules nous sont connues, à partir de la dynastie Han, les sectes qui ont pris une certaine importance. Nées dans le fonds religieux chinois, elles s'en nourrissent et y réinjectent des pratiques, des concepts et des divinités. Leurs membres sont des professionnels rendant toutes sortes de services spécialisés : talismans, exorcismes, cérémonies… Mais le taoïsme ne donnera jamais naissance à une confession unique et séparée de l'ensemble de la religion chinoise, dans laquelle sa position est, mutatis mutandis, similaire à celle des écoles kabbalistes dans le judaïsme ou soufies dans l'islam, voire des congrégations religieuses dans le christianisme.

Quelles leçons utiles pour l'Afrique Francophone

En prenant en compte les valeurs traditionnelles chinoise présentées plus haut, cinq variables cognitives/culturelles doivent être prises en compte pour comprendre les particularismes chinois: (1) le rapport à la causalité (relations cause-effet); (2) le rapport à la probabilité (prédictibilité des événements); (3) le rapport au temps; (4) le rapport à soi et aux autres; (5) la moralité. La vision du monde des Chinois est holistique. Tous les éléments sont interconnectés. Rechercher la cause d´un événement ou d´une maladie, c´est pour un dirigeant ou un acupuncteur identifier les connections entre différents éléments. Ce rapport au monde contraste avec l´approche mécanique, rationnelle, séquentielle des Occidentaux. Par ailleurs, les Chinois s´intéressent au particulier plutôt qu`à l´universalité des choses. Leur approche est fondée sur le contexte et les relations. Ils privilégient le sens commun et le jugement en contexte, plutôt qu´une démarche scientifique, pour résoudre des problèmes et s´adapter à l´environnement. Tous ces éléments, mettent en relief l'enracinement culturel des chinois. Le confucianisme et la culture traditionnelle chinoise ont toujours permis à la Chine d'aller dans la bonne direction. Le confucianisme est une bonne façon de communiquer entre les hommes, pour le développement social et économique. Le confucianisme est la grande culture orientale, la suprême valeur asiatique. Il a vocation à devenir une valeur universelle. La modernisation ne doit pas conduire à rejeter la voie traditionnelle qui, au contraire, doit permettre de s'adapter au mieux à toutes les évolutions futures. L'histoire prouve qu'on ne peut pas s'en détacher puisque depuis 2500 ans toutes les dynasties se sont appuyées sur elle, qu'elle a traversé la révolution culturelle et qu'elle est toujours présente, et même bien vivante. L'harmonie dans le respect de la diversité est à la base du confucianisme : c'est comme une règle naturelle pour les Chinois qui se vérifie notamment dans la biodiversité. Les animaux et les plantes sont comme les humains. Tous les hommes sont différents par le caractère, l'apparence et le comportement. Mais ceci ne doit pas faire obstacle entre eux. L'harmonie n'abolit pas la différence. Tous les concepts du Taoïsme sont en rapport avec la nature, avec la réduction du désir lié à notre société de consommation, au retour aux origines et à la nature, à une vie simple et naturelle, afin que l'Homme vive à nouveau en harmonie avec la Nature. Le Taoïsme s'intéresse au général, à ce qui est uniforme. Pour lui, le monde est naturel. Le Dao est la voie pour un monde unifié, choses et gens peuvent faire partie d'un tout.

Le salut est dans l'unité de l'homme et de la nature, du ciel et de la terre. Le Taoïsme est une bonne façon de communiquer entre les hommes, pour le développement social et environnemental. Le bouddhisme est une bonne façon de communiquer entre les hommes, pour le développement environnemental et social durable. Les bouddhistes sont végétariens, ils pensent que l'homme et les animaux sont égaux. Tuer des animaux est injuste et déséquilibre la nature. Il faut être « gentil » avec toutes les choses de ce monde, y compris les éléments non animés, c'est ce qui permet l'équilibre écologique et le respect de l'environnement, ce qui maintient la biodiversité.

A travers ces quelques exemples, l'Afrique en général et l'Afrique francophone devrait copier cet exemple chinois qui consiste à s'ouvrir au monde, mais en gardant ses spécificités. La Chine est aujourd'hui la deuxième puissance mondiale après les États-Unis. Cette puissance économique, a su tirer profit de plus de 2000 ans d'histoire millénaires. Une manière de montrer qu'on peut aussi se développer en gardant de nombreuses valeurs endogènes.

Conclusion

Face à l'assaut direct et brutal des schèmes culturels différents, l'Africain se trouve pris au piège de tant de pseudo-valeurs d'une culture étrangère qui dépersonnalisent l'être africain ; il y a nécessité de prendre une part importante au réveil des consciences pour une révolution culturelle africaine humanisante. Ce projet vise en effet à contrer l'impérialisme culturel occidental devenu plus complexe, plus tentaculaire et plus agressif que jamais, détruisant par le fait même la culture du continent noir, en saccageant son incarnation dans l'histoire de l'humanité. La Chine que nous avons prise comme modèle, a su contrer cette agression culturelle occidentale et japonaise, en s'enracinant dans ses valeurs endogènes. A travers son histoire, la Chine a su faire preuve de résilience et hisser sa culture au premier plan. C'est en cela qu'a consisté notre réflexion. L'enjeu est la redéfinition de l'identité africaine dont la tradition ne doit pas être ni un élément d'oppression, une espèce de refuge de refoulement, une espèce de corset dont les dominants seraient heureux de se servir, ni un alibi à l'usage de certaines bonnes volontés néanmoins paternalistes ; comme dans le cas de l'apartheid, mais comme atout de réalisation de la nature humaine mis au service de l'humanité.

Bibliographie

DIAKATE Lamine, « Le processus d'acculturation en Afrique Noire », in *Présence africaine*, 4ème trimestre, 1965, pp. 68-81.

JEAN-PAUL II, « Diversité de cultures et respect réciproque », in *DC*, n° 2239, janvier 2001.

MBENGUE, « Internet et enjeux culturels en Afrique », *Site Internet (AFRINET)*.

TOWA Marcien, « Le concept d'identité culturelle », in *L'identité culturelle camerounaise*, Yaoundé, mai 1985.

DOLLOT Louis, *Les relations culturelles internationales*, Coll. « QSJ. », Paris, PUF, 1968.

LABURTH-TOLRA P. et BUREAU René, *Initiation africaine, Supplément de philosophie et de sociologie à l'usage de l'Afrique noire*, Yaoundé, Clé, 1971.

NJOH-MOUELLE Ebénézer, *De la médiocrité à l'excellence*, Yaoundé, Mont Cameroun, 1988.

PEELMAN Achiel, *L'inculturation. L'Église et les cultures*, Paris, Desclée, 1988.

SOWA I Alpha, *Introduction à la culture africaine*, Paris, Union générale d'éditions, 1977.

A. Rygaloff, *Confucius*, Que sais-je?, Paris, 1946.

36. La coopération culturelle et scientifique Sino-Afrique Francophone à travers l'Institut Confucius à l'aune de l'Initiative la Ceinture et la Route en Afrique Francophone, *Julien Fils Ekoto Ekoto*

Introduction

Selon les projections officielles de l'Initiative la Ceinture et la Route, il s'agit d'un projet qui vise à promouvoir la connectivité des continents asiatique, européen et africain et de leurs mers adjacentes, établir et renforcer des partenariats entre les pays le long de la ceinture et de la route, mettre en place une connectivité multidimensionnelle, à plusieurs niveaux et composite et réaliser un développement diversifié, indépendant, équilibré et durable dans ces pays[314]. Il s'agit donc d'une initiative mondiale, mais de par sa nature de construction sur la route historique de la soie, elle met l'accent sur les pays d'Asie, d'Afrique de l'Est, d'Europe de l'Est et du Moyen-Orient, une région principalement composée de marchés émergents. Selon le site web du projet, 71 pays participent actuellement à l'Initiative, représentant ensemble plus d'un tiers du PIB mondial et les deux tiers de la population mondiale. Les grandes lignes officielles de l'initiative, la Ceinture et la Route encouragent la formulation conjointe de plans

---

[314] Voir le site : https://www.beltroad-initiative.com/belt-and-road/.

et de mesures de développement pour faire progresser la coopération transnationale ou régionale entre les pays qui y sont impliqués. Cela comprend la coopération intergouvernementale et l'échange de politiques macroéconomiques à plusieurs niveaux, les mécanismes de communication et le soutien politique pour la mise en œuvre de projets à grande échelle et la coordination de la politique monétaire. L'une des grandes préoccupations face à ce gigantesque projet est certainement celui de savoir comment l'Afrique pourrait s'y intégrer. La Chine et l'Afrique à l'évidence ont besoin de partager une certaine communauté des valeurs afin de favoriser une coopération porteuse des fruits au niveau maximal.

Selon les grandes lignes de cet important projet, l'initiative repose sur cinq priorités de coopération dans lesquelles les liens interpersonnels entendu comme échange et dialogue culturels et universitaires, coopération médiatique, sont d'une grande importance. Les échanges et la coopération culturelle entre la Chine et les pays africains ont une longue histoire. Les instruments que la chine utilise pour diffuser sa culture sont nombreux, mais l'implantation des instituts Confucius semble répondre le mieux à cette ambition.

Cet article se veut une contribution à l'analyse des enjeux qui foisonnent autour des variables culturelle et scientifique de la coopération sino-Africaine dans le sillage de l'Initiative la ceinture et la route en Afrique francophone. La coopération culturelle et scientifique à travers l'institut Confucius s'aligne-t-elle aux ambitions de l'initiative la ceinture et la route en Afrique ? Nous essayons de répondre à cette interrogation au travers d'une analyse quasi ambivalente. Il s'agit d'abord d'aborder la question en analysant l'Institut Confucius comme base de l'exhibition de la puissance culturelle chinoise (I), ensuite, nous tentons de concevoir l'Institut Confucius comme creuset d'échanges et de développement des valeurs culturelles Confucéennes.

Institut confucius : instrument de l'exhibition de la « soft power » chinoise

Il s'agit ici de démontrer que les Instituts Confucius sont des organisations de promotion de la langue et de la culture chinoises en Afrique, mais aussi, ils ont joué un rôle de plus en plus profond dans la formation des individus locaux, les impliquant dans différentes formes de présence chinoise en Afrique et liant leur propre développement personnel à l'essor de la Chine. En ce sens, l'Institut

Confucius joue un rôle dans la promotion du soft power et de l'intérêt national de la Chine en Afrique.

Selon une enquête du Bureau du Conseil International pour la diffusion internationale du mandarin (Chinese Language Council International, Hanban) en Novembre 2021, l'Afrique compte 61 Instituts Confucius dans 48 pays africains[315]. Ainsi, baptisés du nom du célèbre pédagogue chinois du VIe siècle avant Jésus Christ, les Instituts Confucius sont des établissements culturels publics implantés depuis 2004 dans le monde par la Chine. Le programme de l'Institut Confucius est supervisé par le Bureau du Conseil international de la langue chinoise, également connu sous le nom de Hanban. Les instituts fonctionnent en coopération avec des collèges et universités affiliés locaux du monde entier, et le financement est partagé entre Hanban et les institutions hôtes.

Par comparaison avec les Alliances Françaises ou des British Council, les Instituts Confucius, sont de création récente. Ils prennent toute la mesure de l'attraction inépuisable de la civilisation chinoise, puisque les cours divers y sont dispensés. Par exemple, en dehors du cours de langue, sont proposées au sein de l'Institut, les activités sportives, artistiques et culinaires de la Chine. Ces Instituts participent de la construction d'une politique étrangère sous forme d'un *soft power* qui vise clairement à agir sur les mentalités et apaiser si possible les craintes liées à la menace de la montée en puissance de la Chine.

Nés au lendemain de la promotion de la politique de « montée pacifique » de Hu Jintao (ancien président de la République populaire de Chine entre 2003 et 2013), les Instituts Confucius financés par le gouvernement sont bien adaptés aux efforts du gouvernement chinois pour promouvoir, par le langage et d'autres outils de soft power (comme les médias), une image sur mesure de la Chine vis-à-vis non seulement de celle qui a longtemps été façonnée par d'autres, mais aussi de celle endommagée par les pratiques des migrants chinois à l'étranger, incontrôlées par l'Etat. Les débats ont fait rage sur le type d'image véhiculée et les modalités de promotion, certains faisant valoir qu'une approche basée sur la propagande est adoptée. Le site Web des Instituts Confucius chinois en ligne[316] rapporte qu'à la fin de 2013, plus de 400 Instituts Confucius et plus de 600 salles de classe Confucius avaient été créés. Cette expansion fulgurante offre un terrain fertile aux interrogations concernant notamment l'efficacité de ces instituts dans

---

[315] Voir à ce propos : http://www.news.cn/english/2021-11/26/c_1310334064.htm.
[316] Confucius Institutes en ligne, disponible sur: http://www.chinesecio.com/.

leur contribution aux objectifs de la politique étrangère chinoise.

Dans le cas de l'Afrique, King rapporte que de 1954 à 2003, il y avait déjà eu quelque 150 enseignants envoyés pour enseigner le chinois dans 15 pays africains. Il poursuit en déclarant que même s'il y a en 2013 plus d'enseignants présents en un an maintenant qu'il n'y en avait au total sur une période de 50 ans, l'aspiration à ce qu'ils jouent un rôle crucial dans la coopération chinoise plus généralement était déjà présente mais de manière moins structurée (King 2013). La « voie structurée » à laquelle il fait référence a été introduite dans les relations sino-africaines non seulement dans l'éducation mais plus généralement dans tous les domaines de coopération, d'échange et d'interaction en 2000 avec le premier Forum sur la coopération sino-africaine (Forum sur la Coopération Sino-africaine, FOCAC). Le Forum a institutionnalisé les politiques étrangères de la Chine et des pays africains les uns envers les autres et a garanti la continuité de l'engagement dans des domaines aussi divers que l'éducation, la santé et la sécurité.

Malgré le fait que l'enseignement des langues serait devenu un outil de politique étrangère, le lien entre les Instituts Confucius et le soft power n'est pas, pour beaucoup, évident. Les débats ont fait rage et font toujours rage sur les finalités de ce projet. Les arguments pour et contre les instituts vont dans le sens de les décrire tantôt comme des instituts linguistiques sans connotation politique particulière tantôt comme des instruments de propagande. Ce qu'il est intéressant de noter, c'est un manque apparent de compréhension coordonnée, même au sein des organes décisionnels en Chine, de ce que sont ces instituts, de ce qu'est la « culture », quels aspects de celle-ci devraient être promus à l'étranger et quelles autres s'entremêlent avec la culture (Li & Luo 2013).

Pour ajouter de la complexité à la compréhension chinoise des instituts et au lien entre culture et soft power, l'Université de Pékin a lancé en 2014 un centre dédié au soft power, pour aider le gouvernement à diffuser la culture et les valeurs chinoises à l'étranger. Le ministre de la Culture, Cai Wu, a déclaré lors du lancement que le soft power culturel commence à offrir un soutien fort à la montée en puissance de la Chine. Le pays doit renforcer sa force culturelle afin de dominer la course mondiale au soft power (Ma 2014).

L'implication de cette déclaration n'est pas seulement que la culture et le soft power sont fortement liés l'un à l'autre, mais aussi qu'ils soutiennent l'agenda des relations internationales de la Chine.

Le résultat ultime souhaité du soft power chinois est d'offrir un soutien solide à la montée en puissance de la Chine. Le soutien à la montée en puissance de la Chine vient de différentes directions, mais gagner les cœurs et les esprits est devenu important et la promotion de la langue et de la culture est de plus en plus reconnue comme un aspect du soft power dans les cercles chinois. Les Instituts Confucius, en étant mandatés pour promouvoir la langue et la culture chinoises à l'étranger, devraient contribuer à soutenir l'essor de la Chine. Mais comment mesurer si le soutien apporté est efficace ? Alors que l'ampleur de la diffusion des Instituts Confucius est largement comprise et souvent considérée comme une mesure appropriée du succès de la Chine à exercer une attraction, il est moins courant de se concentrer sur la profondeur de cette diffusion, malgré l'avantage relatif qu'une compréhension de la mesure dans laquelle la Chine est appréciée peut produire à long terme et à des fins politiques.

Tout ceci apparait comme une volonté des pouvoirs publics chinois de faire asseoir une diplomatie d'influence de telle sorte que les instituts Confucius apparaissent comme des maillons importants de l'exhibition de la chine sur la scène internationale.

Liu Changchun, membre dirigeant du PCC, admettait d'ailleurs la stratégie d'influence chinoise en révélant que « *les Instituts Confucius représentent une part importante de la stratégie de propagande chinoise à l'étranger* »[317] Une telle approche a toujours suscité des critiques virulentes à l'encontre de la Chine.

Se pourrait-il, selon le journaliste canadien Fabrice de Pierrebourg que cette vaste entreprise de charme destinée à propager une image positive de la chine, a créé une vraie « sinomanie », et cacherait d'autres intentions inavouées et malicieuses. Il place ainsi sa critique sur le terrain militaro-industriel.

Bernard Lanuzet quant à lui pense à ce sujet, que « *c'est idéaliste et naïf de penser que la diplomatie culturelle a pour finalité d'engendrer des sympathies et des amitiés* ». Il estime que « *la diffusion des pratiques culturelles, fait évoluer le concept d'hégémonie. D'abord l'hégémonie culturelle s'inscrit aujourd'hui dans des relations nouvelles avec l'hégémonie politique* (Roche 2007 : 39). L'influence culturelle devient donc un objectif politique. A cet effet, contrairement à l'Alliance Française ou à l'Institut Goethe, qui fonctionnent de manière autonome, les Instituts Confucius travaillent en partenariat avec les établissements scolaires et

---

[317] www.lepost.fr/.../2441656_les-instituts-confucius-symboles-du-double-langage-de-pekin.html

universitaires.

La Chine manifeste donc sans cesse le souci de ne pas apparaitre comme une nouvelle puissance colonisatrice mais de s'inscrire dans un dialogue sud-sud sous-tendu par la logique « gagnant-gagnant ».

Quoiqu'il en soit, pour ceux qui connaissent l'histoire de l'Asie, il reste que l'ambition d'une diplomatie d'influence aussi douce soit-elle serait une ambition légitime.

Les chinois seraient des citoyens humiliés, d'un ancien grand empire à l'idée nationale forte. Son hymne nationale « *Debout ! Jamais plus notre peuple ne sera un peuple d'esclaves !* » Le montre encore aujourd'hui : il s'agit de laver l'honneur sali, de restaurer la place de la Chine dans le concert des grandes nations. A ce propos, Alain Peyrefitte pense de la Chine qu'elle est « *un empire fier, depuis des millénaires, d'être le centre du monde, et insupportablement blessé dans son orgueil par la domination étrangère* » (Peyrefitte 1996). L'orgueil serait un moteur fondamental pour le retour de la Chine vers la puissance.

Au regard de ce qui précède, c'est probablement de bonne guerre si aujourd'hui les instituts Confucius se révèlent être le bras séculiers de la propagande de la puissance chinoise. Ainsi conçu, quand on sait que le projet du Président Xi Jinping en filigrane vise à renforcer les communications entre les civilisations et à sauvegarder la paix et la stabilité mondiale, du moins, c'est l'ambition affichée de l'initiative la ceinture et la route en Afrique. Peut-on dès lors entrevoir, à travers les instituts Confucius, l'émergence d'une coopération culturelle et scientifique sino africaine dans le sillage de cet intéressant projet ?

Ceci nous permet de parler d'une certaine refondation de la politique culturelle et scientifique chinoise que porte l'institut Confucius à l'aune de l'initiative la ceinture et la route en Afrique francophone.

Institut confucius : creuset d'echanges et de developpement des valeurs culturelles confuceennes

Confucius, en tant qu'ambassadeur de la langue et de la culture chinoise, aurait dû être le centre de préoccupation des Instituts Confucius dans la diffusion de ses enseignements source des valeurs inépuisables.

En effet, comme le pensent Lo et Pan, on enseigne à peine Confucius au sein des Instituts Confucius et il est à peine utilisé pour transmettre les valeurs associées à ses enseignements tels que « les idéaux d'harmonie, de paix, de stabilité et d'ordre » (Lo & Pan 2014). Tout au plus, il est utilisé comme emblème de l'excellence littéraire. Mme Xu Lin en 2011 a déclaré que partout dans le monde, si quelqu'un a une quelconque culture, il sait que la Chine avait quelqu'un qui s'appelait « Confucius » (Xu 2011). Ainsi, dans le monde entier, Confucius est reconnu comme un pédagogue, un penseur et un philosophe. De plus, il était philosophe il y a plus de 2560 ans. Donc, si nous appelons cela l'Institut Confucius, les étrangers sauront tous immédiatement qu'il s'agit d'une marque culturelle de la Chine. C'est parce qu'il s'appelle l'Institut Confucius qu'on lui a donné des ailes pour voler très vite car beaucoup de personnes sont fascinés par ce nom. Laissant de côté l'hypothèse selon laquelle Confucius est vraiment bien connu dans le monde entier, il est important de souligner que la décision de se concentrer sur quelques éléments spécifiques du confucianisme et l'échec des Instituts Confucius à exposer aux étudiants l'étendue et à la profondeur de la culture chinoise traditionnelle ou contemporaine, est un exemple de la façon dont la culture est contrainte à des notions d'identité restreintes et simplistes. Certains soutiennent que cela est dû à la difficulté, même pour les étudiants chinois, de comprendre des expressions culturelles aussi élaborées, mais il est également possible de soutenir qu'une culture donnée est souvent le reflet d'une dynamique politique et que la simplifier minimise l'importance de la politique.

Nous essayons à ce niveau de notre propos de montrer comment l'institut Confucius pourrait constituer un laboratoire, mieux un creuset par lequel une communauté de valeurs culturelles pourrait se construire autour de la philosophie même de Confucius fondement de la civilisation chinoise et base du miracle économique chinois.

Il est important de noter que la mise en place du projet culturel de création d'Instituts Confucius par la Chine sous-tend une certaine vision du monde, laquelle prendrait appui sur les éléments constitutifs du confucianisme qu'on trouve dans la société chinoise (Kouma 2010).

Confucius a proposé un certain nombre de principes et de valeurs devant guider la société chinoise. Ses enseignements inculquent sept vertus : fidélité, altruisme, humanité, équité, conduite rituelle, droiture et connaissance. Ces principes peuvent être regroupés autour de la hiérarchisation sociale, de l'attitude du souverain et de l'esprit du gouvernement pour la paix sociale, l'amélioration de soi.

Le confucianisme suppose une société très hiérarchisée où chaque individu a sa place et occupe une fonction bien définie. Mais, la société ne doit pas s'ordonner autour d'une stratification rigide et sclérosée. L'ordre social est très proche de la méritocratie dans la mesure où il est essentiel que chaque individu exerce une fonction qui corresponde à ses aptitudes et à ses talents. Ainsi, selon ce modèle, il est très important d'opérer une sélection rigoureuse des individus pour ne pas placer la mauvaise personne au mauvais poste. Le souverain lui-même n'échappe pas à cette règle, puisqu'il se doit d'être irréprochable, voire exceptionnel. Le chef doit également être un leader capable de susciter l'adhésion des membres du clan sans jamais recourir à la force. C'est obligatoirement une personne exceptionnelle et irréprochable qui montre l'exemple à ses subordonnés et irradie son entourage par sa sagesse.

Confucius est considéré comme le premier éducateur de la Chine et son enseignement a donné naissance à une doctrine qui a influencé non seulement son pays mais aussi le monde entier.

En Asie, les idées de Confucius ont pénétré la quasi-totalité des Etats de l'Asie orientale, et ont constitué de ce fait, le pilier de la culture et des traditions nationales.

Le gouvernement de Singapour a exhorté les citoyens de ce pays à étudier et à propager la doctrine de Confucius, présentée comme énonçant « *les principes essentiels de l'art de gouverner et les règles morales de la vie en société* » (Graziella 2006).

Paul Samuel Huntington affirme à ce propos que : « *Lee Kuan Yew (...) s'est pris d'enthousiasme pour le confucianisme, dans lequel il voyait l'origine de la réussite de Singapour, et il est devenu le propagandiste des valeurs confucéennes dans le monde* » (Huntington 1997). Dans les années quatre-vingt-dix, le gouvernement de Taïwan s'est déclaré « l'héritier de la pensée confucéenne ».

En Occident, les idées, les principes et les valeurs confucéennes ont exercé une influence dans certains pays. C'est ainsi que les missionnaires jésuites venus évangéliser la Chine ont répandu les idées de Confucius en Occident. C'est principalement sur les philosophes des Lumières que cette influence a été considérable en occident. Ainsi, pour combattre le despotisme et le droit divin, ces penseurs ont cherché des arguments dans la doctrine de Confucius. Sa philosophie athée et sa vision moraliste de la politique, sa conception du caractère indissociable de la politique et de l'éthique et sa théorie de l'économie qui mettait l'accent sur la production agricole ont rempli d'admiration des penseurs tels que Voltaire ou Quesnay. Le penseur français des de la période « des lumières », Quesnay a été surnommé « le Confucius de l'Europe ». Il en est de même pour le grand poète allemand Goethe, qui prenait plaisir à se faire appeler « le Confucius de Weimar », preuve du respect et de l'admiration que Confucius inspirait. Il va sans dire que c'est dans cette veine logique que, Jacques Fame Ndongo, Ministre d'Etat camerounais de l'Enseignement Supérieur dans une interview réalisée au journal de 17h le 12 Août 2010 à la CRTV (Cameroon Radio and Television), affirme que « *le confucianisme a influencé bon nombre de philosophes occidentaux à l'instar de René Descartes. L'homme était au centre des préoccupations de ce philosophe chinois...* ».

Si l'école chinoise a contribué à l'Essor des grandes puissances asiatique et occidentale, il y a donc fort finalement à espérer de l'institut Confucius en tant que laboratoire et creuset de transmission des valeurs de développements inspirés de la Chine et donc, peu à attendre constitué comme maillon important de la projection de la chine sur la scène internationale à l'aune de l'initiative la ceinture et la route en Afrique francophone. Nous pensons que l'institut Confucius en Afrique devrait approfondir et repenser sa politique culturelle opérationnelle et intégrer un volet scientifique dynamique dans sa coopération avec les universités africaines pour une optimisation de son action à travers l'Afrique.

Conclusion

Selon l'Agenda 2063, l'UA affirme son aspiration à doter l'Afrique des valeurs et une éthique commune (…) afin que la culture et le patrimoine africain contribuent à la croissance du PIB et à la transformation de l'Afrique. La Chine et l'Afrique ont besoin d'une certaine communauté de valeurs pour espérer une coopération porteuse de fruits à la mesure des ambitions. Cette communauté des valeurs pourrait s'acquérir au moyen de l'Institut Confucius dans l'enseignement de Confucius et ses principes. L'institut Confucius dans sa configuration opérationnelle actuelle semble malheureusement se constituer en instrument du « soft power » chinois ou de sa puissance globale. Pourtant, le projet savamment pensé pour relancer la coopération Chine-Afrique francophone est assez noble et opportun dans un contexte où la coopération pour le développement s'inscrit en première ligne des ambitions affichées des pays africains. Répondre à un si grand appel conformément aux aspirations de l'initiative la ceinture et la route en Afrique Francophone nécessiterait une réelle refondation de la philosophie de l'Institut Confucius dans le sillage de la coopération fructueuse Chine-Afrique à moins d'avoir des ambitions inavouées. Confucius était si convaincu de l'excellence de ses principes qu'il disait, « si quelqu'un savait m'employer, en un an il obtiendrait un résultat passable et après trois ans il obtiendrait la perfection (Musitelli 2008).

Bibliographie

Graziella C. (2006) : Histoire des idées et politiques de populations, INED, Paris. (ouvrage)

Huntington P.S. (1997) : Le choc des civilisations, Odile Jacob, Paris. (ouvrage)

Kouma J.C.G. (2010): le facteur culturel dans la coopération sino-camerounaise : le cas de l'implantation de l'institut Confucius à l'Institut des Relations Internationales du Cameroun (IRIC), memoireonline, Yaoundé.

Li B. & Luo J. (2013): Dissecting soft power and Sino-Africa relations in education and exchanges cooperation, in Li, A. and April, F.Y. (eds.). Forum on China Africa Cooperation: The Politics of Human Resource Development. Pretoria.

Lo J. & Pan 2014 S. (2014): Confucius Institutes and China's soft power: practices and paradoxes, A Journal of Comparative and International Education.

Ma X. (2014): New center to strengthen China's soft power", Xinhua via People Daily. (article)

Musitelli J. (2008) : l'intelligence culturelle, un outil pour maitriser la mondialisation, perspectives, Revue trimestriel d'éducation comparée, UNESCO, Paris. (article)

Peyrefitte A. (1996) : l'orgueil chinois est une réalité. Il est le moteur principal de l'irrésistible course de la chine vers la puissance J. Mandelbaum et D. Habes. (article)

Roche F. (2007) : *Géopolitique de la culture : Espaces d'identités, projections, coopération*, Le Harmattan, Paris. (ouvrage)

CINQUIEME SESSION : SECURITE DE L'ÉTAT ET ETAT DE SECURISATION DANS LE PLAN D'ACTION DE DAKAR ET L'INITIATIVE LA CEINTURE ET LA ROUTE

37. « L'initiative la ceinture la route » et gouvernance : une opportunité d'appui à la décentralisation et à la démocratie pour le développement en Afrique francophone subsaharienne, *Dr Thierry Martin Foutem*

Introduction

La démocratie désigne une forme de gouvernement dans laquelle la population est associée au choix des dirigeants de façon directe ou indirecte à travers des élections (Takougang et Krieger, 1998 : 63). La décentralisation quant à elle est le transfert par l'État, des pouvoirs à des collectivités territoriales décentralisées qui bénéficient d'une autonomie financière et juridique (Ngane, 2008). La décentralisation est d'emblée l'apanage d'États qui pratiquent la démocratie libérale, mais pas impossible dans les pays à démocratie populaire comme la Chine, et permet aux populations, à travers des élections, d'élire les autorités locales dont les maires et conseillers municipaux, chargées de l'amélioration de leurs conditions de vie à la base. En Afrique francophone subsaharienne, la décentralisation émerge dans la décennie 1990, à la suite de la crise de la dette et de l'ajustement structurel, comme solution pour associer les populations locales à l'amélioration de leurs conditions de vie. En 2013, la Chine a lancé l'initiative la Ceinture la route qui vise dans ses orientations, la promotion de la démocratie. Cette initiative est une opportunité pour la décentralisation dans les pays d'Afrique subsaharienne, qui sont dans le processus de construction de leur décentralisation. Notre communication a pour objectif, en s'appuyant sur le Cameroun, d'analyser le rôle de l'initiative la Ceinture et la route dans la promotion de la décentralisation pour l'ancrage de la démocratie locale te le développement local dans les pays d'Afrique francophone subsaharienne.

La question principale est de savoir en quoi l'initiative chinoise la Ceinture la route représente-t-elle une nouvelle opportunité et ouvre de nouvelles perspectives à la décentralisation pour la démocratie et le développement des pays d'Afrique francophone subsaharienne ? Cette question principale induit les questions subsidiaires suivantes : quel a été le contexte d'émergence de la décentralisation en Afrique subsaharienne? Par quelles modalités opérationnelles l'initiative chinoise la ceinture la Route peut-elle appuyer la décentralisation pour la démocratie locale et induire le développement local dans les pays africains francophones subsahariens? La méthodologie repose sur la collecte documentaire qui, dans son double volet inductif et déductif, a collecté et analysé la production existante sur la décentralisation en Afrique francophone subsaharienne en rapport avec la démocratie locale et le développement. Le recours aux sources orales a permis de collecter les témoignages d'acteurs majeurs comme les conseillers municipaux, les maires et les conseillers régionaux dans cette dynamique. L'ancrage théorique de l'étude est la sociologie politique, qui analyse la place de la décentralisation territoriale dans la structuration de la démocratie locale en rapport au développement en Afrique. La structure de l'article porte sur le contexte d'émergence de la décentralisation en Afrique (1), le rôle de la décentralisation territoriale dans la promotion de la démocratie locale en faveur du développement local en Afrique subsaharienne (2).

Le contexte d'émergence de la décentralisation en Afrique francophone et ses points de rencontre avec l'initiative la Ceinture la route

La courbe de la sociologue politique des États africains de leur accession massive à l'indépendant au début de la décennie 1960 à 1990 montre des évolutions contrastées. Les faiblesses du système centralisé ont impulsé le recours à la décentralisation.

Les contreperformances des systèmes centralisés dans le décollage réel des pays d'Afrique subaérienne aux trois premières décennies de leurs indépendances

Il convient d'emblée de relever que la démocratie participative n'était pas la chose la mieux partagée dans les régimes africains aux premières heures de leurs indépendances (Mouandjo, 2002 : 61). Cette vérité était encore plus flagrante dans les pays d'Afrique francophone subsaharienne comme le Cameroun, le Tchad, la Côte d'ivoire, le Togo, le Sénégal ou encore le Mali. Ainsi, les États africains des premières décennies de souveraineté de cette partie d'Afrique entre 1960 et 1990, sont l'image de royaumes dans lesquels brillent le despotisme et l'autoritarisme.

Arrey William (2018) explique que ce phénomène était lié aux réalités et au contexte dans lesquels ces pays accédèrent à l'indépendance. Selon cet analyste en effet, les États africains accèdent à l'indépendance dans un contexte de contestations par lesquelles les successeurs des administrateurs coloniaux ayant promis une loyauté continue aux métropoles au lendemain des indépendances sont placés au pouvoir. Ils arrivent au pouvoir au détriment des nationalistes radicaux qui avaient pour objectif de couper tous liens avec la métropole après les indépendances. La rébellion est alors l'une des caractéristiques de la contestation des dirigeants dans les pays africains après leurs indépendances (Arrey William, 2020 : 176). Pour préserver leur pouvoir des contestations, les dirigeants africains au sud du Sahara instituent des régimes centralisés, contrôlés entièrement par le pouvoir central. Il en est des cas de Léopold Sédar Senghor au Sénégal, d'Ahmadou Ahidjo au Cameroun, ou encore d'Hailé Sélassié en Éthiopie (Dze-Ngwa, 2018: 7). La Chine restait à l'écart de leur gouvernance politique, contrairement à 2013 où elle décide d'appuyer la démocratie et la gouvernance locale dans ces pays.

Au Tchad, après la proclamation de l'indépendance par François Tombalbaye, la rébellion est suivie quelques années après, animée par les intégristes comme Goukouni Weddeye ou encore Hissène Habré (Baudin, 1989 : 125). Le spectre des contestations en Afrique francophone subsaharienne pendant la décennie 1960 et au-delà transforme le continent en une jungle contrôlée par de grands despotes. Au Congo Zaïre c'est un règne de centralisation et de pouvoir sans partage, que l'on vit avec le personnage de Mobutu Sesse Séko (Mouandjo, 2002 : 273). Ces dirigeants étaient tous soutenus par la France. La Chine montre par le vole démocratie de son Initiative la Ceinture la route, une volonté de reformer la gouvernance dans ces territoires.

Dans ces régimes despotiques centralisés qu'affiche le tableau de la gouvernance politique en Afrique francophone, toutes les ressources sont orientées vers l'armement, la militarisation des États, car les coups d'États y étaient aussi très récurrents (Baudin, 1989 : 193). Ainsi, seule la minorité contrôlant le pouvoir pouvait jouir des avantages de la croissance que plusieurs États africains au sud du Sahara ont connue entre 1960 et 1990 (Abega, 1999). Les écarts sociaux étaient alors visibles avec plusieurs pauvres incapables de satisfaire leurs besoins prioritaires. Seule une gouvernance locale comme celle soutenue par le projet chinois la Ceinture la route peut promouvoir une démocratie collective.

Le décollage des États était en fait obstrué par les politiques excessives de limitation des libertés, qui n'offraient pas une possibilité de participation politique, ni d'entreprendre. Il y avait un fort ancrage du principe d'État-providence (Agbohou, 2012 : 92). Seul l'État contrôlait les politiques d'investissement. Au domaine politique une fois de plus, le principe du parti-État était fortement appliqué et les opposants étaient combattus (Nze Bekale, 2018 : 83). Les opposants politiques étaient alors soit physiquement éliminés, soit emprisonnés ou muselés. La centralisation des systèmes a ainsi été la cause de plusieurs échecs des politiques de développement, n'ayant pas accordé une diversité d'opinions dans les arènes politiques. Les politiques d'éducation, de santé publique, de promotion d'emploi des jeunes, de construction des voies de communication entre autres étaient centralisées au sommet des États (Dze-Ngwa, 2018: 9). Le sous-développement allait grandissant, malgré les apports financiers dans le cadre d'aides étrangères au développement (Foutem, 2019 : 274). La Chine était déjà depuis la décennie 1990, un grand partenaire de ces États pratiquaient une démocratie populaire que ces pays ne parvenaient pas à copier à cause du contrôle français sur leur politique de gouvernance. Dans cette dynamique, au cours de la décennie 1980, une combinaison de plusieurs facteurs a contribué à l'ouverture politique dans les États d'Afrique subsaharienne dont le prolongement a donné lieu à l'avènement de la décentralisation.

L'ouverture politique dans les États africains au début de la décennie 1990 et l'avènement de la décentralisation territoriale

L'avènement de la décentralisation territoriale dans la plupart d'États d'Afrique francophone subsaharienne au début de la décennie 1990 est consécutif à l'ouverture démocratique qui arrive dans cette partie du monde, avec les vents d'Est ayant suivi la chute de l'Union soviétique (Hassen, 2011 : 193). Après quatre décennies environ de rivalité et d'opposition contre les États-Unis dans la Guerre froide, l'Union soviétique entame sa chute le 9 novembre 1989 avec la destruction du mur de Berlin, et définitivement avec la guerre du golfe de 1990 (Chapman Kaffour, 1996: 173). Dans cette dynamique, la pérestroïka et la glasnost introduites en Union soviétique par Mickael Gorbatchev enclenchent l'introduction de la démocratie libérale dans l'Union soviétique, dont la fin actée par Boris Eltsine (Rioux, 2005 : 92). L'Europe de l'Est engage alors une dynamique de transformation politique, matérialisée par l'introduction de la démocratie libérale basée sur l'organisation régulière d'élections en Pologne, Roumanie, l'Autriche, Hongrie et Tchécoslovaquie entre autres (Iguigui, 2020 : 163).

Par ailleurs, saisissant en plein vol les réalités de cette actualité internationale dont le spectre indiquait n'épargner aucun pays en développement jadis enjeux de l'opposition capitalisme/communisme, les grandes puissances embrayent le pas (Kago Lele, 2009 : 72). Le coup historique resté jusqu'ici le plus représentatif est le discours de la Baule du 20 juin 1990 prononcé par le Président français François Mitterrand devant un parterre de chef d'États africains, afin de les inviter à procéder à une démocratie pluraliste dans leur pays (Keudejeu de Keudjeu, 2012 : 194). La France avait alors le vent en poupe devant ces pays, et leur imposait son système de gouvernance au détriment de leurs autres partenaires parmi lesquels la Chine. Devant les chefs d'États africains, Mitterrand avait en effet usé d'une approche assez intéressante, conditionnant toutes aides futures de la France aux pays africains, au respect des règles de la démocratie (Kom Tchuente, 1996 : 94). La Chine s'est réservée jusqu'ici d'imposer les dimensions politiques dans ses coopérations avec les pays d'Afrique noire francophone. Les présidents d'Afrique subsaharienne francophone à l'instar de Léopold Sédar Senghor du Sénégal, Paul Biya du Cameroun, Omar Bongo du Gabon, Félix Houphouët Boigny de la Côte d'ivoire avaient le plus répondu présent à cette invitation française, et avaient aussi été les plus réceptifs aux "instructions" de François Mitterrand (Fenkam et Mfewou Bozambo, 2009 : 126).

Consécutivement et conséquemment à ce discours imposé par le contexte international des vents de démocraties provenant de l'Est avec la chute du monde communiste, plusieurs chefs d'États d'Afrique subsaharienne francophone entament d'énormes réformes démocratiques dans leurs États de retour de la Baule (Mouandjo, 2002 : 129). Le système de gouvernance n'y fut pas le moins concerné, car ces reformes démocratiques sont allées jusqu'à la création des collectivités territoriales décentralisées (Mbembé, 2004 : 137), visant à encourager une participation locale des populations aux élections locales par l'élection des maires ou encore des conseillers municipaux (Lado, 2014 : 63).

Plus tard, au Cameroun dans la décennie 1980, c'est le monolithisme politique imposé par le RDPC (Mbile Namaso, 1999 : 38). Cependant, des activistes à l'instar de l'avocat Yondo Black Madengue, la journaliste Henriette Ekwe, Pius Njawe et autres tentent plusieurs fois de créer de nouveaux politiques à la fin des années 1980 (Ndue Ntungwe, 1994 : 63). Leurs pressions internes coïncidant avec l'actualité internationale de la chute du bloc de l'Est amènent les présidents d'États d'Afrique francophone subsaharienne entre autres à revoir leur position sur la perspective de l'ouverture politique (Sinkam Nana, 1996 : 153). C'est dans cette mouvance qu'en décembre 1990, le président de la République camerounaise promulgue les lois Foumane Akame portant libertés d'associations. Ces lois autorisent les Camerounais à créer et à s'organiser dans les associations pour défendre leurs intérêts, y compris au sein de partis politiques. C'est dans cette dynamique qu'au Cameroun en 1990, le Social democratic front (SDF) de Ni John Fru Ndi est créé (Abega, 1999 : 15). En 1992, Adamou Ndam Njoya crée l'Union démocratique camerounaise (UDC) et l'on entre dans une dynamique de floraison de plus d'une centaine de partis politiques au Cameroun entre 1990 et 2000 (Kuaté, 2005 : 69). L'objectif de ces partis politiques était de participer à la conquête et l'exercice du pouvoir au niveau exécutif, législatif et municipal (Mouandjo, 2002 : 192).

En substance, pour ce qui est du cas du Cameroun, plusieurs constances se dégagent du contexte d'adoption de la décentralisation en rapport avec l'ouverture politique. Suite aux vents de démocratisation grâce auxquels la France de Mitterrand conditionne l'aide au développement au respect de la démocratie pluraliste, puis aux pressions menées par les activistes au niveau interne pour demander la même ouverture, enfin aux propositions des institutions financières internationales de recourir à la décentralisation pour solutionner la crise à partir du bas, plusieurs pays africains adoptent la décentralisation au cours de la décennie 1990. Au Cameroun, le 18 janvier 1996, le président de la République promulgue une nouvelle constitution qui porte dans son cortège d'innovations, l'adoption de la décentralisation territoriale (Ngane, 2008 : 69). Cette constitution crée au Cameroun, la commune et la région comme les deux collectivités territoriales décentralisées de l'État du Cameroun. L'avènement de la décentralisation territoriale a ainsi catalysé une nouvelle forme de démocratie au niveau local dans les pays d'Afrique subsaharienne, dont il faut analyser les contours.

L'apport de « l'initiative la Ceinture la Route » à la décentralisation territoriale dans la promotion de la démocratie locale en faveur du développement local en Afrique francophone subsaharienne

La décentralisation apparaît l'un des meilleurs outils de promotion de la démocratie au niveau local dans les pays pratiquant la démocratie libérale. À la suite des facteurs analysés ci-dessus qui ont encouragé son émergence dans les pays d'Afrique subsaharienne, elle va progressivement s'intégrer dans leurs mouvements de participation des citoyens à la gestion de la chose publique au niveau communautaire, tout en devenant la ligne de planification de leur développement au niveau local.

La contribution de la décentralisation territoriale à la structuration de la vie démocratique locale dans les pays d'Afrique subsaharienne : de l'appui de l'initiative la Ceinture et la route

La démocratie locale est l'une des formes les plus appréciées de la gouvernance politique dans les systèmes politiques (Arrey, 2018 : 8). La sociologie politique développée par les théoriciens comme Maurice Duverger, Jean Baudin ou encore Emmanuel Mounier indique que la participation politique des populations au niveau local est le meilleur indicateur du caractère démocratique d'un État (Baudin, 1989 : 163). Il convient en fait de dire que cette réalité découle de ce que dans chaque État, l'échelle communautaire de la gouvernance est celle qui met en contact direct les autorités dirigeantes et les populations. L'on peut tel que le souligne Foutem (2019 : 174), parvenir à une plus grande appréhension de la satisfaction des populations sur les politiques publiques qui sont définies pour elles, à travers l'échelle locale. La Chine pourrait alors par le projet l'Initiative la Ceinture la route, partager son expérience de démocratie populaire avec les pays d'Afrique francophone subsaharienne.

D'autre part, la démocratie locale associant directement les populations au choix des dirigeants permet de prendre en compte leurs points de vue sur les projets de développement et les programmes qui sont en principe définis pour les populations (Keudjeu de Keudjeu, 2012 : 93). La décentralisation territoriale a permis depuis le début de la décennie 1990 de remplir cette mission dans plusieurs pays d'Afrique francophone au sud du Sahara dont le Mali et le Sénégal, à travers les élections municipales par lesquelles les populations désignent directement les autorités en charge de conduire les exécutifs et les conseils municipaux. Sous Mao-Zédong, cette expérience a été observée avec le projet les villages des commues, que l'initiative la Ceinture la route peut aussi apportée aux pays africains francophones qui ont déjà des communes (Foutem, 2019 : 183).

La décentralisation contribue dans ce sens, à structurer et à promouvoir la démocratie dans les pays d'Afrique subsaharienne, à travers les élections locales qui peuvent être régionales ou municipales comme dans le cas du Cameroun (Dze-Ngwa, 2018: 125). Le territoire camerounais est divisé en 360 communes, dirigées chacune par un exécutif communal élu par la population de la circonscription communale concernée. Il est alors possible de remarquer lors d'échéances d'élections municipales, une mobilisation tous azimuts de citoyens de chaque commune, motivés par le mouvement de participation au choix des leaders locaux (Kago Lele, 2009). Foutem (2019) relève dans ce sens que les populations camerounaises sont souvent motivées à participer aux élections municipales qu'aux élections présidentielles par exemple. Il justifie ce point de vue par le fait que la population a conscience au niveau de la circonscription, que les conseillers municipaux et le maire choisis par elles ont un impact direct sur son développement quotidien, alors qu'un président de la République élu est à la charge de toute la nation et par conséquent, l'apanage de personne (Lado, 2014 : 67). Il est rejoint dans cette analyse par John Keudjeu de Keudjeu (2012), qui soutient qu'on parle souvent de maire de la commune de Santchou par exemple, maire de la commune de Yaoundé, maire de la commune de Nkongsamba, maire de la commune d'Edéa entre autres. Ce système est une proposition de la France et il est intéressant de se mettre à l'école de la Chine en matière de démocratie comme le propose l'Initiative la Ceinture la route, pour que les populations locales soient effectivement des pionniers de leur bien-être.

Au Cameroun, la Loi N°2004/017 du 22 juillet 2004 d'orientation de la décentralisation indique clairement que la population de chaque circonscription communale est celle chargée de voter ses élus, à savoir les conseillers municipaux qui élisent en retour le maire. C'est l'image de la démocratie populaire chinoise (Iguigui, 2020 : 163). Le sens de la démocratie ainsi instituée dans ces pays par la démocratie est assez impressionnant. La population dispose d'un moyen assez fort, les élections, pour sanctionner les élus locaux aux nouvelles échéances électorales, qui n'ont pas satisfait ses attentes (Kuaté, 2005 : 72). L'élection devient dès lors, un outil de régulation du pouvoir local dans la décentralisation territoriale contemporaine en Afrique). Il s'agit d'une évolution assez pertinente. On peut ainsi voir que dans son application, la décentralisation territoriale se rencontre avec la démocratie populaire chinoise (Nze Bekale, 2018 : 147).

La Loi de 2004 a été remplacée par la Loi N°2019/024 du 24 décembre 2019 portant Code général des collectivités territoriales décentralisées. Cette dernière indique que les populations de chaque circonscription électorale élisent ses conseillers municipaux, qui élisent ensuite le maire et ses adjoints (Iguigui, 2020 : 63). Ce qui signifie qu'à la base le maire lui-même est conseiller municipal élu par le peuple, mais doit son élection de maire à ses pairs (Foutem, 2019 : 186). La population est ainsi l'acteur majeur du jeu démocratique local catalysé dans les pays d'Afrique subsaharienne par la décentralisation qui y a cours depuis la décennie 1990. Il convient de relever que grâce à ce processus, la décentralisation catalyse une nouvelle forme de participation politique locale. L'initiative chinoise a ainsi la possibilité de partager l'expérience pour une combinaison d'approches pour surtout mobiliser les populations locales.

Apport de la décentralisation à la promotion du développement local : la capacité de financement que représente l'initiative la ceinture la route pour les communes

La démocratie promue dans le cadre de la décentralisation territoriale à travers la participation communautaire des citoyens au choix des élus locaux influence indubitablement le développement local (Ngane, 2008 : 94). Les bases en sont claires et les lois de décentralisation dans plusieurs pays francophone d'Afrique subsaharienne réitèrent que la décentralisation territoriale a pour objectifs entre autres de promouvoir la démocratie, le développement et la bonne gouvernance au niveau local. L'article 5 alinéa 2 de la Loi N°2019/024 du 19 décembre 2019 portant Code général des collectivités territoriales décentralisées au Cameroun stipule qu' : « Elle [décentralisation] constitue l'axe fondamental de promotion du **développement**, de la démocratie et de la bonne gouvernance au niveau local ». L'on peut à cet effet noter avec pertinence que le législateur reconnait bel et bien à la décentralisation, la mission de contribuer au bien-être des populations au niveau local, mais aussi de catalyser les potentialités au sein des groupes communautaires pour qu'ils soient eux-mêmes les acteurs de l'amélioration de leur propre bien-être (Abega, 1999 : 85). Pour s'implémenter, ce processus nécessite un financement que la Chine peut apporter dans le cadre de l'initiative la Ceinture la route.

Sur cette dynamique de la contribution de la démocratie issue de la décentralisation au développement, il convient de spécifier le type de développement dont il est question. Le développement catalysé par la décentralisation et par ricochet la démocratie locale est appelé développement local/communautaire/participatif/territorial, autocentré, qui désigne une forme de développement dans laquelle les initiatives de développement sont prises par les populations endogènes et l'on sait aussi que c'est le propre des démocraties populaires comme celle qui a permis à la Chine d'émerger (Ngane, 2008 : 59). Le développement local issu de la décentralisation et de la démocratie locale a donc la spécificité de se conformer aux réalités d'un terroir précis, qui se limite à l'échelle d'une commune dans le cas du Cameroun (Foutem, 2019 : 54). Cette forme de développement met en action divers types d'acteurs qui se mobilisent à l'échelle d'une commune. Ces acteurs comprennent les populations habitant le territoire de la commune concernée, qui ont leurs activités de productions bien précises, qui diffèrent de celles des populations des autres communes du pays. Ces activités obéissent à leurs réalités culturelles, coutumières, historiques et économiques et c'est effectivement proche du modèle de démocratie chinois (Keudjeu de Keudjeu, 2012 : 164). Ce qui fait que dans un territoire, l'artisanat peut être à la base de l'activité économique, tandis que dans une autre commune, c'est la pêche alors que l'on est dans un même pays. Chaque commune est conçue dans la décentralisation, pour soutenir les populations à la base en fonction de ces réalités que les politiques de développement centralisé n'ont pas réussi à prendre en compte. Après les populations dans le développement local issu de la décentralisation et de la démocratie locale, l'on a donc l'autorité communale. L'autorité communale est l'organe en charge de conduire la municipalité. Elle est composée des conseillers municipaux puis du maire et ses adjoints. L'autorité communale est l'émanation de la population, elle est votée par la population à l'occasion des élections municipales (Dze-Ngwa, 2018: 8). Les communes des pays d'Afrique francophone subsaharienne doivent être associés aux communes chinoises dans le cadre de l'initiative la Ceinture la route, pour bénéficier de leurs financements par des protocoles de coopération décentralisées.

Dans la décentralisation, le rôle de la commune est de conduire des projets de développement en fonction des besoins prioritaires des populations qui l'ont choisie et qui attendent beaucoup d'elle. Ainsi, par le fait qu'ils vivent le quotidien de la population dans la commune, les conseillers municipaux savent davantage les besoins des populations en matière d'adduction en eau potable, de collecte et de gestion des déchets, d'électrification, d'appui aux activités génératrices de revenus entre autres. Igugui (2020) relève que ces besoins diffèrent d'une commune à une autre, et ces conseillers peuvent mieux les défendre lors des conseillers municipaux (Abega, 1999 : 182). Bien plus, dans ce développement local issu de la démocratie locale, la participation de la population est de plus en plus sollicitée et obtenue. Des points d'adduction d'eau sont construits par des communes et la gestion confiée par la population (Arrey, 2020 : 7). Des contributions annuelles sont souvent apportées par la population pour l'entretien, à savoir le remplacement des robinets cassés, le nettoyage du château, où encore les abonnements au service communal de collecte des déchets de ménage (Dze-Ngwa, 2018 : 8). La Chine doit ainsi être sollicitée grâce à cette initiative, pour financer les projets élaborés par les communes.

Dans la même logique du développement local issu de la décentralisation territoriale, on a enregistré au Cameroun depuis 2004, un programme de planification pour l'élaboration des plans communaux de développement (PCD) (Foutem, 2019 : 184). Le PCD est un document guide de développement qu'on trouve dans toutes les communes camerounaises. Il est élaboré en collaboration entre l'exécutif communal et les populations (Iguigui, 2020 : 183). La commune recrute en fait un consultant, très souvent une Organisation non gouvernementale, qui forme des planificateurs qui vont de quartier par quartier ou village par village. Ces planificateurs dans leurs travaux, vont dans tous les villages et s'entretiennent avec les populations sur les problèmes de développement qu'elles rencontrent dans leurs activités de production y compris ceux liés aux infrastructures locales comme les hôpitaux, les écoles, les routes conduisant dans les basins de production entre autres.[318] À la fin des entretiens, les planificateurs analysent les problèmes et y proposent des salutations (Arrey, 2018 : 162). Les solutions sont de deux ordres. Les solutions endogènes sont celles que les habitants acceptent de réaliser, par exemple, débrousser la route menant au village, ou contribuer une somme par ménage pour remplacer un robinet (Kago, 2009 : 59). Les solutions exogènes sont celles qui nécessitent des gros investissements, à l'exemple de la création d'une nouvelle route ou de la construction d'un ponceau (Keudjeu de Keudjeu, 2012 : 193). La commune s'en charge et le réalise à travers le budget d'investissement public (BIP), s'assurant qu'il s'agit d'un projet demandé par la population. C'est le mérite du développement local impulsé par la démocratie participative locale (Kuaté, 2005 : 73). Dans la mise en place de ces projets, le grand problème est financé et la Chine peut en fournir par son initiative la Ceinture et la Route en Afrique francophone (Ngane, 2008 : 172). Des protocoles de demandes de financement de la décentralisation doivent être proposés à la Chine selon les termes de cette initiative (Kom Tchuenté, 1996 : 183.

Conclusion

En somme, il ressort de cette étude que la décentralisation territoriale arrivée dans les pays d'Afrique subsaharienne au cours de la décennie 1990 y a impulsé une démocratie locale qui y a enclenché le développement local. Il convient de retenir en substance que l'avènement de la décentralisation dans ces pays est consécutif à l'échec de la politique centralisée de gouvernance qui n'a pas pu impulser le progrès socioéconomique, renforçant plutôt les régimes autoritaires (Baudin, 1989 : 193). Par ailleurs, dans la mise en place de cette décentralisation, le plus grand problème est le financement des projets élaborés par les communes. L'initiative chinoise la ceinture la route est une opportunité pour booster la décentralisation dans les pays d'Afrique francophone subsaharienne. Des protocoles de demande de financements des projets communaux doivent être élaborés et proposés à la Chine.

---

[318] Entretien avec Tongmo Rolin, ancien conseiller municipal à la commune de Bafoussam 2e, Bafoussam, 23 juin 2021.

Bibliographie

Abega, S. C. (1999). *Société civile et réduction de la pauvreté*, Yaoundé : CLE.

Agbohou, N. (2012). *Le Franc CFA et l'Euro contre l'Afrique*, Paris : Solidarité Mondiale.

Arrey, W. H. (2018). "Cameroon: Contemplating the prospects and vulnerabilities of an ''accelerated decentralization" process for inclusive governance and development at the local level", *L'Estafette Mensuel Thématique*, n°035 du 30 avril 2018, p. 8-9.

Arrey, W. H. (2020). "Government Corruption, Politics of Prebendalism and Democratic Governance in Quebec, Canada", *International Journal of Research and Innovation in Social Science (IJRISS)* |Volume IV, Issue X, October 2020|ISSN 2454-6186, pp. 169-184.

Beaudin, J. (1989). *Introduction à la science politique*, Paris : Dalloz.

Chapman Kaffour. (1996). Africa and the international system : the politics of state survival 1st ed, London : Cambridge University Press.

Dze-Ngwa, W. (2018). "Cameroon and the Challenges of Decentralization", *L'Estafette Mensuel Thématique*, n°035 du 30 avril 2018, p. 7.

Tongmo Rolin, Entretien, Ancien conseiller municipal à la commune de Bafoussam 2e, Bafoussam, 23 juin 2021.

Fenkam, F. et Mfewou Bozambo Abdoulaye. (2009). *Démocratie en Afrique ? Yes we can !*, Paris : Afrique Express.

Foutem, T. M. (2019). « L'aide internationale au développement dans les municipalités de Bamenda et de Bafoussam : De la coopération inter-étatique à la coopération décentralisée (1960-2010) », Thèse de Doctorat Ph.D en Histoire, FLSH, Université de Dschang.

Hassen, P. (2011). Sociologie Politique : l'action publique 2e édition, Paris : A. Colin.

Iguigui, B. (2020). « Les communes camerounaises à l'épreuve de la coopération décentralisée et de la diplomatie des villes (1977-2018) », Thèse de Doctorat Ph/D en Histoire Politique et Relations Internationales, Université de Douala.

Kago Lele, J. (2009). Les complexités de gestion des collectivités territoriales décentralisées : le cas de Bafoussam, Yaoundé : Imprimerie Hozek.

Keudjeu de Keudjeu, R. (2012). « Recherche sur l'autonomie des collectivités territoriales décentralisées au Cameroun », Thèse pour Doctorat Ph.D en Science Politique, FSJP, Université de Douala.

Kom Tchuente, B. (1996). Développement local et gestion urbaine au Cameroun, les enjeux de la gestion municipale dans un système décentralisé, Yaoundé : CLÉ.

Kuate, J. (2005). Les collectivités territoriales décentralisées au Cameroun. Recueil de textes 3ᵉ édition, Douala : Presses de Macacos.

Lado, P. (2014). Partenariat local, Intercommunalité et coopération décentralisée, ASDEG.

Mbembé, J.-A. (2004). De la postcolonie. Essai sur l'imagination politique dans l'Afrique contemporaine, Paris : Karthala.

Mbile Namaso, N. (1999). *Cameroon political story. Memories of an authentic eye witness,* Limbé : Presbyterian Printing Press.

Mouandjo, P. L. (2002). État et régulation en Afrique, l'économie politique de l'Afrique au XXIᵉ siècle, Tome III, Paris, L'Harmattan.

Ndue Ntungwe, P. (1994). *Decentralisation and local government in Cameroon,* Yaoundé: Friedrich-Erbert Foundation.

Ngane, S. (2008). La décentralisation au Cameroun. Un enjeu de gouvernance, Yaoundé, Afrédit.

Nze Bekale, L. (2018). La Décentralisation territoriale en Afrique francophone : Contribution à la refondation post-crise de l'État de 1990 à nos jours (Benin, Burkina-Faso, Gabon, Mali), Douala : Éditions Cheikh Anta Diop.

Rioux, J.-P. (éd) (2005). *Une Histoire du monde contemporain*, Paris : Larousse.

Sinkam Nana, S. (1996). *Mondialisation et décollage économique de l'Afrique,* Marien Ngouabi : Faculté des Sciences Économiques.

Sinkam Nana, S. (1999). Le Cameroun dans la globalisation. Perspectives et prémisses pour un développement durable et équitable, Yaoundé : CLE.

Takougang, J. et Krieger, M. (1998). *African states and society in the 1990^S : Cameroon's political crossroads*, Boulder Colorado: Westview Press.

38. Global governance and the role of China: what prospect for sino-african partnership? *Pr. Bertrand Ateba*

Introduction

As globalization has narrowed the distance between states and created shared responsibilities in solving issues that are a concern for all, some states are expected to take the lead of global actions that are taken to address issues of common concern. Global governance understood as the government, management and administration capabilities of the United Nations, World Bank and other international organizations, various regimes, coalitions of interested nations and individual nations when they act globally to address the various issues that emerge beyond national borders, such as development, the environment, human rights, infectious diseases and international terrorism, has gained a lot of importance in the aftermath of the collapse of the Soviet Union and the end of the cold war. With its economic development and political stability, the People's Republic of China is on the verge of assuming leadership in the current globalized world. Since its admission in the World Trade Organization (WTO), China has become a significant actor in international trade. Today, trade and investment decisions in China have widespread impact on development strategies in almost every developing country. Sometimes praised, sometimes misunderstood and feared, China's role in global governance is diversely interpreted and understood (Ramo 2004; Nolan 2004; Wang&Rosenau 2009), Some states have high expectations about china's increasing participation in international regimes, while at the same time an increasing role of China is a matter of concern for some others (Ateba 2016).

The African continent shares with minor differences, the same colonial history with China. The experience of western imperialism and colonialism they suffered, has driven the Chinese and African people to come closer, to sympathize, and to develop a mutual support in the challenges that they face in their struggle to seek and safeguard national independence, territorial integrity, and to improve their living standards through economic development. The undisrupted economic growth that China has been enjoying for several decades has created a model for African countries to emulate. Equally, the increasing importance of the role of China in international issues has compelled African countries to lean on China, as their new hope for the realization of the long awaited economic take-off. As China and Africa are increasingly moving closer through cooperation and development assistance, one can observe the building of a kind of "China model" in sino-african relations (I). In addition, there are plenty of challenges facing sino-african partnership in the era of globalization (II).

The building of a "China model" in Sino-African relations

Before reaching the establishment of a new partnership (B), it is important to have a look at the development of China's interests in Africa (A).

A. Development of China's interest in Africa

Although the first contacts between China and Africa can be traced back during the 15th or 16th centuries and even beyond, the significant impacts occurred in the 20th century. Shortly after the founding of the People's Republic of China on October 1rst 1949 at the famous Tiananmen Square, the Chinese leadership, made of the first generation of revolutionaries laid down the foundations for the China-Africa cooperation, driven by revolutionary ideology rather than economic interests (Angeloff 2010: 87). In the midst of its domestic and international revolution characterized by its opposition to American imperialism and Soviet revisionism, China's action in Africa, was the strong support for revolutionary movements fighting for independence and freedom throughout the continent. During the Cold War and before China's reform and opening up, ideology had been a main factor determining China's policy towards African countries. During this period, the cornerstone philosophy of China's policy towards Africa was that China should be the front-runner in the developing world against colonialism, imperialism and revisionism. After the implementation of the open-door policy by the post-Mao administration under Deng Xiaoping's leadership, China began its economic prosperity provoked by wide range reforms. China changed the way it sees the world and the world changed the way it sees China. Sino-African relations were not left out of these profound changes.

Nowadays, China seeks to satisfy four broad national interests in its relations with Africa. Economically, Africa is seen primarily as a source of natural resources and market opportunities to fuel China's domestic growth. Politically, China's seeks Africa's support for China's "One China" policy[319] and for its foreign policy agendas in multilateral forums such as the United Nations. From a security standpoint, the rising presence of Chinese commercial interests in Africa has led to growing security challenges for China, as the safety of Chinese investments and personnel come under threats due to political instability and criminal activities on the ground[320]. Last but not least, China also sees an underlying ideological interest in Africa, as the success of the "China model" in African countries whether democratic or non-democratic offers indirect support for China's own political ideology and offers evidence that Western democratic ideals are not universal. Sino-african relations have been relatively smooth and free of major disturbances, thanks to a shared sense of historical victimization by Western colonial powers and a common identity as developing countries. The nature of sino-african ties is largely transactional and reciprocal.

As China pushes for democratization of international relations[321], the success of the China model and relations with non-Western and non-democratic African countries have become an increasingly important goal for China, both for domestic and foreign policy purposes (Alden 2007). China has relied on African

---

[319] Claim by the People's Republic of China's government that there is only one China and that Taiwan is a province of China and should not be recognized by third States as an independent State.

[320] For example, Chinese workers were kidnapped in northern Cameroon by the Islamic sect Boko Haram in august 2014.

[321] Democratization of international relations in China's perspective emphasizes the diversity of countries' political systems, the opposition to power politics and unilateralism.

countries' support at the United Nations for its political agenda. In 1972, China learned of Africa's very real political importance and value when 26 African countries voted for the People's Republic of China to resume its seat at the United Nations. African votes represented more than one-third of the countries who supported the resolution. In the aftermath of the Tiananmen Square event of 1989, Beijing was confronted with serious international isolation and Western sanctions. Again, it was six countries in southern Africa that stepped up and saved China from the quagmire by inviting Chinese foreign minister to visit in August 1989[322]. The first head of state and foreign minister who visited China after the Tiananmen Square protests were also from Africa. In appreciation for this tremendous political favor, China has reciprocated by making Africa the first destination of Chinese foreign ministers at the beginning of every year since 1991. Today, on issues ranging from human rights to UN reform, from regional security to China's core national interests, China looks to Africa to be on its side.

Another of China's key political aspirations in its relationship with Africa is to end Taiwan's diplomatic presence on the continent. For Beijing, it is a matter of fundamental regime legitimacy that Africa embraces the "One China" policy and accepts Beijing rather than Taipei as the only lawful representative of China[323].

Establishment of a new strategic partnership

In the China's first African Policy Paper published in January 2006, the new strategic partnership is built around the following characteristics: "mutual benefit","common development", and "win-win economic cooperation". This approach is supported by financial and technical assistance even in non-commercial areas such as health[324] and education. The scope of the Chinese government actions towards its African partners covers the promotion of trade, investment, financial services, agriculture, infrastructure, resources development, and tourism. The foundations of the new strategic partnership between China and Africa were laid down at the very first Sino-African Forum held in Beijing on October 10-12 2000. In continuation, during the Beijing Summit of the same

---

[322] The six countries are: Botswana, Lesotho, Zimbabwe, Angola, Zambia and Mozambique.
[323] Currently, the only African country maintaining diplomatic ties with Taiwan is Eswatini (Former Swaziland).
[324] There are various Chinese medical teams working in many hospitals in Africa.

forum in November 2006, President Hu Jintao announced new commitments to Africa for 2007-2009:

Preferential credits: US$5 billion, consisting of US$3 billion concessional loans and US$2 billion export buyers' credits.

Direct investment: A US$5 billion China-Africa Development Fund to support Chinese FDI in Africa.

Trade: Further opening up China's market to Africa by expanding the list of duty free African exports and setting up trade cooperation zones in Africa.

Grants and debt relief: A doubling of 2006 assistance, to build hospitals, malaria prevention and treatment centers, and rural schools in Africa and a conference center for the African Union; and cancellation of all interest-free loans owed by eligible countries that had matured by the end of 2005.

Technical assistance: Training for African professionals and sending agriculture experts to Africa; setting up agriculture technology demonstration centers in Africa; doubling Chinese government scholarships for African students[325].

Chinese companies have been told to shift their investment focus from infrastructure and energy resources to Africa's agricultural and manufacturing sectors. According to Liang Guining, Deputy Director of the research center for foreign investment under the Ministry of Commerce, "Chinese firms could shift their focus to sectors like agricultural developments that are much easier to operate and more in line with African countries' needs"[326]. China's pragmatic cooperation with African countries is a manifestation of its commitment as an emerging power with responsibilities. To develop and maintain stability, Africa needs the support of the rest of the world. Although the West has high technologies, they are too costly and are still a luxury for African States. The low-cost development approach used by China is more suitable to Africa than the western model. A close watch of the recent evolution of economic activities in Africa reveals an increasing influence of the Chinese private sector, consistent with China going global strategy, which encourages Chinese enterprises to compete for resources and markets far beyond Chinese borders (Anshan 2006).

---

[325] Chinese scholarships for African students have increased from 2000 in 2006 to 4000 in 2009. These figures are given by **Cameroon Tribune**, the Cameroonian government daily newspaper No 9294/5493 Tuesday 24 February, 2009.

[326] Quoted by Xinhua News Agency.

Since 2013, President Xi Jing Ping has launched the new Silk Road initiative that is likely to benefit African countries in terms of various infrastructures. During the 2021 forum on sino-african cooperation summit held in Dakar, Chinese president has unveiled an ambitious programme involving trade, investments and health to help China's African partners to face the Covid 19 pandemic and stimulate growth.

Unlike western countries, China's modus operandi for her aid to most African countries is as follow: funds are not lent directly to the African state's government, but instead the Chinese government mandates a Chinese public building company which usually then receives the support of the Exim Bank to carry out infrastructure projects in accordance with the African government concerned. Then, in return for the provision of these infrastructures, the African government grants the right to extract natural resources to Chinese companies, through the acquisition of shares in a national company or by giving licenses. This procedure is accompanied with donations dedicated to the building of schools, hospitals or prestigious buildings such as presidential palaces, stadiums, conference centers, roads and bridges by a Chinese company. Between a continent in need of infrastructures and consumption goods and a country in search of energy and natural resources, the deal is quickly established: raw materials in exchange of infrastructures and consumption goods. China and Africa have a long history of cooperation and friendship. In the early 1960s, the building of the Tanzania-Zambia railway and the dispatching of medical teams in Africa were the remarkable features of that cooperation. With the evolution of international society and the changes in their respective socio-economic domestic conditions, the two partners have redefined the content of their cooperation so as to adapt to new realities (Aicardi 2004). According to Huang Changqing, "the reinforcement of Sino-African cooperation constitutes a fundamental element of China's diplomacy and a strong strategic choice"[327].

Far from being perfect, the investment by Chinese private businesses to Africa has largely met the demands of the African people, from low income to high class. People through the various infrastructures built by Chinese see and witness palpable results of the Sino-African cooperation. For these reasons, the "China

---

[327] Interview of a former Chinese Ambassador to Cameroon, conducted by *Cameroon Tribune.*

model" of cooperation has gained a lot of popularity throughout Africa, and China is slowly expanding its influence through a kind of "infrastructural and commercial soft power". A senior Chinese analyst at Beijing's People's University, Tao Wenzhao, wrote that the "China model has substantial influence in Africa, which is an indispensable soft power for China to become a great power in the world" (Tao 2011:8) However, the sino-african partnership is confronted with challenges likely to reverse its current course.

Challenges facing Sino-African partnership in global governance

Global governance implies the participation of various actors with contending core interests. The new philosophy that China is bringing in its cooperation with African countries will lead her to clash with the West (A). In addition, domestic challenges for both China and Africa will have a serious impact on the development of their partnership (B).

Sino-african partnership: the building of an alternative thinking to the West's

China's approach to development and the nature and scope of its cooperation with African countries leads her to clash with the West over influence in Africa. As a matter of fact, the China model for sino-african cooperation presents a potential challenge to the development policies and strategies of industrialized countries. Since the end of the cold war, poor countries seeking financial assistance have often been applied the political conditionality of good governance and democratization (Smith 2007). China's policies have openly challenged western practice, as her aid is not made conditional on adherence to particular commitments on economic reform, human rights and good governance (Goldstein 2005:132). The rise of China undermines western conception of what development is and how to achieve it. Since the collapse of the Soviet Union and the end of the cold war, African countries have been told by industrialized countries and international financial institutions that the first step towards a sustainable development is the implementation of democratization. In other words, there is no development without a western style democracy. Democratization should come first, and then development will follow.

Looking at the rapid pace with which China has been developing, Africans have been questioning this western development theory. Many people realize that industrialized countries' prescriptions about development lacks credibility. Through western lenses, there is no explanation for China's economic development as far as democratization is concerned. For many Africans, there is more to learn and gain from China's rise than from western prescriptions and interferences in African domestic affairs. The rise of China finds a lot of admirers throughout Africa, as it is a message that slavery, colonialism and imperialism are not a fatality and can even be overcome through hard work and a high sense of nationalism and patriotism. The history of China made of humiliation and exploitation by western powers is widely told in Africa, to create an awareness of the possibility of African countries to revive from their ashes and rise, following the footsteps of the People's Republic of China.

China by her own experience of development and her special model of cooperation with Africa is deconstructing most of the principles and values that western countries have introduced in Africa. Instead of imposing reforms and adjustments from outside like the West, China's aid strategy to African countries reveals the deep conviction that the sovereign state receiving aid is the only judge of what reforms are necessary for its economic take off (Lafargue 2005). As Lin Zhi, a research scholar with the Academy of Military Sciences of the People's Liberation Army puts it, "China treats every country, even those that it helps, as equals"[328]. Although an established great power, China does not carry out any kind of "civilizing mission" in its relations with African countries. From a pure economic perspective, Sino-African relations are referred to, as a perfect example of South-South cooperation, based on equality, respect for mutual interests and non interference in each other's domestic affairs. Undoubtedly, China's growing economic power and political influence in Africa will confront the West with economic and geopolitical dilemmas. China's close relations with some "African Rogue States" (Zimbabwe, Sudan) criticized for their poor human rights records is a headache for Western countries. There is a mounting fear that China is going to become the protector of some African dictatorship regimes. If we keep in mind that Chinese foreign policy is still guided by the five principles of peaceful cooperation, one of these principles being non-interference in domestic affairs, we should understand that China has nothing to do with the type of political

---

[328] China Daily.

system its African partners have. In addition, poverty alleviation and improvement of living standards rather than democracy are what Africans desire most. As the West did not understand that, and China did, the West now has to face a growing Chinese influence in Africa.

Western countries have to understand that many Africans are fed up with their lessons about democratization and its beneficial effects[329]. After the euphoria of the early 1990s where democratization was almost a fashion throughout the continent, more than thirty years later and impatient to see concrete results of that phenomenon in their daily life, democracy has turned African people's hope to dismay. Eyes are turned towards China with two fundamental questions: how come this country is enjoying such a rapid development without Western-style democracy and human rights? What lessons can Africans learn from China's rise in order to follow their path? Through its increasing influence in a globalized world, China is introducing an alternative thinking to the West's old one. China's self identification as a developing country translates into foreign policy positions that are often in line with the global South and provide the foundation for anti-western sentiment. The more countries identify with and adopt Beijing's approach, the less isolated China feels. Beijing would like to see non-Western, non-democratic governments grow and prosper in Africa, simply because they help validate China's political system and mitigate its international isolation by showing that Western democracy is not a universal value, and that the Western democratic system doesn't have to apply in every country.

Domestic challenges for both Africa and China

Africa and China face tremendous domestic challenges that will have implications on their partnership. As the result of western colonialism and its own civil war, China has not yet regained total sovereignty over its lost territories. The Republic of China, commonly known as Taiwan, still reminds the People's Republic of China that territorial integrity and national unity are far to be achieved. The battle for international recognition between the two China cannot

---

[329] This view can be appreciated from African people lack of interest in political activities, expressed through non registration in electoral lists, high abstention rate during recent elections, as shown by sociopolitical studies.

spare the African continent. Even if it is true that Mainland China has fought hard to reduce Taiwan's influence by winning back some countries that once had diplomatic ties with her, the charm exercised by the money that Taiwan pours to its African friends, lead some states to side with Mainland China today then turn to Taiwan the following day[330].

Both China and Africa are undergoing likely destabilizing transitions, although from different nature. For the last three decades, China is under three important transitions: modernization, leadership transition from a generation of charismatic leaders to one of techno-bureaucratic leaders, and systemic transformation from a central planned economy to a market economy. The fundamental changes in social structures and value orientation in the process of modernization make it a very destabilizing process, as it provides a fertile ground for social unrest and political rebellions. Under charismatic leadership, individuals in leadership positions are strong and institutions weak. Under the techno-bureaucratic leadership, individuals are weak and institutions strong. Political stability is possible under either type of leadership. However, this is not the case when they are in transition from one to the other. This is because when charismatic leaders come to die, they leave behind them a set of weak institutions. As techno-bureaucratic leaders are weak by nature and depend on institutions for power, their authority and powers are very vulnerable to political challenges. During the systemic transformation, the central planned economy and the market economy exist side by side. As the reforms deepen, official corruption worsens, the gap between the rich and the poor widens and an increasing number of people in the state sectors lose their jobs. All this produce ingredients for political turmoil, as people express frustration and resentment to the government and its policies. Both from a comparative and a historical perspective, any of the three transitions poses serious threat to political stability and has the potential to provoke political collapse. Without political stability, China would not be able to accomplish anything, let alone play a significant role in global governance, nor deepen its partnership with African countries.

As far as Africa is concerned, the continent is still coping with various problems generated by the transition from authoritarianism to democracy. The

---

[330] Countries such as Niger, Chad or Sao Tomé and Principe were very familiar with that practice in the past.

competition for the exercise of power has created tensions among different ethnic groups, as most political parties are identifiable to the social composition of the population. In many cases, the conquest of power has lead to civil wars and even genocide. Elections are always followed by waves of violent contestations, as the ruling elites multiply strategies aiming at winning elections at all costs in order to remain in power. Regular armies are replaced by powerful presidential guards, best equipped, well trained and well paid for the security of the ruling dictators. In some countries, the army is just a kind of ethnic militia at the service of the ruling ethnic group. Leaders focus more on their security and the possible means of maintaining power, and less on raising the standards of living of the whole population. As the result of insecurity, general disorder, and other criminal activities, both public and private investors are moving away from Africa. Population growth and rising unemployment have driven young Africans to risk their lives in clandestine immigration activities to reach Europe in search of better living conditions. Ineffective domestic governance in many sub-Saharan African states has been compounded by corruption, conflict, and vulnerability to natural disasters. The public services of water, electricity and health are still not at everybody's reach.

Daunting economic tasks await Africa. Here are some development goals:

Reduce by half the proportion of people living on less than a dollar a day;

Reduce by half the proportion of people who suffer from hunger;

Achieve full and productive employment and decent work for all, including women and young people;

Reduce by two thirds the mortality rate among children under five;

Halt and begin to reverse the incidence of malaria and other major diseases;

Intensify the fight against Corona virus;

Integrate the principles of sustainable development into countries policies;

Deal comprehensively with the debt problems through national and international measures in order to make debt sustainable in the long term.

Improve domestic standards of living in order to reduce illegal immigration to Europe and more developed countries.

The real challenge for Africa today is the need to industrialise, to integrate its economies, to transform these economies in line with the demographics of the societies, to secure a respectable position amongst the developing and developed economies of the world, to work together to positively transform multilateral institutions, to educate the people, to maintain social peace, to fight corruption and to promote healthy citizens and healthy habitats. These are the major scourges that define the challenge for Africa in the 21st century. To take up the challenge, Africa needs partnerships, and the one established with China might prove very helpful. Nevertheless, the domestic problems that China and Africa are confronted with, are likely to affect the smooth functioning of their partnership. A stable international environment and the domestication of their internal challenges are crucial for both China and Africa, if they want to take the best out of their partnership in a globalized world.

Conclusion

Even if it is true that the increasing presence of China in Africa is not free from criticisms and complaints, this is an inevitable situation that both Africa and the rest of the world have to accommodate. China cannot be blamed for carrying out a pragmatic African policy driven by core national interests. The search for energy and resources that Africa is endowed with, compel China to develop policies that facilitate her access to these resources in order to meet her ever increasing demands. Equally, it is the responsibility of African countries to take the best out of the Chinese presence by clearly expressing their concerns and priorities in the arduous task of development. Some actions are to be taken by these countries to boost their development efforts. For example, the continent's investment environment has greatly improved in recent years, and many nations have introduced preferential policies including lower tax rates to attract foreign capital. China has welcomed these policies: "Now is the best time for Chinese firms to invest in the continent as Africa needs to upgrade its economic structure"[331].

As a driver of global change, China should be aware that it has the same interest as the rest of the world to push poverty stricken countries towards economic development. Nevertheless, African development rests on African solutions. The development agendas of African states should ultimately be defined by Africans themselves and good governance in sub-Saharan African

---

[331] Wei Jianguo, Former Vice-Minister of Commerce. He made the statement at a China-Africa Forum held in Beijing

states is a critical factor to make that possible. Sustainable growth requires skilled leadership, not just in the national executive but across the spectrum of civil society organizations, opposition political parties, technical or academic researchers, and private businesses, all of whom can hold governing bodies and each other accountable for development results. Africans have to understand that China could grow without bringing African economies along if various internal and external factors keep African states at the lowest end of the value-added chain, with persistently uncompetitive industrial capacities.

As a key actor in Global governance, China is producing major shifts ranging from a new cooperation approach, international trade and investment, to international financial markets. China's new geo-economics and geopolitical engagement represents a major pathway for the continent, but serious steps must be taken to harness the relationship to ensure that it fulfills Africa's desire to pursue a sustainable development agenda that moves it away from overdependence on commodity exports and marginality in the global economy. The growing influence of China in the world does not mean that there is a new global governance order in the making. Between the established West and the rising China, there should exist a policy of dialogue and constructive engagement in order not to disrupt the relative stability that the world is enjoying since the end of the cold war (Wang 2005:42). For the sake of development and nation building, African states need a peaceful international environment and the assistance of all powers. The challenges faced by these countries are real causes for concern that, a Sino-Western clash on African soil is not desirable. It should also be acknowledged that "the Sino-African Forum is not directed against a third party"[332] Even if it is no secret that Africa needs help, it wants help in dignity and respect not in humiliation. The difference between China and the West lies in this aspect.

Bibliography

Aicardi M.S.P. (2004) : La Chine et l'Afrique entre engagement et intérêt, Géopolitique Africaine, No.14/2004, pp 80-96.

---

[332] Eileh Elle Etian, former Cameroonian Ambassador to China and former dean of the diplomatic corps in Beijing. Statement made during an interview with **Cameroon Tribune** No. 8718/4917, Friday, 03 November 2006.

Angeloff T. (2010) : Histoire de la société chinoise 1949-2009, éditions la Découverte, Paris.

Alden C. (2007): China in Africa, Zed Books, London.

Anshan L. (2006): Transformation of China's policy towards Africa. Hong Kong Centre on China's transnational Relations, Hong Kong.

Ateba B. (2016) : Nous n'avons pas d'ambitions hégémoniques : le nouveau discours de politique étrangère et la problématique de l'émergence pacifique de la Chine. In Guillaume Ekambi Dibonguè (sous la direction de), le discours en relations internationales : la légitimation des conduites de politique étrangère des États. éditions Ifrikiya, Yaoundé, pp. 137-157.

Campbell H. (2000): China in Africa: challenging US global hegemony, Third World Quarterly 29, 1/2000 pp 89-105.

Golstein A. (2005): Rising to the challenge: China's grand strategy and international security. Stanford University Press, Stanford.

Lafargue F. (2005): La Chine et l'Afrique: un mariage de raison, Diplomatie, septembre-octobre 2005, pp 25-43.

Nolan P. (2004): Transforming China: globalization, transition and development, Anthem Press, London.

Ramo J.C. (2004): The Beijing consensus, Foreign Policy Center, London.

Servant J.C. (2005) : La Chine à l'assaut du marché africain, Le Monde Diplomatique, mai 2005, pp 10-25.

39. Xi Jinping, OBOR et l'Afrique. Études sur le Cameroun et la RDC, *Dr. Léon-Marie Nkolo Ndjodo*

Introduction

Grâce à un prodigieux développement économique, scientifique, technologique, diplomatique, culturel et militaire réalisée suite à l'adoption en 1978 de la Politique de Réforme et d'Ouverture économique, la Chine s'est imposée comme un acteur majeur sur la scène mondiale. Plus grand pays en développement de la planète et deuxième économie mondiale, elle a conçu un outil pour donner corps à sa vision de la globalisation : les Nouvelles Routes de la Soie. Gigantesques projets d'investissements dans les infrastructures (ports, aéroports, routes, chemins de fer, oléoducs, barrages, télécommunications), elles ont pour ambition de relier par la terre et par la mer la Chine à l'Eurasie, à l'Amérique latine, à l'Australie et à l'Afrique, réalisant ainsi la connectivité globale des réseaux d'échanges au service d'une nouvelle ère d'industrialisation plus large, plus approfondie et plus juste pour la planète. Les Nouvelles Routes de la Soie ont été théorisées par le Président chinois Xi Jinping dans des discours, des textes, des notes et des ouvrages d'érudition dans lesquels il en a fixé les principes philosophiques, les moyens d'actions, les résultats escomptés et les bénéfices pour la Chine et le reste du monde. Ces idées qu'on appellerait « la pensée de Xi Jinping sur les Nouvelles Routes de la Soie » contiennent un volet-clé de sa vision des relations sino-africaines de la nouvelle ère du développement de la Chine et de l'Afrique. Quelle est cette vision ? Par quoi se matérialise-t-elle ? A quels défis fait-elle face ? Comment conjurer ces dangers existentiels ? Telles sont les préoccupations qui guident cette étude qui prend appui sur le Cameroun et la RDC, deux pays-clés de l'Afrique centrale connectés à l'OBOR, afin d'éclairer ses résultats.

La pensée de Xi Jinping sur les Nouvelles Routes de la Soie

C'est le 7 septembre 2013 au Kazakhstan que le Président chinois Xi Jinping lance l'initiative internationale La Ceinture et la Route, encore appelée les Nouvelles Routes de la Soie. Inspiré par les anciennes routes commerciales qui permirent dès le IIe siècle av. J.-C. de relier la Chine à l'Asie centrale, ensuite au monde arabe et à l'Europe à travers le commerce de la soie principalement, Xi Jinping ambitionne de donner un nouveau visage à la globalisation du 21e siècle dont la Chine envisage être un acteur majeur. A travers cet ambitieux programme de développement infrastructurel qui implique les pays de presque tous les continents, la Chine cherche à entrer dans une nouvelle ère de son développement économique et de son progrès. Par la connectivité des réseaux économiques, politiques, scientifiques, technologiques, écologiques, sanitaires et culturels des pays du monde, elle s'efforce de construire pour l'humanité un avenir de prospérité partagée.

Les anciennes routes de la Soie

Elles remontent à plus de deux millénaires lorsque sous la Dynastie des Han, la Chine entreprit d'envoyer ses diplomates à l'est de ses frontières afin d'établir des relations pacifiques et amicales avec ses voisins. Ainsi débuta la longue tradition d'échanges entre la Chine, l'Asie et l'Europe : « Il y a plus de 2100 ans pendant la Dynastie Han (206 BC-AD 220), un émissaire chinois du nom de Zhang Qian avait été envoyé deux fois pour des missions de paix et d'amitié. Ses voyages ouvrirent la porte à des contacts amicaux entre la Chine et les pays d'Asie et marquèrent le début de la Route de la Soie reliant l'Est et l'Ouest, l'Asie et l'Europe » (Xi 2019 : 1). Les marchands, les savants, les artisans de différentes nations et cultures se rencontraient rendant ainsi possible le progrès de la civilisation humaine. A peu près à la même période, soit en 206 BC-AD 25 durant la Dynastie Han de l'Ouest, les marchands chinois poussèrent vers l'Inde et le Sri Lanka ; là, ils vendaient la soie de Chine et d'autres objets. Sous la Dynastie des Tang (681-907), la Chine, ses étudiants, ses savants et ses marchands, échangeaient déjà avec plus de 70 pays dans le monde, introduisant leurs cultures en Chine et répandant la culture chinoise à l'extérieur. Le XVe siècle fut témoin, sous la Dynastie des Ming (1368-1644), des expéditions du grand navigateur eunuque, Zheng He, à travers les mers occidentales et au cours desquelles il visita les pays de l'Asie du Sud-Est et longea les côtes de l'Afrique de l'est, accostant même au Kenya ; à chacun des sept voyages, il noua des relations amicales et pacifiques, établit des relations diplomatiques et commerciales avec les peuples visités le long de la route. Enfin, durant la domination des Qing (1644-1911), la Chine bien que relativement repliée sur elle-même entra en contact avec la science, la technique, le commerce, la médecine et les religions de l'Europe moderne (Xi 2019 : 22-23).

Ce qu'il faut retenir de ces nombreux épisodes de mise en contact, ce sont les influences réciproques, les échanges d'expériences et les apprentissages mutuellement enrichissants entre la Chine et le reste du monde. Les nouvelles routes de la soie proposées aujourd'hui par le Président Xi Jinping répondent à ce souci de rencontres pacifiques et mutuellement bénéfiques entre la Chine et les autres peuples.

Les nouvelles routes de la soie

Telle que définie par Xi Jinping lui-même, l'Initiative La Ceinture et la Route obéit au principe de la connectivité entre tous les pays du monde ; elle répond au souci de la construction d'une « communauté de destin partagé pour l'humanité ». De ce point de vue, elle apparait comme la vision d'une mondialisation plus équilibrée propulsée par le plus grand pays en développement de la planète, la Chine.

Appuyée sur un puissant réseau d'infrastructures terrestres, maritimes, cybernétiques, informationnelles et culturelles qui va de la Chine à l'Eurasie, à l'Afrique, à l'Océanie et à l'Amérique du Sud, la connectivité d'OBOR est d'abord économique.

Selon Xi Jinping, il s'agit de « forger des liens économiques plus étroits, d'approfondir la coopération et d'élargir l'espace de développement » (Xi 2019 : 3) entre les pays et les organisations des différents continents membres d'OBOR. Cela passe par quatre impératifs : une politique de consultation par laquelle les pays ont des discussions complètes sur les stratégies et politiques de développement, adoptent des plans et des mesures pour faire avancer la coopération régionale à travers la consultation dans l'esprit de rechercher un terrain commun tout en mettant de côté les différences ; le développement d'un réseau de transports routiers transfrontaliers permettant de relier les pays sur les cinq continents ; un commerce sans entrave qui passe par des accords visant à faciliter les investissements, lever les barrières commerciales, réduire les coûts pour le commerce et l'investissement, accroître la rapidité et augmenter la qualité des flux économiques régionaux et réaliser des progrès mutuellement bénéfiques pour tous ; une circulation monétaire qui privilégie le commerce dans les monnaies locales afin de contourner l'hégémonie du dollar américain et en se fixant pour objectif pratique la convertibilité des monnaies locales ou régionales, ce qui aurait pour avantage de baisser les coûts de circulation de l'argent, de réduire les risques financiers et d'augmenter la compétitivité des économies sur le plan international (Xi 2019 : 5-6). La connectivité économique qui s'accompagne de la mise en place de zones de libre-échanges (FTZ) signifie également l'harmonisation des normes financières et bancaires à travers les pays situés le long des nouvelles routes de la soie, la mise en place d'institutions financières comme la Banque Asiatique d'Infrastructures et d'Investissement (AIIB), ou le Fond pour les Routes de la Soie (SRF).

La connectivité d'OBOR est ensuite politique et diplomatique. L'Initiative La Ceinture et la Route vise la construction d'un nouveau système des relations internationales basé sur l'amitié, la confiance, la coopération, la prospérité commune et les échanges gagnant-gagnant dans un monde harmonieux et pacifique. Xi Jinping assure que « des amis proches sont mieux que des parents éloignés […] Nous devons transmettre notre amitié génération après génération et demeurer de bons amis vivant dans l'harmonie » (Xi 2019 : 3). Il insiste sur la nécessité pour chaque pays de suivre une voie autonome de développement pacifique conforme à ses conditions locales et à ses aspirations profondes. Il défend le principe de la souveraineté et de l'indépendance nationale, et déclare : « Nous respectons les chemins de développement et les politiques intérieures et étrangères poursuivies en toute indépendance par les peuples de chaque pays […] La Chine est attachée au développement pacifique et à une politique étrangère de paix » (Xi 2019 : 3). Il réaffirme le droit pour chaque pays de choisir en toute indépendance son système social et son modèle de développement, et réitère que la Chine « n'interférera jamais dans les affaires intérieures » d'aucun pays. Il conclut d'un ton ferme : « Nous ne cherchons pas à dominer les affaires régionales ou à établir une quelconque sphère d'influence » (Xi 2019 : 3). A travers l'Initiative La Ceinture et la Route, la Chine cherche au contraire à injecter davantage d'éléments chinois dans la formulation des règles internationales, c'est-à-dire des principes d'égalité, de respect mutuel, d'intérêt commun, de bénéfice mutuel en droite ligne de ses valeurs traditionnelles et de son expérience historique de l'invasion étrangère. Cela passe par un renforcement des mécanismes du système international actuel. Comme l'indique Xi Jinping, il s'agit pour la Chine d'améliorer sa capacité à participer à la gouvernance mondiale (2019 : 188-192).

La connectivité d'OBOR agit enfin sur les plans scientifiques, technologiques et culturels. À l'instar de ce qui se fit dans le passé, les nouvelles routes de la soie du 21e siècle entendent approfondir les échanges harmonieux des connaissances, des savoirs, des techniques et des cultures entre les différents pays du monde sur la base du principe de respect mutuel, de compréhension, d'acceptation, d'admiration et d'apprentissage réciproques. Dans le cadre des nouvelles routes de la soie, ces influences multiples ne se font pas sous le régime de l'épée et du canon. Elles sont le fruit de la coopération entre les nations dont les merveilles vont de l'une à l'autre, entrainant ainsi un enrichissement réciproque et un progrès remarquable de l'humanité. Xi Jinping en est convaincu : « Les civilisations deviennent plus riches et plus colorées à travers les échanges et l'apprentissage mutuel qui forment un levier important du progrès humain et de la paix et du développement universel » (Xi 2019 : 19). Si les cultures sont diverses, elles sont aussi égales et inclusives. C'est de là, c'est-à-dire de leur aptitude à intégrer des apports extérieurs, que provient leur capacité à l'innovation. Celle-ci implique les relations de peuples à peuples, d'hommes à hommes. Témoins par exemple de ces échanges au niveau des individus, la création des différents Instituts des Routes de la Soie, la mise en contact d'étudiants et de chercheurs par l'octroi de bourses d'études et l'édition par le gouvernement chinois d'un plan d'action pour l'éducation dans le cadre de l'Initiative La Ceinture et le Route. Comme le soutient Xi Jinping (2019 : 154-158), l'Initiative La Ceinture La Route bénéficie en premier aux peuples.

Une communauté de destin partagé pour l'humanité.

À travers L'Initiative La Ceinture La Route, Xi Jinping propose une reformulation de la globalisation qui prend le nom de « communauté de futur partagé pour le monde ». Il s'agit, rappelle le dirigeant chinois, d'un « appel de notre temps » (Xi 2019) qui tourne le dos à l'ancien monde de la guerre, du colonialisme et de l'impérialisme pour un monde de paix, de souveraineté, d'égalité et de coexistence pacifique entre les nations. L'humanité doit prendre conscience de ce qu'il n'y a qu'une seule terre, ses habitants doivent vivre sur la base de l'ouverture aux autres et de l'inclusion en faisant preuve d'humanisme, de compassion, d'amour et de dévouement les uns à l'égard des autres. Les valeurs de neutralité, d'impartialité et de démocratie doivent guider les relations internationales. La communauté de destin partagée pour l'humanité s'appuie sur cinq piliers cardinaux. Il s'agit tout d'abord de construire un monde pacifique sur la base du dialogue et de la consultation en droite ligne d'une politique de non-confrontation et de non-alliance qui maintient la communication et exclue toute logique hégémonique. Il s'agit par la suite de construire un monde de sécurité pour tous à travers des efforts conjoints de lutte contre le terrorisme, les grandes pandémies et les risques liés aux migrations et à la circulation de populations réfugiés. Il s'agit aussi de construire un monde de prospérité commune à travers la coopération gagnant-gagnant, gage d'une mondialisation ouverte, transparente et non-discriminatoire. Enfin, cette mondialisation est culturellement diverse et écologiquement propre (Xi 2019 : 222-239).

Les nouvelles routes de la soie en Afrique

Dès son lancement en 2013, l'Afrique a constitué un segment important de l'Initiative La Ceinture et la Route à travers notamment ses côtes orientales. Le Président Xi Jinping a fixé les bases de cette nouvelle coopération entre la Chine et l'Afrique dans un discours historique prononcé le 4 décembre 2015 à Johannesburg, lors du Forum de Coopération Chine-Afrique.

Les principes de la coopération Chine-Afrique dans le cadre des nouvelles routes de la soie

Avec l'Initiative La Ceinture et La Route et sous la bannière des idéaux de développement commun et de bénéfice mutuel, le Président Xi Jinping a proposé que « le nouveau partenariat stratégique Chine-Afrique soit élevé au niveau de partenariat coopératif global » (Xi 2019 : 115).

Ce partenariat global repose sur cinq piliers. Le premier pilier, c'est l'égalité politique et la confiance mutuelle par lesquelles la Chine et l'Afrique s'engagent à respecter les choix de développement de l'une et de l'autre, sans qu'aucune partie n'essaie d'imposer son modèle à l'autre : « La Chine croit fermement que l'Afrique appartient aux Africains et que les affaires africaines doivent être décidées par les Africains » (Xi 2019 : 116). Le second pilier, c'est l'amitié et la justice, qui sont basées sur des intérêts partagés entre la Chine et l'Afrique, et requièrent « de faciliter les efforts de développement de l'Afrique et préparer un développement commun par une coopération mutuellement bénéfique » (Xi 2019 : 116) appuyés sur la facilitation du développement industriel du continent. Le troisième pilier de ce partenariat stratégique et global, c'est l'accent mis sur les interactions culturelles qui passent par les échanges de peuples à peuples à travers la mise en place des *Think tanks*, de médias, d'universités des deux côtés. Le quatrième pilier, c'est l'assistance mutuelle en matière de sécurité ; il s'agit non seulement de s'attaquer à la pauvreté en tant que première cause de l'instabilité, mais aussi d'aider l'Afrique à construire ses propres capacités de défense et de maintien de la paix (Xi 2019 : 117). Le cinquième pilier du nouveau partenariat sino-africain dans le cadre des Nouvelles Routes de la Soie, c'est la solidarité et la coordination entre l'Afrique et la Chine dans les affaires internationales en direction d'un monde plus juste et d'un système de gouvernance mondiale plus équitable (Xi 2019 : 117).

Les axes de la coopération sino-africaine dans le cadre des Nouvelles Routes de la Soie

En 2015, Xi Jinping a fixé en dix points les nouveaux axes de la coopération sino-africaine sous l'OBOR. Exécutables dans un délai de trois ans, ces axes tournent principalement autour de l'accélération de l'industrialisation de l'Afrique et de la modernisation de son agriculture en vue d'un développement durable.

Le premier axe de cette coopération est le programme sino-africain d'industrialisation. Il consiste à promouvoir le partenariat Chine-Afrique dans les champs de la complémentarité industrielle et des capacités industrielles entre la Chine et l'Afrique en encourageant les entreprises chinoises à investir en Afrique. Cela passe par la construction de parcs industriels, l'envoi en Afrique d'experts et de conseillers chinois qualifiés, la mise en place par la Chine en Afrique de centres d'éducation et d'écoles à vocation professionnelle en vue de renforcer les capacités industrielles de l'Afrique, la formation par la Chine de 200,000 techniciens et la fourniture de 400,000 bourses de formation en Chine pour les personnels africains.

Le deuxième axe de la coopération sino-africaine sous l'OBOR est le programme sino-africain de modernisation agricole, par lequel la Chine s'engage à partager avec l'Afrique son expérience dans le domaine du développement agricole et à transférer des technologies toutes prêtes en matière d'exploitation agricole à large échelle, d'établissement de fermes animales et de processus de stockage des graines en vue de la création d'emplois ruraux hautement rémunérés. Dans cette optique, 100 villages africains, encadrés par 30 équipes d'experts agricoles chinois, sont à mobiliser tandis qu'un mécanisme de coopération appelé ''10+10'' entre des instituts de recherche agricoles chinois et africains aidera à la modernisation des capacités agricoles de l'Afrique.

Le troisième axe de la coopération sino-africaine sous l'OBOR est le programme sino-africain d'infrastructures, qui consiste pour la Chine à aider à la planification, la conception, la construction et l'opérationnalisation d'infrastructures en Afrique dans les secteurs du rail, des routes, de l'aviation régionale, des ports, de l'électricité et des communications. Dans cette perspective qui est celle de la consolidation des capacités africaines en matière de développement durable, la Chine projette d'aider l'Afrique à établir cinq universités de transport.

Le quatrième axe de la nouvelle coopération Chine-Afrique dans le cadre de l'Initiative La Ceinture et La Route concerne le programme financier sino-africain ; il a pour but, à écouter Xi Jinping, le financement de l'industrialisation de l'Afrique par une plus grande utilisation de la monnaie chinoise, le Renmimbi, dans les transactions financières entre la Chine et l'Afrique, l'établissement d'un plus grand nombre de banques chinoises sur le continent africain susceptibles de fournir un soutien financier et des services à des projets sino-africains de développement industriel.

Le cinquième axe de la coopération sino-africaine sous l'OBOR est relatif au programme sino-africain de développement vert ; il vise l'appui de la Chine à l'Afrique dans le domaine des capacités écologiques, ce qui passe par un développement économique durable et à faible consommation de carbone et le lancement de 100 projets pour développer l'énergie propre, protéger les espèces sauvages, promouvoir des projets agricoles respectueux de l'environnement et construire des cités intelligentes (*smart cities*) (Xi 2019 : 118-119).

Le sixième axe de coopération sino-africaine dans le cadre de l'OBOR est le programme sino-africain du commerce et de facilitation de l'investissement ; il consiste pour la Chine et l'Afrique à négocier des accords de libre-échanges globaux au niveau des pays ou des organisations régionales couvrant le commerce des biens et des services et les opérations d'investissements, ce qui permettrait de booster les importations chinoises des produits africains ; la Chine s'engage en outre à fournir à l'Afrique un appui dans le domaine de la protection juridique des clients, l'inspection et la taxation des produits, la standardisation, la certification et l'accréditation ainsi que dans le domaine du commerce électronique.

Le septième axe de la coopération sino-africaine dans le cadre de l'OBOR, c'est le programme Chine-Afrique de réduction de la pauvreté. Ayant remporté d'immenses victoires dans le domaine de la lutte contre la pauvreté, la Chine entend accroître son aide et partager son expertise avec l'Afrique à travers la mise en place de 200 projets "Vie Heureuse" ciblant les femmes et les enfants, l'annulation conséquente des dettes pour les emprunts à taux zéro contractés par les pays africains les moins avancés.

Comme huitième axe de cette nouvelle coopération sino-africaine dans le cadre des nouvelles routes de la soie, le Président Xi Jinping évoque le programme sino-africain de santé publique ; la Chine aidera l'Afrique à renforcer son système de santé publique en matière de prévention et de contrôle des maladies, notamment par la construction du Centre Africain de Contrôle des Maladies, la mise sur pied de partenariats entre 20 hôpitaux chinois et 20 hôpitaux africains.

Le neuvième axe quant à lui repose sur le programme sino-africain de culture et d'échange de peuples à peuples ; la Chine entend construire cinq centres culturels en Afrique, fournir la réception satellite à 10,000 villages africains, offrir 30,000 bourses d'études gouvernementales, sponsoriser des voyages d'études et former 1000 professionnels africains des médias sans oublier de booster le tourisme entre les deux parties. Le dernier et dixième axe, c'est le programme sino-africain de sécurité qui appelle une plus grande participation de la Chine dans la construction des systèmes de défense des pays africains, ou sa plus grande implication dans les missions de maintien de la paix menées sur le continent africain sous la bannière des Nations Unies.

Du discours à la pratique : le Cameroun et la RDC dans les Nouvelles Routes de la Soie

Voyons à présent comment ces principes de la pensée de Xi Jinping sur l'OBOR se sont traduits dans la réalité du développement de certains pays africains. Nous concentrerons notre attention sur l'Afrique centrale avec pour exemple les deux pays les plus importants de cet espace géopolitique et géo-économique : le Cameroun et la République démocratique du Congo.

Le Cameroun dans les Nouvelles Routes de la Soie : stratégies, opportunités et enjeux pour le développement national

À l'instar de la Chine, le Cameroun est entré lui aussi dans une nouvelle ère de son développement. Les principaux marqueurs de changement de cap sont repérables : le pivot vers l'Asie, l'adoption d'un Plan d'Émergence 2035 et la mise sur pied d'un Plan de Développement Industriel.

Le pivot vers l'Asie s'est traduit par divers ajustements de politique étrangère au nombre desquels peuvent être cités l'allègement de la tutelle des institutions financières internationales (FMI, BM) sur le pays à partir de l'année 2008 ; le déclin relatif de la main mise néocoloniale des ex-nations colonisatrices et impérialistes (France, Grande-Bretagne, Etats-Unis d'Amérique), ou des groupes et alliances d'Etats hégémoniques (Union européenne) sur le pays ; la montée du Brésil, de la Russie, de la Turquie, de l'Inde et des Emirats Arabes Unis dans un espace économique intérieur plus diversifié ; l'irruption fulgurante de la Chine positionnée comme le principal partenaire économique, commercial, financier et stratégique du Cameroun. Adopté par le gouvernement camerounais en 2011, l'ambitieux Plan d'Émergence 2035 couvre des investissements massifs dans les infrastructures, les transports, l'énergie, l'innovation scientifique et technologique, le progrès social ; il vise à faire du Cameroun l'usine de la nouvelle Afrique industrielle. Le Plan de Développement Industriel (PDI) proposé par le gouvernement camerounais s'appuie sur : *Trois Sanctuaires*, à savoir l'agro-industrie, l'énergie et les nouvelles technologies ; *Cinq Piliers* qui englobent les filières forêts/bois, textile/manufacture, mines/métallurgie/acier, hydrocarbures/pétrochimie/raffinerie, chimie/pharmacie ; *Deux Fondations* qui reposent sur les infrastructures et les financements ; *Une Couverture de la stratégie industrielle* déployée en deux volets : la supervision stratégique et l'intelligence économique ; *Une Vision panafricaniste* conçue en droite ligne de l'Agenda 2063 de l'Union Africaine sur la transformation des ressources africaines en Afrique.

Afin de réaliser ces objectifs de développement, le leadership camerounais a fortement misé sur la convergence d'intérêts stratégiques entre la Chine et le Cameroun. Tout d'abord, le Président Paul Biya a clairement défini des objectifs communs de développement entre les deux pays dans une adresse à la nation le 11 janvier 2018, signifiant l'intérêt de l'OBOR pour le Cameroun : « Les orientations [de développement du Cameroun en matière d'éducation, de formation des jeunes, d'acquisition des nouvelles technologies et de modernisation de l'agriculture] rejoignent les objectifs des Nouvelles Routes de la Soie présentées par la Chine ». Cette convergence sera ensuite formalisée par la signature en marge du Forum de Coopération entre la Chine et l'Afrique le 2 septembre 2018, du Mémorandum d'Entente sur l'entrée du Cameroun dans les Nouvelles Routes de la Soie. Elle se matérialisera à travers la mise sur pied, ou la planification d'opportunités de développement industriel à plusieurs niveaux entre les deux pays. Il n'est pas inutile d'en lister quelques-unes :

Au niveau des infrastructures :

La construction du Corridor ferroviaire Cameroun-Tchad-Soudan avec une possible continuité sur la Mer Rouge (Ethiopie ou Djibouti) par laquelle la Ceinture Maritime du 21e siècle pénètre en Afrique.

La construction programmée du Corridor ferroviaire Cameroun-RDC-Ethiopie.

La construction du deuxième terminal du port en eaux profondes de Kribi, ville par laquelle les Nouvelles Routes de la Soie débouchent sur la côte atlantique africaine.

La construction de la zone industrielle, technologique et financière de Kribi.

La construction de l'autoroute Edéa-Kribi-Lolabé.

La construction du chemin de fer Mbalam-Nabeda.

La construction de l'autoroute Kribi-Douala-Yaoundé.

La construction de l'autoroute Yaoundé-Nsimalen.

La construction de l'autoroute Yaoundé-Douala.

La construction du chemin de fer Soudan du Sud-Tchad-Cameroun du nord-Maiduguri au Nigéria.

La construction du Technopole numérique de Nkoteng-Babuté.

Au niveau de l'énergie, de l'agriculture et des mines :

La construction des barrages hydro-électriques de Meve'ele et de Mekin.

Les investissements dans les mines (fer, bauxite, or, cobalt).

Les investissements dans l'agro-industrie avec les fermes pilotes industrielles et les champs d'expérimentation de la riziculture dans le bassin de la Sanaga.

Au niveau des télécommunications :

Le renforcement du partenariat logistique entre le géant chinois Huawei et la société nationale de télécommunication du Cameroun (Camtel).

L'assistance technique fournie par la Chine à la Cameroon Radio and Television (CRTV).

La domination du marché de la téléphonie mobile au Cameroun par les entreprises chinoises Huawei, Techno et Xiaomi.

Au niveau de l'éducation et de la culture :

L'octroi de bourses d'études du gouvernement chinois aux étudiants camerounais.

Les programmes d'échanges d'étudiants, d'enseignants, de chercheurs et de médecins entre les deux pays.

L'enseignement et l'apprentissage du Mandarin dans les écoles secondaires et universités d'Etat ou privés du Cameroun.

La création des Instituts Confucius au Cameroun dans les villes de Yaoundé, Douala et Maroua.

Aux niveaux militaire, diplomatique, humanitaire et sanitaire

L'appui en armes et munitions apporté par la Chine au Cameroun dans sa lutte contre la secte islamiste Boko Haram.

Le véto apposé par la Chine au Conseil de sécurité des nations unies à une résolution visant à condamner le Cameroun dans sa lutte contre les séparatistes armés des régions anglophones du nord-ouest et du sud-ouest du pays.

L'appui logistique apporté par la Chine au Cameroun dans la gestion de la crise des réfugiés dans l'extrême-nord du pays.

Pour récapituler, nous dirons que la trajectoire de développement économique et industriel du Cameroun depuis une dizaine d'années est directement connectée à l'initiative globale promue par la Chine, La Ceinture et La Route. Cette initiative peut être vue comme une matérialisation de la pensée de Xi Jinping sur la coopération sino-africaine dans la nouvelle ère du développement économique mondial.

La RDC dans la Nouvelles Routes de la Soie : défis géopolitiques et géo-économiques

La République démocratique du Congo (RDC) est le plus grand pays d'Afrique en termes de superficie et l'un des plus riches sur le plan des ressources naturelles et du potentiel hydraulique ; c'est en conséquence le pays le plus important de la sous-région Afrique centrale. Après deux guerres civiles particulièrement dévastatrices (1996 et 2003) muées par la suite en guerre régionale (« la guerre mondiale africaine »), la reconstruction de la RDC va s'opérer sous l'impulsion de la Chine à travers deux piliers leviers : la signature du « contrat du siècle » et les Nouvelles Routes de la Soie, les deux directement adossés au marché des minerais.

En 2007, le gouvernement de la RDC et celui de la Chine avaient signé le « contrat du siècle », un accord bilatéral de coopération économique et industriel qui reposait sur la Stratégie des Cinq piliers de relance de la RDC et qui reposait sur les infrastructures, la santé, l'éducation, l'eau et l'électricité, le logement.

Ces piliers étaient sous-tendus par un accord d'échange des minerais congolais contre des infrastructures construites et livrées par la Chine. Dans le registre de ces infrastructures se trouvaient : le projet de construction de 10.000 km de routes et de voies ferrées sur l'ensemble du territoire congolais, dont 3000 km de liaisons routières entre Kisangani et Lubumbashi et 3500 km de liaisons ferroviaires entre le Katanga et le Bas-Congo ; le projet de construction d'infrastructures de voiries à Kinshasa ; le projet de construction de 31 hôpitaux de 150 lits ; le projet de construction de 145 centres de santé ; le projet de construction de deux universités ; le projet de construction de 5000 logements sociaux ; le prêt d'un montant de 9.5 milliards de dollars US entre Exim Bank China et la Sicomines, la société congolaise d'État en charge des mines. À ces projets, il fallait ajouter des investissements chinois connexes déjà effectifs en RDC, à l'instar de la construction de l'usine de traitement d'eau de Lukanga à Kinshasa ; la construction de l'hôpital de référence de N'djili ; la construction de la turbine de Mbuji-Mayi ; la construction de la route Béni/Komanda ; la construction de la route Béni/Kisangani ; la construction de la liaison routière entre l'aéroport de N'djili et le centre-ville de Kinshasa ; la réhabilitation des voies urbaines à Bukavu.

Après avoir négocié ce gigantesque accord financier avec la Chine, la RDC va par la suite manifester son intérêt à intégrer le projet des Nouvelles Routes de la Soie sous la forme de couloirs commerciaux d'intégration régionale ayant pour vocation de relier les côtes indienne et atlantique du continent africain. Il s'agit, traversant le ventre de l'Afrique centrale, de la Route transocéanique nord-africaine (NTAR) et de la Route transocéanique sud-africaine (STAR).

La Route transocéanique nord-africaine (NTAR) ambitionne de relier par le train et le fleuve le port de Mombassa (Kenya) et ceux de Matadi (RDC) et de Pointe-Noire (République Populaire du Congo). Elle projette d'étendre le chemin de fer à voie standard (SGR) de Mombassa à Kampala (Ouganda) et à Kisangani, et d'aménager la navigabilité du fleuve Congo de Kisangani à Kinshasa et Brazzaville (République du Congo). Le NTAR vise enfin à finaliser la construction du colossal barrage d'Inga 3, le futur plus grand barrage hydro-électrique au monde qui est à même d'alimenter à lui tout seul toute l'Afrique en énergie électrique. Quant à la Route transocéanique sud-africaine (STAR), elle passe par la réhabilitation du chemin de fer TAZARA construit grâce à la coopération chinoise dans les années 1970, notamment les tronçons Dar-Es-Salam (Tanzanie)/Zambie/Katanga (RDC) et Katanga/Benguela (Angola)/Côte atlantique de l'Angola ; la construction du chemin de fer du Nord-ouest ; et l'extension de TAZARA du centre de la Zambie à la jonction angolo-congolaise[333].

Il ne peut être ignoré que l'un des enjeux majeurs de ces deux corridors économiques pour la Chine et la RDC se situe dans le contrôle et l'exploitation de la mine de cobalt de Tenke, la plus grande au monde, dont la sécurisation du contrat d'exploitation a été réalisée par la Chine en 2017 pour un montant record de 2.65 milliards de dollars US. Ce qui en a fait l'une des plus importantes transactions commerciales du siècle passée entre la Chine et un pays partenaire de l'hémisphère Sud. Grâce à cette opération, la Chine pouvait désormais contrôler 62% du marché mondial du cobalt tout en prétendant à la place de potentiel leader mondial dans la technologie des batteries et des véhicules électriques, des télécommunications, des systèmes de transports personnels à usage civil ou militaire. Ainsi unies dans les Nouvelles Routes de la Soie, la RDC et la Chine pouvaient se positionner comme les acteurs-clés de l'innovation technologique mondiale dans le futur.

---

[333] Nous devons ces développements au politologue russo-américain Andrew Korybko.

La pensée de Xi Jinping sur les Nouvelles Routes de la Soie en Afrique à l'épreuve de la géopolitique mondiale

En proposant au monde et à l'Afrique le projet de connectivité OBOR, Xi Jinping entendait œuvrer à l'édification d'une globalisation plus équilibrée, autant compétitive que davantage soucieuse des intérêts des peuples en développement. En Afrique, cette poussée en faveur d'une globalisation plus inclusive et harmonieuse sous la bannière chinoise fait face à d'importants défis en forme de menaces. Etudions à présent quelques formes prises par ces défis en Afrique centrale, en particulier au Cameroun et en RDC.

Un défi économique et financier

Relayées principalement par des officines de propagande occidentales, de nombreuses critiques ont été émises contre le projet OBOR et qui contestent sa fiabilité économique et sa viabilité financière. En dépit de la création d'un Fonds pour La Ceinture et La Route (Belt and Road Fund) et de la Banque Asiatique d'Infrastructures et d'Investissement (AIIB) à l'effet de financer des projets directement reliés à l'OBOR, à l'instar de l'important corridor Chine-Pakistan, la ligne ferroviaire Djibouti-Addis-Abeba ou le deuxième terminal du port en eaux profondes de Kribi, certains observateurs ont continué d'exprimer des doutes sur l'impact réel de l'OBOR sur la transformation structurelle des économies des pays situés le long de la Route. Au Cameroun tout comme en RDC, nombre de ces infrastructures ont pu être considérées comme des « éléphants blancs » dont l'apport en plus-value locale serait quasiment nul.

Les mêmes critiques ont souligné le risque d'alourdissement de la dette des pays Africains à l'égard de Chine. Devenu le premier créancier du continent africain en plus d'être son principal partenaire commercial, la Chine menacerait de plonger l'Afrique dans « le piège de la dette », exprimant ainsi des velléités néocolonialistes similaires à celles des pays occidentaux. Dans le cas de la RDC, par exemple, l'on a pu assister à une levée de bouclier des principales institutions financières (FMI, BM) et des principaux partenaires bilatéraux et multilatéraux occidentaux (Etats-Unis, Belgique, France, UE) du Congo vents debout contre « l'accord du siècle ». À coup de menaces de sanctions, ils avaient ainsi contraint le gouvernement congolais à revoir à la baisse ses clauses financières avec la

Chine, le faisant ainsi passer de 9.5 à 6 milliards à 6 milliards de dollars US. Cette révision inspirée par le dogme néolibéral s'était opérée par l'amputation du volet social de l'accord, autrement dit l'aspect concernant les hôpitaux, les écoles et les logements. Seuls demeuraient en vigueur le volet sur les mines (3 milliards) et celui sur les infrastructures (3 milliards). En outre, de nombreuses ONG locales ont repris le discours occidental sur le « pillage » des ressources minières africaines par la Chine à travers ses compagnies, l'accaparement des terres arables, la destruction du tissu industriel national africain par les importations chinoises, les dommages environnementaux causée par la construction des barrages, des ports et des routes par la Chine. Au Cameroun et en RDC, ces critiques ont parfois conduit les gouvernements à renégocier ou même à annuler certains contrats passés avec des sociétés chinoises.

Un défi géopolitique et géostratégique

Il est sans doute le plus important. En Afrique comme partout dans le monde, les Nouvelles Routes de la Soie chinoises sont confrontées à d'immenses défis géopolitiques et géostratégiques relatives à ses tentatives de remodelage de l'ordre international unipolaire. Selon l'analyste politique américain Andrew Korybko, ces défis se traduisent par les menaces ou les opérations de « guerres hybrides » auxquels sont soumis les pays ayant choisi un rapprochement avec la Chine à travers leur implication dans le projet OBOR (Korybko 2015). D'origine française, un autre analyste politique, Thierry Meyssan, défend un point de vue similaire inspiré par la géopolitique du chaos ici appelée « Choc et effroi » du nom de son concepteur l'Amiral américain Arthur Cebrowsky ; elle consiste au démantèlement chaotique des grands Etats de l'hémisphère Sud ou de tout Etat susceptible de contester l'hégémonie américaine sur le monde au moyen de la « guerre sans fin » (Meyssan 2021).

Rappelons que la guerre hybride est souvent appelée « guerre de quatrième génération » en raison de l'importance cruciale de l'information et de la communication dans ce nouveau type de guerre. Certains spécialistes se risquent même à l'expression « guerre de cinquième génération » afin de rendre compte du rôle croissant de l'Intelligence Artificielle dans ces conflictualités contemporaines. D'autres parlent de « guerre douce », de « guerre de basse intensité », de « guerre sous le seuil ». On doit le concept de guerre hybride à deux thèses de la Postgraduate Naval School de Californie, l'une de Robert Walker en

1998 et l'autre de William Nemeth en 2000. Ils entendent pour l'un donner un contenu théorique à la combinaison des méthodes régulières et irrégulières employées par l'armée américaine dans les années 1990 sur divers théâtres d'opérations (Irak, Somalie, Yougoslavie), et pour l'autre attirer l'attention sur l'insurrection tchétchène appuyée par les Américains comme le modèle par excellence de la guerre hybride. En 2005, 2007 et 2010, les stratèges militaires américains, le Colonel Frank Hoffman et le Général James Mattis, font de l'hybridité la clé de compréhension des guerres du futur (Tenenbaum 2015 ; Alchuls 2019).

La guerre hybride désigne donc un conflit lié à des menaces intérieures ou extérieures d'un pays, où plusieurs types d'hostilités sont utilisés simultanément engageant des forces militaires conventionnelles, une tactique de forces militaires irrégulières, des activités illégitimes visant à déstabiliser la situation. Selon, la menace hybride consiste en une capacité réalisée ou envisagée d'utilisation simultanée des méthodes militaires et conventionnelles en vue de déstabiliser ou de détruire une cible. Pour Andrew Korybko (2015), c'est un type révolutionnaire de guerre asymétrique, complexe, coordonnée, simultanée et totale provoqué depuis l'extérieur. Cette guerre est une combinaison de méthodes coercitives qui implique des forces militaires, des pressions politico-diplomatiques, des pressions financières et économiques, des pressions informationnelles, psychologiques et culturelles, les technologies politiques des « révolutions de couleur », le terrorisme et l'extrémisme, les actions de services spéciaux, les actions des forces spéciales et des forces publiques réalisées sur un seul plan par les organes gouvernementaux de l'État, le bloc militaro-politique, etc.

La guerre hybride possède des caractéristiques qui aident la reconnaître : activités militaires déclenchées durant la période de paix (sans déclaration de guerre), passes d'armes sans contact entre des groupes mobiles de combattants, attaques simultanées contre les unités et les sites militaires de l'ennemi sur tout le territoire, activités simultanées sur terre, dans l'air, en mer et dans l'espace de l'information, utilisation des méthodes asymétriques et indirectes, gestion des combattants au sein d'un système commun d'information. La méthode de guerre hybride consiste à identifier l'Etat ciblé, identifier et manipuler les « vulnérabilités structurelles socio-politiques » (Korybko, 2015) selon des lignes de fractures ethniques, religieuses, régionales, politiques ou économiques, procéder au pré-conditionnement des populations ciblées (pré-conditionnement social : information, propagande, soft power ; pré-conditionnement structurel : ONGs, sanctions économiques, attaques fiscales, sabotages infrastructurels), provoquer une Révolution de couleur ou *Regime change*.

Les protagonistes d'une guerre hybride sont : les forces armées d'États souverains, les gangs criminels, les sociétés militaires privées (Blackwater, Wagner), les groupes terroristes (Al Qaeda, Daesh, Armée de résistance du Seigneur), les groupes rebelles armés. Les objectifs de la guerre hybride sont : la désintégration totale ou partielle de l'Etat ciblé, un changement qualitatif de sa politique intérieure ou étrangère, le remplacement de la direction de l'Etat par des régimes loyaux, l'instauration d'un contrôle externe idéologique, financier et économique sur le pays ciblé, la subordination du pays ciblé à la dictature par d'autres Etats ou des multinationales, le chaos et surtout la perturbation des projets multipolaires intercontinentaux des pays souverains ayant pour vocation le bouleversement du rapport de force international dominé par les États atlantistes. L'Union Eurasienne lancée par la Russie et surtout les Nouvelles Routes de la Soie portées par la Chine sont inscrites au cœur de cette lutte. Il est dès lors aisé de comprendre pourquoi les principaux champs de batailles hybrides se trouvent dans le grand Heartland de l'Afrique et l'Afrique transocéanique dans lesquels se situent le Cameroun et la RDC. D'autres théâtres existent comme les Balkans, le Moyen-Orient, l'Asie du Sud-Est, l'Amérique latine.

En tant que nouvel instrument de la politique internationale des Etats-Unis d'Amérique visant à perturber, retarder ou détruire les Nouvelles Routes de la Soie, la guerre hybride est bel et bien utilisée contre la Chine sur le territoire du Cameroun et celui de la RDC. De l'avis d'A. Korybko qui a formulé cette hypothèse, elle viserait à couper ou perturber les corridors économiques chinois qui traversent par la route, le chemin de fer, les oléoducs, les gazoducs et les ports, le pays de l'est à l'ouest et du nord au sud en le reliant à ses voisins immédiats : le corridor Juba (Soudan du Sud)-Kousseri (Cameroun)-Ndjamena (Tchad)-Maiduguri (Nigeria), le corridor Kribi-Edéa-Limbé (Cameroun)-Calabar (Nigéria), le corridor Bangui (RCA)-Douala-Kribi (Cameroun). Dans la même foulée, il s'agirait tout en asphyxiant progressivement et silencieusement le Cameroun de couper la Chine de l'accès aux immenses ressources en hydrocarbures dont regorge le golfe de Guinée au carrefour du Cameroun, du Nigéria et de la Guinée Équatoriale. Comme effet collatéral de l'affaiblissement du Cameroun se trouverait en ligne de mire l'effondrement et le morcellement du Nigéria, principale puissance économique et démographique du continent africain. C'est armé de cette hypothèse qu'Andrew Korybo explique la crise sécuritaire qui secoue le nord du Cameroun née des attaques de la secte islamiste Boko Haram devenu l'État Islamique en Afrique de l'Ouest. Le chercheur applique la même grille d'analyse aux menaces humanitaires posées par le risque d'utilisation des réfugiés centrafricains à la frontière est du Cameroun comme arme de guerre massive, ou l'incursion dans la région de l'Adamaoua de coupeurs de route, de braconniers et de bandits armés en provenance de la RCA. Enfin, la crise séparatiste qui ensanglante depuis 2016 les régions anglophones du Cameroun occidental constituerait le modèle-type de la guerre hybride engagée par les puissances impériales dans leur lutte contre les Nouvelles Routes de la Soie chinoises sur le sol camerounais. En plus de la panoplie de la désinformation, cette guerre engage la palette complètes de l'hybridité : décapitations, amputations, viols, rackets, pratiques de cannibalisme sur des civils par des assaillants armés, trafics de stupéfiants, utilisation des enfants soldats, attaques à la bombe dans des lieux publics, assassinats d'élèves dans des établissements scolaires, meurtres des membres des forces de défense camerounaises par des séparatistes armés de l' « Ambazonie » dissimulés par les populations civiles. A ce volet militaire de la guerre hybride au Cameroun contre la Chine, il faut enfin adjoindre un volet politique marqué par une tentative avortée de révolution de couleur en octobre 2018 à la faveur des élections présidentielles tenues dans le pays.

En RDC, outre le blocage de « l'accord du siècle » la guerre hybride euro-américaine en vue de contenir l'influence chinoise dans le pays apportée par l'OBOR révèle elle aussi plusieurs phases. A. Korybko (2017) évoque en premier lieu les tentatives de destruction ou de prise de contrôle par les Américains et leurs alliés des deux fronts nord et sud des Nouvelles Routes de la Soie en RDC, le NTAR et le STAR. Il n'est pas exclu que des groupes rebelles en provenance de l'Ouganda (Armée de résistance du Seigneur) et du Rwanda ou que des mouvements séparatistes dans le Katanga soient instrumentalisés dans le but de servir ces desseins. Puissamment appuyée par la Chine, l'intégration régionale du centre, du sud et de l'est africain dans une vaste zone de libre-échange annexée au NTAR et au STAR à travers la Communauté des États de l'Afrique Centrale (CEEAC), la Communauté des États de l'Afrique Méridionale (SADEC) et la

Communauté des États de l'Afrique de l'Est (CEEAE) pourrait être freinée par des tentatives de déstabilisation visant les gouvernements des États membres de ces unions douanières et économiques. Le Rwanda et le Burundi font face depuis quelques années à d'importantes tensions politiques internes qui menacent de faire replonger ces pays dans le gouffre de la guerre civile et du génocide. Dans cette perspective, les déplacements massifs des réfugiés en direction de la RDC constitueraient une menace supplémentaire pour la stabilité de ce pays. Le Malawi d'ordinaire calme a essuyé en 2019 ce qui s'apparenterait à une tentative de révolution de couleur, à l'instar de la République du Congo qui a de nouveau vu la région du Pool s'embraser et contester l'autorité du pouvoir central. La RCA a connu une coalition de rebelles du nord fondre sur la capitale Bangui, d'où ils ont été chassés *in extremis* par les militaires russes et rwandais appelés à l'aide par le gouvernement légitime du pays. Un renforcement du contrôle américain n'est pas à exclure sur le Kenya, l'Ouganda, la Tanzanie et la Zambie, pays par lesquels passent le NTAR et le STAR, ces deux bras des Nouvelles Routes de la Soie qui ceinturent la RDC. Par ailleurs, ces pays qui abritent de longue date d'importantes communautés d'hommes d'affaires indiens parfaitement intégrés au tissu social local sont encouragés à augmenter leur degré de coopération économique avec l'Inde, qui envisage de proposer à l'Afrique les Routes du coton comme alternative aux Routes de la Soie de la Chine.

Le dernier aspect de l'attaque hybride lancée contre la RDC par l'axe euro-américain décidé à bloquer les Nouvelles Routes de la Soie dans ce pays continent concernerait ce qu'A. Korybko (2019) appelle la guerre de « l'Etat profond congolais ». Il a pu déceler au sein de la technostructure congolaise (gouvernement, armée, services spéciaux) les indices d'un début de « printemps congolais » durant les élections présidentielles de mars 2019, qui s'étaient soldés par un accord de transfert pacifique du pouvoir entre Joseph Kabila et Etienne Tshisékédi au détriment du champion de l'Occident, Martin Fayulu. Le premier avait cédé le pouvoir en échange d'une garantie sur le contrôle des services de sécurité et d'intelligence, l'armée, le parlement et la politique étrangère. Cependant, l'analyste américain a perçu dans cet accord les prémices d'un scénario angolais de retournement du nouveau Président Etienne Tshisékédi contre son parrain. Au chapitre de de ces prémices, on peut citer : le blocage de l'investiture au parlement des membres du parti de l'ancien Président Joseph Kabila, le report des élections régionales par le Président Tshisékédi, les sanctions américaines contre des observateurs électoraux de la présidence de mars 2019 soupçonnés de sympathie pour l'ancien Président de la République, la visite du Président Tshisékédi aux Etats-Unis d'Amérique aussitôt son élection actée, la rapide dissolution du puissant organisme d'Etat ayant la haute main sur la coopération sino-congolaise, et la toute dernière décision prise par le gouvernement congolais de revoir l'ensemble de ses contrats miniers avec la Chine. Il serait difficile de ne pas voir dans ces décisions des manœuvres américaines destinées à couper l'accès de la Chine aux fabuleux gisements de fer, de cobalt, de diamant et de coltan enfouis dans le sous-sol congolais, en même temps qu'une volonté de priver la RDC des nouvelles routes commerciales moins onéreuses offertes par la Chine et susceptibles de fixer des bases solides à son projet d'industrialisation.

Réponses aux menaces pesant sur les Nouvelles Routes de la Soie en Afrique à partir de la pensée de Xi Jinping

La pensée de Xi Jinping fournit un réservoir précieux de solutions aux menaces qui pèsent sur l'Initiative La Ceinture et La Route en Afrique. Exploitée adéquatement, elle permettrait :

a/ D'œuvrer plus fermement au renforcement du bloc afro-asiatique selon l'esprit de la Conférence de Bandoeng qui préconisait l'union et la solidarité des peuples du Sud dans leur lutte d'émancipation contre toutes les formes de colonialisme, d'impérialisme et d'oppression raciale ou sociale. Xi Jinping s'inscrit résolument dans cet esprit lorsqu'il réaffirme le rejet catégorique par la Chine de tout hégémonisme quand bien même elle deviendrait un pays riche et puissant. A titre de rappel, voici ce qu'il déclare lors de son discours au XIXᵉ Congrès du Parti Communiste Chinois, le 18 octobre 2017 : « La Chine respectera le droit des peuples à choisir en toute indépendance leur voie de développement, défendra l'équité et la justice internationales, et s'opposera à ce que l'on s'ingère dans les affaires intérieures d'autrui, que l'on impose sa volonté aux autres, et que l'on abuse de sa puissance. La Chine ne cherchera pas à se développer au détriment des intérêts d'autres pays, ni ne renoncera à ses propres droits et intérêts légitimes […] *Quel que soit le degré de développement qu'elle aura atteint, la Chine ne recherchera jamais l'hégémonie ni l'expansion* [334]» (Xi Jinping

---

[334] Souligné par nous.

2018 : 78). À ce titre, il n'y a pas meilleure illustration dans la réalité de ce principe que le récent rappel immédiat en Chine par le gouvernement chinois de certaines sociétés minières chinoises n'ayant pas respecté la législation locale en RDC. Participe également à cet esprit d'égalité l'acceptation officielle par le gouvernement chinois, à la demande du gouvernement congolais, de renégocier certaines clauses des accords miniers liant les deux pays ?

b/ D'accélérer la mise en place en Afrique du volet militaire et sécuritaire de l'OBOR en tandem avec l'Union africaine et si possible d'autres partenaires internationaux de bonne foi ouverts à la coopération gagnant-gagnant. Une indication de ces Nouvelles Routes de la Soie militaire en Afrique a été donnée par la construction par la Chine d'une base logistique de 10000 hommes pour son armée à Djibouti. Il n'est pas exclu qu'elle serve à la sécurisation du corridor qui va du Golfe d'Aden au Cameroun et au Nigéria du nord en passant par le Sud Soudan avec une probable extension vers les pays sahéliens d'Afrique de l'Ouest. Comme l'a par ailleurs clairement indiqué l'ancien ambassadeur de la Russie en République centrafricaine, M. Vladimir Titorenko, la récente implication des instructeurs russes aux côtés des forces armées centrafricaines en lutte contre les rebellions venues du nord du pays s'est faite en synchronisation avec la Chine afin de garantir la sécurité des Nouvelles Routes de la Soie dont Bangui est un carrefour majeur. Au Conseil de sécurité des nations unies, Moscou et Beijing ont simultanément apposé leur veto aux résolutions franco-anglo-américaines sur l'interdiction de la livraison de matériels militaires au gouvernement de la RCA. Au chapitre du renforcement de cette coopération militaire entre l'Afrique et la Chine, on peut enfin signaler les livraisons par la Chine d'importantes quantités d'armes et de munitions au Cameroun dans sa lutte contre les djihadistes de Boko Haram, dont l'enlèvement des techniciens chinois dans l'extrême-nord du pays aurait pu signer la volonté de perturber le corridor septentrional des Nouvelles Routes de la Soie au Cameroun. La même intention de paralyser la connectivité du pays semblerait guider les actions des séparatistes violents des régions anglophones du Cameroun. L'expertise chinoise en matière de traitement des questions de séparatisme pourrait aider dans la résolution de cette crise identitaire en grande partie entretenue de l'extérieur. En rappelant les engagements pris par Xi Jinping lors de la réunion du FOCAC de 2015 relatifs l'assistance mutuelle entre la Chine et l'Afrique en matière de sécurité, il faut de nouveau souligner l'opposition complète de la Chine à toute politique des sphères d'influence qui servirait à la vassalisation de l'Afrique et dont l'OBOR serait l'instrument. Xi Jinping rassure : « Notre Initiative la Ceinture et la Route, notre établissement du Fonds pour les Routes de la Soie et notre proposition d'établissement de l'AIIB visent tous à aider le développement commun de tous les pays plutôt que de rechercher de quelconques aires d'influence politique » (Xi Jinping 2019 : 103-104).

c/ De renforcer substantiellement et promouvoir les instruments du *Soft Power* chinois en vue de contrer sur le plan culturel, idéologique, intellectuel et médiatique la propagande occidentale anti-OBOR visant à présenter cette initiative comme l'outil d'une nouvelle colonisation chinoise de l'Afrique et même du monde. Les mesures annoncées en 2015 lors du FOCAC comme la construction de cinq grands centres culturels chinois en Afrique, la dotation de 10000 villages africains en réseaux satellite TV, la fourniture de 2000 opportunités éducatives et 30000 bourses gouvernementales ou la formation par la Chine de 1000 professionnels des médias africains vont sans doute dans la bonne direction. Cependant, elles doivent être non seulement évaluées quant à leur mise en place concrète et leur efficacité, mais en plus être suffisamment ciblées, centrées sur l'Initiative la Ceinture et la Route en Afrique. Aussi faut-il créer, multiplier et appuyer les structures de recherche autant en Afrique qu'en Chine portant sur les Nouvelles Routes de la Soie en Afrique, leur importance et leur impact sur le développement commun de la Chine et de l'Afrique. Des *Think Tanks*, universités, des facultés, des instituts, des centres de recherche, des laboratoires, des parcours académiques, des projets de recherche, des séminaires, des bureaux d'études, des maisons d'édition, des revues, des associations, ONGs humanitaires et clubs, des médias TV et radio, des hôpitaux, des excursions, des films, des festivals culturels OBOR doivent être encouragés pour servir ce dessin du renforcement du Soft Power non hégémonique chinois sur le continent africain. Sur ce chemin, la création de l'Institut Chine-Afrique représente une avancée remarquable. Un Institut OBOR pour l'Afrique doté de fonds propres compléterait efficacement ce dispositif au service de ce que Xi Jinping appelle les « échanges de peuples à peuples ».

d/ De mettre en place un Fonds OBOR pour l'Afrique. Ainsi, des ressources allouées par Xi Jinping en 2015 au Fonds sur la Ceinture et la Route, au Fonds de Développement Sino-Africain et au Fonds Sino-Africain de Coopération Industrielle d'un montant total de 60 millions de dollars en guise d'appui à la coopération entre la Chine et l'Afrique, une partie pourrait être consacrée spécifiquement au financement d'un fonds de soutien à l'Initiative la Ceinture et la Route en Afrique. Le Fonds OBOR pour l'Afrique devrait centraliser tous les efforts, projets, initiatives de développement industriel, commercial ou culturel relevant proprement des Nouvelles Routes de la Soie en Afrique.

e/Poursuivre sans relâche la mise en place des Nouvelles Routes de la Soie de la santé entre la Chine et l'Afrique. À cet effet, la fourniture gratuite par la Chine à presque tous les pays africains de matériels de santé et de vaccins anti-Covid 19, tout comme la construction en Afrique avec l'aide de la Chine du Centre pour le Contrôle des Maladies (CDC) sont des avancées qui sont à consolider. Elles servent à la construction d'une communauté de santé entre l'Afrique et la Chine.

Remarques conclusives

Cet article avait pour ambition d'établir qu'il existe chez le Président Xi Jinping une pensée sur les Nouvelles Routes de la Soie articulée à une vision de la coopération sino-africaine fondée sur les principes d'intérêts partagés, de coopération mutuellement bénéfiques, de développement commun et pacifique, d'indépendance, de consultation, de concertation multi niveau, d'égalité, d'amitié, de respect, d'échange et d'apprentissage réciproques entre la Chine et l'Afrique. Déclinée en plusieurs axes stratégiques qui ambitionnent de créer une communauté d'avenir partagé entre la Chine et l'Afrique avec comme levier principal le décollage industriel du continent africain par la connectivité des infrastructures, cette pensée de l'OBOR se matérialise par d'importants investissements chinois en Afrique dans les domaines des routes, des chemins de fer, des barrages hydrauliques, de l'électrification rurale, des ports, des télécommunications, des mines, de l'agriculture, de la santé, de la recherche, de l'éducation, de la sécurité, etc. Nous les avons particulièrement recensées dans deux pays importants d'Afrique centrale, le Cameroun et la RDC. Confrontées à de sérieux défis et menaces de la part des puissances atlantistes déterminées à annuler leurs effets positifs sur la croissance économique du continent africain, les Nouvelles Routes de la Soie chinoises en Afrique doivent répondre avec pragmatisme, détermination et ouverture en droite ligne des préconisations de Xi Jinping lui-même. Il s'agit de garantir la fidélité de la Chine aux valeurs de non hégémonie et non expansionnisme, de muscler le volet militaire des Nouvelles Routes de la Soie en vue de répondre de manière adaptée aux menaces de guerres hybrides qui pèsent en Afrique sur les intérêts sino-africains, de renforcer le *Soft Power* chinois en Afrique par des actions d'influence culturelle destinées à contrer la diabolisation par l'Occident de la Chine sur le continent, de promouvoir des institutions, actions, entreprises opérant uniquement sous la bannière de l'OBOR. Ainsi pourra-t-on avancer vers une communauté de destin partagé entre la Chine et l'Afrique qui servirait de modèle à la communauté de destin pour l'humanité.

Bibliographie

Alchus A. (2019) : « L'adaptation de l'OTAN aux menaces de "guerres hybrides" russes », geostrategia.fr/ladaptation (article).

Korybko A. (2015): Guerres hybrides: l'approche adaptative indirecte pour un changement de régime. Peoles' Friendship University of Russia. (ouvrage)

Korybko A. (2015) : « Guerre hybride 8. La Chine, le cobalt et les plans de révolution de couleur des USA pour le Congo », congoforum.be/fr/2017/04. (article)

Meyssan T. (2021) : "La doctrine Rumsfeld/Cebrowsky", Réseau International. (article)

Tenenbaum, E. (2015) : « Le piège de la guerre hybride », Focus stratégique, n°63, octobre 2015. (article)

Xi J. (2018) : Le XIXe Congrès du Parti Communiste Chinois (Documents), Foreign Languages Press, Beijing. (ouvrage)

Xi J. (2019): The Belt and Road Initiative, Foreign Languages Press, Beijing. (ouvrage)

Xi J. (2019): Up and Out of Poverty. Selected Speeches and Writings from Fujian, The Secretary of the Chinese Follow-Up Committee of the Forum on China-Africa-Cooperation, Foreign Languages Press, Fujian People's Publishing House, Beijing. (ouvrage)

Xi J. (2014): The Governance of China (I), Foreign Languages Press, Beijing. (ouvrage)

Xi J. (2017): The Governance of China (II), Foreign Languages Press, Beijing. (ouvrage)

40. Les transformations geopolitiques en afrique francophone a l'epreuve des nouvelles routes de la soie, *Dr. Rodrigue Tasse*

Introduction

Les problématiques de la fin de la guerre froide en sonnant la fin de l'histoire[335] ont laissé place au choc des civilisations[336] avec entre autre la montée en puissance du transnationalisme qui a favorisé la reconfiguration du système international post-guerre froide. L'émasculation de l'hyperpuissance américaine à la suite des attentats du 11 septembre 2001 a créé une brèche pour le déploiement des pays émergents qui ont épousé la logique de la mondialisation et de l'économie de marché. Aussi, la crise des alliances nées de la guerre froide, la montée en puissance de l'Europe et la fin de la suprématie du dollar, l'émergence de nouveaux acteurs dans le Tiers-Monde ne permettaient plus à la « realpolitik[337] » de s'exercer de manière aussi abrupte que par le passé. Ainsi, à côté de la tentative d'investissement auprès des puissances traditionnelles, lesdits

---

[335] Lire à ce sujet : FUKUYAMA (Francis), *La fin de l'histoire et le dernier homme* (version française), Paris, Flammarion, 1992.

[336] Lire à ce sujet : HUNTINGTON (Sammuel), *Le choc des civilisations* (traduction française), Paris, Editions Odile Jacob, 1997.

[337] La realpolitik est une expression utilisée initialement pour caractériser la politique ayant permis l'unification de l'Allemagne en 1870, et employée ensuite par extension pour désigner toute politique étrangère fondée sur le calcul des rapports de forces et de l'intérêt national.

pays émergents tentent de restructurer l'ordre politico-économique international.

A l'heure actuelle, la Chine en est une parfaite illustration. Partie d'une situation économique précaire dans les années 1970-1980, elle s'affirme au XXIè comme une économie dominante. Aujourd'hui, sa santé économique et financière doit son pesant d'or d'une part aux logiques conservatrices internes, et d'autre part aux stratégies transnationales. C'est à la faveur de la transnationalisation de ses stratégies que la Chine entend accentuer sa coopération avec le monde en général et l'Afrique en particulier. Ainsi, dévoilée en septembre 2013 lors d'un discours prononcé par Xi Jinping à Astana, au Kazakhstan, la Belt and Road Initiative (BRI), dernière dénomination des « nouvelles routes de la soie » lancées par les prédécesseurs du Président chinois à travers le continent eurasien, constitue le cadre de référence mis en place par la Chine pour, tout au long des prochaines décennies, sécuriser ses approvisionnements et partager son développement avec le reste du monde.

La volonté de Pékin de multiplier les connectivités avec ses pays partenaires passe par des trajectoires multiformes. Les initiatives des nouvelles routes de la soie se déclinent donc en routes terrestres (routes terrestres, autoroutes, voies ferrées, gazoducs), maritimes et aériennes, mais aussi numériques, énergétiques, financières et juridiques. Ce vaste projet nous a poussé à mener une réflexion sur « les initiatives des nouvelles routes de la soie et les transformations géoculturelles de l'espace africain ». Une telle réflexion relève d'une nécessité certaine tant il est avéré que l'érosion des cadres préétablis d'autorité et l'inégalité fondamentale entre les acteurs internationaux traditionnels et les nouveaux acteurs de la vie internationale créent une situation « d'interdépendance asymétrique » dans laquelle les asymétries constatées étaient « sources d'influence pour les acteurs dans leurs relations mutuelles »[338]. Les Routes de la soie sont à la fois un ensemble de liaisons maritimes et de voies ferroviaires entre la Chine et l'Europe en passant par le Kazakhstan, la Russie, la Biélorussie, la Pologne, la France et le Royaume-Uni. Aujourd'hui baptisé « BRI » (l'acronyme anglais de Belt and Road Initiative, Initiative route et ceinture), ce nouveau passage est en fait une renaissance de l'ancienne route de la soie qui reliait la côte pacifique de la Chine à la

---

[338] POKAM (Hilaire de prince), *institutions et relations internationales. Théories et pratiques*, Dschang, éditions de l'espoir, 2008, P.33.

méditerranée il y a 2000 ans, au moment où l'empire du milieu était au faîte de sa puissance et de sa domination sur le monde. Par espace francophone, nous faisons allusion ici à l'ensemble des aires géographiques ayant en commun le partage de la langue française. Pour plus de concision, notre étude se délimitera à l'espace francophone africain. Néanmoins, pour des raisons liées à l'étendue de cet espace, les Etats au sud du Sahara seront certainement privilégiés dans le choix des cas illustratifs de cette recherche. De ce fait, les Etats n'appartenant pas à cet espace ne sont pas concernés par cette étude même si certains d'entre eux pourront être évoqués à titre d'exemple.

Dès lors l'analyse des nouvelles routes de la soie et ses transformations dans l'espace francophone, dévoile une scène de controverses entre d'une part des acteurs qui voient en cette initiative une stratégie de pénétration soft[339] dudit continent et d'autres qui y voient une volonté d'affirmation de la puissance chinoise[340] par d'autres moyens. Dans le cadre de cette étude et contrairement aux travaux existants sur la question qui aborde exclusivement les enjeux de la coopération sino-africaine[341], nous allons mettre en débat l'initiative des nouvelles routes de la soie et ses transformations (géopolitiques ou encore géoculturelles) dans l'espace francophone en essayant de démontrer qu'elles sont à la fois une stratégie de pénétration soft du continent et un élément géostratégique pour des fins géopolitiques.

Le transnationalisme et la théorie de l'interdépendance complexe tel que développé par Robert Keohane et Joseph Nye sont les perspectives théoriques d'analyse dans cette étude. L'idée étant de démontrer à partir de la théorie de l'interdépendance complexe la dépendance à la fois mutuelle et stratégique entre la Chine et l'Afrique. La perspective transnationaliste nous permettra d'apprécier

---

[339] Cette tendance est menée par des auteurs comme : COURMONT (Barthelemy), *Chine, la grande séduction*, Paris, Choiseul, 2009 ; SU-YAN (Pan), « Confucius institute project : China's cultural diplomacy and soft power projection », in *Asian Education and development Studies*, Vol.2, numéro 1, 2013 ; BENAZERAF (David), « Soft power chinois en Afrique. Renforcer les intérêts de la Chine au nom de l'amitié sino-africaine », *Asie.Visions 71*, septembre 2014 ;

[340] Cette tendance est menée par des auteurs comme : BRAUD (Pierre Antoine), « La Chine en Afrique : Anatomie d'une nouvelle stratégie chinoise », *Analysis*, octobre 2005 ; Michel (Serge) et BEURET (Michel), *La Chinafrique : Pékin à la conquête du continent noir*, Paris, Bertrand Grasset, 2008.

[341] Voir à ce sujet, DELCOURT (Laurent), « La Chine en Afrique : enjeux et perspectives », *Alternatives Sud*, Vol.18, 2011, n°7

les stratégies chinoises à partir d'un déploiement au-delà de ses frontières grâce à la fois à ses ressortissants, ses institutions et ses firmes multinationales dans l'espace africain. Le choix de la méthode géopolitique de François THUAL comme trame méthodologique de cette étude, nous permettra de décrypter les motivations d'expansion chinoise dans l'espace francophone. Pour y parvenir, le matériau mobilisé est constitué à partir de l'exploitation documentaire qui nous a permis de dépouiller les différents textes, rapports, articles de revue scientifique, ouvrages et journaux sur la question à traiter. Des entretiens ont également été effectués pour avoir une idée plus précise de ce que pense l'opinion de cette initiative pour le développement de l'Afrique. Au regard de ce qui précède, la question fondamentale de cette étude est de savoir : Quelles dynamiques géoculturelles et géopolitiques impliquent les initiatives des nouvelles routes de la soie dans l'espace francophone ? Répondre à cette interrogation nous amènera à démontrer que les nouvelles routes de la soie sont une assise stratégique soft power chinois dans la pénétration (I) et en même une assise offensive d'affirmation de la puissance chinoise sur le continent (II).

Une assise strategique du soft power chinois dans la penetration de l'espace africain

L'émergence de la Chine comme acteur majeur en Afrique est incontestable. Elle est l'expression la plus flagrante d'une nouvelle dynamique globale qui place la Chine au centre de la politique mondiale contemporaine[342]. La forte présence chinoise en Afrique comporte de plus vastes implications pour le système international. Elle remet en question la prééminence occidentale dans une région qui a longtemps fait figure de « chasse gardée » européenne et de source énergétique de plus en plus vitale pour les Etats-Unis[343]. La Chine à travers les initiatives des nouvelles routes de la soie participe ainsi à la déconstruction des pratiques commerciales (A) et à la promotion de nouvelles perspectives de développement en Afrique (B).

Deconstruire les pratiques commerciales...

---

[342] ALDEN (Chris), LARGE(Dan) et SOARES DE OLIVEIRA (Ricardo), « Chine-Afrique : Facteur et résultante de la dynamique mondiale », *Afrique Contemporaine*, Vol.4, 2008, numéro 228, p.125
[343] Ibid. p.127

La stratégie économique de pénétration de la Chine en Afrique francophone est révélatrice de sa volonté de coopération soft. Les preuves de cette diplomatie économique sont illustrées par le commerce sino-africain de plus en plus dense sur le continent. De 39,5 milliards de dollars en 2005, les échanges entre la Chine et l'Afrique ont atteint 166,3 milliards de dollars en 2011. A cet effet, Pékin dans sa stratégie commerciale à long terme, est en train de mettre en place un modèle chinois qui remet en cause les pratiques traditionnelles d'aide au développement mis en œuvre par les anciennes puissances coloniales et les institutions financières internationales. Cette stratégie est accompagnée par la mise en place progressive sur le continent d'un environnement des affaires au profit des multinationales chinoises comme la création des zones économiques spéciales dans certains Etats africains notamment l'Egypte, l'Ile Maurice, l'Algérie, l'Ethiopie, la Zambie et le Nigeria.

Il s'agit donc pour la Chine de diversifier ses sources d'approvisionnements sans recourir au marché international mais en obtenant un contrôle durable de l'exploitation et de la production[344]. C'est donc ces raisons qui expliquent comment l'Afrique est devenue la troisième zone d'internationalisation des entreprises pétrolières chinoises[345]. Ces entreprises sont principalement attirées par des pays producteurs comme l'Algérie, le Soudan, l'Angola, le Nigeria, la Lybie, la Guinée Equatoriale ou la RCA. La stratégie d'installation des entreprises pétrolières chinoises s'adapte à la situation de chaque pays. Pékin mène ainsi une stratégie pétrolière articulée en fonction des circonstances, à un soutien politique, économique ou diplomatique en Afrique. Cette politique énergétique ne cache pas les efforts chinois de promouvoir un modèle de développement en rupture totale avec l'idéologie occidentale.

En clair, la forte présence chinoise en Afrique comporte de plus vastes implications pour le système international. Elle remet en question la prééminence occidentale dans une région qui a longtemps fait figure de « chasse gardée » européenne et de source énergétique de plus en plus vitale pour les États-Unis[346]. La présence chinoise en Afrique s'inscrit dans une stratégie globale de

---

[344] BRAUD (Pierre Antoine), « La Chine en Afrique : Anatomie d'une nouvelle stratégie chinoise », *Analysis*, octobre 2005 p.7
[345] Ibid. p.2
[346] ALDEN (Chris), LARGE (Dan) et SOARES DE OLIVEIRA (Ricardo), op.cit, p.127

contournement des puissances occidentales concurrentes comme les Etats-Unis, la France, l'Allemagne, la Grande Bretagne ou la Russie. Elle s'appuie principalement sur leur passé commun et sur la coopération Sud-Sud. La Chine place la prospérité économique avant le respect de la démocratie. La Chine importe en Afrique du pétrole, des ressources minières et autres matières premières. C'est ainsi qu'on retrouvera les entreprises chinoises engagées dans l'exploitation des ressources minières dans plusieurs pays du continent. Ces exploitations sont généralement accompagnées par des travaux d'infrastructures qui contribuent au développement du tissu industriel comme c'est le cas des travaux d'infrastructures routières ou ferroviaires au Gabon, ou au Cameroun. Elle exporte en Afrique principalement des produits de consommation courante.

La Chine est ainsi devenue le premier partenaire commercial à l'export[347] des grands pays producteurs de coton comme le Bénin, le Mali, le Tchad, le Burkina Faso. Depuis le 1er janvier 2005, Pékin a accordé un tarif préférentiel sur près de 400 produits à 28 pays du continent les moins avancés ayant des relations diplomatiques avec la Chine. Le but étant de doubler l'exportation des produits de ces pays vers la Chine. L'aide chinoise se présente sous la forme des dons, des prêts bonifiés à taux préférentiels, des prêts sans intérêts, de remises dettes. En retour la Chine obtient des contrats d'exploitation de ressources naturelles, acquiert des contrats de construction pour ses entreprises. Le nouveau slogan commercial de la Chine en Afrique reste basé sur le concept clé de « gagnant-gagnant ». C'est d'ailleurs dans ce sens que Valérie Niquet souligne que « la Chine offre un partenariat stratégique fondé sur le respect sourcilleux de la non ingérence, le rejet de toute légitimité morale de l'occident et la mise en avant du concept de spécificité des valeurs, opposé à l'universalisme des principes occidentaux[348] ». Contrairement aux institutions financières et à l'Union Européenne qui conditionneraient leurs investissements au respect des droits de l'Homme et à la bonne gouvernance, la Chine quant à elle continue d'investir dans les pays africains sans poser de conditions liées à la politique intérieure de

---

[347] TCHOUNAND (Ristel), « Import -Export :Comment le coronavirus impacte le dynamisme des entreprises en Afrique », *La Tribune Afrique*, 2020, accessible sur https://afrique.latribune.fr/economie/2020-02-28/import-export-comment-le-coronavirus-impacte-le-dynamisme-des-entreprises-en-afrique-840138.html#:~:text=Depuis%20dix%20ans%2C%20la%20Chine,en%20glissement%20annuel%2C%20selon%20P%C3%A9kin. Consulté le 15 Mai 2020

[348] NIQUET (Philippe), *L'offensive chinoise en Afrique*, Paris, Karthala, p.165

ces pays. Les dirigeants africains voient désormais en la Chine non seulement un partenaire qui traite d'égal à égal avec eux, mais aussi comme un allié dans la lutte contre le sous-développement.

… Promouvoir de nouvelles perspectives en matiere de developpement

La diplomatie économique de la Chine en Afrique est multiforme. Les exportations chinoises ne se limitent pas qu'aux produits de consommation courante. Le marché africain est de plus en plus envahi par les automobiles de marque chinoise qui gagnent la confiance des africains et constitue ainsi une opportunité dans la coopération économique sino-africaine. La médecine traditionnelle chinoise fait également partie des exportations chinoises sur le marché africain. C'est dans ce sens que Julien Nessi souligne que « *la pénétration économique chinoise en Afrique est multiforme. D'abord par le haut en réactivant une politique des grands projets des années de la guerre froide (adoption début 2006 d'un nouveau partenariat stratégique avec les Etats africains, politique d'aide au développement en échange des contrats dans divers secteurs avec des entreprises chinoises). Ensuite, par le milieu à travers les investissements directs étrangers. Les entreprises chinoises sont de plus en plus présentes en Afrique, elles gagnent des contrats dans le secteur des matières premières et des bâtiments et travaux publics, développent des flux commerciaux ou s'installent dans les pays africains. Plus de 1000 entreprises chinoises opèrent aujourd'hui sur le continent africain. Leur force vient de leurs couts particulièrement bas, de l'offre d'une gamme maintenant large de produits. Enfin, par le bas, grâce à la présence d'une diaspora chinoise dans le petit commerce informel*[349] ».

La Chine investit également dans le secteur financier, l'hydraulique et énergétique. En août 2007, l'Exim Bank of China a signé des accords de prêts avec le gouvernement camerounais afin de renforcer et améliorer la production et la distribution de l'eau potable dans la ville de Douala. Ce même financement devrait permettre la construction d'une usine de production de 50 000 m3 d'eaux par jour sur le fleuve Moungo ; la construction de cinq forages dans le périmètre urbain ; la réhabilitation partielle de la station de traitement de Japoma ; la réhabilitation des forages de Massoumbou en vue de restaurer une capacité de 40 000 m3 d'eaux par jour ; la fourniture de pièces de recharge et le remplacement

---

[349] NESSI (Julien), « L'Afrique, nouveau terrain de chasse de la chine », in Cyberscopie, 2007 accessible sur http://www.cyberscopie.info consulté le 5 avril 2020

de la canalisation 350 mm ancré sous le pont du Wouri. La Chine est également présente dans le secteur bancaire. Le but étant de favoriser les investissements sur le continent africain. C'est ainsi qu'en 2000 Exim Bank of China a ouvert sa première filiale africaine à Khartoum au Soudan[350].

En clair, la politique d'investissement de la Chine vise à créer les conditions d'expansion et d'exportation de ses entreprises sur le continent. Les prêts consentis sont généralement destinés à des infrastructures qui sont effectués par les entreprises chinoises. Le marché africain est devenu une aubaine pour les entreprises manufacturières chinoises qui exportent les produits à bas prix. A ce propos, François Lafargue précise que, « *même si les entreprises chinoises cristallisent le mécontentement, accusées de fraudes douanières et de livrer une concurrence déloyale à l'économie locale et informelle, les gouvernements africains restent bienveillants, estimant que l'intrusion de la Chine est un moyen de dynamiser la concurrence en permettant de contourner les circuits commerciaux traditionnels*[351] ».

La diplomatie économique de la Chine sur le continent s'est également faite à travers la création des zones économiques spéciales. En 2006, grâce à la politique d'investissement à l'étranger, le gouvernement chinois a annoncé vouloir établir une cinquantaine de zones de coopération économique et commerciale à travers le monde. Au mois de novembre 2006, lors du Sommet de Beijing sur la coopération Chine-Afrique, le gouvernement chinois s'est engagé sur la création de zones économiques spéciales en Afrique. Ces zones sont crées en partie dans une stratégie de coopération et de pénétration soft du continent, démontrant ainsi l'efficacité du modèle de développement chinois. La mise en place de ces ZES implique trois parties : les gouvernements africains, le gouvernement chinois ainsi que les entreprises chinoises en charge du développement. Ces entreprises bénéficient d'un soutien matériel et financier du gouvernement chinois.

Dans la même optique d'accroître les échanges sur le continent, la Chine en coopération avec l'organisation continentale l'Union africaine ont mutuellement convenu de mettre en route un immense projet de transports devant couvrir et parcourir la quasi-totalité du continent africain. Ce faisant, la présidente de la Commission de l'Union Africaine Nkosazana Dlamini-Zuma et

---

[350] BRAUD (Pierre Antoine), op.cit. p.3
[351] LAFARGUE (François), « La Chine et l'Afrique : Un mariage de raison », *Diplomatie*, Sept-Oct 2005,

le vice-ministre des Affaires étrangères chinois Zhang Ming ont signé en 2015, un protocole d'accord pour un vaste projet d'infrastructures destiné à relier les capitales africaines au moyen d'autoroutes, de trains à grande vitesse, et de liaisons aériennes[352]. Il s'agit pour la présidente de la Commission, du « plus important document jamais signé par l'Union africaine avec un partenaire »[353]. On peut lire par la signature de ce protocole d'accord, la volonté pour la chinoise de contribuer à la réalisation de l'intégration africaine.

Une assise offensive d'affirmation de la puissance chinoise dans l'espace africain

La Chine a beaucoup œuvré pour asseoir son influence mondiale non par l'utilisation prioritaire des instruments de guerre et de la violence brute, mais par un emploi judicieux et abondant d'une diplomatie culturelle d'attraction[354]. La diffusion des valeurs culturelles (A) et la participation aux efforts de paix et de sécurité sur le continent (B) permet à la Chine d'accroitre son prestige ainsi que son influence dans le monde et plus particulièrement en Afrique.

La culture comme epee d'affirmation

Cette volonté d'affirmation de la puissance chinoise que nous observons de plus en plus pousser ces dernières années était déjà perceptible à travers son hymne nationale qui précise que « *Debout ! Jamais plus notre peuple ne sera un peuple d'esclaves !* ». Il s'agit donc pour la Chine de laver l'honneur sali, de restaurer la place de la Chine dans le concert des grandes nations[355]. C'est dans cette optique qu'Alain Peyrefitte pense de la Chine qu'elle est « *un empire fier,*

---

[352] Jeune Afrique, « La Chine et l'Union africaine veulent relier les métropoles du continent », http://www.jeuneafrique.com/3565/economie/la-chine-et-l-union-africaine-veulent-relier-les-m-tropoles-du-continent/, 29 janvier 2015, consulté le 7avril 2020.

[353] Agence Ecofin, « La Chine et l'UA veulent lancer un projet pharaonique destiné à relier les capitales africaines », http://www.agenceecofin.com/investissement/2901-26189-la-chine-et-lua-veulent-lancer-un-projet-pharaonique-destine-a-relier-les-capitales-africaines, 29 janvier 2015, consulté le 5 octobre 2019.

[354] PONDI (Jean-Emmanuel), *Cheikh Anta Diop dans la sphère des relations internationales*, Yaoundé, Afric'Eveil, 2020, p.145

[355] HARBULOT (Christian) et al., « Crise du Darfour : indice révélateur de politique d'accroissement de puissance de la Chine en Afrique », Ecole de guerre *économique*, décembre 2007, p.10

depuis des millénaires, d'être le centre du monde, et insupportablement blessé dans son orgueil par la domination étrangère[356]». La doctrine du Confucianisme a pénétré la quasi-totalité des Etats de l'Asie orientale, que Barthelemy Courmont appelle justement le « pré carré chinois[357] », et ont constitué de ce fait, le pilier de la culture et des traditions nationales. L'image de Confucius a pratiquement fait l'objet d'un culte dans les écoles et continue d'ailleurs d'occuper une place de choix dans le système éducatif des pays de la région comme la Corée, le Singapour ou encore le Japon. Certains dirigeants chinois pensent même que si la Chine a par le passé atteint le sommet, elle a la capacité intrinsèque d'y accéder à nouveau[358].

C'est d'ailleurs l'une des motivations de cette dernière à vouloir restaurer sa grandeur[359] d'antan. C'est dans cette dynamique que le premier institut universitaire de recherche sur Confucius est inauguré à l'Université du Peuple de Pékin en novembre 2002. Pour le Président de cette Université, il s'agit de « *construire un pont entre les cultures moderne et traditionnelle et contribuer à faire la meilleure utilisation possible de la culture chinoise traditionnelle[360]»*. Dans le même sens, Zhang Ni[361], affirme que « *l'intégration du confucianisme et de la culture chinoise dans plus d'un tiers des pays du monde prouvent que la coexistence entre civilisations est possible. Ce dialogue entre les civilisations du monde n'est que le premier pas vers une grande compréhension entre les nations et les cultures[362]*. A cet effet, « *le gouvernement chinois devait assurer à l'étranger une promotion du confucianisme avec la création d'Instituts Confucius, semblables aux « Alliances françaises » ou aux « Instituts Goethe »*[363].

Pour ce faire, la Chine développe depuis quelques années un ensemble d'outils

---

[356] Lire à ce sujet, PEYREFITTE (Alain), « Quand la Chine s'éveillera » cité par BESSIERE (Stephane), *La Chine à l'aube du XXIe siècle : le retour d'une puissance ?*, Paris, L'Harmattan, 2005, p.12

[357] COURMONT (Barthelemy), *op. cit* p.75

[358] BESSIERE (Stephane), *La Chine à l'aube du XXIe siècle : le retour d'une puissance ?*, Paris, L'Harmattan, 2005, p.83

[359] Idem

[360] Lire à ce sujet, la Dépêche de l'Agence Xinhua « Beijing has 1st on-campus Confucius research Center Institute», *Dépêche de l'Agence Xinhua,* 1er décembre 2002

[361] Il est journaliste pour le media chinois CCTV-F

[362] Entretien à retrouver sur le media chinois CCTV-F du 29 septembre 2010 consulté le 14 février 2020

[363] Michel (Serge) et BEURET (Michel), *op.cit*, p.147

pour s'affirmer sur la scène internationale comme une véritable puissance. Cette stratégie de coopération soft fait aujourd'hui partie intégrante de sa politique d'influence à l'international. Elle se traduit justement par l'établissement des Instituts Confucius à travers le monde[364] et le développement de nombreux programmes de mobilité[365]. Ce faisant, elle mobilise un nombre impressionnant d'instruments parmi lesquels l'implantation des instituts Confucius à travers le monde. Ces instituts Confucius ont pour mission de promouvoir la langue et la culture chinoise à travers le monde par l'envoi des enseignants chinois. Il s'agit des établissements culturels publics implantés depuis 2004 par la Chine dans plusieurs Etats. L'objectif officiel de ces agences culturelles de haute qualité est de développer les ressources pédagogiques nécessaires pour mieux disséminer la langue et la culture chinoise à travers le monde pour satisfaire la demande croissante des nombreux apprenants de chinois et pour transformer la notion de diversité culturelle en réalité palpable et harmonieuse[366]. Ce réseau d'instituts et de classes Confucius est placé sous le patronage du Bureau du Conseil international pour la diffusion internationale du mandarin.

C'est dans cette optique que, Barthélemy Courmont affirme que « les Instituts Confucius sont la face la plus visible d'une offensive culturelle souhaitée et fortement assistée par les pouvoirs publics chinois[367] ». A nos jours, plus de 300 Instituts Confucius ont vu le jour à travers le monde et fonctionnent généralement en partenariat avec des universités publiques. En Afrique, c'est l'espace francophone qui reste mieux représenté avec un peu plus de 27 Instituts Confucius répartis dans 17 pays dont le Cameroun. Dans la même optique, le Ministère de l'Education à Pékin estime qu'en 2010, près de 100 millions de personnes à travers le monde apprennent le mandarin. Le budget de Chaque Institut est de 400 000[368] dollars par an. En dehors du cours de mandarin, plusieurs autres activités de la Chine y sont proposées notamment artistiques,

---

[364] KURLANTZICK (Joshua), « China's charm: implications of Chinese soft power », *Policy Brief*, n° 47, June 2006, pp. 1-7; accessible sur https://CarnegieEndowment.org/pubs consulté le 17 février 2020

[365] *En 2008 déjà plus de 12 000 étudiants étrangers sont venus étudier en Chine, comparativement à 8 000, il y a 20 ans.*

[366] Lire à ce sujet : SU-YAN (Pan), *op.cit*, pp.22-23

[367] COURMONT (Barthelemy), *op.cit*, p.75

[368] Accessible sur : http://french.peopledaily.com.cn/culture/6962962.html consulté le 24 décembre 2019

sportives et même culinaires. Ces instituts participent ainsi à la stratégie de coopération soft de la chine pour pénétrer l'espace francophone. C'est dans cette optique que Meng Rong[369] précise que « les Instituts, qui mise sur la langue et la culture sont aussi une manière pour la Chine d'exercer un « pouvoir doux », une sorte de « diplomatie de source », pour faire valoir sa place sur la scène internationale[370] ».

Les instituts Confucius incarnent une figure du soft power chinois et illustrent la volonté des autorités chinoises de développer une influence culturelle même si leur implantation demeure en théorie à l'initiative des universités étrangères. Tout en constituant une vitrine de la Chine dans les universités hôtes, ils participent à l'internationalisation des 150 universités partenaires. Dans le domaine de la coopération éducative, 19 Universités chinoises ont établi des programmes de coopération avec 29 Universités africaines dans 23 pays dès 2003[371]. Les échanges académiques avec la Chine incluent également le domaine de la recherche. La Chine soutient notamment l'établissement de projets de recherche scientifique sino-africains, finance la construction de laboratoires, accueille des post-doctorants de pays africains[372]. Un forum des thinks tanks sino-africains a été lancé en 2011 sous l'égide du Focac. Ce jumelage entre 16 thinks tanks ou centres de recherche chinois et africains est piloté par le Centre d'études africaines et la china-Africa Business School de l'Université normale de Zheijiang.

La paix et la securite comme valeurs partagees

Le projet des nouvelles routes de la soie participe également de la volonté d'affirmation de la puissance chinoise sur la scène internationale. C'est dans cette optique que la Chine, membre du Conseil de Sécurité des Nations Unies et par ailleurs premier contributeur en personnel aux opérations de paix[373], s'est engagée à interpeller régulièrement ledit Conseil dans le sens du soutien international à apporter à l'Union Africaine dans le cadre du renforcement de ses

---

[369] Alors Directeur de l'Institut Confucius de Montréal
[370] Accessible sur : http://www.confuciusinstitute.qc/news.php?lang=f consulté le 10 décembre 2019
[371] BENAZERAF (David), « Soft power chinois en Afrique. Renforcer les intérêts de la Chine au nom de l'amitié sino-africaine », *Asie.Visions 71*, septembre 2014, p.14
[372] Ibid. p.15
[373] TAYLOR (Ian), *China's New Role in Africa*, London, Lynne Rienner, 2009, p. 133.

capacités sécuritaires. Dans le même sens, elle apporte une contribution significative aux efforts de paix et de sécurité sur le continent. C'est dans cette dynamique, que le Président Xi Jinping lors du Forum de Coopération Sino-Africain (FCSA) tenu du 4 au 5 décembre 2015 à Johannesburg[374] a fait part de la décision de la Chine de mettre à disposition de l'Union africaine la somme de 60 millions de dollars sur trois ans, à titre d'aides militaires sans contrepartie[375]. Le but de ce financement est d'accompagner de façon significative l'opérationnalisation d'une architecture africaine de paix et de sécurité, et par la même occasion la capacité africaine de réaction rapide aux crises.

L'augmentation significative de l'offre de stages de formation militaire en Chine ces dernières années s'inscrit dans cette même dynamique de former l'élite africaine aux nouvelles perspectives de sécurité. La formation est assurée en chinois avec l'aide d'un interprète ou en anglais. Les stagiaires sont pris en charge durant la totalité de leur séjour y compris pour les activités culturelles et les loisirs[376]. La participation de la Chine à des opérations de maintien de la paix en Afrique est cependant plus ancienne. Elle remonte en 1989 en Namibie. Depuis lors, sa contribution aux missions de l'ONU n'a cessé de croitre. C'est dans cette optique que, la Chine et la Commission de l'Union Africaine vont parapher un Accord le 23 décembre 2011 portant appui supplémentaire à la Mission de l'Union Africaine en Somalie[377]. Aux termes de cet Accord, la Chine a pris l'engagement à fournir du matériel et des équipements à l'AMISOM, pour un montant estimé à plus de 4 millions de dollars.

Parvenu au terme de cette étude dont la question fondamentale aura été de savoir quelles dynamiques géoculturelles et géopolitiques impliquent les initiatives des nouvelles routes de la soie dans l'espace francophone ? En d'autres termes quel est l'impact d'une telle initiative pour l'Afrique ? Ce chapitre a tenté d'y répondre en partant de l'hypothèse que les nouvelles routes de la soie sont

---

[374] Il s'agit là du Forum on China-Africa Cooperation dont le but est de promouvoir la coopération entre la Chine et l'Afrique. C'est dans cette dynamique que les Sommets de Chefs d'Etat et Conférences ministérielles ont régulièrement eu lieu.

[375] Lire à ce sujet, le discours prononcé par le Président chinois Xi Jinping lors du Sommet du Forum on China-Africa Cooperation organisé à Johannesburg en décembre 2015.

[376] HARBULOT (Christian) et al., op.cit, p.7

[377] Lire à ce sujet le communiqué de presse de l'Union Africaine du 23 décembre 2011 accessible sur http://www.peaceau.org/uploads/communique-de-presse-appui-a-l-amisom-chine.pdf, consulté le 5 octobre 2019.

une stratégie de pénétration soft du continent même si on peut y voir derrière cette initiative une volonté d'affirmation de la puissance chinoise. La théorie de l'interdépendance complexe et le transnationalisme tel que développé par Robert Keohane et Joseph Nye ont été les perspectives théoriques d'analyse. L'idée étant de démontrer la dépendance à la fois mutuelle et stratégique entre la Chine et l'Afrique d'une part et d'autre part d'apprécier les stratégies chinoises à partir d'un déploiement au-delà de ses frontières.

Bibliographie

ALDEN Chris, LARGE Dan et SOARES DE OLIVEIRA Ricardo, « Chine-Afrique : Facteur et résultante de la dynamique mondiale », *Afrique Contemporaine*, Vol.4, 2008, numéro 228, p.125

BESSIERE Stephane, La Chine à l'aube du XXIe siècle : le retour d'une puissance ?, Paris, L'Harmattan, 2005

BENAZERAF David, « Soft power chinois en Afrique. Renforcer les intérêts de la Chine au nom de l'amitié sino-africaine », *Asie.Visions 71*, septembre 2014

BRAUD Pierre Antoine, « La Chine en Afrique : Anatomie d'une nouvelle stratégie chinoise », *Analysis*, octobre 2005 p.7

COURMONT Barthelemy, *Chine, la grande séduction*, Paris, Choiseul, 2009 ;

HARBULOT Christian et al., « Crise du Darfour : indice révélateur de politique d'accroissement de puissance de la Chine en Afrique », Ecole de guerre *économique*, décembre 2007, p.10

KURLANTZICK Joshua, « China's charm: implications of Chinese soft power », *Policy Brief*, n° 47, June 2006, pp. 1-7; accessible sur https://CarnegieEndowment.org/pubs consulté le 17 février 2020

LAFARGUE François, « La Chine et l'Afrique : Un mariage de raison », *Diplomatie*, Sept-Oct 2005,

NESSI Julien, « L'Afrique, nouveau terrain de chasse de la chine », in Cyberscopie, 2007 accessible sur http://www.cyberscopie.info consulté le 5 avril 2020

NIQUET Philippe, *L'offensive chinoise en Afrique*, Paris, Karthala,

PONDI Jean-Emmanuel, Cheikh Anta Diop dans la sphère des relations internationales, Yaoundé, Afric'Eveil, 2020,

POKAM Hilaire de prince, institutions et relations internationales. Théories et pratiques, Dschang, éditions de l'espoir, 2008,

SU-YAN Pan, « Confucius institute project : China's cultural diplomacy and soft power projection », in *Asian Education and development Studies*, Vol.2, numéro 1, 2013 ;

TAYLOR Ian, *China's New Role in Africa*, London, Lynne Rienner, 2009

TCHOUNAND Ristel, « Import -Export :Comment le coronavirus impacte le dynamisme des entreprises en Afrique », *La Tribune Afrique*, 2020, accessible sur https://afrique.latribune.fr/economie/2020-02-28/import-export-comment-le-coronavirus-impacte-le-dynamisme-des-entreprises-en-afrique-840138.html#:~:text=Depuis%20dix%20ans%2C%20la%20Chine,en%20glissement%20annuel%2C%20selon%20P%C3%A9kin.

41. Term limits in Francophone Africa between the European Union (EU) and China: Opportunities and Challenges of Trilateral Cooperation in Politics and Governance, *Dr. Suh I Fru Norbert*

Introduction

In the 1980s and 1990s, during the worldwide wave of democratisation, incumbent governments across the world adopted and decided to respect presidential term limits, as part of an international commitment to democracy (Zamfir, 2016).[378] Along the line, they challenged it and, in some cases, modified the rules. Growing incidents of political instability linked to presidential term limits in Africa, coupled with the failure of regional and continental efforts to control it, require an alternative approach—trilateral—cooperation on term limits. Unfortunately, the EU, China and Africa have expressly failed to table the issue of term limits and have preferred to discuss it indirectly, within the framework of democracy, human rights and rule of law. This irresponsiveness to dangerous term limits amendments occurs in a context in which pre-established political institutions find it hard to have significant control over term limits in Francophone Africa.

---

[378] Before 1990 only six African countries included constitutional term limits for heads of States. After 1990, the number rose to 33, an indication that the 90s were the heydays of term limits in the continent.

Bringing in the issue of term limits into the political agenda of trilateral cooperation between the EU, China and Africa can provide insights into how the international cooperation of state governments responds to and considers the question of leadership, power alteration, legitimacy and democracy at large. This paper is an attempt to examine the opportunities and challenges in trilateral cooperation on term limits. It is concerned with presidential term limits in Francophone Africa and particularly those constitutional changes made to enable the incumbent rerun. The particularity of this category of term limit amendment is that incumbent presidents had reached their absolute term limits but can argue that a new or revised constitution will enable them to start up with fresh mandates. When this happens, transitions do not occur as a natural course of events since political tension and violence mar the process. It is the hope of this paper that trilateral cooperation between the EU, China and Africa is given the chance to address presidential term limits as a specific political issue.

A comparative study of term limit culture between the EU, China and Africa is first performed using qualitative and quantitative data. The intention of this comparative case study method is to identify the average term limit culture and to determine whether it represents an opportunity or threat to trilateral cooperation. The opportunities and challenges of trilateral cooperation are then examined. I then determine possible ways term limits can work in trilateral cooperation between the EU, China and Africa. The findings reveal that although term limit culture varies between the EU, China and Africa, which could represent a challenge, cooperation on it is still possible if partners in that cooperation accept considering term limits as a credible threat to political stability in Africa. Affirmative action within a trilateral cooperation to protect term limits could include talking about it in summits, introducing *nonretroactivity* and term limits aid, among others.

Presidential term limits & why it should be cared about

Term limit is a restriction on the number of terms an elected, designated or appointed representative is allowed to hold office. For the case of elected members, term limits can apply to members of congress such as in the USA, members of parliament in the UK, and chief executives in presidential systems. For the case of designated or appointed leaders, term limits can apply to ministers, cabinet members, and members of the judiciary system. However, in Africa, term limit is mostly understood and limited to the scope of executive power. The presidential term limit is restriction on the number of terms or mandates an elected president can hold office. Executive term limits have a formal and legal character since they are defined in constitutions. A term limit is therefore said to be any law that prevents an elected official from serving for more than a given number of terms or years (Kousser, 2005).

Presidential term limits describes the sum of frameworks that have to do with determining presidential office mandates, including the length of time in office, rerun eligibility, litigations to office rotation, and any other arrangements (formal or not) connected to presidential power alternation. The term limits framework is complex. It involves many actors, processes and structures: the president and the ruling majority with powers to keep office; the opposition with powers to delegitimize incumbent's mandate; the 'people' with powers to decide who governs; parliament with powers to make laws on office rotation; the courts with powers of litigation; civil society and the international community with powers to influence presidential office rotation.

The president is the most powerful political institution in Francophone African government and politics. The president is strongly influential in defining how long to stay in power. The President in Africa has a wide range of discretionary powers to appoint members of the constitution making committee, judiciary members, cabinet members and legislative members, whose own term limits he/she decides.

Although the presidential mandate is defined and protected by the constitution, its amendment (to extend, shorten or end it) has been the most frequent object of constitutional changes in Francophone Africa. Moreover, term limit change is almost always applied in retroactive ways, making incumbent president perceived as political juggler. Presidential term limits are more of an issue in Africa than in the EU and China. Threats to peace and political stability can be said to be the outcome of the growing complexity of the term limits regime. Clashes between actors, processes and structures over the *true* meaning of term limits are expressed in multiple interpretations and actions that often lead to political crises and political stalemates. Who has the legitimate right to decide who leaders are, who can replace them, how they can be replaced and for how long they can stay in office is what constitutes the problematic of term limits in

Francophone Africa. Building consensus over term limits theory and practice is a fundamental challenge to political governance and political stability. Globally, the stakes of term limits is high, given that presidential office rotation and elite renewal are increasingly perceived as indicators of democracy and 'good' political governance. Why would a cooperation between EU, China and Africa not care about it too?

EU's Perspective on term limits

Almost no European state has term limits for its head of government. Although there is relatively no legislation on term limits in most European countries, office rotation is more common in Europe than in Africa, with a stronger culture of legislation on term limits. Nevertheless, in regard to the EU, there is growing concern for an introduction of term limits for executive members. However, the practice of determining who rules and for how long using the parliament as it is done in many European countries was introduced in the EU by the Treaty of Lisbon. The Lisbon Treaty introduced the *Spitzenkandidaten system*—a requirement for the candidate proposed by the EU council to be elected by the EU parliament. Does this political initiative mean anything for term limits and rotating chairmanship? Responses to this interrogation are mixed. Some observers have seen in this political initiative an opportunity for the EU to raise the question of term limits for members of the European Parliament (MEPs) (Shrover, 2019).

Others find that there is no considerable change despite the political hopes that the *Spitzenkandidaten system* raised. According to Christiansen (2016), the *Spitzenkandidaten system* further strengthened the longstanding 'grand coalition' in the European Parliament (The European People's Party—EPP and the Socialists and Democrats—S&D). Christiansen (2016) condemns the Lisbon Treaty for not being able to reverse the trend of declining turnout.[379] It was not also able to make leadership change to result from choice; rather it reinforced bargaining leadership behind the doors. Hobolt (2014) also observes that the *Spitzenkandidaten system* had a limited impact on voter participation and voter

---

[379] Declining voter turnout and participation are linked to absence of term limits in the EU. There has been a steady decline in the average turnout per member state of the European parliament elections from 62% in 1979 down to 43% in 2014. In comparison over the same period, the average national election also declined to near 70%.

choices. Evidence provided by Whitaker (2014) shows that more than 50% of MEPs were re-elected in 2014, which, was closely due to incumbency advantage. However, there is no evidence that introducing term limits will increase turnout and participation within the EU.

Although perspectives vary over term limits in the EU, the dominant tendency is to perceive term limits as a political necessity. Term limits can be a source of political legitimacy for EU institutions and leaders, as it is hoped that it might boost interest in politics and increase voter turnout. Additionally, allowing MEPs to serve a fixed number of terms would "level the playing field and give more newcomers a chance to get re-elected" (Schrover, 2019). The EU parliament runs elections every five years, but that has been seen not to be enough. If term limits are incorporated into the body framework of the EU, it can also be exported to areas of its foreign policy cooperation.

EU's position on term limits in Francophone Africa & China

Through official declarations and resolutions, the EU has condemned constitutional term limits violation in Francophone Africa. However, the EU has been somewhat more vocal towards Africa than China. Towards Africa, the EU has focused on constitutional processes when revision occurs (Zamfir, 2016). Frederica Mogherini, made it clear, while addressing the African Union in 2015. When Rwanda tried to modify its constitution in 2015, the High Representative issued a declaration on behalf of the EU expressing criticism of the provision. Additionally, the European Parliament (EP) issued a resolution in March 2016 calling the DR Congo government to comply with the constitution, although it never specified term limits. The EP also urged Guinean President Alpha Conde to preserve current presidential-term limits, weeks before a controversial referendum on the constitution that is likely to enable him to extend his 10-year rule. The EP "deeply regrets any plans to change the country's constitutional provisions on presidential term limits," it said in a resolution on its website. Towards China, the EU was indifferent when in 2018; China put an end to term limit. No official statement was issued by the EP in reaction to that, yet EU-China summits have held since then.

China's perspective on term limits

China introduced term limits after 1979 with the death of Mao Zedong as a means to control political violence and end the cult of personality that characterised Mao's rule. In 1982, Chinese President Deng Xiaoping introduced a two-consecutive term limit of five years per term. According to Article 47:3 of the Constitution, the term of office of the President and Vice President shall be five years, and they shall serve not more than two consecutive terms.[380] However, on March 11, 2018, the National People's Congress (NPC), carrying out the Party's Central Committee recommendation, passed changes to the Chinese constitution abolishing presidential term limits. The NPC voted 2,958 in favour, two opposed and three abstaining. This term limit elimination is expected to enable Xi Jinping in office since 2012 to remain in office after the end of his second term due in 2023. Officials have also defended it as a guarantee of prosperity and security for the party and the country.

Before then, the Chinese Communist Party had, through practice, instituted a term limit based on age. According to it the Secretary General of the Party who is also President of the Republic cannot be above 68 years—which implies that Xi is not supposed to run elections as President in 2022.[381]

China's term limits framework and implications for trilateral cooperation

It is important to note that China had once recognised in her history that permanent government could be a political danger and took steps to control it. Unlike Francophone Africa, China has had an uninterrupted period of four decades (1980s to 2020s) of a stable culture of respect to term limits, whereas, it had the possibility to amend the constitution, within this same period, at least, three times on average. Additionally, between the 1960s and 1980s, no fewer than five presidents were replaced, with two of Xi's predecessors (Hu Jintao and Jiang Zemin) who respected the 10-year term limits. Beyond the official discourse, however, the abrogation of presidential term limits could mean a return to the old practice of personality cult and self-perpetuation in power. Many are already predicting that the decision is not only to allow Xi indefinite tenure but that it reveals deep concern about instability.

Thinking about and effectively legislating term limits could serve as a booster to China's willingness to support such initiative in trilateral cooperation. Unfortunately, the self-same China has been reluctant to engage in political

---

[380] It is the National People's Congress that has the powers to amend the constitution, supervise its enforcement and elect the President and Vice President (See Article 62).
[381] Born in 1953 he would have been 69 years in 2022.

cooperation on term limits in respect to its foreign policy principles of mutual respect of territorial integrity and mutual non-interference. The decision of China to abrogate term limits was certainly without overt foreign influence, although some critics see it as a shame on constitutional checks and a re-emergence of the global trend of strongman leaders (The New York Times, 2018).

Regardless, China's move also represents a deadlock on the potential of cooperation with Francophone Africa on the issue. In fact, most critics are pessimistic about the prospects of respect to term limits among African presidents, as China puts end to term limits. According to some commentators, the risk of mimicry on the part of Africans is high when key partners (such as China and Russia) decide to tamper with term limits clauses (Kuhn, 2018; Hendricks and Kiven, 2018).

Kiwuwa (2018) points out that:

The broader implication of the Chinese announcement of end-of-term limits,… might be that it signals to African authoritarians to strengthen their grasp on executive office and push back on the need for leadership alternations. Their removal in Beijing might have the unintended knock-on effect of weakening faltering democracies on the African continent.

More so,

With the removal of China's presidential term limits adds a new dimension to the relationship: African presidents now have a political godfather whose political practice they can claim to emulate. Or at the very least to validate their continued stay in office. Claims that removing term limits will ensure that Chinese live happier lives, rejuvenate economic and political growth, and fulfil the will of the people mirrors the rhetoric in countries like Rwanda, Uganda, Burundi, Congo, and Gabon to mention but a few. China has fast become Africa's development partner of choice, and now the country and the continent are on the same political wavelength. China's return to indefinite presidential terms is also expected to frustrate the prospect of any cooperation with the EU on the issue. However, that does not preclude cooperation on term limits in Africa given that both China and EU have common concerns of political stability and that politics, long given lower priority in EU-China relations will rise to greater prominence and garner even greater attention (Gill and Murphy, 2008).

Presidential Term Limits in Africa: repeated changes as threat to political stability

If there is any reason to write on this topic, it is because the instability of the presidential term limit is a significant cause of political instability in Africa. It is a democratic norm that is rapidly eroding in Africa (Mangala, 2020). A distinctive characteristic of the practice of term limits in Africa is that changes to presidential term limits are common, and in most cases, when that is done, incumbents still keep power.

The practice of term limit in Africa reflects attitudes of inconsistency with the nature of leadership, which is not the case with the EU—which is consistent and China, somehow consistent. Africa has more than its fair share of presidents who have stayed longer than they should have through constitutional change on presidential term limits. Seven of the ten longest serving presidents in the world are in Africa, and their regimes are characterised by instability, the absence of civil and political liberties and extensive patrimonialism and corruption (Abebe, 2020). In addition, repeated constitutional changes on term limits cause political apathy and mistrust of political institutions and leaders. Large-scale political violence in Africa is likely to be the consequence if this pattern persists (Hendricks and Kiven, 2018).

In the past two decades, not fewer than ten Francophone African countries have juggled with term limits. Ivory Coast and Guinea, most recent cases are far from being alone. Cameroon, Chad, Democratic Republic of Congo, Djibouti, Gabon and Togo have juggled with term limits by abolishing, amending or ignoring them. Exceptions can, however, be found in other countries such as Burkina Faso, where a wave of popular protest against an expected effort to change constitutional term limit provision forced President Blaise Compaore to resign and flee the country in late 2014 (Eizenga and Villaron, 2020). This is in contrats with Guinea. After coming to power in 2010, Condé quickly consolidated his power through the hegemony of his party, Rally of the Guinean People and won a second term in 2015. In 2019, his government announced that it would pursue the adoption of a new constitution. It deliberately aimed at bypassing a provision prohibiting amendments to the two-term limit. The opposition criticised the move as defying the spirit of the 2010 constitution against unlimited terms. Protests have been held in the capital, Conakry, and other parts of the country since October 2019. They forced the postponement of the constitutional referendum, which was ultimately held on 31 March, and approved the new constitution. The constitution retains the two-term limit, but is silent on time already served before it came into force, enabling Condé to seek two more terms. He could potentially rule until 2032 (Abebe, 2020).

The more frequently the term limit clause is changed, the more fragile and vulnerable the state is perceived to be. The perception of political stability is linked to the frequency with which Francophone African incumbents respect term limits. A political system is perceived to be sustainably stable when over a given period of time; the presidential mandate clause has not been an object of amendment. The failure of the efforts, to keep this pattern, thus far is an invitation to think of yet another option—a trilateral cooperation on term limits.

Challenges of a trilateral cooperation on term limits

Challenges of term limits in trilateral cooperation are the feeling that term limits are political taboos and the differences in perceptions and term limit cultures. There is a systematic attempt to avoid talking about term limits in high-level summits. High-level bilateral or trilateral summits have not been able to overtly bring up the issue of term limits. Dominant political subjects of discussion centre on democracy, rule of law, human rights, security, and governance, which are more or less general. These general discourses somehow subsume the real issue: how to consolidate political stability through sustained respect of term limits.

This systematic avoidance can be explained by the mismatch in perceptions and term limits culture between the EU, China and Africa. Differentiation in term limits culture creates political indifference, *reciprocal neutrality* (between EU and China) and strategic caution. Differences in perceptions and practices of term limits in the EU, China and Africa can make it hard to find a consensus. Overlapping and parallel political cultures of term limits can affect cohesion and weaken the potential to compromise the EU, China and Africa. Foreign policy principles of mutual respect for integrity and non-interference also challenge trilateral cooperation on term limits.

Additionally, China's political attitude and behaviour towards Africa are sometimes at odds with the EU's expectations. At the first two FOCAC summits, China declared that its relations with Africa were 'free of political conditionality and serving the interest of Africa and China' (Alden, 2007). Through these declarations, the stage seemed to have been set for a clash between the EU and China over term limits in Africa. In addition, China has enjoyed a competitive political advantage the EU has not by investing in 'pariah' regimes that Western firms are barred from doing business in (Ibid). After China introduced term limits in 2018, subsequent summits between the EU and China did not directly address the issue.

Perceiving trilateral cooperation primarily from an economic lens could frustrate prospects of political cooperation on term limits. The EU does not see its cooperation with Africa primarily from a political lens. Trade is the dominant perspective from which the EU sees Africa and China (Hurt, 2004). Focus has always been on economy, and aid was used for structural adjustment, not political adjustment. During the 23rd EU-China Leaders' Meeting of 14 September, 2020, between the President of the European Council (Charles Michel), President of the European Commission (Ursula Von der Leyen) and the Federal Chancellor of Germany (Angela Merkel), all representing the EU and Chinese President Xi Jinping on videoconference, nothing was said about China's decision to end term limits. Discussions during the EU-China summit were dominated by trade and investment, climate change and biodiversity, and the COVID-19 pandemic. Although the EU emphasised that a high level of political engagement was needed within the Chinese system to achieve a meaningful agreement, it is not clear whether this was referred to Xi's leadership change or sustainability.

The relative absence of an official rhetoric on term limits between Africa, China and the EU indicates that agents of this trilateral framework have a stronger appeal for arguments against term limits (European Commission, 2020). Incumbents are known to often cite the need for political stability as part of an official argument against term limits. Term limits are incompatible with stable and sustained leadership, and in this sense, they are seen as inimical to quality leadership since they may force out-of-office 'good' leaders. "Term limits cannot solve Africa's problems" President Paul Kagame of Rwanda once noted in defence of removal of term limits in his country's constitution (Kiwuwa, 2020). In any case, in the midst of these challenges are opportunities too.

Opportunities for trilateral cooperation on term limits

Opportunities in trilateral cooperation on term limits refer to the conditions under which term limits are possible. There are two contexts favourable to the practice and respect for term limits:1) an international tendency critical of life presidency and absence of power alternation and 2) an African citizenry increasingly supportive of term limits. Given that there is a growing international tendency to condemn life presidency and encourage power alternation, the practice and respect of term limits can generate symbolic international recognition and acceptance.

Africans are now trying to take a principled stand on presidential term limits, as they impact the development, peace and security of the continent (Hendricks and Kiven, 2018). The majority of African citizenry is in support of term limitations. In Togo, for example, 85% of Togolese are in favour of term limitation (Afrobarometer, 2015). In an international and continental context in which there is increasing pressure for checks and balances on executive power, as part of the 'good' governance framework, it is believed that constitutional reforms on term limits can be one of the keys to pushing these forward (Osei, 2018).

Another opportunity is the existence of an organisation that can speak for the continent—the AU. Although it was not effective in putting a halt on unconstitutional changes of government through term limits[382], AU's ability to respect term limits within its own Charter framework is an example worthy of copying. Owing to the disrespect of term limits by some African leaders, the image of the AU is that of a "private club of incumbent leaders" (Abebe, 2020). To repair this image, a term limits policy between EU, China and Africa through the AU is possible. If the AU has always spoken in favour of international values (democracy, good governance and human rights), then, it can still speak in favour of respect for term limits. Domestic wide, regional-wide and continental wide effort to resolve the issue of term limits has failed. The failure can be an opportunity to think about term limits in EU, China and African cooperation, and in practical ways.

How and why term limits can work within a trilateral cooperation

Trilateral cooperation on term limits is considered part of the international

---

[382] However, the AU was relatively effective in dealing with unconstitutional changes of government through coups d'états.

effort to resolve the issue of term limits in Africa. Unfortunately, international legal instruments are not clear whether a president of a country can be eligible for re-election. However, Article 25 of the International Convention on Civil and Political Rights (ICCPR) recognises and protects the right of every citizen to take part in the conduct of public affairs, the right to vote and the right to stand for election, and the right to public service. Attempts to violate these norms, including changes to term limits, should be considered a violation of international law. This could be a promising foundation for the possibility of trilateral cooperation on the issue.

A first approach is that actors of trilateral cooperation have to consider term limits as not being a political taboo. It should be seen as an issue that deserves international protection. This is possible when they take the decision to start talking about it in public spaces such as summitry encounters.

Another approach is to introduce *retroactiveness* in trilateral cooperation on term limits laws. Any constitutional provision that sets a term limit should be retroactive in nature and character. As Abebe (2020) explains when new constitutions are adopted, they should be specific about the fact that terms already served in office still count. Trilateral cooperation between the EU, China and Africa can oversee that this retroactive provision is inscribed in its cooperation charter and that members pledge to respect it, regardless of the circumstances.

Third, the introduction of term limits conditionality aid is another way term limits can be regulated. The use of suspension aid to implement political and democratic reforms is limited to the areas of coup d'état, election fraud, and political corruption. Apparently, there is negligence of aid suspension with regard to term violation. If the threat of economic sanction has often been used to exert pressure on recipient government to implement political reforms (Hurt, 2004:160), the same threat can be used to impose term limits. Those who unconditionally respect term limits by not changing the constitution can benefit from *term limits aid* and aid sanctions where term limits have been perceived to be violated.

Conclusion

The objective of this paper was to examine term limits within the framework of trilateral cooperation between the EU, China and Africa. The systematic avoidance of talk-about-term limits in summits is evidence that the profile of term limits as a framework of political governance is low. Changes to presidential term limits are more of a threat to political stability in Francophone Africa, than in the EU and China. As a credible threat to political stability, and hence the interest of the EU and China, there is a need to talk about it in a trilateral framework and, if possible, regulate it. Considering that political cooperation has centred on political stability in Francophone Africa and that term limits are linked to it, it is the intention that trilateral cooperation between the EU, China and Africa on term limits is seen as one of the keys to pushing respect for presidential mandates forward. Without a concerted trilateral EU, China and African effort to establish a regional presidential mandate policy, Francophone Africa may be bound to live with the spectre of political instability linked to term limit changes and presidents for life.

References

Abebe, A. (2020) Africa's attempts to abandon practice of presidents for life suffer another setback. The Conversation. https://theconversation.com/africas-attempts-to-abandon-practice-of-presidents-for-life-suffer-another-setback-144434. Accessed 10 November 2020.

Alden, C. (2007) China in Africa. Zed Books, London; New York.

Christiansen, T. (2016) After the *Spitzenkandidaten*: fundamental change in the EU's political system? West European Politics, 39:5, 992-1010, DOI: 10.1080/01402382.2016.1184414

Eizenga D., Villalón L.A. (2020) The Undoing of a Semiauthoritarian Regime: The Term Limit Debate and the Fall of Blaise Compaoré in Burkina Faso. In: Mangala J. (eds) The Politics of Challenging Presidential Term Limits in Africa. Palgrave Macmillan, Cham

Gill and Murphy. (2008) China-Europe Relations: Implications and Policy Responses for the United States. CSIS.

Hendricks, C. and Kiven, N G. (2018). Presidential term limits: slippery slope back to authoritarianism in Africa" The Conversation. https://theconversation.com/presidential-term-limits-slippery-slope-back-toauthoritarianism-in-africa-96796. Accessed 25 October 2020.

Hobolt, S B. (2014) A vote for the President? The role of *Spitzenkandidaten* in the 2014 European Parliament elections. Journal of European Public Policy, 21:10, 1528-1540, DOI: 10.1080/13501763.2014.941148

Hurt, S R. (2004) The European Union and Africa after the Cold War. In: Taylor, I and Williams, P Africa in International Politics: External Involvement on the Continent, London and New York, Routledge. pp.155-173.

Kiwuwa, David (2018) Why China's removal of term limits is a gift to African despots. The Conversation. https://theconversation.com/why-chinas-removal-of-term-limits-is-a-gift-to-african-despots-92746. Accessed 26 October 2020.

Kousser, T. (2005) Term Limits and the Dismantling of State Legislative Professionalism, Cambridge, New York, Cambridge University Press.

Kuhn, A. (2018). China Proposes Lifting Presidential Term Limit. https://wbhm.org/npr_story_post/2018/china-proposes-lifting-presidential-term-limit/. Accessed 10 September 2020.

Mangala J. (2020) (eds) The Politics of Challenging Presidential Term Limits in Africa. Palgrave Macmillan, Cham.

Rajoharison, J. (1998) The role of France in the Lome IV convention. In: Casgrove-Sacks (Ed.), The European and developing countries: The Challenges of globalization Macmillan Press Ltd. p.50

Schrover, N. (2019) Term Limits will bring the EU closer to its Citizens. German Marshall Fund of the United States-GMF, 2019. https://www.gmfus.org/blog/2019/01/14/term-limits-would-bring-eu-closer-its-citizens. Accessed 10 September 2020.

The New York Times. (2018) China Moves to Let Xi stay in Power by Abolishing Term Limit. https://www.nytimes.com/2018/02/25/world/asia/china-xi-jinping.html. Accessed 20 October 2020.

Whitaker R. (2014) Tenure, turnover and careers in the European Parliament: MEPs as policy-seekers. Journal of European Public Policy, 21:10, 1509-1527, DOI: 10.1080/13501763.2014.926963

Zamfir, L. (2016) Democracy in Africa: Power Alternation and Presidential Term Limits. Briefing, European Parliamentary Research Service. https://www.europarl.europa.eu/RegData/etudes/BRIE/2016/580880/EPRS_BRI(2016)580880_EN.pdf. Accessed 20 October 2020.

42. La coopération sino-africaine des "nouvelles routes de la soie" : une méta-analyse des ruptures et continuités des enjeux militaro-sécuritaires de la nouvelle puissance globale chinoise en Afrique sub-saharienne francophone, *Dr Alex Renaud Ondoa*

Introduction

L'intérêt que la Chine porte pour l'Afrique est loin d'être nouveau[383]. En

---

[383] *Cf.* Abdelhak Bassou, « La Chine face à la prolifération du phénomène terroriste en Afrique », mars 2016, PB-16-10, OCP. Policy Center. For the new South, publié en mai 2016, *www.policycenter.ma*. L'historicité des relations sino-africaines pour certains « remonte sur la côte tanzanienne près de Dar Es Salam à travers la découverte de bols de porcelaine et de monnaies chinoises », alors que d'autres attestent de leur ancienneté par « l'exhumation récente d'une pièce de monnaie chinoise du XVème siècle ». D'aucuns en revanche confirment ces rapports à travers la séquence chronologique rattachée à « l'expédition de l'amiral Zheng He vers 1418 ». Par la suite, la « Chine se replia sur elle-même et ses relations avec l'Afrique s'estompèrent », et malgré la controverse sur la renaissance ou la phase moderne des liens diplomatiques entre l'empire du Milieu et l'Afrique, ceux-ci « ne reprendront que dans la seconde moitié du XXème siècle ». La reprise des relations Chine/Afrique à mai 1956 se fera lorsque furent établies les relations diplomatiques entre la Chine et l'Égypte, d'autres soutiennent que c'est plutôt lors de la conférence de Bandung en 1955 que renaissent ces relations. Une troisième date est avancée comme marquant la reprise véritable des relations entre la Chine et l'Afrique ; il s'agit de la tournée africaine de Zhou Enlai (décembre 1963-janvier 1964), qui de l'Égypte à la Tanzanie, avait touché une

évoquant aujourd'hui la nature historique de cette relation, force est de constater que sur un passé constamment rappelé de lutte commune contre « les impérialismes » en faveur des mouvements de libération indépendantistes africains, les enjeux de l'engagement de Pékin en Afrique reposent essentiellement sur des motifs économiques. En 2013 notamment, l'arrivée de Xi Jinping au pouvoir donna une nouvelle impulsion à la politique chinoise en Afrique (Nsimba, 2018), s'appropriant une lexicologie discursive et conceptuelle voire sloganesque comme un soubassement doctrinal pour construire une collaboration plurielle avec les pays africains. Le *Livre blanc* sur la politique africaine de la Chine publié pour la première fois à Pékin en janvier 2006, précise à cet effet que : « la Chine œuvre à établir et développer un nouveau type de partenariat stratégique marqué par l'égalité et la confiance mutuelle sur le plan politique, la coopération dans un esprit gagnant-gagnant sur le plan économique »[384]. Ces positions reprennent les principes généraux de la « coexistence pacifique » (qui demeurent pour Pékin d'actualité) et s'expriment quasiment dans les mêmes termes depuis la déclaration publiée lors de la visite de Jiang Zemin en 1996, jusqu'aux cadres fondateurs du Forum de coopération Chine-Afrique (China-Africa Cooperation Forum – CACF) en 2000[385]. Ce discours qui rencontre un écho favorable sur le continent noir est d'autant plus efficace qu'il s'appuie sur la longévité des élites africaines (Niquet-Cabestan, 2006). Pour toutes ces raisons (quelles soient politiques ou économiques), Robert Mugabe n'exprimait pas autre chose en mai 2005 à l'occasion du 25ème anniversaire de l'indépendance du Zimbabwe qu' : « il nous faut nous tourner vers l'Est, là où se lève le soleil » (Mugabe, cité par Hilsum, 2006). En multipliant les visites de haut niveau qui soulignent l'importance du continent auprès des pays africains, la République populaire de Chine (RPC) met en avant « son propre modèle de développement fondé sur un découplage voulu entre développement économique et réformes politiques dans une stratégie de survie des régimes autoritaires » (Niquet-Cabestan, 2006). De la cohérence de ces

---

dizaine de pays africains et avait donné un coup d'accélérateur aux activités chinoises en Afrique. Autant dire que toute la période allant de la conférence de Bandung à la visite de Zhou Enlai constitue le moment de la renaissance des relations sino-africaines durant cette période que nait l'Association de l'amitié des peuples de Chine et d'Afrique, et que le ministère des Affaires étrangères chinois se dote d'une section Afrique.

[384] « La politique de la Chine à l'égard de l'Afrique », *www.chineafrique.com*.
[385] « China AFrica Cooperation Forum » and « China's African Policy, *china.org.cn*.

éléments émerge un leadership chinois que Pékin tente d'imposer en Afrique, en opposition directe avec les taxinomies occidentales et assimilées (japonaise) de coopération et de développement.

Mais au-delà d'une « relation économique florissante » et grâce à ses moyens capacitaires globaux, la Chine veut aller plus loin, et s'implique, de plus en plus, dans des questions de sécurité à des fins d'accompagnement des « nouvelles routes de la soie ». Pour ainsi dire, pourquoi la Chine cesserait-t-elle d'être « uniquement » un partenaire économique qui renonce désormais à sa traditionnelle politique de non-ingérence pour s'engager sur un terrain militaire en ASF ? Quels outils militaro-sécuritaires la Chine mobilise-t-elle dans la stratégie d'occupation et de sécurisation du tracé et des lieux effectifs de passage des « nouvelles routes de la soie » ? Telles sont les questions cruciales qui « taraudent » l'exécutif chinois en ce moment, dont les réponses vont constituer la trame du présent article.

Depuis son lancement, cette initiative des « nouvelles routes de la soie »[386] qui n'a cessé d'évoluer en englobant « des projets touristiques, douaniers et juridiques », et dont les enjeux dépassent désormais de très loin le continent africain (Niquet-Cabestan, 2006), vise « à améliorer la connectivité commerciale entre la Chine et le reste du monde afin de sécuriser ses investissements », en passant par le développement de liaisons maritimes, ferroviaires et portuaires entre la Chine, l'Eurasie et l'Afrique (Nsimba, 2018). Néanmoins, l'expansion du phénomène terroriste en Afrique met la Chine devant un dilemme : rester fidèle à sa politique de non-ingérence dans les affaires intérieures des autres États ou adopter une politique plus interventionniste pour sauvegarder ses investissements en Afrique. À Pékin, la question d'une « implication militaire en Afrique » se pose ouvertement avec acuité. D'où l'« idée dominante » à la demande de la Chine d'organiser des colloques, des conférences et autres consultations heuristiques plus ou moins discrètes afin d'avoir « une vision plus claire des embûches que ses entreprises et expatriés pourraient rencontrer » (Le Belzic, 2018). À travers le risque terroriste identifié par Pékin qui s'inquiète pour la sécurité de ses deux millions d'expatriés en Afrique[387] et au Moyen-Orient, le

---

[386] La facture du programme des « nouvelles routes de la soie » estimée entre 800 et 1000 milliards de dollars (34 milliards de dollars ayant déjà été débloqués en Afrique) soit un peu plus de 850 milliards d'euros.
[387] Depuis l'enlèvement en mai 2014 par Boko Haram de dix Chinois travaillant sur le chantier de construction d'un barrage hydroélectrique au Nigéria, les communiqués d'alerte

ministère chinois de la sécurité de l'État (le Guoanbu) souhaite rationnaliser la sécurisation de son ambitieux programme économico-infrastructurel qui traverse certaines des « zones les plus dangereuses de la planète », en référence à la conjoncture insécuritaire qui menace la stabilité des États africains et les investissements étrangers (Le Belzic, 2018). On se propose dès lors de décrypter les attitudes correspondantes de la prise en compte des pays africains dans la protection militaro-sécuritaire des « nouvelles routes de la soie ».

Le Forum de la paix et de la sécurité Chine-Afrique de 2018 ou la plateforme publicitaire du pack militaro-sécuritaire de la Chine dans la lutte contre le terrorisme en ASF

Le premier forum de la paix et de la sécurité Chine-Afrique, organisé par le ministère chinois de la Défense nationale s'est tenu à Pékin du 26 juin au 10 juillet 2019, regroupant des représentants de l'Armée populaire de Libération (APL) chinoise et près de cent représentants de cinquante pays africains et de l'Union africaine, dont 15 ministres de la Défense et chefs d'état-major. Les objectifs de ce forum ont consisté à la vulgarisation des mécanismes de coopération, au financement des armées africaines et à la délocalisation de l'armement chinois en Afrique.

La construction d'une clientèle de l'armement chinois en Afrique : entre accroissement du volume des échanges commerciaux militaires et tropicalisation des procédés de fabrication des munitions

La Chine ne se contente plus d'aider à la construction des installations territoriales (routes, bâtiments administratifs, écoles, hôpitaux, complexes sportifs) du continent africain et justifie son basculement stratégique par des enjeux plus globaux. Ce changement de paradigme tranche avec la diplomatie de « profil bas » de Pékin afin d'épouser la vision géopolitique globale de l'empire du Milieu qui s'attelle à bâtir une « communauté militaro-sécuritaire sino-africaine » (avancée lors du sommet de Beijing du Forum sur la coopération sino-africaine en 2018) apte à fiabiliser le projet titanesque des « nouvelles routes de la

---

de ce type se succèdent. De même, l'enlèvement d'un Chinois au Mozambique en 2018 a précédé une série de crimes terroristes crapuleux de plusieurs dizaines de Chinois enlevés et/ou tués depuis quelques années.

soie ». La protection de cette gigantesque plateforme étant « un véritable casse-tête » pour Pékin, le forum éponyme aux accents mois politiques a été l'occasion de passer en revue l'articulation entre projets civils et ambitions militaires (Le Belzic, 2015), et réfléchir sur la création d'un dispositif sécuritaire avec les Africains pour contrecarrer les entreprises criminelles qui pullulent désormais en ASF. Quelques raisons peuvent expliquer la signature de « plusieurs mémorandums d'entente bilatéraux » avec la Côte d'Ivoire, le Burkina Faso, le Gabon, le Cameroun ou le Sénégal, justifiant l'offensive militaire de la Chine en Afrique.

À observer l'histoire récente, la montée en puissance de l'armée chinoise en Afrique n'est guère une surprise. L'augmentation du budget militaire de la Chine de 7,5% qui oscillait autour de 110 milliards d'euros en 2019 pour un pays à forte croissance, consistait à trouver un équilibre entre le développement exponentiel de ses investissements et le contexte sécuritaire africain marqué par une conflictualité croissante qui pèse sur les intérêts stratégiques de la Chine (Nsimba, 2018). Déjà, une première commission de l'armée populaire de libération (APL) qui « recommandait d'accroître les ventes d'armes et les formations militaires aux pays africains » avait été mise en place dès 1998. La production en matière d'armement a explosé, les ventes d'armes ont augmenté de 55%, et un tiers de l'armement importé en Afrique provient de Chine, dont vingt-deux (22) pays africains achètent le matériel militaire. Selon un rapport du *Stockholm International Peace Research Institute* (SIPRI), la Chine revendique une part de marché de 17%, devançant sur le coup la superpuissance étasunienne qui n'est qu'à 11% de parts de marché en Afrique (Férus, 2019). En termes d'exportations, les armes chinoises (essentiellement des armes légères, de petits calibres et de munitions – ALPC) ont augmenté de 27% entre 2013-2017, soit une hausse de 55% par rapport à la période précédente (2008-2012). Cette situation confirme que la Chine est devenue depuis 2017[388], le principal fournisseur d'armements en Afrique subsaharienne (Nsimba, 2018), par la capacité mutuelle d'« approfondir le partenariat stratégique et de répondre aux besoins de sécurité et de défense de l'Afrique », s'était alors extasié le porte-parole de l'armée, Ren Guoqiang (Guoqiang, repris par Le Belzic, 2015).

---

[388] La Chine entretient aussi des coopérations militaires variées avec onze pays de la zone dont l'Algérie, l'Angola, l'Égypte, le Ghana, le Nigéria, l'Afrique du Sud, le Soudan du Sud, la Tanzanie, l'Ouganda, la Zambie et le Zimbabwe.

Dans le même sillage, la Chine a décidé d'élargir la coopération sino-africaine sur le renforcement des capacités militaires en matière de paix et de sécurité, permettant à Pékin d'« ouvrir les portes de ses commandements terre-mer-air aux Africains pour promouvoir ses armements » (Le Belzic, 2015). Pour avoir rassemblé des officiers supérieurs et des représentants de 50 pays africains, l'autre ambition dudit forum était de « promouvoir le matériel chinois auprès des dirigeants africains » à travers des visites guidées des installations de l'APL pour des démonstrations d'équipement militaire. Dans cette logique, « les représentants africains exploreront les troupes chinoises de l'armée de terre, de la marine et des forces aériennes ». Non sans conséquence, car, en 2005, cette expression publicitaire a renforcé la coopération avec les Comores ou encore la République démocratique du Congo (RDC) dont « le chef d'état-major s'est rendu en Chine en 2005 pour y signer un accord de coopération militaire ». Dans la foulée, d'importantes clauses de fourniture en matériels militaires ont été paraphées avec la Namibie, l'Angola, le Botswana, le Soudan, l'Érythrée, le Zimbabwe ou la Sierra Leone (Niquet-Cabestan, 2006). En se targuant des bénéfices certains engrangés dans le domaine des équipements, des formations et la mise en place d'unités spécialisées, le ministre de la Défense, Chang Wanquan, avait annoncé que les exercices militaires conjoints allaient se multiplier sur le continent (Wanquan, cité par Sébastien Le Belzic, 2018).

Par ailleurs, certains pays africains vont sous-traiter la production chinoise d'armements. La RPC ouvrira trois usines de fabrication d'ALPC au Soudan, près de Khartoum, alors que d'autres fabriques de munitions et d'ALPC ont été construites au Zimbabwe et au Mali (Hilsum, 2006).

Bien plus, en l'absence relative de concurrence, l'Afrique permet à la RPC de « tester un matériel qui demeure rudimentaire » en trouvant « un marché pour ses avions d'"entraînement" K8, fournis à la Namibie, au Soudan et au Zimbabwe » (Niquet-Cabestan, 2006)[389]. De même, la Chine fournit des hélicoptères au Mali, à l'Angola et au Ghana, de l'artillerie légère et des véhicules blindés à la quasi-totalité des pays de la région ASF, ainsi que des camions militaires, des uniformes, du matériel de communication et des bicyclettes,

---

[389] D'après Valérie Niquet-Cabestan, la coopération est particulièrement étroite avec le Zimbabwe depuis le début des années 1980 et s'est renforcée en 2004. Pékin lui fournit des chars, de l'artillerie, des blindés ainsi que des camions, des vedettes rapides et des batteries de défense antiaérienne.

démontrant l'« adéquation entre l'offre chinoise et les besoins des forces armées locales ». En accordant une grande importance à la formation des soldats africains censés consolider ses relations avec les élites de leurs pays (Nsimba, 2018), la RPC invite régulièrement les militaires subsahariens en Chine à des campagnes importantes de formations techniques des services de sécurité qui accompagnent la vente des stocks d'armes destinés aux armées africaines. Par des cursus en français ou en anglais dont le coût est « entièrement financé » par Pékin, des personnels africains effectuent régulièrement des stages de plusieurs mois en Chine ou sur place avec des instructeurs chinois (Niquet-Cabestan, 2006). L'enjeu consiste en réalité à séduire ces derniers afin de « tisser un réseau parmi les futures élites africaines » qui construiront une stratégie d'appoint au rayonnement et à la défense de la politique chinoise en Afrique, faisant grandir l'influence de Pékin, à travers un réseau d'affidés qui soutiendront les positions chinoises sur la scène internationale (Le Belzic, 2015).

Enfin, le commerce chinois des armes en Afrique met sans doute en lumière d'autres objectifs. D'une part, la Chine cherche non seulement à remplacer les fournisseurs traditionnels des armes en Afrique (États-Unis, France, pays d'Europe orientale) mais également à sécuriser ses investissements des « nouvelles routes de la soie » par « un meilleur contrôle du commerce des armes en Afrique ». Outre la cherté du matériel militaire occidental et l'accessibilité moins difficultueuse des armes chinoises par les Africains, la coopération militaire sino-africaine est en grande partie « le reflet d'une défiance grandissante » des Africains envers les Occidentaux. En effet, la floraison des manœuvres sino-africaines semble s'imposer comme une « récompense » instituée en faveur d'une diplomatie pékinoise angélique et moins agressive vis-à-vis des dirigeants africains dès lors que la Chine « ne veut pas s'immiscer dans leurs affaires intérieures ». Tandis que la Chine n'intègre pas le système des conditionnalités aux multiples ventes d'armements, les démocraties occidentalo-bourgeoises doivent prendre en compte « une opinion publique sensible aux droits humains et donc obligeant à ne pas fournir certains États peu démocratiques », explique Jérôme Pellistrandi[390] (Pellistrandi repris par Le Belzic, 2015). Le cas centrafricain est intéressant à plus d'un titre car Bangui, affirmant avoir besoin d'armements pour combattre la

---

[390] D'abord colonel des transmissions au moment de la rédaction de l'article de Sébastion Le Belzic en 2015, Jérome Pellistrandi est depuis 2018 général de brigade de l'armée de terre dans l'armée française, et rédacteur en chef de la Revue *Défense nationale*.

véhémence des milices armées (Séléka et anti-Balaka), a commandé au groupe étatique chinois *Poly Technologies* des véhicules blindés, mitrailleuses, grenades et autres types d'armements, mais les États-Unis, le Royaume-Uni et la France s'y sont opposés, prétextant que c'est bien l'usage qui peut être fait de ces armes qui inquiète ces pays (Le Belzic, 2015). D'autre part, la vente récente de blindés au Sénégal a montré que Pékin devenait un « concurrent sérieux ». Pour preuve, Jérôme Pellistrandi a mis en garde la France qui « doit être vigilante face à un concurrent redoutable qui peut financer ses projets militaires et répondre aux attentes de certains leaders africains » (Pellistrandi, cité par Le Belzic, 2015).

Toutefois, que ce soit au Soudan, en Libye, en Centrafrique, au Mali, au Burkina Faso ou en Afrique en général, on ne voit plus de conflit en Afrique sans armes chinoises, dont le rustique et bon marché fusil Type 56, version chinoise de l'AK-47 (Le Belzic, 2015). Justement pour des raisons commerciales, la Chine est devenue le « principal fournisseur d'armes légères des gouvernements locaux » dont elle n'exerce pas un contrôle strict pour leur emploi et leur utilisation. Dans ce cas, ces ALPC sont saisies, volées ou déversées dans des groupes armés qui déchirent le continent africain (Niquet-Cabestan, 2006), laissant court à la connivence, au complot, à l'émergence ou à la durabilité de la violence multivalente qui déstabilise et désagrège l'espace politique africain.

La construction d'une base militaire en Afrique : entre ambitions de contrôle de l'activité portuaire et « blackwaterisation » des « nouvelles routes de la soie »

La prudence de la Chine à créer une base militaire permanente en Afrique est aujourd'hui battue en brèche par un « débat qui revient régulièrement » dans les arcanes du pouvoir pékinois face à la menace terroriste en Afrique. En se bornant depuis une décennie à « dépêcher dans certains ports des navires de guerre afin de protéger leurs porte-conteneurs et leurs pétroliers contre les pirates », l'arrivée de plusieurs milliers de militaires chinois dans la corne de l'Afrique n'est que le début d'une prise de conscience des risques sécuritaires sur les « nouvelles routes de la soie » (Le Belzic, 2018). Dès lors, l'ouverture par la Chine de la première base militaire à l'étranger, à Djibouti, le 1er août 2017, où elle y a placé « plus de 12 milliards d'euros depuis 10 ans » (Le Belzic, 2015), a constitué un tournant stratégique dans sa politique extérieure de défense. Elle intègre à la fois sa volonté de s'ériger en grande puissance maritime mondiale, et sa capacité à corréler à l'adoption d'une loi antiterroriste de 2015 qui permet à l'APL d'intervenir outre-mer (Nsimba, 2018). Selon les autorités chinoises, cette base militaire située précisément « à proximité d'un port international qui se veut compétitif à l'instar de celui de Dubaï », et qui hébergerait 250 soldats chinois environ postés en permanence (Le Belzic, 2015), doit faciliter l'approvisionnement des missions régionales humanitaires et de maintien de la paix, la lutte contre la piraterie dans le golfe d'Aden et dans les eaux somaliennes (Nsimba, 2018). Pourtant si la Chine maintient que cette base militaire de Djibouti sert d'appui logistique, certaines sources en évoquent beaucoup plus. Des projections réfutent ces arguments humanitaires et souscrivent que les militaires chinois pourraient être 10.000 en 2026 (Férus, 2019). Dans ce cas, l'idée a été de « construire des ports à l'étranger qui auront d'abord un rôle commercial puis pourront éventuellement servir à des fins militaires ».

En premier lieu, de par son positionnement stratégique, Djibouti occupe « une place prépondérante dans la sécurisation de ses investissements », où la Chine a investi massivement dans des projets d'infrastructures afin de tisser un maillage portuaire et ferroviaire capable de sécuriser l'accès aux ressources naturelles africaines (Nsimba, 2018). Le port de Djibouti est devenu une « zone de transit du commerce d'armes » dans la région, ayant permis et favorisé la commercialisation des armes chinoises vers des régimes dictatoriaux ou des « pays faisant l'objet d'un embargo sur l'armement comme c'est le cas du Soudan[391] ». La RPC y préconise aussi une mise en œuvre « réactive » du pouvoir militaire pour le contrôle du phénomène de conteneurisation et des ressources maritimes (halieutiques) et énergétiques (principalement le pétrole) dans cette région du continent qui connaît une ouverture considérable sur la mer. Dans cette optique, le pétrole est conçu non pas comme une « source de richesse », mais bien comme une « source de pouvoir ». En dénier l'accès aux concurrents potentiels (ou être en mesure de le faire, ce qui revient au même) est le but poursuivi (Zajec, 2008 : p.52). Ces concurrents potentiels qu'elle doit retarder, contenir ou endiguer sont désignés dans ce contexte par les États-Unis, le Royaume-Uni et la France, considérés comme des « acteurs géostratégiques de premier plan » au sens de

---

[391] Selon Juliette Nsimba, la présence du général sud-soudanais Gabriel Jok Riak inscrit sur la liste onusienne des personnalités soudanaises placées sous sanctions au forum Chine-Afrique sur la défense témoigne de ces relations complexes que la Chine entretient avec le Soudan.

Zbigniew Brzezinski.

En deuxième lieu, à une encablure des troupes françaises et étasuniennes, cette base militaire chinoise suscite des interrogations des pays occidentaux voire de la méfiance de la part de ses voisins (Japon, Inde). Autant le sujet préoccupe et inquiète le gouvernement français, autant la cohabitation semble particulièrement compliquée et tendue avec les Américains qui « craignent un espionnage militaire » (Nsimba, 2018). Et comme l'indiquent les accusations de Washington dont les responsables se sont « officiellement alarmés auprès des autorités djiboutiennes », des lasers chinois auraient aveuglé des pilotes de l'US Air Force lors de manœuvres militaires en mai 2018 (Le Belzic, 2018). Dans le cadre des pratiques subversives justement, sous la coupole du *Livre blanc* publié par le Conseil des affaires d'État en 1998, le principe « civil puis militaire qui allie projets civils et ambitions militaires », vulgarisé en 2015 et mis en avant par l'Université des relations internationales, l'antichambre des services secrets chinois, a réorganisé le « renseignement » avec l'ouverture de cinq bureaux régionaux par le ministère de la sécurité d'État (le Guoanbu – qui a obtenu de l'État la sécurisation des pharaoniques chantiers des nouvelles « routes de la soie »), en Égypte, au Soudan, au Nigéria, en Angola et en Afrique du Sud. Les grandes entreprises d'État, comme les pétroliers *CNPC* et *Cnooc* ou le transporteur maritime *Cosco*, sont donc mises à contribution pour faire notamment du « renseignement » l'autre activité de la planification des programmes militaires de la Chine en Afrique, dessinant une nouvelle stratégie globale d'influence qui est à l'œuvre aujourd'hui avec les « nouvelles routes de la soie » (Le Belzic, 2015).

Par ailleurs, symbole de cette « prise de conscience » des turbulences terroristes qui sévissent en Afrique, la présence des sociétés de sécurité privées chinoises s'inscrit comme un adjuvant dans la sécurisation des approvisionnements des « nouvelles routes de la soie ». Au même titre que les États-Unis avec *Balckwater* ou la Russie avec *Wagner*, l'autre objectif de la Chine est de se projeter comme un acteur à part entière de la sécurité mondiale (Nsimba, 2018). En ce sens, Pékin fait désormais appel à des groupes privés (sur les 5000 entreprises enregistrées, vingt fournissent des services à l'international) locaux ou/et internationaux pour « ses missions les plus périlleuses ». Pour illustration, la RPC emploierait déjà trois mille gardes privés au Soudan du Sud pour sécuriser ses raffineries et ses pipelines. Depuis 2012, la société de sécurité privée *Shandong*

Warwich Security protège les installations chinoises en Mauritanie, au Sénégal, au Burkina Faso, au Mali, en Guinée et au Niger. Mais depuis 2015, c'est *Frontier Services Group* (FSG – dont le fonds d'investissements chinois *Citic* a repris 15%) dirigé par Erik Prince (ancien des forces spéciales américaines, et sulfureux ex-patron de *Blackwater*, l'armée privée la plus puissante du monde) qui a récupéré une grosse partie des contrats, travaillant désormais en Afrique pour de grandes industries chinoises « via son entreprise (*FSG*) installée à Hong Kong, à Pékin et à Nairobi ». Cependant, l'arrivée de cet ancien militaire américain dans le jeu brouille encore un peu plus l'image de la Chine sur le continent, risquant de la faire apparaître comme un pion de la *Central Intelligent Agency* (CIA) dans la région (Le Belzic, 2018).

Puissance globale, responsabilités planétaires. Les logiques d'affirmation d'une puissance mondiale dans la lutte contre le terrorisme en AFS

Si elle est évasive sur la question du soutien symbolique, matériel et logistique aux organisations politiques dites « panafricanistes », comme Pékin le fit dans les années 1970 avec les mouvements de libération africains à l'instar de l'Unita (Union nationale pour l'indépendance totale de l'Angola) ou du Frelimo (Front de libération du Mozambique) (Niquet-Cabestan, 2006), la Chine opterait davantage pour le renforcement de la coopération militaire (et économique surtout) avec les pays africains et l'ONU.

La construction d'un ordre conflictuel en ASF : entre rivalités et tentatives de rapprochement stratégique avec les puissances occidentales

Pour la Chine, l'heure n'est plus seulement aux engagements financiers. Autant elle a pour objectif d'« accroître son influence dans le domaine militaire » autant la RPC dessine une « stratégie d'influence mondiale dont l'Afrique est centrale ». Ces deux arguments qui s'entrelacent peuvent expliquer les motivations qui poussent la Chine à rompre avec son *soft power* pour « montrer ses muscles » et affirmer l'« image de puissance mondiale ». Dit autrement, érigée depuis la guerre froide en « terrain d'affrontement idéologique », l'Afrique est redevenue dès le début de la décennie 2000, la « frontière de réactualisation de la guerre froide » entre les anciennes puissances (étasunienne, britannique et française) et les puissances neuves ou les nouveaux hégémons (Chine et Russie).

On s'inscrit dans un ordre manichéiste de la scène africaine qui alimente la « défiance persistante et grandissante » entre Occidentaux et Chinois. La fabrication de la puissance globale à partir de la géopolitique des ressources qu'offre l'Afrique en tant qu'« un des terrains favoris de la lutte d'influence mondiale », fait apparaître le continent noir comme un espace de rapports de force du fait des potentialités énormes et vitales qu'il regorge. En effet, « grâce à ses matières premières », l'Afrique joue un « rôle primordial dans le développement économique et politique de la Chine » qui s'appuie sur le continent noir pour étendre de plus en plus son influence dans le monde afin de forger un nouveau modèle de gouvernance libérée de l'hégémonie américaine (Nsimba, 2018). Mais dans un contexte de tensions commerciales avec les États-Unis, cette montée en puissance de la Chine sur la scène internationale est remise en question par plusieurs acteurs de la communauté internationale qui n'hésitent pas à la désigner ironiquement comme le « vampire du milieu ».

Plus concrètement, dans la rivalité entre Paris et Pékin en ASF, le président français Emmanuel Macron « avait tenté d'obtenir l'appui » de son homologue chinois Xi Xinping à la force militaire du *G5 Sahel* dans le cadre de la coopération militaire en Afrique. Une initiative à laquelle Pékin « n'apporta aucune contribution financière », contrairement au gouvernement américain qui a récemment dévoilé sa nouvelle stratégie pour l'Afrique afin de contrer les « pratiques prédatrices » de la Chine qui limite les « investissements américains » et menace « les intérêts américains de sécurité nationale ». On analyse cette situation inédite au prisme d'une « concurrence », voire d'une « compétition » entre la Chine et la France en Afrique, car la présence remarquée de la Chine dans ce continent est « une menace pour l'influence française, notamment dans ses anciennes colonies », commente Wang Yiwei, du département d'études européennes à l'université Renmin de Pékin (Yiwei, cité par Le Belzic, 2018). Depuis lors, les deux pays dans une cordiale détestation « se regardent en chiens de faïence », le problème étant de protéger les intérêts économiques chinois, sans renoncer à se distinguer des Américains et des Européens sur le monde. Cet état de chose est résumé en ces termes : « *on voit bien comment, ces deux dernières années, ont avorté les projets de coopération tripartite avec un sommet Chine-France-Afrique qui devait avoir lieu à Dakar juste avant l'élection d'Emmanuel Macron, et qui est finalement resté lettre morte. Les grands projets de fonds communs d'investissements sont également toujours dans les tiroirs et aucun projet concret n'a vu le jour en Afrique.*

Le sujet reviendra discrètement dans les discussions entre Emmanuel Macron et son homologue chinois » (Le Belzic, 2018).

Mais en soutenant « du bout des lèvres le *G5 Sahel* sans y contribuer directement » et « sans pour autant se désintéresser du sujet », l'un des objectifs du président Xi Jinping est d'obtenir l'appui de la France à son ambitieux projet des « nouvelles routes de la soie » qui concerne en grande partie le continent africain (Le Belzic, 2018). On peut identifier un point de convergence entre Pékin et Paris : la sécurité et la lutte contre le terrorisme. Si les soldats chinois sont déjà présents en RDC, au Libéria, au Soudan du Sud et au Mali sous la bannière de l'ONU, on note que c'est loin d'être suffisant pour garantir la sécurité parce qu'« il n'y a pas encore une véritable évaluation des risques » de la part de la Chine « qui passe des accords stratégiques avec des gouvernements, mais elle les laisse ensuite gérer la sécurité, ce qui me paraît assez aléatoire », explique Jean-Bernard Pinatel[392] (Pinatel, repris par Le Belzic, 2022). Selon ce géostratège, « ce n'est pas toujours une question de sécurité physique », précise-t-il, « dans nos métiers, il faut aussi savoir prendre contact avec les populations locales, faire un travail relationnel autour des installations qu'il faut mettre en place, en prenant en compte des spécificités locales », rappelle ce haut-gradé de l'armée française ayant travaillé pour le groupe Total en Afrique (Pinatel, cité par Le Belzic, 2018). Malgré le fait que « les Chinois interrogeaient ouvertement pour la première fois des spécialistes de la sécurité », explique Jean-Bernard Pinatel, « on sent bien qu'ils ont pris en compte ces risques, mais ils m'ont souvent répondu en termes bancaires et en termes de gestion des risques financiers[393] plutôt qu'en termes de menaces physiques » (Pinatel, repris par Le Belzic, 2018). On ne saurait nier que « Pékin a peu d'expérience récente de la guerre » en zones de guerres irrégulières et asymétriques du fait de la perte de neuf casques bleus en Afrique ces dernières années, et pour avoir été à plusieurs reprises frappée par des attentats (à Bamako en 2015) et des kidnappings (au Nigéria et au Cameroun) en Afrique, monter à bord du *G5 Sahel* pourrait être l'occasion pour la Chine de suivre de plus près la situation dans « une zone stratégique qui lui échappe complètement ». Pour cela,

---

[392] Ancien parachutiste des forces spéciales françaises Jean-Bernard Pinatel est général et consultant de la sécurité auprès des autorités chinoises. Au moment de la rédaction de cet article de Sébastien Le Belzic, le général Pinatel était de retour d'une mission sécuritaire sur invitation des autorités chinoises.
[393] C'est bien dans ce sens que la Chine a promis un versement de 100 millions de dollars (83 millions d'euros) d'aides militaires à l'Union africaine.

la RPC « doit faire un apprentissage opérationnel » estime Jérôme Pellistrandi (Pellistrandi, repris par Le Belzic, 2018) et s'approprier une culture stratégique des nouvelles guerres. Une participation à la force du *G5 Sahel* pourrait donc sembler logique. En septembre 2016, le secrétaire permanent du *G5 Sahel* a même demandé que l'ambassadeur de Chine en Mauritanie puisse être « le représentant officiel de la Chine auprès de ce groupement ». Sur ces questions, l'expérience du théâtre conflictuel et l'expertise française en ASF auraient été salutaires pour envisager une « coopération tripartite-Chine-France-Afrique[394] » (n'ayant jamais aboutie jusqu'ici), l'enjeu étant la sécurisation effective des « nouvelles routes de la soie ». Ce qui aurait permis à Pékin de développer des formes de coopération militaire ou d'aide à la formation (soldats, ingénieurs, médecins militaires, pilotes d'hélicoptères ou forces spéciales – Férus, 2019) avec d'autres puissances déjà fortement impliquées dans la région comme le Royaume-Uni ou la France.

Cependant, présente sur le terrain des opérations de maintien de la paix en Afrique à l'instar de la Mission internationale de soutien au Mali (MISMA) sous conduite africaine, en tenant compte de l'« enveloppe » affectée à la coopération antiterroriste dans la région du Sahel (soit 300 millions de yuans – 43,2 millions de dollars américains – d'aide aux opérations antiterroristes au Sahel et à la mise en place d'une force conjointe regroupant cinq pays du Sahel – FCSA, 2020) par la représentation chinoise aux Nations Unies, Pékin demeure hostile à l'idée de participer au financement d'une opération dans laquelle une autre puissance (France) est en première ligne. Sur un tracé aussi stratégique et ambitieux que celui des « nouvelles routes de la soie », Pékin préfère être à la manœuvre pour en avoir le contrôle, à moins que cette initiative se fasse sous le parapluie de l'ONU (Le Belzic, 2018).

La construction d'un ordre multilatéral plus engagé : entre hyper-activisme régional africain et participation accrue au sein des Nations Unies

---

[394] He Wenping, directrice de la section Afrique de l'Académie des sciences sociales de Chine dans une intervention le 27 janvier 2016 pour discuter de la « coopération tripartite Chine – France – Afrique » lors d'un séminaire des « Présences chinoises en Afrique », s'étonnait du grand intérêt que ce type de coopération a suscité pour les Occidentaux et les autorités françaises en particulier. Pour elle, la « coopération Chine-France-Afrique » (même si elle pouvait faire son chemin) n'a jamais été en réalité une priorité pour la Chine qui demeure essentiellement intéressée par les accords commerciaux avec l'Afrique mais nullement avec la France, l'Europe, ou les États-Unis.

Bien que sur le fond la diplomatie de la RPC n'intervient que modérément dans le règlement des conflits, « très réticente devant la nécessité de prendre parti », régulièrement critiquée par les puissances occidentales pour ce qu'elles considèrent comme son manque d'engagement politique et son refus de condamnation des entorses observées dans les processus de démocratisation en Afrique, on constate une évolution de la doctrine sécuritaire de la Chine depuis le lancement du projet des « nouvelles routes de la soie » qui œuvre en faveur d'une « nouvelle forme de mondialisation ». L'Afrique étant le centre d'intérêt, une fois n'est pas coutume pour des raisons économiques, l'ASF est progressivement devenue un champ nouveau d'action multilatérale pour la participation de la Chine (c'est également le cas pour le Japon) aux opérations onusiennes de maintien de la paix. Outre la recherche du soutien des pays africains dans les arènes multilatérales[395] à la politique dite de la « Chine unique » qui constitue « un enjeu d'importance dans la diplomatie chinoise afin d'affirmer son statut de puissance », la coopération militaire chinoise ne se réduit plus seulement aux éléments de langage traditionnels liés à la formation technique et à la vente d'armes. Elle se traduit également par un activisme sécuritaire auprès de l'UA et au sein des organisations internationales telles que l'ONU (Nsimba, 2018).

En d'autres termes, à la percée islamiste sans précédent, l'UA peine à contrer la menace terroriste au niveau régional et continental. Après les secteurs économique et politico-culturel, la Chine semble prête à engager un effort sécuritaire en Afrique. Par-là, l'UA va solliciter la diplomatie chinoise pour améliorer son architecture de paix et de sécurité, notamment dans la lutte contre le terrorisme. L'institution continentale africaine recevra une aide financière militaire de 100 millions de dollars (Le Belzic, 2015) pour favoriser le

---

[395] D'après Juliette Nsimba, les pays africains ont appelé à de nombreuses reprises à une refonte du Conseil de sécurité de l'ONU qu'ils jugent à la fois peu représentatif du poids géo-humain du continent africain sur la scène mondiale et incapable d'agir efficacement dans ses missions de maintien de la paix. La Chine, membre permanent du Conseil de sécurité, joue le rôle de porte-voix des revendications africaines et milite en faveur d'une meilleure représentativité de continent à l'ONU. De plus, dans la mesure où ils représentent un nombre conséquent de membres de l'ONU, le vote des pays africains constitue une force non négligeable dans la stratégie chinoise visant à modifier la dynamique du rapport des forces dans la gouvernance mondiale.

renforcement des capacités militaro-sécuritaires de ses États membres[396]. La Chine a par exemple conclu un accord prévoyant la fourniture d'équipement militaire d'un montant de 25 millions de dollars pour la base logistique de l'UA au Cameroun (Nsimba, 2018). Dans ce cas précisément, certains auteurs pensent que la Chine est la puissance sur laquelle le Cameroun doit s'appuyer pour atteindre « l'émergence » (Ateba Eyene, 2012). L'organisation régionale souhaite aussi avoir plus d'opportunités de coopérer avec les experts chinois de l'antiterrorisme afin de réduire drastiquement les zones d'instabilité[397]. Un nouveau partenariat qu'apprécie particulièrement Adama Gueye. Selon le consultant spécialiste de la Chine-Afrique, « la Chine a accumulé beaucoup d'expertise dans le domaine de l'antiterrorisme qui pourrait être utile en Afrique »[398]. Preuve que la Chine est devenue une puissance incontournable dans le village planétaire (Ateba Eyene, 2012).

À l'international, le soutien apporté au multilatéralisme a toujours été le marchepied de la Chine pour sa diplomatie onusienne. Le multilatéralisme s'apparente encore plus à un « vecteur de promotion » de son approche partenariale en matière de gestion des conflits, constituant un tremplin ou une composante essentielle de la stratégie pékinoise dans la valorisation de « sa propre méthode de gouvernance en matière de sécurité ». Alors que sa participation dans ce type d'opérations donne « une bonne image de marque sans risque excessif » (Le Belzic, 2015), la diplomatie chinoise s'emploie à faire « bonne figure » en souscrivant aux obligations iréniques qui incombent à une puissance qui se veut globale et « bâtisseu(se)r de la paix ». Pékin cherche à démontrer que la Chine est une « puissance responsable » (Dussouy, 2006 : p.279) qui concourt aux affaires mondiales, parce qu'elle « assume ses responsabilités internationales sous mandat de l'ONU » aux plans financier et opérationnel. En appelant les Occidentaux à accélérer leurs efforts en Afrique, le diplomate chinois Wu Haitao, lance un signal fort dans l'« intensification de l'aide aux pays de la région pour le renforcement de leurs capacités » afin de contrer les menaces terroristes en Afrique de l'Ouest et au Sahel. Ce représentant permanent adjoint de la Chine auprès de l'ONU estime que la communauté internationale doit aussi s'attaquer aux problèmes

---

[396] « Lutte contre le terrorisme : l'UA et la Chine veulent coopérer », 15.07.2019, *www.dw.com*.
[397] *Ibid.*
[398] *Ibid.*

majeurs de la région, tels que les déplacements des terroristes étrangers, la diversification du financement du terrorisme et la collusion des organisations terroristes et du crime organisé (FCSA, 2020).

En ce qui concerne la contrepartie de la Chine à cet égard, qui se classe « au rang de deuxième contributeur financier (700 millions de dollars) des missions de maintien de la paix de l'ONU », Wu Haitao a noté que la Chine avait créé le « Fonds Chine-Afrique pour la paix et la sécurité » afin d'appuyer la coopération sino-africaine en matière de paix, de maintien de la paix, de maintien de la stabilité et de la sécurité (FCSA, 2020). Entre 2016 et 2017, la RPC a alloué plus de onze millions de dollars aux projets des Nations Unies, notamment pour le renforcement des capacités africaines dans la formation de policiers et de soldats au maintien de la paix (Nsimba, 2018). En dehors des contributions pour soutenir la mise en place d'une force africaine d'intervention à réagir aux crises immédiatement, d'une valeur de 200 millions de yuans (28,8 millions de dollars américains) de matériel d'aide (FCSA, 2020), Pékin a déboursé cinq millions de dollars pour la formation et l'équipement des armées ougandaises et kényane, qui sont en première ligne contre les groupes islamistes armés (Le Belzic, 2018). Une dépêche de l'agence de presse officielle *Chine nouvelle* rappelait il y a peu que « l'aide de la Chine peut-être précieuse pour aider l'Afrique à gagner le pari sécuritaire ». En soutenant l'émergence économique du continent, la Chine est une « bouée de sauvetage » (Ateba Eyene, 2012) qui apporte à l'Afrique la « plus efficace des contributions » contre l'extrémisme qui conduit au terrorisme, donc à l'insécurité.

Bien qu'opposée jusqu'en 2009 à l'envoi extérieur de troupes combattantes, la Chine participe depuis 2013 aux missions de paix en Afrique. Si une première escouade a été timidement envoyée auparavant au Congo dans le cadre de la MONUC (Mission de l'organisation des Nations Unies au Congo) en janvier 2003, pour des opérations de reconstruction et de surveillance, un second contingent de 598 hommes a été disposé au Libéria en 2005 relativement au mandat de la MINUL (Mission des Nations Unies au Libéria) après que Monrovia ait reconnu la RPC (Niquet-Cabestan, 2006). D'autres Casques bleus ont été déployés en Côte d'Ivoire, au Darfour, en RDC, au Libéria, au Sahara occidental. Mais deux pays sont particulièrement visés : le Mali, où cinq cents militaires chinois ont été « expédiés » sous l'étendard onusien, et le Soudan du Sud où cent quarante-quatre autres sont arrivés dans le cadre d'une mission de l'UNMISS

(Mission des Nations Unies au Soudan du Sud). C'est la première fois que Pékin déploie un bataillon d'infanterie complet à l'extérieur de ses frontières, à la place des traditionnels coopérants, médecins et ingénieurs (Le Belzic, 2018).

Par conséquent, au sein des Nations Unies, la Chine fournit 3000 Casques Bleus, devenant le 11ème contributeur en la matière au sein de l'état-major (Férus, 2019), dont la moitié, à savoir 1500 soldats chinois interviennent dans les opérations de maintien de la paix de l'ONU en Afrique (Niquet-Cabestan, 2006). Cette situation connaît même une évolution considérable de nos jours. Disposant aussi d'une force de réserve de 8000 hommes en attente, prête à intervenir sous l'égide de l'ONU, la Chine est le « premier donateur » de Casques bleus parmi les quatre autres membres permanents du Conseil de sécurité (États-Unis, Russie, Royaume-Uni et France) (Le Belzic, 2015), confirmant que l'Afrique est le continent où l'on retrouve la plupart des Casques Bleus chinois (Nsimba, 2018). En diversifiant son implication (financière et opérationnelle) dans les missions pacifiques en Afrique, en lien avec l'accompagnement sécuritaire des « nouvelles routes de la soie », la Chine donne « une réponse directe à la menace terroriste ». Cette participation des soldats chinois aux opérations de maintien de la paix se veut aussi l'illustration concrète d'« affirmation de puissance qui permet à la Chine de confirmer ses ambitions mondiales ».

Conclusion

La métaphore « les Chinois sont désormais partout » résume bien l'ubiquité qui structure la vision de la Chine dans son processus de construction de la puissance globale. L'initiative des « nouvelles routes de la soie » qui traverse l'ASF est apparue pertinente à cet égard pour sonder la discontinuité et la continuité, ainsi que les modes d'expression actoriels qui éclairent sur les enjeux militaires et sécuritaires de la défense chinoise en Afrique. En termes de discontinuité, force est de constater que la dangerosité des entreprises djihadistes en Afrique amène la Chine à remettre en cause l'approche originelle de la coopération sino-africaine basée essentiellement sur les échanges commerciaux et culturels pour se situer dans la sécurité. La continuité quant à elle relève de la diversification du partenariat stratégique Chine-Afrique à travers l'interaction coopérative ou le dytique économie et sécurité. Quelle que soit la tendance, le forum de la paix et de la sécurité Chine-Afrique de 2019, tenu à Pékin, a constitué le socle de théorisation des enjeux militaro-sécuritaires en ASF pour soutenir la viabilisation et la durabilité de l'ambitieux programme chinois des « nouvelles routes de la soie », tout en illustrant le poids de l'influence politique, économique, et désormais sécuritaire de la Chine sur le continent africain et dans le monde.

Bibliographie

Ouvrages

Ateba Eyene Charles, Emergence du Cameroun à l'horizon 2035, l'apport de la Chine, Yaoundé, Saint-Paul, 2012 ;

Dussouy Gérard, Les théories géopolitiques. Traité de Relations internationales (I), Paris, L'Harmattan, 2006 ;

Zajec Olivier, *Les secrets de la géopolitique*, Perpignan, Éditions Tempora, 2008.

Articles scientifiques

Nsimba Juliette, « Les multiples atouts de la stratégie sécuritaire de la Chine en Afrique », Groupe de recherche et d'information sur la paix et la sécurité (GRIP), 2018 ;

Xiong, G., « China's Defense Policy and Sino-African Relations », *International Strategic Studies*, n°3, 1997.

Articles en ligne

Bassou Abdelhak, « La Chine face à la prolifération du phénomène terroriste en Afrique », mars 2016, PB-16-10, OCP. Policy Center. For the new South, publié en mai 2016, consulté le 5 mai 2022, *www.policycenter.ma* ;

Niquet-Cabestan Valérie « La stratégie africaine de la Chine », *Politique Étrangère*, 2006/2, (Été), Pp.361-374), *www.cairn.info*, consulté le 3 mai 2022.

« China AFrica Cooperation Forum » and « China's African Policy, *china.org.cn* ;

Férus Patrice, « La présence militaire de la Chine en Afrique en 5 chiffres-clés », 15 juillet 2019, consulté le 3 mai 2022 à 17h21mn, *https://information.tv5monde.com* ;

Forum sur la Coopération sino-africaine/ Forum on China-Africa cooperation (FCSA), « Un diplomate chinois appelle à l'intensification des efforts de lutte contre le terrorisme en Afrique de l'Ouest et au Sahel », Xinhua, 1er janvier 2020, consulté le 5 mai 2022 ;

Hilsum Lindsey, « We love China », Granta Magazine, The View of Africa, n°92, 2006, *www.granta.com.*, consulté le 9 mai 2022 ;

« La politique de la Chine à l'égard de l'Afrique », *www.chineafrique.com* ;

Le Belzic Sébastien « La Chine s'engage contre le terrorisme en Afrique », chroniqueur Le Monde Afrique, Hong Kong, publié le 16 mars 2015, consulté le 5 mai 2022 à 18h30mn, *www.lemonde.fr* ;

Le Belzic Sébastien, « La France demande à la Chine de l'aider à lutter contre le terrorisme en Afrique », chroniqueur Le Monde Afrique, Pékin, publié le 08 janvier 2018, consulté le 5 mai 2022 à 18h43mn, *www.lemonde.fr* ;

Le Belzic Sébastien, « La diplomatie chinoise en Afrique passe aussi par les armes », chroniqueur Le Monde Afrique, Pékin, publié le 25 juin 2018, consulté le 3 mai 2022 à 18h43mn, *lemonde.fr* ;

« Lutte contre le terrorisme : l'UA et la Chine veulent coopérer », 15 juillet 2019, *www.dw.com*.

43. La contribution de la Chine à la préservation de la sécurité et à la lutte contre le terrorisme en Afrique francophone. Implications stratégiques et opérationnelles, *Col. Léopold Nlate Ebale*

Par le Colonel NLATE EBALE Léopold. Chef de groupement enseignement général à l'Ecole Supérieure Internationale de Guerre de Yaoundé.

Le 13 octobre 2014, lors de la réception par le président de la République du Cameroun des 27 ex-otages camerounais et chinois libérés dans la région du l'Extrême Nord du Cameroun, monsieur Wo Ruidi ambassadeur de la République populaire de Chine au Cameroun a réitéré la ferme opposition de son pays au terrorisme et aux de horreurs perpétrées par des terroristes de Boko Haram, tout en réaffirmant la disponibilité des autorités chinoises à travailler avec le Cameroun pour éradiquer ce fléau. Deux ans plus tard, cette disposition à accompagner les pays d'Afrique dans leurs challenges sécuritaires étaient aussi clairement exprimée dans la déclaration du sommet Chine-Afrique de Johannesburg de 2016. Ses conclusions dénonçaient à mots couverts les ingérences étrangères sur le continent, et présentait la Chine déterminée à soutenir le continent Noir dans ses efforts pour trouver « des solutions africaines aux problèmes africains ». Problèmes divers, nombreux, complexes, qui se sont amplifiés du fait de l'utilisation de la technologie et après la déstructuration de l'Etat libyen et qui impliquent de nouveaux acteurs violents à l'extrême.

En Afrique francophone[399] (l'une des plus grandes zones linguistiques contiguës au monde) spécifiquement, vaste bloc compact ouvert sur le Golfe de Guinée et établi sur une continuité territoriale unissant schématiquement des pays de l'Afrique de l'Ouest à ceux de l'Afrique centrale, la Chine, se fraye un chemin dans un environnement historiquement, politiquement, stratégiquement et militairement marqué que certains ont qualifié de « pré carré français ». Zone secouée tant sur sa partie côtière qu'à l'intérieur des terres par des actes de terrorisme et d'autres excroissances criminelles qui obèrent l'essor de développement. La mise en œuvre du concept Belt and road initiative (BRI) initié en novembre 2013 y est tout aussi perturbée. Un œil exercé interrogera alors la pérennité, l'intelligibilité et la cohérence pour asseoir la grande stratégie des partenaires de l'offre contenue dans le volet sécuritaire du plan de Dakar 2021 au moment où l'APL, en pleine mutation, a vocation à devenir une « armée de classe mondiale à l'horizon 2050 » dont « la capacité de combat centrale c'est la technologie[400] ».

Instrument de la mise en œuvre de l'accompagnement des pays francophones à interagir avec leur partenaire historique la Chine, le volet paix et sécurité du plan de Dakar apparait dans son examen en parfaite cohérence avec les ambitions et les objectifs de l'autonomisation des outils de sécurité contre le terrorisme ambiant auxquels les états de cette aire culturelle sont confrontés. L'alignement sur les ambitions de la locomotive chinoise par des ajustements stratégiques essentiels optimisera les qualités de partenaires africains et éloignera l'effet « boulet » pouvant plomber les ambitions communes.

L'étude retracera la trajectoire historique de l'attraction réciproque presque fusionnelle qui semble unir africains et chinois dans l'ensemble dans le domaine de la coopération militaire. Elle essayera ensuite de décrire la superposition, dans la zone francophone durement troublée par les démons de l'insécurité entre l'offre de sécurité chinoise et celle évidente de la France que la conjoncture a fait évoluer.

L'évolution de la présence militaire de la Chine sur le continent africain au

---

[399] Une trentaine de pays sur un espace immense représentant près de la moitié du continent africain, des confins du Nord de la Mauritanie au nord à Lubumbashi au sud de la RDC.
[400] Rapport de travail de Xi Jinping au XIXe congrès du parti, octobre 2017.

sens large : aspects historiques et conception actuelle.

L'histoire de l'engagement militaire de la Chine en Afrique est loin d'être récente. Elle a suivi l'évolution des transformations internes dans les domaines économiques, industriels, politiques et culturels. Elle a allègrement suivi la représentation que ce pays se faisait de lui-même oscillant entre pudeur et « soft power ».

20ᵉ siècle

L'assistance militaire chinoise en Afrique au cours de ce siècle s'est révélée dans le cadre de la lutte contre le colonialisme et le néocolonialisme dans les années 50-60. Elle a déterminé le cours de l'histoire commune des peuples d'Afrique et de Chine. Elle s'est appuyée sur deux domaines spécifiques qu'étaient la livraison d'armes et la formation. L'évocation de ce pan de l'histoire du soutien aux mouvements de libération nationale par les dirigeants chinois lors des sommets sino-africains, sonne comme un rappel à la reconnaissance qui « permet à la Chine de se situer sur un "terrain" qui lui est favorable en discréditant implicitement les puissances occidentales, ses principales rivales, et en invitant les africains à faire montre de gratitude, d'une manière ou d'une autre[401] »

Le principe de livraison d'armes était ainsi présenté par le Grand Timonier : « Nous ne devons pas nous contenter d'être le centre de la révolution mondiale, nous devons en devenir aussi le centre militairement et technologiquement. Nous devons armer les autres avec les armes chinoises, où sera gravé notre nom. Nous devons devenir l'arsenal de la révolution mondiale »[402]. Le Mouvement populaire pour la libération de l'Angola (MPLA), le Front de libération du Mozambique (FRELIMO), le Parti africain pour l'indépendance de la Guinée et du Cap vert (PAIGC)... dans le cadre de la décolonisation, et l'Union des populations du Cameroun (UPC), l'UDFP-Sawaba de Djibo Bakary au Niger, dans le cadre de la lutte contre le néocolonialisme ont bénéficié de cette aide.

Les cadres africains de l'UNITA, de l'UPC…. ont aussi bénéficié du second volet de cette aide à savoir la formation militaire dans les années 60. Jonas Savimbi leader de l'UNITA a été par exemple formé à Nankin. Tandis que les hommes du Front de libération du Mozambique (FRELIMO de Julius Nyerere

---

[401] Diassonama Kiessé BOUZANDA "La chine en Afrique : quel soutien aux mouvements de libération nationale, diploweb.com 16 juillet 2012.
[402] JUNG Chang et HOLLYDAY Jon, Mao, l'histoire inconnue, Paris Gallimard, 2006.

de Tanzanie, qui était une alliée de la Chine dans la sous-région, comptait sur son territoire de nombreux camps d'entrainement) où enseignaient des instructeurs chinois.

Les contraintes stratégiques vont amener un certain « retrait » de la Chine des enjeux de sécurité en Afrique dans les années 70-80 avec une remise en scène déterminée mais discrète qui suivra dans les années 90 et début du 21° siècle.

Années 90 et début du 21° siècle.

Cette période correspond globalement avec la fin de la guerre froide. Avec le changement de cap préconisé par les dirigeants chinois soucieux d'ouvrir la Chine au reste du monde, il fallait la remettre à la place qui est la sienne, dans ce que Jiang Zemin, appelait déjà en 1994 une « stratégie de grand pays » : au-devant des préoccupations des pays dits « faibles » ; acteur majeur du multilatéralisme sécuritaire. C'est aussi le sens d'une stratégie qui s'est solidement ancrée sur le continent africain. Stratégie qui a été arrêtée sur la base d'un livre blanc rédigé par le conseil des Affaires d'Etat qui en 1998, préconisant de dupliquer la présence la présence militaire chinoise sous mandat onusien, tout en cherchant à pénétrer les marchés d'armement et de formation militaires des états ciblés.

En droite ligne avec cette vision, la présence militaire chinoise sera solidement ancrée parmi plus d'une dizaine d'opérations de maintien de la paix onusienne, notamment sur le continent africain (RCA, RDC, Soudan du Sud, Mali). Pékin, comme d'autres pays contributeurs de casques bleus, y déploie ses ingénieurs et médecins militaires, ses pilotes d'hélicoptères MI-171, ses forces spéciales, ses troupes d'infanterie de marine...

L'on connaissait depuis 2001, la tenue annuelle des Forums sur la coopération sino-africaine (FOCAC), au cours desquels Pékin se montre particulièrement généreuse avec les états africains invités. Ce sont ainsi près de 60 milliards d'euros qui ont été promis par Pékin envers ses contre-parts. A partir de 2013, un changement de paradigme sur le plan stratégique va démultiplier et l'offre de coopération dans les domaines de défense et de sécurité.

De 2013 à nos jours.

L'initiative Belt and Road lancée en 2013 va élargir le spectre de l'offre de coopération dans les domaines de la paix et de la sécurité avec en point d'orgue la lutte contre le terrorisme et les menaces dites nouvelles dans un environnement mondialisé et numériquement connecté. Les menaces et les défis sécuritaires vont se complexifier et l'approche intégrée proposée par la Chine qui consiste à être présente à la fois aux côtés des organismes de sécurité collective continentaux, régionaux, interrégionaux, Ad-hoc et au niveau des Etats pris individuellement va se préciser. Il ne serait pas superflu de rappeler les relations existantes, en matière de vente d'armes et la coopération dans le domaine du renseignement qui continuent d'avoir cours.

En 2015, la Chine a adopté une loi autorisant le déploiement à l'étranger de l'Armée populaire de libération (APL) et des autres forces de sécurité chinoises, dont la police armée du peuple (PAP). En 2018, l'APL a effectué des manœuvres au Gabon et au Cameroun. La même année, l'APL établit des relations avec l'année burkinabé pour des formations d'antiterrorisme et de protection d'infrastructure, deux éléments clés de l'engagement de la Chine au Sahel. Au Mali voisin, le 6° bataillon de l'APL, composé de forces régulières et spéciales est déployé dans le cadre de la Mission de maintien de la paix au Mali (MINUSMA) afin de protéger les personnels chinois et étrangers de la mission et d'assurer la sécurité des infrastructures critiques. Ce déploiement a favorisé une présence de la Chine en matière de sécurité dans un pays qui reste au cœur de son projet d'expansion de la BRI au Sahel et dans l'ensemble de la région ouest-africaine.

D'ailleurs, la tenue du 1er forum sino-africain en matière de sécurité, en juillet 2018, à Pékin, est aussi venue confirmer l'ancrage chinois dans le domaine de la coopération militaire avec les 54 états africains[403]. Dans l'air du temps et dans la lignée des pratiques des grandes nations, cette offre va alors inclure d'autres organismes publics chinois agissant à la fois pour le compte de l'Etat et le leur propre. Ce sont des sociétés d'armement comme Poly Techonologies qui proposent - début 2018 - la livraison d'armes russes, en décembre 2017 et janvier 2018, ses propres véhicules blindés, grenades et fusils automatiques AK47 de fabrication chinoise ; des entreprises de services de sécurité et de défense (ESSI) chinoises considérées comme des chevaux de Troie de l'influence chinoise comme la société Frontier Services Group - FSG - propriété pour 25% de son capital par la CITIC Bank de Hong Kong - mais ouvertement liée financièrement avec la société militaire privée américaine d'Erik Pince (ex-Blackwater devenu Academi)[404]. Se rajoute, bien évidemment, à ce panorama des

---

[403]
[404]

outils d'influence politico-militaires chinois, la base que Pékin a ouvert à Djibouti, sur le port de Doraleh, en mai 2017.

Le forum sur la coopération Sino-africaine de Dakar de 2021 va porter les relations Chine Afrique en dehors de la fonction symbolique. Il va apporter des éléments encore plus précis en inscrivant dans du granit la marche cote à cote des deux partenaires à tous les paliers de défense (même si le terme paix lui a été préféré) et de sécurité, établissant une continuité entre les aspects militaires et policiers. En insistant sur la capacité des pays africains « à lutter contre le terrorisme par eux-mêmes » il se préserve de toute accusation d'interventionnisme. Les échanges, les partages divers d'informations et de compétences et la judiciarisation des actions complètent ce menu. Le plan d'action insiste aussi sur les formations des personnels soit en Chine ou en Afrique par le biais des Mobile Training Teams (MTT) et sur la conduite des exercices conjoints. Un des exemples frappants de cette nouvelle approche des échanges a été la scolarisation d'un officier supérieur chinois à l'Ecole Supérieure Internationale de Guerre de Yaoundé au sein de la 15° promotion pour l'année académique 2019-2020.

Le temps et les aléas politico stratégiques ont progressivement façonné la coopération en matière de paix et de sécurité entre l'Afrique et la Chine. D'abord assumée avec beaucoup de retenue et de pudeur, ensuite réclamée et célébrée dans le cadre du soft-power, elle s'est émancipée de sa pudeur originelle pour prendre l'aspect de grande messe avec des contrepieds à peine voilés à l'encontre de certaines autres puissances présentes sur le continent. C'est dans ce cadre que sera envisagé le second point de cet exposé.

Le plan d'action de Dakar et l'Afrique francophone en lien avec le terrorisme

Les temps ont changé en Afrique francophone. La conjoncture liée à l'adoption et le suivi des conclusions du plan de Dakar en lien avec le terrorisme et les menaces apparentées s'illuminera le mieux si l'on aborde tour à tour les questions des particularités historique de l'Afrique francophone, les facettes actuelles du terrorisme et excroissances avec leurs mutations dans cet espace et enfin le descriptif de la contribution de l'instrument étudié pour résoudre des questions particulières.

Particularités historiques, tendances actuelles de l'Afrique francophone

L'histoire des cinquante dernières années est encore vivace dans la sphère géographique Afrique francophone considérée comme la zone d'influence de la France. Cette partie du monde longtemps considérée comme son pré carré porte sur plusieurs plans la marque de sa présence avec un dispositif militaire assez important.

Des accords de défense, de coopération lient cette France avec les pays qui jadis étaient des colonies. En 2017, la France déployait sur le continent africain, 80% des 10 000 hommes qu'elle est en capacité de projeter dans le cadre de sa participation aux opérations extérieures (Sangaris, Barkhane, Force Takuba….). Par ailleurs, 350 militaires français stationnent encore au Gabon et sensiblement autant à Dakar, tandis que les Forces françaises en Côte d'Ivoire, sont stationnées à Abidjan, dans un dispositif capacitaire « résilient » aux crises, dans une dynamique de déploiement rapide. Les écoles nationales à vocation régionales (ENVR) que la France a décidé de créer dans une approche régionale de formation, d'entraînement, d'équipement des forces armées africaines sont actives. La France est également « activement » présente militairement dans le Golfe de Guinée à travers son opération de surveillance maritime *Corymbe*, qui assure, en effet, la sécurité des trafics maritimes[405]. Malgré ce déploiement, on le verra plus loin, les mouvements terroristes vont continuer à étendre leurs entreprises de l'horreur.

Si les premières heures de l'opération Serval avaient suscité l'euphorie dans l'opinion publique africaine, aujourd'hui le tocsin de l'interventionnisme français a sonné et sonne encore dans certaines régions de l'Afrique. «Depuis 2013 et l'opération « Serval », dont les circonstances et les motivations sont déjà controversées, les critiques s'exacerbent au fur et à mesure que des groupes armés regagnent du terrain, semant la mort au Mali et au Burkina[406] ». Fin 2019, début 2020, « dans les rues de Bamako, au Mali, où des centaines de manifestations exigent le départ des troupes de l'opération « Barkhane », qui luttent contre les mouvements djihadistes des « A bas la France » sont lancés. Au même moment à Zinder, au Niger, des étudiants découpent un drapeau français[407]. Aujourd'hui,

---

[405] Grâce à son BPC, son hélicoptère Alouette III, son patrouilleur de haute mer (PHM) et son avion patrouilleur maritime (Falcon 50).
[406] Fanny PIGEAUD, " MANISFESTATIONS ET CRITIQUES DE BAMAKO à DAKAR, Présence française en Afrique, le ras-le-bol", Le Monde diplomatique, mars 2020, page 12.
[407] Fanny PIGEAUD, op cit.

les troupes françaises ont quitté non sans polémique (de leur propre chef) la RCA, elles ont été éconduites par le Mali et les bases occupées sont en cours de démontage.

Sur un tout autre plan la force des « accords de défense » des années de l'âge d'or de la « Françafrique » tend à diminuer. En effet, en 2008, rappelle la politologue Niangalé Bagayoko, les accords bilatéraux ont tous été revus et « des cadres spécifiques à chaque pays ont été établis. Par exemple, les dispositions qui s'appliquent au Mali et celles qui s'appliquent au Niger ne sont pas comparables. Ce n'était pas le cas avant 2008[408].

Terrorisme, piraterie maritime et maux « interconnectés en Afrique francophone.

La situation sécuritaire dans les pays d'Afrique francophone est préoccupante tant sur sa partie continentale que sur les côtes du Golfe de Guinée. La menace terroriste, le narcotrafic, la piraterie maritime et autres maux « interconnectés » entre eux, obèrent non seulement le développement des états de cette région, mais mettent à mal l'accomplissement de l'inter connectivité de l'initiative.

Tchad, Cameroun, et Niger pays du Lac Tchad frontaliers du Nigéria connaissent une insécurité chronique orchestrée par la secte islamique Boko Haram dont les atrocités après une longue période cantonnées dans les frontières de l'Etat anglophone vont se diffuser chez ses voisins. Le cas le plus patent est enregistré dans l'Extrême Nord du Cameroun le 17 mai 2014, des intérêts chinois ont été directement attaqués lors d'un raid de membres de la secte Boko Haram sur le site d'une entreprise de construction chinoise qui s'est soldée par la mort d'un travailleur chinois et l'enlèvement de dix autres. Ces dix travailleurs seront libérés le 11 octobre 2014.

Mali, Burkina Faso, Côte d'Ivoire, Niger, Benin et récemment Togo dans le Sahel sont frappés. L'Afrique subsaharienne se positionne désormais comme "le nouvel épicentre du terrorisme mondial" et un terrain fertile pour l'émergence des groupes terroristes les plus meurtriers du monde, révèle le rapport de l'Indice mondial du terrorisme (GTI) 2022[409] peut-on lire dans le journal en ligne de Libé daté du 31 mars 2022. A l'origine de cette montée en puissance des actes

---

[408] Mathieu VENDERLY, "Entre la France et L'Afrique, les accords de défense, une opacité préservée, TV5 MONDE –Informations. Com,mise à jour le 05 mai 2022.
[409]

terroristes dans le Sahel, le document explique que la nébuleuse terroriste dite Etat islamique (Daech) a délocalisé ses activités dans la région, après son déclin en Syrie et en Irak, d'où la multiplication par dix des décès dus au terrorisme dans cette zone depuis 2007. Par ailleurs, les terroristes utilisent des technologies plus avancées, notamment des drones, des systèmes GPS et des services de messagerie cryptée.

En plus de ces pays sahéliens majoritairement musulmans, le réseau terroriste s'est infiltré dans les pays majoritairement chrétiens comme la RD-Congo (85 % de chrétiens) l'implantation des terroristes a été confirmée le 27 juin par un attentat dans la ville de Beni, ciblant spécifiquement une paroisse catholique. Deux personnes ont été grièvement blessées dans une explosion de bombe attribuée aux Forces démocratiques alliées (ADF) dont les actes ont été revendiqués par l'Etat Islamique.

Contribution au renforcement de la cohérence de la stratégie des moyens des pays de l'Afrique francophone

Le volet paix et sécurité du plan de Dakar offre des perspectives de sortir du piège de la dépendance ou alors d'en réduire la portée sur des Etats. Il leur offre la possibilité d'avoir une lisibilité dans leur approche capacitaire et éviter ainsi le piège de la dépendance. La réinscription de la disponibilité de la Chine à fournir du matériel aux Etats dans le plan d'action est un gage de la continuité des flux d'approvisionnement en matériels pour faire face à la menace terroriste et aux menaces apparentées. Il faut quand même souligner que cette continuité de flux n'est valable que pour les « amis », l'armement, la formation et les diverses coopérations étant des objets politiques. L'histoire nous enseigne que la Chine avait interrompu ses approvisionnements à l'Union des populations du Cameroun (UPC) suite à la reconnaissance par le Cameroun de la République Populaire de Chine comme le seul représentant des intérêts du peuple chinois dans les années 70.

La stratégie des moyens (qui a trois piliers) est la composante de la stratégie militaire portant sur l'équipement. Celle des pays de l'Afrique francophone repose sur l'acquisition à l'étalage, les pays ne disposant pas d'industries militaires propres même à l'état embryonnaire.

Dans le cadre de la stratégie génétique, premier des trois dérivés, à court et même à moyen terme, la rédaction du cahier de charges d'un achat reflète alors la singularité des choix tactiques (l'aspect conception des systèmes d'armes étant renvoyé à très long terme), mais aussi des cultures technologiques spécifiques des pays et entités partenaires de la Chine. Dans ce cadre, il est constant que dans le rapport qualité/ prix, les équipements fournis aux partenaires africains défient toute concurrence.

Le deuxième des dérivés, la stratégie industrielle qui est celle de l'agencement de l'industrie de défense a pour fonction de produire ou d'acquérir. Dans ce cadre, les pays de l'Afrique francophone peuvent logiquement négocier la mise sur pied de programme multinationaux et: ou des accords de production sous licence. L'exemple du Soudan pourrait bien être dupliqué. Cela reste une opportunité à saisir pour des pays souhaitant mettre sur pied une capacité de production même minimale d'équipements militaires.

Le troisième et dernier dérivé quant à lui, est centré sur l'entretien des matériels et l'approvisionnement des forces : la stratégie logistique. Dans ce cadre, les pays d'Afrique francophone peuvent à la fois constituer de gros stocks, ou alors prendre juste ce qu'il faut pour le temps prévu de l'utilisation. Ils peuvent aussi adopter une stratégie de « reverse engineering » qui, sans rappeler la marche vers l'autonomie de la stratégie logistique de la Chine, consiste en gros à étudier un matériel/système pour tenter de le copier à l'identique.

On l'a vu, les rapports sont tendus entre plusieurs capitales de l'espace francophone avec leur partenaire historique qu'est la France sur fond de l'installation d'une sorte d'insécurité chronique et cancéreuse. Une alternative existe cependant pour garantir aux pays de cet espace, un apport capacitaire en cas de la mise sous restriction pour des raisons de dissension politique. Plusieurs défis demeurent, ils doivent être relevés dans le cadre de mise en œuvre dz notre plan.

Le dépassement des pièges de l'environnement stratégique

Se préserver du « piège de Thucydide »

L'évocation de ce concept de relations internationale dans notre développement obéit plus à l'illustration d'une logique moyenne de rivalité plutôt qu'à celle de casus belli de la version originelle théorisé par le politiste Graham T. Allison. S'inspirant de la Guerre de Péloponnèse, dans « Vers la guerre : la Chine et l'Amérique dans le piège de Thucydide ? » il énonçait qu'une puissance dominante entre en guerre avec une puissance émergente, la première étant poussée par la peur que suscite chez elle ce nouvel acteur du fait de sa montée en puissance. Rapporté à l'échelle de l'implication grandissante et massive de la Chine en Afrique francophone, sphère d'influence « naturelle » de la France, il n'est pas superflu le temps d'un détour d'interroger les comportements des uns et des autres pour dégager la logique suivie de cette « cohabitation ».

La logique de la survenue collision en Afrique en général et en Afrique francophone en particulier est absente à la fois dans l'esprit des officiels et universitaires occidentaux et dans celui du discours chinois. A cet égard un rapport diligenté par la Commission européenne, indiquait, que la Chine était à la fois un « rival systémique » tout en demeurant, un « partenaire stratégique » à l'aune de son formidable potentiel économique (13 000 milliards d'euros de PIB) représentant plus de 30% de la croissance mondiale[410]. Le discours chinois ne s'écarte pas de cette ligne. Selon Craig Murray un analyste de l'United State Central Command (USCC), Beijing veut éviter de nourrir les spéculations déjà abondantes sur les intentions stratégiques chinoises en Afrique et celles concernant sa montée en puissance militaire.

En définitive, malgré la non tenue du sommet France-Chine-Afrique annoncé avec emphase en 2015 à Dakar, la logique de l'accommodement semble caractériser le mieux la superposition sur le même espace de deux puissances. « Constatant la montée en puissance de la Chine en Afrique, les pays occidentaux présents sur le continent, dont la France, se proposent d'engager le dialogue avec Pékin pour qu'elle renforce ses engagements vis à vis des pays africains en matière de paix et de sécurité. La Chine bénéficie en effet de la présence et des actions des Occidentaux dans les régions qui servent ses propres intérêts, en particulier dans les zones déstabilisées »[411].

Eviter le phénomène de rejet.

Le contexte de signature et d'application du plan de Dakar exige de bâtir une stratégie de communication robuste sur la base d'éléments de langage

---

[410]

[411] Le commandant Cédric LD GOFF, LA CHINE ET L'AFRIQUE : l'opportunité occulte le risque, ASIA FOCUS N° 35, IRIS, 2017,

communs entre les partenaires. Nous l'avons vu dans les précédents paragraphes, l'espace francophone est le lieu d'expression d'un militantisme et d'un activisme particulièrement agressifs des opinions publiques et de la société civile. La numérisation donne de l'ampleur à leur message. Ces entités démontrent avec force et vigueur leur attachement à la préservation des intérêts supérieurs des populations en général et des Etats en particulier. La verve des revendications ou des soutiens en faveur ou en défaveur de tel acteur, accord ou propositions atteint un niveau de nuisance parfois élevé dans les pays africains. Les capitales et certaines villes sont en ébullition : les rues de Ndjamena hier, Bamako depuis un certain temps, Bangui depuis plus loin …. Distillent, on l'a vu plus haut, un puissant rejet de la présence militaire française dans ces pays.

Or, les conflits, les zones de conflits, les zones d'expression de la compétition entre les puissances « sont marqués par une augmentation des affrontements dans le champ cognitivo-informationnel soutenus par la montée en puissance de la dimension numérique sous toutes ses formes (réseaux sociaux, vidéos, *tweets*, etc.) »[412]. Dans le cadre de la lutte contre le terrorisme et menaces affiliées en Afrique francophone, plusieurs dynamiques s'expriment sous forme d'affrontement dans ce champ, dans le but de remodélisation de l'espace afin de modifier les comportements à l'échelle géostratégique. L'affrontement peut être le fait de rivaux stratégiques y compris toutes leurs ramifications, des organisations terroristes et ou de prédation, de groupes ou de « nouveaux acteurs ». L'issue pouvant être le rejet du partenaire dorénavant devenu un intru.

Alors, dans l'accompagnement qui sied au plan de Dakar marquait sa volonté d'« investir de nouveaux champs : cyber, déception, résistance à la désinformation ou encore meilleure prise en compte de l'influence » par d'actions d'influence sur les réseaux sociaux.

Faire un effort dans la normalisation

Les capacités détenues par les forces de défense et de sécurité de l'Afrique francophone sont hétérogènes. La doctrine, le matériel, la tactique, la formation, la communication, et les systèmes qui les soutiennent sont généralement peu ou

---

[412] Nicolas Zubinski, L'influence militaire dans la nouvelle pensée stratégique française, « Revue Défense Nationale » 2021/2 N° 837 | pages 75 à 83

prou codifiés. Peu de pays sur les 31 qui constituent le monde « francophone » en Afrique peuvent se targuer d'avoir une lisibilité et un liant dans les domaines cités plus haut. Cela pose déjà à la base un problème de cohérence interne des appareils sécuritaires, la sécurité étant prise ici comme la continuité des exigences de défense et policières. Si à cette première difficulté on ajoute l'hétérogénéité des matériels militaires du fait de la multiplicité des fournisseurs (USA, Russie, Chine, Grande Bretagne, Serbie, Israël …..) ayant des normes différentes dans la conception et la fabrication des matériels qui équipent les forces armées en Afrique francophone.

Les manœuvres communes et les divers échanges ne peuvent être efficaces en situation réelle que si les capacités des forces coopérantes sont interopérables. L'interopérabilité étant l'aptitude d'organisations militaires différentes à mener des opérations conjointes. La différence peut se situer au niveau des nationalités, des armes (forces terrestres, aériennes, navales), ou des deux. L'interopérabilité permet à des forces, des unités ou des systèmes de travailler ensemble. Elle exige d'eux qu'ils partagent une doctrine et des procédures communes, ainsi que leur infrastructure et leurs bases respectives, et qu'ils soient en mesure de communiquer les uns avec les autres[413]. L'interopérabilité n'exige pas nécessairement que les matériels militaires soient communs. Ce qui importe, c'est que ces matériels puissent partager des installations communes et communiquer avec d'autres types de matériels. Un exemple assez simple et basique étant que lors d'un exercice, la communication entre des postes puisse se faire en un clic, sans qu'on ne soit obligé de procéder à des échanges de structures avant l'engagement.

Conclusion

La lutte contre le terrorisme et phénomènes apparentés invite la Chine et ses partenaires à adapter leurs capacités en conséquence et à modifier si besoin est les besoins des forces. Dans ce cadre, la normalisation apporte une contribution essentielle à l'efficacité opérationnelle. Elle apparait alors comme le moyen d'éviter les doubles emplois, les incompatibilités, les discontinuités qui peuvent nuire à la mise en œuvre d'un projet aussi noble que le plan de Dakar 2021. Le travail de normalisation est un travail fait en amont et dont on ne pourra faire l'économie pour accomplir les taches communes en matière de stratégie, d'opérations et de tactique, à comprendre et à exécuter les procédures de commandement et à utiliser les techniques, le matériel et les équipements de manière plus efficace. Des accords de normalisation devraient alors être encouragés entre les africains et les chinois coopérant en matière de sécurité. Les pays de l'Afrique francophone ayant déjà une grande expérience dans la normalisation avec les plateformes communes de L'OHADA et l'ASECNA qui rendent applicables dans les pays membres les mêmes instruments dans le cadre juridique et la navigation aérienne.

Bibliographie

Barisitz, S. and Radzyner A. (2018), "The New Silk Road: Implications for Europe", SUERF Policy Note, Issue No 25, January.

Bond, I. (2017), "The EU, the Eurasian Economic Union and One Belt, One Road: Can they work together?", Policy brief, 16 March 2017, Center for European Reform.

Cheng, G. (2017), « Le sens théorique et l'innovation de « une Ceinture, une Route » », Économie du Nord, Centre de recherche sur le développement du Conseil d'État [J] 2017(10)

Cheng, L.K. (2016), "Three questions on China's "Belt and Road Initiative", China Economic Review 40, 309–313.

Commission européenne (2018), "Connecting Europe and Asia – Building blocks for an EU Strategy", Brussels, 19.9.2018 JOIN(2018) 31 final.

Cosentino, B., Dunmore D., Ellis S., Preti A., Ranghetti D. & Routaboul C. (2018), « Étude réalisée pour la commission TRAN : La nouvelle route de la soie - débouchés et défis pour le transport européen », Direction générale des politiques internes.

Dai, M. (2016), « La voie suivie par l'économie chinoise pour monter en puissance », Bulletin de l'Observatoire des politiques économiques en Europe 35, 15-23.

Duchâtel, M. (2018), « Les nouvelles routes de la soie, enjeux maritimes? ». Colloque : Les nouvelles routes de la soie, la stratégie de la Chine, Fondation Res Publica, 4 juin.

Duchâtel, M., & Sheldon-Duplaix A. (2018), "Blue China: Navigating the Maritime Silk Road to Europe", Policy Brief, European Council on Foreign Relations, 23rd April.

Ekman, A. (dir.), Nicolas F., Pajon C., Seaman J., Saint-Mézard I., Noisseau du Rocher S., & Kastouéva-Jean Tatiana (2018), « La France face aux nouvelles routes de la soie chinoise », Études de l'Ifri, octobre.

Huang, Y. (2016), "Understanding China's Belt & Road Initiative: Motivation, framework and assessment", China Economic Review 40, 314–321.

Jia, K. (2017), « Comment peut-on gagner tous avec « une Ceinture et une Route » ? », Economie n° 17, 9-9

Levitin, O., Jordan-Tank M., Milatovic J. & Sanfey P. (2016), "China and South-Eastern Europe: Infrastructure, trade and investment links". European Bank for Reconstruction and Development (EBRD).

Liu, L.G. (2016), "Europe and China in the Global Economy in the Next 50 Years: A Partnership for Global Peace and Stability", Intereconomics 51(1), 37-42.

Liu, S., & Yang L. (2018), « Risque et importance de la construction stratégique « une ceinture, une route » », Économie collective de la Chine, n° 32 (novembre), 47- 48.

Martin, Claude (2018), « Quelle stratégie chinoise derrière les nouvelles routes de la soie ? », Colloque : Les nouvelles routes de la soie, la stratégie de la Chine, Fondation Res Publica, 4 juin 2018, Paris. Zhai, F. (2018), "China's belt and road initiative: A preliminary quantitative assessment", Journal of Asian Economics 55, 84-92.

44. Que peut la coopération Sino-Africaine à travers « l'initiative la Ceinture et la Route » dans la lutte contre le terrorisme en Afrique au regard du déficit de la gouvernance sécuritaire mondiale ? *Dr Guivis Zeufack Nkemgha*

Introduction

La région du Sahel a abrité dans les années 2000 des bases du terrorisme dans le Nord du Mali. Ces groupes de terroristes vivaient du trafic de la drogue destiné en Europe et en Asie d'une part et d'autre part du crime transnational organisé. En plus de cela, les évènements en Libye qui ont conduit à la chute de Mohamad Kadhafi ont favorisé le développement des réseaux criminels. Ces réseaux criminels ont transféré beaucoup d'armes dans le Sahel. En 2012, ces armes ont alimenté les premiers foyers de la violence au Mali[414]. Plus malheureusement, la situation en Libye n'a cessé de se dégrader du fait des interférences entre les puissances étrangères. Ces puissances se faisaient la guerre à travers les fractions libyennes interposées. Cette prolifération des armes sur le continent a entrainé une baisse des prix car l'offre était déjà devenue supérieure à la demande.

---

[414] La rébellion de populations arabo-touareg et le coup d'Etat de 2012 ont conduit à un effondrement temporaire de l'Etat malien, permettant à des groupes liés à al-Qaeda de s'emparer du nord du pays.

Outre cette abondance d'armes dans le Sahel, il convient également de préciser que lorsque Daesh a été vaincu en Irak et ou en Syrie, ses combattants se sont déployés sur la Libye avec un théâtre des opérations qui était déjà propice. Le phénomène terroriste n'est pas un phénomène endogène même s'il a trouvé un espace favorable (une population jeune et un chômage ambiant).

L'insuffisance de financement des organisations de lutte contre le terrorisme en Afrique a entraîné l'échec des forces africaines à pouvoir juguler ce fléau. Aujourd'hui, il ne se passe plus un seul jour sans que l'on ne fasse le décompte macabre des victimes des djihadistes[415] en Afrique. L'Afrique fait face au terrorisme international qui opère de façon asymétrique et qui est une menace à la paix et à la sécurité. Cette menace précise est la raison d'être du Conseil de Sécurité des Nations Unies. Ce Conseil a le devoir d'assurer la paix et la sécurité dans le monde. Face à cette situation, l'ONU a envoyé une mission classique de maintien de la paix. Malheureusement, face aux terroristes déterminés et engagés avec une arme idéologique redoutable, cette mission de maintien de la paix classique s'est avérée inadaptée car la menace qui a commencé au Nord du Mali en 2012 a atteint la côte africaine et plus profondément. D'ailleurs, on considérait au départ que le terrorisme est une affaire de Magrébins, ensuite une affaire de Sahélien. Aujourd'hui, on a des retentissements au Benin, au Togo et en Côte d'ivoire. De plus, dans la zone des trois frontières, on assiste de plus en plus aux phénomènes de jihadisation du banditisme et du banditisation du jihad : c'est un mélange de ces groupes qui crée la confusion dans le Sahel. C'est la preuve qu'il s'agit d'un processus qui se développe et qui ne va pas s'estomper aussitôt.

Si certains mouvements terroristes cherchent à contester le pouvoir politique établit, d'autres par contre souhaitent contrôler les territoires ainsi que les ressources naturelles.

Les secteurs miniers, gaziers et pétroliers du continent africain attirent un volume important d'investissements directs étrangers chinois (Asche & Schüller, 2008). L'essentiel de ses investissements en Afrique oscille autour des industries extractives et les infrastructures connexes. Au moment où l'Afrique est en proie au déficit de financement des investissements en infrastructure qui est évalué à 50 milliards de dollars par an (BAD, 2011), l'apport de la chine dans le but

---

[415] Le djihadisme est une idéologie politique et religieuse islamiste qui prône l'utilisation de la violence afin d'instaurer un État islamique ou de rétablir un califat.

d'atténuer les problèmes d'énergie, de transport et de télécommunication constitue une aubaine pour les pays bénéficiaires. De plus, les investissements chinois en Afrique participent à la transformation économique du continent et contribuent à développer le secteur privé à travers des coentreprises ou des liens amont et aval et, ce faisant, ils créent des emplois. Selon Ifri (2021), avec un volume d'échange de 209 milliards de dollars en 2019 (soit 4,6% en valeur relative)[416], la chine se présente aujourd'hui comme le premier partenaire commercial de l'Afrique. S'agissant de son stock d'IDE en Afrique, il est de 2% ou 44 milliards de dollars[417]. Quant à la dette extérieure africaine qui s'élève à 365 milliards de dollars, la Chine est la détentrice du tiers de cette dette. A l'exception du royaume de l'Eswatini, les autres pays du continent ont déjà rejoint l'initiative chinoise des Nouvelles routes de la soie, *la Belt and Road Initiative (BRI)* ; 61 Instituts Confucius dans 46 pays différents ont été inaugurés et véhiculent la diplomatie du peuple chinois.

L'alternative viable aux bailleurs de fonds et aux partenaires classiques de l'Afrique est la Chine aux yeux de nombreux gouvernements. De même, le continent africain est une terre d'opportunités pour les chinois en termes de matières premières et de stratégie d'influence sur le plan international. D'où l'existence de la coopération « gagnante-gagnante » ou « Sud-Sud » entre la Chine et le continent Africain.

Au regard des vagues de violences et de l'expansion du terrorisme sur le continent africain, les Etats se trouvent menacés ainsi que les investissements de ses partenaires notamment ceux de la Chine. Plus grave encore, les ressortissants chinois sur le continent africain sont de plus en plus exposés à l'insécurité. C'est pour cette raison que cette dernière a récemment intensifié la coopération sécuritaire avec ses partenaires africains, le but étant de sécuriser les projets liés à *la Belt and Road Initiative (BRI)*. Par exemple, la Chine a renforcé sa présence au sein des missions de maintien de la paix, multiplié des formations militaires et organisé un forum de sécurité avec l'Afrique. De plus, elle a ouvert son unique base militaire extérieure à Djibouti en 2016 et elle le deuxième contributeur financier des opérations de maintien de la paix en Afrique (Ifri, 2021). Cette intensification de la coopération sécuritaire sur le continent africain est la preuve

---

[416] General Administration of Customs of China (2020), disponible sur : www.customs.gov.cn.
[417] Statistical Bulletin of China's Outward Foreign Direct Investment (2019).

que la chine se présente comme un acteur international responsable et pourvoyeur de paix.

La présence sécuritaire de la chine en Afrique s'est renforcée ces dernières années à travers une augmentation des ventes de matériels militaires lourds à plusieurs pays du continent à l'instar de l'Algérie, du Cameroun et du Nigéria. De plus, elle a annoncé une contribution de 100 millions de dollars américains à la création d'une force permanente (Standby force) de l'Union Africaine. La gestion de l'aide chinoise au développement a connu une profonde réorganisation avec la création en Avril 2018 de la *China Development cooperation Agency (CIDCA)* dont le but est de mieux coordonner la coopération internationale en liaison avec l'Agenda 2063 de l'Union Africaine et de l'agenda 2030 de l'ONU pour le développement durable (Livre blanc de Janvier 2021).

Malgré cette présence sécuritaire chinoise en Afrique et de la présence d'une batterie de mécanisme à l'effectivité et à l'efficacité limitée d'une part et d'autre part, le caractère ambivalent de la communauté international face au défi sécuritaire mondial permettent de justifier l'urgence qu'il y a à développer les moyens alternatifs de lutte contre le terrorisme international en Afrique. C'est-à-dire qu'il faut réinventer la solution pour stabiliser la région en conflit. Le présent travail vise à dépasser les méthodes de lutte classique contre le terrorisme en proposant les moyens alternatifs qui pourraient être développés par la coopération Sino-africaine à travers « l'initiative la Ceinture et la Route » afin de juguler le terrorisme qui est de plus en plus mutant.

Outre l'introduction générale, le reste de cet article est structuré en quatre sections. La section une est consacrée à l'analyse du continent africain comme l'un des théâtres du terrorisme international. Les conséquences socioéconomiques du terrorisme en Afrique sont l'œuvre de la section deux. La section trois est meublée par les efforts consentis par les organisations régionales et la communauté internationale en faveur de la lutte contre le terrorisme. Enfin, la section quatre met en exergue le rôle de la coopération Sino-Africaine à travers « l'initiative la Ceinture et la route » dans le développement des moyens alternatifs de lutte contre le terrorisme international en Afrique.

Le continent africain : théâtre des opérations du terrorisme international

Les actes de terrorisme correspondent à des infractions graves dont le mode opératoire spectaculaire trahit toujours la volonté d'impressionner fortement les esprits. Les plus courants sont l'attentat à l'explosif (parfois kamikaze), l'assassinat, l'enlèvement, la prise d'otages, le détournement et la destruction d'aéronefs (possiblement kamikaze), l'attaque à main armée, la mutilation ou encore l'incendie criminel. D'ailleurs, Bandyopadhyay et al. (2014) déféminisent le terrorisme comme : « l'usage prémédité ou la menace d'employer la violence par des individus ou des groupes infranationaux contre des non-combattants pour atteindre un objectif politique ou social par l'intimidation d'un large public ». Pour Aron Raymond (1961) dans son ouvrage intitulé « paix et guerre entre les nations », le terme « terrorisme » est « une action de violence dont les effets psychologiques sont hors de proportion avec les résultats purement physiques ».

De nos jours, la carte des conflits et des foyers de tension s'est considérablement élargie, les poches de radicalisme se sont multipliées et la violence politique continue de se disséminer sur le continent. La montée du péril terroriste en Afrique met en relief les atermoiements de l'UA face aux nouvelles menaces transfrontalières qui gagnent du terrain sur le continent. La Tunisie, l'Algérie, l'Egypte, la Lybie, le Mali, le Nigéria, le Cameroun, le Tchad, le Niger, la Somalie, et le Kenya ont tous été victimes du terrorisme au cours de l'année 2015. C'est la preuve que l'Afrique est en passe de devenir la plaque tournante du terrorisme transnational. Toutes les chapelles y sont représentées : des mastodontes de la galaxie salafiste (Al-Qaeda et Daesh qui opèrent à travers des franchises telles que Boko Haram, Al-Shebab, AQMI, Al-Mourabitoune, Jund Al-Khalifa, Ansar Baït Al-Maqdi, Ansar Al-Charia, Oqba Ibn Nafaa, etc., implantées dans le Maghreb, le Sahel et la corne de l'Afrique) aux start-ups du terrorisme qui recherchent une stature internationale. L'émergence de foyers d'extrémisme au Sénégal, ainsi que les attentats de Ouagadougou (Burkina Faso) et de Grand-Bassam (Côte d'Ivoire), révèlent l'ampleur de la menace que fait peser les mouvements terroristes sur les États africains, et fait craindre un effet tache d'huile qui pourrait plonger tout le continent dans une spirale de violences extrémistes (Nkalwo Ngoula, 2016).

L'ampleur du phénomène est telle que la seule volonté des Etats ne suffit pas. Malheureusement pour les pays africains, on assiste au comportement ambivalent de l'ONU face aux conflits qui sévit dans le monde. Car, lorsqu'il s'est agi de lutter contre Daesh et Al-Qaeda en Irak et en Afghanistan, il a fallu une coalition internationale. Tous les moyens du monde ont été mobilisés à l'instar de l'OTAN (Organisation du Traité Atlantique Nord), les USA, l'Union Européenne pour former une coalition. De plus, au départ des USA de l'Afghanistan, l'on dénombrait plus de 100.000 soldats envoyés sur le théâtre des opérations pour neutraliser les terroristes. Mais pourtant, lorsque le continent africain a été attaqué, on n'a pas encore vu jusqu'ici cette mobilisation de la communauté internationale. L'ONU a envoyé une mission classique de maintien de la paix dans le Sahel dont les résultats restent mitigés au regard du sentiment de rejet dont sont victimes certaines armées étrangères de la part des certaines populations dans les zones en conflit. Ce comportement ambivalent est la preuve que l'Afrique a hérité d'un système international complètement déséquilibré et injuste. Malheureusement, les règles qui régissent le monde ne sont pas en sa faveur. Au moment où on fixait les règles, les pays africains n'étaient pas présents. Ils étaient encore sous l'emprise de la colonisation. C'est pourquoi, leurs préoccupations ne sont pas prises en compte. Par exemple, aucun pays parmi les 54 que compte le continent africain ne fait partie des membres permanents du conseil de sécurité des Nations Unies. D'après les experts de l'Union Africaine, un milliard de dollars peut permettre de renverser la tendance au Sahel. L'Afrique n'arrive pas encore à mobiliser cette somme et la communauté internationale n'a pas encore pris des engagements significatifs dans le sens d'accompagner financièrement le continent dans la lutte contre le terrorisme et pourtant, plusieurs milliards de dollars ont été mobilisés pour l'Afghanistan, l'Irak et récemment en Syrie.

La recrudescence des groupuscules et des attaques terroristes sur le continent nourrit cependant de vives inquiétudes et n'est pas sans conséquences sur le plan socioéconomique.

Les conséquences socioéconomiques des activités terroristes en Afrique

Dans les pays de la région du Sahel, le bassin du lac Tchad (frontière entre le Nigéria, le Cameroun, le Tchad et le Niger) a enregistré une augmentation particulièrement importante des actes de violence entre 2010 et 2017, le nombre de morts dans la région représentant respectivement 77% et environ 40% de l'ensemble des décès liés à des conflits dans la région du Sahel et en Afrique subsaharienne comme le montre la Figure 1 (FMI, 2018). S'agissant des différents types de pays (pays riches ou pauvres en ressources naturelles), les conflits continuent d'être plus nombreux dans les pays exportateurs de pétrole et plus rares dans les pays pauvres en ressources naturelles.

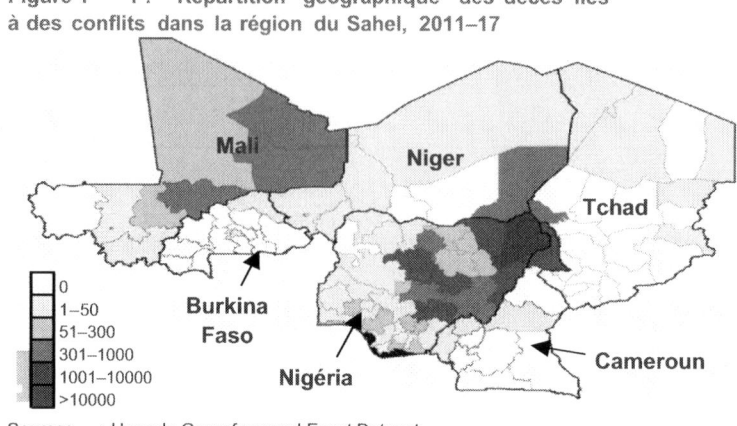

Figure 1 1 : Répartition géographique des décès liés à des conflits dans la région du Sahel, 2011–17

0
1–50
51–300
301–1000
1001–10000
>10000

Sources : Uppsala Georeferenced Event Dataset

; calculs des services du FMI

Une conséquence importante des conflits en Afrique subsaharienne, comme dans les autres régions du monde, est le déplacement de populations. Ce phénomène entraîne des coûts considérables sur les plans économique, budgétaire et social pour la région touchée par le conflit, mais aussi pour les régions voisines qui accueillent les populations déplacées. Au fil du temps, le nombre de personnes relevant de la compétence du Haut-Commissariat des Nations Unies pour les réfugiés (HCR-ONU) issues de pays d'Afrique subsaharienne (dont les personnes déplacées à l'intérieur de leur propre pays, les demandeurs d'asile et les réfugiés) a plus que triplé, passant de moins de 5 millions dans les années 80 à 18 millions en 2017, sachant que le nombre de personnes déplacées augmente avec l'intensité du conflit (FMI, 2018).

De ce fait, certains groupes terroristes ont eu recours à des attaques qui nuisent aux économies ciblées en générant des pressions de la circonscription sur les gouvernements pour qu'ils concèdent certaines des objectifs politiques des groupes. Les conséquences macroéconomiques induites par le terrorisme sur le produit intérieur brut (PIB) et la croissance économique ont été identifiées (Blomberg, Hess et Orphanides, 2004 ; Gaibulloev et Sandler, 2008, 2011). Les pertes dues au terrorisme au niveau sectoriel ont été documenté pour le tourisme (Drakos et Kutan, 2003), investissements directs étrangers (IDE) (Bandyopadhyay et al 2014) et le commerce international (Qureshi, 2013).

Face à ces dynamiques inédites, les réponses sécuritaires s'internationalisent et/ou se régionalisent. Les Nations Unies, l'Union Européenne mais aussi l'Union Africaine tente de s'en saisir avec des moyens inégaux.

Les efforts consentis par les organisations régionales et la communauté internationale en faveur de la lutte contre le terrorisme.

Dans cette section, nous allons passer en revue les efforts consentis par la communauté internationale dans la lutte contre le terrorisme (A). Nous analyserons les moyens mobilisés par l'Union Africaine dans cette lutte (B).

Les efforts consentis par la Communauté internationale dans la lutte contre le terrorisme international

Le Conseil de Sécurité des Nations Unies, conscient de la grave menace terroriste qui pèse sur l'Afrique, souligne qu'il importe d'appliquer avec diligence et efficacité ses résolutions relatives à la lutte contre le terrorisme, toutes les mesures de sanction visant les personnes, groupes, entreprises et entités désignés qui sont associés à Daech, à Al-Qaïda et à leurs affiliés et, à cet égard, se félicite que le Comité faisant suite aux résolutions 1267 (1999), 1989 (2011) et 2253 (2015) ait récemment décidé d'inclure le groupe « Province d'Afrique de l'Ouest de l'État islamique », l'État islamique du Grand Sahara et l'État islamique d'Iraq et du Levant en Libye dans sa liste relative aux sanctions.

De plus, au niveau des Nations Unies, la France s'est particulièrement mobilisée pour obtenir le vote de plusieurs résolutions, dont la résolution 2100, le 25 avril 2013, qui a permis la création de la Mission multidimensionnelle intégrée des Nations Unies pour la stabilisation (MINUSMA). Cette Mission, dont le mandat a été renouvelé chaque année depuis, à l'initiative de la France (résolution 2531, juin 2020), a aujourd'hui comme tâches prioritaires l'appui à la mise en œuvre de l'Accord pour la paix et la réconciliation au Mali, l'appui au gouvernement pour stabiliser la situation dans le centre du pays, et la protection des civils, avec plus de 15 000 militaires, policiers et personnels civils.

Par ailleurs, l'opération Barkhane a succédé à Serval le 1er août 2014 pour apporter un soutien aux forces françaises au Mali mais aussi aux autres États du G5 Sahel (Burkina Faso, Mauritanie, Niger et Tchad) dans leur lutte contre le terrorisme. Elle est composée de 5 100 soldats, drones, combattants et hélicoptères, entre autres. La France, à travers cette opération, apporte un soutien opérationnel à la force conjointe du G5 Sahel et à la MINUSMA, lorsque cette dernière est menacée par un danger grave et imminent. L'objectif fondamental de l'opération est de permettre aux armées du Sahel, à terme, d'assurer par elles-mêmes leur sécurité.

Bien que les actions menées par l'ONU n'aient pas eu des effets escomptés, quels sont les différents efforts qui ont été consentis par l'Union Africaine dans la lutte contre le terrorisme ?

Plus de deux décennies de réactions, de condamnation et d'engagements de l'UA à combattre le terrorisme

La prolifération des extrémismes qui ignorent et méprisent les frontières représente sans doute une épreuve pour l'UA qui s'est donnée pour mission d'affirmer son leadership dans la gestion des crises sur le continent. Les efforts consentis par l'institution régionale pour préserver la paix, la sécurité et la stabilité du continent sont aujourd'hui éprouvés par l'évolution hypertrophiée de la menace terroriste.

Les actions concrètes entreprises par l'Union Africain pour la lutte contre le terrorisme ne date pas d'aujourd'hui, car un an après la destruction des deux ambassades américaines à Nairobi et à Dar es Salam le 07 Août 1998 (lors du 35e sommet de l'OUA de Juillet 1999), fut adoptée la Convention d'Alger qui traduisait le premier accord à l'échelle du continent sur la prévention et la lutte contre le terrorisme[418].

D'autres résolutions s'ajoutent aux engagements déjà pris par les États membres comme les résolutions (256) 2009 et (136) 2014[419] qui intègrent respectivement la lutte contre le financement du terroriste, le renforcement des capacités nationales et la promotion de la coopération internationale en matière

---

[418] Il est important de rappeler la résolution [AHG / Res.213 (XXVIII)] sur le renforcement de la coopération et de la coordination entre les Etats dans l'optique de lutter contre les phénomènes d'extrémisme et de terrorisme a été adoptée par l'OUA en 1992.

[419] Résolution sur « La lutte des pays africains contre le terrorisme sous toutes ses formes à travers le renforcement des capacités nationales et la promotion de la coopération internationale dans ce domaine », Rabat, 02 novembre 2014.

de lutte antiterroriste, dans la liste des efforts de l'UA pour contrer le terrorisme.

La transnationalisation des groupes « *criminalo-salafistes* » ou « *narco-terroristes* » a contraint les polices africaines à penser un mécanisme permettant d'accroître la coopération policière en vue de répondre à la menace incarnée par cette criminalité transnationale organisée. Cette réflexion a débouché sur un mécanisme africain de coopération policière dénommé « AFRIPOL ».

Malheureusement les différentes résolutions adoptées par l'UA se traduisent difficilement en actes concrets comme l'a reconnu ouvertement Idriss Deby : « Nous nous réunissons souvent, nous parlons toujours trop, nous écrivons beaucoup, mais nous n'agissons pas assez et parfois pas du tout ». Le déficit d' « Hommes d'action », c'est bien ce qu'on peut reprocher au leadership de l'Union Africaine après un constat inquiétant : seul 03 États membres, à savoir le Ghana, Maurice et le Burkina Faso, ont formellement demandé à la Commission de l'UA de mettre à leur disposition une expertise juridique afin d'intégrer les dispositions pertinentes de la loi-type dans leurs législations pénales. Les autres États instrumentalisent encore leur loi antiterroriste pour museler la société civile, la presse et l'opposition politique.

La plupart des mécanismes précédemment présentés reposent sur l'assistance internationale, ce qui expose à deux principaux risques. Le premier est le risque de voir un programme privé de financements extérieurs parce que les intérêts stratégiques des partenaires ne sont pas menacés dans la région où le programme est implémenté. Il s'en suit qu'ils orienteront davantage leurs efforts vers les régions qui entrent dans leurs priorités stratégiques au grand dam parfois des choix prioritaires de l'UA. Le second risque est l'incertitude qui plane sur les engagements des donateurs, qui peuvent se raviser ou revoir leurs promesses à la baisse, ce qui ne manquera pas d'avoir un impact sur la mise en œuvre du mécanisme. C'est le problème que soulevait Moussa Faki Mahamat, ministre tchadien des Affaires étrangères, en confiant au journal Le Monde : « En 2013, les donateurs internationaux avaient promis 530 millions de dollars pour aider à la lutte antiterroriste au Mali, où nous avons déployé 2 500 hommes. Ce qui nous a coûté près de 150 millions de dollars. Mais seulement 40 millions de dollars ont été mis à la disposition de la force africaine, et le Tchad, en première ligne dans la lutte contre le terrorisme, a reçu des miettes ».[420]

L'inflation d'instruments qui poursuivent tous les mêmes objectifs ne peut que poser d'énormes problèmes de coordination et de financement. Pour y remédier, il est urgent de développer des moyens alternatifs de lutte contre le terrorisme à travers « l'initiative la Ceinture et la Route » de la coopération Sino-Africaine.

Que peut la coopération Sino-Africaine à travers l'initiative Ceinture et Route dans la lutte contre le térrorisme en Afrique ?

Le Sahel aujourd'hui est l'une des régions les plus crisogènes au monde. Cette région couvre une distance de 3,053 millions de km². Les frontières des pays qui le constituent ne sont pas du tout protégées et peuvent par conséquent être traversée illégalement. La porosité de ces frontières est un facteur qui explique la prolifération des activités terroristes dans cette zone. Et, la lutte contre les activités terroristes passe aussi par la prévention. Cette prévention peut se faire à travers le développement des moyens de surveillance. Les différents moyens de surveillance déployés jusqu'ici s'avère peu fructueux au regard de nombreux attaques terroristes dans ladite région (14 Novembre à Inata au Burkina Faso ; 03 Décembre au centre du Mali ; le 02 Novembre à Banibangou au Niger, 09 Novembre à Kouyape au Cameroun). Les attaques menées par les groupes djihadistes ont augmenté durant l'année 2021 dans la région du Sahel, entraînant l'instabilité politique qui a vu un coup d'État au Mali, en Guinée Conakry et au Burkina Faso et une tentative de coup d'État au Niger. Le Burkina Faso a connu les attaques terroristes les plus meurtrières depuis le début des violences. Ainsi, il est urgent pour l'initiative Ceinture et route de la coopération Sino-Africaine de s'intéresser au développement des moyens alternatifs de lutte contre le terrorisme.

L'un des moyens alternatifs de lutte contre le terrorisme au Sahel pourrait être le développement d'un outil de surveillance des frontières à travers l'intelligence artificielle

L'intelligence artificielle (IA) peut se définir comme étant un ensemble des théories et des techniques développant des programmes informatiques complexes

---

[420] « L'Afrique, solidaire de la France, et déterminée à combattre le terrorisme », Le Monde Afrique, novembre 2015.

capables de simuler certains traits de l'intelligence humaine (raisonnement, apprentissage). Les systèmes d'IA peuvent être utilisés pour collecter, fusionner et analyser des données en temps réel ou déjà stockés pour faciliter la prise de décision et les performances d'intervention dans des environnements complexes. Parmi les exemples cités, on retrouve la surveillance de personnes au sein d'une zone délimitée, mais aussi celles des véhicules et des objets. Les systèmes évoqués et ayant les capacités de réaliser ce genre de tâches, sont les installations de surveillance activées grâce à l'IA (tours de surveillance) et les systèmes autonomes (par exemple les drones et les systèmes robotiques hétérogènes en réseau). L'IA offre des capacités de communication et de partage d'informations, y compris dans les technologies d'authentification. Si l'IA est utilisée aujourd'hui en Afrique dans le domaine agricole pour détecter les maladies sur les plantes, elle pourrait être utilisée pour détecter et identifier les menaces et authentifier les personnes et les objets. Cela inclut le contrôle automatisé des frontières grâce à l'IA, la numérisation biométrique, la reconnaissance faciale et la création et l'analyse de documents d'authentification (passeports, visas), ainsi que les capacités de détection des menaces grâce à la reconnaissance d'objets et la robotique cognitive (par exemple, avec la création d'agents de patrouille robotique aux frontières). De plus l'IA peut favoriser la formation et l'entrainement grâce à des exercices simulant des situations réelles (en créant des environnements simulés grâce à la réalité virtuelle ou augmentée). L'utilisation de l'IA dans le cadre de la sécurité aux frontières serait une application nouvelle en Afrique. Certaines des tâches que pourrait potentiellement réaliser un système d'IA n'ont pas forcément été conçues au préalable et devront être développées spécifiquement pour les zones de conflits. Il faut préciser que les algorithmes utilisés se doivent de respecter les droits de l'Homme. Cette nouveauté est calquée sur le modèle Européen qui construit et utilise un mur virtuel contre l'entrée des migrants dans les territoires. De plus, Il y a également le projet européen Roborder, dont le but est de créer un système pleinement autonome de surveillance des frontières avec des robots terrestres, aériens et marins. L'UE n'est pas seule à tester des drones et robots pour surveiller ses frontières ; aux États-Unis, le Service des douanes et de la protection des frontières a noué un partenariat avec la société Anduril Industries afin de construire à la frontière avec le Mexique un mur virtuel composé de tours d'observation et de drones. Ainsi, les responsables politiques américains présentent ces frontières "intelligentes" comme une alternative plus "humanitaire" au mur physique prévu par Donald Trump.

Outre la mobilisation des moyens technologiques pour développer des outils de surveillance numérique à des fins de contrôler les territoires, l'initiative Ceinture et route en Afrique pourrait également lutter contre les flux financiers illicites qui constituent une perte pour les pays africains en général et les pays du Sahel en particulier.

Compte tenu du fait que la quasi-totalité des mécanismes mis en place pour lutter contre l'expansion des groupes terroristes dans le Sahel ont du mal à fonctionner à cause des ressources financières exiguës mobilisées auprès des Etats membres pour la circonstance. L'incapacité des Etats à pouvoir honoré à leurs engagements dans le cadre de la lutte contre le terrorisme justifie le recours de l'Union Africaine vers des partenaires étrangers. Paradoxalement, le continent africain est le créditeur du monde. Chaque année, plus de 800 millions de dollars s'envolent vers l'étranger comme flux financier illicites (African Economic Conference, 2021). Ce montant est supérieur au montant de la dette africaine. L'argent des africains doit servir aux africains et pour cela, la coopération Sino-Africaine à travers l'initiative Ceinture et Route peut permettre de mener une réflexion profonde sur ce dossier afin de limiter non seulement l'hémorragie mais aussi permettre aux Etats d'améliorer leur santé financière afin de participer activement à la lutte contre l'offensive djihadiste dont la percée est figurante dans le Sahel ces dernières années. Par ailleurs, les retombées de la lutte contre les flux financiers illicites en Afrique permettront de résoudre la difficile équation de financement de l'UA afin d'accroitre non seulement sa marge de manœuvre dans la gestion des crises sécuritaires mais aussi de limiter sa dépendance vis-à-vis des partenaires et des bailleurs de fonds.

Conclusion

En présence d'une batterie de mécanisme à l'effectivité et à l'efficacité limitée d'une part et d'autre part, le caractère ambivalent de la communauté international face au défi sécuritaire mondial permettent de justifier l'urgence qu'il y a à développer les moyens alternatifs de lutte contre le terrorisme international en Afrique. D'autre part, la chine se présente aujourd'hui comme étant un partenaire commercial incontournable de l'Afrique et son stock d'investissement direct étranger est en plein expansion dans plusieurs secteurs. Au regard des conséquences des activités terroristes sur le continent, les pays africains peuvent devenir ingouvernables. Le corolaire étant la perte des investissements de ses partenaires bilatéraux notamment ceux de la Chine. C'est pour cette raison qu'elle doit davantage apporter son soutien aux Etats en difficultés via l'initiative Ceinture et Route afin qu'il y ait un retour à la stabilité, qui est une condition propice pour favoriser l'expansion des affaires. C'est-à-dire qu'il faut réinventer la solution pour stabiliser les régions en conflit. Pour ce faire, nous avons proposés trois axes de réflexions sur lesquels l'initiative Ceinture et Route doit jouer un rôle fondamental afin de sortir le continent du cercle vicieux de l'insécurité. Il s'agit notamment du développement d'outils de surveillance numérique à des fins de contrôle des territoires et la lutte contre les flux financiers illicites. Il y'a lieu d'espérer que la volonté politique et la vitalité de la coopération Sino-Africaine à travers l'initiative Ceinture et Route permettraient de vaincre de manière endogène ce fléau sur le continent.

Bibliographie

African Economic Conference, (2021). Financing Africa's Post COVID-19 Development. Cabo Verde, 2-4 December.

Akresh, R., S. Bhalotra, M. Lene, and U. O. Osili. 2012. "War and Stature: Growing up during the Nigerian Civil War." American Economic Review: Papers and Proceedings 102

Aron, R. (1961) Paix et guerre entre les nations, Paris: Calmann-Levy.

BAD (2011). La Chine et l'Afrique : Un nouveau partenariat pour le développement. Afdb.org

Bandyopadhyay, Subhayu; Todd Sandler & Javed Younas (2014) Foreign direct investment, aid, and terrorism. *Oxford Economic* Papers66(1): 25–50.(3): 273–77.255.

Blattman, C., and E. Miguel. 2010. "Civil War." Journal of Economic Literature 48 (1): 3–57.

Blomberg, S Brock; Gregory D Hess & Athanasios Orphanides (2004) The macroeconomic consequences of terrorism. *Journal of Monetary Economics* 51(5): 1007–1032.

Drakos, Konstantinos & Ali M Kutan (2003) Regional effects of terrorism on tourism in three Mediterranean countries. *Journal of Conflict Resolution* 47(5): 621–641.

Gaibulloev, Khusrav & Todd Sandler (2008) Growth consequences of terrorism in Western Europe.Kyklos61(3): 411–424.

Gaibulloev, Khusrav & Todd Sandler (2011) The adverse effect of transnational and domestic terrorism on growth in Africa. Journal of Peace Research48(3): 355–371.

Gomez, M., A. Christensen, Y. Araya, and N. Harild. 2010. "The Impacts of Refugees on Neighboring Countries: A Development Challenge." World Development Report 2011 Background Note, World Bank, Washington, DC.

Hegre, H., and N. Sambanis. 2006. "Sensitivity Analysis of Empirical Results on Civil War Onset." Journal of Conflict Resolution 50 (4): 508–35.

Ifri (2021). Les influences chinoises en Afrique, Novembre (2021).Ifri.org

International Labour Organization (ILO). 2003. "Preventing Discrimination, Exploitation and Abuse of Women Migrant Workers: An Information Guide." Geneva.

Marc Hecker (2008). Les trois âges du térrorisme. Commentaire, n° 121, printemps 2008.

Minoiu, C., and O. N. Shemyakina. 2014. "Armed Conflict, Household Victimization, and Child Health in Côte d'Ivoire." Journal of Development Economics 108:237–

Murdoch, J. C., and T. Sandler. 2002. "Economic Growth, Civil Wars and Spatial Spillovers." Journal of Conflict Resolution 46 (1): 91–110.

Nkalwo Ngoula Joseph Léa, « L'Union Africaine à l'épreuve du terrorisme : forces et challenges de la politique africaine de sécurité », Thinking Africa, Note d'analyse politique n°35, Avril 2016.

Qureshi, M. S. 2013. "Trade and Thy Neighbor's War."Journal of Development Economics 105 (C): 178–95.

World Bank (2017). "Forcibly Displaced: Toward a Development Approach Supporting Refugees, the Internally Displaced, and their Hosts." Washington, DC.

SESSION DE CLOTURE

Actes du Premier Colloque International sur l'Initiative la Ceinture et la Route en Afrique Francophone

45. Rapport général du Premier Colloque International sur l'Initiative la Ceinture et la Route en Afrique francophone

Coordonateur Général : Dr. Jimmy Yab
Rapporteur Général : Dr. Armand Elono,

Secrétariat technique :
Yannick FANKEM Roméo ONDOUA SEME, Michel AWONO, Leila MANDOUA, Angèle YIMKO, Moustapha Aziz NJOYA, Rim, Mani Vounga

Observatoire Chine Afrique Francophone

SOUS LE TRÈS HAUT PATRONAGE DE S.E. M. PAUL BIYA, PRÉSIDENT DE LA RÉPUBLIQUE DU CAMEROUN
ET
EN COLLABORATION AVEC L'AMBASSADE DE CHINE AU CAMEROUN
LE PREMIER COLLOQUE INTERNATIONAL SUR
L'INITIATIVE LA CEINTURE ET LA ROUTE EN AFRIQUE FRANCOPHONE
(CIICRAF 2022)
DU 25 AU 27 MAI 2022, AU PALAIS DES CONGRES DE YAOUNDE AU CAMEROUN

INTRODUCTION

Le Premier Colloque International sur « L'initiative la Ceinture et la route en Afrique Francophone » a débuté le mercredi 25 mai 2022 à 8h30. En collaboration avec l'Ambassade de Chine au Cameroun, le Premier Colloque International sur l'Initiative la Ceinture et la Route en Afrique Francophone, s'est tenu à la faveur d'une longue histoire de coopération sino africaine d'une part ; d'un environnement international singulièrement marqué par des bouleversements politiques, géopolitiques, sécuritaro stratégiques et diplomatiques pressants d'autre part et de la perspicacité du Président de l'Observatoire le Pr Jimmy YAB, ses différents partenaires, l'Etat du Cameroun et l'Etat de la Chine. De par le nombre de participants fortement mobilisé et du nombre des différents intervenants et divers partenaires. Avec plus de 600 participants et plus de 80 intervenants des différentes communautés épistémiques du Cameroun, d'Afrique et d'ailleurs, cet événement est considéré comme le plus grand événement scientifique post covid 19 au Cameroun et en Afrique centrale francophone. Ce moment de partage et d'échanges a tenu ses promesses en trois jours (3). La densité de ces échanges est tenue dans ce rapport qui est structuré à la suite de cette introduction ainsi qu'il suit :

I. La Déclaration générale du Colloque
II. Rapports des différentes articulations du colloque ;

DECLARATION GENERALE DU PREMIER COLLOQUE INTERNATIONAL SUR L'INITIATIVE, LA CEINTURE ET LA ROUTE EN AFRIQUE FRANCOPHONE

Le Premier Colloque International sur « l'Initiative, la Ceinture et la Route », s'est déroulé à Yaoundé au Cameroun. Il a été organisé conjointement par l'Observatoire Chine-Afrique francophone, en collaboration avec l'Ambassade de Chine au Cameroun. Cette première rencontre scientifique internationale sur les nouvelles routes de la soie en Afrique, a été animée par des chercheurs et experts de hauts niveaux, venus des quatre coins du globe.

Cette déclaration générale à l'issue du colloque est structurée autour de quatre points principaux : les éléments du contexte, le rappel des objectifs, le résumé des échanges, les recommandations du colloque.

Les éléments de contexte.

L'opportunité de la tenue de ce colloque est adossée sur une vision globale et englobante de l'implémentation en Afrique francophone de la vision diplomatico stratégique de l'Empire du milieu en termes d'expansion de sa puissance dans le monde et de l'appréciation que l'Afrique francophone a de son rôle de sa place et des enjeux pour lui qui en découlent dans ce new deal dont les routes de la soie constituent l'enjeu majeur.

Le rappel des objectifs du colloque

Ce rendez-vous scientifique avait plusieurs objectifs principal et spécifique

L'objectif principal

Cet objectif était d'analyser les implications et la portée de ce nouveau projet en tant que lieu de jeux, d'enjeux et d'opportunités fondamentaux de développement pour l'Afrique en général et l'Afrique francophone en particulier

Objectifs spécifiques,

Ils sont les suivants :

Aider la communauté intellectuelle, politique et économique de l'Afrique francophone à mieux appréhender l'esprit du Sommet de Dakar ;

Faire connaitre en profondeur l'initiative « la Ceinture et la Route », en

renforçant les échanges directs entre les pays d'Afrique francophone et la Chine ;
Contribuer à l'intensification du partenariat de coopération stratégique global sino-africain ;
Construire une communauté de destin entre les deux parties ;
Produire des travaux scientifiques pluridisciplinaires sur ce projet
Créer un cadre de réflexion structuré ;
Créer un espace d'actions formalisées bénéfiques pour l'Afrique et la Chine.

Le résumé des échanges du colloque

L'essentiel des questions qui ont animé les échanges lors de ce colloque, étaient entre autres, formulées ainsi qu'il suit : De quoi s'agit-il concrètement ? Comment l'Afrique francophone s'intègre-t-elle dans ce gigantesque projet ? Le projet Belt and Road est-il un mythe ou une réalité ? Peut-on le considérer comme une opportunité crédible au développement des pays africains ? Partant de ce fait, les échanges ont été organisés autour de six sessions, dont une session introductive.

La session introductive visait à comprendre les enjeux politiques du Plan de DAKAR dans une Afrique francophone en perpétuel mouvement et l'Initiative la Ceinture et la Route. Organisée en trois axes, cette session introductive a questionné le projet « One Belt and One Road » sur la base de ses régimes de croyance et de ses paradigmes de reconnaissance.

Le premier axe a porté sur les nouvelles routes de la soie en Afrique francophone : entre sens, puissance et consistance,

Le deuxième axe sur les re-configurations politico-stratégiques des relations sino-africaines à l'ère de la ceinture et la route, où il était question de savoir s'il s'agit d'un changement de paradigme

Le troisième axe de cette session introductive a analysé les transformations historico-politiques et politico-historiques de ladite initiative.

Globalement, il s'est agi dans cette session introductive, d'interroger la sociohistoire des cadres de la diplomatie Chine Afrique francophone. Comment les enjeux de la BRI se formulent et se reformulent, se modèlent et se remodèlent en Afrique francophone. Il ressort que la BRI apparait nécessaire sur le plan des relations politiques entre la Chine et l'Afrique francophone, en ceci qu'elle permettrait, d'élargir le débat et la communication politique entre les deux parties, ce qui est susceptible d'approfondir l'égalité et la confiance mutuelles.

La première session qui suivait la session introductive a opéré une évaluation phénoménologique, historique, géostratégique, et casuistique des implications du plan de Dakar sur la coopération économique. Cette session était structurée en deux axes thématiques majeurs.

Le premier s'est intéressé sur les leviers les implications de la ceinture économique de la soie Afrique francophone.

Le second analysait les promesses et les réalités de cet ambitieux projet chinois, sur le développement économique des Etats de l'Afrique francophone.

Dans cette perspective, les analystes ont insisté sur l'efficacité ou encore les opportunités que représenteraient les nouvelles routes de la soie, en termes d'accroissement des importations chinoises à bas prix pour les consommateurs africains ; en termes de relance de la croissance économique à travers la diversification ; mais aussi et surtout en termes de construction d'une communauté de destin basée sur le partage des responsabilités économiques entre la Chine et l'Afrique. Les nouvelles routes de la soie, sont au cœur d'un processus accéléré devraient permettre d'une part, de moderniser le continent africain en général ; d'autre part, de galvaniser le développement économique et d'augmenter le niveau de vie des populations d'Afrique francophone. Malgré les inquiétudes qui peuvent surgir, la BRI peut favoriser le resserrement des liens dans le champ économique, par la création des intérêts économiques communs entre la Chine et l'Afrique. Cette création exige d'autre part non seulement une revalorisation des atouts économiques, politiques et culturels de chacun, mais aussi un processus d'élargissement des champs de coopération entre les entreprises chinoises et africaines en vue d'une co responsabilité commune quant à la durabilité environnementale de ce développement.

Dans la deuxième session, il s'est agi de questionner l'esprit du plan de Dakar pour le développement vert.

Dans cette autre session, deux articulations ont émergé. La première portait sur la transition vers l'économie verte, et la seconde sur les enjeux de la BRI à l'épreuve de la protection de la biodiversité en Afrique francophone et de la rationalisation des ressources naturelles et de protection de l'environnement.

Dans cette session, les analyses sont tournées vers une mise en garde invitant les pays africains à avancer vers ce projet avec beaucoup de prudence. Conscients que l'une des raisons de l'intérêt des autres puissances et de la Chine pour l'Afrique ce sont leurs besoins en ressources naturelles qui structurent l'ensemble de leur action publique. Les intervenants observent que derrière le voile rhétorique d'une connectivité du monde à travers des investissements et la construction de grands ouvrages infrastructurels, la BRI poursuivrait une stratégie murie et planifiée de longue date, visant à imposer au Continent africain une nouvelle forme de rapport de type colonial (ressources naturelles contre financement et endettement). Un tel rapport serait susceptible de dépouiller considérablement l'Afrique de ses ressources naturelles si une prudence des décideurs africains n'était pas de mise à toutes les étapes de négociation entre l'Afrique Francophone et la Chine.

La troisième session a interrogé les implications du plan de Dakar pour l'économie techno-numérique, le développement infrastructurel. Cette session était structurée autour de l'axe unique de la route digitale.

Il en ressort que, reconnaissant la puissance de la Chine dans le domaine, la technologie participe du procès de civilisation post moderne d'une course, le déploiement technologique chinois qui se constitue comme le versant technologique de la BRI, participent des interventions et des applications en Afrique francophone, des modèles et des dispositifs technologiques de types sécuritaires, agricoles et communicationnels qui situent les devenirs africains dans une configuration mouvante. C'est-à-dire, une tension configurationnelle qui les balance entre néo-dispositifs générateurs et formateurs d'efficacité praxéologique et d'agilité pragmatiques mais aussi, comme des exo-dispositifs vecteurs et révélateurs de fragilité biopolitiques et d'extranéité politico-stratégiques en Afrique en général.

La quatrième session présente une double détente qui a consisté, d'une part à analyser le développement social le long de la route de la soie, et d'autre part, à préciser l'apport du contact et du dialogue culturel entre les communautés culturelles chinoises et africaines dans ce contexte.

Il ressort de cette réflexion que l'inscription des Etats africains dans ce vaste projet pourrait accroître les échanges culturels avec le partenaire chinois pour faire jouer et promouvoir les aspirations mutuelles. Elle renforcerait de ce fait le dialogue intellectuel, favoriserait la compréhension et l'amitié entre les peuples. Pour y arriver, il conviendrait d'intensifier la qualité des échanges sur le plan éducatif, technico-scientifique, culturel, médical, sportif et touristique.

La cinquième session enfin, articulée également autour de deux approches, a interrogé les présentations et représentations de la sécurité de l'Etat et l'état de la sécurisation dans le plan d'action de Dakar.

Dans ce cadre, la première approche portait sur les transformations des Etats, de la gouvernance et de l'action publique dans le temps chinois et africain.

La seconde enfin, s'intéressait aux mécanismes de coopération militaire et de sécurisation dans le pourtour des nouvelles routes de la soie, pour soutenir la viabilité dudit projet.

La position du colloque

De manière globale, les différents panélistes ont scruté ce projet de manière rigoureuse. La densité des différents échanges a permis une lecture stratégique, conjoncturelle et prospective de l'initiative chinoise des nouvelles routes de la soie en Afrique. Ils y ont sur la base des jeux de puissance qu'elle impose, et du sens épistémologique qu'elle suppose. Mobilisé trois grandes théories :

Le réalisme sceptique qui regarde avec distanciation cette offre de coopération ;

Le mutualisme ou connexionnisme qui souligne l'intérêt à nouer les relations avec la Chine sans pour autant mettre de côté les contraintes propres à chaque pays ;

Et *le constructivisme configurationnel* de Norbert Elias et celui *critique* de Susan Strange et de Robert Cox, qui permettent d'appréhender la BRI comme une dynamique en construction, susceptible de connaitre des réajustements stratégiques au gré des intérêts et des agendas politico-économiques et socio-culturels sino-africains.

A cela if faut ajouter la theorie que nous pouvons qualifier *d'action publique internationale* défendue par Jimmy Yab le coordonateur du colloque et Armand Elono, le rapporteur general, qui suppose que les différents acteurs bien qu'ayant des logiques souvent différentes décident ensemble d'agir au quotidien à l'intérieur de leur territoire respectif pour résoudre ensemble les problèmes qui se pose au quotidien à leur population respective.

Ce riche ancrage théorique a permis de clarifier l'idée selon laquelle l'offre de coopération chinoise quoique adossée sur un rêve de consolidation politico-économique et de constitution d'une puissance mondiale par la restructuration de la route de la soie, doit amener les africains à juger la portée pérenne et les pièges éventuels d'un tel projet. Dans cette perspective, le destin des Etats d'Afrique francophone se joue dans leur capacité d'analyse, d'interprétation et de capitalisation de cette nouvelle voie chinoise. Il appartient donc aux décideurs africains de savoir identifier les atouts qu'elles recèlent, de bien les négocier et de savoir les endogenéiser en fonction de leurs projections en termes de développement de leur population et d'émergence sur la scène internationale.

Offre à la fois relationnelle et multidimensionnelle, la BRI désigne, de ce fait, le périmètre dans lequel les Etats sino-africains devraient agir et s'épaissir pour parvenir, de manière concertée et pragmatique, aux transformations du système international actuel. La BRI pourrait si elle est bien négociée par les Africains pourrait permettre de changer méliorativement, indiscutablement, l'Afrique et son image aux yeux du monde. Toutefois, pour que ce changement ne soit pas juste un simple changement de pansement aux blessures qui avilissent et extravertissent le continent africain depuis l'accession aux indépendances, les différents échanges entre panélistes et participant, invitent les gouvernements Africains à sortir de l'attentisme du transfert de technologies, par exemple. Mais plutôt, à développer de réelles stratégies et de véritables moyens de captation de la technologie chinoise. Il est recommandé de ce fait de s'inspirer des stratégies qui avaient été mobilisées par la Chine elle-même à l'égard de l'Europe et des USA. Sachons-le disent il en chœur, « la technologie ne se donne pas. Il faut savoir la capter. Elle est aujourd'hui la clé de voûte de la puissance mondiale ». D'où l'adage : « qui maitrise la technologie, maitrise le monde ». Ou encore « Quand l'Afrique s'éveillera technologiquement, le monde entier tremblera ! »

En outre, en se méfiant d'une périphérisation de l'Afrique francophone au travers de cette nouvelle offre de coopération, il n'est point superflu de donner à penser qu'elle peut être substantiellement capitalisée et donner lieu à un reprofilage programmatique de la politique étrangère des pays africains à travers des coopérations militaires encore plus densifiées avec l'empire du milieu. L'effet recherché étant de parvenir à une redynamisation des structures endogènes et des capacités opérationnelles des pays africains, afin de leur permettre de répondre efficacement et promptement aux défis sécuritaires et de maintien de la paix auxquels ils sont confrontés.

En somme, il est à retenir que, bien qu'il soit un potentiel levier de développement pour l'Afrique francophone, la BRI s'inscrit d'abord et avant toute autre préoccupation, dans une mouvance d'expansion mondiale de la Chine. Il est certainement avisé de s'y engager par étapes successives. Sagement et en toute prudence !

LES RECOMMANDATIONS DU COLLOQUE

Compte tenu de des défis et opportunités discutés tout au long du colloque, comment la BRI peut-elle devenir une alternative credible pour le developpment de l'Afrique francophone ? La nature multiforme de la relation Chine-Afrique francophone signifie que chacun – Africain ou Chinois, gouvernement ou secteur privé – a un rôle à jouer. Nous suggérons sept actions spécifiques à entreprendre par les entreprises et les gouvernements africains de l'Afrique francophone et chinois :

1. Les gouvernements africains doivent définir une stratégie chinoise claire. La mesure la plus importante que les gouvernements africains pourraient prendre consiste simplement à définir ce qu'ils attendent de la relation Afrique-Chine et à élaborer quelques étapes simples pour y parvenir. Chaque pays doit réfléchir à ce qu'une bonne stratégie chinoise signifie dans son contexte unique. Le gouvernement chinois estime également que la construction des relations Afrique-Chine serait facilitée par le fait que les gouvernements africains seraient plus clairs sur ce qu'ils en attendent.

2. Les gouvernements africains peuvent construire une bureaucratie à la hauteur de la Chine. La plupart des gouvernements africains que nous avons rencontrés manquent cruellement de personnel pour tout ce qui concerne la Chine. Pour accroître leurs capacités et capacités liées à la Chine, les autres gouvernements africains peuvent prendre cinq mesures clés :

-Créer un bureau Chine pour coordonner toutes les initiatives liées à la Chine dans l'ensemble du gouvernement.

-Établir un vivier de talents qui suit la part de chaque pays parmi les 50 000 étudiants africains qui étudient en Chine et mener des activités de sensibilisation pour les attirer vers le service national.

-Définir les échelles de carrière au sein du gouvernement pour les talents ayant des compétences et une expérience en langue chinoise, en s'assurant qu'ils reçoivent un mentorat, des rôles significatifs au début de leur carrière et une exposition à plusieurs parties du gouvernement.

-Mettre en place des bureaux au niveau provincial en Chine pour aider à la promotion des investissements et des liens avec les gouvernements provinciaux et locaux.

-Cocréer une université de gestion Afrique-Chine, un peu comme la façon dont les fonctionnaires chinois de la génération précédente ont reçu une formation de renforcement des capacités de gestion parrainée par le gouvernement de Singapour.

3. Le gouvernement chinois peut étendre le financement public aux entreprises privées chinoises. Les entreprises privées représentent 90 % de toutes les entreprises chinoises en Afrique. À ce jour, cependant, l'énorme montant de financement que le gouvernement chinois a promis pour le développement économique en Afrique à travers le FOCAC et l'initiative est encore inaccessible aux entreprises chinoises du secteur privé. Pourtant, nous avons vu tout au long de ce colloque l'énorme impact que les entreprises chinoises du secteur privé ont eu en Afrique : investir et réinvestir de manière agressive leur capital, occuper des créneaux de marché critiques, employer des locaux et dispenser des formations professionnelles à un rythme plus élevé que les entreprises publiques. Cet impact a été obtenu en grande partie sans l'aide et le soutien du gouvernement chinois. Avec le soutien du gouvernement, les entreprises privées pourraient être une force encore plus puissante dans le développement de l'Afrique.

4. Le gouvernement chinois peut étendre les directives commerciales responsables aux entreprises privées chinoises. Si le gouvernement chinois étend la disponibilité du financement aux entreprises privées, il peut également s'attendre à ce que ces entreprises respectent des normes plus élevées en matière d'entreprise responsable. Les entreprises privées chinoises sont généralement agiles, décisives et rapides à localiser, mais elles peuvent également être sujettes à une diligence raisonnable insuffisante, à une ignorance des réglementations locales et à une tendance à prendre des raccourcis. Même s'il libère l'énergie du secteur privé en Afrique, le gouvernement chinois devrait s'efforcer d'encourager de meilleures pratiques commerciales dans ses entreprises du secteur privé qui y opèrent.

La corruption est courante dans les interactions entre les entreprises chinoises et les responsables africains dans plusieurs pays africains, et sur cette question, la Chine pourrait faire plus pour mener la lutte contre la corruption. Le gouvernement chinois a un plan qu'il pourrait suivre : il a déjà publié plusieurs lignes directrices pour les entreprises publiques, y compris les lignes directrices de 2007 à l'intention des entreprises publiques relevant directement du gouvernement central sur l'accomplissement des responsabilités sociales des entreprises.

En outre, le président Xi Jinping a mené une campagne très médiatisée en Chine pour éradiquer la corruption au niveau national, un effort qui a consisté à définir des limites pour les dîners d'affaires, les cadeaux et autres dépenses professionnelles appropriés pour les entreprises publiques. Le gouvernement devrait maintenant envisager d'étendre ces lignes directrices au secteur privé chinois également.

C'est pourquoi les bureaux consulaires chinois devraient travailler avec les associations professionnelles chinoises dans chaque pays africain pour diffuser ces directives et former les entreprises à leur application.

5. Les entreprises chinoises peuvent explorer de nouvelles stratégies d'entrée sur le marché. À ce jour, la grande majorité des investissements chinois en Afrique sont des investissements entièrement nouveaux, et seuls 12 % de ces investissements sont constitués en coentreprises. Cet état actuel est en partie dû aux secteurs dans lesquels les entreprises chinoises ont investi jusqu'à présent : les fabricants et les entrepreneurs en construction chinois trouvent peu d'utilité pour les partenaires locaux qui peuvent être moins efficaces et plus chers. À mesure que les investissements chinois s'étendent à de nouveaux secteurs d'investissement, il sera nécessaire d'envisager des approches d'investissement entièrement nouvelles. Ces nouveaux secteurs d'opportunité se caractérisent par des entreprises en place en Afrique ayant une connaissance du marché local, une part de marché substantielle et des relations solides. À cet égard, nous pensons que la participation de 20 % de la Banque industrielle et commerciale de Chine dans la Standard Bank, basée en Afrique du Sud, pourrait être le signe avant-coureur de beaucoup plus. Les banques chinoises à la recherche de rendements plus élevés à l'échelle internationale peuvent se tourner vers la liste des banques africaines bien gérées comme cibles d'acquisition. Une autre opportunité réside dans la micro-épargne, la microfinance et la micro-assurance basées sur la technologie pour atteindre les masses de consommateurs et de petites entreprises non bancarisés et sous-bancarisés en Afrique.

6. Stimuler le commerce et la production grâce à un accord agricole de gouvernement à gouvernement. L'Afrique possède 60 % des terres arables restantes dans le monde et un climat propice à la culture de produits très demandés sur le marché chinois. Pourtant, seuls 4 % de ses exportations vers la Chine sont des produits agricoles. Dans le même temps, deux générations de modèles de développement agricole « push » soutenus par l'Occident, qui tentent

de convaincre les agriculteurs africains d'utiliser de meilleures semences, engrais et méthodes, ont largement échoué à améliorer les rendements. Ce qu'il faut, c'est une approche « pull » complémentaire : un grand nouveau marché qui garantisse les ventes si la production augmente. Cette traction pourrait très viennent facilement de Chine.

Passer des contrats alimentés par la dette à un modèle de partenariat public-privé pour les infrastructures. Le boom de la construction d'infrastructures en Afrique au cours de la dernière décennie a été alimenté par la dette publique, souvent par des gouvernements africains qui ont contracté une dette concessionnelle auprès de la China EXIM Bank ou de la China Development Bank et ont engagé des entrepreneurs chinois pour faire le travail. De nombreux gouvernements africains atteignent leurs plafonds d'endettement. Nous pensons qu'une réponse consiste à passer à des modèles de partenariat public-privé (PPP) et de financement mixte, dans lesquels les gouvernements nationaux s'endettent moins et partagent la responsabilité du financement avec des partenaires externes tels que des entreprises du secteur privé et des institutions multilatérales. Mieux permettre au secteur privé de prendre en charge les projets qui ont une plus grande viabilité sur le marché libérerait les budgets publics pour financer des projets moins susceptibles de générer des rendements sur le marché - des projets tels que l'eau, l'assainissement et les infrastructures rurales.

7. La tenue au Cameroun dans un avenir très proche d'une grande conférence des Chefs d'Etats et de gouvernements africains sur l'Initiative, la Ceinture et la Route en Afrique francophone.

Dr. Armand ELONO, Rapporteur général
Dr. Jimmy YAB, Coordonateur général

RAPPORTS DES DIFFERENTES ARTICULATIONS DU COLLOQUE

CHAPITRE 1 : JOURNEE DU MERCREDI 25 MAI, PREMIERE JOURNEE DU COLLOQUE

Le premier colloque international sur « L'initiative la Ceinture et la route en Afrique Francophone » a débuté le mercredi 25 mai 2022 à 8h30. Présidé par le Professeur Mathias Éric Owona Nguini, cette première journée était structurée autour de deux principales articulations : la cérémonie d'ouverture et la session introductive.

Cérémonie d'ouverture

La cérémonie d'ouverture a débuté par la traditionnelle série d'allocution de bienvenue et d'ouverture des travaux. Dans cette lancée, l'on a suivi les interventions du **Pr Jimmy YAB**, Président de l'observatoire Chine-Afrique Francophone et coordonnateur dudit colloque ; ensuite celle du **Pr Mathias éric OWONA NGUINI**, Vice-recteur de l'Université de Yaoundé I en Charge de la Recherche, président de cette première journée. Enfin, celle de **Monsieur Wang DONG**, premier conseiller à l'ambassade de Chine au Cameroun.

Premièrement, le Pr Jimmy YAB, président de l'observatoire Chine-Afrique Francophone et coordonnateur du colloque, à l'entame de son propos a signifié qu'il était ravi d'accueillir les différents invités dans cette illustre salle du Palais des Congrès et où siège le conseil constitutionnel. Il relevait la symbolique du bâtiment dans l'histoire de la coopération entre la Chine et le Cameroun. Par la suite, il affirmera que le projet *L'initiative la ceinture et la route* est un projet imaginé par le président chinois Xi Jinping dans le but de faire revivre les liens de vie de l'humanité tout entière, sur les plans du commerce, de la politique. Le but d'interconnecter tous les continents. Une fois cela, il démontrera pourquoi la thématique qui justifie cette grande assise scientifique internationale est importante : « cette problématique est importante parce que, pendant plus de 500 ans, nous avons été esclavagisé, pendant 50 ans colonisé et pendant 30 ans post colonisé. Pour en sortir, les solutions qui avaient été pensées malheureusement n'ont pas marché. La plupart de ces solutions sont là pour lifter les populations de la pauvreté. » A contre-courant de cette parenthèse coloniale douloureuse et très souvent tragique, il appréhende le projet « *Belt and Road Initiative* » (BRI) comme le projet de développement le plus ambitieux que le monde n'ait jamais connu. Il a par ailleurs terminé son mot de bienvenue par des remerciements en direction de l'Ambassade de Chine au Cameroun, au responsable de la *China Building Compagny*, au Pr OWONA NGUINI et enfin à tous les participants et communicants.

Deuxièmement, le Président de la première journée, le Pr Mathias Éric OWONA NGUINI, Vice-recteur à l'Université de Yaoundé I a rappelé que toute société, tout État à l'instar de la République Populaire de Chine, a le droit à l'expansion qui n'est pas forcément l'expansionnisme. Une fois cette clarification faite, il appréhende la BRI comme une initiative qui vise à repositionner la Chine dans les échiquiers de la gouvernance admonde : « Ce projet a une visée géopolitique, géoéconomique, géostratégique, géoculturel et géo-systémique ». Déclare-t-il. Sur le plan géopolitique par exemple, il relève que l'initiative vise à repositionner la Chine à la hauteur du monde entier en engageant une transformation en profondeur du système international. Cette transformation a pour finalité de sortir de l'ère occidentale pour aboutir à une ère post-occidentale. En sus de cette dynamique formatrice et transformatrice, la BRI permet également d'ouvrir d'autres couloirs d'interdépendances et interactions entre les continents. Sur le plan géoéconomique, elle a une valeur planétaire à travers divers circuits, comme celui de la route de la soie. Cette géoéconomie que nous offre le président Xi Jinping permet de déverrouiller l'accès du Sud, de déverrouiller les rentes et infrastructures. Cette initiative est en mesure d'autonomiser les continents. Sur le plan géostratégique, elle permet de libérer l'Afrique de la philosophie des pré-carrés. Cette libération est nécessaire pour que cette Afrique récupère : « une certaine marge de manœuvre pour le développement, à travers la diversification des partenariats », ajoute-t-il. Sur le plan géoculturel, la BRI permet de remodeler l'esprit du Bambou. Sur le plan géo-systémique, elle permet d'expérimenter dès aujourd'hui le monde de demain. L'ordre du monde ne va plus avancer de manière unilatérale. Selon le Professeur, le monde a besoin d'une planète ouverte. Ce monde a besoin d'un véritable dialogue de civilisation, une multipolarisation. Celle-ci garantit la sécurité et la stabilité de notre planète. La clôture de son propos s'est faite par des remerciements à l'endroit du Pr Jimmy Yab suivi de l'Ambassade de Chine au Cameroun.

Troisièmement, Monsieur Wang DONG, Premier conseiller à l'Ambassade de Chine au Cameroun à son tour, a commencé son propos en rappelant sa joie de prendre part à ce colloque. Un propos qui s'est suivi par des remerciements au nom de l'Ambassadeur chinois à l'endroit du Pr Jimmy Yab, aux intervenants. Il n'a pas manqué de rappeler qu'en 1972, un projet était né. Celui de la construction du Palais des Congrès. Et 50 ans plus tard, nous sommes dans le même lieu dans le but de renforcer les liens entre le Cameroun et la Chine. Dans cette lancée, il mentionne que dans le futur, la Chine est animée par une nouvelle dynamique de développement. Ainsi, « nous invitons le Cameroun et les autres pays africains à se joindre à ce projet. Vive l'amitié sino-camerounaise », conclut-il.

Après ces mots de bienvenue, nous avons assisté à la leçon inaugurale et à l'hommage rendu à monsieur Eleih Elle Etian, ancien ambassadeur du Cameroun en Chine.

La leçon inaugurale, a été faite par le Pr NKOLO FOE, président de l'Institut W.E.B Dubois, membre titulaire de l'Institut International de Philosophie, membre du comité consultatif de l'institut Chine-Afrique. Elle était intitulée : « *la longue histoire d'amitié et de fraternité entre la Chine et l'Afrique* ». Dans son allocution, il a relevé de nombreux faits de la longue amitié sino-africaine, ainsi que la contribution de certains élites américaines, africaines et chinoises dans la construction de la solidarité et de l'amitié historique entre la Chine et l'Afrique. De cette leçon, il en est ressorti que les relations entre la Chine et l'Afrique ont beaucoup évolué ces dernières années. Si les chroniques journalistiques les appréhendent comme un fait inédit, il demeure un fait réel : les relations sino-africaines ne sont pas récentes. Elles sont, en effet, inscrites dans une histoire multiséculaire de contacts maritimes. De ce fait, pour mieux comprendre le dynamisme présent, tourné vers les nouvelles routes de la soie, il est nécessaire de sortir de l'événementiel et de s'inscrire dans la durée et donc, dans l'espace et dans le temps.

Après cette leçon inaugurale où le Pr NKOLO FOE a retracé la longue histoire de la construction de la communauté de destin Chine-Afrique depuis la dynastie des Han en Chine et la période Alexandrine en Afrique, l'on a écouté l'hommage à Monsieur Eleih Elle Etian, ancien ambassadeur du Cameroun en Chine, un des précurseurs du FOCAC. Madame Mbatoumou a tenu à saluer Monsieur l'Ambassadeur en relevant sa contribution au processus de création du FOCAC. Celle-ci a d'ailleurs été consignée dans un ouvrage de l'auteur qui est intitulé *20 ans d'expérience en Chine : un africain raconte*, publié en 2011.

Cet hommage, n'a pas laissé son excellence Eleih Elle Etian indifférent. Il a pris la parole non seulement pour acquiescer l'hommage à lui faite, mais aussi pour remercier le Seigneur de l'avoir fait entrer en diplomatie en 1965 et d'avoir permis qu'il soit à la fois observateur et acteur de la coopération Chine-Afrique. Il a souhaité par la suite plein succès à ce colloque et aux relations Chine-Afrique, avant d'élever une prière pour que l'Afrique s'éveille elle aussi.

La dernière allocution était celle du Représentant Spécial du Ministère des Relations Extérieures. Brièvement, elle a été marquée par des remerciements aux organisateurs du colloque et aux différents invités, et une insistance sur l'attente des plus hautes autorités camerounaises en matière de recommandation pour l'action.

Après la photo de famille qui a marqué la fin de la cérémonie d'ouverture du Colloque, la session introductive a été directement lancée.

LA SESSION INTRODUCTIVE

Intitulée : « Comprendre les enjeux géopolitiques du plan de Dakar dans une Afrique francophone en perpétuel mouvement et l'initiative la ceinture la route », cette session était constituée de trois axes principaux :

Axe 01 : les nouvelles routes de la soie en Afrique francophone : entre sens, puissance et consistance

Le sens, la puissance et la consistance des nouvelles routes de la soie en Afrique francophone ont été décrypté par la diversité des intervenants mobilisés pour les échanges. Cet axe a été animé par **le professeur Mathias Eric OWONA NGUINI**, en tant que modérateur, le **professeur Hanse Gibert MBENG DANG**, le **Pr. Hilaire de Prince POKAM** de l'Université de Dschang, le **Pr. Louis Dominique BIAKOLO KOMO** de l'Université de Maroua, le **Dr. Sylvain NDONG ATOK**, le Dr. Alain Elong et le Dr. Stéphane Aloys BONO de l'Institut des Relations Internationales du Cameroun.

D'entame, la communication du prof Hanse Gilbert MBENG DANG a présenté une analyse du programme chinois « *One Belt and One Road* » pour le développement de l'Afrique. D'entrée de jeu, après avoir présenté l'historique de l'initiative de la route de la soie, le prof a articulé son intervention au tour des motivations de la mise en valeur du projet la route de la Soie, des défis de sa mise en valeur ainsi que les limites de sa contribution au développement de l'Afrique. Il a poursuivi en rappelant que la Chine a voulu donner espoir à son peuple et permettre à ce que sa postérité soit encore plus améliorative qu'hier où l'occident dominait le monde. L'implémentation de ce projet se fait ainsi dans plusieurs pays notamment anglophones. Les motivations chinoises pour cette implémentation sont nombreuses. Elle répond d'abord à la politique étrangère chinoise puisqu'il s'agit-là de la pièce maitresse de sa diplomatie dans le monde. 70 pays sont impliqués, 4.8 milliards de population sont touché par le projet, *One Belt and One Road* est un tremplin de l'implémentions du capitalisme chinois. Ce projet a des limites dans la mesure où elle ne prend pas en considération les vécus du quotidien. La chine envisage donc de construire 30.000 km de route en Afrique. Cependant il est nécessaire que les Etats de l'Afrique francophone ainsi que leur gouvernement, avant d'implémenter ce projet vérifient quel sont les portées pérennes et fallacieuses qu'il pourrait contenir.

Le deuxième intervenant, le Dr sylvain NDONG ATOK nous a conduit sur « le rêve chinois : analyse réaliste d'un projet de puissance au XXIe siècle. Il a commencé sa communication en présentant le rêve chinois comme étant l'ambition géopolitique majeure de la chine, un rêve de renaissance, de régénération, consistant à effacer les humiliations que la chine a connue sur la scène internationale afin de faire d'elle une grande puissance telle qu'elle l'est aujourd'hui. L'ensemble de sa communication s'est axée sur deux parties.

D'abord la présentation des nouvelles routes de la soie comme instrument de matérialisation du rêve chinois. Dans cette articulation, le Dr NDONG fait le constat selon lequel le rêve ultime de la chine est d'avoir la puissance sur la scène internationale et cela se matérialise au niveau de la régénération d'une puissance maritime qui se penche sur les éléments historiques notamment la route de la soie. Il rappelle également que la finalité géopolitique du rêve chinois est de moderniser la marine chinoise et de sécuriser son commerce qui passe par des lieux géostratégiques notamment le détroit de noalaka

The Pr. Hilaire de Paul Pokam makes mention of the fact that, the XXI century is marked by the return of major non-European powers amongst which we have China considered by some actors as " disconcerting power " that arrises in a popular conquering Republic especially since the New millennium. China rise to power has become a reality thanks to the profound economic transformation, accelerated by social change and her presence in the international scene that continues to strengthen more and more. In this perspective, while she faced multinationalisme in the 1950s, been committed since 1970, her presence is noticeable in almost all major organisations covering diverse domains. As far as China's objectives is concerned, Pr Hilaire de Paul Pokam, underlines that China's principal objectives are motivated by political reasons to win predominant position at the regional and world level. His presentation are articulated around two principal ideas : The first concerns the construction of Regional leadership while the second preaches the construction of World leadership. As far as the construction of Regional leadership is concerned, he makes mention of the extension of Chinese power to Eurasia on the one hand and the other hand, the neutralisation of other powers in Eurasia. Pr. Hilaire de prince Pokam second articulation is based on china's construction of world leadership. Here we have on the one hand, the reinforcement of connection between international and transnational actors, the construction of the diaspora in power resources and on the other hand the reinforcement of economic, maritime and military power. To achieve his analysis, he recalls that the BRI project has become a major focus of Chinese foreign policy in the fragmented world, where the trend is towards the erosion of American leadership and the multipolar struggle. Also the Chinese desire to construct a regional and world leadership, this project suggests a tendency towards the creation of a multipolar world and the questioning of the existing economic order and finally, china is emerging through this project as a major actor of globalisation. As to that, the BRI project is the last sign of globalisation with Chinese desire to build the middle East.

Ensuite, le Dr. NDONG est revenu sur les contraintes géopolitiques locales et internationales auxquels est confronté le rêve chinois. Au niveau local, le Dr a soulevé les différends maritimes qu'entretien la chine avec le japon, la Thaïlande. Mais avec la route de la soie, la chine entend restructurer l'océan indien et lui permettre ainsi le contrôle des rives stratégiques. Au niveau international, l'on a observé la relation ambiguë avec la Russie et les Etats-Unis qui voudraient contenir l'extension de la chine et contrer la réalisation des routes de la soie. Enfin, le Docteur achève ses propos en rappelant que les ambitions de la chine sont d'accéder à l'économie mondiale et quant à la question de savoir si l'Afrique doit compter sur la chine pour se développer ? Il affirme que l'Afrique devrait d'abord se développer elle-même avant d'attendre une quelconque aide.

A sa suite, c'est le professeur Louis Dominique BIAKOLO KOMO de l'Université de Maroua qui a été invité à prendre la parole pour 10 minutes de communication précise sur le thème Mondialisation et marginalisation de l'Afrique : la CENTURE ET LA ROUTE comme alternative et opportunité pour l'Afrique francophone. D'entrée de jeu il a précisé que la mondialisation actuelle sous l'imperium américain conduit à une impasse et que la BRI constitue une alternative, crédible, à la mondialisation proposée par l'occident et par conséquent, les pays d'Afrique francophone ont intérêt à tirer parti de cette initiative en exploitant à fond les opportunités qu'elle offre. En s'appuyant sur les travaux d'économistes, il fait remarquer que de la création du GATT en 1948 jusqu'à la création de l'OMC en 1995, la politique commerciale des pays développés est resté constante, c'est-à-dire imposer aux pays sous-développé une règlementation qui leur est défavorable et qui se traduit par le droit de douane exorbitant, l'escalade tarifaire sur les produits industriels allant de 24% à 64 %, les subventions agricoles qu'on refuse aux africains, impositions aux pays sous développé des modèles économique impertinents, asymétrie des relations et sanctions économiques, chantage avec le développement, changements antidémocratique des institutions en charge de la gouvernance mondiale, droit et protection de la propriété intellectuelle, qui contraste avec le pillage des ressources et des savoirs traditionnels. Ce courant économiste estime que la mondialisation néolibérale a consisté pour les pays développés, à forcer les pays sous développé à ouvrir leur marché pendant qu'ils fermaient les leurs aux produits en provenance du Sud et que par conséquent, cette mondialisation-là n'est profitable qu'a l'occident. Dans le contexte africain actuel, la coopération chinoise se présente comme une alternative à cette mondialisation à travers la BRI. Déjà faudrait insister ici sur les grands principes éthiques que la chine a introduit dans sa coopération notamment :

L'égalité entre les partenaires,

La prospérité partagée ou co-développement,

La coopération gagnant/gagnant,

L'on peut constater que ces principes contrastent avec l'idéologie que sou tend la coopération avec l'occident et qui est fondé sur la philosophie de l'histoire de Hegel qui pensait en réalité qu'il ne peut avoir qu'un seul peuple historique et ce dernier a le droit de dominer sur les autres. C'est cette politique que l'occident a adopté en refusant aux autres le droit à la puissance et c'est ce qui l'oppose à la Chine, à la Russie ainsi que d'autres Etats émergent. D'après ce principe hégélien, l'égalité ne doit pas exister. Il doit seulement avoir la relation de dominant/dominé or la Chine dans son éthique conteste cette idéologie-là. L'Afrique francophone dont la dénomination traduit déjà son rapport à la France, est un ensemble de pays qui va de l'Afrique centrale jusqu'en Afrique de l'ouest, avec des groupements sous régionaux comme la CDEOA, la CEMAC, la CEEAC. Certains de ces pays connaissent une certaine stabilité, mais beaucoup ont pour dénominateur commun la pauvreté, l'insécurité, le pillage des ressources. Mais ces pays ont beaucoup de richesse surtout ceux qui ont une ouverture portuaire. S'interrogent sur l'enjeu du BRI pour l'Afrique, le professeur estime qu'au regard du nombre d'investissement réalisé par la Chine dans le cadre de la BRI, aucun pays au monde ne l'a fait en si peu de temps. Ce projet peut déjà permettre de désenclaver l'Afrique à travers les réalisations d'infrastructures routières, maritimes, portuaire, aéroportuaire etc. Mais aussi la chine promeut la coopération scientifique et technologique qui peut permettre à l'Afrique de s'industrialiser, car c'est là le véritable problème de l'Afrique. Nous avons par exemple des ressources naturelles que nous n'arrivons pas à transformer. Néanmoins, de nombreux reproches sont faits à la chine notamment le non-respect des clauses contractuelles, le mauvais traitement des travailleurs africains, le pillage des ressources naturelles, le non-respect des normes de protection de l'environnement, l'exportation de la main d'œuvre chinoise, accaparement des terres agricoles, le risque de surendettement de l'Afrique, le nom respect des droits de l'Homme et de la démocratie. Le prof Dominique s'interroge une fois de plus sur la légitimité historique et morale de ceux qui reprochent à la chine de ne pas respecter les droits de l'homme et de la démocratie ? Il perçoit comme un contre sens le fait de reprocher à la chine de vouloir profiter de la BRI, car la Chine affirme ne pas faire de l'humanitarisme ni paternalisme, elle fait une coopération gagnant/gagnant. Il y a là une complémentarité entre les Etats. La chine a besoin des ressources mais elle souhaite se développer sans laisser ses partenaires pauvres. Cette chine ne s'oppose pas aux principes de développement de ces partenaires. On ne saurait lui reprocher de tirer profit de la BRI car elle a aussi besoin des ressources pour son économie etc. pour ce qui des reproches comme le mauvais traitement, le non-respect des clause contractuelles, certains courants affirme que la coopération Chine Afrique reprend le chemin classique de la coopération en l'Afrique et les occidentaux, ce qui est faut. Car la Chine professe l'égalité, elle n'impose pas de conditions. Mais il est plutôt reconnu que ce sont les pays Africains qui n'arrivent eux même pas à bien négocier les thèmes de contrats avec la Chine. E& »'Ce n'est pas à la chine de venir vérifier le respect des clauses contractuelles. Dans un pays comme le Cameroun, c'est au gouvernant de le faire. Bien que certains reproches de sont pas fondés, il y'a aussi le fait que la coopération entre la Chine et l'Afrique ne peut pas être équitable pour le moment car on a juste les matières premières face à un pays qui est déjà industrialisé. Il n'est donc pas possible de penser pour le moment une coopération égalitaire entre l'Afrique et la chine. Le Pr. Dominique a achevé ses propos par une série de recommandation pour permettre aux africains de tirer profit de cette coopération. Il recommande entre autres :

Le respect des clauses contractuelles

Bien négocier les contrats

Avoir une véritable stratégie de développement

Exploiter au maximum les opportunités offertes par la BRI qui constitue un modèle de coopération particulièrement exemplaire et inédit dans l'histoire.

5ème intervenant : Dr Alain ELONG « diversification des partenaires commerciaux comme stratégie de conquête et de positionnement au niveau mondial : le cas de la chine ». Cette réflexion découle d'un plus ancien intitulé « la diversification des partenaires commerciaux comme moyen de bien face à la dépendance ». Le Dr ELONG a fait un rappel historique du contexte de la participation de la chine dans l'économie mondiale en rappelant la philosophie économique chinoise qui est basée sur la looping. Il a également évoqué un contexte de grande muraille qu'il a adopté à ses recherches. Il a également évoqué les différents accords à savoir celui de la multifibre e les arrangements de la multifibre comme grande muraille. En 3ème plan le Dr a parlé de l'entrée de la chine à l'OMC, et quelques principes de l'organisation mondiale du commerce à savoir :

La clause de la relation de la plus favorisée,

Le traitement national,

L'article 24 en date du 45,

Il ressort que la chine a participé à plusieurs loopings le premier qui consiste à vendre des produits locaux moins chers à l'extérieur. Le deuxième consistait à payer moins cher la main-d'œuvre locale ce qui permettait de vendre à l'international de bons produits et à un coup de production bien réduis. Le Docteur a également évoqué le cadre normatif qui fait en sorte que la chine intègre l'OMC :

Premièrement la chine intègre l'OMC grâce à la clause de la nation la plus favorisée qui est une clause qui autorise à un Etat qui a offert des préférences commerciales à un autre Etat de le faire à tous les autres états membres, bénéficie au même titre que les états avant elle des même accords (multi et bilatéraux).

Deuxièmement, la chine intègre l'OMC grâce au traitement national qui est une clause de non-discrimination interdisant aux états de réserver un traitement différent à des pays étrangers sur le sol national. Cette clause permettra à la chine de conquérir des parts du marché.

En somme, il en ressort des espoirs d'un partenariat gagnant-gagnant. Mais également la reconnaissance que les efforts diplomatiques ou commerciaux mis en place par la chine ont portés des fruits.

Axe 2 : Les re-configurations politico-stratégiques des relations sino-africaines à l'ère de la ceinture et la route : changement de paradigme ou simple paradigme de changement ?

Modéré par le **Pr NKOLO FOE**, cet axe a été animé par cinq panélistes : **Olivier TOMBI A SANAM**, qui a présenté une communication qui questionne le projet « *one belt and one road* » sur la base des jeux géopolitiques qui le sous-tendent des enjeux géoéconomiques qui le structurent ; le **Dr Charles OWONA** a observé que les nouvelles routes de la soie constituent une opportunité de rationalisation des politiques de développement à travers une reformulation pertinente et opérante des politiques publiques en vue d'un développement économique et social perceptible et significatif à moyen terme, en Afrique ; le **Dr Armand ELONO**, au travers d'une approche qui tire sa source théorique de l'action publique internationale a proposer les clés essentielles qui permettrait d'opérer une action publique des nouvelles routes de la soie en Afrique efficaces efficientes et durables ; et le **Dr Pascal Armel ELLA ELLA** a eux aussi, mis en perspective les transformations nouvelles d'ordre politico-stratégiques qui interviennent et sont susceptibles d'intervenir.

Géopolitique et géoéconomie de l'initiative chinoise des nouvelles routes de la soie : une analyse des jeux et enjeux, **Olivier TOMBI A SANAM**

Dans une présentation de moins de 10 minutes, monsieur Tombi Olivier a relevé que son objet d'étude s'inscrivait dans une perspective de bousculement et de basculement des travaux antérieurs sur le projet des nouvelles routes de la soie en Afrique. Pour lui en effet, il faudrait sortir des considérations analytiques sinophiles et sinophobes du nouveau projet chinois en Afrique. Il recommande une analyse qui questionne le projet « *one belt and one road* » sur la base des jeux géopolitiques qui le forment et l'informent ; et des enjeux géoéconomiques qui le structurent et le restructure. Dans ce cadre, après avoir relevé l'intérêt intellectuel et géostratégique, il organise sa présentation en deux grands axes ;

L'analyse géopolitique des nouvelles routes de la soie au sujet de l'Afrique

L'analyse géoéconomique des nouvelles routes de la soie au sujet de l'Afrique

En conclusion, il invite les Etats africains à trouver les moyens de coopérer avec la chine pour que l'initiative « *one belt one road* » s'inscrive dans le cadre d'une véritable coopération gagnant-gagnant.

Les nouvelles routes de la soie : Enjeu stratégique et reformulations des politiques publiques en Afrique, Dr Charles OWONA

Après avoir relevé le contexte dans lequel son texte s'inscrit, le Dr Charles Owona s'est proposé de répondre à la question de savoir : « *comment est-ce l'initiative nouvelles routes de la soie conçue comme modalité de programmation publique a vocation internationale de renforcement de l'économie et de la puissance chinoise, pourrait a ce double égard contribuer à la reformulation des politiques publiques de relèvement de l'Afrique ?* ». De cette question, il a dégagé une hypothèse à double entrée :

Les nouvelles routes de la soie constituent un enjeu stratégique de reformulation des politiques publiques de développement

Les nouvelles routes de la soie, enjeu stratégiques de reformulation des politiques publiques de sécurité

Le cadre théorique mobilisé par le Dr Owona, était assez riche :

l'analyse stratégique,

l'analyse causale du changement,

En conclusion, l'intervenant observe que :

l'initiative nouvelles routes de la soie constitue une opportunité de rationalisation des politiques de développement à travers une reformulation davantage pertinente et opérante des politiques publiques en vue d'un développement économique et social perceptible et significatif à moyen terme en Afrique.

Il faut en cela profiter de l'opportunité de repositionnement stratégique et de construction de nouvelles alliances sécuritaires dans une optique d'instauration de stabilité et d'une paix durable.

Les routes de la soie : Une crypto action publique internationale à l'épreuve de l'Afrique, Dr Armand ELONO, IRIC

Le Dr Armand ELONO a présenté une communication qui s'est articulé autour de 4 points majeurs :

Les remerciements,

Objet de sa présentation,

Les théories mobilisées dans le cadre de son analyse,

Les articulations de son texte.

S'agissant de l'objet de sa présentation, l'intervenant a présenté deux clés majeures :

1 ère clé : l'archéologie d'un rêve pluriel. La route de la soie est un rêve d'échange entre plusieurs groupes ayant le monopole de la violence légitime discuté dans une géographie imparfaite du monde comme euro asiatique.

2eme clé : de cette affaire, la soie est un référentiel politique, économique, stratégique voire culturel.

Dans cette perspective, l'Afrique se trouve aux confins du référentiel de la soie qui sert non seulement à déconstruire un ancien monde, mais aussi reconstruire un nouveau. Il s'agit alors de créer des valeurs nouvelles, des algorithmes et des images. Cette nouvelle conception suscite deux dimensions :

la première dimension est d'ordre cognitive et présente les nouvelles routes de la soie comme nouveau modèle de développement à l'intérieur de l'Asie et a l'extérieur de la Chine au travers de la construction de nouveaux circuits de communication.

La seconde dimension est normative. La production d'éléments de régulation nouvelle à l'intérieur des relations internationales qui sont produites par ce pays.

A la fin de sa présentation, l'intervenant insiste sur les réalités pour rendre possible et gagnant l'afrique dans cette configuration nouvelle politique internationale qu'est la route de la soie il propose :

Que les différents acteurs partagent ensemble des représentations du phénomène international observé,

Que L'action publique internationale dans ce cadre est un champ ou une configuration de représentation de la route de la soie où se déploient l'Etat en action et de tous les autres acteurs de la scène internationale au quotiden,

En tant qu'une action publique internationale, la route de la soie est essentiellement contractualisée ou négociée,

La nécessité de considérer que la constitution de la route de la soie est un nouveau pan d'observation des nouvelles relations internationales.

Il termine enfin sa présentation avec un proverbe africain qui dit : « les choses doivent se passer tel chez la panthère que chez la tortue ».

La construction d'une communauté d'avenir partagé Chine-Afrique : De la promotion du développement vert à la défense de la paix et la liberté, Dr Pascal ELLA ELLA, IRIC,

Dans une communication de moins de 10 minutes, le Dr ELLA ELLA a présenté un exposé sur le thème « la construction d'une communauté d'avenir partagé Chine-Afrique : De la promotion du développement vert à la défense de la paix et la liberté ». Il a tenu à rappeler que depuis le discours de Xi Jinping, de nouvelles opportunités sont rendues possible. Et ce grâce au projet porté par la Chine qui repose sur l'idée de mise en place d'un partenariat global.

La problématique qu'il soulève est celle de savoir : « Comment réaliser la communauté d'avenir partagée chine Afrique en prenant compte de la promotion du développement vert et la défense des paix et libertés ».

Ladite communication s'est faite en deux grandes parties :

Partie 1 : La mise en place d'un dispositif combiné pour un développement durable

Elle s'est déroulée en deux grandes séquences :

L'initiative de développement durable à l'horizon 2030

L'accélération des énergies renouvelables

Partie 2 : L'instauration d'un cadre commun de consolidation de la paix et de la liberté

La poursuite d'une politique de sécurité et de la promotion de la paix

L'accroissement des instruments de la non-intervention dans les affaires intérieures de l'Etat (aides militaires de la chine a l'UA ; les accords militaires entre la Namibie, l'Angola, l'Erythrée, le Zimbabwe.

Axe 3 : Les transformations historico-politiques et politico-historiques de la ceinture et la route en Afrique francophone

Ce troisième et dernier axe de la session introductive fut modéré par le **Pr Alphonse TONYE**. Quatre intervenants ont présenté leurs communications :

Comme intervenants il y'avait :

Le **Dr BIDIAS** qui, dans une communication intitulée De l'alliance anti-impérialiste aux logiques prédatrices et hégémoniques ? Hypothèses sur la transformation des relations sino-africaines depuis 1955, au miroir de l'initiative la ceinture et la route, a montré les transformations et l'évolution des relations sino-africaines depuis 1955. Il est ressorti de son intervention qu'en dépit de cette évolution, la construction d'une alliance anti-impérialiste demeure la constante des relations Sino-africaines.

Le **Dr Leon-Marie NKOLO NDJODO**, de l'Université de Maroua a communiqué sur « Xi Jinping, OBOR et l'Afrique. Etude sur le Cameroun et la RDC ». Globalement, il s'agit d'une philosophie de la paix et de la coopération, dans la reprise de l'idéologie panafricaniste, un vecteur d'opportunités pour la RDC et le Cameroun en termes de projets de développement.

Le **Dr Delmas TSAFACK** dans « China and India's cultural diplomacy toward Cameroon. A comparative analysis », a présenté les grandes lignes de la diplomatie culturelle de la Chine et de l'Inde dans une approche comparative et dans le sous-secteur de l'éducation. Il en est ressorti que la diplomatie culturelle chinoise est plus dynamique que celle de l'Inde.

Enfin, le **Dr Youssouf Laplage MOUMBAGNA** de l'Université de Bertoua s'est intéressé à la coopération franco-camerounaise face à la percée chinoise de 1986-2121). Malgré l'immensité et la qualité des réalisations chinoises au Cameroun, la coopération entre la France et le Cameroun ne doit pas être négligée. La Chine est à prendre avec prudence car il n'existe pas d'amitié sincère entre les Etats mais les intérêts.

Actes du Premier Colloque International sur l'Initiative la Ceinture et la Route en Afrique Francophone

CHAPITRE 2 : RAPPORT DU JEUDI 26 MAI 2022, DEUXIEME JOURNEE DU COLLOQUE

La deuxième journée du colloque international sur L'initiative la Ceinture et la route en Afrique Francophone s'est tenu le jeudi 26 mai 2022 et a débuté par la présentation brève du rapport de la journée du 25 mai 2022. Elle s'est suivie par l'allocution d'ouverture par **Vincent NKONG-NDJOCK**, inspecteur général nucléaire, commissariat atomique (CEA) et j'en passe. Il a eu la lourde responsabilité de représenter **M. Perrial NYODOG**, président de Gulfcam qui n'a malheureusement pas pu répondre à l'invitation. En effet, M. Vincent NKONG-NJOCK à tenu à rappeler dans cette allocution l'importance qu'il y avait de regarder un certain nombre d'actions ainsi qu'un certain nombre d'aspects tant au niveau économique, financier et de développement dans la coopération avec la Chine. Etant donné que la chine est un partenaire qui apporte à différents niveau un soutien, semble-t-il, différent de ce que l'on a toujours reçu de certains partenaires, la difficulté pour un pays comme le Cameroun réside dans des clés susceptible de capitaliser de manière gagnante ce que offre ce partenaire pas comme les autres. En substance pour lui, la tache étant extrêmement ardue, il est nécessaire d'analyser finement comment coopérer avec la chine pour assurer la durabilité de notre développement et ne pas rater le train dudit développement.

Monsieur Nkong-Njock a ainsi déclaré ouvert les activités de cette deuxième journée du colloque international en rappelant à tous que la tâche n'est pas facile et surtout, nous devrions tous interagir pour permettre d'avoir une meilleure vision de notre coopération avec la chine et de pouvoir mieux envisager par la suite comment sortir de la situation dans laquelle nous nous trouvons aujourd'hui.

Très intense, les agapes intellectuelles de cette deuxième journée était organisées autour de trois sessions, et dont les deux premières étaient organisées chacune en deux sous axes, et la dernière session était animé dans un panel unique.

PREMIERE SESSION : LA PREMIERE SESSION INTITULEE PLAN DE DAKAR SUR LA COOPERATION ECONOMIQUE ET L'INITIATIVE LA CEINTURE ET LA ROUTE

La première session intitulée plan de Dakar sur la coopération économique et l'initiative la Ceinture et la route a débuté à 8h40 et comportait deux axes. Le premier axe était intitulé la ceinture et la route et la ceinture Chine-Afrique francophone avec comme modérateur le **Pr EBA EBE**, professeur titulaire, chef de département Banque monnaie finance à l'institut des relations internationales du Cameroun (IRIC).

Axe 1 : La ceinture et la route et la ceinture économique Chine-Afrique francophone

Comme premier intervenant, nous avons eu **M. XU HUAJIANG**, general manager of central africa division of CHEC. M. XU HUAJIANG presents his speech on the implication and the promotion of African Development and " Belt and Road" construction. He begins his speech by recalling that, the Belt and Road initiative proposed by Président XI Jinping of the people's Republic of China in 2023 received positive response from Countries around the world. Responding to the initiative, China has signed more than 200 cooperation documents with 149 countries and 32 international organisations to jointly accomplish the project. He proceeds by making a historical feedback whereby, he underlines that in the 1950s and 60s African countries have Liberated themselves from colonial domination, and set on the path of independent development thereby entering the world political arena as emerging power. To conclude his speech, he mentions that CHEC sincerely hope to join hands with all the presented elites to strengthen exchange and cooperation between government and enterprises. " The more you want to see, the deeper you enter the forest ".

S'en est suivie la communication du **Dr Julien EKOTO**, enseignant de droit public à l'Université de Douala intitulé : « l'équilibre dans la coopération économique Chine-Afrique ». dans cette communication, l'intervenant met en lumière l'élargissement du champ d'intervention de la Chine-Afrique, qui a pour objectif de réaliser le projet du Président XI JINPING. Selon lui, certains pensent que la Chine est une opportunité et pour d'autres, la Chine constitue une menace. De plus, les plus optimistes croient que l'égalité de gain est bidimensionnelle. D'une part, la Chine est un acteur stratégique en termes de marché et d'opportunités. D'autres part, la Chine apparait comme un modèle de développement alternatif au regard de son potentiel économique et matériel. L'auteur s'interroge donc la question de savoir s'il est possible de « *parler d'un équilibre dans la coopération économique entre la Chine et les Etats de l'Afrique francophone ?* » A cette question, il avant l'hypothèse selon laquelle la coopération qu'entretiennent la Chine et les Etats d'Afrique francophone donne à priori, l'idée d'un partenariat apparemment équilibré qualifié de « gagnant-gagnant ». Mais la réalité pourrait être toute autre. Il recommande aux pays africains de diversifier davantage leurs économies, afin qu'elle ne repose plus que sur les ressources naturelles.

A sa suite, le **Dr Ronie NGWENKUE**, a présenté une communication intitulée « *Financial sector development and structural transformation in the BRI*». Dans cette communication, il analyse l'effet du secteur financier sur la Transformation structurelle.

Le **Dr Bernard NGUEKENG** à travers sa communication intitulée : « les échanges commerciaux avec la Chine favorisent-ils l'industrialisation des pays de l'Afrique francophone ? » recommande la promotion des importations des équipements en provenance de la Chine tout en réduisant celles des produits finis, afin de limiter considérablement les exportations des matières premières et donner la valeur à ces dernières avant leurs exportations.

L'avant-dernière intervention de ce panel introductif était celle du **Dr. Claude Aline ZOBO** intitulé La coopération commerciale sino-africaine, du plan d'action de Beijing au plan d'action de Dakar : enjeux et opportunités pour la ZLECAF. En s'interrogeant sur les aboutissements et implications du FOCAC sur le développement commercial de l'Afrique, où elle à articule ses analyses d'abord au tour des acquis ou réalisations du FOCAC depuis le plan d'action de Beijing, en suite la plus-value du plan d'action de DAKAR et enfin le rapport entre le plan d'action de Dakar et la ZLECAF, le Dr. Aline rappel la nécessité d'être méfiant et prudent dans cette coopération car la coopération commerciale sino africaine expose, à mesure qu'elle évolue, les pays africains à de nombreux risques. Plus spécifiquement, la forte dépendance vis-à-vis de la Chine rend les pays africains très vulnérables aux modifications de l'environnement économique en Chine ou aux chocs potentiels qu'elle peut subir.

Ce premier panel de la journée s'est achevé par la contribution du **professeur MELINGUI AYISSI Norbert Aimé** de l'université de Douala dans, La chine au Cameroun : Stratégie de déploiement et coopération commerciale. Le Pr. a ainsi fait l'état de la politique d'insertion observé dans les stratégies de déploiement de la Chine à des fins de coopération commerciale au Cameroun. En questionnant la progression et la détermination d'objectifs communs mais inéquitables à la suite de plusieurs accord consentis entre les partenaires historiques de la Chine, le prof Norbert Ayissi nous a fait comprendre qu'en tant que puissance économique émergente, la Chine ne cesse de renforcer et d'élargir ses relations d'amitié et de coopération avec les pays africains et c'est dans cette mouvance que la Chine et le Cameroun vont entreprendre des échanges commerciaux multiformes.

Axe 2 : La ceinture et la route et le développement économique en Afrique francophone : entre promesses et réalités

Le deuxième axe de cette première session avoir pour thématique centrale la ceinture et la route et le développement économique en Afrique francophone : entre promesses et réalités coordonné par le Professeur Yves Paul Mandjem, ce deuxième axe fut animé par le **Dr. Moudjaré Helgath Bybert** de l'université IBN Tofail du Maroc, le **Dr. Sotherie Mengue OLEME** de l'université de Douala, le **Dr. NDIKEU NJOYA Nabil Aman** de L'institut des relations internationales du Cameroun, le Dr. François-Xavier Elong Fils et **le Dr. Romuald Francis MVO'O**. D'entame, la communication du Dr. Moudjaré Helgath Bybert intitulé « Non-linéaire entre les investissements direct étrangers chinois et les inégalités de revenus en Afrique francophone : Un Survey de la littérature économique » s'est articulé autour de trois parties, un contexte de l'étude, l'Etat de l'art et des recommandations. Après avoir mis en lumière les investissements directs étrangers (IDE) chinois qui se sont accentués durant les années 2000 en Afrique, le Dr. Moudjaré pense que la Chinese Belt and Road Initiative (BRI) est une structure destinée à la construction d'une coopération entre la Chine et l'Europe, a encouragé les investissements directs étrangers Chinois. Le Dr a mis en exergue une revue de littérature sur son objet en mettant en avant les fondements de la relation entre les IDE et les inégalités de revenus : une analyse théorique dans laquelle il fait ressortir la théorisation de modernisation et la théorie de la dépendance et des systèmes mondiaux. Par la suite, un état empirique a été fait que le Dr a intitulé les IDE et les inégalités de revenus. En effet, dans cet état, il ressort d'abord les études qui soutiennent un effet positif des IDE sur les inégalités de revenus. Ensuite, un autre groupe de chercheurs démontrent que les IDE ont un effet négatif sur les inégalités de revenus. Enfin, les études qui mettent en évidence une relation sous forme en U inversé. En conclusion, le Dr est revenu sur l'analyse de la littérature économique qui montre qu'il n'existe pas d'études sur la relation non linéaire entre les IDE chinois et les inégalités de revenus en Afrique Francophone. De plus, selon lui, les études théoriques et empiriques ne s'étendent pas sur les effets des IDE sur les inégalités de revenus. De manière générale, sa communication permet de savoir si les Etats d'Afrique francophone doivent continuer ou pas la politique d'ouverture pour la réduction des inégalités des revenus.

Après cette présentation du Dr MOUDJARE Helgath Bybert, la parole a été passée au Dr Sotherie MENGUE OLEME, pour présenter sa communication intitulée « Perception et retombées du projet de la Ceinture et la Route en Afrique ». En effet, elle s'est interrogée sur comment la Chine, avec cette nouvelle route de la soie, peut contribuer au développement de l'Afrique ? En d'autres termes, elle se demande quel est l'opportunité qu'offre l'initiative de la Ceinture et de la route à l'Afrique ?

Le Dr. NDIKEU NJOYA Nabil Aman, enseignant au département d'économie internationale de l'IRIC, analyse à travers l'intitulée « les nouvelles routes de la soie et la croissance économique en Afrique subsaharienne : analyse du canal des infrastructures de transport », le contexte de la croissance économique en Afrique Subsaharienne au début des années 2000 ainsi que sa restriction depuis les années 2005 à travers l'extraversion des économies africaines liée au déficit infrastructurel. Le projet de route de la soie possède des externalités positives en termes d'échanges et une stimulation des échanges vers d'autres régions du monde.

Le Dr. François-Xavier Elong Fils a ensuite mené une analyse sur la ceinture sino-camerounaise au regard du développement Local : une lecture selon les critères de la sécurité humaine. S'interrogeant sur la conformité des mesures prises par la ceinture sino-camerounaise aux critères de la sécurité humaine, le Dr. précise que les relations entre la Chine et le Cameroun sont plurielles et associées au renforcement mutuel des dynamiques orientées sur des préoccupations majeures à l'instar du développement local. La ceinture sino-camerounaise envisage le bon fonctionnement des institutions en général et du secteur local en particulier. En recherchant des financements pour assurer en partie la gouvernance, cette ceinture se positionne comme un référentiel approprié à la promotion des valeurs locales et la responsabilisation accrue des acteurs selon le modèle de l'empire du milieu. Le soutien du gouvernement chinois à de telles initiatives s'inscrit dans le cadre de la sécurité humaine pour un développement archipélagique des territoires pour éloigner l'homme de la peur et du besoin. Cet assemblage apparait comme un maillon essentiel de la gouvernance locale aux fondements multiples en vue de réaliser les projets sociaux et environnementaux.

La présentation du Dr. Romuald Francis MVO'O intitulé l'empire du milieu et la diplomatie des infrastructures sportives en Afrique noire francophone : cas du palais des sports de Yaoundé a clôturé cet axe et cette première session. Il a présenté la chine comme modèle de promotion d'un pays à l'assaut du développement des pays noirs francophones via sa diplomatie des infrastructures sportives. En prenant le palais polyvalent des sports de Yaoundé comme cas d'étude, le Dr. fait un état des lieux de la diplomatie infrastructurelle chinoise au Cameroun où il questionne les mécanismes d'octroi de ces œuvres et bien évidemment il a ressorti la plus-value de ce joyau architectural entre les deux pays.

DEUXIEME SESSION : PLAN DE DAKAR POUR LE DEVELOPPEMENT VERT ET L'INITIATIVE LA CEINTURE ET LA ROUTE

Toute comme la première, elle s'est organisée en deux axes majeurs :

Axe 01 : la transition vers l'économie verte

Ce premier axe débute par l'entame des propos du modérateur **Vincent NKONG-NJOCK**. Ce dernier a tenu à mettre l'accent sur deux éléments importants qui permettent de comprendre et d'expliquer la place centrale qu'occupe la chine dans la sphère économique :

De plus en plus les importations de la Chine sont importantes avec des produits manufacturés contrairement à l'Afrique

L'amélioration des technologies n'est possible que par la maitrise de l'énergie (développement énergétique).

Le premier intervenant ici était donc **Hubert OTELE ESSOMBA**, Expert en haute finance (Institut haute finance France, Université Paris I panthéon Sorbonne, Université Paris II Assas). Dans une présentation bien assez remarquable, Monsieur Hubert OTELE ESSOMBA a relevé que son objet d'étude portait sur la question du « *financement des économies des infrastructures en Afrique* ». S'inscrivant dans cette lancée, ce dernier a tenu à rappeler que la Chine représente à elle seule près de 10% (à vérifier) du PIB mondial. De plus, elle est reconnue comme le 1er importateur mondial ainsi que le 2eme investisseur de la planète. Ce dernier souligne par la même occasion que la banque à elle seule ne permet pas de mesurer le montant total de l'investissement chinois. Elle est un indicateur insuffisant de l'investissement de la Chine. A la suite il a également tenu a souligné que le marché financier de la chine est contrôlé par l'Etat (le parti communiste).

Le développement de son intervention s'est fait en deux points principaux :

Le fondement, source de motivation du développement économique de la Chine est son désir de revanche et son mode d'investissement.

Les secteurs prioritaires du financement de l'économie chinoise, les besoins de l'économie chinoise africaine.

Selon lui, la banque africaine de développement a défini des infrastructures prioritaires estimées à 63 milliards. Les pays africains quant à eux ne disposent que de 37% des dépenses en dotation d'infrastructures, outre l'intervention dominante de la Chine.

Limites

Les limites soulevées par monsieur Hubert OTELE ESSOMBA sont au nombre de deux :

Les solutions de remboursement sont très questionnables (les pays africains s'entrouvrent lourdement endettés à cause de cette manière de faire.

Il pense d'ailleurs qu'il est impératif de contracter « *la bonne dette* ».

En guise de conclusion de sa communication, Monsieur Hubert OTELE ESSOMBA a choisi d'ouvrir un débat centré sur la question de savoir : Est-ce que c'est une politique au développement ou s'agit-il d'une aide ?

A sa suite, la **Professeure Annie WAKATA**, Directrice de l'Ecole Normale

Supérieure a développé un exposé sur l'importance de la maitrise des matériaux dans le développement technologique. Dans le cadre de cette communication, madame Annie WAKATA a tenu à rappeler que le Bit est un outil important permettant de stocker des informations sur une mémoire. Suite à quoi, elle a introduit une problématique visant à rappeler qu'il existe un manque de chercheurs pluridisciplinaires pour gérer ce réseau. Par ailleurs, elle porte une critique sur le caractère numérique des technologies et propose de les maitriser à travers les photos voltaïques. Elle estime par ailleurs que l'on peut développer des outils théoriques en prévoyant la résistance des matériaux à des couts moindre. Tout comme l'on se sert des transports pour partir d'un point du globe à un autre, l'on devrait se servir des matériaux pour développer la technologie. En guise de conclusion, madame Annie WAKATA a tenu à souligner que les jeunes semblent être entrés dans cette économie nouvelle par effraction car ils n'ont pas la maitrise de ce domaine.

En tant que derniers intervenants de cet axe, le **professeur Faustin KENNE** et son assistant ont quant à eux fait, une immersion dans le domaine agricole, à travers une communication intitulée : « *Economic cooperation between Chine and francophone countries in Africa : Case of sino-cameroonian agriculture cooperation* ». Leur présentation s'est ainsi faite en deux parties. Mais avant d'y arrivé, ils ont fait une brève présentation de l'état des relations sino-africaine dans le domaine de l'agriculture et de l'élevage. Pour eux, les investissements chinois s'intéressent énormément à l'élevage. Ils soulignent que la cooperation sino-africaine dans ce domaine vise à résoudre le problème de l'insécurité alimentaire et a aider les Etats africains à résoudre cette problématique. Pour ce faire, la Chine procède à la distribution d'un nombre important de denrée alimentaires

AXE 2 : biodiversité, ressources naturelles et protection de l'environnement

Dans l'entame de ses propos, le **professeur BOUNOUNG FOUDA**, modérateur du deuxième axe de la deuxième session, a tenu à rappeler que le projet « la ceinture et la route » n'est pas nouveau. Il a juste été réactualisé par Xi Jinping, le président actuel de la république populaire de Chine. Il a par la suite introduit dans l'ordre, l'ensemble des intervenants.

Le premier était **Dr BELLA MESSINA** qui s'est intéressé aux implications de la Chine dans la sécurisation maritime des côtes de l'Afrique : entre stratégies hétéroclite de puissance chinoise et opportunités africaines de développement. Pour le Dr BELLA MESSINA, la puissance maritime chinoise s'inscrit dans l'entre deux :

- Tout d'abord son offensive géopolitique et une perspective douce. Dans la stratégie chinoise les éléments d'analyses sont fondés autour du respect des initiatives africaines (AIM) et afin de mobiliser une force navale puissante pour commercer avec le reste du monde.
- La chine envisage une extension maritime hégémonique afin d'ouvrir les horizons du marché mondial

La deuxième intervention fut celle du **Dr TECHIMO TEFEMPA**. Dans « Investissements chinois en Afrique centrale : quand la quête des ressources naturelles entachent des relations idylliques », l'intervenant met l'accent sur l'étendue de la domination industrielle et énergétique chinoise qui, bien que n'ayant pas une visée impérialiste s'inscrit dans une trajectoire de désastre écologique, de confrontation brutale. Il démontre par ailleurs que les investissements chinois dans le domaine des ressources naturelles suscitent des effets pervers fragilisant progressivement l'image de l'empire du milieu au sein de l'opinion publique africaine. En guise de recommandation, il propose donc au nom de la fraternité et de l'amitié qui lie les deux communautés, de s'attaquer à ces maux qui minent les relations sino-africaines jusqu'ici pacifiques.

Comme troisième intervenant, **Dr. Arnaud FOLLY** dans : « le dilemme de conformité de l'exploitation minière de la chine au Cameroun : esquisse de solutions », offre une grille de réflexion à partir de laquelle l'exploitation minière de l'Afrique apparait comme un socle de l'économie. Le Cameroun, en tant que site dispose d'atout minier dont les enjeux géopolitiques et géostratégiques, géoéconomiques, géo-sociaux et géoculturels sont porteurs de rentabilité et de plus-value. L'exposant a d'abord tenu à rappeler que malgré que le secteur minier soit un socle important pour le développement de l'Afrique, celui-ci est perçu comme une malédiction. Il souligne ensuite que le sous-sol camerounais est certes riche mais fait face à de nombreux défis. Enfin, il met un point d'honneur a démontré que l'initiative « la ceinture et la route » se pose comme une solution pour une capitalisation du secteur minier au profit de l'Afrique. Toutefois, il démontre qu'outre l'attractivité des investissements que requiert l'exploitation minière, un travail de fond s'impose au niveau de la gouvernance minière en veillant sur la responsabilité sociale des entreprises minières.

Dans « Les entreprises privées chinoises aux défis d'exploitation et d'aménagement des forets à l'Est-Cameroun : le cas de « VICWOOD THANRY GROUP dans la localité de Bekomo » Dr Alain Thomas ETAMANE MAHOP, quant à la lui, a choisi de mettre en relief « l'action des entreprises chinoises dans l'exploitation forestière ». C'est un levier de l'économie camerounaise dans lequel la Chine s'investit. La Chine est en phase de devenir l'un des plus grands exportateur du bois camerounais. Toutefois, malgré une gestion normative des forets, l'exploitation forestière illicite s'accentue ayant de graves conséquences pour l'économie camerounaise.

Pour sa part, le **Dr Lionel DJIBIE KAPTCHOUANG** dans « Cooperation Chine-Afrique et luttes contre les changements climatiques », observe que l'Afrique accuse un énorme retard et perçoit son réveil à partir de l'horizon 2063. Dans ce carcan, la Chine offre des perspectives dans la lutte contre les changements climatiques au regard des enjeux internationaux sur la question. La contribution chinoise porte dans les trajectoires du développement vert à travers une plateforme de débats et de programmes. Cette stratégie de relance verte met un point sur les énergies renouvelables à travers des financements tels que développés au plan de Dakar.

La sixième et dernière intervention de cet axe fût actée par **jean Emmanuel MINKO**. Dans : « Quand le projet de l' « initiative la ceinture et la route » pénètre le champ de l'action publique climatique en Afrique : le cas de la CDN au Cameroun », Monsieur Jean Emmanuel MINKO structure sa communication sur les trajectoires du développement vert dont les fondements ont été posés par Xi Jinping à travers une lutte contre les changements climatiques et la protection de l'environnement avec un cout d'investissement estimé à 14000 millions de dollar.

TROISIEME SESSION : PLAN DE DAKAR POUR L'ECONOMIE TECHNO-NUMERIQUE, LE DEVELOPPEMENT INFRASTRUCTUREL ET L'INITIATIVE LA CEINTURE ET LA ROUTE

Animée dans un axe unique, cette troisième session a été introduite par le modérateur, le Pr **Emmanuel WONYU**. Le premier texte présenté était intitulé : *« La Chine, la route, l'Afrique, et la technologie : une géopolitique critique du devenir* *technologique africain. Entre agilité et fragilité* » co-rédigé par le **Pr Mathias OWONA NGUINI**, Université de Yaoundé II et **Auxence Augustin KOA**, doctorant, Université de Dschang, les auteurs montrent que les nouvelles routes de la soie mettent en évidence la montée en puissance technologique de la chine qu'elle offre à ses partenaires. Les relations technologiques entre la Chine et le Cameroun portent sur des sites agricoles sécuritaires et de surveillance. La Chine veut faire valoir son modèle de modernisation technologique qui s'observe dans le marché de la télévision numérique terrestre. Il faut noter que la Chine est héritière du système monde capitaliste hégémonique inégalitaire. Et le système gagnant-gagnant devrait prendre en compte la capacité des Etats africains à mobiliser leurs intérêts pour sortir des griffes des coopérations classiques.

Le deuxième texte intitulé « Huawei engagement in Africa and the Belt and Road initiative », fut présenté par **M. ZHANG**, Manager de Huawei. Il a démontré que cette entreprise agit, à travers son large réseau d'implantation dans les secteurs technologiques, les infrastructures, pour promouvoir la croissance économique. En outre, ce réseau d'entreprise accentue le niveau numérique du Cameroun à travers des projets de viabilisation de la téléphonie mobile. En plus la surveillance numérique a été mise en place à travers une variété de négociation avec les services publics.

Pour sa part, dans « La coopération Chine-Afrique : transfert de technologies et le développement des routes digitales », Le **Dr Manfred KOUTY** met en évidence des trajectoires théoriques et pratiques sur les routes digitales en Afrique et présente les enjeux pour l'Afrique perçus au plan technologique à travers des investissements de plus de 1000 milliards de dollar, portant sur le câble, les satellites. Il est donc urgent de passer à une transformation structurelle prudente à travers la route digitale, orientée autour de l'E-Développement, du E-Commerce et des Satellites pour réduire le cout des communications. Le projet phare devrait prendre en compte l'accès à l'éducation pour un véritable transfert de technologies.

Charly MENGUE dans « Analyse de la cooperation économique Chine-Afrique francophone dans le développement du numérique : une évidence du Cameroun vers un avenir prometteur », co-rédiger avec le **Pr Benjamin FOMBA KAMGA**, relève que la collaboration Chine-Afrique est bâtie autour du cadre numérique, de la croissance économique dans le cadre de la critique des vieilles coopérations. L'idée d'une telle cooperation vient de ce que l'Afrique ne parvient pas encore a usé de façon optimale de ses ressources. Dès lors, de nouvelles avancées du forum Chine-Afrique pour le développement insistent sur la révolution numérique et l'émergence d'un vaste champ de communication, que l'on perçoit avec la fibre sous-marine, la Visio-surveillance, la télévision numérique octroyées à l'entreprise Huawei. Il faut noter que des conventions numériques ont été signées entre la chine et le Cameroun dans le but d'accroitre l'offre numérique et la stabilité cybernétique.

L'avant dernier intervenant, Le **Dr Mbida ONAMBELE** présente la cyber-stratégie chinoise pour déconstruire l'hégémonie américaine du contrôle de l'espace, car il est commun et non pas bâti sur le principe de la domination.
A travers le principe de la souveraineté cybernétique, la chine construit un univers ouvert ou autant d'Etats s'interconnectent pour surenchérir du joug américain et des assauts occidentaux. Dans Son texte « Construire la stabilité cybernétique : l'exemple qui vient de Chine », il affirme que dans le registre de l'expansion cybernétique, la Chine s'ouvre à d'autres unités pour construire une nouvelle philosophie stratégique spatiale afin de s'imposer comme un hégémon-cybernétique non conforme à la doctrine occidentale.

Enfin, le **Dr Martial KADJI NGASSAM** a fait une présentation sur « La contribution du digital au maintien des relations commerciales Chine-Cameroun pendant la fermeture des frontières due à la Covid-19 ». Il démontre comme l'enjeu du digital été perçu pendant la période Covid-19, pour maintenir les relations commerciales. Mais urgent il est de franchir le pas de la révolution technologique, pour une maitrise efficace du digital.

CHAPITRE III : RAPPORT DU VENDREDI 27 MAI 2022, TROISIEME JOURNEE DU COLLOQUE

Ce 27 Mai 2022 à 8h30 débutait à la prestigieuse salle du palais de congrès la 3ème et dernière journée du colloque internationale sur l'initiative la Ceinture et la Route en Afrique francophone. D'entame, elle a été marquée par le discours d'ouverture du **Pr Foe NKOLO** remplaçant le Pr Mathias Éric OWONA NGUINI. Un mot qui marquait de manière claire l'ouverture des sessions. Ainsi, de 8h40 à 10h s'est tenue la 4ème session.

QUATRIEME SESSION : PLAN DE DAKAR POUR LE DEVELOPPEMENT SOCIO CULTUREL ET L'INITIATIVE LA CEINTURE ET LA ROUTE

Cette quatrième session fut animée en deux axes majeurs.

Axe 1 : Le développement social le long de la Ceinture et la Route chinoise en Afrique francophone : être pauvre et à a mode ?

Le modérateur de cet axe était le **Pr Roger MONDOUE**, philosophe, logicien épistémologue. La première communication de ce premier axe a été présenté par la **Dr Mariette EDIMO** (IRIC), intitulée Coopération décentralisé Chine-Afrique et échange humain. Dans cette communication, la Docteure est revenue sur la conférence afro-asiatique de Yalta tenue en 1945 et qui avait pour objectif la reconstruction d'un nouvel ordre économique. A travers cette conférence, les Etats colonisés donnaient leurs modes de pensée et de développement. Dans sa première articulation, elle a analysé la perception africaine sur la coopération décentralisée Chine-Afrique. Dans laquelle, elle a mis en exergue la charte africaine de l'Union Africaine qui prône que les États locaux, communes d'un même pays. Pour ce qui est du cas du Cameroun, c'est le code de décentralisation qui apparait être l'instrument de la perception que le Cameroun a de la décentralisation. Selon ce code, la coopération circule entre deux communes d'un même État. Elle a poursuivi son explication de la perception africaine sur la coopération décentralisée, en citant le Mali, pays dans lequel la loi malienne de 2017 portant code des collectivités territoriales stipule que doit se nouer des partenariats avec d'autres communes. En gros, les pays africains ont une perception similaire. Quant à la perception chinoise sur la coopération décentralisée, l'intervenante a toiletté son argumentaire en donnant un exemple de plus 2500 gouvernements de districts y compris les villes ayant le statut de district et environ 45000 gouvernements municipaux et cantons. En effet, l'Etat chinois s'est démarqué à travers son économie forte. Bref, la perception n'est pas la même que celle de l'Afrique. Enfin, la communicante n'a pas manqué de faire des recommandations comme celle selon laquelle, les deux parties à savoir la Chine et l'Afrique doivent redéfinir la coopération décentralisée.

Par la suite, la parole a été accordée au deuxième communicant à l'instar du **Pr Alphonse NTONYE**, Chef département des sciences du langage à l'université de Yaoundé I. Sa communication avait pour thème : « *la coopération dans l'éducation et l'enseignement supérieur entre la Chine et l'Afrique : quelle (s) interaction (s) pour quel partage de connaissances ?* » Dans cette communication, le Professeur veut d'emblée lier le projet de l'initiative et la Ceinture avec celle de la renaissance africaine. Son propos a été axé sur deux questions. La première, est-ce que la BRI est pertinente pour l'Afrique ? Une question qu'il a répondue par un « OUI » ferme. Quant à sa deuxième question, elle portait sur comment l'Afrique s'approprie cela ? A cette question également, l'intervenant a mis un accent sur les ressources humaines de qualité, sur la mise en œuvre des réformes de l'enseignement supérieur, sur le développement des stratégies de formation, sur le développement du système d'emploi. En gros, sa communication avait pour objectif prioritaire de mettre un accent sur les financements massifs sur le plan universitaire. Car la Chine a bien intégré que le développement passe par une formation humaine de qualité.

Comme troisième intervenant, **Mr Aimé Protais BOUNOUNG NGONO**, qui à travers une thématique intitulé « *le triangle de prospérité : liens entre la Ceinture et la Route, le tourisme et le développement local en Afrique francophone* », pose comme problématique centrale comment faire socialement ou sociétalement que l'initiative la Ceinture et la Route ne soit pas du chinois ? Comme élément de réponse le communicant a élaboré un concept systémique, celui de triangle de prospérité. En effet, il s'agit pour les projets de développement de prendre en compte l'humain et le développement durable. En résumé, il pose la question du comment faire le tourisme durable. Il émet deux hypothèses théoriques parmi lesquelles, le triangle de prospérité permettrait de renforcer les liens d'échange, d'amitié. Ce qui conduirait à instaurer une sécurité humaine.

Le **Dr. Soulemanou AMADOU** à travers une analyse sur l'assistance et aide publique au développement de la Chine en Direction du Cameroun : dynamique, enjeux et perspectives, il a questionné l'utilité de l'aide en se demandant si ce n'est pas un outil de domination et de pérennisation de la dépendance. Il a donc mis en lumière la dynamique d'évolution, de variation et de densification de l'aide publique au développement octroyé par la chine en direction du Cameroun.

Les **Dr. Aurel Malaury AFAGA** et **Billy Arthur NGANDJI** ont tenu à rappeler que, si l'initiative la ceinture et la route existe c'est d'abord pour les besoins personnels de la chine qui est en quête de ressources naturelles de l'Afrique et dont le Cameroun en dispose considérablement. Ils se demandent donc si le Cameroun qui entre dans un rapport avec la Chine dans l'exploitation minier ne tombera pas dans le piège de la duperie où les populations locales hébergent ces ressources n'en seront pas bénéficières. Ils recommandent donc que :

Il faudrait pousser les dirigeants de l'Etat chinois à inciter leurs entreprises à intégrer et implémenter véritablement le principe de développement vert dans leur action d'exploitations des ressources naturelles au Cameroun,

Militer dans le cadre de l'initiative pour une mutation du paradigme binaire (Etat Chinois-Etat Camerounais),

Coopérer dans l'exploitation des ressources naturelle tant au niveau national que local, afin de mieux garantir un développement durable.

Le **Dr. Georges ETOA OYONO** de l'Université de Ngaoundéré dans sa communication intitulée : la promotion d'une coopération sociale gagnant-gagnant en matière de santé entre la Chine et les pays d'Afrique Centrale, a relevé que l'influence de la chine en Afrique porte à la fois sur les domaines économique, diplomatique, géostratégique, mais aussi culturelle et sanitaire. S'agissant du plan sanitaire, c'est depuis plus d'un demi-siècle que la République Populaire de Chine a démontré son désir d'approfondir sa coopération avec l'Afrique. En questionnant les caractéristiques de cette coopération sanitaire entre le géant asiatique et l'Asie centrale, il revient sur les défis opérationnels auxquels elle est confrontée. Ces défis, il les a résumés en la nécessité d'une franche collaboration dans la construction des infrastructures sanitaires ; la régulation ou le contrôle stricte des activités chinoise (la médecine chinoise) en Afrique ;

l'extension de l'exploitation de l'innovation scientifique et technologique au bénéfice de nombreux pays africains et enfin juguler la forte dépendance à la Chine en médicaments et équipements médicaux.

Cette quatrième session du colloque s'est poursuivie avec le deuxième axe intitulé culture et diversité : contact, dialogue et replis.

Axe 2 : culture et diversité : contact, dialogue et replis

Cet axe modéré par le Pr. Armand Leka a été animé par les interventions le **Dr. Patrick Romuald JIE JIE** de l'université de Bertoua, **Roméo ONDOUA SEME** et **Leila MANDOU** de l'Université de Yaoundé II, les **Dr. HASSANA** et **Thérèse MVOTO** de l'Université de Ngaoundéré, le **Dr. Julien Fils EKOTO EKOTO** et enfin monsieur Bouba Oumarou Aboubakar de la Xi'an university of science and technology-china.

Le premier intervenant de l'axe 2 était le Dr Patrick Romuald JIE JIE de l'université de Bertoua qui a présenté une communication intitulée L'enracinement culturel traditionnel chinois comme de développement : quelles leçons pour l'Afrique ? Dans cette communication le Dr analyse les éléments fondamentaux de l'enracinement en partant du christianisme. Toutefois, la Chine a su garder sa culture comme modèle de développement. Sa communication part d'un constat, celui du problème culturel en Afrique. De manière spécifique, le problème de la culturation (en Afrique est une réalité), le problème de langue en Afrique (abandon des langues africaines), le problème de l'art africain (relever au second plan). Il pose la question de savoir qu'est-ce que le modèle chinois peut aider au développement africain ? Il donne trois éléments de réponses en s'appuyant sur la Chine qui est adossé sur le confucianisme, le bouddhisme, le taoïsme. Qu'est-ce que l'Afrique peut retenir de cela. L'Afrique peut se développer sans pour autant se fermer au reste du monde. Il conclut son propos en disant que la Chine s'est ouverte au monde tout en gardant sa culture.

Roméo ONDOUA SEME et Leila MANDOU, dans une communication intitulée : « *la diplomatie culturelle chinoise à l'épreuve de la diversité culturelle camerounaise* », insistent sur les rouages au travers desquels, la culture chinoise se pose et s'impose considérablement dans les imaginaires socio-culturels camerounais. Ils observent que le dialogue culturel, produit de la rencontre entre les deux espaces, se fait à sens unique. Ainsi pour eux, alors que les camerounais s'intéressent de plus en plus à la culture chinoise, à travers la consommation du *Made in China* et la valorisation du China Way of Live, l'on observe à l'inverse un repli culturel de la part des chinois vivants au Cameroun. Ceux-ci vivent en vase-clos, fréquentent très peu les restaurants et lieux de loisirs camerounais. A la fin de leur communication, ils s'interrogent s'il faut se méfier où se réjouir de cette pénétration de la culture chinoise dans le vaste champ culturel camerounais, alors que celui-ci ne s'est pas encore relevé des coups coloniaux.

Le Dr HASSANA de l'Université de Ngaoundéré, a été introduit pour présenter sa communication sur le thème Perception de la Chine dans la philatélie africaine post-coloniale : une analyse à partir des images ethnographiques du timbre-poste au Cameroun. Il part du constat que plusieurs timbres-poste ont des éléments chinois. Il fait donc une analyse ethnographique des timbres-poste et des images. En effet, le Dr trace le parcours des timbres-poste partant de la période du Président Ahmadou Ahidjo, qui a son époque entretenait déjà des rapports d'amitié avec la Chine. Cette collaboration s'est poursuivie dans les années 1982, avec le Président Paul BIYA. Ce qui s'observe par des infrastructures telles que le palais de port, la pose de 3200 km de fibre optique etc. De manière générale, le timbre-poste est un instrument pour comprendre la coopération entre la Chine et le Cameroun.

Le Dr. Thérèse Mvoto dans son analyse sur *la promotion de la culture sportive chinoise au Cameroun : une appropriation par le bas dans la ville de Ngaoundéré*, a tenu à rappeler qu'aucune étude antérieure n'a été réalisée sur les incidences de la promotion de la culture sportive chinoise sur la population de la ville de Ngaoundéré. Pourtant depuis 1990, il se remarque une croissance exponentielle des clubs des arts martiaux chinois dans les villes camerounaises. Si non, on peut noter quelques marques d'appropriation de la culture sportive chinoise par les populations locales de Ngaoundéré. Il s'agit de :

L'utilisation des modèles autochtones ou d'images dans l'industrie de la mode, de la publicité ou du cinéma

L'utilisation de la médecine traditionnelle et des pratiques de santé chinoise par les populations peules

L'exhibition des artefacts chinois dans la ville de Ngaoundéré

Le Dr. Bouba Aboubakar dans sa communication sur la prise en compte des différences culturelles dans les projets de « la ceinture et la route » en Afrique, a présenté les différents risques liés aux différences culturelles dans la réalisation des affaires. Il a résumé ces risques dans le gap communicationnel, les risques sociétaux, le climat, les différences culinaires et vestimentaires, le style de management et les différences religieuses. Il a fini en faisant une série de recommandations pour la prise en compte de ces différences culturelles dans les projets de la route de la soie.

Le Dr. Julien Fils pour terminer les communications de ce panel, a présenté la coopération culturelle et scientifique à travers l'institut Confucius à l'aune de l'initiative la ceinture et la route en Afrique en s'interrogeant sur l'adéquation de l'institut Confucius avec l'ambition qu'affiche cette initiative. Il montre que la Chine à travers son institut Confucius manifeste sans cesse le souci de ne pas apparaitre comme une nouvelle puissance colonisatrisatrice avec le projet BRI. Mais elle veille à ce qu'elle soit vue comme un dialogue sud-sud sous-tendu par la logique « gagnant-gagnant ». En d'autres termes, il relève que la mise en place du projet culturel de création d'Instituts Confucius par la Chine sous-tend une certaine vision du monde, laquelle prendrait appui sur les éléments constitutifs du confucianisme qu'on trouve dans la société, notamment l'égalité dans les rapports hiérarchique de la société.

CINQUIEME SESSION : SECURITE DE L'ETAT ET ETAT DE SECURISATION DANS LE PLAN D'ACTION DE DAKAR ET L'INITIATIVE LA CEINTURE ET LA ROUTE

Cette cinquième session fut également animée en deux axes.

Axe 1 : Etats, gouvernance et actions publiques en Afrique francophone dans le temps chinois

Cet axe a été introduit par le **professeur Stéphane NGWAZA**, qui a procédé à la présentation des différents panelistes et de leur spécialité. Cinq points essentiels ont été abordés :

L'Etat africain dans les métaphores de la route de la soie, **Dr Thomas d'Aquin MBIDA ELONO**, Enseignant de droit international à l'université de Yaoundé II,

Le Docteur a tenu a rappelé que l'objet de sa communication porte sur « *L'Etat africain dans les métaphores de la route de la soie* ». Il a par la suite souligné que l'initiative la ceinture et la route est une aubaine pour les Etats Africains. La place des Etats africains dans cette initiative s'oppose au regard de l'immensité de la puissance économique militaire chinoise face à une Afrique dispersé. Pour lui, la place de l'Afrique dans le projet « *initiative la ceinture et la route* » pourrait être appréciée de manière ambivalente en deux points :

L'Afrique peut se développer sur la route du développement grâce à ce projet (quelle route pour quel type de code ? Quel sera le statut de l'Etat africain dans cette route et quel sera son rôle,

L'Afrique peut être en déroute dans le cadre d'une telle initiative (potentielle dérive ou obstacle aux promesses formulé par l'initiative la ceinture et la route pour les Etats africains) il est nécessaire que l'Afrique repense son développement.

Suggestions :

Réduire les trous et virage des axes de développement (valorisation de l'un des aspects de notre économie) car nos ressources naturelles sont sous évaluer et dans ces conditions on ne peut pas se développer,

Utiliser nos ressources naturelles en vue de perfectionner notre secteur militaire car la crise récente survenu en Russie a démontré l'importance du secteur militaire pour la défense d'un Etat,

Le développement de l'Afrique dans le contexte des rapports avec la chine,

Revoir la pratique des entreprises chinoise car l'Afrique ne peut pas encore suivre le rythme impulsé par la chine / revoir la pratique du développement chinois en Afrique,

Revoir une stratégie endogène afin que les processus de développement puissent prendre les intérêts de la chine,

« l'initiative la ceinture, la route » et la gouvernance ; une opportunité d'appuie la décentralisation et à la démocratie pour le développement en Afrique subsaharienne francophone, **Dr Thierry Martin FOUTEM**, Historien des relations internationales, Université de Dschang,

Dans une réflexion d'historien des relations internationales le Dr Thierry Martin FOUTEM met en évidence les trajectoires de la gouvernance locale à partir d'un réseau d'échanges entre le Cameroun et la chine pour faciliter la participation des populations au développement. Pour lui, la décentralisation passe par un réel transfert des compétences aux collectivités territoriales afin de les impliquer dans la gestion des affaires qui les concernent. Une loi portant code pour le bien de la population de s'intégrer à la gestion de leurs affaires. La décentralisation en Afrique subsaharienne se présente comme étant celle de la république française. La coopération décentralisée est le partenariat entre collectivités territorial décentralisées internes et celles des CTD étrangères.

L'initiative « la ceinture et la route » est un agenda de développement propice aux collectivités territoriales décentralisées.

Propositions :

Outre les divergences de conception de la décentralisation, il est urgent de redéfinir les cadres juridiques pour qu'ils soient compatibles aux besoins des populations

Etablir une connexion rapide de sorte que les CTD puissent soumettre leurs difficultés directement afin de faciliter les échanges.

En guise de conclusion, le Docteur a tenu à souligner que l'objectif de ce projet est de permettre aux populations de bénéficier d'une amélioration de leur cadre de vie.

Bilatéralisme parlementaire Cameroun-chine : entre pragmatisme et valeurs démocratiques, **Dr Jean Daniel NEBEU**, enseignant à l'université de Yaoundé I,

Le Docteur a tenu à l'entame de ses propos à rappeler que l'objet de sa communication porte sur Bilatéralisme parlementaire Cameroun-Chine : entre pragmatisme et valeurs démocratiques. Elle s'inscrit dans la logique d'appréhender la coopération bilatérale parlementaire entre la Chine et l'Afrique centrale et précisément le Cameroun.

Par la suite, il a tenu a souligné que la Chine et le Cameroun affichent une affinité déterminante en dépit des grandes différences qui les caractérise sur les plans économiques diplomatique, militaire et idéologiques. Cette affinité donne ainsi la latitude aux parlements de se prononcer dans la réalisation des missions de contrôle de l'action gouvernementale, de se prêter assistance l'un à l'autre. Cette aide se manifeste également par l'assistance financière permettant ainsi d'améliorer l'action et le fonctionnement des parlements. La diplomatie parlementaire, telle que développée est articulée autour de groupes d'amitiés en fonctions des affinités législatives. Au cœur de la conjugaison des visites, il parait nécessaire de mettre en évidence un appui technique institutionnel entre 2 institutions parlementaires. Cependant il existe un déficit d'information entre ces niveaux de coopération parlementaire.

Propositions :

Il est important que l'action parlementaire prenne en compte les considérations des populations afin d'établir une connexion réelle entre les gouvernants et administrés

L'urgence de contrôler le type de négociation entre ses assemblées

Term limits in francophone Africa between the European Union (UE) and China : Opportunities and Challenges of Trilateral Cooperation in Politis and Governance, **Dr SUH I FRU Norbert,** Senior lecturer-researcher, University of Buea.

Le Docteur mène une investigation sur les ressorts d'une coopération trilatérale déployée autour de la francophonie, la Chine et l'union européenne. Il s'agit d'un espace de coopération organisé autour de la stabilité politique pour les Etats Africains, membres de la francophonie. Le pilier chinois est organisé autour de la non-intervention, en respectant la souveraineté des Etats. Cependant, la non-intervention n'est qu'une vue de l'esprit puisque les Etats sont dans un schéma de réciprocité motivé par des, interdépendances constantes. La nécessité actuelle commande que les parties discutent de nouveaux termes de la réciprocité et de la non-intervention

Les transformations géopolitiques en Afrique francophone à l'épreuve des nouvelles routes de la soie, **Dr Rodrigue TASSE**, Chargé de cours Université de Yaoundé II,

Le propos du Dr TASSE s'est structuré autour des dynamiques géopolitiques et géoculturelles qui concourent à la pénétration et à l'implantation de la chine en Afrique. Aussi, précise-t-il que les BRI se traduisent par l'institut Confucius. Outre le cadre théorique relatif au transnationalisme et l'interdépendance complexe, auquel l'intervenant fait recours pour justifier sa démarche du point de vue de la méthode, ce dernier souligne dans son propos final le fait que :

les nouvelles routes de la soie sont une assise du soft power chinois et une grille de l'offensive chinoise dans le continent africain à travers l'extension du commerce et de la culture chinoise.

En outre, la chine partage des valeurs de paix, de sécurité, dans un déploiement militaro-sécuritaire.

Axe 2 : Sécurité et sécurisation dans le pourtour de la ceinture et la route en Afrique francophone

Le **professeur Vincent NTUDA EBODE** a entamé ses propos sur un questionnement important qui est celui de savoir : si l'on peut massivement investir économiquement sans pensé à la sécurité de l'Etat ? Pour répondre à cette question le professeur a tenu à rappeler qu'il existe deux façons de procéder pour assoir le développement d'un Etat :

l'intervention des Etats sur le plan militaire suivie de la reconstruction de l'économie

l'intervention massive sur le plan économique suivie de la mise ou construction de la dimension militaire du pays.

Il a dans une suite logique introduit les différents panelistes qui présenteront l'essentiel de leur communication.

La coopération Sino-africaine des « nouvelles routes de la soie » : une méta-analyse des ruptures et continuités des enjeux militaro-sécuritaires de la nouvelle croissance globale chinoise en Afrique sub-saharienne francophone, **Dr Alex Renaud ONDOA**, Université de Yaoundé II,

Le Dr Alex Renaud ONDOA a commencé par rappeler l'objet de sa communication qui porte sur « La coopération Sino-africaine des " nouvelles routes de la soie" : une méta-analyse des ruptures et continuités des enjeux militaro-sécuritaires de la nouvelle croissance globale chinoise en Afrique sub-saharienne francophone ». Il a par la suite rappelé que l'arrivée au pouvoir du président Xi Jinping a donné une nouvelle dimension aux différents échanges sino-africains. Il se propose alors de décrypter les attitudes correspondantes des Etats africains vis-à-vis de ce projet sur le plan sécuritaire.

Contribution de la chine à la préservation de la sécurité et à la lutte contre le terrorisme en Afrique francophone : implications stratégiques et opérationnels, **Colonel Emile NLATE EBALE**, Chef du groupement enseignement général a l'école supérieure de guerre de Yaoundé,

Le colonel Emile NLATE EBALE a tenu à rappeler à l'entame de son propos que l'objet de sa communication porte sur « Contribution de la chine à la préservation de la sécurité et à la lutte contre le terrorisme en Afrique francophone : implications stratégiques et opérationnels ». Il s'interroge sur l'influence de la technologie sur le terrorisme ?

Il a par la suite rappelé que les implications stratégiques et opérationnelles de la chine en matière de sécurité et de lutte contre le terrorisme concernent les différents espaces terrestres, maritimes, et aériens. Pour faire de l'armée chinoise une armée de classe mondiale avec une capacité d'intervention portée par la révolution technologique. Mais une telle mission d'interposition interroge et remet en cause l'autonomie des Etats africains qui ne parviennent pas encore à disposer d'une logistique de sécurité adaptée aux Etats africains. Cette chine qui s'installe est une alternative aux partenaires classiques (américaine et occidentale) dans le but de construire une nouvelle ceinture de sécurité assise sur le plan de Dakar. Sans conditions la chine déploie sa stratégie à travers une industrie d'armement déployée à travers une industrie d'armement déployée sans heurts au niveau des théâtres de confrontation.

Comme principale recommandation : Améliorer la formation dans le domaine de la défense, accroitre et améliorer la formation sécuritaire.

Que peut la coopération sino-africaine à travers « l'initiative, la ceinture et la route » dans la lutte contre le terrorisme en Afrique, au regard du déficit de la gouvernance sécuritaire mondiale ? **Dr Guivis ZEUFACK NKEMGHA**, Université de Bamenda,

Le Docteur a quant à lui, à l'entame de sa communication présenter l'objet de sa communication dont l'intitulé est : Que peut la coopération sino-africaine à travers « l'initiative, la ceinture et la route » dans la lutte contre le terrorisme en Afrique, au regard du déficit de la gouvernance sécuritaire mondiale ? Il a ensuite présenter son travail en 3 grandes articulations à savoir un contexte, un problème et une prise de solution. Il a par la suite souligné que la région du sahel est un berceau émergent du terrorisme et de réseaux criminel depuis la chute de Kadhafi. Le Mali aura été le théâtre d'acte terroriste à travers des incursions sporadiques. Compte tenu de ses poches d'insécurité, la chine intervient pour protéger ses investissements et le commerce avec ses partenaires. C'est ce qui traduit ses bases militaire à Djibouti. Outre les limites occidentales, il revient aux Etas africains de développer des moyens alternatifs de lutte contre le terrorisme à travers le développement des moyens de surveillance.

Analyse historique de la coopération sino-camerounaise à la lumière des accords militaires : de la méfiance à l'entente (1970-2021), **Dr Marie Julien DANGA**, Université de Yaoundé I,

Dans un exposé fait en 3 axes (Enjeux et défis de la coopération militaire, Historique de la coopération militaire chine Cameroun, Objectif du Cameroun et Chine sur la mise en place d'une plateforme) l'intervenant élabore une réflexion historique et actuelle structurée autour de l'intérêt de la mise en place d'une plate-forme de sécurité. Celle-ci permettrait de renforcer la lutte contre toutes les menaces non conventionnelles. Les ambitions de sécurisation de cette plate-forme pétrolière de la chine conduisent à une revitalisation de la coopération militaro-sécuritaire avec le Cameroun. Mais après 50 ans de coopération militaire, il faut repenser les bases d'une telle coopération.

L'aide militaire de l'initiative la ceinture et la route à la professionnalisation de l'armée camerounaise : enjeu pour la paix et la sécurité collective en Afrique centrale, **Adrien Franck MOUGUE**, Université de Douala.

L'intervenant commence sa communication en rappelant l'objet de sa communication intitulé « l'aide militaire de l'initiative la ceinture et la route à la professionnalisation de l'armée camerounaise : enjeu pour la paix et la sécurité collective en Afrique centrale ». Dans ses développements, l'intervenant procède par une approche historique pour mettre en relief les dangers d'ordre sécuritaire sui se sont accrue en Afrique en s'aggravant dans le temps. Une situation qui était de nature à mettre en mal la paix et la sécurité en Afrique centrale en générale et au Cameroun en particulier.

Pour l'intervenant, si l'aide militaire chinoise par la BRI va booster l'efficacité des armées africaines et camerounaises en les professionnalisant, Il convient de relever qu'elle vise primordialement à protéger les intérêts chinois dans la sous-région.

46. Discours de clôture du President de l'Observatoire Chine Afrique Francophone, *Dr. Jimmy Yab*

Le Colloque International sur l'initiative la Ceinture et la Route en Afrique Francophone qui s'est tenu au Palais des Congrès de Yaoundé du 25 au 27 Mai 2022 est le résultat d'un partenariat entre l'Observatoire Chine-Afrique Francophone et l'Ambassade de Chine au Cameroun. Après le succès du premier colloque de ce type en Afrique francophone, ce livre indispensable résume les résultats du colloque et cimente la voie à suivre.

Les relations internationales actuelles reflètent un monde qui tente d'atteindre une plus grande interdépendance dans un paradigme mondial multipolaire. La route de la soie n'est pas un concept archéologique, mais représente plutôt les canaux commerciaux et diplomatiques naturels entre l'Asie et l'Afrique.

Parmi les questions abordées lors du Colloque figurait la nécessité d'établir des synergies entre les besoins de développement de l'Afrique francophone et l'initiative « la Ceinture et la Route ».

L'initiative « la Ceinture et la Route » se concentre principalement sur la connectivité au-delà des frontières. Cela comprend le partage de la philosophie, de la culture, de l'interaction entre les gens et des valeurs spirituelles. L'importance de l'initiative « la Ceinture et la Route » est devenue évidente grâce au rapport de la Banque Asiatique de Développement, qui indiquait en 2018 que l'Asie aura besoin de 8 000 milliards de dollars de financement d'infrastructures au cours de la prochaine décennie. Lorsque cela est lié aux taux de développement actuels entre l'Asie et l'Afrique, il est prévu que l'Afrique aura besoin d'un investissement supplémentaire de 93 milliards de dollars par an jusqu'en 2025. Il est donc clair que l'initiative « la Ceinture et la Route » est un pas dans la bonne direction pour libérer le potentiel économique de l'Afrique et de l'Asie.

Dans son discours de 2013 à Astana, le président chinois Xi Jinping a déclaré que pendant des siècles, les peuples de l'Est et de l'Ouest ont pu coopérer malgré les différences de race, de croyance et d'origine culturelle. C'est essentiellement la nature de la route de la soie, incitant à la fois à la prospérité et à la paix.

Le concept de l'initiative « la Ceinture et la Route » a été officiellement annoncé par le président Xi lors de ses visites dans le centre de l'Asie du Sud-Est en septembre et octobre 2013, lorsqu'il a annoncé le développement de la « ceinture économique de la route de la soie » par voie terrestre et de la « route de la soie maritime du XXIe siècle ». Ces concepts ont depuis pris de plus en plus d'importance, recevant l'attention d'experts du monde entier. Divers accords liés au projet de l'Initiative ont été signés en Europe, en Asie centrale et en Afrique.

Le plan, basé sur l'historique Route de la Soie, pour relier l'Asie et l'Europe, via l'Afrique, marque une nouvelle ère de connectivité mondiale qui est sur le point de changer le monde. Il est important de noter que le président Xi et le Premier ministre Li Keqiang ont souligné à plusieurs reprises que l'empreinte de l'initiative « la Ceinture et la Route » ne se limite pas aux anciennes routes et s'adaptera aux routes commerciales du XXIe siècle. Cela ouvre une discussion sur la manière dont l'Afrique peut participer pleinement à l'initiative « la Ceinture et la Route ». Le colloque a tenté d'explorer cette question, sur la base de diverses initiatives existantes en Afrique qui sont réalignées dans le cadre de la Ceinture et de la Route. En 2014 la présidente de la Commission de l'Union Africaine, Nkosazana Dlamini Zuma, a déclaré que « les Africains chérissent le rêve qu'un jour les capitales de l'Afrique seront reliées par des chemins de fer à grande vitesse ». Elle a ajouté qu'en tant que bon ami de l'Afrique, la Chine est prête à faire de ce rêve une réalité.

Ce qui est très important, c'est que l'initiative « la Ceinture et la Route » est un projet systématique, qui sera construit conjointement en consultation avec des partenaires pour répondre aux intérêts de tous, et des efforts doivent être faits pour intégrer les stratégies de développement des pays le long de la Ceinture et de la Route avec cette contribution indispensable au développement des infrastructures, à l'amélioration de la connectivité et à la poursuite de la coopération entre les pays. Cela doit également refléter les dimensions interpersonnelles, culturelles et spirituelles de l'Initiative. Il est prévu que l'accélération de la mise en œuvre de l'Initiative la Ceinture et la Route pourra : favoriser la prospérité économique des pays concernés ainsi que la coopération économique régionale ; renforcer les échanges et l'apprentissage mutuel entre différentes civilisations ; et promouvoir la paix et le développement dans le monde.

Au-delà de l'accueil du colloque, l'initiative « la Ceinture et la Route » continuera à rassembler les institutions ci-dessus pour rechercher l'idéal d'une vie meilleure pour tous les africains, qui se reflète dans le programme de développement du continent africain et qui est inscrit dans les principes de la solidarité Chine – Afrique.

Dr. Jimmy Yab
Président de l'Obsevatoire Chine -Afrique Francophone (O.C.A.F.)

Actes du Premier Colloque International sur l'Initiative la Ceinture et la Route en Afrique Francophone

47. Discours de clôture M. le Représentant du Ministre des Relations Exterieures du Cameroun, *Stéphane Noah*

Monsieur le Président de l'Observatoire Chine-Afrique Francophone ;
Monsieur le Vice-Recteur de l'Université de Yaoundé I ;
Mesdames, Messieurs les universitaires et participants à ce Colloque, en vos qualités et titres respectifs ;
Distingués invités ;
Mesdames et Messieurs ;

Au terme de ce Premier Colloque sur l'Initiative la Ceinture et la Route en Afrique Francophone, permettez-moi d'emblée de remercier, au nom de Son Excellence Monsieur le Ministre des Relations Extérieures, le Président de l'Observatoire Chine-Afrique Francophone et l'Ambassade de Chine à Yaoundé pour le pari tenu de l'organisation réussie de ce Colloque international.

Dans le même ordre d'idée, je voudrais féliciter tous les intervenants venus des communautés scientifiques et professionnelles diverses, qui nous ont permis pendant ces trois jours, d'avoir des échanges de haut niveau à la fois riches et ouverts quelques fois controversés, mais concourant tous à la vulgarisation, et à une meilleure connaissance de l'approche stratégique contenue dans l'Initiative la Ceinture et la Route de notre partenaire chinois. Les échanges ont ainsi permis de définir en filigrane des esquisses de méthode visant à optimiser les opportunités de développement qu'offrent la Chine à l'Afrique Francophone dans le cadre de cette initiative pour l'aboutissement d'une véritable communauté de destin.

Excellences, Mesdames et Messieurs,

C'est ici le lieu pour moi de rappeler que ce Colloque international intervient six mois après la tenue au Sénégal du FOCAC au cours duquel a été adopté le Plan d'Action de Dakar 2022-2024.

Il sied à cet effet d'indiquer que, dans la perspective de la capitalisation des opportunités offertes par la coopération sino-camerounaise en générale et l'initiative la Ceinture et la Route en particulier, le Chef de l'Etat a instruit non seulement la tenue de la 9ième Commission Mixte de coopération bilatérale entre le Cameroun et la Chine, mais également des sessions de renforcement des capacités des personnels des Administrations nationales en charge de ladite coopération.

Par ailleurs, un Groupe de Travail interministériel chargé du suivi-évaluation de la mise en œuvre du Plan d'Action de Dakar 2022-2024 dans notre pays est en création dans les services du Premier Ministre.

Il me plait dès lors de saluer, au nom du Gouvernement, les recommandations pertinentes qui ont été formulées à l'issue de ce Colloque. Sans pour autant les énumérer toutes, je me félicite particulièrement des propositions visant le renforcement et la revitalisation de la coopération sino-africaine, à travers la capitalisation des opportunités des Nouvelles Routes de la Soie couplée à la mise en œuvre du Plan d'Action de Dakar évoqué plus haut. Toutes ces précieuses recommandations constitueront, à n'en point douter, des outils qui serviront de base aux actions envisagées par les pays d'Afrique Francophone dans leurs relations avec le partenaire chinois dans un monde en pleine reconfiguration.

Qu'il me soit tout aussi permis de mettre en emphase la création proposée des Centres Sous-régionaux de l'Institut Chine-Afrique dont le siège pour l'Afrique Centrale pourrait être Yaoundé et la tenue au Cameroun d'une Grande Conférence des Chefs d'Etats et de Gouvernements africains sur l'initiative la Ceinture et la Route. Lesdites recommandations feront l'objet certainement d'un examen particulier de la Très Haute Hiérarchie en vue de leur implémentation.

Excellences, Mesdames et Messieurs,

Je voudrais pour terminer, renouveler la profonde gratitude de Son Excellence Monsieur le Ministre des Relations Extérieures à l'ensemble des participants à ce Colloque qui a porté haut la synergie entre les académiciens et les institutionnels.

Au nom du Ministre des Relations Extérieures, je déclare clos les travaux du

Premier Colloque International sur l'Initiative la Ceinture et la Route en Afrique Francophone.

Je vous remercie de votre aimable attention.

Stéphane Noah
Représentant du Ministre des Relations Exterieures du Cameroun

ANNEXES

1. Programme officiel du colloque

PREMIER COLLOQUE INTERNATIONAL SUR "L'INITIATIVE LA CEINTURE ET LA ROUTE" EN AFRIQUE FRANCOPHONE DU 25 AU 27 MAI 2022, AU PALAIS DES CONGRÈS DE YAOUNDÉ

PREMIÈRE JOURNÉE : MERCREDI 25 MAI 2022

PRÉSIDENT DE LA PREMIÈRE JOURNÉE : MATHIAS ERIC OWONA NGUINI, Professeur de Science Solitique

7h30-8h30 : Arrivée des invités et intervenants

8H30-9h30 : Arrivée des invités spéciaux

10h-11h15 : Cérémonie d'ouverture

- Mot de bienvenue **Jimmy Yab**, Président de l'Observatoire Chine-Afrique Francophone, Coordonnateur du Colloque,
- Hommage à l'Ambassadeur **Eleih Elle Etian**, Précurseur du FOCAC, Doyen du groupe des ambassadeurs africains et doyen du Corps diplomatique en République Populaire de Chine par **Mbatoumou Constance Odile,** et **Prof. Lucien Ayissi,** Doyen honoraire de la Faculté des arts, lettres et sciences humaines de Yaoundé 1,
- Discours du **Premier Conseiller** à l'Ambassade de Chine au Cameroun, **M. Wang Dong,**

- Mot d'ouverture du **Mathias Éric OWONA NGUINI**, Vice-recteur Université de Yaoundé I, Président de la première Journée du Colloque,
- Leçon inaugurale sur le thème : « *La longue histoire de l'amitié et de la fraternité entre l'Afrique et la Chine* », **Pr NKOLO FOE**, Président de l'Institut W.E.B. Dubois, Membre Titulaire de l'Institut International de Philosophie, Membre du Comité Consultatif de l'Institut Chine-Afrique (Académie Chinoise des Sciences).

PHOTO DE FAMILLE

11h30-12h30 : **COKTAIL**

Session introductive : Comprendre les enjeux politiques du Plan de DAKAR dans une Afrique francophone en perpétuel mouvement et l'Initiative la Ceinture et la Route

13h-14h30 : Axe 1 : Les nouvelles routes de la soie en Afrique francophone : entre sens, puissance et consistance

Modérateur : Pr. OWONA NGUINI Mathias Éric, Professeur Titulaire, Vice-recteur chargé de la recherche, de la coopération et des relations avec le monde des entreprises à l'Université de Yaoundé I.

1. *Une analyse du programme chinois « One Belt and One Road »*, **Pr. Hanse Gilbert MBENG DANG**, Maitre de Conférences,
2. *Le rêve chinois : analyse réaliste d'un projet de puissance au XXIe siècle,* **Dr Sylvain NDONG ATOK**, Institut des Relations Internationales du Cameroun,

3. *Les nouvelles routes de la soie dans la construction du leadership international de la Chine*, **Pr. Hilaire de Prince POKAM**, Professeur de Relations internationales, Université de Dschang,

4. *Mondialisation et marginalisation de l'Afrique : la CEINTURE ET LA ROUTE comme alternative et opportunité pour l'Afrique francophone*, **Pr. Louis Dominique BIAKOLO KOMO**, Maitre de Conférences, Université de Maroua,

5. *Diversification des partenaires commerciaux comme stratégie de conquête et de positionnement au niveau mondial : le cas de la Chine*, **Dr Alain ELONG.**

6. *Les implications politiques de la coopération entre la chine et l'Afrique francophone autour de l'initiative la ceinture et la route*, **Dr Stéphane Aloys MBONO**, Enseignant (chargé de cours) à l'Institut des Relations internationales du Cameroun (IRIC).

14h40-15h50 : Axe 2 : Les re-configurations politico-stratégiques des relations sino-africaines à l'ère de la CEINTURE ET LA ROUTE : Changement de paradigme ou simple paradigme de changement ?

Modérateur : Pr NKOLO FOE, Professeur Titulaire, Président de l'Institut W.E.B. Dubois, Membre Titulaire de l'Institut International de Philosophie, Membre du Comité Consultatif de l'Institut Chine-Afrique (Académie Chinoise des Sciences).

1. *Géopolitique et géoéconomie de l'initiative chinoise des nouvelles routes de la soie : Une analyse des jeux et enjeux*, **Olivier TOMBI À SANAM**, Université de Yaoundé II,

2. *Nouvelles routes de la soie : enjeu stratégique de reformulation des politiques publiques en Afrique*, **Dr Charles OWONA**, IRIC,

3. *Les routes de la soie : Une crypto action publique internationale à l'épreuve de l'Afrique*, **Dr Armand ELONO**, IRIC,

4. *« La ceinture et la route » : enjeux chinois et opportunités pour l'Afrique francophone d'un projet stratégique*, **Dr FaCeinture et la Route ce ONANA NTSA**, Université de Yaoundé I,

5. *La construction d'une communauté d'avenir partagé Chine-Afrique : De la promotion du développement vert à la défense de la paix et de la liberté*, **Dr Pascal ELLA ELLA**, IRIC,

PAUSE CAFE

16h15-17h30 : Axe 3 : Les transformations historico-politiques et politico-historiques de la CEINTURE ET LA ROUTE en Afrique francophone

Modérateur : Pr Alphonse TONYE, Professeur Titulaire Hors Echelle, Sémiotique et Stylistique, Directeur des Affaires Académiques et de la Coopération à l'Université de Yaoundé I, Chef du Département des Sciences du Langage à l'Université de Yaoundé I.

1. *La Chine et l'Afrique : de l'alliance anti-impérialiste aux logiques prédatrices et hégémoniques ? Hypothèses sur la transformation des relations sino-africaines depuis 1955, au miroir de l'initiative la ceinture et la route*, **Dr BIDIAS**, IRIC,

2. *Xi Jinping, OBOR et l'Afrique. Étude sur le Cameroun et la RDC*, **Dr Léon-Marie NKOLO NDJODO**, Université de Maroua,

3. *China and India's cultural diplomacy toward Cameroon. A Comparative analysis*, **Delmas TSAFACK,**

4. *La coopération franco-camerounaise face à la percée chinoise (1986-2121)*, **Dr Youssouf Laplage MOUMBAGNA**, Université de Bertoua,
5. *L'Adhésion des États Ouest-africains à l'Initiative la Ceinture et la Route : une nécessité ou du suivisme ?* **Filomène EBI N'GODO**, Université Félix Houphouët Boigny d'Abidjan.

FIN DE LA PREMIÈRE JOURNÉE

DEUXIEME JOURNEE : JEUDI 26 MAI 2022 (TROIS SESSIONS)

PRÉSIDENT DE LA DEUXIÈME JOURNÉE : M. Vincent NKONG-NJOCK, -Inspecteur général nucléaire, Commissariat à l'énergie Atomique (CEA), France o Ancien Chef des Infrastructures Electronucléaires, -Département de l'Energie nucléaire, de l'AIEA

8h30-8h40 : *Discours d'ouverture de la deuxième journée*, M. Vincent NKONG-NJOCK, -Inspecteur général nucléaire, Commissariat à l'énergie Atomique

Première session : Plan de Dakar sur la coopération économique et l'Initiative la Ceinture et la Route

8h40-10h : Axe 1 : La CEINTURE ET LA ROUTE et la ceinture économique Chine-Afrique francophone

Modérateur : Pr Gabriel EBA EBE, Professeur Titulaire, Chef de Département Banque Monnaie Finance à l'Institut des Relations Internationales du Cameroun (IRIC).

1. *China Harbour Engineering Company engagement in Africa and Belt and Road Initiative*, **M. XU HUAJIANG**, General Manager of Central Africa Division of CHEC,

2. *L'Équilibre dans la coopération économique Chine-Afrique*, **Dr EKOTO Julien**, Enseignant de Droit public, Université de Douala,

3. *Relations commerciales Chine-Afrique : sortir du système mondial ou recompradorisation du Sud, de l'Afrique ?* **Dr Sylvestre NGOUO NDADJO**, PhD en Philosophie, Université de Douala,

4. *La coopération commerciale sino-africaine, du plan d'action de Beijing au plan d'action de Dakar : Enjeux et opportunité pour la ZLECAF*, **Dr Claude Aline ZOBO**, IRIC,

5. *Les échanges commerciaux avec la Chine favorisent-ils l'industrialisation des pays de l'Afrique francophone ?* **Dr Bernard NGUEKENG**, Chercheur associé au CEREG,

6. *La Chine au Cameroun : Stratégie de déploiement et coopération commerciale*, **Pr MELINGUI AYISSI Norbert Aimé**, Maitre de Conférences, Université de Douala.

10h15-11h 45 : Axe 2 : La CEINTURE ET LA ROUTE et le développement économique en Afrique francophone : entre promesses et réalités

Modérateur : Pr. Yves Paul MANDJEM, Chef de Département de

l'Intégration régionale et de la Coopération pour le Développement à l'Institut des Relations Internationales du Cameroun de l'Université de Yaoundé II.

1. *Non-linéaire entre les investissements direct étrangers chinois et les inégalités de revenus en Afrique francophone : Un Survey de la littérature économique,* **Dr MOUDJARE Helgath Bybert**, Université IBN Tofail du Maroc,
2. *Perception et retombées du projet de la « Ceinture et la Route » en Afrique,* **Dr Sotherie MENGUE OLEME**, Chargée de Cours, Université de Douala,
3. *Les nouvelles routes de la soie et la croissance économique en Afrique Subsaharienne: analyse du canal des infrastructures de transport,* **Dr NDIKEU NJOYA Nabil Aman**, Enseignant au Département d'Économie internationale, IRIC,
4. *L'initiative Ceinture et Route, une opportunité de développement pour le Cameroun ? Les conditions de sa faisabilité,* **Pr Auguste NGUELIEUTOU**, Professeur de Science politique, Université de Douala,
5. *La ceinture sino-camerounaise au regard du développement local : une lecture selon les critères de la sécurité humaine*, **Dr François-Xavier ELONG FILS**,
6. *L'Empire du Milieu et la diplomatie des infrastructures sportives en Afrique noire francophone : cas du Palais des Sports de Yaoundé,* **Dr Romuald Francis MVO'O**, Université de Yaoundé I.

11h45-12h45 : PAUSE CAFE- PAUSE-DEUJEUNER

Deuxième session : Plan de Dakar pour le développement vert et l'Initiative la Ceinture et la Route

13h00-14h30 : Axe 1 : La transition vers l'économie verte

Modérateur : M. Vincent NKONG-NJOCK, -Inspecteur général nucléaire, Commissariat à l'énergie Atomique (CEA), France o Ancien Chef des Infrastructures Electronucléaires, -Département de l'Energie nucléaire, de l'AIEA ---Directeur général ILEMEL Energy et Président iLEMEL Engineering --Membre de plusieurs Conseils d'Administrations au Senegal, Cameroun et France --Lecturer à Texas A&M, Collège Station, TX, USA -Lecturer à l'Université Cheikh Anta Diop (UCAD), Dakar, Senegal -Ancien Membre du Conseil d'Administration de KEPCO International Nuclear Graduated University, ULSAN, Corée du SUD

1. *Absorption des technologies et coopération avec la Chine*, **Perrial NYODOG,** Président de Gulfcam, Ancien directeur Général de Tradex S.A.
2. *Financement de l'économie et des infrastructures en Afrique : modèle et apport de la Chine...* **Hubert OTELE ESSOMBA,** Expert en Haute Finance (Institut Haute Finance France, Université Paris I Panthéon Sorbonne, Université Paris II Assas),
3. *Importance de la maitrise des matériaux dans le développement technologique*, **Pr Annie WAKATA,** Directrice de l'Ecole Normale Supérieure,
4. *Economic cooperation between China and francophone countries in Africa : Case of sino-cameroonian agriculture cooperation,* **Pr**

Faustin KENNE, et Jaff Lionel LEINYUY, University of Yaoundé I,

14h30-16h00 : Axe 2 : Biodiversité, ressources naturelles et protection de l'environnement

> **Modérateur : Pr BOUNOUNG FOUDA**, Professeur Titulaire d'Économie, Professeur au département d'économie internationale à l'IRIC/UY2. Docteur de l'Université de Paris1 Panthéon-Sorbonne (France), chercheur associé au Laboratoire d'Economie Expérimentale de l'Université de Paris 1 Panthéon-Sorbonne. Coordonnateur scientifique de la Revue Camerounaise d'Etudes Internationales et des Presses de l'Institut des Relations Internationales su Cameroun.

1. *L'implication de la Chine dans la sécurisation maritime des côtes de l'Afrique : entre stratégie hétéroclite de puissance chinoise et opportunités africaines de développement*, **Dr BELLA MESSINA**, Université de Douala,

2. *Investissements chinois en Afrique centrale : quand la quête des ressources naturelles entachent des relations idylliques*, **Dr Ceinture et la Route ce TECHIMO TAFEMPA**, Université de Dschang,

3. *Le dilemme de conformité de l'exploitation minière de la Chine au Cameroun : Esquisse de solutions*, **Ceinture et la Route ce Arnaud FOLLY**, Université de Dschang,

4. *Les entreprises privées chinoises face au défi d'exploitation et d'aménagement des forêts à l'Est-Cameroun : Le cas de « VICWOOD THANRY GROUP » dans la localité de Lokomo*, **Dr Alain Thomas ETAMANE MAHOP**, Université de Douala,

5. *Coopération Chine-Afrique et lutte contre les changements climatiques*, **Dr Lionel DJIBIE KAPTCHOUANG et Ulrich Kloran AKUEKAM**,

6. *Quand le projet de « l'initiative la ceinture et la route » pénètre le champ de l'action publique climatique en Afrique : le cas de la CDN au Cameroun*, **Michel AWONO**, Université de Douala/ chercheur au GIRPS, **Jean Emmanuel MINKO**, Université de Maroua.

PAUSE CAFE

Troisième session : Plan de Dakar pour l'économie techno numérique, le développement infrastructurel et l'Initiative la Ceinture et la Route

16h15-18h00 : Axe 1 : La route digitale de la soie

Modérateur : Pr Emmanuel WONYU, Maître de conférences à l'Institut des Relations Internationales du Cameroun (IRIC), Ancien Secrétaire Général du Conseil Economique et Social du Cameroun et Ancien SG du Ministère des Sports.

1. *La Chine, la Route, l'Afrique et la Technologie : une géopolitique critique du devenir technologique africain. Entre agilité et fragilité*, **Pr Mathias Eric OWONA NGUINI**, Université de Yaoundé II, et **Auxence Augustin KOA**, Doctorant, Université de Dschang,

2. *Huawei engagement in Africa and the Belt and Road Initiative*, **M. ZHANG**, Huawei manager,

3. *La coopération Chine-Afrique : transfert de technologies et le développement des routes digitales*, **Dr Manfred KOUTY**, PhD en Économie, Co-titulaire de la Chaire OMC,

4. *Analyse de la coopération économique Chine-Afrique francophone dans le développement du numérique : une évidence du Cameroun vers un avenir prometteur*, **Pr Benjamin FOMBA KAMGA**, Agrégé des Facultés de Sciences Économiques, Université de Yaoundé II, **Charly MENGUE**, Doctorant en Sciences Économiques, Université de Yaoundé II,

5. *Construire la stabilité cybernétique : l'exemple qui vient de Chine,* **Dr Max Sinclair Mbida Onambele,** I.R.I.C.,

6. *Contribution du digitale au maintien des relations commerciales Chine-Cameroun pendant la fermeture des frontières due à la Covid-19*, **Dr Martial KADJI NGASSAM**, Stratégie d'entreprise, Université de Douala,

FIN DE LA DEUXIÈME JOURNÉE

TROISIÈME JOURNÉE DU COLLOQUE : VENDREDI 27 MAI 2022

PRÉSIDENT : Pr. Vincent NTUDA ÉBODÉ, Professeur Titulaire, Directeur du centre de recherche d'études politiques et stratégiques de l'université de Yaoundé II,

8h30-8h40 : *Discours d'ouverture de la deuxième journée*, **Mathias Éric OWONA NGUINI**, Professeur de science politique,

Quatrième session : Plan de Dakar pour le développement Socio-culturel et l'Initiative la Ceinture et la Route

8h40-10h : Axe 1 : Le développement social le long de La CEINTURE ET LA ROUTE chinoise en Afrique francophone : être pauvre et à la mode ?

Modérateur : Pr Roger MONDOUE: Philosophe, logicien épistémologue, spécialiste de marxisme des philosophies critiques du neoliberalisme. Chef du département de philosophie de l'université de Douala et Directeur de Dschang University Press, à l'université de Dschang.

1. *Coopération Décentralisée Chine-Afrique et échange humain*, **Dr Mariette EDIMO MBOO**, IRIC,
2. *Coopération dans l'éducation et l'enseignement supérieur entre la Chine et l'Afrique : quelle(s) intéraction(s) pour quel partage de connaissances ?* **Pr Alphonse NTONYE**, Chef de Département des sciences du langage, Université de Yaoundé I,
3. *Le triangle de prospérité : liens entre la CEINTURE ET LA ROUTE , le tourisme et le développement local en Afrique francophone*, **Aimé Protais BOUNOUNG NGONO**, Université de Maroua,
4. *Assistances et aide publique au développement de la Chine en Direction du Cameroun : dynamique, enjeux et perspectives*, **Dr Souleymanou AMADOU**, Université de Douala,
5. *Entreprises chinoises, communautés riveraines et autorités traditionnelles : problématique du développement durable au prisme de l'initiative, la ceinture et la route,* **Dr Aunel Malaury AFAGA, Billy Arthur NGANDJI,** Université de Yaoundé I,
6. *La promotion d'une coopération sociale gagnant-gagnant en matière de santé entre la Chine et les pays d'Afrique Centrale,* **Dr Georges**

Etoa Oyono, Université de Ngaoundéré (F.A.L.S.H.), et **Dr Jean Pierre MEKINDE**, Université de Bertoua,

PAUSE-CAFÉ

10h50-12h : Axe 2 : Culture et diversité : contact, dialogue et replis

Modérateur : Pr Armand LEKA, Chef de Département de Sociologie à l'Université de Yaoundé 1 et Directeur exécutif du Laboratoire Camerounais d'Études et de Recherches sur les Sociétés Contemporaines (CERESC). Coordonnateur de l'Unité de Formation et de Recherches doctorales en Sciences Humaines et Sociales. Université de Yaoundé1.

1. *Les films chinois, vitrine de l'image de marque de l'Empire du Milieu en Afrique*, **Pr Abdouraman HALIROU**, Université de Ngaoundéré,
2. *L'enracinement culturel traditionnel chinois comme facteur de développement : quelles leçons pour l'Afrique ?* **Dr Patrick Romuald JIE JIE**, Université de Bertoua,
3. *Perception de la Chine dans la philatélie africaine post-coloniale : Une analyse à partir des images ethnographiques du timbre-poste au Cameroun*, **Dr HASSANA**, Université de Ngaoundéré,
4. *La promotion de la culture sportive chinoise au Cameroun : une appropriation par le bas dans la ville de Ngaoundéré entre 1990 et 2022,* **Dr Thérèse MVOTO épse MBOSSOKLÈ**, Université de Ngaoundéré,
5. *La prise en compte des différences culturelles dans les projets de « la Ceinture et la Route » en Afrique,* **Bouba OUMAROU ABOUBAKAR**, Xi'an University of Science and Technology-China,

6. *La coopération culturelle et scientifique à travers l'Institut Confucius à l'aune de la ceinture et la route en Afrique francophone,* **Dr Julien Fils EKOTO EKOTO**, IRIC.

Cinquième session : Sécurité de l'État et état de sécurisation dans le plan d'action de DAKAR et l'Initiative la Ceinture et la Route

12h30-13h50 : Axe 1 : États, gouvernance et actions publiques en Afrique francophone dans le temps chinois

Modérateur :Pr Stéphane NGWANZA, Professeur de Science Politique, Directeur adjoint Chargé des études de l'Institut des Relations Internationales du Cameroun (IRIC).

1. *L'État africain dans les métaphores de la route de la soie,* **Dr Thomas d'Aquin MBIDA ELONO**, Enseignant de droit international à l'Université de Yaoundé II,

2. *« L'initiative, la ceinture, la route » et la gouvernance : une opportunité d'appui à la décentralisation et à la démocratie pour le développement en Afrique Subsaharienne francophone,* **Dr Thierry Martin FOUTEM**, Historien des relations internationales, Université de Dschang,

3. *Global governance and the role of China: What Prospect for sino-african partnership?* **Dr Betrand ATEBA**, Associate Professor, Department of Political Science, University of Douala,

4. *Bilatéralisme parlementaire Cameroun-Chine : entre pragmatisme et valeurs démocratiques,* **Dr Jean Daniel NEBEU**, Enseignant à l'Université de Yaoundé I,

5. *Term limits in Francophone Africa between the European Union (UE) and China: Opportunities and Challenges of Trilateral Cooperation in Politics and Governance,* **Dr SUH I FRU Norbert**, Senior lecturer-Researcher, University of Buea.

6. *Les transformations géopolitiques en Afrique francophone à l'épreuve des nouvelles routes de la soie,* **Dr Rodrigue TASSE**, Chargé de Cours, Université de Yaoundé II,

PAUSE-CAFÉ

15h-16h10 : Axe 2 : Sécurité et sécurisation dans le pourtour de la CEINTURE ET LA ROUTE en Afrique francophone

Modérateur : Pr. Vincent NTUDA ÉBODÉ, Professeur Titulaire, Directeur du centre de recherche d'études politiques et stratégiques de l'université de Yaoundé II, Directeur du séminaire de géopolitique l'Afrique de la défense à l'école supérieure internationale de guerre de Yaoundé.

1. *La coopération sino-africaine des « nouvelles routes de la soie » : une méta-analyse des ruptures et continuités des enjeux militaro-sécuritaires de la nouvelle croissance globale chinoise en Afrique sub-saharienne francophone,* **Dr Alex Renaud ONDOA**, Université de Yaoundé II,

2. *Contribution de la Chine à la préservation de la sécurité et à la lutte contre le terrorisme en Afrique francophone : Implications stratégiques et opérationnelles,* **Colonel Léopold Emile NLATE EBALE**, Chef du groupement enseignement général à l'école supérieure de guerre de Yaoundé,

3. *Que peut la coopération sino-africaine à travers « l'initiative, la ceinture et la route » dans la lutte contre le terrorisme en Afrique, au regard du déficit de la gouvernance sécuritaire mondiale ?* **Dr Guivis ZEUFACK NKEMGHA**, Université de Bamenda,
4. *Analyse historique de la coopération sino-camerounaise à la lumière des accords militaires : de la méfiance à l'entente (1970-2021),* **Dr Marie Julien DANGA**, Université de Yaoundé I,
5. *L'aide militaire de « l'initiative la ceinture et la route » à la professionnalisation de l'armée camerounaise : enjeux pour la paix et la sécurité collective en Afrique centrale,* **Adrien Franck MOUGOUÉ**, Université de Douala.

16h20-17h30 : Cérémonie de clôture

16h.20-16h40 : Installations des invités,

16h.40-17h-00 : Conclusions

17h00-17h-15 : Lecture des actes du colloque,

17h15-17h25 : Mot de Clôture, Représentant du MINREX

PHOTOS

18h :00 : Diner au Palais des Congrès de Yaoundé.

FIN DU COLLOQUE ET A L'ANNEE PROCHAINE

2. Liste des participants au Colloque

Prenom	Nom
Oscar	AYI
Monique samira	Ongogne Etoga
Kendi	Abbe fatima
Hissein	Mahamat
Moto	Ntolo
Joseph Calvin	Ndzie Awondo
NDEVA	BALDAGAÏ
Ange Mauriane	Sokeng Nguimatsia
Divine Njamsi	Ndzi
Georges Bertrand	ABENG
Jean	Osteen
Julien Fils	Ekoto Ekoto
Alain Sauter	ELONG Eba
MADELEINE LEONA BLANCHE	MENGUE AHANDA
Cyrille Léandres	NGON
Mariette	EDIMO MBOO
Paul	Dipoko Lolo
Isabelle Vanessa	Ondoua
Marie Julien	DANGA
Alain	Ewane Mboue
CHRISTIANE	BATEI DAOUDA
Jean Patrice	RAMLINA
Ahanda Menyengue	Etienne Bleriot Dutaillis
André	kendek
Georges	ETOA OYONO
Brigitte	Taiti moussa
Nwachan	Betrand AWAZI
Ternel Wilfried	ZANGOA
Abdelbagui	Abdoulaye
Prince de paix	ZANG Mvoua
Clovis	MBEUDEU
Ambeno Robin	Givens kendo
HONORINE SANDRINE	NKADA EYEBE
Rachelline Cresence	ALIMA
Boris	Laoninga
Brigitte Sephora	NGO BIYAGA
Franck Olivier	Amugu-Abena

Aristide	Ndoyambang
MAHAMAT SEID	HASSANE SALEH
Sonia	Aboudi
Hyacinthe Ferdinand Chris Diamond	TSALA
Pascal Franck	nodjilembaye Saria
Patricia	Bessoubel
ALINE CORELLE	MEKEMTE TCHOUALA
Thierry Martin	FOUTEM
Gama Bienvenue	Haï-ngada
FREDERIQUE	MANEKEU KAMGANG
Rachel	MBALLa Etoundi
Marcelin	Ngomseu Nzeupa
Diana Vanessa	BENA YEDE
Norbert Aimé	MELINGUI AYISSI
Sébastien désiré	Désiré
Lionel	DJIBIE KAPTCHOUANG
Brice Baudouin	FONKOU
Lyly Lourdes Madeleine	ANDOUNGOU NZIE
Lionel	DJIBIE KAPTCHOUANG
Huguette Mariana	Efoua Mebanda
Biloa Tsanga	Jean léopold
Laetitia olivia	Nyah Mbitom Ndome
Joseph marie	Mbala
Jeanne Aurelie	Ngo Mbembe
kamadeu tien	francois xav
Marie Patrice	Ngouo
YVES	HAMAN
Laurent	Kamga
Yayatou	Oumarou Raissa
Gilles Benoit	Banouékéni
Maryam	Ngolla
EKANI	Alfred
Samuel Alain	ETINDELE NANGA
Jodelle Étienne	ELANGA MENDOUGA
Arnaud	EKANDE TJOPE
Patrick Romuald	Jie Jie
ELZA	DJOMO HOUOTCHEU

Ndifongwa	Ngumsi Suh
Léontine Ghislaine	ABENA ABENA
Patricia grace	NGO NLEND
AKUEKAM NGUEKENG	Kloran Ulrich
Joseph Benjamin	CHAMTCHEU DJOMKAM
MOHAMADOU	SAMYRA
MAURICE NGOULÉ	BANAWA
Tedekou Fodong	Elvira
Jean simon	BALEGUEL
Julius Meleng	Ntang
NORBERT FRANCK	MATIP NYOBE
Augustin	Ndongmo
Cyriaque Junior	MEDJO MEKOK
Youssouf	Mbouetne Chaitfon Njifotie
Annita Noura	Amang
Manfred	Kouty
SAMMY FRANKLIN	NZUME NGOL'ESUEH
ANDRE GILLES	KABEYENE ASSENE
ARIANE DIANE	DJOUMESSI ZEFACK
Sylvain	NDONG ATOK
François Xavier	ELONG FILS
Sintia	Dounang
Dominique	BOYOMO
Mireille	Manga Edimo
Sally	Smith
ULRICH	NSIOMA WA BALANA
Prunelle Franchessa	Pouomegne Kamdem
Olain	Gatcho Deutou
Mahamat Youssouf	Mocktar
Rodrigue Junior	BAHOUMBEKIN MOLE
Jean Baptiste	Ngah Ateba
GOUNOU ONESIME	GUERA
Denis	GUINANGBEYE
Arthur Stéphane	Essogo Eyebi
Marcel Christian	Elouna Leba
Ephrem Loïc	OUEDANE EREDENAMSE
TTHÉODORE RODRIGUEZ	Zeh Zeh
BENJAMIN	MAEMBLE

Franck	Tankoua
Charles Uriel	OWONA AWOUMOU
Elie	Daïwa
MARINA Georges	NGO NTEGEL
Foncham Nelvien	Dingsala
William	Bedoung
Antoine fils	Onana
KANMEGNE NINKAM	CELESTIN
Hermine	Kommegne Tchoupe
Germaine Flore	NGAH
Olivier	FAURA PAYANG
Grâce	Ngo Mbey
Jeanne laken	Mimbe mfoulou
SAADADINE	MAHAMAT BECHIR
JEPHTE JUNIOR	KUETE
Magloire	Massoda Momasso
ALHADJ NGARE	YAYA
Geneviève Jessica	Nkolo
Steve	Djieumeni
Simon Pierre	PETNGA NYAMEN
Aristarque	Fotso
Léon Mick Junior	ISSOA
Aimé Protais	BOUNOUNG NGONO
nick-stephane Junior	ntamack
Emmanuelle Berthe	Manga Atemengue Mewoli
Yannick	Kouakep Tchaptchie
Alfred	Ngenge Tamfu
MARIEL LEONCE	ANDJALA ANDJALA
Kéziah Florine	Manjia Youmdi
Sick	Ludvine Angeline
Sick	Ludvine Angeline
Louis Dominique	BIAKOLO KOMO
Willy	Abanda Alima
Germaine	Zaouvang
Christian Théophile	OBAMA BELINGA
Midrel Bleriot	Fodoup Penka
Susy laure	Majeu bomo

Susy laure	Majeu bomo
GEORGES RAISSA	Etoa ESSOMBA
Auguste	NDZINGA
CHIATOH	Elisabeth
Siaka	Coulibaly
Saïde Amine Gemahel	Poutugnigni Mefire
Ulrich legrand	Nitcheu
Diya Issa	Djouwairatou
Reine Alexis	Nkollo Eboutou
Gallus	PRISO NDONGO
ATHANASE	ZOGO MVOGO
Jean Jaurès	AMAN III DJOU
Jaff	Lionel Leinyuy
Paul Derrick	DANG A GOUFAN
Franck Adrien	MOUGOUE
Thierry Martin	FOUTEM
Hassane	KAINGUI DARI
Pélagie	Touwaï
Débora	Ménodji
Kevin	SANJO SIMEN
Abdoulaye Harine	Abdel-salam
ABDOURAMAN	HALIROU
Absolu Tonga	Gandebe
Madeleine faela	BANYOLAG
Youssouf - Laplage	Moumbagna
Julien	EKOTO
Moïse Fernand	Njipendi
Joseph Bernard	DZENE Edzegue
Régis	REGIS HOUNKPE
Roberto Darel	Kammogne Guiffo
Pierre Boris	N'NDE Takukam
Zozime Alphonse	TAMEKAMTA
JEAN	ADIANG NTSAGO
Puissant Manamon	Bayang
Sylvie Ngum	Chiabi
Dongmo Nanfack	Christelle
Moussa Abdelkerim	Abdoulaye
Martial loic	Simeu siyamtcha

Nellie Flore	Tcheutou Ngaleu
Kedi Mooh Dikoume	Esther Nathalie
Paul Arnaud	NOMO
Ernestine Amelie	NOGO NDJANA
Louise Neonie	NGA OWONA
Ayakeh	Cassandra
SABINE	NDALLA GOULITCHEK GUIBAVA
Ismaïla	Mbohou
Maluala laure	Djouikouo
Anais	Kenne
Antoine Depadou	FOUDA
Richard	AYISSI ANANGA
Nicolas	BONY MBENGUE
Rudolf	Njukang
Rudolf	Njukang
Ysaac Chavely	MBILE NGUEMA
Adele	Nadjidanem
Yannick	YAKANA
Nicodème	Antuenshiwuo Aretouyap
Yves	Ngotha
Achille Garance	KAMENI NGALEU
Sandy jessica	Limi
YVAN kevin	Minkoulou
Jean Daniel	Nebeu
Bilo'o	Luclesse
AROUNA	MEFIRE NSANGOU
Aurélienne	Tahela abbo
Simon Pierre	Messi Owona
Jean Ronald	NDONGO
Jean Ronald	NDONGO
Loïc	BESSALA ANGOULA
Annuarythe Christelle	Etoa possama
Shashan Laisin	Adela
Frederic	Ikeng
Désiré	Moustafa barbi
Omar	Maraina
Lucha	Gabriel

Francine Dorothy	Ngombang koufane
Ruth Laurenne	Magnie tchandjou
Valère	Songue dinangue
Charlene	Guyot
Aristide	Mengue eyenga
Henri Brice	Afane
Thérèse	Mvoto
Jean Jules	Billé
Pervaline	Madjiram
MBAH WAI-TANYI	AGUH
François Xavier	TONGA DINANGUÉ
Otto Pierre	NKOMBA
Arnaud	Ekande Tjope
ILIASSOU	Ndam
Gabriel	Njimgye Tekumafor
Elisabeth Murielle	Ngo Ngue
MBANDAM IJUNGHI	JERRY WAINDIM
Madeleine Maxime	KANA
alliance belfanie	kadji
Abdel Kabir	Pefoura
Alan Mathieu	Karanga Yangman
Lionnel	BAYONG Fils
Christelle larissa	Vounga massaga
DERRICK ALONGIFOR	MBOA
Cyril	Nti Mbono
Jean cyril	Nti Mbono
Emmanuel	OUCHI YAMA
Meudjui Fankeu	Noelle OCCILLIA Monique
Gwanmesia	Eliane Lepsia
Nde Tuma Manka	Vanessa
Tchoumi	Jill-Krystie
Inyeta	Kamriboh Maliki
Marc Daniel	Bane
Achille	KAGONBE
Yannick Roger	Kouna
Vitrice Gauthier	PEKOUMBE NDIFFIA
GRACIA MOUENGAR	BEIGUE
Simplice	Fonkeu

Actes du Premier Colloque International sur l'Initiative la Ceinture et la Route en Afrique Francophone

Ivan	Tchantchou
MENGUE	CHARLY
Durand Luther	Choupo Kammegne
Suzanne prisca	Ngo makasso
jean claude	kenmogne
AL-HARID	ZINNIRA ÉPOUSE IBRAHIMA HAMIDOU
Mary	Kindhegue
Rachel Stéphanie	Nkwayaak
Agathe	Nanga
REINE BLANCHE	NSOLI EKANGO
Maurice	Bessomo Ateba
Aimé Achille	Mvodo
Edwige Laure	MANTA SAMANKI
Chancy Yannick	MBETI
Suzane	Maïmone Lemo
HASSANA	PND
Hélène Béatrice	NDZANA NGO MPECK
Rudy rabiela	TANGA NGOUEGNI
Fotso	Mongbet Hatzman
NDZEREM	JOHN PAUL NYUYLIME
Claver	Mbassi
Mboma	Nicanor Muluh
Albert Francis	Koulou
Yaya Souleymanou	Ahmed
Yaya Souleymanou	Ahmed
Tanyi	Tempest Tangwo
SIMON PETER	NGEH
TUDI	Nathalie
Léa Sandrine	FAGOUE
Temban	Joshua Temban
Marie Carine	Bella Bessala
Hilaire	Fodjo
Arsène chinois	Ella
Felix Seurin	Noutsa Djiensi
Minaouir	Dagache
Honoré	LABE-LIGRING
Ramian	Osée

Calvain	EPOKO NOUBISSIÉ
Roseanne	EBALE
Floriane vartan	Yossa chedo
Marie paule	ATSAMBGWA NKOU
Gaye	Kali
Abi	Rhoda
Fatimé	Alliance
Inès Fortuna	POUNDE
Gelthrude	Madjita
Cyrille	Kidi Diabi
DOBA	ABAINA
Bakary	Fadimatou
Cedric Karen	Yombo
EYONG	LETICIA AGBORYONG
Jean Paul	EBOLEKEM
Julie Dutreille	TAFEN K.
Hamadou	HABIBOU
Mariama	Nkone Ngouh
Bertrand	Walnoudji
Davide Karine	Njock
Njonga	Giresse
Paulin Aimé	Ndjoua Onana
Abakar	Abakar Hassan
marie	djeha
MIKA	LIKAMATA
GUISTEI	SILVING BO'ES
Corine Laurelle	Lapa
Etienne prosper	NNA
Etienne prosper	NNA
Pricil Michelle	Magatsing
Pricil Michelle	Magatsing
Pierre Yvan	Belinga Meka
JOSEPH	ODOUGUENA
Sybille Stella	DJUIKOM TOUWE
Cunegonde	Ndoh Abogo
Jean Chepelin Boris	Anguissa Bekono
Marcien	TOWA NKOLO
Linda Larissa	TOKWET

Gilbert	Teri
Maïriamou	Hamadjoda
Hugues martial	Olinga
Kondjadje nayom	Bénédicte
Hugues Martial	Olinga
ABENA A DONG	BAUB DARYL
Bryan Mike	MBETI
Valuma	Sylvia Mbotiji
Basile Rolande	NGANA
Michelle fridoline	Ase Noah
Alex	kotna
Michele Brenda Letitia	Mvogo
Soulémanou	Mounpain
Flavi Nadine	Chinyere Emeka ensemble Ateba
Balkisou	Buba
Alain Gervais	Efa'a Mve
AHMAD	MALAM
Claver	MBASSI
Ferdinand	CHENTU
Borel	MOMO TSAGUE
Atangana-Mbang	Lydie-Rose
Geradine	Nganne kamgang
Zanella	Tonkeuh donfack
Mahamat	Brahim baba
Mbontwie	Louis
Nassourou	Nassourou
Rachidou	Abdoulaye Yazi
Jean Moïse	Jean Moise Mbog Baya
Antoine	Eyoman
Asong	Brain Aleabelah
Alexandre	KAMANDA
Patrick	Atangana
Stéphane Laetitia	MBAZOA
Sironet	Youatou
Fabiola	Mawamba
Alain Bertrand	Aboudi Ngono
Steve Maël	DIZE KWATCHOU

Raïssa Madjibeye	Miandinguem
paulette stephanie arlette	ngo mbok
Emmanuel	KUETE SEGNOU
Martin irenee	MBOMO EKANI
Philippe kodindo	DEMBA
Ibrahim	Ndianji mbohou
Bourgeoise	Faraida
William Aurélien	BAKONG NKWANÉ
MOUSSA	KELTING
Francklin	Bessalio
Mal Bouba	Saidou
Jean Victoire	Djieumeni
TODJIMBAYE	MBAIGANGNON
Allègre	Emmanuel
RODOUMBAYE	Ghislain
RODOUMBAYE	Ghislain
Ali	Haroun moussa
Abdoulaye Grech	Mouyakan à Mbara
Armelle	Gueyong kamgang
Pierre henri	NGANDO
Abdraman sani	ADOUM
Abderamane	Derip Alkhali
MAHAMOUT	MAHAMAT TAHA
Mahamat	Ali Abdallah
POLL BOLLO	André Charlie
Samuel Promesse	Kobla Tom
Marie Pelianwoh	TONGOR
Marie Anne	Mindzie
Raihana asma	Mohaman
Kennedy Freddy	TCHOUMI Bonkoua
Dominique	KEGOUM TCHATCHOU
Charly	Ndiapi Fopa
Alain	NDOLENOUDJI
Alhadji	ALI ABAGANAMA
BORIS	BEYE BAMA
Yolande	Menzeh
Tabo Nadege	Precious Alimbo
Mahamat Liman	Hassan

OUMAROU	KITAKA MBALLA
Joseph	Noucti Tchokwago
Hapsatou	Mamadi
SIMONE AUBIERGE	EDZOA
Joel	Ewolo
Aimé Césaire	YANGA MBELLE
Richard Antoine	Lobe
Aurélien Emmanuel	NGWAKA KOLLY
Alexia	Hyapdo
Safoura	Nzikouo
Marie-Roger	Biloa
Vanina	MINDZIE
Annette	YANGA NTAMAG
Crescence Naomie	MBAN-NY
NGEMUKONG	CLARISSE SA'ADATU
Nwachan	Edwin Ndum
Joliclerk	DONGMO
Guichelle nadia	Demgne simo
Annette Florine	Yen Nyemb épouse Eonne
Elisabeth Adeline	Bisse
Alix Maïra	Elouga Innack
Ndilem	Saibou
Charles	Beindjeffa
Mohamadou	Aminou III
Alexandra larissa	MEYONG
Protais Bertrand	Blog Ebanda
Annie Thérèse	TSOGO
Bertrand	AOULINSA TROUMBA
Sadrak Ange	SELECK
Nana	Lydia Pafe
Wilfrid	Dimbele
Sans prénom	Wountaï Vawandi
Jean Ezechiel	Asseng
MOHAMADOU	SAHABO AWALOU
AWALOU	SAHABO
Simon Kevin	Bikoula Omgba
DÉSIRÉ	TIOUA

Yombom	Balthaza Awenti
Ariel Pierre	EDING ENOUGUI
Florence	DENEMADJI
Luc	Bidjoudjouk
Zounedou	Pountougnigni
Marceline Chrislaure	SONFACK KENFACK
Aymard-Amour	SOUPENE
Sylvain	Mbohou
Pandjenan	Motodjimbaye
Victor Emmanuel	MANGUELLE MOUALAL II
Balkisdou	Rayé njoya
Marie belise	BILOA
Germain Claude	Um kombus
EDIMO NTOCKÈ	Maéva julienne Priscille
ROLAND ELYSE	EDZIMBI
Glwadys Terry	BOYOGUENO BOYOMO
Manuella Rosty	Bekono zang
VEFONGE	JEFFREY EFFANGE
ANDRE	NLEND
JEan Yves	Bapes
Balbine	Bankeng Manfo
Jeanne Glwadys	WOUSNET NGAH
Chantal marisha	Ngono nyano
Ambroise	Ntsengue ayissi
Monique Augustine	Mbena Awono
MODONGAR Valodia	NADJILEM DOUMDE
BODO EBOUA	Crépin
HALTEBAYE	JORITA-NEBA
Otchilke	Altine
Kesita	SONFACK DJIOZANG
Mbuntum Malvis	NSOYORI
Rolande	Naïssem
Félicitia Justice	BATINDY
Alain Yves Valéry	Mboulè
MOUSTAFA Souley	Arafat
Carine	MÉNODJI TAPOL
Audrey	Mvondo
PAUL EMMANUEL	NTAP EKOUE

Souleymane	KARAMOKO
Audrey	Mvondo
Aboulmali Abdelkerim	Aziza
Karyom	DJIM-ADJIM-NGANA
Leslie	beh
Jules	FIATAM
Willy	Abikana
Florentine	Nzali
Cyriaque	AMOUGOU MBARGA
Raïwe	Olga
Aransa Gabriella	ABOMO NGUEM
Christabelle	Denemadji
Mbanga Noah	Remy
Magloire	Massoda Momasso
Pierre Tchienrg	MOUELEU NGALAGOU
Martial aimée	MBA
Ahmed	Ousman
Odettz	TEDGA
Dieudonné	FANSI
Aladiah	Chantal
Francine Dorothy	Ngombang koufane
Téclaire	Ndjole
Lawan	Abdoulaye
Marcel Berenger	MINTOU NSOCKA
MOMHA EPSE EYONG AGBOR	ODILE CRESCENCE
Jean Jules	Billé
Stéphanie	Emambot Efon
Jeanne laken	Mimbe mfoulou
Christian	SERI
Isaac Junior	NWATSOCK OKE
Pauline Sonia	Aboudi Dutuyui
Audrey	Fomo meigang
Léon ACHAWE SAWALDA	AVANGA
Cyriaque	AMOUGOU MBARGA
Carmelle	Loubahamne Bendoloum
Ornella	TEMA
Célestin Rodrigue	Ebede Koungou

Nassourou	Nassou
Mouhamadou	Ismaila
Mbeemap njimbam	Soulemanou
Arnold joselyn	FOKO KENGNE
Yves Germain	SOLEFACK TELONG
Christian	Makiang
Joëlle	BIABI
Landry Wilfried	TCHASSEM
Adoum sougoumi	Abakar
Awalou	Sahabo
Kylie geromine	Houomtie

Observatoire Chine Afrique Francophone

SOUS LE TRÈS HAUT PATRONAGE DE S.E. M. PAUL BIYA, PRÉSIDENT DE LA RÉPUBLIQUE DU CAMEROUN
ET
EN COLLABORATION AVEC L'AMBASSADE DE CHINE AU CAMEROUN
LE PREMIER COLLOQUE INTERNATIONAL SUR
L'INITIATIVE LA CEINTURE ET LA ROUTE EN AFRIQUE FRANCOPHONE
(CIICRAF 2022)
DU 25 AU 27 MAI 2022, AU PALAIS DES CONGRES DE YAOUNDE AU CAMEROUN

Printed in Great Britain
by Amazon